工商管理系列教材

管理学教程

程延江　主编

哈爾濱工業大學出版社

内 容 提 要

本书全面阐述管理活动的基本规律和最新理论，分为导论、管理的一般领域、计划、组织、领导、控制等六篇共二十二章。本书编写的基本思想是向读者系统全面地介绍各种管理理论；帮助读者了解管理的基本概念及管理的一般性知识；树立管理意识、形成管理思维；理解管理活动的共同规律。

本书可作为高等学校管理专业的本科生、硕士生的教材，同时也可作为工商管理硕士(MBA)、工程硕士学习管理学的教材，也可作为各行各业、各种不同层次的管理者的培训教材，或学习管理理论方面的参考书。

图书在版编目(CIP)数据

管理学教程/程延江主编.—2 版.—哈尔滨：哈尔滨工业大学出版社，2014.10

ISBN 978-5603-1936-0

Ⅰ.管…　Ⅱ.程…　Ⅲ.管理学-教材　Ⅳ.C93

中国版本图书馆 CIP 数据核字(2008)第 208158 号

策划编辑　尹继荣
封面设计　卞秉利
出版发行　哈尔滨工业大学出版社
社　　址　哈尔滨市南岗区复华四道街 10 号　邮编 150006
传　　真　0451-86414749
印　　刷　哈尔滨工业大学印刷厂
开　　本　787mm×1092mm　1/16　印张 32.75　字数 582 千字
版　　次　2009 年 2 月第 2 版　2014 年 10 月第 6 次印刷
书　　号　ISBN 978-5603-1936-0
定　　价　38.00 元

前　言

“在人类历史上，还很少有什么事情比管理的出现和发展更为迅猛，对人类具有更为重大和更为激烈的影响”。管理活动与人类的活动始终伴随在一起，是人类活动的重要内容。人类社会的发展进步与有效的管理活动紧密地联系在一起。

21世纪的到来，我们已进入了知识经济时代，在这个高度动态、飞速发展的时代，管理的重要性达到了空前的程度。创业的成功与失败；企业的发展与衰败；甚至于学校、医院、社会团体、政府的运作绩效，管理都是重要的因素之一。如何学习管理，提高管理工作水平，是所有管理者所面临的最重要的任务。

管理之道在于“悟”。所谓“悟”就是深刻地认识理解并掌握管理活动的规律。这首先需要管理者们通过管理实践来学习、摸索、思考，逐渐地深刻认识与领悟管理的真谛。其次，学习管理理论也是了解管理活动规律的重要方法。

管理是一个十分复杂的过程，涉及政治、经济、社会、历史、文化、心理、人类等各种学科。特别是在管理活动的重要领域——企业管理活动中，又与工程技术紧密联系在一起。系统地学习管理学是需要有深厚的多学科的知识作为基础的。同时，管理学从本质上讲是管理活动经验的总结，反映了管理活动的一般规律。学好管理学对于管理者具有重要意义。

应该看到，现代管理理论大多产生于西方发达国家，并且形成了比较完整的体系。但也应该看到管理活动与社会文化、历史、传统等有着密切的联系。对于中国的管理者来说，对待先进的管理理论和经验，我们的态度应该是"以我为主、博采众长、融合提炼、自成一家"。

编写本书的主要目的是向高等学校管理专业的本科生、硕士生提供一本适用的教材，同时也可作为工商管理硕士(MBA)、工程硕士学习管理学的教材，亦可作为各行各业、各种不同层次的管理者的培训教材，还可作为人们学习研究管理理论的参考书。

本书由哈尔滨工业大学管理学院企业管理教研室(原哈尔滨工业大学生产组织教研室)组织编写。教研室成立50多年来其所形成的学术思想源远流长、组织文化影响深远。本书是教研室组织编写的系列教材之一。其中，程延江编写了第一、二、四、五、六、八、九、十五、十六、十七、十八章；于晓霖编写了第三、十、十一章；陆力斌编写了第二十、二十一、二十二章；姜原子编写了第十二、十三章；王伊琴编写了第七章；李萍编写了第十四章；张莉编写了第十九章。全书由程延江担任主编。本书在编写过程中，得到了陆力斌、梁岩松、田也壮等几任教研室主任的全力帮助与支持，在此表示诚挚的感谢！

由于编写仓促，书中还会存在许多不足之处，希望同行、专家及广大读者给予指教与帮助，以便在本书再版时使其更加完善。

程延江

2003年9月于哈尔滨工业大学

目　录

第一篇　导　论

第二篇　管理的一般领域

第三篇　计　划

第四篇　组　织

第五篇　领　导

第六篇　控　制

第一篇

导　论

第一章　管理与管理者

学习目的

学习本章应了解与掌握：

1. 管理的重要性。

2. 管理者及分类。

3. 管理及管理过程。

4. 管理者的角色。

5. 管理者应具备的技能。

6. 管理的科学性与艺术性。

管理活动是人类社会活动的基本活动方式之一。自从产生了人类社会，便有了管理活动。管理活动是人类各项活动中最重要的活动之一。

无论是人类社会早期，人类在面对大自然的威胁、面对自身的生存发展等问题时，人们是以一个个群体的活动方式来对抗大自然的威胁，来谋求生存与发展的机会，还是在今天，人类已具备很大的生存与发展的能力，人们仍然是以一个个群体的活动方式进行活动，都离不开管理，并且管理活动在人类社会活动中起着十分重要的作用。人类文明的成就均与管理活动息息相关。

古埃及金字塔

在古埃及的尼罗河畔，耸立着 4 800 年前建造的金字塔，它可称为是古代建筑的奇迹。而在开罗西郊的胡夫金字塔则是金字塔群中的佼佼者。它建于古埃及第四王朝，由 230 多万块平均每块重两吨半的巨石砌成，高 148 米，底边长 232 米，四个底边之差不超过 20 厘米。

在胡夫金字塔中隐藏着许多奇异的奥秘。将金字塔的塔高乘以 10 亿，恰好是地球到太阳的距离，即 149 504 000 公里；将塔高乘以周长，再除以塔底面积，正好等于圆周率 π。尤为奇异的是，穿过塔的子午线，刚好把地球上的陆地和海洋分成两半，塔高的重心恰好坐落在大陆引力中心。人们对距今 4 800 年精湛的科学技术不能不击节赞叹！

据希腊历史学家赫罗德托斯记载，埃及胡夫国王为了给自己修建陵墓，动员了 40 万奴隶，每 10 万人一班，夜以继日地建造。仅建筑运输材料的道路就花费了 10 年时间，建筑地下室用了 10 年，塔体建筑用了 20 年，共费时 40 年才建成这座雄伟壮观的金字塔。有人做过计算，以一个人每天做工8小时计，功率为0.6千瓦，10万人则为48万千瓦小时，施工40年可达365×40×48万千瓦小时。这是多么可观的数字啊！

那么，建造金字塔的古埃及人用了哪些技术呢？

可惜的是，有关当年建造金字塔的资料都已散失。目前考古学家也只能凭目前所掌握的情况进行推测。

首先，在测量学和数学上，古埃及人已能利用几何和三角的知识，估计已对圆周率做过初步计算。

在机械上，已经能用轮子来制造各种轮盘，如车轮等，以减少与地面的接触面积。另外，也已能制作斜面、滑轮等省力的机械装置，使巨大的原石块得以运输和堆积。

古埃及人为了开采整块的石头，充分利用了物质热胀冷缩的原理。冬天，白天在将要开采的大石头上按需要大小打洞，然后灌上水，过了一夜水结成冰，体积膨胀而起下石头；夏天，他们巧妙地将芦花塞进打好的洞眼里，再灌水，让芦花的体积膨胀，同样可起下大石头。

起下大石块，就用大船来运输。据考察，古埃及人已能造出船身长30米、宽6米的船只，每边船舷用25把浆来划行，大船上共有200名船员。据说，当时有几百艘这样的大船来搬运石块和其他建筑材料。

古埃及人民用血汗和智慧创造了世界奇迹——金字塔，为古代科技竖立了丰碑。

万里长城的修建

从公元前7~6世纪的春秋时代开始，直至公元17世纪的明朝末年，长城的修筑持续了两千余年。在长城历史栏目中可以看到长城的整个修建历史。由于所处时代的生产力、技术水平不同，也由于各个政权所面临的军事形势有所不同，历代修建的长城在构造、建筑方法及形制方面都互有不同；而由于所处地段地理条件的差异，即便同一时代所修的长城面貌也互有区别。就工程技术的大势而言，北魏以前各朝代所修的长城，以版筑夯土为主，北魏时期出现了砖石结构的长城，明代长城则广泛运用了石泅法、砖砌法、砖石混砌法。不过，就构筑长城的基本原则而言，历朝历代却是共同的。这个共同的基本原则，可以用“因地制宜，据险制塞”八个字概括。所谓因地制宜，一是指巧妙地根据所在地形条件而构筑工程，二是指充分利用当地的自然资源选择合适的材质为建筑材料。所谓据险制塞，主要是指利用地理天险御敌而言。以下的诸条例证，可以对此给予很好的说明。

敦煌玉门关附近的西汉长城的最高一段，建在当谷隧以东约300米，现存墙体系用流沙、散石、红柳或芦苇筑成。这完全是由当地自然地理条件决定的，这里没有黄土和石材，只出产流沙和小石子，而附近的沼泽地中则生长有芦苇和红柳，汉人筑城时，便就地取材，以流沙、石子和芦苇等物掺和，层层上铺，一般每层的厚度为 20～30 厘米不等，整个墙体的高度可达 3 米多。而内蒙古锡尼乌苏山以西的一段汉长城，均用石块垒砌而成，而从锡尼乌苏向东，有一段是由石片外包而实夯土，再向东行，则全部为土筑而成，这也是因为就地取材所致。明代仍循前代的做法，在“因地制宜，就地取材，据险制塞”的筑城方法上更加灵活，形式也更加多样化，在长城建筑工程上达到了高峰。墙体高度亦依地形地势制宜，一般在山岭陡峭之处较低，平坦之地较高。在少石多土之地，多为版筑夯土墙，或者用土坯垒砌，例如辽东一带的长城和嘉峪关附近的长城墙体就是如此。在多石的山区一般利用山脊为墙基，外包砌条石、青砖，内填黄土或者碎石，这样可以节省建筑材料，省工省力。还有用石块垒砌的石垛墙，利用险峻山岭、随山就势人工劈凿的劈山墙，利用大山险阻作为障壁的山险墙等，如辽东山区和燕山山脉的居庸关、八达岭、金山岭、慕田峪等处的长城就是这样。此外，还有用树木、木板等在山崖处设置的崖榨，在低洼多水、不宜修建墙体之处因地制宜挖成的边壕，在河岸、山谷，利用自然的陡峭山崖，往往稍加修整即成险阻，加之河流、谷溪的天堑，就构成了一道坚固的防线。这些就地取材、因地制宜的长城构筑方法，既减少了工程量，还达到了制险御敌的理想效果。

就长城的形制和防御功能而言，从长城产生之日起，就不单是一堵孤立的城墙，而越到后期越完善、越严密，使长城的整体防御能力不断增强。

从在今河北、内蒙等地的战国时期长城遗迹来看，这时的长城沿线已分布有烽燧、城障等设施，情报传递系统和纵深的防御配置就已建立。秦汉时期各种设施进一步完善，除了烽燧和亭障以外，在长城内外还增加屯戍城等，而且向纵深发展，形成网络。据文献记载，结合出土汉简和实地考察可知，烽燧数量多且一直延伸到长城以外很远的地方。屯戍城是屯驻重兵之所，面积一般较大，有数百米见方。长城经过的交通要冲之处，均设立关隘，严密防守。长城的建造者们还在城墙、城堡的外侧有意地设置一些障碍物，如僵落、虎落等。秦朝在河套长城一带，广植榆树，以阻挡骑兵，人称榆关。北齐时期在长城内侧设戍，险要之处置州镇，驻扎军队，形成前沿线状布防。金代长城大部分在今内蒙的草原上，城墙外侧普遍挖有护城河状的堑壕，交通要冲之处还双壕双墙并列，形成外壕、副壕、内壕、主墙几重防线，墙外附筑有马面与烽燧，内侧分布有戍堡或关城。壕墙结合的金长城，增强了前沿的防御能力。马面的增筑，便于保护守城士兵的安全，也有利于射杀攻至城墙下的敌人。

明代长城的工程技术、形制和防御功能均达到了我国长城修筑史上的高峰。明代长城墙体结构坚固，形制设置灵活多样。作为京畿屏障的北京西北宣府镇长城,因处于蒙古族南下的要冲,地理位置十分重要,这里就筑有内外两道长城,在内长城上置有由居庸关、紫荆关、倒马关组成的“内三关”。形成以外长城掩护内长城,内长城护卫内三关,内三关拱卫京师的纵深防御体系。明长城重要关口的建制和防御设施非常周全,一般都建有方形和多边形的关城,附筑有瓮城,有的还有罗城与护城河,布防十分严谨。此外,在长城沿线还设立障、堡、台、了望墩台等设施,构成了由点到线,由线到面的防卫体系。明长城把军事重镇、关城、隘口等有机地连接在一起,使其互为犄角,遥相呼应。这样即使某一地失守,也能滞缓敌军行动,迅速集结兵力,重新组织有效的防御。其构思之巧妙,布局之合理,由此可见一斑。

历代长城的修筑都是采用分区、分片、分段包干的办法来完成的。主要是依靠军队和征调民夫。秦朝在蒙恬率领几十万军队击败匈奴之后,遂以部队为主力修筑长城。当然,秦始皇还从长城沿线强征了大量民工,后来秦朝政府又在长城沿线设置12郡,承担维修长城和防守的重任。汉代在修建河西长城时,由武威、张掖、酒泉、敦煌四郡分段负责,然后各郡再依次把任务划给下属县、段,层层分段包干,最后落实到各防守据点的戍卒身上。明代亦沿用此法。著名的蓟镇长城就是戚继光带领军民共同修筑的。

建设古埃及金字塔及伟大的长城,是不可能离开系统的、严密的组织与管理活动的。而都江堰水利枢纽以其管理活动成就特别是它的系统工程思想而举世闻名。而今天在著名的海尔集团、微软公司中管理活动发挥着更为重要的作用。

海尔集团及其成就

创立于1984年的海尔集团,在短短几年的时间里创造了从无到有、从小到大、从弱到强、从国内到海外的卓著的业绩。

海尔十几年的发展之路可以浓缩在下面这组数字中:

——营业额:2000年实现全球营业额406亿元,而1984年只有348万元,2000年是1984年的11 600多倍;

——利税:1984年资不抵债,2000年实现利税30亿元,自1995年以来,累计为国家上缴税收52亿元;

——职工人数:2000年职工人数达到3万人,而1984年只有800人,2000年是1984年的37.5倍;

——品牌价值:2000年海尔品牌价值达到300亿元,是1995年第一次评估时的7.8倍,是中国家电行业第一名牌;

——产品门类:1984年只有一个型号的冰箱产品,目前已拥有包括白色家电、黑色家电、米色家电在内的69大门类10 800多个规格品种的产品群;

——出口创汇:已在海外建立了38 000多个营销网点,产品已销往世界上160

多个国家和地区,2000年实现出口创汇2.8亿美元,自1998年以来,出口创汇每年以翻一番的速度增长,是中国家电业出口创汇最多的企业。在山东省,海尔超过专业外贸公司成为进出口额第一的企业。

2001年实现全球营业额600亿元,实现出口创汇4.2亿美元。

这,就是海尔。十几年的创业之路浓缩了一个世界名牌的发展历史:名牌战略、多元化战略、国际化战略,每一步,都透着战略的超前,每一步,都写着拼搏的艰难;但是在"敬业报国、追求卓越"的海尔精神与"创新"的海尔文化激励下,每一步,都获得了令人瞩目的辉煌成就,不仅在国内,在国际上也受到了高度赞誉与评价。

十几年间,海尔集团以其在企业管理方面的创新也引起世界范围内的高度评价和赞誉,从"日事日毕、日清日高"的OEC管理模式到建立"市场链",海尔已经从十几年前学习借鉴国外先进管理方法发展到以自己的创新管理进入国际管理界的前沿。

从1984年至今的十几年间,家电市场竞争日趋激烈,而海尔却始终保持了高速稳定发展的势头,奥秘只有两个字:创新。创新是海尔文化的核心。在海尔,不是"居安思危"而是"居危思进";在海尔,成绩只属于过去;在海尔,所有的人,所有的工作都必须时时创新。

海尔的目标是创出世界名牌,进入世界500强。

毫无疑问,管理活动在海尔集团等公司的成功运作中起着决定性的作用。张瑞敏等成为成功人士的代名词。今天,无数的企业追求着发展,无数的人士追求着成功。人们迫切地想知道成功企业的奥秘。

MBA的中国热潮

MBA是工商管理硕士(Master of Business Administration)的英文缩写。MBA教育20世纪初起源于美国,经过近百年的发展,逐渐成为美国乃至世界各国管理教育的主流模式。近30多年来美国每年授予的MBA学位数量都占硕士学位授予总数的20%以上。

1990年,国务院学位委员会正式批准在我国设立MBA学位和试办MBA教育并于1991年开始招生。MBA是一种专业学位,MBA教育具有以下明显不同于普遍理论研究型研究生教育的特点:第一,MBA教育的目标是培养务实型的管理人才。MBA生源主要来自企业或政府经济管理部门有实践经验的现职人员。MBA培养院校通过与企业建立密切的联系或与企业联合培养,保证MBA教学内容与企业的经营管理实际紧密结合。MBA毕业生就业主要是面向企业。第二,我国培养的MBA既要有坚定正确的政治方向又要具备广博而全面的管理知识。MBA课程设置的特点是"宽、新、实",其核心课程除了经济学和管理学的基本理论外,还包括与各项企业管理职能紧密结合的多门专业课程，如生产管理、财务管理、会计、营销管理、人力资源管理、战略管理等。第三，MBA 教育过程中注重实践环节，强调能力与素质的培养，通过案例教学、企业实践等环节的训练使 MBA 具有企业经营管理所需要的战略眼光、创新意识、合作精神、处理复杂问题的应变和决策能力，以及开拓进取、艰苦创业的事业心与责任感。第四，MBA 教育重视具有综合能力的复合型人才的培养，各种专业背景并有实践经验的大学毕业生都可以报考 MBA。

20 世纪 90 年代以来，MBA 教育引起了我国教育界、企业界的高度重视，整个社会掀起了 MBA 的热潮。

当新千年的曙光在天际升起时，古老的中国已叩响了世界贸易组织（WTO）的大门。中国的工商企业及其管理者突然发现自己好像站在了大海的岸边：这里海阔凭鱼跃、天高任鸟飞；这里波涛汹涌，有暗礁、有激流；远处还有一艘艘跨国企业的巨舰在游弋。加入 WTO 为中国工商企业及其管理者提供了更多的竞争机会，也给中国的工商企业施加了更大的学习压力。要学习的不但是这些跨国企业先进的技术和产品，更重要的是其先进的管理经验。的确，中国已经加入了世界贸易组织，中国的企业迅速融入国际市场竞争中，中国经济的发展正与世界经济的发展密切联系在一起。工商管理教育必须并且一定为中国企业的发展做出贡献。

第一节　组织及管理者

任何管理者的管理工作都是在某一特定组织中进行的，任何组织都需要管理工作的支持，组织是管理的主体。

组织：两个或两个以上的人为实现某一特定目标或一系列目标，而按照一定系统性的结构构成的有机整体。

组织都具有三个共同的特征：

第一，每一个组织都是由人组成的。

第二，每一个组织都有一个明确的目的，这个目的一般是以一个或一组目标来表示的。目标是组织致力达到的目的。组织经常有多个目的，目标是组织的基本构成元素。

第三，每一个组织都具有一种系统性的结构，用以规范和限制成员的行为。例如，建立规则和规章制度；赋予某些成员驾驭其他成员的职权；编写职务说明书，以使组织成员知道他们应该做什么。因此，组织这个词，是指一种由人们组成的、具有明确目的的、系统性结构的实体。

组织不仅仅是人的简单组合，而应是所有参加组织的人必须按一定的方式相互合作，共同努力，形成一个有机的整体，才能够实现他们共同的目标。如果组织中的成员没有配合和合作，那么该组织就只会是“一盘散沙”，而不能成为具有整体力量的“组织”。个人之所以要组成一定“组织”，其目的就是要借助组织的这种配合力，以完成个人力量简单相加的总和所不能完成的各种任务。

组织是构成社会的基本单元，组织存在于生活和工作的方方面面。企业是组织，政府是组织，医院是组织，学校是组织，事业单位和社会团体等也都是组织的表现形式。任何一个组织，都有其独特的使命和目标。简单地说，医院的使命和目标是治病救人；学校的使命和目标是培育人才；企业的使命和目标是提供满足顾客需要的产品或服务等等。组织的使命和目标说明了组织存在的理由。

组织是管理的主体。组织为了完成其使命和目标，一方面组织需要开展作业活动，如医院中的诊治、学校中的教学、企业中的生产等。组织是直接通过作业活动来达到组织目标的。另一方面，组织为了确保作业活动有效地进行，还需要开展另一项活动——管理活动。管理活动是保证组织通过作业活动有效地实现组织目标的手段。可以说，任何组织，小至企业，大至国家，都需要管理活动。所以说管理活动的主体是组织。管理是对组织的管理。

根据组织成员在组织中从事活动的不同，我们可以将组织的成员分为两种类型：操作者和管理者。**操作者是这样的组织成员，他们直接从事某项工作或任务，不具有监督其他人工作的职责**。例如，工厂中的工人；学校的教师；商店的营业员等，这些人都是操作者。相反，**管理者是指挥与协调别人活动的人**。管理者也可能担任某些作业职责，例如，公司的经理可能同时负责产品的推销，医院的院长也给患者看病，学校的校长也带研究生或上课，但是，我们认为作为一个管理者，一定要有下级。是否有下级是区分管理者与操作者的标志。

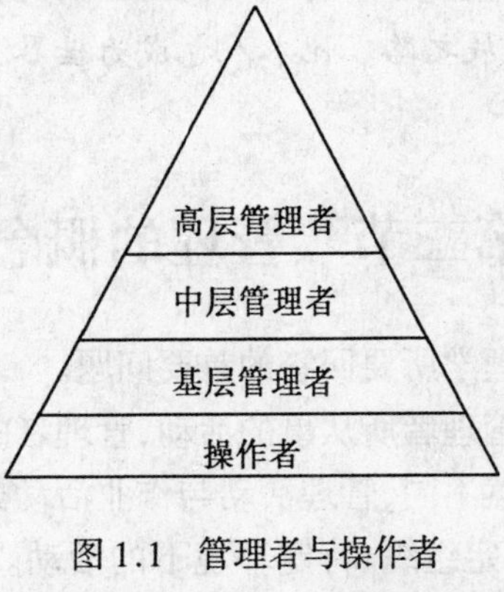

图 1.1　管理者与操作者

（资料来源：斯蒂芬·P·罗宾斯.管理学.中国人民大学出版社，1997 年版，第 5 页）

在通常情况下，管理者并不亲自从事具体的作业工作，管理者的工作在性质上与操作者截然不同，管理者要对组织的工作业绩负责任。操作者只需对自己的工作业绩负责任。管理者与操作者构成了组织中相对独立的两部分成员。

杰出的管理者杰克·韦尔奇

美国通用电气公司(General Electric)的前董事长兼首席执行官杰克·韦尔奇(JackWelch)就是一位杰出的管理者,是他以其卓越的领导能力成功地领导了有一百多年历史的通用电气,使之成为全球最受推崇的公司;是他以其出色的管理艺术高效地管理着有近30万员工的通用电气,使之成为世界上最具市场价值的公司,而他本人也成为最受美国人尊敬的企业首席执行官

杰克·韦尔奇1935年11月19日生于马萨诸塞州。1960年毕业于伊利诺斯州立大学,获化学博士学位。毕业后,即进入通用塑胶事业部,1971年底韦尔奇成为通用化学与冶金事业部总经理。尔后不断晋升,至1979年8月成为通用公司副董事长。1981年4月,年仅45岁的杰克·韦尔奇成为通用电气公司历史上最年轻的董事长和首席执行官。

韦尔奇初掌通用时,通用电气的销售额为250亿美元,盈利15亿美元,市场价值在全美上市公司中仅排名第十,而到1998年,通用电气实现了1005亿美元的收入和93亿美元的盈利,市值已位居世界第二。1981年,通用旗下仅有照明、发动机和电力三个事业部在市场上保持领先地位。而如今已有12个事业部在其各自的市场上数一数二,如果单独排名,通用电气有9个事业部能入选《财富》500强。

杰克·韦尔奇使通用电气公司取得如此傲人的业绩,使他成为传奇式管理奇才。他追求行业数一数二的理念被许多管理者所认同。他所推行的"六西格玛"管理、全球化和电子商务几乎重新定义了现代企业。同时这位锐意改革的管理者所开展的"无边界"的管理运动,建立了打破"大企业"病的典范,使通用电气公司走上了灵活变化、适应环境的发展之路。他本人也成为世界上最令人仰慕的管理者,被誉为全球第一CEO。

第二节　管理的概念

什么是管理?这是管理学所要回答的首要问题。

管理作为一种活动是管理者所从事的活动,管理者的工作就是开展管理活动。这使得管理者与操作者截然不同,管理活动与作业活动截然不同。

首先,管理活动是在特定组织、特定环境下的活动。组织是管理活动的主体,离开了组织,就不可能存在管理活动,反之,管理活动的主体是组织。而任何组织都面临着与其他组织完全不同的组织环境。

其次,管理活动是有目的的活动。那么管理活动的目的是什么呢?显然这与管理者所要达到的目标相关,这一目标就是组织的目标。所以管理活动的目标就

是组织目标。

第三,组织目标的实现是需要组织成员的共同努力的,所以从本质上讲,管理活动就是通过组织成员共同努力实现组织的目标。

还有,组织目标的实现还需要其他条件,那就是资源。实现组织目标是需要资源的,但世界上资源有限,管理活动所追求的就不仅仅是实现组织的目标,而是以尽可能少的投入,尽快地实现组织目标。

管理的概念:管理是在特定的组织环境下,为了实现组织目标,对组织所拥有的资源进行有效的计划、组织、领导和控制的活动过程。

管理是一个过程,管理的过程是由一系列互相联系的、连续进行的工作活动构成的。这些工作活动包括有计划、组织、领导、控制等,我们将其称为管理的基本职能,即计划职能、组织职能、领导职能、控制职能。

职能:在组织中将相似的活动或工作进行的分类。

简单地讲,**计划职能**包括对组织环境的预测,根据预测的结果建立目标,然后要制订各种方针、政策以及达到目标的具体实施方案,以保证组织目标的实现。**组织职能**包括决定组织要完成任务的实施方式是什么;谁负责哪些工作;工作分工;组织成员的相互关系以及职责权限等。**领导职能**主要涉及的是组织活动中人的问题,激励下属,以调动他们的工作积极性;指导他们的活动;选择最有效的沟通渠道,解决组织成员之间的冲突;要保证各单位、各部门之间信息渠道畅通无阻等等。**控制职能**是与计划职能紧密相关的,它包括制定各种控制标准;检查工作是否按计划进行,是否符合既定的标准;若工作发生偏差要及时发出信号,然后分析偏差产生的原因,纠正偏差或制定新的计划,以确保组织目标的实现。

著名管理学家亨利·法约尔(Henri Fayco1)最早提出,所有的管理者都履行着五种管理职能:计划、组织、指挥、协调和控制。后来,著名管理学教授哈罗德·孔茨(Harold Koontz)在其所编写的教材《管理学》中,采用计划、组织、人事、领导和控制五种职能作为管理教科书的框架。时至今日,大部分的管理教科书(本书也不例外)仍按照管理职能来组织内容。一般为四个基本职能:计划、组织、领导和控制(见图 1.2)。

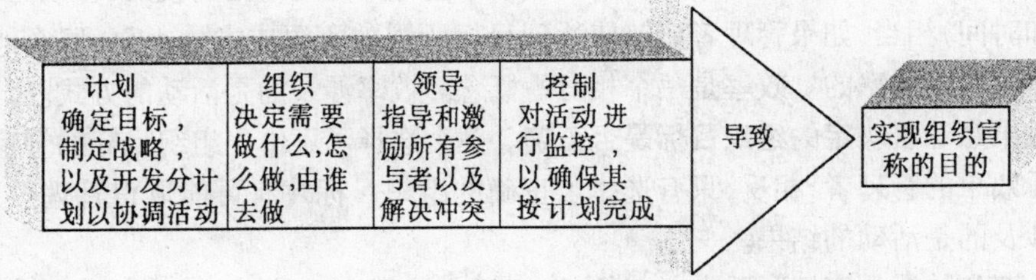

图 1.2　管理职能

(资料来源:斯蒂芬·P·罗宾斯.管理学.中国人民大学出版社,1997 年版,第 8 页)

对管理概念的认识

科学管理之父弗雷德里克·泰罗(Frederick Winslow Taylor)认为,管理就是“确切地知道你要别人去干什么,并使他用最好的方法去干”。在泰罗看来,管理就是追求工作效率。他的研究主要集中在如何能寻找和掌握最好的工作方法以提高效率,以及如何激励员工努力地工作以获得最大的工作效率。

著名经济学家赫伯特·西蒙教授对管理概念的认识是:“管理即制定决策。”西蒙强调,决策贯穿于管理的全过程和所有方面;组织是由一些决策者所构成的系统;任何工作都必须经过这一系列的决策才能完成。如果决策错误,执行得越好,所造成的危害就越大。因此,任何一项组织工作的成败归根结底取决于决策的好坏。

斯蒂芬·P·罗宾斯的“管理学”对管理概念的定义是:“指同别人一起,或通过别人使活动完成得更有效的过程。”他强调的是管理是由一个或多个人来协调和激励其他人的活动,以便收到个人单独活动所不能收到的效果。集体活动所能取得的效果是个人劳动无法取得的。

对管理概念还有许多不同的认识,如“管理就是领导”,“管理就是控制”。这些不同的认识大多反映了管理本质的某个侧面。

亨利·法约尔对管理概念的认识产生了较大的影响。法约尔认为,管理是所有的人类组织(不论是家庭、企业或政府)都有的一种活动,这种活动由5项要素组成:计划、组织、指挥、协调和控制。法约尔的这一看法使人相信,当你在从事计划、组织、指挥、协调和控制工作时,你便是在进行管理,管理等同于计划、组织、指挥、协调和控制。

与管理概念有关的另一个重要的问题就是管理的有效性。管理学家彼得·德鲁克(Peter Drucker)提出有效性包括效率与效果两个概念。根据德鲁克的观点,效率意味着“正确地做事”,而效果意味着“做正确的事”。

效率意味着实现组织目标所用资源的多少。效率是一个“投入－产出”的概念。一个有效率的管理者所获得的产出或结果应与其为之付出的投入(劳动力、原材料和时间)相当,如果管理者能够使达到目标所需的资源成本最小化,那么他们的工作就是有效率的。效率是一个相对的概念。效率涉及的是活动的方式。

效果意味着决定的组织目标是否正确。一个选择了不恰当组织目标的管理者就是无效果的管理者,相反,只有选择了正确的组织目标才有可能取得管理效果。效果涉及的是活动的结果。

效率和效果是密切联系在一起的,组织只有选择了正确的组织目标并且工作是有效率的才会取得好的绩效。如果组织或个人不顾效率,不考虑人力和材料输入成本,能生产出很高性能很高质量的产品的话,那么同样的组织或个人也可以高效率地生产许多低劣产品。但这样的组织是不能生存的。因此,管理不仅关系到使活动达到目标,而且要做得尽可能有效率。

德鲁克认为,效果实际上是组织成功的关键。无论多高的效率都无法弥补效果的缺失,在我们将注意力集中在有效率地做事之前,我们必须确认自己所做的事情是正确的。“做正确的事”远比“正确地做事”重要。“许多组织和个人用更精确、更高效、更科学的方法加速产品或企业的衰亡”这一现象并非仅仅发生在个别组织中。

第三节 管理过程

管理是一个工作过程,管理工作经常被分解为一系列的职能工作,从这个意义上讲,职能也就是相似活动的集合。

一项职能就表示一类活动,而管理的基本职能就是管理工作所包括的几类基本活动内容。这几项基本职能主要是计划职能、组织职能、领导职能和控制职能。

更具体的职能,如市场营销职能,通常由销售、促销、分销和市场研究等活动构成。而这些活动又是由一系列更具体的工作构成。

计划工作是管理者对他们的工作目标和行动方案事先所进行的全面考虑,并且这种考虑是建立在对组织环境的全面分析基础上根据一定的方法和逻辑分析制定出来的,而不能具有随意性,更不是靠预感得出的。计划为组织设定目标并建立起达到目标的最佳途径。

计划工作的任务首先是研究组织活动条件。组织的活动总是在某种环境条件下进行的。活动条件研究包括组织外部环境研究和内部条件研究。外部环境研究是分析组织活动的环境特征及其变化趋势,了解环境是如何从昨天演变到今天的,以找出环境变化的规律,并据以预测环境在明天可能呈现的状态。组织内部条件研究主要分析组织内部对各种资源的拥有状况和对这些资源的利用能力。

其次是为组织选定目标,即制定经营决策。活动条件研究为组织活动决策的制定提供了基本依据。对企业这种经济组织来说,在活动条件研究基础上制定经营决策,就是根据这种研究所揭示的环境机会和威胁以及组织在资源拥有和利用方面的优势和劣势,确定组织在未来某个时期内的总体目标和方案。一旦这些得到确定,组织内部的各个单位、科室、部门等,也将分别制定其各自的目标。

第三,编制行动计划。确定了组织未来的活动目标和方案以后,还要详细分析为了落实这种决策,组织需要采取哪些方面的具体行动,这些行动对组织内各部门、各环节在未来各个时期的工作提出了哪些具体的要求。编制行动计划的目的,就是将决策所确定的目标在时间上和空间上分解落实到组织的各部门、各环节,对每个单位和每个成员的工作提出具体要求。

组织工作是一个分配和安排组织成员之间的任务、权力和资源以便他们能够开展工作实现组织目标的过程。

组织工作的任务首先需要管理者进行组织结构设计。组织结构设计需要在组织任务目标分解基础上将各部分需要分工开展的工作落实到具体的承担者,同时设计出机制和手段来确保执行具体工作的个人和单位能够密切配合,协调行动,使个体或局部的力量整合成为组织整体的力量。不同的目标要求不同的组织结构,例如,开发计算机软件的组织所要求的组织结构与牛仔服制造厂的结构就不一样。生产牛仔服类标准化产品要求高效率的流水线技术,而软件生产则要求组织一支专业化队伍,比如系统分析员和程序设计者。尽管这些专业人员间必须有效地相互联系,但他们不可能像流水线工人那样组织起来。因此,管理者必须使组织的结构与它的目标和资源相匹配,这个过程就是组织设计。

其次是在组织设计的基础上配备人员。即根据各岗位(职位)所从事工作活动的要求,以及组织所拥有员工的素质和技能特征,将适当的人员安置在组织的适当岗位上,使适当的工作由适当的人去从事。

第三,运行组织。即向配备在各岗位上的工作人员发布工作指令,并提供必要的物质和信息条件,从而使组织按设计的方案运行起来。

此外,根据组织活动开展及内外环境变化的情况,还需要研究和推行必要的组织变革措施。

领导工作包括指导、指挥、协调、影响和激励员工完成基本的任务。为了有效地实现计划,管理者不仅要设计出合理的组织结构并为组织配备合适的人员,同时还要设法使组织中的每一个成员都以高昂的士气、饱满的热情投身到组织活动中去。这便是领导工作的主要任务。

控制工作是确保实际行动与计划相符合的过程。管理者必须确保组织成员的行为确实是在推动组织朝着它的既定目标前进,这就是管理的控制职能。它包含了建立绩效标准;衡量当前业绩;将当前业绩与给定标准相比较;在发现偏差时采取正确行动等工作。

应当指出,管理过程的四项基本职能之间的关系是顺序关系及相互联系、相互交叉、相互融合的关系。首先表现为顺序关系。也即这些职能通常是按照“先计划,继而组织,然后领导,最后控制”的顺序发生。但从不断持续进行的实际管理过程来看,它们之间的关系更多地交叉在一起,在计划制定后付诸实施的组织、领导或者控制过程之中,有时可能会边执行边要求对原计划做某种修改、调整,甚至有些时候还可能需要启用应变的备用计划或者编制全新的计划,这样,某一职能进行中间就可能穿插着其他的职能活动。控制的结果不单单是对问题的解决,还往往涉及到对责任者的奖惩,因此控制与激励实际上是结合在一起的。管理工作过程中各项管理职能在现实中并不是被严格分割开来进行的,它们经常是有机地融合成一体,形成各职能活动相互交叉、周而复始地不断反馈和循环的过程。

第四节　管理者分类和管理技能

管理者是在组织的不同层次上从事管理工作的,他们所从事的是不同范围的组织活动,组织的管理人员可以按其所处的管理层次区分为高层管理人员、中层管理人员和基层管理人员。

高层管理者:负责组织的全面管理,为组织运行制定各种政策,并处理组织与环境的相互关系。

高层管理者由组织中的少数人组成,他们对整个组织的管理负有全面责任。他们负责制定组织的总目标、总战略,掌握组织的大政方针并评价整个组织的绩效。高层管理者与组织外界交往中,往往代表组织,并以"官方"的身份出现。高层管理者的称呼常常是"首席执行官"、"总裁"和"总经理"等。

中层管理者:居于中间范围的管理者,他们负责管理其他比他们级别低的管理人员,有时也管理某些员工,同时接受更高层次的管理者的管理。

中层管理者的主要职责是,贯彻执行高层管理人员所制定的重大决策,监督和协调下层管理人员的工作。与高层管理人员相比,中层管理者更注重日常的管理事务。应当指出的是中层管理者通常不是一个层次。

一线管理者或基层管理者:那些仅负责指挥操作者却不能指挥其他管理者的管理者。

基层管理者是组织中处于最低层次的管理者,他们所管辖的仅仅是作业人员而不涉及其他管理者。他们的主要职责是,给下属作业人员分派具体工作任务,直接指挥和监督现场作业活动,保证各项任务的有效完成。

管理者分类的另一种方法是按其所从事管理工作的领域及专业性质分类。通常将管理者分为综合管理者和职能管理者或专业管理者。

综合管理者:管理一个综合性的单位的管理者,负责该单位的所有活动。

综合管理者负责管理整个组织或组织中某个事业部的全部活动的管理者。对于小型组织(如一个小厂)来说,可能只有一个综合管理者,那就是总经理,他要统管该组织内的包括生产、营销、人力资源、财务等在内的全部活动。而对于大型组织(如跨国公司)来说,可能会按产品类别设立几个产品分部,或按地区设立若干地区分部,此时,该公司的综合管理人员就包括总经理和每个产品或地区分部的经理,每个分部的经理都要统管该分部包括生产、销售、人力资源、财务等在内的全部活动。

职能管理者:负责某一职能的管理者。

职能管理者或专业管理者是仅仅负责管理组织中某一类活动(或职能)的管理者。根据这些管理者所管理的专业领域性质的不同,可以具体划分为生产部门管理者、营销部门管理者、人力资源部门管理者、财务部门管理者以及研究开发部门管理者等。对于这些部门的管理者,可以泛称为生产经理、营销经理、人力资源经理、财务经理和研究开发经理等。

无论对管理者如何分类,无论管理者的工作有多么的不同,无论管理者的工作环境有多大的差别,无论管理者所在的组织有多么的不同,通常他们所能发挥的作用大小,即他们能否开展行之有效的管理工作,在很大程度上都取决于他们是否真正具备了相应的管理技能。

按照本世纪初著名管理学家亨利·法约尔和他的学生凯茨提出的概念,每个管理者都需具备三种技能:技术技能、人际技能、概念技能。

技术技能是指使用某一专业领域内有关的程序、技术、知识和方法完成组织任务的能力。

对于管理者来说,虽然不一定使自己成为精通某一领域技能的专家(因为他可以依靠有关专业技术人员来解决专门的技术问题),但还是需要了解并初步掌握与其管理的专业领域相关的基本技能,否则就将很难与他所主管的组织内的专业技术人员进行有效的沟通,从而也就无法对他所管辖的业务范围内的各项管理工作进行具体的指导。

人际技能是指与处理人际关系有关的技能,即理解、激励他人并与他人共事的能力。

管理者除了领导下属人员外,还得与上级领导和同级同事打交道,同时还要联络组织外部的单位以求得各方面力量的配合。可以说,处理人际关系的这项技能,对于管理者有效地开展管理工作非常重要,因为管理者都必须在与上下左右和组织内外进行有效沟通的基础上,相互合作,共同完成组织的目标。

概念技能是在复杂环境中寻找与把握方向的能力,形成工作思路的能力等。

任何管理者都会面临一些混乱而复杂的环境,需要认清各种因素之间的相互联系,以便抓住问题的实质,根据形势和问题果断地做出正确的决策。

法约尔和凯茨认为,尽管这三种技能都为管理者所需要,但他们的相对重要性则主要取决于管理者在组织中所处的层次。技术技能对于低层管理者最为重要。人际技能尽管对各个层次的管理者都很重要,但它是中层管理者所必需的主要技能;他们指挥下属职员的技能比他们自己对技术的精通要重要得多。最后,概念技能的重要性随着一个人在管理系统中层次的上升而逐渐上升。在组织中所处的层次越高,把握环境变化和决策也就越重要。

科学家的远见卓识

钱学森是我国航天科技事业的先驱和杰出代表,被誉为“中国航天之父”和“火箭之王”。

1934年,钱学森从上海交通大学机械工程系毕业,同年考取清华大学公费留学,1939年在美国获航空和数学博士学位。在美学习研究期间,钱学森与他人合作完成的《远程火箭的评论与初步分析》,奠定了地地导弹和探空火箭的理论基础;与他人一起提出的高超音速流动理论,为空气动力学的发展奠定了基础。

1955年,钱学森在周恩来总理的关怀与亲自过问下回到祖国的怀抱。刚刚冲破美国当局阻挠回到祖国的钱学森,来到哈尔滨军事工程学院参观。院长陈赓大将问他:“中国人能不能搞导弹?”钱学森说:“外国人能干的,中国人为什么不能干?难道中国人比外国人矮一截?!”

就这一句话,决定了钱学森从事火箭、导弹和航天事业的生涯。40多年过去了,如今钱学森已90高龄。他以其对中国火箭导弹技术、航天技术乃至整个国防高科技事业的奠基性贡献,为我军武器装备现代化建设写下了精彩绚丽的篇章。

1956年2月17日,钱学森经过深思熟虑,提出了关于《建立我国国防航空工业的意见书》,就我国火箭、导弹事业的组织方案、发展计划和具体措施发表了精辟的见解。《意见书》受到党中央高度重视。不久,钱学森受命负责组建我国第一个火箭、导弹研究机构——国防部第五研究院。国防部五院成立后,钱学森被任命为院长。新中国的火箭、导弹和航天事业由此开始了艰难的征程。

在前苏联突然撤走全部专家的困难条件下,钱学森带领着中国科学家们攻克了一道道难关,组织导弹试验的测试、计算、分析、研究,不仅仅解决了大量的技术问题,并且形成了我国导弹研制的独特的组织体制。1960年11月5日,成功地进行了我国第一枚导弹飞行试验。在现场的聂荣臻高兴地说:“这是我国军事装备史上一个重要的转折点。”

作为一代伟大的科学家,钱学森的目光总是具有前瞻性。第一枚导弹发射成功后不久,钱学森就组织有关专家就我国地地导弹的发展道路展开讨论,形成《我国地地导弹发展途径的意见》,提出了我国中近程、中程、中远程和洲际导弹的长远发展规划。随后,地空导弹、海防导弹,以及固体发动机、固体导弹、反导系统和运载火箭等项目,也在他组织和协调下陆续上马。1965年1月,他又向中央提出报告,建议早日制订我国人造卫星的研究计划并列入国家任务。我国第一颗人造卫星的工程代号由此被定为“651工程”,钱学森担负“星-箭-地面系统”总的技术协调和组织实施工作。1970年4月24日,我国第一颗人造卫星“东方红一号”遨游太空,向世界宣告新中国迎来了航天时代的黎明。

1966年10月27日,钱学森又参与组织了我国第一枚装有核弹头的中近程地地导弹飞行爆炸试验,即原子弹、导弹"两弹结合"试验。核弹头在预定地点上空成功实现了核爆炸,此举震惊了世界。我国的国防现代化建设又一次实现了历史性跨越。

在钱学森离美返国若干年之后,美国一位专栏作家曾经写过这样一段话:"金·波尔(美国当年的海军次长)的话说错了,钱学森在科学上的价值,岂止只抵三个师或五个师的兵力。他替中共研制的飞弹,不但完全平衡了中共与美国之间战略武力的差距,也使中国对苏联的威胁产生抗衡,同时,在美、苏两大军事强权之间,中国以其飞弹实力加上十亿人口,与苏美形成鼎足而立的局面,简直是以一人之力换一国之力。"

钱学森以其远见卓识,为中国国防科技事业做出了巨大贡献。

第五节 管理者的角色与工作方式

将管理活动看成是由计划、组织、领导、控制四项管理职能组成的,得到了广泛的认同。并且无论是对一项具体工作活动而言,还是对一个组织活动而言,无疑都是吻合的。但是,还可以从其他角度和分析方法对管理活动进行分析。

亨利·明茨伯格(Henry Mintzberg)对管理者角色的研究具有一定的指导作用。在大量观察的基础上,明茨伯格提出管理者在管理活动中扮演着10种不同的但却是高度相关的角色。如表1.1所示,这10种角色可以进一步组合成三个方面:人际关系、信息传递和决策制定。

表1.1 明茨伯格的管理者角色理论

角 色	描 述	特征活动
人际关系方面		
1.挂名首脑	象征性的首脑,必须履行许多法律性的或社会性的例行义务	迎接来访者,签署法律文件
2.领导者	负责激励和动员下属,负责人员配备、培训和交往	实际上从事所有的有下级参与的活动
3.联络者	维护自行发展起来的外部接触和联系网络,向人们提供恩惠和信息	发感谢信,从事外部委员会工作,从事其他有外部人员参加的活动
信息传递方面		

续表 1.1

角色	描述	特征活动
4.监听者	寻求和获取各种特定的信息(其中许多是即时的),以便透彻地了解组织与环境;作为组织内部和外部信息的神经中枢	阅读期刊和报告,保持私人接触
5.传播者	将从外部人员和下级那里获得的信息传递给组织的其他成员——有些是关于事实的信息,有些是解释和综合组织的有影响的人物的各种价值观点	举行信息交流会,用打电话的方式传达信息
6.发言人	向外界发布有关组织的计划、政策、行动、结果等信息;作为组织所在产业方面的专家	举行董事会议,向媒体发布信息
决策制定方面		
7.企业家	寻求组织和环境中的机会,制定"改进方案"以发起变革,监督某些方案的策划	制定战略,检查会议决议执行情况,开发新项目
8.混乱驾驶者	当组织面临重大的、意外的动乱时,负责采取补救行动	制定战略,检查陷入混乱和危机的时期
9.资源分配者	负责分配组织的各种资源——事实上是批准所有重要的组织决策	调度、询问、授权,从事涉及预算的各种活动和安排下级的工作
10.谈判者	在主要的谈判中作为组织的代表	参与工会进行合同谈判

(资料来源:斯蒂芬·P·罗宾斯.管理学.中国人民大学出版社,1997 年版,第 9 页)

人际关系角色:包括挂名首脑、领导者、联络员。所有的管理者都要履行礼仪性和象征性的义务。公司的总经理出席下属单位的开业典礼就扮演挂名首脑的角色。此外,所有的管理者都具有领导者的角色,这个角色以激励、惩戒员工为主。管理者扮演的第三种角色是在人群中间充当联络员,在组织内外起联络作用。

信息角色:主要包括监听者、传播者、发言人。了解产品的销售情况及客户对产品的要求;向生产部门阐述客户的需求;代表公司发布公司开发产品的信息等。这时管理者都在起着信息传递的角色。

决策角色:包括企业家、混乱驾驭者、资源分配者和谈判者。所谓企业家是管理者,必须为企业寻求生存之道。而当市场及客户发生变化或企业遇到其他意外情况时,管理者必须起到稳定企业的作用。为了实现企业目标,必须合理分配企业资源,这也取决于管理者。面对客户需求问题、供应商的产品质量问题及劳资纠纷问题等,管理者必须通过与其谈判来解决这些问题。在上述情况下,管理者都在起着决策制定的角色。

明茨伯格的管理者角色理论是有很强的实际指导意义,一般都认同这样一种观点,即不论何种类型的组织和在组织的哪个层次上,管理者都扮演着相似的角色。但是,看来管理者角色的侧重点是随组织的等级层次变化的。特别是传播者、挂名首脑、谈判者、联络者和发言人角色,对于高层管理者要比低层管理者更重要。相反,领导者角色对于低层管理者,要比中、高层管理者更重要。同样,对于不同规模的企业和不同类型的企业,管理者角色的侧重点也不相同。

明茨伯格关于管理者角色的理论使我们可以从另一个角度(不同于四项基本职能)来分析研究管理活动,为学习理解管理理论提供了另一种思路。

但是,对于管理者而言,更为重要的是,管理者应当以什么方式开展工作。管理学者弗雷德·卢森斯(Fred Luthans)关于有效的管理者与成功的管理者的研究具有借鉴意义。卢森斯赋予这二者以不同的含义。所谓**有效的管理者**是指组织中在工作上最有成绩的管理者。用工作成绩的数量和质量以及下级对其满意和承诺的程度作为标志。而**成功的管理者**则是指在组织中提升得最快的管理者。用在组织中晋升的速度作为其标志。卢森斯认为这二者在多数情况下并不能合为一体,其管理活动也有各自不同的特点。

卢森斯分析研究了 450 多位管理者,他把这些管理者的活动分成以下 4 类。

传统管理:决策、计划和控制。

沟通:交流例行信息和处理文书工作。

人力资源管理:激励、惩戒、调解冲突、人员配备和培训。

网络联系:社交活动、政治活动和与外界交往。

表 1.2 平均的、成功的和有效的管理者每种活动的时间分布

	传统管理	沟 通	人力资源管理	网络联系
平均的管理者	32%	29%	20%	19%
成功的管理者	13%	28%	11%	48%
有效的管理者	19%	44%	26%	11%

(资料来源:斯蒂芬·P·罗宾斯.管理学.中国人民大学出版社,1997 年版,第 12 页)

卢森斯的研究表明,“平均”意义上的管理者花费 32%的时间从事传统管理活动;29%的时间从事沟通活动;20%的时间从事人力资源管理活动;19%的时间从事网络活动。但是,不同的管理者花在这四项活动上的时间和精力显著不同。如表 1.2 所示,成功的管理者在对各种活动的强调重点上,与有效的管理者显著不同之处在于,用在维护网络关系上的时间和精力最多,而从事人力资源管理活动的时间和精力最少。而在有效的管理者中,用在沟通上的时间和精力最多,而用在维护网络关系的时间和精力最少。

卢森斯的研究使我们对管理者以什么方式工作，又增加了重要的见解。从平均意义上来看，管理者在传统管理、沟通、人力资源管理和网络联系这四项活动中的每一项，大约花费 20%～30%的时间。但成功的管理者与有效的管理者强调的重点不仅不一样，事实上，他们几乎是相反的。它生动地说明，社交和施展政治技巧对于在组织中获得更快的提升起着重要的作用。更重要的是，它同时也生动地说明，沟通与激励对于管理者获得良好的工作成绩的重要作用。

管理者的工作在一般情况下是具有共同规律的。管理学理论所分析研究的就是这种规律。但是我们也应该看到管理者的工作在不同情况下也有不同的特点。管理者的工作既有普遍性又有特殊性。管理者工作的**普遍性**是指管理者在管理活动中履行的均是计划、组织、领导和控制的职能。而管理者工作的**特殊性**是指管理者在管理活动中由于其所在的组织规模、组织的类型等不同，所处的组织层次的不同等，工作的侧重点、工作方式、角色等各不相同。

作为管理者，不管他在何处履行职能都是一样的。但如果管理真是仅具有普遍性的一般性学科，那么，管理者的工作应该基本上是一样的。无论他是一位高层经理，还是一位基层监工，无论是工商企业，还是政府机构，无论是大公司，还是小企业，所进行的工作基本上都应该是一样的。显然，事实并非如此。

组织的层次：随着管理者在组织中所处层次的变化，管理者的工作内涵、范围、侧重点、工作方式、所扮演的角色等各不相同。公司研究实验室的课题组长，确实在做着与公司总裁不同的事情。他们履行职能都是一样的。二者的区别仅在于履行管理职能的程度和重点不同，而不是职能本身不同。就职能来说，随着管理者在组织中的晋升，他们从事更多的计划工作和更少的直接监督工作。这种变化如表 1.3 所示。所有的管理者，无论他处于哪个层次上，都要制定决策，履行计划、组织、领导和控制职能。只是他们花在每项职能上的时间不同。例如，最高管理层要考虑整个组织的设计，而基层管理者集中于工作小组和个人的工作设计。

表 1.3　不同层次的管理者每种职能的时间分布

	计划	组织	领导	控制
基层管理者	15%	24%	51%	10%
中层管理者	18%	33%	36%	13%
高层管理者	28%	36%	22%	14%

（资料来源：斯蒂芬·P·罗宾斯.管理学.中国人民大学出版社，1997 年版，第 13 页）

组织的类型：一个政府的管理者，与一个工商企业的管理者从事的是同样的工作吗？更一般性地，营利性组织与非营利性组织的管理者的工作是一样的吗？回答是：大部分是一样的，他们在管理活动中都要做决策，设立目标，建立有效的组织结构，雇佣和激励员工，从法律上保障组织的生存，以及获得内部的政治支持以实现计划，都要受到组织外部环境的制约，都要受到组织内部组织文化影响。管理者的工作动机和激励方式也没有本质上的区别。

但是，在很多方面还是存在很大差别的。如对管理者管理技能的要求，对某些企业而言，业务性非常强，即使作为高层管理者也需要很强的技术技能。环境变化很快的企业，对管理者的概念技能要求很高。对于企业组织，衡量绩效的最重要也是最明确的指标是利润。而对于非营利组织，就找不到这种一般性的指标。考核学校、博物馆、政府机构、慈善组织的绩效是相当困难的。这些组织中的管理者不会有市场检验他们的绩效。由于组织类型的不同所造成的管理上的差别是多方面的，特别是营利性和非营利性组织之间的管理存在着显著差异。

组织规模：小型组织与大型组织的管理者的工作有无不同之处？当然是有不同之处的。管理者角色的重要性在两类企业中显著不同。如图 1.3 所示，小企业管理者最重要的角色是发言人。小企业管理者要花大量的时间处理外部事务，如接待消费者，为企业安排融资寻求新的生意机会，以及促进变革等。相反，大企业的管理者主要关心的是企业的内部事务（如怎样在组织单位间分配现有的资源等）。根据此项研究，企业家角色（寻求生意机会和规划变革的活动）对于大企业的管理者来说处于相对次要的地位。

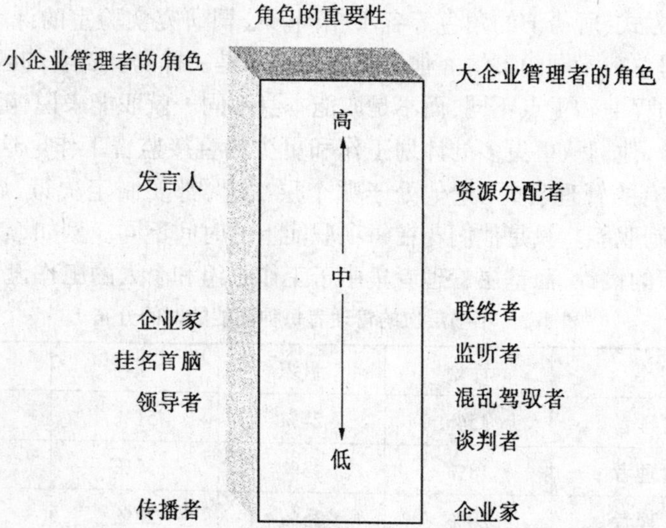

图 1.3　小企业和大企业中管理者角色的重要性

（资料来源：斯蒂芬·P·罗宾斯．管理学．中国人民大学出版社，1997 年版，第 14 页）

与大企业的管理者相比，小企业管理者更可能是一个多面手。他的工作综合了大公司总裁的活动和第一线监工的日复一日的活动。不仅如此，对于大企业管理者来说，管理工作更多地是结构化的和正规性的工作，而在小企业管理者往往是非正规性的。计划不太可能是一种仔细协调的过程，组织结构的设计也不那么复杂，控制则更多地依靠直接巡视，而不像大企业那样依靠复杂的计算机化的监视系统。

总之，正如我们在组织的不同层次上所观察到的，管理者在小型组织和大型组织中从事着基本上相同的工作，区别在于程度和侧重不同，以及具体做法和花费的时间不同。

虽然管理者在管理工作中的差别是局部的，有时是很细微的，但是却有着十分重要的意义。特别是当管理者面临新的工作岗位时，如何适应新的管理角色是大部分管理者都必须面对的问题。

以上我们仅仅看到了管理工作的部分不同之处，还应该看到更多的相同点。但事实上，管理者的特殊性更多地与管理者本身有关。不同的管理者，其工作思路、工作方式、管理风格等均会有很大的不同，从这个角度看，管理工作体现出高度的艺术性。

另外，一个一般的管理问题，是关于管理概念是否具有跨越国界的可转移性。如果管理概念具有完全的一般性，它就可以普遍地应用。但是，由于不同国家在经济、社会、政治或文化环境方面存在明显差异，所以在不同国家的管理实践中，管理活动强烈地表现出不同的特点。因此，在学习国外管理经验的时候，强调“以我为主，博采众长，融合提炼，自成一家”是十分必要的。

第六节 管理的科学性和艺术性

管理学是一门科学，这是因为它确实具有科学的特点。

管理学是从实践中产生并发展起来的一门学科。它是由大量学者和实业家在总结管理工作的客观规律基础上形成的。它是从客观实际出发，揭示管理活动的各种规律的。这些规律是客观存在的，谁违反这些规律就必然遭到惩罚。它所包含的知识都是人们多年来实践经验的总结，用以指导人们从事管理的实践。它的直接目的就是有效地去指导实践。管理者如果没有科学的管理知识和相关知识，要进行管理就必然只能是依靠经验，或者凭主观、靠运气。而有了系统化的科学的管理知识，他们就有可能对组织中存在的管理问题提出可行的、正确的解决办法。

管理活动是有科学规律可循的。许多管理活动表现为程序性活动，通过制定规范、程序并严格加以执行是可以取得预想效果的。而对于目前暂时规范不了的管理活动，是需要边运作边探讨的，逐步对其规律性进行科学总结，转化为可规范的管理活动。目前管理理论揭示的是管理的一般规律。并且管理理论具有理论系统性。现在的管理学已经形成了一整套理论,这是通过对大量的实践经验进行概括和总结而完成的。管理学的各个部分所包括的内容相互间有着紧密的联系,从而形成了一个合乎逻辑的系统。另外,管理理论中大量应用数学模型,用以指导管理实践活动,也充分表现了管理的科学性。

管理又是一种艺术,具有强烈的艺术性。

管理学同数学、物理学等自然科学相比,还只是一门不精确的科学,而且是一门正在发展中的科学。管理科学并不能为管理者提供解决一切问题的标准答案,它要求管理工作者以管理的理论原则和基本方法为基础,结合实际,对具体情况做具体分析,以求得问题的解决,从而实现组织的目标。

经验积累在管理活动中发挥着重要作用,由于管理对象分别处于不同环境、不同行业、不同的产出要求、不同的资源供给条件等状况下,这就导致了对每一具体管理对象的管理没有一个惟一的完全有章可循的模式,特别对那些非程序性的、全新的管理对象,则更是如此。所以,管理者个人的能力、技巧、经验及天赋与直觉等非理性的因素均很重要。

管理的艺术性更重要的特征是它的创造性。在管理活动中,对每一个具体的管理对象没有一种惟一的完全有章可循的模式可以参照。那么,管理者欲达到既定的组织目标与责任,就需要在经验积累的基础上有一定的创造性。管理活动是创造性的活动,正因为它的创造性,才会有成功与失败的存在。试想,如果按照程序便可管好的话,如果有某种统一模式可参照的话,那么,岂非人人都可成功,成为有效的管理者?管理的生命在于创造。正是由于这一特性的存在,使得管理创新成为必需。

管理是科学又是艺术,管理的科学性与艺术性并不是互相排斥的,而是相互补充的。所以,管理是科学性与艺术性的有机统一。

第二章 管理理论的产生和发展

学习目的

学习本章应了解与掌握:

1.了解管理理论的发展过程。

2.理解管理理论产生及发展的背景。

3.理解科学管理理论、古典组织理论、行为科学理论、管理科学理论及系统理论、权变理论的内涵和本质。

4.了解管理理论在发展过程中是逐步叠加和融合而发挥作用的。

5.加深对管理本质的理解。

福特与福特汽车公司

亨利·福特(Henry Ford)生于1863年,父母是贫穷的爱尔兰移民,从小生活在密歇根乡间的农场。他对机械很着迷,修理任何机器都很拿手。1903年他创建了福特汽车公司(Ford Motor Company),到1908年,T型车诞生了。

20世纪初刚开始有汽车的时候,汽车是地位和财富的象征,只属于富翁们。福特要改变这一点:T型车是属于大众的——几乎任何人都买得起。他明白,制造这种车的惟一办法就是高产量、低成本。福特致力于提高效率,将所有可能的环节机械化,并把工作划分成最小的单元。一名工人重复做同一项工作,生产的不是一个成品部件,而是整个生产过程不可缺少的一道工序;未完成的部件传给下一名工人,他来完成后续的工序。福特能使效率惊人地提高:生产第一辆T型车虽然花了12.5小时,而仅12年后的1920年,福特每分钟就有一辆T型车出厂。到汽车相当普及的1925年,福特的生产线则以每5秒钟一辆的速度源源不断地输送着T型车。

然而,工厂的机械化也有负面效应。工作越紧张,工人就越牢骚满腹。1913年,人员离职率达380%,福特不得不多招10倍的工人,以保证生产线的正常运转。为了招到最好的员工,激励他们更卖力气,福特甚至决定加薪一倍,这种做法在当时尚无先例。薪水翻番一经宣布,就有成千上万的人到福特找工作。为了维持秩序还出动了警察。

福特1945年去世时身价超过6亿美元。他在美国工业和美国社会发展中留下了不可磨灭的印记。他的名字成为大批量生产和现代管理理论发展的代名词。

大多数人都会把T型车与亨利·福特联系在一起,这种大批量生产的、让人支付得起的汽车改变了社会。但福特作为一个管理思想家同样也很重要,因为他发展了组织如何运作的观念。而且，他聘用了一些理论家，给他们提供研究管理理论的机会。

管理理论是从19世纪末才开始形成一门学科，但是管理的观念和实践已经存在了数千年。管理和人类的活动密切相关，管理是历史和社会的时代和地域的产物。我们从万里长城、金字塔、大运河等著名大型历史工程中，可以看到当时人类组织大规模集体协作活动的实践和成就。管理在这些实践活动中发挥了重要的作用。但是，在不同的历史时期，管理的目的和侧重点并不相同。孔、孟、老、庄等诸子百家的哲学思想，马基雅维里《君主论》，古罗马帝国的管理实践等，主要是针对国家的管理和社会统治的思想、智慧和管理实践。《孙子兵法》、克劳塞维茨的《战争论》等著名军事、战略文献反映了军事方面的实践和成就。罗马天主教会的管理也是历史上另一个著名管理实践的例子。虽然教会早在公元2世纪就建立了今天的组织结构，但是，教会的目标是通过教义来影响人们的思想。近代，伴随着工业革命及近代工厂的建立，伴随着产品和市场的竞争，形成了系统的管理理论并得到迅速发展。

纵观管理思想发展的全部历史，管理思想的产生和发展同管理实践活动有着密切的关系，特别是与市场经济的发展紧密相关，是在对企业竞争活动中的经验进行总结、提炼以后而形成的，是对管理活动的体系化的认识，但这种认识反过来又对管理实践活动起着指导和推动作用。本章主要对管理理论的发展历程做一简要介绍，以加深对管理内涵、管理本质、管理理论和市场经济的理解和认识。

第一节　早期的管理思想

管理活动是伴随着人类的活动而产生的。人是社会性动物，人们所从事的活动都是需要集体进行的，要组织和协调集体活动就需要管理。

管理理论是随着生产力的发展而发展，随着社会的发展而发展起来的。原始社会的生产力水平非常低下，当时的管理水平也与之相适应。譬如，原始人在狩猎时，往往是由一群人来捕杀一头猎物。只有许多人同时从事这一活动，才能既保全自己，又捕获猎物。在这种情况下，需要大家配合行动，这种相互配合的活动实际上就包含管理活动。随着人类的不断进步，管理思想也有了很大发展。世界上的一些文明古国对早期的管理思想都有一些突出的贡献。

在公元前3000年左右，古代埃及人建造了世界七大奇迹之一的胡夫金字塔。据考察，胡夫金字塔共耗用上万斤重的大石料230多万块，动用了10万人力，费时40年才得以建成。完成这样巨大的工程是非常艰难的，其中包含了大量的组织管理工作，例如，组织人力进行计划与设计，在没有先进运输工具条件下，组织搬运，人力的合理分工等。这些工作不但需要技术方面的知识,更重要的是要有许多管理经验。

古罗马的文明,也为我们留下了管理方面的宝贵文化遗产。公元 284 年,古罗马建立了层次分明的中央集权帝国。他们在权力等级,职能分工和严格的纪律方面都表现出他们在管理上具有相当高的水平。

马基雅维利及其四项领导原理

在 15 世纪的意大利,曾出现过一位著名的思想家和历史学家马基雅维利(Machiavelli Niccoio),他阐述了许多管理思想,其中影响最大的是他提出的四项领导原理。

(1) 领导者必须要得到群众的拥护。这里有两层含义。其一,群众要拥护他作为领导者;其二,领导者做事要征得群众的同意。

(2) 领导者必须维护组织内部的内聚力。领导者必须把组织的成员紧紧地团结在自己的周围,使自己及所在的组织具有吸引力。

(3) 领导者必须具备坚强的生存意志力。领导者要有坚韧不拔的精神,不软弱,不气馁,能为组织和自己的生存不断奋斗。

(4) 领导者必须具有崇高的品德和非凡的能力。

马基雅维利的四项领导原理是对当时出色领导人活动的概括和总结。现代领导理论中的一些原则同这些原理相当类似。由此看出,马基雅维利的贡献是不容置疑的。

中国是一个文明古国,有着光辉的历史。在管理思想的发展史上占有重要地位。

早在 2000 多年前的春秋战国时期,杰出的军事家孙武所著的《孙子兵法》计十三篇,篇篇都闪耀着智慧的光芒。“知己知彼,百战不殆”这一名句就是书中的一例。它强调要了解敌我双方的情况,并要分析客观规律才能克敌制胜。像这样辩证的策略思想在《孙子兵法》中比比皆是。这种思想不仅在军事上,而且在管理上对今天的工作都有重要的参考价值。日本和美国的一些大公司甚至把《孙子兵法》列为培训经理的必读书籍。

在 18 世纪 60 年代以后,西方国家开始进行产业革命。它开始于 18 世纪的英国,在美国国内战争结束后又传到了美国。这场革命使以手工业为基础的资本主义工场向采用机器的资本主义工厂制度过渡。机械力迅速取代了人力,并且使在工厂中制造商品更加经济。产业革命使生产力有了较大的发展。例如,在产业革命之前,毛毯都是由人们在家中制作的,工人要剪羊毛、纺毛线、染毛线,在家中的手工织机上织成毛毯,然后将织好的毛毯卖给走乡串户的商人,由他们再卖到地区性的集市或市场上。而机械力的引入加上劳动分工,使得在大型的高效率的工厂中采用动力驱动设备进行生产成为可能。在有100个工人的毛毯厂中，有些工人专门纺线，有些专门染色，另一些工人专门织毯，这样的工厂能制造大量的毛毯，而成本比原来低得多。但是，在这种工厂中需要管理技能，管理者需要预测需求，保证手头有足够的羊毛用于纺线，向每个工人分派任务，指挥每天的生产活动，协调各种活动，保证机器正常运转和保证产品的质量，以及为产品寻找市场等。当在每个家庭中制作毛毯时，人们很少关心效率，但是，突然工厂中雇佣了100个工人，并且要按期付他们工资，如何使工人满负荷工作就变得非常重要了。于是，随之而来的是管理思想的革命，计划、组织、控制等职能相继产生。企业规模不断扩大，劳动产品的复杂程度与工作专业化程度日益提高，企业经理人员也逐渐摆脱了其他工作，专门从事管理。

英国著名的政治经济学家与哲学家亚当·斯密(AdamSmith)在1776年发表了他的代表作《国富论》。该著作不仅对经济和政治理论的发展有着突出贡献，对管理思想的发展也有重要的贡献。亚当·斯密在他的《国富论》中以制针业为例说明了劳动分工给制造业带来的变化。明确提出劳动分工能大大提高生产效率，组织和社会将从劳动分工中获得巨大的经济利益的观点。

斯密注意到，如果一名工人没有受过专门的训练，恐怕工作一天也难以制造出一枚针来。如果希望他每天制造20枚针那就更不可能了。受过专门训练的熟练工人，如果每个工人独立完成所有制针工作，10个工人最快也不过每天制做200根针。他们每个人都得完成拔丝、矫直、切段、敲针头、磨针尖、将针头和铁杆焊在一起等工作，一个人每天完成10根针，手艺就算不错的了。但是，如果把制针程序分为若干项目，每一项就都变成一门特殊的工作了。一个人担任抽线工作，另一个人专门拉直，第三个人负责剪断，第四个人进行磨尖，第五个人在另一头上打孔并磨角等。10个工人每人从事一项专门的工作，每天能生产48 000根针。生产效率提高的幅度是相当惊人的。亚当·斯密认为，劳动分工之所以能大大提高生产效率，可归结为下面三个原因：

第一，可增加每个工人的技术熟练程度；

第二，可节省从一种工作转换为另一种工作所需要的时间；

第三，可促进许多便于工作又节省劳动时间的机器的发明。

亚当·斯密的论述形象地把劳动分工的优越性展现出来了。

早期对管理思想贡献较大的人物还有英国人查尔斯·巴贝奇(Charles Babbage)。巴贝奇是数学家、科学家和作家。他在进行管理研究时曾走遍英国和欧洲大陆，了解有关制造业方面的各种问题，并研究了经理人员解决这类问题的办法。巴贝奇以自己的亲身经验，奉劝当时的经理人员尽量采用劳动分工。通过时间研究和成本分析，他进一步分析了劳动分工使生产率提高的原因，他的解释比亚当·

斯密更全面,更细致。劳动分工是使生产率提高的原因。

巴贝奇还提出了一种工资加利润分享制度,以此来调动劳动者工作的积极性。他认为,工人除了拿工资外,还应按工厂所创利润的百分比额外地得到一部分报酬。

巴贝奇的这种工资加利润分享制度虽然有其阶级性,但他的这种管理思想对我们今天的工作仍然有一定的参考价值。

巴贝奇的思想无论在深度上,还是广度上都较前人甚至同代人有较大进步。他几乎研究了制造业的各个方面,他提出的许多原则不但适用于企业,也适用于其他类型的组织。

机械力的出现,大量生产,随着迅速扩展的铁路系统而来的运输成本的降低,以及几乎没有任何政府法令的限制,这一切促进了大公司的发展。约翰·D·洛克菲勒(John D Rockefeller)建立了垄断性的标准石油公司。安德鲁·卡内基(Andrew Carnegie)控制了钢铁工业的2/3。类似的企业家们建立了其他大型企业,这些企业需要正规化的管理。同时,对于规范的管理理论的需求也应运而生。然而,直到20世纪初叶,建立正式管理理论的尝试才迈出了决定性的第一步。

第二节　古典管理理论

一、科学管理理论

科学管理理论由弗雷德里克·泰罗和他人一起在1891年至1930年间建立的一种管理理论。它寻求通过科学的方法确定完成每项任务。挑选、培训和激励员工是提高生产率的最佳途径。

科学管理理论的产生部分起因于提高生产力的需求。尤其在美国,20世纪初就出现了技术工人短缺,提高生产力的惟一途径是提高工人的工作效率。因此,弗雷德里克·泰罗、亨利·甘特以及弗兰克·吉尔布雷斯和莉莲、吉尔布雷斯夫妇等提出了称做科学管理理论的一系列原则。

弗雷德里克·文斯洛·泰罗(Frederick Winslow Taylor 1856 ~ 1915),美国著名管理实践家、管理学家。由于他对管理理论的贡献,泰罗被誉为科学管理之父。泰罗1856年出生于美国费拉德尔菲亚一个富裕的律师家庭。由于眼疾中途退学,进入一个小机械厂当学徒工,从事机械和模型制造工作。1878年起进入费拉德尔菲亚的米德维尔钢铁厂当机械工人,到1890年,从普通工人升至总工程师。1890年至1893年期间,在一家制造纸板纤维的制造投资公司任总经理。后来独立开业,从事管理咨询和科学管理的推广应用工作。

泰罗从小喜欢研究和钻研问题,对任何事情都想找出“一种最好的方法”。在米德维尔钢铁厂工作期间,他感到当时的管理当局不懂工作程序、劳动节奏和疲劳因素对劳动生产率的影响,工人缺少训练,没有正确的操作方法和适用的工具,大大影响了劳动生产率的提高。为了改进管理,从1880年起,他开始试验和研究,逐步形成后来被称为“科学管理”或“泰罗制”的管理理论。

泰罗所创立的管理理论有以下几个主要观点。

(1) 科学管理的根本目的是谋求最高工作效率。泰罗认为,最高的工作效率是工厂主和工人共同达到富裕的基础。它能使较高的工资与较低的劳动成本统一起来,从而使工厂主得到较多的利润,使工人得到较高的工资,这样,便可以提高他们扩大再生产的兴趣,促进生产的发展。所以,提高劳动生产率是泰罗创立科学管理理论的基本出发点,是泰罗确定科学管理的原理、方法的基础。

(2) 达到最高工作效率的重要手段,是用科学的管理方法代替旧的经验管理。泰罗认为管理是一门科学。在管理实践中,建立各种明确的规定、条例、标准,使一切科学化、制度化,是提高管理效能的关键。

(3) 实施科学管理的核心问题,是要求管理人员和工人双方在精神上和思想上来一个彻底变革。1912年,他在美国众议院特别委员会所作的证词中强调指出:科学管理是一场重大的精神变革。他要求工厂的工人树立对工作、对同伙、对雇主负责任的观念;同时,也要求管理人员——领工、监工、企业主、董事会改变对同事、对工人以及对一切日常问题的态度,增强责任观念。通过这种重大的精神变革,可使管理人员和工人双方都把注意力从盈利的分配转到增加盈利数量上来。当他们用友好合作和互相帮助代替对抗和斗争时,他们就能够生产出比过去更加多的盈利,从而使工人的工资大大增加,使企业主的利润也大大增加。这样,双方之间便没有必要再为盈利的分配而争吵了。

根据以上观点,泰罗提出了以下的管理制度。

(1) 对工人提出科学的操作方法,以便合理利用工时,提高工效。具体做法是从执行同一种工作的工人中,挑选出身体最强壮,技术最熟练的一个人,把他的工作过程分解为许多个动作,在其最紧张劳动时,用秒表测量并记录完成每一个动作所消耗的时间,然后按照经济合理的原则加以分析研究,对其中合理的部分加以肯定,不合理的部分进行改进或省去,制定出标准的操作方法,并规定出完成每一个标准操作或动作的标准时间,制定出劳动时间定额。

(2) 在工资制度上实行差别计件制。按照作业标准和时间定额,规定不同的工资率。对完成和超额完成工作定额的工人,以较高的工资率计件支付工资;对完不成定额的工人,则按较低的工资率支付工资。

(3) 对工人进行科学的选择,并通过培训加以提高。泰罗曾经对经过科学选择的工人用上述的科学作业方法进行训练,使他们按照作业标准工作,以改变过去凭个人经验选择作业方法及靠师傅带徒弟的办法培养工人的落后做法。这样改进后，生产效率大为提高。例如，在搬运生铁的劳动试验中，经过选择和训练的工人，每人每天的搬运量从 12.5 吨提高到 47.5 吨；在铲铁的试验中，每人每天的平均搬运量从 16 吨提高到 60 吨。

(4) 制定科学的工艺规程，并用文件形式固定下来以利推广。泰罗用了十年以上时间进行金属切削试验，制定出了切削用量规范，使工人选用机床转数和走刀量都有了科学标准。

(5) 使管理和劳动分离，把管理工作称为计划职能，工人的劳动称为执行职能。泰罗指出，在旧的管理中，所有的计划都是由工人凭个人经验制定的，实行新的管理制度后，就必须由管理部门按照科学规律来制定计划。他认为，即使有的工人很熟悉生产情况，也能掌握科学的计划方法，但要他在同一时间既在现场做工、又在办公桌上工作是不可能的。在绝大多数情况下，需要一部分人先做出计划，由另一部分人去执行。因此，他主张把计划职能从工人的工作内容中分离出来，由专业的计划部门去做。计划部门的任务是，规定标准的操作方法和操作规程，制定定额，下达书面计划，监督控制计划的执行。从事计划职能的人员称为管理者，负责执行计划职能的人称为劳动者。

管理者和劳动者在工作中必须互相呼应、密切合作，以保证工作按照科学的设计程序进行。

以上这些改革，形成了科学管理理论的基本组成部分。这些现在看来似乎非常平常的早已为人们所熟悉的常识，在当时却是重大的变革。实践证明，这种改革收到了很好的效果，生产效率得到了普遍提高，出现了高效率、低成本、高工资、高利润的新局面。

1903 年，泰罗开始把自己的实践经验和研究成果上升到理论高度，著书立说。他的代表作是 1911 年出版的《科学管理原理》。与泰罗同时代的对管理改革做出过贡献的还有亨利·甘特、弗兰克·吉尔布雷斯夫妇、亨利·福特等。

亨利·甘特(Henry Gantt 1861 ~ 1919 年)，是泰罗在米德维尔和伯利恒钢铁公司的一位亲密同事，年轻的工程师甘特与泰罗共同进行过几个项目的研究。但当他独立做工业咨询顾问工程师时，他开始重新考虑泰罗的激励机制。甘特寻求通过科学的调查研究提高工人的效率，他扩展了某些泰罗最初的思想，并加进了自己的理解。

甘特抛开了他认为激励效果甚微的差别等级系统，提出了新观点，每名完成了每日额定工作量的人均可获 50 美分奖金。他又增加了一个奖励办法，每名领班完成自己每日定额后可获得一笔奖金，此外，如果他手下的工人都完成了定额，他还将得到一笔额外的奖金。甘特相信，这一条将督促主管们加强对员工的培训，帮助他们做好工作。

甘特最著名的发明是创造了一种线条图,称为甘特图,使管理者能够利用它来进行计划和控制。甘特图在一个坐标轴上表示出计划的工作与完成的工作,在另一个坐标轴上表示出已经过去的时间,这在当时称得上是一项革命。甘特图使管理当局能够随时看到计划的进展情况和及时采取必要的行动保证项目按时完成。甘特图及它的各种改进方法今天仍广泛用于各种组织作为安排工作进度计划的手段。从 20 世纪 20 年代开始,它被日本、西班牙和苏联采用,以它为基础又提出了两种表格,用于帮助人们制定计划、管理和控制复杂的组织。杜邦创立的关键途径法(Critical Path Method,CPM)和海军提出的项目评审法(Program Evaluation and Review Techniques,PERT),是富有创意地运用了甘特图。

弗兰克·吉尔布雷斯(Frank Gilbreth 1868 ~ 1924 年)和莉莲·吉尔布雷斯(Lilian Gilbreth 1878 ~ 1972 年)夫妇携手工作,为科学管理运动做出了贡献。莉莲和弗兰克从事疲劳和动作研究,主要研究提高工人个体福利的办法。对他们来讲,科学管理的最终目的在于帮助工人最大限度地发挥个人潜力。

泰罗的思想激起了人们研究和发展科学管理方法的热情,吉尔布雷斯夫妇是他的最杰出的追随者。弗兰克·吉尔布雷斯曾经是一位建筑承包商,1912 年,当他在一次专业会议上聆听了泰罗的演讲后,放弃了他的承包商生涯转而致力于研究科学管理。他同他的心理学家的妻子莉莲一起,研究了工作安排和消除手和身体动作的浪费问题。吉尔布雷斯夫妇还在设计和采用适当的工具和设备使工作绩效最优化方面进行了大量试验。弗兰克·吉尔布雷斯最著名的实验,恐怕要数关于省略砌砖动作的研究。

通过仔细地分析砌砖时的工作过程,吉尔布雷斯将砌外墙砖的动作从 18 个减少到一半甚至 4 个,将砌内墙砖的动作从 18 个减少到 2 个。他开发出了一种新的堆放砖的方法,利用专门设计的脚手架减少弯腰动作,甚至重新调配了灰浆的浓度,从而减少了砌砖工为了使砖放平每次都要用泥刀敲击砖的动作。

吉尔布雷斯夫妇是首先采用动作摄影来研究手和身体动作的研究者之一。他们发明了一种瞬时计,用来记录 1/2 000 秒的时间,把它置于要拍照的研究现场,以决定工人在每个动作花费的时间,从而能够辨认出被肉眼忽略的浪费动作并将其省去。吉尔布雷斯夫妇还设计出一种分类体系,用来标识手的 17 种基本的动作(诸如,"寻找"、"选择"、"抓取"、"持握"等),他们称之为基本动作元素,这套体系使吉尔布雷斯夫妇能够以更精确的方式分析任何操作者手的运动包含的动作要素。

他们的理论是,动作与疲劳紧密相关——每减少一个动作就能降低疲劳。他们尝试借助电影摄像机找到完成每项任务最为省力的动作,以提高工作绩效,降低疲惫感。吉尔布雷斯夫妇提出动作研究能鼓舞工人士气,因为它既能明显地改善员工的健康状况,又能体现管理层对员工的关心。

二、古典组织理论

科学管理注重提高车间和工人个体的生产力。古典组织理论注重寻求管理像工厂这样复杂的组织的指导方针。

亨利·法约尔(Henri Fayol 1841~1925),法国著名管理实践家、管理学家,古典管理理论创始人之一。法约尔1841年出生于法国的一个富裕资产阶级家庭。1860年从圣艾蒂安矿业学院毕业后,在康门塔里－福尔香包矿业冶金公司度过了58年的职业管理生涯。他从一个采矿工程师逐步晋升到总经理,担任总经理职务达30年之久。

法约尔长期从事高层管理工作,对全面管理工作有深刻的体会和了解,积累了丰富的经验。

法约尔像他同时代的泰罗一样,相信科学方法。但泰罗主要关注组织的各职能部门,而法约尔则对整个组织感兴趣,注重研究管理,他感到这是商业运作中被忽视得最厉害的。

通常认为亨利·法约尔是古典组织理论的创始人,这并非因为他第一个开始研究管理行为,而是因为他第一个将它系统化。法约尔相信合理的经营符合某种可以归纳和分析的模式。从这个基本认识入手,他提出了一套管理学说,直到今天仍有相当大的影响。在法约尔之前,普遍的看法是"管理者是天生的,不是学来的",但法约尔坚信,管理也是一项技能,一旦理解了背后的原则就可以学会。

法约尔在1916年出版了《工业管理与一般管理》一书,提出了组织的六种经营活动,适用于各类组织的管理5大职能和有效管理的14条原则。

法约尔将工业企业中的各种活动划分成6类:技术活动、商业活动、财务活动、安全活动、会计活动和管理活动。管理活动是企业运营中的一项主要活动。法约尔认为,经营和管理是两个不同的概念,经营是引导一个组织趋向一个目标的活动,经营包含六种活动:技术活动(生产)、商业活动(交换活动)、财务活动(资金的筹集、控制和使用)、安全活动(财、物和人身的安全)、会计活动(记账、算账、成本核算和统计等)、管理活动(计划、组织、指挥、协调、控制)。法约尔指出,人们对前五种活动了解较多,但对管理活动知之甚少。管理包含计划、组织、指挥、协调和控制五大职能。管理具有一般性,适用于企业、事业单位和行政组织的一般职能。管理具有可概念化、可理论化、可传授的特点,应该大力发展管理教育。他提出的关于管理五大要素或五大职能的思想,成为人们认识管理职能和管理过程的一般性框架。管理不仅是工业企业的有效运营所不可缺少的,它也存在于一切有组织的人类活动之中,是一种具有普遍性的活动。法约尔认为,管理的成功不完全取决于个人的管理能力,更重要的是管理者要能灵活地贯彻管理的一系列原则。

法约尔的14条管理原则:

(1) 分工。人员分工越细,工作效率越高。这条原则在现代生产线上体现得最明显。

(2) 权威。管理者必须发布命令才能让人干活,虽然有正式赋予的命令别人的权力,但除非他们具备个人威信(如专业知识过硬),否则很难总是强迫人服从。

(3) 纪律。组织成员应遵守组织的规章制度,法约尔认为,纪律来自于组织各级别的有效领导、公平的制度(如奖励突出工作表现的条款)和对违纪行为的合理处罚。

(4) 命令统一。每名员工必须受命于一人。法约尔认为,如果一名员工向一个以上的领导报告,就会产生命令冲突和权威混乱。

(5) 统一领导。组织内部围绕同一目标的工作应该由同一经理在同一计划指导下进行。例如,公司的人事部门不能有两名总监,各自执行不同的用人政策。

(6) 个人利益服从全局利益。在任何情况下,个人利益不能优先于组织的整体利益。

(7) 报酬。工作的报酬应该对员工和雇主都公平。

(8) 集权。减少下属在决策中的作用叫集权;增大下属的作用叫分权。法约尔认为管理者应负担起最后责任,但同时应给下属足够的权力以做好工作。问题的关键在于找到集中权力的度。

(9) 等级。组织的权力——现在通常由方框和直线组成的组织结构图表示——上至最高管理层、下至基层从大到小分配。

(10) 秩序。材料和人员按时到位,尤其是人,应该做他们最适合的工作,处于他们最适合的职位。

(11) 公平。管理者对下属应友好、公平。

(12) 员工稳定。员工流失率高会破坏组织的高效运转。

(13) 主动性。下属可以自由地构思计划并付诸实施,虽然其间可能产生一些错误。

(14) 公司精神。加强团队精神会使企业更团结。法约尔认为,即使很小的因素也应有助于发扬这种团队精神,比如,他建议能用语言沟通时就不要用正式、书面的交流方式。

法约尔提出的著名的十四条管理原则,至今仍有重要的实践指导意义。

三、行政组织理论

马克斯·韦伯(Max Weber,1864~1920),德国著名思想家,社会学家。马克斯·韦伯提出的通常称做"官僚制"、"科层制"或"理想的行政组织"的理论,对工业化以来各种不同类型组织产生了广泛而深远的影响,成为现代大型组织广泛采用的一种组织管理方式。韦伯行政组织理论产生的历史背景,正是德国企业从小规模世袭管理,到大规模专业管理转变的关键时期,了解韦伯的思想更具有重要的现实意义。

韦伯认为,任何组织都必须以某种形式的权力作为基础,没有某种形式的权力,任何组织都不能达到自己的目标。人类社会存在三种为社会所接受的权力:传统权力是传统惯例或世袭得来;超凡权力来源于别人的崇拜与追随;法定权力是法律规定的权力。对于传统权力,韦伯认为:人们对其服从是因为领袖人物占据着传统所支持的权力地位,同时,领袖人物也受着传统的制约。但是,人们对传统权力的服从并不是以与个人无关的秩序为依据,而是在习惯义务领域内的个人忠诚。领导人的作用似乎只为了维护传统,因而效率较低,不宜作为行政组织体系的基础。而超凡权力的合法性,完全依靠对于领袖人物的信仰,他必须以不断的奇迹和英雄之举赢得追随者,超凡权力过于带有感情色彩并且是非理性的,不是依据规章制度,而是依据神秘的启示。所以,超凡的权力形式也不宜作为行政组织体系的基础。韦伯认为,只有法定权力才能作为行政组织体系的基础,其最根本的特征在于它提供了慎重的公正。原因在于:(1) 管理的连续性使管理活动必须有秩序地进行。(2) 以"能"为本的择人方式提供了理性基础。(3) 领导者的权力并非无限,应受到约束。

韦伯认为,任何有着明确目标和成千上万名员工的组织都需要精心规划和管理,于是他提出了官僚体制的管理理论,强调应该建立一个等级森严的组织,通过严密的制度和明确的权力分配来管理。他心目中理想的组织是一个官僚机构。机构的活动和目标都经过周密考虑合理安排、明确分工。韦伯也相信应注重技能,对工作绩效的评估应完全建立在业绩基础上。

韦伯提出权威的基础是制度规范。理想的行政组织理论的实质在于以科学确定的"法定的"制度规范为组织协作行为的基本约束机制,主要依靠科学合理的理性权威实行管理。在人类组织管理历史上,由于管理所依托的基本手段不同,曾经有不同类型的权威关系和相应的管理方式。早期组织管理中多依靠个人的权威,以传统的权威和"神授"的超凡权威为基本的控制手段。马克斯·韦伯指出,组织管理过程中依赖的基本权威将由个人转向"法理",以理性的、正式规定的制度规范为权威中心实施管理。

韦伯认为,理想的行政组织应具备如下特征:

(1) 在劳动分工基础上,规定每个岗位的权力和责任,把这些权力和责任作为明确规范而制度化。

(2) 按照不同职位权力的大小,确定其在组织中的地位,形成有序的等级系统,以制度形式巩固下来。

(3) 明确规定职位特性以及该职位对人应有能力的要求,根据技术资格挑选组织成员。

(4) 管理人员根据法律制度赋予的权力处于拥有权力的地位,原则上所有的人都服从制度规定,不是服从于某个人。

(5) 管理人员在实施管理时,每个管理人员只负责特定的工作,拥有执行自己职能所必要的权力;权力要受到严格的限制,服从有关章程和制度的规定。

(6) 管理者的职务是他的职业,他有固定报酬,有按才干晋升的机会,应忠于职守而不是忠于某个人。

韦伯认为,凡具有上述6项特征的组织,可使组织表现出高度的理性化,其成员的工作行为也能达到预期的效果,组织目标也能顺利地达到。韦伯对理想的官僚组织模式的描绘,为行政组织指明了一条制度化的组织准则,这是他在管理思想上的最大贡献。

这种官僚制具有如下优越性。

(1) 个人与权力相分离。官僚制摆脱了传统组织的随机、易变、主观、偏见的影响,具有比传统组织优越得多的精确性、连续性、可靠性和稳定性。

(2) 是理性精神、合理化精神的体现。在典型的官僚制中,存在着一套具有连续性的规章制度网,涉及组织管理过程的许多主要方面,它给每项工作确定了清楚的、全面的、明确的职权和责任,从而使组织运转和个人行为尽可能少地依赖个人。

(3) 适合工业革命以来大型企业组织的需要。早期传统的组织过分依赖个人和裙带关系、人身依附关系,采用任意的、主观的、多变的管理方式,不适合大型企业组织管理的要求。工业化以来,大型企业组织规模大、分工细、层次多,需要高度统一、准确、连续、稳定的秩序来保证。

作为韦伯组织理论的基础,官僚制在19世纪已盛行于欧洲。韦伯从事实出发,把人类行为规律性地服从于一套规则作为社会学分析的基础。他认为一套支配行为的特殊规则的存在,是组织概念的本质所在。没有它们,将无从判断组织性行为。这些规则对行政人员的作用是双重的:一方面他们自己的行为受其制约,另一方面他们有责任监督其他成员服从于这些规则。韦伯理论的主要创新之处源于他对有关官僚制效率争论的忽略,而把目光投向其准确性、连续性、纪律性、严整性与可靠性。韦伯这种强调规则、强调能力、强调知识的行政组织理论为社会发展提供了一种高效率、合乎理性的管理体制。现在我们普遍采用的高、中、低三层次管理就是源于他的理论。

今天,一提官僚机构,我们往往就会想到那些机械地把效率置于人的需要之先的巨大的非个人的组织。但是我们应该当心,不要把我们对官僚体制一词的否定色彩用在韦伯使用的这个名词上,正如其他科学管理理论家一样,韦伯力争改善那些对社会举足轻重的组织的工作,使它们的各项运作可以预见并更有成效。显然我们现在像注重效率和可预见性一样珍视革新和灵活性,然而韦伯的官僚机构管理模式明显改善了像福特这样的大公司的构成。官僚机构是韦伯十分看好的一种特殊的关系模式。

虽然官僚机制在很多公司中取得了成功,但在20世纪90年代竞争激烈的全球市场中像通用电气、施乐这样的公司已经扔掉了官僚体制的组织结构,代之以团队,项目、联盟的不断变化组合,以期发挥员工的创造力。

韦伯关于组织中三种合法权力的精辟分析,犹如茫茫大海上的灯塔。随着社会的发展,组织中法定权力的重要性和科学性日益凸显。中国几千年的历史,在各类组织中基本都是传统权力和超凡权力远远比法定权力更有影响。当前我国提出建设法治国家的目标,其关键就是要确定法定权力在国家行政组织体系中的基础及决定地位。

古典管理时期的三位主要代表人物,为管理学奠定了坚实的基础。泰罗率先在管理研究中采用近代科学方法,开管理研究中采用科学方法之先河。法约尔明确管理是企业的一种基本活动,其过程或职能为计划、组织、指挥、协调、控制,为研究管理过程打下了坚实的基础。马克斯·韦伯的官僚制理论,提出最适合于企业组织发展需要的组织类型和基本管理精神,成为各类大型组织的"理想模型"。这一时期管理研究的实践,为管理思想进一步发展打下了良好的基础。

继泰罗科学管理理论广泛传播和应用之后,采用科学方法研究管理问题蔚然成风。经过长时期的积累,管理的发展逐步进入新阶段。

第三节 人力资源方法与行为科学

一、人力资源方法

管理者是与人们共同实现组织的目标,从组织的人方面来考察管理,构成了目前的人事管理领域,以及关于激励和领导的当代观点。这些研究成果都出自同一类型的研究方法,我们称之为管理的人力资源方法。

在19世纪和20世纪早期,尽管毫无既问有许多人都认识到人的因素对组织成功的重要性,不过作为人力资源方法早期的倡导者,最突出的是:罗伯特·欧文(Robert Owen)。雨果·明斯特伯格(Hugo Minsterberg)、玛丽·帕克·福莱特(Mary Parker Follett)和切斯特·巴纳德(Chester Barnard)等。

罗伯特·欧文是一位成功的苏格兰生意人,他于1789年买下他的第一家工厂时才18岁。由于憎恶他所见到的苏格兰各处工厂中的粗劣做法(诸如雇佣的童工许多年龄甚至不满10岁,13个小时工作日,以及恶劣的工作条件),使得欧文成为一位改革者。他遣责工厂主们关心他们的设备胜过关心他们的雇员,他说他要买最好的机器,但不是雇佣最廉价的劳动力去操纵它们。欧文指出,把钱花在提高劳动力素质上是企业经理最佳的投资之一。他认为关心雇员既能为管理当局带来高利润,同时又能减轻人们的痛苦。

欧文设想了一个乌托邦式的工作场所。正如一位作者所评论的,欧文的成功没有载入管理史,人们记得的是他减轻工人阶级痛苦的勇气和承诺。早在1825年,他领先于他生活的时代100多年提出,应在法律上规定工作日时间,制定童工法,普及教育,由公司提供工作餐,以及企业参与社区发展计划。

玛丽·帕克·福莱特是在古典学派的基本构架上进行研究的理论家之一,但她也引入了许多新的因素,尤其是在人际关系和组织结构方面。由她开始的研究趋势后来被新兴的行为学派和管理科学学派引申发展。

玛丽·帕克·福莱特是最早认识到应当从个人和群体行为的角度考察组织的学者之一。作为一个变革者,她的著作虽然写作于科学管理时代,但却提出了更富有人本导向的思想。福莱特夫人是一位社会哲学家,但她的思想澄清了管理实践中的许多内在假设。福莱特认为,组织应该基于群体道德而不是个人主义,个人的潜能只有通过群体的结合才能释放出来,否则永远是一种潜能。管理者的任务是调和与协调群体的努力,管理者和工人应将他们看作合作者——看作共同群体的一个部分。因此,管理者应当更多地依靠他的知识和专长去领导下属,而不是依靠他的职务的正式权力。福莱特的人本思想影响着我们如何看待动机、领导、权力和权威。

福莱特相信,人除非作为一个团体的成员,否则就不是一个完整的人。人通过在各种组织中与他人的关系而成长。实际上,她称管理为"通过人把事情做好的艺术"。她接受了泰勒关于劳方与资方作为同一组织的成员有着共同目标的理论,但她以为,人为地划分管理者(发布命令者)与下属(接受命令者)抹杀了这种自然的合作伙伴关系,她坚信团体的力量,个人各自不同的才能相加能发挥更大的作用。而且,福莱特的"全面"控制模式不仅考虑到个人与团体,而且将诸如政治、经济和生物等环境因素的影响纳入其考虑范围。

管理不仅仅意味着发生在某一特定组织内部的事——福莱特的模式是这一观念的重要先驱之一。福莱特明确地在她的理论中增加了组织环境,为管理理论的发展铺平了道路,使管理理论涵盖了更为广泛的关系,既有组织内部的,也有超越组织边界的关系。为此,福莱特为现代管理理论做出了杰出贡献。

二、明斯特伯格的工业心理学思想

雨果·明斯特伯格(Hugo Munsterberg,1863~1916)是工业心理学的主要创始人,被尊称为"工业心理学之父"。他出生于德国,师从现代科学心理学的创始人、德国著名心理学家威廉·冯特(W. Wundt)。明斯特伯格在德国莱比锡大学的心理学实验室中受到了正统的学术教育和训练,于1885年获得心理学博士学位。后来他移居美国,应美国著名心理学家威廉·詹姆斯(W. James)的邀请来到哈佛大学。

1892年,明斯特伯格受聘于哈佛大学,建立了心理学实验室并担任主任。在那里,他应用实验心理学的方法研究大量的问题,包括知觉和注意等方面的问题。明斯特伯格对用传统的心理学研究方法研究实际的工业中的问题十分感兴趣,于是他的心理学实验室就成为了工业心理学活动的基地,成为后来的工业心理学运动的奠基石。

明斯特伯格的工业心理学思想产生于当时特定的历史背景之下。19世纪末20世纪初的第二次工业革命使得工业企业的生产规模不断扩大,生产效率进一步提高。为了获得更高的生产效率,人们开始注意到如何有效地利用人的生理和心理资源的问题。泰勒的"科学管理"活动使得社会上对于科学管理的兴趣高涨起来。在"泰勒制"出现之前,心理学就已经成为了一门独立的科学,但是将心理学直接应用到工业生产领域,研究如何适应和转变工人的心理、激发工人的干劲,以发挥生产效率,还是20世纪初才开始探索的。明斯特伯格指出,在当时的工业中,人们最大的注意力是放在材料和设备的问题上;也有一些人注意到了工人的心理状态对工人工作效率的影响,如有关疲劳问题、工作单调问题、兴趣和愉快、工作报酬等等。对于这一类问题,当时都是由一些外行人来处理的,他们对此缺少科学的理解。

明斯特伯格认为,心理学应该对提高工人的适应能力与工作效率做出贡献。他希望能对工业生产中人的行为,做进一步的科学研究。他研究的重点是:如何根据个体的素质以及心理特点把他们安置到最适合他们的工作岗位上;在什么样的心理条件下可以让工人发挥最大的干劲和积极性,从而能够从每个工人处得到最大的、最令人满意的产量;怎样的情绪能使工人的工作产生最佳的效果。

1912年,明斯特伯格出版了《心理学与经济生活》一书,该书在1913年被译为《心理学与工业效率》。他在书中论述了对人类行为进行科学研究以发现人类行为的一般模式和解释个人之间差异的重要性。该书包括三大部分内容:最适合的人,即研究工作对人们的要求,识别最适合从事某种工作的人应具备什么样的心理特点,将心理学的实验方法应用在人员选拔、职业指导和工作安排方面;最适合的工作,即研究和设计适合人们工作的方法、手段与环境,以提高工作效率,他发现,学习和训练是最经济的提高工作效率的方法和手段,物理的和社会的因素对工作效率有较强的影响,特别是创造工作中适宜的"心理条件"极为重要;最理想的效果,即用合理的方法在商业中也同样可以确保资源的合理利用,他研究了对人的需要施加符合组织利益的影响的必要性。明斯特伯格指出心理学家在工业中的作用应该是:帮助发现最适合从事某项工作的工人;决定在什么样的心理状态下,每个人才能达到最高产量;在人的思想中形成有利于提高管理效率的影响。明斯特伯格建议用心理测验来改进雇员的选拔,用学习理论评价培训方法的开发,以及对人类行为进行研究,以便搞清什么方法对激励工人是最有效的。有趣的是,他看出了科学管理与工业心理学之间的联系，二者都是通过科学的工作分析，以及通过使个人技能和能力更好地适合各种工作的要求，寻求提高生产率。我们今天关于甄选技术、雇员培训、工作设计和激励的知识，很多都是建立在明斯特伯格的研究工作基础上的。明斯特伯格开创了工业心理学领域——对工作中的个人进行科学研究以使其生产率和心理调适最大化。

在明斯特伯格开创工业心理学的时期，工业心理学的目的就是追求个人在工业中的最高效率和最适宜的环境条件。人们相信，归根到底，个人在工业环境中的最高效率，只有确保他在那种环境中获得最满意的适应时才能实现。明斯特伯格的研究成果被广泛地采用于职业选择、劳动合理化，以及改进工作方法、建立最佳工作条件等方面。选择适应于工人体力、心理特征的工作条件，在当时不仅是生产力增长的重要因素，也是减少工人同企业主矛盾冲突的重要条件。明斯特伯格指出，“我们绝不要忘记，通过将来的心理上的适应和通过改善心理条件来提高工作效率，不仅符合厂主的利益，而且更符合职工的利益，他们的劳动时间可以缩短，工资可以增加，生活水平可以提高。

明斯特伯格作为工业心理学的先驱，他的研究和思想对后来的研究工作和工业心理学理论有着深远的影响。早期的工业与组织心理学研究工作主要着重于应用心理学的思想和方法，增加企业的经济收益。这样，企业主从增加自己的经济利益出发，开始在企业中雇佣心理学家，心理学家也得以进入到企业中开展应用性的研究。心理学家对研究人的因素无疑处于最有贡献的地位。20 世纪的许多重要的工业与组织心理学家的理论和研究都可以追溯到明斯特伯格的思想和研究工作。在明斯特伯格之后，大量的社会心理学和工业心理学著作相继问世，产生了注重研究人的心理因素，试图通过对人的各种需要的满足来调动人的积极性的“人际关系学说”，这一学说以著名的霍桑工厂实验为基础，在 20 世纪 40 ~ 50 年代之间颇有影响。在此基础上又发展出行为科学理论，自 20 世纪 50 年代在西方受人瞩目，很快风靡起来，至今仍在企业管理中有一定的影响。

三、霍桑试验和梅奥的人群关系论

古典管理思想把人看做是简单的生产要素，像机器设备和工具一样，任凭管理当局调配使用，只要给予些微的物质或经济刺激就可使人像牛马一样地干活。20 世纪 20 年代中期以后产生的人际关系学说和行为管理理论，开始注意到了“人”具有不同于“物”的许多特殊的方面，需要管理当局采取一种不同的方式来加以管理。对“人”的因素的重视，首先应该归功于乔治·埃尔顿·梅奥（George Elton Mayo 1880 ~ 1949 年）和他在霍桑工厂所进行的试验。

人际关系运动起源于西部电子公司从 1924 年到 1933 年所做的一系列著名的研究。这些研究后来被称为“霍桑试验”。因为其中很多都是在位于芝加哥附近的西部电子公司霍桑工厂进行的。霍桑试验始于一项对工作场所照明度和工人生产力之间关系的调查,这种类型的问题也是弗雷德里克·泰罗和他的同事所关注的。

在早期的一些研究中,西部电子的研究者将员工分成实验小组和控制小组。实验小组的灯光照明可以任意改变,而控制小组的照明在实验过程中保持不变。实验结果并不明确,实验小组的照明条件改善后,生产力趋于增加,但增加幅度起伏不定。而当照明条件变恶劣时,实验小组的生产力却同样趋于增加。更神秘的是,实验期间控制小组的产量同样增加了,虽然它的照明没有任何变化。显然存在着照明之外的因素会对工人们的业绩产生影响。

在另一系列实验中小组成员被安排在单独的房间里并改变几个变量:加薪、增加了几个长短不同的休息期、工作日和工作周缩短。由研究者担任组长。他们允许工人自己选择休息时间,参与决定各种变化。然而,结果又是模棱两可,工作绩效随着时间的推移会变好,但同样没有规律。这套实验进行到一半时,梅奥和他在哈佛的一些同事也加入进来。

在这些实验和后来的实验中,梅奥和他的同事们发现,一个复杂的态度链触发了生产力的增长,因为实验组和控制组被选中给予特殊关注,两个小组由此产生的小组自豪感激励他们改善工作表现,公司的关心理解又进一步鼓舞了他们的干劲。研究者得出结论,如果员工认为管理者关心他们的福利,上司给了他们特别的关注。他们就会更勤奋地工作。这种现象后来被称为霍桑效应。控制组并没有得到特别管理,工作条件也没有改善工作绩效却依然提高了,一些人(包括梅奥自己)的解释是控制组生产力的提高是由于研究者们的特别关注。

研究者还得出结论,非正式工作小组、员工所在的社会环境,对生产力有积极影响。西部电子的很多员工发现工作乏味,没有意义。但同事之间的交往和友谊有时是对老板“共同”的对立情绪使他们的工作有了点意义,也起到一些与管理者抗衡的保护作用,鉴于以上原因,小组内部压力对生产力的影响往往大于管理者的命令。

梅奥基于这种结果,进行了一系列的后续调查、试验和采访工作,结果表明人的心理因素和社会因素对生产效率有极大的影响。梅奥 1933 年出版的《工业文明中的人的问题》一书对霍桑试验的结果进行了系统总结,其主要观点是:

(1) 员工是“社会人”,具有社会心理方面的需要,而不是单纯地追求金钱收入和物质条件的满足。企业管理者不能仅着眼于技术经济因素的管理,而要从社会心理方面去鼓励工人提高劳动生产率。

(2) 企业中除了正式组织外还存在非正式组织。正式组织是管理当局根据实现组织目标的需要而设立的,非正式组织则是人们在自然接触过程中自发形成的。正式组织中人的行为遵循效率的逻辑,而非正式组织中人的行为往往遵循感情的逻辑,合得来的聚在一起,合不来的或不愿与之合的就被排除在组织之外。哪些人是同一非正式组织的成员,不取决于工种或工作地点的相近,而完全取决于人与人之间的关系。非正式组织是企业中必然会出现的,它对正式组织可能会产生一种冲击和消极的作用,但也可能发挥积极的作用。非正式组织的存在,进一步证实了企业是一个社会系统,受人的社会心理因素的影响。

(3) 企业的领导者应注重通过提高员工的满意度来激发"士气",从而达到提高生产率的目的。

梅奥的这些结论导致了人们对组织中的"人"的一种全新的认识。继梅奥和罗特利斯伯格的研究之后,有很多学者从心理学、社会学角度致力于这方面的研究和探索。梅奥和罗特利斯伯格的理论通常被称为人际关系学说。在此之后,人际关系运动在企业界蓬勃开展起来,致力于人的因素研究的行为科学家也不断涌现。其中有影响的代表人物包括卡内基(Dale Carneigie)、马斯洛(Abraham Maslow)、麦克雷戈(Douglas Mecregor)等诸多的学者。本书后面在"领导"一章中将要具体地介绍这些人物及其基本主张,这里就只着重介绍一下行为管理思想的发展脉络及其对管理研究与实践的影响。

四、行为科学和组织行为学

梅奥和他的同事们是以科学方法研究处于工作环境中的人的先驱。后来的研究者受过更专业的社会科学(心理学、社会学和人类学)训练。他们采用更系统的研究方法,他们被称为"行为科学家"而不是"人际关系理论家"。

行为管理思想产生之初因为侧重于研究人们之间的相互关系,所以被称做"人际关系学说"。这种思想在经历了三四十年代的迅速发展后,已经形成了一个庞大而复杂的学科群,吸引着来自心理学、社会学、人类学、管理学、人机工程等众多领域的研究者。在 1949 年美国芝加哥召开的一次学术会议上,来自各个不同领域的与会者一致认为,围绕行为研究所取得的现有成果已足以证明该类研究具有了独立学科的地位,于是正式将之定名为"行为科学"。但鉴于广义的行为科学是一个研究包括人的行为以至动物的行为在内的涵盖范围广泛的学科体系,20 世纪 60 年代后,有些专门研究行为科学在企业中的应用的学者提出了"组织行为学"这一名称。

组织行为学的研究内容大体上可分为三个层面:

(1) 有关员工个体行为的研究。这是最微观层面的研究,涉及的内容主要包括人的需要、动机和激励,以及企业中人的特性问题。人际关系学说提出了员工是"社会人"而不是"经济人"的假设,后期行为研究者进一步提出了"自我实现人"的主张。这些基于对员工需要类型和特征的识别而提出的"人性"假设,实际上是对管理者对员工所采取的种种不同管理哲学、管理理念和管理措施的概括反映。

(2) 有关员工群体行为的研究。这一层面的研究突出地强调了企业中的员工不是互相孤立的个人,而是各式各样正式和非正式群体的成员,彼此之间存在着一定程度的相互接触、相互影响和相互作用。将员工置于群体的背景中进行研究,结果发现,人在群体中的行为,与其作为独立的个人时的行为相比较,会表现出许多独特或差异之处。关于群体压力、群体中成员互动过程的动力的研究,以及群体中沟通问题、竞争和冲突问题的研究,构成了群体行为研究的主要内容。

(3) 有关组织行为的研究。这是针对组织整体这一最高层次展开的行为方面的研究。主要包括"以人为中心"的领导理论,体现"人本"原则的工作设计与组织设计理论,以及组织发展和组织变革理论等。

以上三个层面的研究虽然有各自不同的侧重点,但它们是相互联系、不可割裂的。

比如马斯洛认为,人们为之奋斗以得到满足的需要可分为不同的层次等级,生理和安全需求位于最底层,自我需求(如获得尊敬的需求)和自我实现的需求处于最高层,马斯洛指出,通常必须首先满足最低层次的需求,而后再满足高层需求。由于在当代社会中,低层次需求很容易满足,大多数人的动力来自于高层次的自我实现的需求。

后来的一些行为科学家认为,即使这个模式也无法涵盖激励人们工作的所有因素。他们提出,不是所有人都如预期的那样从一个需求层次过渡到另一个层次。对于一些人来说,工作只是满足低层次需求的手段;另一些人一心只要实现最高层次的需要,只要能实现其独特的个人目标,他们甚至会选择有生命危险的工作。这些行为科学家提出,现实中人的动机模式是"复杂人",这个模式使有效的管理者意识到,没有两个人完全相像,从而针对个人不同需要,定制不同的激励方法。

随着美国公司不断增进与其他文化的公司的生意往来,牢记理论的文化局限性就越发重要,例如,马斯洛的需求层次等级并非放之四海而皆准的动机模式,其他国家的价值观不同,需求层次的先后可能相差很大,在瑞典,生活质量最为重要,而在日本和德国,安全第一。

五、麦格雷戈的"X 理论 – Y 理论"

对员工的人性假设不仅影响到针对个体所采取的激励措施,还影响到了领导行为及其他各项管理措施。在哈佛大学和麻省理工学院长期从事心理学教学与科研工作的道格拉斯·麦格雷戈,就是立足于对现实中企业管理者对员工所采取的管理方式不同而提出了"X 理论 – Y 理论"两分法。他在 1957 年发表的《企业的人性面》中指出,按"X 理论"来进行管理的传统方式,需要向体现"Y 理论"观点的新模式转变。

麦格雷戈认为,管理者因为对员工持有两种不同的看法,相应地采取了两种不同的管理方式。以下是他归纳出的两种管理模式的特点。

1.X理论

麦格雷戈认为,按“X理论”来实施管理的管理者,对员工的人性持有如下基本判断:

① 一般人天性好逸恶劳,只要有可能,就会逃避工作。

② 人生来就以自我为中心,漠视组织的要求。

③ 一般人缺乏进取心,逃避责任,甘愿听从指挥,安于现状,没有创造性。

④ 人们通常容易受骗,易受人煽动。

基于这种对员工人性的判断,持X理论观的管理者就必然在管理工作中对员工采用强制、惩罚、解雇等手段来迫使他们工作。实际上,这种对员工严加监督和控制的方式,体现在泰勒科学管理思想的奉行者及其以前的传统的管理方法上。

2.Y理论

Y理论对人性的认识同X理论恰好相反。具体观点是:

① 一般人天生并不是好逸恶劳的,工作中体力和智力的消耗就像看戏和休息一样自然,人们对工作的好恶取决于他们对工作带来的满足和惩罚的理解。

② 外来的控制与惩罚并不是促使人们为实现组织目标而努力工作的惟一方法,甚至可以说它不是最好的方法。相反,如果让人们参与制定自己的工作目标,则有利于实现自我指挥和控制。

③ 在适当的条件下,一般人是能主动承担责任的,不愿负责、缺乏雄心壮志并不是人的天性。

④ 大多数人都具有一定的想象力、独创性和创造力。

⑤ 在现代社会中,人的智慧和潜能只是部分地得到了发挥。

基于这种对人性的乐观认识,持有“Y理论”观的管理者就倾向于在管理工作中实行以人为中心的、宽容的、民主的管理方式,以使员工个人目标同组织目标很好地结合起来,并为员工发挥其智慧和潜能创造有利的条件。

总而言之,行为管理思想的产生改变了人对管理的思考方法和行为方式,它促使管理者把员工视为是需要予以保护和开发的宝贵的资源,而不是简单的生产要素,从而强调从人的需求、动机、相互关系、工作环境和社会环境等方面研究管理活动及其执行结果对组织目标和个人成长的双重影响。

行为管理思想之所以会产生,是因为前期的科学管理思想尽管在提高劳动生产率方面取得了显著的成绩,但由于它片面强调对工人进行严格的控制和动作的规范化,忽视了工人的情感和成长的需要,从而引起工人的不满和社会的责难。在这种情况下,科学管理已不能适应新的形势,需要有新的管理理论和方法来进一步调动员工的积极性,从而提高劳动生产率。毕竟组织是由一群人所组成的。管理者是通过他人的工作来达成组织目标的，因此需要对人类工作的行为进行研究，由此说明了行为管理思想提出后为什么会很快在实践中得到广泛的重视和应用。但现实中由于人的行为的复杂性，使得对行为进行准确的分析和预测实际上是非常困难的，因此，行为科学的研究结论在某种程度上说还是与现实有一定的距离。再一点是，行为科学的研究更多是围绕个体或群体进行的，对个体或群体的过度重视有时使人不免感到行为管理思想虽然是在强调“组织中的人”，但实际中往往容易出现“无组织的人”的片面做法。

六、巴纳德和社会系统学派

巴纳德是对中期管理思想有卓越贡献的学者之一。他出生于1886年，1906年进入哈佛大学经济系学习，3年内他以优异的成绩学完全部课程，但因缺少实验科学学分而未能获得学士学位。他1909年离开哈佛后，进入了美国电话电报公司统计部服务。从1927年起他担任美国新泽西贝尔公司的总经理直到退休。他还在其他许多组织中兼职，例如，在洛克菲勒基金会任董事长4年，在联合服务组织任主席3年等等。巴纳德虽然未获得学士学位，但是由于他将社会学的概念用于管理上，在组织的性质和理论方面做出了杰出的贡献，他却得到了7个荣誉博士学位。巴纳德的思想在古典管理观点和人力资源观点之间架设了桥梁。像法约尔一样，巴纳德也是一位实践者。他读过韦伯的著作并深受其影响。但是与韦伯对组织的机械论和非人格性观点不同，巴纳德将组织看做一个社会系统，这个系统要求人们之间的合作。巴纳德的代表作是1938年出版的《经理人员的职能》，他在该书中详细地论述了自己的组织理论。

巴纳德在管理理论上有以下主要思想。

(1) 组织论的管理理论。巴纳德理论总的特征是组织论的管理理论，即以组织为基础分析和说明管理的职能和过程。其理论结构为：个体假设—协作行为和协作系统理论—组织理论—管理理论。比起管理的过程和职能来，更侧重于说明管理的基础和管理的原理。

(2) 正式组织与非正式组织。在对个体基本特征和协作过程进行分析的基础上，巴纳德提出著名的正式组织和非正式组织理论。该理论认为，正式组织是两个或两个以上个人的有意识协调的行为或行为的系统。而非正式组织是个人相互接触中无意识地带有体系化、类型化特征的多种心理因素的体系。

正式组织包含协作意愿、共同目标、信息沟通三个基本要素。正式组织与非正式组织互为条件、相互制约、相互促进，组织是正式组织侧面与非正式组织侧面的统一。

(3) 组织平衡。组织维持其生存和发展必须实现三个方面的平衡：① 组织内部个人和整体之间的平衡。其关键在于组织成员为组织所做贡献与从组织获得的各种诱因之间的比较。② 组织与环境之间的平衡。其关键在于组织目标的选择和组织目标的实现两种过程。③ 组织动态平衡,即在内外各种因素变化前提下,打破旧平衡、建立新平衡的过程。组织平衡是组织与管理之间的联结环节。

(4) 管理人员的职能。管理人员最根本的职能是协调、实现组织三方面的平衡。管理人员有三方面的基本职能:建立和维持一个信息联系的系统;从组织成员那里获得必要的努力;规定组织的共同目标。

除此之外,管理人员还要有领会组织的整体及其有关形势、把握管理过程的艺术。

巴纳德是最早把系统理论和社会学知识应用于管理领域的,他用社会的系统的观点来分析管理,这是他的独到之处,后人把他的主要观点归纳起来称为社会系统学派。此外,在管理的许多领域中,他均有开拓性的贡献。比如关于经理的职能,他与他的前人不同,他的前人多采用静态的、叙述的方式来说明,而巴纳德则采用分析性和动态性的方式加以说明。巴纳德首先对"沟通"、"动机"、"决策"、"目标"和"组织关系"等问题进行了开创性的专题研究,这引发了后人对此进行更深入的研究。巴纳德的"权威接受论"对权威提出了全新的看法,对我们很有启发。巴纳德将法约尔等人的研究向前推进了一大步。法约尔等人主要从原则与职能的角度来研究管理,而巴纳德却从心理学和社会学的角度来研究管理,并且将其中的概念加以发展,从而为管理研究开辟了新的领域。

第四节　当代管理理论

经历了20世纪30年代至40年代的发展时期后,管理学进入蓬勃发展阶段。特别是第二次世界大战后,管理领域出现了百花齐放、百家纷呈的局面,其中既有沿着历史线索逐渐丰富和完善的历史源流,也有新出现的思想和主张。这反映了管理理论研究的多姿多彩局面。

一、管理科学学派

管理科学学派指管理过程中采用科学方法和数量方法解决问题的主张,侧重分析和说明管理中科学、理性的成分和可数量化的侧面。用数学方法进行建模、分析和解决管理问题。管理科学的研究可以追溯到泰罗所从事的科学管理运动。虽然在漫长的发展过程中有许多人从事这方面的研究,但管理科学的突破性进展应当说是在第二次世界大战后运筹学在工商管理中的应用。特别是电子计算机技术的迅猛发展,为组织管理过程中运用数量方法和科学方法提供了广阔的空间。电子计算机管理信息系统的广泛应用和网络技术的应用,使组织管理过程在深层次上发生了一系列变化。目前这场革命方兴未艾,但可以肯定,这场革命必将深刻地改变人类的管理活动。

二战开始后,英国亟待解决很多战争带来的新的、复杂的问题,在生死存亡的关头,英国成立了第一批运筹学研究小组。小组集中了数学家、物理学家和其他领域科学家的智慧,使英国在技术和战术上取得了重大突破,美国参战后,根据英国的成功模式组成了自己的运筹学小组,负责解决类似问题。小组应用早期的计算机进行成千上万的数学建模运算。

战争结束后运筹学渐渐被用于解决工业中的问题。新的工业技术的广泛应用,交通和通讯手段不断升级,种种发展带来了一大批传统手段无法轻易解决的问题。运筹学专家越来越多地被聘来协助管理者解决新问题。随着时间的推移,运筹学形成了现在通常称做的管理科学学派。

战后的两大因素促进了管理科学学派的盛行。第一,高速电脑和电脑之间信息交换的发展为解决复杂的、大规模的组织问题提供了便利手段。第二,罗伯特·麦克纳马拉五六十年代在福特汽车公司实行了管理科学法。(以后他在约翰逊总统任期担任国防部长时,也采用了同样的方法)随着麦克纳马拉的门徒们,他称之为"神童"的年轻有为的经理们,被派往福特和全美国工业企业的不同管理职位,管理科学学派进入全盛期,如果你发现你所在的组织的主要管理决策方法是"拿数字说话",你可要感谢麦克纳马拉和他那代人。

今天,管理科学解决问题的方法是聘请各个相关领域的专家组成小组来分析问题,提出管理行动方案、编制数学模式、用象征符号代表所有与问题相关的因素和它们之间的关系。通过改变模式中的变量值(如增加原材料成本),用计算机分析产生的不同方程式,小组可以确定每一种改变的影响,最后,管理科学小组为管理层提交决策的客观基础。

管理科学提供了思考有关时间问题的全新思路,用高深的数学模式和计算机来分析数字,根据过去和现在预测未来将变得很普遍,管理者现在可以考虑,"如果将来出现这种情况怎么办"之类的问题,这是从前的管理理论所无能为力的。同时管理科学学派对组织中的关系本身关注较少。建立数学模式通常重视收集和估算相对容易的数字数据,而忽略把关系作为数据,因此有人批评管理科学只强调组织中可以用数字衡量的方面,而忽视了人和关系的重要性。

二、系统方法

系统方法把组织看作统一、目标明确、由相关部分组成的系统,而不是单独对待组织的各个部门。这种观点使管理者把组织看作一个整体和一个更大的外部环境的一部分,系统理论告诉我们,组织中的任何一个部分的活动都将不同程度地影响到其他各个部分。

例如,一家制造厂的生产经理喜欢长时间、不间断地生产标准化产品,以保持高效率和低成本。而希望产品丰富多样、送货迅速及时的市场经理则喜欢灵活的生产计划,以便在很短的时间内满足特殊的订货需求。有系统观念的生产经理只有在充分衡量了生产计划对其他部门和整个组织的影响后,方能做出决策,系统方法的关键在于管理者在传统的组织结构图中不能充分发挥作用,他们必须使自己的部门与整个企业密切配合,为了做到这一点,他们不仅需要与其他员工和部门沟通,而且要与其他组织的代表保持密切联系,显然,持系统方法的管理者深深体会到生意网的重要性。

系统方法认为组织作为一个系统,由相互依存的众多要素组成。一个企业是由生产部门、市场营销部门、采购部门、财务和人力资源部门等组成。生产部门生产产品质量的好坏会直接影响到产品在市场上销售的情况,采购部门采购来的原材料质量的好坏与成本的高低,会影响到生产部门的产品质量和产品成本,进而影响销售和利润等。局部最优不等于整体最优,管理人员的作用就是确保组织中各部分能得到相互的协调和有机的整合,以实现组织的整体目标。

组成整个系统的部分叫作子系统。每个系统都有可能是个更大整体的子系统,因此部门是工厂的子系统,工厂可能是公司的子系统,公司可能是集团或行业的子系统,集团或行业是国家经济的子系统,国家经济是世界经济的子系统。

系统思想追求的是整体大于部分之和的情况,即部门互相协作与部门独立作战相比生产力更高。也即整体大于部分之和的协同作用。例如,在一家小公司中,各部门与同一财务部打交道比每个部门均有自己的财务部效率要高。

与环境相互作用的系统称为开放系统,不与环境相互作用的系统称为封闭系统。所有组织都与外部环境相互作用只是程度不一。

按照系统理论的观点,封闭性系统不受环境的影响,也不与环境发生关系。但前期的科学管理思想和行为管理思想都倾向于把组织作为封闭系统,没有注意到环境的影响作用。而现代管理者则必须把组织视为一个开放的系统,即与周围环境产生相互影响、相互作用的系统。在现实中,企业是不可能作为封闭系统来运作的。像劳动力市场中供应的劳动力的素质和工资水平、外部资金的宽裕程度、政府的政策、用户的需求变化等,都会影响到企业的经营状况。正因为如此,一个组织的成败,就往往取决于其管理者能否及时察觉环境的变化,并及时地做出正确的反应。

每个系统都有将其与环境分隔的边界称为系统边界。在封闭的系统中,系统边界很死板。在开放系统中,边界更灵活。近年来,很多组织的系统边界变得越来越灵活。

进入和离开一个系统的成分称之为流,如信息、材料及能源等。一个系统有信息、材料和能源(包括人力资源)的流,它们以输入(如原材料)形式进入系统,在系统内经过转化过程(运作改变了它们),再以输出(产品及服务)形式离开系统。

系统理论注重组织和管理工作的动态性和交互性。因此,它为我们提供了一个框架,我们据此设计行动步骤,预测近期和远期结果,同时理解随着进程出现的意料之外的结果。具有系统观念的总经理能够更轻松地维持企业各部分的要求与整个公司目标之间的平衡。

三、权变方法

所谓“权变”,就是相机而变、随机制宜、随机应变的意思。权变管理思想强调,管理者在采取管理行动时,需要根据具体环境条件的不同而采取相应不同的管理方式。但早期的管理研究由于持封闭系统观点,看不到其所面临的特定环境因素对管理工作的影响,从而倾向于寻找普遍适用的最佳管理方法。遗憾的是,现代环境的日益复杂多变,导致封闭式的管理在实际中越来越行不通。于是,20 世纪 60 年代后期开始流行起权变管理思想。这种思想认为,组织的管理应根据其所处的内外部环境条件的变化而变化,世界上没有一成不变的、普遍适用的“最佳的”管理理论与方法。

权变方法是最有助于实现组织目标的管理可能视情况或环境而定的观点,也叫做情境方法。权变方法是由试图将各主要学派的概念应用到实际生活中的管理者、咨询顾问和研究者提出的。当某种方法在一种情况下卓有成效、在另一种情况下却不适用时,他们就去寻找解释,比如,为什么一项组织发展项目在一种情况下取得辉煌战绩,却在另一种情况下惨败?权变方法的支持者针对类似问题有一个合理的解释:情境不同因此结果不同,适用于一种情况的方法未必适用于所有情况。

权变方法认为对于管理学中任何真正引人入胜的问题,回答都是一个“看情况”,管理者的任务就是去发现以何种方式、看什么情况去解决问题。“看情况”而定对于重要的管理问题也是一个恰当的回答,管理理论尝试确定情况、行动和结果之间可预见的关系。因而毫不奇怪,一个新兴的理论试图通过集中研究管理中诸多因素的相互依赖性来将管理思想的各个学派综合起来。

按照权变方法的观点,管理者的任务是指出在特定的情况、特定的环境、特定的时间哪种方法对实现管理目标最有帮助。例如,若需鼓励工人们提高生产力,古典理论学家可能设计一个工作简化方案;而行为科学家可能努力营造出有激励作用的气氛;推荐类似工作多样化的方法则将不同范围和职责的任务结合起来,给工人更大的决策自主权。然而受过权变方法训练的管理者会问,“哪种方法在这儿最适合?”如果工人的技术熟练度不高,培训机会和资源有限,那么工作简单化将是最好的办法,但是面临以自己的技术能力为骄傲的熟练工,一个工作多样的方案会更有效。权变方法代表了现代管理理论的一个重要转折点,因为它把每种组织关系置于其独特的环境中进行考察。

可以看出,权变管理思想是在继承以前的各种管理思想的基础上,把管理研究的重点转移到了对管理行动有重大影响的环境因素上,希望通过对环境因素的研究找到各种管理原则和理论的具体适用场合。权变管理思想的产生实际上是适应了当代经济活动的国际化、组织的大规模化和组织环境的复杂多变等新形势而提出的对管理方式多样性和灵活性的要求。它告诉管理者,不仅需要掌握处理问题的多种模式和方法,还必须清楚各种模式和方法究竟要在什么样的条件下使用才会取得最好的效果。任何管理模式和方法都不可能是普遍最佳的,而只可能是在某种条件下最合适、最适用的。只有对特定条件适合的,才会是有效的。因此,管理者不但要注重学习和开发管理的新模式、新方法,应该通过实践和自身的体会领悟各种模式或方法适用的场合,以便能将管理的学问变成其卓越的管理业绩。

四、管理决策学派

赫伯特·西蒙(Harbert A. Simen)是美国管理学家和社会科学家,在管理学、经济学、组织行为学、心理学、政治学、社会学、计算机科学等方面都有较深厚的造诣。他早年就读于芝加哥大学,于 1943 年获得博士学位。自 1949 年担任美国卡内基-梅隆大学计算机与心理学教授,他由于"对经济组织内的决策程序所进行的开创性研究"而获得 1978 年诺贝尔经济学奖。他的主要著作有:《管理行为》(1945)、《公共管理》(1950,与史密斯伯格等合写)、《人的模型》(1957)、《组织》(1958,与马奇合写)、《经济学和行为科学中的决策理论》(1959)、《管理决策的新科学》(1960)、《自动化的形成》(1960)、《人工的科学》(1969)、《人们的解决问题》(1972,与纳斯维尔合写)、《发现的模型》(1977)、《思维的模型》(1979)等。西蒙对于决策过程的理论研究工作是开创性的,西蒙也是管理方面惟一获得诺贝尔经济学奖的人。

西蒙在管理学方面所研究的主要是生产者的行为,特别是当代公司中的组织基础和心理依据。20 世纪 50 年代西蒙的公司行为理论对微观经济学中简单追求利润最大化假设的经济人模型提出挑战,强调了大公司中复杂的内部结构,其目标和子目标的多重性,提出了理性人——具有"有限理性"的人——即基于"令人满意"而不是"最优"方案决策模型。他借助于心理学的研究成果,对决策过程进行了科学的分析,概括出了他的决策过程理论。随后,西蒙转而研究大型组织中的信息处理问题。他认为信息本身以及人们处理信息的能力都是有一定限度的。他进一步研究了利用计算机模型来模拟人们解决问题的思维过程以及其他认识过程,并为公司决策人员提供"决策辅助系统",成为西方决策理论学派的创始人之一。

西蒙认为,组织是指一个人类群体当中的信息沟通与相互关系的复杂模式。它向每个成员提供决策所需要的大量信息和决策前提、目标及态度,它还向每个成员提供一些稳定的可以理解的预见,使他们能预料到其他成员将会做哪些事,其他人对自己的言行将会做出什么反应。西蒙认为,绝大多数的人类决策,不管是个人的还是组织机构的决策，都是属于寻找和选择合乎要求的措施的过程，这是因为寻找最大化措施的过程比寻找前一个过程要复杂得多。后者首要的条件是存在完全的理性，而现实中的人或组织都只是具有有限度的理性。

作为管理决策者的经理，其决策制定包括4个主要阶段：(1)情报活动：找出制定决策的理由，即探寻环境，寻求要求决策的条件；(2)设计活动：找到可能的行动方案，即创造、制定和分析可能采取的行动方案；(3)抉择活动：在各种行动方案中进行抉择；(4)审查活动：对已进行的抉择进行评价。决策可以区分为性质相反的两种决策：一种是程序化决策，即结构良好的决策；另一种是非程序化决策，即结构不良的决策。区分它们的主要依据是这两种决策所采用的技术是不同的。制定常规性程序化决策的传统方式由于运筹学和电子数据处理等新的数字技术的研制和广泛的应用而发生了革命，而制定非程序化决策的传统方式包括大量的人工判断、洞察和直觉观察还未经历过任何较大的革命，但在某些基础研究方面正在形成某种革命，如探索式解决问题、人类思维的模拟等。自动化方面的进步和人类决策方面的进步会把组织中人的部分和电子的部分结合起来构成一种先进的人－机系统。

五、管理过程流派

管理过程流派一直致力于研究和说明“管理人员做些什么和如何做好这些工作”，侧重说明管理工作实务。管理过程流派的开山鼻祖为古典管理时期的法约尔，当代最著名的代表人物是孔茨，其间还有很多管理学家从事这方面的研究。管理过程流派吸收其他管理学家的思想和主张，不断丰富各项管理职能的内容，具有非常广泛的影响。当代管理过程流派对管理职能的概括是：计划职能、组织职能、人员配备职能、领导职能(含激励)、控制职能。

六、管理理论关注的焦点问题

1.组织环境的动态性

组织的环境不是一系列固定的、与人无关的力量，而是人与人相互作用形成的、复杂的、动态的网。20世纪90年代之后，组织环境呈现高度的动态性。因此管理者不能仅仅注意自己关心的问题，而且要了解组织内部和其他组织的管理者所关注的问题。他们与其他管理者共同创造出组织繁荣或奋斗的环境。竞争战略的理论是迈克尔·波特(Michael Porter)提出的，它着重于管理者作为竞争对手、买方、供应商等角色相互作用时如何影响环境。爱德华(Edward)和琼·芝纳·施泰德(Jean Gerner Stead)在《小行星的管理》一书中把生态问题作为管理理论的中心。

2.伦理与社会责任

管理者十分注重组织中指导人们的价值观、蕴含着这些价值观的公司文化以及组织以外人们的价值观，随着1982年托马斯·彼得斯(Thomas Peters)和罗伯特·沃特曼(Robert Waterman)所著《追求卓越》的出版，这种观念开始越来越受到重视，通过研究“卓越”的公司,彼得斯和沃特曼得出结论,“表现最佳的公司创造出一种宽松的、令人振奋的共同文化,并为员工提供了清晰的工作框架,具体负责者可以在框架内做适当调整”。

3.管理全球化

在20世纪90年代,管理者与世界近在咫尺。世界金融市场24小时运转,一个电话可以直达地球最偏远的角落。21世纪的管理者必须把自己定位为世界公民,肯尼奇,奥玛(Kenichi Ohmae)提出了这一观点,他描绘了一个无国界的世界,管理者认为所有的客户距公司一样远。简单的比较可以说明变化有多么大。如果你翻一翻阿尔弗雷德·斯隆的自传,你就会发现,他在20世纪40年代作通用汽车总裁的生涯中,几乎只字未提国际因素,这在当时不无道理。但如今,新兴产业的发展模式是全球化,传统产业的发展模式紧跟这种趋势。“国产化”这个概念没有任何意义,因为每种产品的零部件都是由来自世界各国的人们制造的。

4.再造公司

在高度竞争的环境下,当组织对自己的宗旨和方针进行重新评估时就会有再造。管理者不停地想办法激发员工和自己的潜力。越来越多的理论家力劝管理者们应重新考虑他们已经习惯的标准化组织结构。彼得斯又一次站在了前沿。他的“解放管理”概念对遏制人们创造力的僵化的组织结构提出挑战。彼得斯推崇的英雄们离开了这些组织结构却依然很成功。迈克尔·哈默(Michael Hamrner)和詹姆斯·钱皮(James Champy)“再造公司”的观念大受欢迎,哈默和钱皮督促管理者重新思考组织的运作机制,勇敢地改变那些影响效率的机制。

5.质量

全面质量管理(TQM)对于每名管理者来说是十分重要的。所有的管理者都应思考如何完成组织中的每一个步骤,以提高生产和服务质量面对越来越挑剔的顾客和竞争愈演愈烈的市场。“优质”的思想和行动框架将带来稳固持久、有益发展的关系,全面质量管理为管理增添了又一动态层面,因为质量永远也是个活靶子。

世界管理的变革和发展趋势

面对全球经济一体化的进程和知识经济的发展,以及网络技术的普及,管理应如何进行变革以适应这种现状,未来管理将怎样发展来满足环境的要求,针对这些问题国外学者们分别在组织、激励、领导、管理理念和沟通等诸多方面提出了他们的设想。

詹姆斯·昌佩和尼丁·诺利亚在其撰写的《管理的变革》中指出,未来的企业组织将以特有的形式出现。它应该是以信息为基础、在组织上分散而又被技术紧密连接、有快速敏捷的应变能力;既有创造性又有团队合作精神;员工中拥有各种类型的知识人才;有自我控制能力。在这种新型组织中,管理将不再是生产的基本动力,在大多数情况下,自我管理型的网络组织会自行发展。同时,管理者和工人的区别会进一步消失。管理的作用不再是传统意义上的计划、控制、组织、人事等。同样,经理人员的职能也超出了今天传统的领导范畴,而会转向预测、协调和激励。即今后管理人员必须增加以下三项职责:其一,明确公司地位,指明公司前进的目标;其二,调动员工的能动性,使企业组织充满创造力;其三,力争诚实正直,建立相互信任,并以此作为公司管理的基础。

在赫塞尔本等主编的《未来的组织》一书中,收录了罗莎贝思·坎特的文章《恢复以人为本》,坎特于此提出了将来组织是由六个重要的转变组成的,每个转变都包括很重要的人文因素。这六个重要转变包括从臃肿到精简——新的人员配备原则、从垂直到水平——新的组织、从一统化到多样性——新的劳动力、从地位和命令权利到专家及良好关系——新的权力源泉、从公司到任务——新的忠诚、从组织财富到名誉财富——职业财产,而且他认为随着旧的激励工具的衰竭,领导们需要新的方法来鼓励创造佳绩及建立忠诚感。这些新的工具包括使命、控制议程、学习、名誉和价值创造的共享。

著名的管理学家汤姆·彼德斯在其轰动的《管理的革命》系列中提出超越放权的思想,认为明天公司依靠的本质是知识,必须考虑如何去获得它、传递它、利用它。由此要砍掉整个形式化的组织结构,解散组织以解放想象力,并认为大公司将解体,下个世纪将是小公司的世纪。对于激励,他认为要超越授权,使每项工作都成为生意,公司将完全由生意人构成。

彼德·圣吉在《第五项修炼》一书中则认为,随着世界经济一体化和知识经济的进行,企业之间的竞争会越来越激烈。彼德·圣吉断言,“学习型组织”才能在这种激烈竞争中保持不败,因为未来惟一持久的优势是有能力比你的竞争对手学习得更快。进而他提出在学习型组织领域中,有五项新技术,使学习型组织演变成一项创新。这五项新技术是要通过修炼才能得到的,包括自我超越;(Personal mastery)、改善心智模式(Improvlng mental models)、建立共同愿望(Building shared vision)、团体学习(Team leaning)和系统思考(Svstems thinking)。

查尔斯·M·萨维奇博士在《第五代管理》一书中认为,目前的组织管理中,我们只利用了组织潜在知识的5%~15%,而任何其他的资源不论是土地、矿产,还是资本的利用率均远远超过了这个数字。按照查尔斯博土的划分,企业管理有五个发展阶段,它们分别对应的基础是所有权、严格的等级制度、矩阵组织、计算机接口和并行网络单元计算机,并且认为在企业管理的前四个发展阶段,原材料和信息是连续地从一个职能部门转移到另一个职能部门;而到了第五代管理,不同职能部门之间并行工作成为可能。但要把这种可能变成现实必须突破一个瓶颈,一个由一些我们普遍接受的假设——这些假设在亚当·斯密、F·W·泰勒、H·法约尔的论述中被强化——所造成。这些假设成为今天工业时代的组织结构中命令一元化、控制范围、数量原则等方面的基本原理。查尔斯·M·萨维奇在研究了许多管理专家的成果和对后工业时代的管理原则进行深刻分析的基础之上,提出需要一套概念性的原则来重新定义专业人员——包括管理者和工人——在企业组织内部、各个企业组织之间单独工作和在复合团队中工作时的中心作用,认为这些概念性的原则应该帮助我们去运用那些依然处于我们大脑之中的、经营企业所需的知识的70%~90%。这五个原则为:对等联网、集成的过程、对话式工作、人类时间和计时、虚拟企业和动态团队。

《未来的领导》是赫塞尔本等主编的关于管理趋势和变化的另一本书,在这里,他们对"扮演新领导角色所需的新技能"提出了新的假设:即员工的利益可以和组织的利益结合起来、生产活动中人们能够完全支配自己的劳动。这样就能够使得劳动者和组织合作的关键因素得以确立,即创造这样一个综合性的项目,它既增加了劳动者的效用又有助于实现组织的战略目标。他们同时指出:如果一个项目肯定会有益于自己的发展和进步,人们将会满怀热情地投入到这一项目之中。如此,领导角色的工作重点将会由指挥和命令转移到提供便利条件和授权上。为了培养人们的工作兴趣,并以此作为领导的基础,领导者必须能够熟练地扮演以下五种角色:促进者、评估者、预测者、指导者、最终帮助者。他们最后得出的肯定性结论是:组织将会继续压缩规模和进行结构重组,领导者的支持力量将会减少,工作负担可能会加大,变化的步伐将越来越快等等。想无所不知并且想通知每个人应该做什么的领导者以及认为只有一条最佳途径并试图把每个步骤都详细地确定下来的领导者是注定要失败的。寻求信息的领导者将以积极的、不设防的态度学习,以集中的、高效的方式追随,这样的领导者才能随着效率的提高而不断地成长发展起来。

中国的信息经济学家乌家培在《未来管理五大趋势》一文中指出,信息革命将继续引发管理及管理科学的变革,使管理在功能、组织、方法和理念上产生根本性变化,呈现出新的发展趋势,知识管理将日益重要。他提出的五种趋势包括:创新管理的发展、风险管理的兴起、知识管理日趋重要、可持续发展管理的出现、"硬"管理为主向"软"管理为主转化。

不过,以上这些议论都是面对经济一体化、经济增长知识化、信息网络技术的迅速普及等环境的变化,而且更为重要的是他们面对着作为管理客体的人,是受过良好教育、有着很好的现代化意识的群体。因此传统组织结构的解体和管理原则的放弃,新的网络型、自我管理组织的出现,激励方式的改变,领导职能的加强以及沟通方式的变化等等都是针对上述条件提出的。中国的企业环境与上述环境具有一定的相同性,但是仍存在很大的差异。以下我们就中国新世纪初期的经济环境加以讨论。

第二篇

管理的一般领域

第三章　现代企业制度与法人治理结构

学习目的

学习本章应了解与掌握：

1.企业的主要形态。

2.业主制企业、合伙制企业和公司制企业的优缺点。

3.公司制企业的本质特征。

4.计划经济体制下工厂制度的特征。

5.现代企业制度的基本特征和内容。

6.我国现代企业制度存在的主要问题及对策。

7.法人治理结构的双层关系结构。

8.法人治理结构形成的原因及特点。

9.股东大会、董事会、总经理和监事会的职权和职责。

10.独立董事产生的必然性及其如何健全独立董事制度。

11.目前我国公司法人治理结构存在的问题及解决办法。

第一节　企业制度的历史演进

企业制度是指以产权制度为基础和核心的企业组织和管理制度。它随着企业的产生而产生的，也是随着企业发展而发展的，它经历了从简单到复杂，从不完善到完善的过程。企业不仅为社会提供各种可供满足需要的产品和服务，还决定着社会资源的如何分配，影响着社会文化的变迁、政治结构和社会组织的创新。扮演重要角色的企业有着各种不同的具体形态，表现为个人业主制企业、合伙制企业和公司制企业三种最基本的形式。

一、个人业主制企业

1.个人业主制企业的概念

个人业主制企业，又称独资企业、个人企业，是指由个人出资兴办，并归个人所有和控制的企业。在个人业主制企业中，直接使用资源的产权主体是自然人，自然人（作为业主的个人或家庭成员）财产与企业财产是合一的。自然人既是所有者主体，也是经营管理主体，甚至还可能是劳动主体。由于企业的所有者同时又是生产经营和管理者，因此在这种企业中，企业权威与所有者身份是合一的。企业内部的组织管理结构简单,相当于现代大型企业科层组织结构中的最下一层。也就是说,由企业主亲自指挥生产,组织营销,并直接对生产工人和其他雇员实行监督,包括分派工作、指导生产、确定报酬和解雇人员。

个人业主制企业是一种最古老、最简单的企业形式。即使在现代经济生活中,虽然大企业唱主角,但在企业数量上业主制企业仍占压倒优势。美国企业总数的70%都是这种企业。我国这些年来大量涌现的私营企业大多为个人业主制企业。

2.个人业主制企业的优点

由于企业是业主个人出资兴办,因而企业建立与歇业的程序简单易行,企业产权能够较为自由地转让;经营者与所有者合一,由业主自已直接经营,因而经营方式灵活,决策迅速;所有者的利益与经营者的利益完全是重合的,所有者的利益直接来自企业的经营绩效,所以企业主有充分的积极性去对生产经营过程进行监督;经营者与产权关系紧密、直接,利润独享,风险自担,因而精打细算;信息渠道单一,经营的保密性强。

3.个人业主制企业的缺点

(1) 无限的责任。在业主制企业中,企业主以其个人财产对企业的营运和发生的债务负有完全责任。如果企业经营失败,出现资不抵偿的情况,业主要用他的全部财产,包括其家庭财产承担债务清偿责任。

(2) 有限的规模。企业主只有一人,因而财力有限,加之受偿债能力的限制,取得贷款的能力也较差,因而难于经营需要大量投资的事业。

(3) 企业的寿命有限。经营责任的无限性和自然人本位限定了企业的"存在寿命",企业的存在完全取决于企业主,一旦业主终止经营,如市场竞争失败或自然死亡(除非有子女继承),企业生命也会由此终止。

总之,业主制企业作为资本主义企业制度历史发展的起点,是与当时的生产技术基础,市场发育状况,交易规模等条件有关的。正如钱德勒教授指出:"只要生产和分配过程依赖于传统的能源——人力、畜力和风力,就不会产生改革的压力。这种能源无法创造庞大的生产量和交易量,毋须建立大型的经理式企业,或者发展新的公司形态及策略。慢吞吞的生产,以及在经济领域内慢吞吞流动的货物,意味着个人拥有并经营的小企业就足以处理生产及分配过程中每一个环节上的最高日常活动量"(小艾尔弗雷德.G.钱得勒:《看得见的手——美国企业管理的革命》,第14页,商务印书馆)。

业主制企业由于规模较小,在小型加工、零售商业、服务业等领域较为活跃。当个人业主制企业需要扩大规模时,业主之间便会出现"合伙"的情况。

二、合伙制企业

1.合伙制企业的概念

合伙制企业,也称合伙企业,是由两个或两个以上业主共同出资,合伙经营,共同对企业债务负连带无限清偿责任的企业。合伙制是生产力发展的要求。由于生产规模的扩大,个体自然人所有的资本量已不足以支配整个生产过程和承担经营风险,需要有自然人投资者之间的资本联合。在这种情况下,企业的投资主体开始多元化,个体自然人以合伙的方式组建生产单位,采取合伙制企业形式。因此,合伙制的特征是多个自然人共同投资、共同经营和管理企业,共同分享利益和风险。

2.合伙制企业的优点

合伙制企业本身是若干自然人的协作,他们通过协议合同来规范各自的权责利,经营的决策、运作的管理、收益的分享比例,取决于合伙人共同达成的协议。与业主制企业内部的制度安排不同的是,企业经营风险由合伙人全体共同承担,剩余索取权也由合伙人分享,这就形成了一种行为的自我控制机制,无须有专业化的监督。因此,合伙企业具有诸多优点。

(1) 组建较为简单和容易。任何两个或两个以上的人都可以合在一起组成合伙企业。合伙伙伴通过口头协议或规范的合伙协议同意共同出资,并按一定的出资比例分享利润,同时也分摊相应的亏损和债务,就可以成立合伙企业。

(2) 扩大了资金来源和信用能力。与独资的业主制企业相比,合伙企业是由众多合伙人共筹资金,因而资本规模扩大了,也由于合伙人共负偿债能力,因而减少了债权人的风险,提高了信用能力。

(3) 提高了经营水平与决策能力。合伙人对企业盈亏负有完全责任,因而必然尽心尽责。合伙企业主的人数多,能在更大范围内发现和选择更强的经营者,至少是可以在若干合伙人之间进行选择,或者合伙人之间集思广益,其经营水平与决策能力自然优于业主制企业。

3.合伙制企业的缺点

(1) 合伙人承担无限连带责任。合伙企业既然是共同投资、合伙经营、共享利润,因而也就共担风险、共负责任。当合伙企业亏损倒闭时,所有合伙人都必须以他们的全部财产,包括每人的家庭财产承担连带无限责任。责任相互株连、彼此连带,使合伙人面临相当大的风险。面对如此的风险,愿意加入合伙者队伍的人必然是有限的。这就是历史上合伙制企业形式很早出现,却难以扩张和发展的原因。

(2) 稳定性差。合伙企业是依据合伙人之间的协议建立起来的,每当退出或死亡一位合伙人、接纳一位合伙人,都必须重新谈判并建立一种全新的合伙关系。而谈判与新型人际关系的建立都很复杂,因而在新旧合伙人更迭时,很容易使企业夭折。

(3) 易造成决策上的延误。合伙企业的所有合伙人都有权代表企业从事经营活动,重大决策需所有合伙人参加,如果意见分歧,很容易造成决策上的延误,影响企业的有效经营。与此相联系,合伙制中没有一个单一的负无限责任的合伙人,而是几个合伙人之间都能彼此代表签约,因而合伙企业存在着较为严重的交易困难。

由于合伙企业的上述缺陷,其数量不如个人业主制企业和公司制企业多,如在美国全部企业中合伙企业仅占 7%左右。合伙企业一般局限于农业、零售商业这类小型私人企业,至多存在于类似自由职业者的企业,如律师事务所、广告事务所、会计师事务所和私人诊所等等。因而,合伙企业的物质载体一般也是小规模的企业组织。

无论是业主制还是合伙制都有一个共同的特点,即企业不具有法人资格。企业是其所有人的延伸,在法律上,无法同成立它们的作为自然人的所有者分开,出资者即为企业,法律责任、债务清偿要由业主自己的家财承担。因而,一般把这两类企业统称为自然人企业。

三、公司制企业

由于业主制和合伙制本身的缺陷,随着社会生产力的发展,要求有一种新的企业制度来代替它们。这一制度要能够调节各个投资者、投资者和债权人、投资者和经营者等等方面的利益关系,以解决生产规模扩大的筹资问题、投资风险、债务风险问题和经营者责任问题等,这样就产生了公司制企业。

1.公司制企业的本质特征

公司制企业是根据公司法的规定设立,以盈利为目的的具有法人资格的企业。其本质特征可概括为以下五个方面:

(1) 产权特征——产权明晰和两权分离。企业资产所有权与经营权的分离是公司制企业最为本质的特征。这一特征使公司制企业区别于业主制企业和合伙制企业,后两者从根本上来说是所有权与经营权集于一身的,即使聘请了大量专职支薪经理人员,他们与老板之间也只不过是代理的、从属的关系;由于投资主体多元化,在公司的资产所有权结构中,各个投资主体各占多少份额的产权十分明确,产权界定非常清晰,产权实现了真正的具体化。

(2) 法人特征——法人资格和法人财产权。无论是独资企业、合伙企业,还是传统的工厂制,它们都不具备法人资格。独资企业的资产属于出资者个人所有,合伙企业的资产属于合伙人所有,都不属企业的法人财产,它们的出资者和合伙人都要对企业的亏损和债务负无限责任;依据《公司法》的规定,公司制企业中的股东资产部分其所有权属于股东国家,企业则拥有所有出资者投资形成的全部法人财产权,企业对其亏损和债务以其全部法人财产为限,与股东们的其他财产无关。

(3) 组织特征——组织的高级化和复杂化。公司制企业把多个单位内化为一个有机统一的整体,其企业规模不断扩张,内部构造日益复杂,组织结构的变化趋势也由直线职能制向着事业部制、矩阵制、多维立体结构甚至企业集团和跨国公司方向渐次发展。组织内部的领导体制也发生了深刻的变化,独资企业和合伙企业实际上是“老板企业”,工厂制企业主要实行的是以“老三会”(党委会、职工代表大会、工会)为基础的厂长负责制,而规范的公司制实行的是以“新三会”(股东会、董事会、监事会)为框架的领导体制,三权分立,互相制衡,协调运转。

(4) 技术特征——技术的现代化和系统化。公司制企业一定是拥有现代生产技术的企业。科学技术是第一生产力,现代技术是公司制企业的发展支柱和发展动力,它在现代企业中起着决定性的推动作用。现代企业的生产技术进步不仅体现在生产工艺和产品的开发设计上,而且体现在装备水平和劳动者素质的提高上。现代技术在公司制企业中的应用不是单一的,而是系统的,它是综合运用各种技术,是集各种先进技术之大成于一体。

(5) 管理特征——管理的现代化和科学化。法国资产阶级庸俗经济学的创始人萨伊第一个明确地把管理作为生产的第四要素而同土地、劳动力、资本相提并论。有人把管理誉为“第三生产力”,认为在现代经济发展中管理与科学和技术三足鼎立。公司制企业是具有现代化管理的企业,管理的现代化和科学化是公司制企业高效运转和快速成长的根本保障。管理现代化的内容包括:管理思想现代化、管理组织现代化、管理方法现代化、管理手段现代化化和管理人才现代化。

在当前各主要工业发达国家,公司制企业尽管数量上远不及业主制企业,但却举足轻重,几乎所有的大企业都是公司制企业。美国的大公司数量虽然只占全部企业总数的 15%,但其销售及营业收入却占 85%以上,纯利润占 70%以上,公司所雇佣的员工工资总额占全美职工工资的 70%以上。

2.公司制企业的优点

公司制企业与个人业主制企业及合伙制企业比较起来,具有许多突出的优点:

(1) 有限责任。出资人只以自己的出资额为限对公司债务负有限责任,即使公司破产也不殃及个人的其他财产,这就大大减小了投资者的投资风险。其次,公司是法人,拥有独立的法人财产和独立的人格,公司以其现有的资产对债务和亏损负有限责任。

(2) 筹资方便。有限责任的重要意义不仅在于投资于企业的风险代价有限,使人们愿意为企业提供资本,还在于分散的投资风险也使企业乐于筹资。因此,有限责任制使公司能够广泛地筹措社会上分散的闲置资金,在很短的时间内创办起大规模的企业,从而可以发展大型企业,提高企业的规模效益。

(3) 企业的管理水平高。公司制企业实现了所有权与经营权的分离,公司股东一般不再直接参与经营管理活动,而是聘请受过专门训练的各方面专家来管理企业,他们知识渊博,经验丰富,因而能够实现有效的管理。同时,通过大公司的管理实践活动,还有助于培养卓越的企业管理专家。

(4) 所有权转移方便。公司有一套规范、严密而灵活的产权转让机制。上市公司的股票可以很容易通过股票交易市场进行购买或出售，非上市公司的股权转移和股权认购也较便利快捷。公司股份可以自由转让，使企业管理者受到来自股票市场的监督和评价，这也是保护股东权益的重要机制。

(5) 企业的发展稳定。公司的法律地位明确，受到严格的法律保护，使公司的合法权益不受侵犯；公司的发展不因股东的变动而波动，它的经营活动独立于任何单个的股东之外；公司除非自愿终止或破产，其他因素一般都不会影响公司的存续和发展，因此公司的寿命往往很长。

3.公司制企业的缺点

(1) 组建程序复杂，费用较高。公司的设立必须依据公司法的要求，如最低法定资本金等，还要遵守一系列严格的法律程序，因此组建程序复杂，创办周期较长，费用也较高。

(2) 政府对公司的限制较多。公司的开办、股票的上市、产权的转让、合并与分立、破产与终止、公司的财务管理制度、各项报告与记录等，政府都制定有一整套相应的法律法规，并有权进行检查和监督，公司必须依法办事，不得违反。

(3) 密性较差。各国公司法都规定，公司经营必须有透明度，要定期公布财务状况，定期向股东大会报告经营情况，并自觉接受来自各方面的监督和检查。因此，公司在财务及股权方面的变动情况是几乎无密可保的，公司是一种公开性、公众性的企业。

从业主制企业、合伙制企业发展到公司制企业是企业组织制度的创新，它彻底克服了自然人企业的缺陷，创设了一种独立于公司组成人员的法人企业。法人企业是由法律赋予其拥有与自然人基本相同民事主体地位的企业，它与自然人的区别在于，它不是作为单个的人来享有法律规定的权利和承担法律规定的义务，而是以一个组织的名义来行使法定权利和承担义务。尽管法人机构是由自然人组成的，但它一旦确立就获得独立的法人地位，法人的财产也就取得独立形态而同自然人财产相分离。不论这些法人企业的出资者如何交换、转让股份，或发生出资人死亡、出资者人数的扩大或缩小，这些均不会对作为独立法人的公司带来多大影响，公司可以永续存在。

第二节　建立现代企业制度的必要性

现代企业制度是以产权制度为基础，适应市场经济要求的、依法规范的企业制度。这里的“现代”一词，绝不仅仅是一种自然时间的概念，它是针对两种类型的“企业”制度而言的。一是古典企业制度，即个人业主制和合伙制；二是产品经济体制下的工厂制度。

一、工厂制度

工厂制度是计划经济体制下我国实行的企业制度。工厂是指以机器或机器体系为基础的,不同工种工人分工协作从事工业生产活动的组织。当一个工厂就是一个企业,实行独立核算、自主经营、自负盈亏时,这个工厂就称为工厂制企业,也叫单厂制企业。在计划经济体制下,我国的企业以这种生产组织为基础,又兼有部分行政与社会功能。当时的企业既是一个生产单位,又是行政机构的附属物,还是一个几乎包罗万象的"小社会"。工厂制度的主要特征有以下几个方面。

1.企业并不具备典型意义上企业的基本特征

企业是以营利为目的、实行自主经营、自负盈亏的独立经济实体。然而,计划经济体制下的企业没有属于自己的财产,无法以自己的财产对外承担责任和自负盈亏,充其量只是一个生产工厂、车间或班组,企业与企业之间正常的经济联系也往往被人为地切断。

2.企业成为各级行政机关的附属物

企业仅仅是政府部门的附属机构,企业的人、财、物,供、产、销都是由政府的指令性计划决定。企业生产什么、生产多少、怎样生产都由行政主管机关决定,企业不能按照社会经济的变化及时调节自己的行为,不能根据市场需要组织资源和及时改变产品型号、规格和品种,不能根据实际调整和完善内部结构和功能,企业失去了应有的自我调节、自我发展、自我完善的功能,变成一个单纯执行上级命令的生产组织。

3.产需脱节,企业的浪费严重

由于行政主管部门直接干预企业内部各项事务,企业无法按照市场的内在要求从事商品经营活动,难以根据实际情况合理配置资源,加上国家对企业管得过多过死,生产者和消费者不直接见面,使产需严重脱节。计划按条条块块下达,各企业纷纷争项目、争投资,致使重复投资、重复建设的现象比较严重,造成不应有的浪费和损失。

4.企业激励约束机制软化,生产效率低下

行政主管部门对企业领导者的激励主要是职务升迁、精神奖励;企业领导者对职工的激励也主要是行政上的和精神上的,缺乏必要的经济手段;国家对企业、企业对内部职工的约束也主要集中于行政手段。在企业领导者和职工收入不能与其贡献挂钩的情况下,劳动者和经营者的积极性被严重挫伤,企业管理松弛效益低下。

5.企业平均主义现象严重

企业吃国家的大锅饭,职工吃企业的大锅饭。计划上大包大揽,流通上统购包销,财务上统收统支,用工上统招统配,收入分配实行统一的等级工资制度,企业发生亏损由国家补贴,企业不必负经营责任,企业领导人和职工不论干好干坏,都按国家规定领取工资。

二、现代企业制度

1.国有企业改革的历程

高度集中统一的计划经济对于集中资金、技术、人才用于关系国计民生的重点建设项目,对尽快建立比较完整的工业体系,起到了积极作用。但是,建国后近30年的实践证明,计划经济体制下的工厂制度越来越缺乏活力和生命力。因此,从1978年开始进行国有企业改革试点,改革经历了四个阶段。

(1) 1979~1982年,主要为扩权让利阶段。针对传统体制集中的计划过多、对企业生产经营统得过死等弊端,1979年5月,国务院在首钢等8个单位进行了扩大企业自主权的试点。在扩权试点的基础上,把国营企业原来实行的利润全部上缴、发生亏损由国家弥补的统收统支制度,改为对实现利润在国家与企业之间适当分成。随后,国家对工业企业实行了利润包干的经济责任制。因为这些改革措施并没有使国有企业摆脱计划经济体制下作为政府部门附属物的状况,企业也并没有被当作独立的商品生产者和经营者来看待,因此,企业活力不强和经济效益不好的状况没有多少改变。

(2) 1983~1986年,主要为利改税阶段。鉴于利润留成具有企业留利不公、留成比例"一对一"谈判随意性很大的缺点,1983年4月,国家对国有企业实行了第一步利改税,将原来实行的利润留成制度改为"以税代利"。1984年10月,开始实行第二步利改税,由第一步的"利税并存"改为完全的"以税代利",实行利多多留,利少少留,无利不留,逐步把国家与企业的分配关系通过税收的形式固定下来,以法律形式来规范国家与企业的分配关系。但是,由于所得税率太高,多数企业负担过重,利改税的结果导致连续两年多企业上缴的税收持续滑坡,结果使这套办法无法再坚持下去。

(3) 1987~1991年,主要为经营承包阶段。鉴于利改税办法企业负担过重和价格不合理导致企业留利苦乐悬殊,遂改为通过政府部门同国有企业一对一地协商谈判,实行"包死基数、保证上交、超收多留、欠收自补"的承包经营。推行经营承包责任制,把企业和职工的物质利益与企业经济效益及职工个人贡献紧密结合起来,激发了职工和企业生产经营的积极性。但是,承包期中企业为了获得最大利润,一般都采用把资产化为利润的方式最大限度地扩大现期收入,企业行为的短期化造成国有资产的大量流失。企业仍然只负盈不负亏,盈利多了可以按承包合同执行,一旦企业出现亏损,承包合同也就失去意义,国家仍然要把这些亏损企业包下来。

(4) 1991~1992年,主要为转换企业经营机制阶段。上述几种方法其成效都不很明显,这说明国有企业的主要弊端是国有企业经营机制本身就不合理。因此,从1991年下半年起,明确提出要转换国有企业的经营机制。但从各方面反映的情况来看,由于国有企业的产权关系和管理格局基本上没有发生变化,经营机制转换进度也不理想。

从国企改革的发展历程可以看到,国有企业存在的问题,既不是一个简单的放权让利就可以解决的问题,也不是一个单纯的经营机制转换问题。要真正搞好国有企业的改革,必须从"政策调整"转向"制度创新",按照社会化大生产和市场经济的客观要求,建立现代企业制度是实现制度创新思路的根本途径。

2.国有企业改革的反思

经过10多年来的改革,国有企业的面貌发生了深刻的变化:企业的市场观念与市场意识得到了增强,对宏观环境和市场状况变化的适应能力不断提高,企业积累有所增加,技术改造和产品开发能力有所加强。但仍存在许多不尽如人意的地方:

(1) 产权关系模糊。传统企业改革,企业的财产所有权仍然掌握在抽象的"全民"、"国家"手中,全国只有一个财产主体即国家。而国家是一个极其庞大的组织,究竟哪个部门代表国家行使财产所有权并向国家负责,一直没有具体化。于是,归国家所有的企业财产实际上处于无人负责状态。由于产权不清,必然导致产权责任不明确、产权约束无从建立、产权转让也不规范等一系列问题。

(2) 投资主体单一。国有企业在本质上,是一个独资企业而不是法人企业。国家作为惟一的投资主体,由于财力有限,不可能对每一个国有企业都进行大规模投资,这必然会制约企业的发展。更为重要的是,国家凭借所有者的身份,掌握企业财产的一切权利,既可以下放权力,也能够收回权力,企业不可能真正自主经营。

(3) 企业资产呆滞。投资来源的单一性导致了企业资产的呆滞性。传统国有企业不允许国有资产的买卖和流动,投资资金一旦进入国有企业,资金不但不能抽回,而且也不能流动。企业一旦建成投产,国有资产就固化在那里,致使国有资产闲置、浪费、流失等现象十分严重。

(4) 政企职责不分。政府兼有社会经济管理和国有资产所有者的双重职能,国有企业不仅要在政府的行政干预下进行生产经营活动,没有自主权,而且还要按照政府各部门的意志,去实现政府机构的多种社会目标,去承担许多本应由政府和社会承担的职能。企业无法成为自主经营、自由竞争的主体。

(5) 经济效益差。国有企业没有独立的财产权利,干好干坏一个样,既得不到好处,也不承担风险,缺乏提高经济效益的动力与压力。同时,企业的资源配置完全听命于指令性计划,又有许多非经济因素的影响,这就造成企业财产运用效率不高,经济效益差。

上述现象说明,我国国有企业存在的问题的实质是,从产权组织形式、领导体制、管理制度、经营机制等都不合理。

3.现代企业制度

现代企业制度是指以股份有限公司和有限责任公司为主要形式的现代公司制度。现代公司制度的特征体现在:

(1) 企业资产具有明确的实物边界和价值边界,具有确定的组织行使所有者职能,切实承担起相应的出资者责任。股东依其出资额承担有限责任,企业依法支配其法人财产,自主经营。

(2) 企业通常实行有限责任公司和股份有限公司的形式,按照《公司法》的要求,形成由股东大会、董事会和高级经理人员组成的相互依赖又相互制衡的公司治理结构,从而改变以往企业领导体制上权利不明、责任不清,要么"一元化"领导缺少监督制约,要么相互扯皮摩擦、内耗过大的状况。

(3) 企业以生产经营为主要职能,有明确的盈利目标,各级管理人员和职工按经营业绩和劳动贡献获取收益,住房分配、养老、医疗及其他福利事业由市场、社会或政府承担,从而改变以往企业办社会,职工全面依赖企业,企业对职工承担无限责任的状况。

(4) 企业具有合理的组织结构,在生产、供销、财务、研究开发、质量控制、劳动人事等方面形成了行之有效的企业内部管理制度,企业能够按照市场竞争的要求合理划分企业边界,形成适宜的企业组织形式和科学的管理制度,从而改变大而全、小而全,内部管理落后的状况。

(5) 企业有着较强的预算约束和合理的财务结构,可以通过收购、兼并、联合等方式谋求企业的扩展,经营不善难以为继时,可通过破产、被兼并等方式寻求资产和其他生产要素的再配置。企业各种生产要素有足够的开放性和流动性,与外部的资本市场、经营者市场、劳动力市场及其他生产要素市场相配合,通过资产的收购、兼并、联合、破产,通过经营者的选择和再选择,通过劳动者的合理流动,使企业结构得以优化,竞争力得到有效提高。

三、建立现代企业制度的必要性

建立现代企业制度,标志着我国企业改革进入了一个新阶段,即从偏重放权让利的政策性调整,转到着力进行企业制度创新的阶段。现代企业制度的提出是国民经济发展的客观要求,是深化经济体制改革的必然。

1.建立现代企业制度是建立社会主义市场经济的必然要求

在市场经济条件下,企业是经济运行的主体,国家是宏观调控的主体。而国有企业要成为市场主体,必须具有独立的法人产权,实行自主经营、自负盈亏,只有形成这样的市场化的微观基础,企业才可能有条件参与市场竞争,并在竞争中产生求生存、求发展的竞争机制。否则,企业仍然隶属于政府,便不能摆脱政府对其不必要的干预,就不能成为真正的市场主体。如果不解决产权问题,企业得不到独立的法人财产权,缺乏自主决策的权力,所采取的各项措施都只能是治标不治本。因此,建立适应市场经济要求的现代企业制度,是建立社会主义市场经济体制的本质要求。

2.建立现代企业制度是促进社会资源最佳配置的需要

现实经济生活中的资源是有限的,如何充分有效地配置稀缺资源是任何一个国家经济发展的重要任务。在高度集中的管理体制下,资源配置完全靠国家来进行,企业财产由国家无偿投入,国家无偿调拨企业的财产。由于不存在产权转让市场,企业的实际产权价值无法量定,国家只好对企业财产采用实物资产的直接管理,严禁企业处置各种固定资产,以防止国有资产的流失。这一方面造成国有资产的大量闲置和贬值,另一方面又使我国产业结构的调整十分困难,经济结构长期失衡。建立现代企业制度,可以使各财产利益主体的边界得以界定,为产权的转让提供了必要的条件。这样,对资源的配置就可以从国家行政命令转向主要以产权市场作为媒介,从而实现资源的合理有效配置。

3.建立现代企业制度是适应政府转变职能、改革国有资产产权管理体制的需要

政府职能不转变,企业经营机制就难以转换。政府转变职能的关键是要实现政府的社会经济管理职能和国有资产所有者职能的有效分开。要达到这个目的,政资分开是关键,产权清晰是前提,这正是现代企业制度的核心内容。需要强调指出的是,转变政府职能、实现政资分开并不意味着政府管理和调整社会经济生活能力的减弱,而是为了更好地利用经济手段和法律手段来进行调控。在确立企业的法人地位之后,并不意味着国家宏观调控范围的缩小,反而比过去的范围大得多了,这主要表现在两个方面:一是国家可以站在企业的外部运用法律手段、经济手段等,在税收、证券流通、就业、社会保险等多方面进行某些干预和必要的制约;二是国有资产在企业中的主体地位并没有丧失,国家完全可以根据企业在国民经济中的重要性,决定其监控程度,对企业进行分类管理。

4.建立现代企业制度是解决国家与企业分配关系的有效机制

收入分配始终是经济体制改革以来政府与企业关系的重点问题,它直接关系到企业发展生产的积极性。在国有企业改革的十几年中,我国先后实行了利润留成、利改税和承包经营等体制,虽然在一定程度上使国家与企业的分配关系有所改善,但是,却始终没有从根本上解决高度集中的计划经济体制下企业缺乏不断发展的激励机制问题。建立现代企业制度,使企业真正成为自负盈亏的市场主体,就可以根本解决国家与企业的分配关系问题。

5.建立现代企业制度是解决企业社会负担过重问题的有效方式

国有企业大多数都存在企业办社会的问题,企业承担了大量的社会职能。国有企业的历史包袱在很大程度上窒息了企业的活力,不仅使其在市场竞争中处于劣势,而且造成国有企业难以摆脱的困境。建立现代企业制度,企业以生产经营为主要职责,有明确的盈利目标,改变以往企业办社会,职工全面依赖企业,企业对职工承担无限责任的状况。

第三节　现代企业制度的特征和内容

一、现代企业制度的特征

现代企业制度的基本特征是产权清晰、权责明确、政企分开和管理科学。

1.产权清晰

产权清晰是我国改革开放以来谈企业改革时的老生常谈,几乎整天都在讲产权清晰,但实际上对产权清晰的含义的理解,还有很多的偏差。从国际惯例上讲,产权清晰实际上是指产权在两个方面的清晰:一是法律上的清晰;二是经济上的清晰。

(1) 产权在法律上的清晰

产权在法律上的清晰主要有两层含义。一是有具体的部门和机构代表国家对国有资产行使占有、使用、处置和收益等权利。从理论上说,国有资产最终属于全体人民所有,这一点从来都是“清晰”的。然而,由于全体人民不可能每个人都去经营和管理,所以就要为国有资产找一个所有者代表,让其代表全体人民去经营和管理国有资产。宪法规定国有资产的所有者代表是国务院,但国务院不可能全部直接管理规模巨大的国有资产,部分国有资产的管理职能要分解到地方各级政府和政府具体部门,因此,国有资产在现实中是由这些作为国有资产所有者代表的各个政府机构来管理的。在这种情况下,不同层次委托代理关系的合理性和最终代表国家直接管理国有资产的部门和机构的确定,对“产权清晰”就有了重要意义。二是国有资产的边界要“清晰”,首先要搞清实物形态国有资产的边界,如机器设备、厂房等;其次要搞清国有资产的价值和权利边界,包括实物资产和金融资产的价值量,国有资产的权利形态(股权或债权,占有、使用、处置和收益权的分布等),净资产数量等。

(2) 产权在经济上的清晰

产权在经济上的清晰是指产权在现实经济运行过程中是清晰的,它也包括两个方面:一是产权的最终所有者对产权具有极强的约束力。这种约束力,既要有完整而明确的产权约束依据,又要有比较良好的产权约束机制。所谓产权的约束依据，是指产权的收益目标，或者说是指产权的收益权。所谓产权约束机制，就是指产权的最终所有者要把他的约束依据能够真正传达到经济运行过程中去，从而实现约束。产权的约束机制实际上就是产权约束的手段及方式的总和。只有当约束依据和约束机制同时存在的时候，才能实现产权最终所有者对产权的约束力。二是企业在运行过程中要真正实现自身的责权利的内在统一。因为产权的运作最后是在企业中，而产权在经济上清晰的实质就是责权利的内在统一。如果说企业只有责任而没有权利和利益，那么企业就根本不可能充满活力；如果企业没有责任而只有权利和利益，那么企业就会失控，就会侵害产权所有者的利益。

现代公司的产权是清晰的。无论是股份有限公司还是有限责任公司，究竟由谁出资兴办，不同的投资者各占多少股份，拥有多少股权，都是清楚的、明确的。股权是按出资比例所界定的权益，股权是可以转让的，股权的变更、交易都要符合法定的程序。因此，现代公司制可以从根本上改变原来国有企业产权模糊、虚置，产权关系不清晰，许多部门都认为自己拥有对国有企业的产权和最终控制权，可是又对国有资本的保值不关心、不负责等不正常现象。

2.权责明确

权责明确是指合理区分和确定企业所有者、经营者和劳动者各自的权利和责任。所有者、经营者和劳动者在企业中的地位和作用是不同的，因此它们的权利和责任也是不同的。所有者按其出资额，享受资产受益、重大决策和选择管理者的权利，企业破产时对企业债务承担相应的有限责任；企业在其存续期间，对由各个投资者投资形成的企业法人财产拥有占有、使用、处置和收益的权利，并以企业全部法人财产对其债务承担责任；经营者受所有者的委托，享有在一定时期和范围内经营企业资产及其他生产要素并获取相应收益的权利；劳动者按照与企业的合约拥有就业和获取相应收益的权利。

要做到权责明确，除了明确界定所有者、经营者和劳动者及其他利益相关者各自的权利和责任外，还必须使权利和责任相对应或相平衡。所有者、经营者、劳动者及其他利益相关者是不同的利益主体，他们的利益既有共同的一面，也有合乎逻辑的不同乃至冲突的一面。因此，他们之间的关系是相互制衡的，不但明确彼此的权利、责任和义务，而且相互监督。

现代公司的权责是明确的，出资人和企业有各自的权责。投资者对其出资兴办和拥有股权的企业以股东身份行使所有者职能。出资人按出资额享有资本收益、重大决策和选择经营管理者等权利，对企业债务负有限责任，且不能干预企业日常生产经营活动。企业具有独立的法人地位，依法自主经营、自负盈亏、照章纳税，对所有者的资产承担保值增值的责任，不得损害所有者权益，不能搞“内部人控制”。

3.政企分开

政企分开的基本含义是政府行政管理职能、宏观和行业管理职能与企业经营职能分开。政府行政管理职能、宏观和行业管理职能与企业经营职能分开,就是要建立国有资本经营机构(如投资公司或控股公司)——企业或公司,这三个层次的国有资本管理和营运体系,即实现所谓的三分开。

(1) 实现政资分开,即政府的行政管理职能与国有资产的所有权职能的分离。国家是宏观调控的主体,承担着全社会的宏观、行业管理职能,政府通过专设国有资产管理部门,如国有资产管理委员会,行使国有资产的所有权职能,其他部门不再涉足国有资产的管理。

(2) 实现国有资产的管理职能同国有资产的营运职能的分离。政府将国有资本的经营权以授权方式交给控股公司或投资公司,由它们专门从事国有资本的营运,实现国有资产管理部门与国有控股或投资公司的分离。

(3) 在资本营运职能中,实现资本金的经营同财产经营的分离。国有投资公司或控股公司通过出资对公司参股或控股,取得所有者权益,履行国有资产的资本金职责,而公司则用法人财产履行国有资产的财产经营职责,实现了出资人最终控制企业同企业作为独立法人依法自主经营、自负盈亏的分离。

只有实现上述的"三分开",才能使国家对企业财产在法律上的所有权与企业对财产在经济上的所有权真正分离,从而使企业自主经营、自负盈亏的目标得以实现。

现代公司一般有多元投资主体,重大生产经营决策由出资人信任与委托的机构董事会做出,国家作为国有资本所有者退居到股东的地位,依法以股东的身份行使权力和承担责任,这就从根本上改变了政企不分,政府干预企业内部事务的弊端。即使多家投资主体都是国有的,但是由多家投资主体作为国有投资者的委托人行使股东权利,也能够在行政部门与企业之间建立一个"隔离层"使政企分开,凡是公司董事会职权内决策的事项,政府都不再干预和审批,真正实现政企分开。

政企分开既要求政府将原来与政府职能合一的企业经营职能分开后还给企业;同时也要求企业将原来承担的社会职能如住房、医疗、养老、社区服务等分离后,交还给政府和社会。

4.管理科学

现代企业制度的重要特征之一是管理科学,即科学的、有序的、规范的现代化企业管理。

管理科学是一个含义宽泛的概念,它包括了企业组织合理化的含义,也包括在企业管理的各个方面,如质量管理、生产管理、供应管理、销售管理、研究开发管理、人事管理等方面的科学化。

强化企业管理，提高科学管理水平，是现代公司制的内在要求。现代公司为了在市场经济中求生存求发展，面临着巨大的外部市场的压力，如果管理不善、经营不好、业绩差，公司就有被市场淘汰的危险，股东也会用“脚”投票，抛售股票或转让股权，使股价下跌。经营管理不善，不仅损害股东们的利益，也直接损害经营者以及员工的利益。因此，现代公司存在一个不断改进经营管理的外部压力和内部动力。

二、现代企业制度的内容

企业制度是指以产权制度为基础和核心的企业组织和管理制度。构成企业制度的基本内容有三个：一是企业的产权制度，是界定和保护参与企业的个人和经济组织的财产权利的法律和规则；二是企业的组织制度，即企业组织形式的制度安排，规定着企业内部的分工协调和权责分配的关系；三是企业的管理制度，是指企业在管理思想、管理组织、管理人才、管理方法、管理手段等方面的安排，是企业管理工作的依据。其中，产权制度是决定企业组织制度和管理制度的基础，组织制度和管理制度在一定程度上反映着企业财产权利的安排，三者共同构成了企业制度。

1.现代企业法人制度

在高度发达的市场经济中，各经济主体通过市场结成等价交换的商品经济关系。进入市场的各经济主体只有明确其产权主体及分界区，才可能建立真正的商品经济关系，否则，真正的商品交换就不可能出现，因为任何经济主体都无法用不明确属于自己的财产参与市场交换。不仅如此，市场经济的运作机制是价格机制，而市场价格也只有在交易双方的产权主体及界区明确时才可能形成。显然，作为市场基本主体的企业，必须明确其产权主体和界区，这是企业进入市场的前提条件。

早期商品经济所要求的产权主体和界区的明确，是以所有制为基本形式的，如业主制企业就是以作为业主的个人财产来确定其市场主体身份的。但随着商品经济的发展，社会化大生产要求企业不断扩大规模，所有权与经营权开始分离，这时要保证企业产权的明确，保证企业市场主体的地位，就产生了满足这种需要的公司制企业组织形式。而公司作为独立的市场经济主体，必须有明确的法人财产权。在公司法人制度下，出资人的原始所有权演化为股权，公司法人则获得了公司的法人财产权，公司法人可以像业主制企业一样对公司的全部资产拥有占有、使用、处置的权利，参与市场交易。由此可以看出，公司法人制度的产权明晰化，使企业具备了一个对交换对象具有独占权的真正市场主体的身份，按照等价交换原则参与各类市场交换活动，这是现代企业制度不可缺少的首要内容。

建立现代企业制度，必须完善我国的企业法人制度。企业法人制度的实质，对国有企业而言，是确认国家拥有财产的所有权，企业拥有独立的法人财产权。在现代企业制度中，不管有多少投资者，也不管投资主体是谁，其投入的财产都将全部作为企业法人财产，出资者不能对法人财产进行直接支配，只能运用股东的权利影响企业的行为，而不能直接干预企业的经营活动。企业依法享有法人财产的占有、使用、收益和处置权，以独立的财产对自己的经营活动负责。

2.现代企业组织制度

采取什么样的组织制度来组织公司，这是现代企业制度包含的第二个内容。公司制企业是由许多投资者即股东投资设立的经济组织，必须充分反映公司股东的利益要求；同时，公司作为法人应当具有独立的权利能力和行为能力，形成一种以众多股东的个体意志为基础的组织意志，以公司的名义独立开展业务活动。公司的组织制度必须体现这些要求。现代企业组织制度就是建立规范和完善的公司法人治理结构。

在市场经济长期发展的过程中，公司制企业已经形成一套完整的组织制度，其基本特征是：所有者、经营者和生产者通过公司的权力机构、决策机构、执行机构和监督机构，形成各自独立、权责分明又相互制衡的关系，并通过法律和公司章程得以确立和实现。

3.现代企业管理制度

企业管理制度是企业制度的重要组成部分。之所以强调这个问题，是因为我国原来对企业制度认识是比较狭隘的，仅仅是指企业治理结构和产权制度。实际上，企业管理制度也是企业制度一个重要的组成部分。国际上通行企业制度体系内容也包括企业管理制度，所以，不能把企业管理制度排斥于企业制度之外，需要按国际惯例重新界定。

企业管理制度与企业的产权制度以及法人治理结构不能互相替代，不能只强调产权制度和法人治理结构的重要性，忽视甚至否定管理制度的重要性。虽然产权制度和法人治理结构是企业管理制度的基础，但是企业管理制度往往又是产权制度和法人治理结构的作用的延伸，同时，企业管理制度也是产权制度和法人治理结构的功能的一种贯彻机制，即作用机制。一个好的企业管理制度当然需要有一个比较好的企业产权制度和法人治理结构，而在一个比较糟糕的产权制度和治理结构的基础上，是建立不起好的企业管理制度的。反过来讲，如果仅仅有一个好的产权制度和治理结构，而没有一个好的管理制度，那么，产权制度和治理结构的作用也必然是发挥不了作用。

企业管理制度实际上并没有一个统一的模式，它是随着生产力的发展以及产权制度和治理结构的调整而不断变化的。

现代企业管理制度主要包括：正确的经营思想，如市场观念、竞争观念、质量第一观念；灵活的经营战略，能适应企业内外部环境的变化，推动企业发展；科学完善的领导制度,应体现领导专家化、集团化和民主化的管理原则;熟练掌握现代管理知识和技能的管理人才,以及具有良好素质的职工队伍;适合本企业特点、高效运行的组织机构和管理制度;良好的企业形象和有特色的企业文化。这些要求企业围绕实现企业的战略目标,按照系统观念和整体优化的要求,在管理人才、管理思想、管理组织、管理方法、管理手段等方面实现现代化,并把这几个方面同各项管理职能有机地结合起来。

4.三者之间的关系

现代企业法人制度、现代企业组织制度和现代企业管理制度,三者相辅相成,共同构成了现代企业制度的总体框架。产权制度确立了企业的法人地位和法人财产权,使企业真正作为自主经营、自负盈亏的法人实体进入市场;组织制度确立了权责明确的组织体系,使企业高效经营和长期发展有了组织保证;管理制度则通过实施现代化管理,保证企业各项资源的充分利用,在竞争中立于不败之地。三者是缺一不可、相互影响的整体,片面强调某一方面,忽视其他方面,都是不可取的。

对我国国有企业而言,实现政企分开是建立现代企业法人制度、现代企业组织制度和现代企业管理制度的共同基础。没有政企分开,企业国有资产的投资主体就不明确,企业产权也就无法明晰,企业内部权责利就不能确定,企业科学管理更无从谈起。

第四节 现代企业制度的建立和完善

一、建立现代企业制度的现实状况

经过多年的改革,我国国有企业在建立现代企业制度方面取得了一定程度的进展,主要表现在制定并实施了《公司法》,许多企业采取了有限责任公司和股份有限公司的形式,企业的经营自主权基本得到落实,企业内部管理有所改进,以往企业办社会的职能已经或正在剥离,国有小企业通过多种方式放开搞活取得较大进展,部分国有大中型企业通过自我积累和收购、兼并、联合等方式使企业得以发展。但总体上说,国有企业在建立现代企业制度方面的进展还不能说是全局性的、突破性的,公司制度还不够完善。当前存在着如下一些需要重点研究和解决的问题。

1.国有资本所有者"缺位"的问题依然存在

缺少具体、明确的机构承担起国有资产所有者的职能。我国国有资产实行的是分级管理的体制,不论是中央政府还是地方政府管理的资产,在投资、收益分配、资产处置、人事安排等体现所有者职能的重要问题上,仍然普遍存在着若干政府机构多头管理、职责不清的现象,国有资产保值增值的责任和风险在多数情况下仍然未能落到实处。

2.内部人控制问题仍未得到解决

内部人控制(insider control)是在所有权与控制权分离的条件下生成的。在两权分离的条件下,不掌握企业经营权的分散的股东成为企业的外部成员,企业实际上由不拥有股权或只拥有很小份额股权的经理阶层所控制,经理人员事实上或依法掌握了企业的控制权。内部人控制本身是公司制不成熟和不规范的产物,它往往会给公司规范运行和健康发展带来一系列弊端。(1)内部人控制的企业行为通常不是利润最大化,而是经理和职工个人的利益最大化。为达到这一目标,企业不仅有不断提高工资、奖金水平的趋势,而且,高层经理的在职消费诸如住房、豪华轿车、公费吃喝娱乐等也会以加大经营成本的方式蚕食企业利润。(2)内部人控制实际是一个权力失衡的格局,没有外部人的监控和约束,企业经理为营造自己的独立王国,扩大自己的控制权会采取不顾风险而大量举债投资的行为,企业的债务风险由投资者(包括股东和债权人)承担,因而企业规模的扩大并不能保证投资收益的增加,投资风险却加大了。(3)内部人控制还会导致出资者资产包括国有资产流失的倾向,如企业为自身谋利益设立"小金库",将一部分所有者的权益占为己有,或通过设立附属单位(向外投资)将资产转移,并将这部分转移的资产收益留给内部人自己享有等等。

3.企业办社会及对职工的"隐形负债",使企业改组和发展步履维艰

经过多年的努力,传统体制下企业办社会的问题有所减轻,但在住房、医疗、养老等方面,职工对企业仍然有不同程度的依赖。严重的问题还在于,由于国有企业经营不善,目前企业在养老、医疗、失业救济、住房等方面对职工存在着高达上万亿的"隐形负债",这是社会保障制度建立和完善进展迟缓的重要原因。在这种背景下,减人增效、企业重组等涉及到职工安置的举措往往遇到很大困难。

4.企业负债率偏高,融资渠道发育不足

负债率偏高是国有企业普遍存在的问题。导致这种局面的重要原因是20世纪80年代初期实行"拨改贷"以后,银行贷款成为企业融资的主要来源,这期间还出现了一些无资本金投入、完全依赖银行贷款的国有企业。随着时间的推移,,加之相当数量的国有企业经营不善,企业的负债率居高不下,而且不良负债的比率高,这样就形成了国有企业日常经营和转制、兼并、破产中棘手的债务负担。经过近年来呆坏账冲减的政策扶持,部分企业的负债率有所降低,但情况并没有根本性改变。另一方面,企业直接融资的渠道尚未理顺,证券市场虽然有较快发展,但能获得上市融资机会的企业仍属少数,直接融资占总投资的比重仍然很低,这样企业不得不仍以银行贷款为融资的主要渠道。

二、现代企业制度的完善

1.建立现代企业制度的总体构想

当前国有经济的布局主要是在计划经济体制下形成的。国有经济的面太宽,

不但控制了国民经济命脉，而且囊括了一般的竞争性行业。由于传统国有经济固有的缺陷，尤其是向市场经济转轨过程中，非国有经济得到迅速发展和参与市场竞争，使国有经济遇到许多前所未有的困难和矛盾。因此，建立现代企业制度，必须从战略上对国有经济的布局进行调整，要根据我国的实际情况，采取多种形式，区别对待。

涉及国家安全、国防、尖端技术、某些特定行业、特殊产品的企业，一部分仍要保持国有国营的形式，由国家直接控制和管理；对其中适于公司制经营的，应按国有独资公司形式改组，但应尽量不搞一家公司的全行业垄断。

对国有大中型企业，应按公司制进行改组，采取有限责任公司和股份有限公司的形式。对基础产业和支柱产业中的骨干企业，国家要实行控股，其余可不同程度地参股，并吸收非国有资金入股。

积极稳妥地发展一批以资产为连接纽带的跨地区、跨行业的大型企业集团，发挥其在促进结构调整，提高规模效益，加快新技术、新产品开发，增强国际竞争力等方面的重要作用。

对国有小型企业，也要按照现代企业制度加以规范。有的改组为有限责任公司，有的改组为股份合作制企业，有的采取承包、租赁方式实行国有民营，有的拍卖、实行产权转让。从长远看，大部分国有小型企业应将产权逐渐转让，国家实现资金转移，把变现收入投入急需发展的产业，用于结构调整、安置人员以及支持建立社会保障体系。

城镇集体企业在界定资产来源、明晰产权关系的基础上，区别不同情况依法改组为合伙企业、股份合作制企业和有限责任公司。少数规模大、效益好、符合产业政策的，也可以依法直接改组为股份有限公司或组建企业集团。

总之，国有经济必须控制的行业和领域包括涉及国家安全的行业、自然垄断的行业、提供重要公共产品和服务的行业以及支柱产业和高新技术产业中的重要骨干企业。今后，国有经济将在这四大行业和领域集中发展，而在其他行业和领域将逐步收缩和退出，以便更好地发挥国有经济的特有功能和作用。

2. 建立科学有效的法人治理结构

内部人控制作为现代股份公司的内生现象，在各国股份制实践中是一个普遍问题，而国有企业所有者“缺位”又使内部人控制现象得到强化。企业转制后，法律上已经明确股份公司没有上级主管，只有所有者即股东。然而，由于国有股权代表的人格化至今仍不甚明确，要么国有资产管理部门和原行政上级主管同时出场，要么两者均退避三舍，所有者的“缺位”，导致内部人控制“乘虚”而入。

通过公司股权结构的多元化，强化所有者的约束，进一步明确董事会的权力、责任和法律地位，对经营者实行有效的监督与激励机制。

3.降低企业负债率,加快发展资本市场

解决企业债务问题,当务之急是防止不良债务比率的继续上升,采取一定的方法把不良债务分离出来单独处理,同时,要继续积极稳妥地发展资本市场。企业通过资本市场,运用发行债券和股票等方式筹措资金是重要的发展途径。为此,我国应建立一个有效的债券市场和股票市场,不断扩大债券品种,加快发展股票市场,适度扩大企业直接融资比例,并为企业融资结构的合理化创造不可缺少的外部环境,使企业能够顺利地通过资本市场取得所需发展资金。

4.建立和完善社会保障体系

建立和完善社会保障体系已属当务之急,其中的一个主要环节就是弥补社会保障基金缺口,解决对职工的"隐形负债"问题。而这个问题不是单靠企业和地方政府能够解决的,应当由中央政府提出全局性的解决方案。鉴于新旧体制转换时期社会保障改革任务的艰巨性,国家应承担较大的社会保障责任,建立富余人员专项经济保障基金,作为现行失业保险制度的重要补充,进一步减轻、分散资金供求压力。同时,建立和完善社会保障的运行机制,按照权利与义务对等的原则,逐步建立和完善缴费机制、管理机制、营运机制、给付机制及监督机制,从而促进社会保险基金的良性运作,使企业从学生的"包袱"中解放出来,投入市场经济的公平竞争之中。

5.面向市场着力转换企业经营机制

面向市场着力转换企业经营机制,逐步形成企业优胜劣汰、经营者能上能下、人员能进能出、收入能增能减、技术不断创新等机制。

优胜劣汰,是市场经济条件下价值规律作用的必然现象,也是市场经济发展和社会经济进步的内在要求。企业要有忧患意识和危机感,适应市场经济规律,努力改善经营管理,提高产品与服务质量,在剧烈的市场竞争中求生存求发展。

经营者选聘引入市场机制,能者上、无能者下。加强对经营者的监督,包括建立企业决策失误的追究制度,实行企业领导人员任期的经济责任审计等,对不称职者坚决解聘,同时对业绩好的经营者给予奖励。

实行全员竞争上岗。人员流动,增强员工忧患意识,保持企业活力,建立企业参与市场竞争的内在机制。当然,这要与社会保障体系的建立与完善紧密结合,使失业者有最低生活保障和再就业培训的权利。

建立与现代企业制度相适应的收入分配制度,实行董事会、经理层等成员按照各自职责和贡献取得报酬的办法,企业职工工资水平和差别,由企业根据当地社会平均工资水平和本企业经济效益来决定,允许和鼓励资本、技术等生产要素参与收益分配。

技术不断创新是企业提高市场竞争力的重要条件,企业之间的竞争将越来越取决于技术创新的竞争，技术不断创新是企业求生存求发展之根本所在。

现代企业制度的建立除了要靠企业的自身努力外，政府和社会还要为这种改革创造必要的和良好的社会经济环境。这包括：政府要转变职能，提供稳定的经济环境和良好的经济秩序，创造统一、开放、竞争和有序的市场；建立和健全社会保障制度，减轻公司为增强自身竞争力而裁员的阻力，发挥"稳定器"作用；打击走私，制裁假冒伪劣，反对不正当竞争，维持正常的信用关系；进一步完善《公司法》和相应法规，依法治国，严格执法，公司的治理结构要在法律法规的框架内设计，不能搞法外运作；加强社会精神文明建设，形成良好的社会风气等等。

第五节　公司的法人治理结构

一、法人治理结构释义

关于法人治理结构，目前国内尚无权威论定。其英文原文是"corporate governance"，国内有法人治理结构、公司治理结构和企业治理机制等几种译法。简单地说，公司治理结构研究的是各国经济中的企业制度安排问题。这种制度安排，狭义上指的是在企业的所有权和经营权分离的条件下，投资者与公司之间的利益分配和控制关系；广义地则可理解为关于企业组织方式、控制机制、利益分配的所有法律、机构、文化和制度安排，其界定的不仅仅是企业与其所有者之间的关系，而且包括企业与所有相关利益集团(例如雇员、顾客、供货商、所在社区等等)之间的关系。这种制度安排决定企业为谁服务、由谁控制、风险和利益如何在各利益集团之间分配等一系列问题。

国内外专家学者关于法人治理结构的定义主要有三种：①法人治理结构是指所有者、董事会和高级经理人员三者组成的一种组织结构；②法人治理结构分三个独立的部分：承担风险的所有者，发挥战略和监督作用的董事会，执行经营的总经理及高级领导班子；③法人治理结构是指所有者与经营者之间的关系。

上述定义中，前两种定义侧重从具体的组织构成对法人治理结构进行表述，因而较为直观和形象，后一种定义则更突出所有者与经营者的关系，故更接近于法人治理结构的本质。严格说来，对于法人治理结构的定义应作分层表述更为恰当和准确。

二、法人治理结构的双层关系结构

从本质意义上，法人治理结构是指所有者与代理人之间的关系。就一般情形而言，尽管各国公司法对股份公司的投资者有着各不相同的规定，但无论是股份有限公司还是有限责任公司的所有者，至少有两个以上的投资者，多的达上千、上万甚至几十万个投资者。投资者只能委托代理人行使所有者的权利。在实际运作中,投资者的直接代理人是公司董事,而董事会人数较多时虽然董事可以直接参与经营管理的决策,对公司重大问题行使所有者赋予的权利,但还不是资产营运的实际操作者。在大多数情况下,公司的经营管理是由董事们委托给经理来执行的。在这里,经理事实上成了公司经营管理的最终代理人。因此,公司法人治理结构在本质上表现为一种双层的关系结构:一是股东大会与董事会之间的"信任托管"关系,构成了出资者对公司的一级控制权的配置和行使;二是董事会与经理人员之间的"委托代理"关系,形成了对公司生产经营活动的二级控制权的配置和行使。

1.股东大会与董事会之间的信任托管关系

董事会接受股东大会的信任委托,托管公司的法人财产,成为股东利益的代表,这是一种以信任为基础,以托管为方式的信任托管关系。这种信任托管关系表现为:一方面,董事会一旦接受股东会的信任与委托,经营公司的法人财产,就成为公司的法定代表人,具有一系列明确的职权;另一方面,股东既然将公司财产交由董事会托管,就不能直接干预公司的管理事务,也不能随意解聘董事,但可以因玩忽职守、未尽受托责任而起诉董事,或者不再选举他们连任。个别股东如对受托经营的绩效不满意,还可以"用脚投票"即转让股权而离去。

2.董事会与经理人员之间的委托代理关系

董事会以经营管理知识、经验和创利能力为标准,挑选和任命适合于本公司的经理,授予其内部事务的管理权和诉讼方面及诉讼以外的商业代理权。经理人员作为法定代理人,有责任和义务依法管理好公司事务,经理人员的权力受董事会委托范围的限制,这种限制包括法定限制和意定限制,如某种营业方向的限制、处置公司财产的限制等。超越限制的决策和被公司章程或董事会定义为重大战略性质的决策,都要报董事会决定。董事会对经理人员的任免有完全的选择权和决策权,董事会有权对经理人员的经营绩效进行评价,并据此做出继续聘任或者解聘的决定。但董事会应在不干预经理人员正常活动的同时,对他们进行有效的监督。

三、公司法人治理结构的基本特征

1.公司法人治理结构形成的原因

公司是由许多投资者出资设立的经济组织,因而必须充分反映公司股东的利益要求;同时,公司作为法人应当具有独立的权利能力和行为能力,形成一种以众多股东的个体意志为基础的组织意志,以公司的名义独立开展业务活动。公司的法人治理结构必须体现这些要求。因此,从具体的组织形式看,公司法人治理结构应包括股东会、董事会、经理和监事会四个部分。公司之所以要建立这样一套管理机构,是由下列原因造成的:

(1) 弥补股东的功能性缺陷

股东作为公司财产的共同所有者,本来拥有支配和经营这些财产的权利,并保证这些财产的安全和增值。但由于股东人数众多,不可能人人都亲自承担经营管理任务,而且每个投资者都有基于自己利益考虑的愿望和要求,都希望在公司经营管理的重大问题上反映和体现自己的意志和利益。投资者在公司经营管理的一系列重大问题上也经常会出现意见分歧。在这种情况下,公司的重大经营问题就只好由各股东共同表决决定,在表决中贯彻少数服从多数的原则,由此决定了股东大会的存在。

股东大会作为反映多数投资者意志和愿望,体现投资者利益,统一投资者愿望和要求的工具,成为法人治理结构最重要的组织形式。但是,由于股东人数众多、居住分散,许多股东还从事着其他与公司经营无关的活动,这样,要频繁地召开股东大会,对公司每一经营业务都进行表决,就十分困难。毕竟股东大会只是一种会议形式,只能就公司发展的重大战略及其与所有权最终实现相关的问题做出安排,不可能经常性开会研究公司经营管理的决策问题。因此,有必要选出能够代表自己利益的、有能力而且值得信赖的少数代表组成一个小型的机构来代替股东大会,代表股东的意向,执行股东大会的决议,做出经营业务决策,并对外代表公司进行活动,由此决定了董事会的存在。因此,股东大会和董事会是为了满足股东的财产要求,同时又弥补股东在经营财产中的功能缺陷而建立的。

(2) 克服责任无人承担的缺陷

董事会由股东大会选举的董事组成。由于董事会实行集体负责制,全体董事集体对股东大会的决议负责,在出现问题时极易发生责任不清、互相推诿的现象。为了使责任能落实到具体的人,在董事会之下又设立了经理的职位,由经理对公司日常生产经营进行指挥和领导。在直接关系上,经理只对董事会负责,不对股东大会负责。因此,股东大会决议的贯彻落实,公司日常经营管理的重大问题,只能由股东利益的代表机关——董事会操作实施,并由董事会委托经理班子执行。

(3) 维护股东和公司的权益

假如不存在道德风险,经理、董事都能完全忠实于自己的委托人,并按契约反映委托人的意志和为委托人谋利的话,股东、董事、经理这三者之间的关系便可概括法人治理结构的全部内涵。然而,大量实例表明,无论是董事也好,经理也好,都不可能对自己的委托人完全尽忠尽责。股东大会虽然是公司的最高权力机构,但由于一般股东只关心利益分配和股票价格,对公司的经营活动和自我议决权的行使并不重视,因此,公司的实权实际上落入董事会手中。股东大会常常以承认或通过董事会的提案而告终,形同虚设。因此,在董事、经理行为存在道德风险的情况下,投资者委托董事以外的代理人对董事及经理行为进行监督就是完全必要的。对公司董事、经理及财务状况行使监督权力的监事,必须以一个组织(即监事会)而不是个人的名义开展活动。这样,在公司内部,股东、董事、监事和经理之间的关系便通过股东会、董事会、监事会和经理班子等具体的组织形式表现出来。因此,法人治理结构的完整内涵应当是所有者与代理人,即董事、监事与经理之间的关系安排。

2.公司法人治理结构的特征

基于上述三个原因,公司法人治理结构的设置及运行规则要兼顾各方利益,它既要使股东权力得以实现,又要保证公司的经营高效率运行;既要使组成法人机构的自然人充分行使职权,又要使其受一定规则的约束并受到监督。因此,它们之间相互联系、相互制约,形成井然有序的蛛网系统,具有下述两个特点:

(1) 职权分明而又相互制衡

股东会是公司的最高权力机构,对公司的一切重大事务具有最后的决定权,其权力由股东直接行使;董事会作为股东大会的常设机构,依据股东大会的决议对公司重大事项进行决策;总经理则执行董事会的决定,对公司日常生产经营进行指挥和领导;监事会则代表股东或职工对公司活动实行监督。可见,这些领导层级之间的职权是分明的,同时又是相互制衡的,他们自上而下层层授权,又自下而上层层负责,每一层的职权都是有限的、受制约的。特别是监事会的设置,使公司主要的核心层领导的行为受到很大的约束,以防止其违反各方利益的行为发生。

(2) 民主和法制相结合

公司的组织机构体现了民主精神:一方面,整个领导群体权力的最初来源是全体股东和职工。股东作为出资者对公司的运行、管理和分配享有公开、公平的权利,职工作为企业的一分子享有民主监督权利。另一方面,公司最高权力机构、决策机构和监督机构均实行民主制和集体领导。然而,公司所实行的民主又都是以法制为基础的,都是在《公司法》、《公司章程》以及其他法律基础上履行职责的。因此,公司管理既是民主的,又是有序的。

至此,对法人治理结构可以概括为:所谓法人治理结构,是在资产所有权与经营管理权相分离的情况下,关于所有者与代理人(或委托人与代理人)之间的关系的一种制度安排。

四、公司法人治理结构与企业领导体制的区别

公司法人治理结构与过去所习惯使用的“企业领导体制”的概念内涵,有着很大的不同。

(1) 公司法人治理结构充分体现了公司制企业的产权结构特点,而“企业领导体制”强调的则是一种管理关系,产权关系并不是前提。

(2) 公司法人治理结构本质上强调的是股东大会、董事会与经理人员三者之间的相互制衡,而“企业领导体制”重视的则是上下级的领导与执行。

(3) 公司法人治理结构在组织制度和组织程序上明确地体现了权责对称的原

则,既重视激励又强调监督,而“企业领导体制”则更多地强调领导与被领导、命令与服从,是直线式的权利行使关系,因而往往权力交叉,激励不足,监督无力。

第六节　公司法人治理结构的组织设计

法人治理结构由股东大会、董事会、监事会和经理人员四个部分组成。股东会是公司的最高权力机构,董事会是公司的决策机构,总经理及其高层经理人员组成公司的执行机构,监事会是公司的监督机构。由于各自的地位、功能和作用不同,他们分享着不同权力,承担着相应责任,形成既相互独立又相互作用、相互制衡的关系。因此,完善法人治理结构,必须明确划分股东及股东大会、董事会、经理人员各自的权、责、利,使之各司其职、各负其责、各得其所,保证公司稳定、有序、高效地运作。

一、公司的权力机构——股东大会

股东大会是股东表达自己意愿与要求的时机和场所,是由全体股东或股东代表组成的公司权力机构。

1.股东大会的职权和责任

从理论上讲,公司是由股东投资组成的,股东是公司权力的来源。因此,股东大会理应在公司的诸机构中处于最基础的地位,是公司的最高权力机构,公司其他机构行使的职权直接或间接都来自于或派生于股东大会。股东大会代表股东的意志和利益,行使以下职权:

(1) 决定公司的经营方针和投资计划;

(2) 审议批准董事会、监事会的报告;

(3) 审议批准公司的利润分配方案和年度财务结算;

(4) 选举或罢免公司董事和监事;

(5) 决定公司增加或减少资本;

(6) 决定公司债券的发行;

(7) 决定公司的分立、合并、终止和清算;

(8) 修改公司章程。

公司的重大问题一经股东大会通过,全体股东相应地就要承担应有的责任。如果股东大会的决策失误,使公司的经营业绩下降,甚至导致公司破产倒闭,包括当初投反对票或弃权票在内的全体股东,都要承担自己收益减少甚至资产受损的责任。如果那些不赞成股东大会决议的股东,要想不承担股东大会决议带来的相应责任,惟一的办法就是“用脚投票”,将自己的股份转让出去。

2.股东大会的类型

股东大会一般有三种类型:创立大会、年度大会和临时大会。

(1) 创立大会。创立大会是在公司筹备工作完成后，由发起人主持召开、认股人参加的大会。在创立大会上，要审议发起人关于公司筹办情况的报告；通过公司章程；选举董事会成员；选举监事会成员；对公司的设立费用进行审核；对发起人用于抵作股款的财产的作价进行审核等。

(2) 年度大会。年度大会是每年都必须召开的例会，主要议程是：审议公司董事会提出的经营报告及其资产负债表；讨论分配方案；选举董事和修改公司章程等。年度大会往往是在每年结算后的一定时期内召开。如英、美、法、德、日等国都规定普通年会的间隔期不得超过 13 ~ 15 个月。我国规定：股东年会每年召开一次，并应于每个会计年度终结后六个月内召开。

(3) 临时大会。临时大会是除了创立大会和年度大会外，因公司遇到紧迫问题或因董事会提议而临时召开的会议。临时大会是在两次年会之间不定期召开的决定公司重大事项的特别股东会议，特别会议由法律明文规定强制性临时召开。我国公司法规定，股份有限公司有下列情形之一的，应当在 2 个月内召开临时股东大会：董事缺额达三分之一时；公司未弥补的亏损达股本总额三分之一时；持有公司股份 10%以上股东请求时；董事会或监事会认为必要时。

3.股东大会的召集

股东大会一般由董事会召集，董事长主持，在特殊情况下，可以由监事会或持有一定比例股票的股东代表申请召集临时股东会。由于股份公司的股东人数成千上万且遍及各地，约时聚会不是一件容易的事，所以，召集股东大会应提前发出通知。一般情况下，股东年会的通知要在 30 天以前发出，但不得超过 60 天；临时股东大会通知期限必须提前 10 天告知股东。召开股东大会应以书面形式通知股东，可以是对每个记名股东发出书面通知，或者是在影响较大的报刊上公开发布告股东书，指明开会的时间、地点和议决事项。

4.股东大会的决议

参加股东大会的股东必须达到法定人数，股东大会的法定人数由公司法或公司章程具体确定。一般首次股东大会要求的人数多些，特别股东会出席的人数也要多些，普通股东会相对少些。因此，普通股东会出席者代表的股权要达到一半以上；临时股东会和创立大会要有代表股份总数的三分之二以上的股东出席。股东大会的决议实行多数通过的表决原则，即达到法定出席人数的股东会上，持多数股票份额的股东同意，决议通过。普通决议大多是议决公司的常规事项，以法定出席人数的简单多数通过；特别决议是议决公司非常重大的事项，事关重大，要求以法定出席人数的绝对多数通过。

5.股东大会的投票方式

股东大会的投票方式大体上有以下四种：

(1) 直接投票。直接投票即股东在股东大会上按一股一票的原则进行投票的方式,每股对公司的某项决议有效而且只能表决一次。这是股份公司中最普通而又“最民主”的投票方式,它已延续很长的时间。

(2) 累积投票。累积投票是指股东在决定董事人选时,所具有的投票数等于它的股份数与当选者人数之积的投票方式。如果某一股东拥有10个股份,当选的董事为5人,则这个股东的投票数为50。每个股东既可以把自己拥有的投票数分别投给每个候选人,也可以集中投给一个或几个候选人。这种投票方式给投票者以较大的选择余地,当希望把代表自己利益的人选入董事会时,可以集中使用自己手中的票数确保候选人当选。因此,它可以使拥有较少股份的股东也可选出符合自己意愿的董事,有效地防止了大股东利用多数股份的经济优势完全控制公司董事选举的现象。

(3) 分类投票。分类投票是指把有表决权的股份分成不同的类别,投票按不同类别进行的方式。实行分类投票的前提是公司发行在外的股票是分成不同类别的。采取这种投票方式在通过一项决议时必须得到“双重”多数的同意,即不仅要得到出席股东大会的多数股权持有者的同意,而且还要得到各类别股中各自多数股权持有者的同意。因此,它有利于保证决议得到不同类别股东的大多数人的赞同与支持。

(4) 非比例投票。非比例投票方式主要在大型跨国公司和合营企业中使用,它贯彻每个投资者都有发言权和投票权的原则。即某些少数股权的拥有者在一些问题上的表决权具有比其拥有的股份数高2~3倍的效力,从而使这些少数股拥有者的投票权,能与多数股拥有者的投票权相平衡。

二、公司的决策机构——董事会

董事会是指依照法律规定必须由公司设置,由股东选举的董事组成,向股东大会负责的经营决策机构。董事会是由若干名董事组成的委员会机构,也就是说,单一的董事不可能形成董事会。

1.董事会的演化过程

世界上任何事物的发展都由一个从低级向高级、循序渐进的发展过程。董事会大体上经历了法规型董事会、咨询决策型董事会和社团型董事会三种类型的演化过程。

(1) 法规型董事会。股份公司的董事会最初是为了满足法规的要求而设立的,所以称之为法规型董事会。法规型董事会纯粹是象征性的,差不多每季度召开一次。从表面上看,法规型董事会是立法活动的直接结果,但是其深层次的原因是企业规模狭小、股本比较集中、企业组织理论研究相对滞后等,这些都是法规型董事会赖以生存的条件。因此,即使是在现代工业化社会中,绝大多数新建的公司,由于规模小、生产要素技术含量低、股本比较集中等原因，也仍然采取法规型董事会的形式。

(2) 咨询决策型董事会。咨询决策型董事会是公司治理结构进化过程的产物。随着企业规模的不断扩大和经营管理业务的越来越复杂，公司的经营者们逐渐感到仅靠自身力量难以应付“八面来风”，而董事会这一机构的设置为经营者们开通了提供各种短缺信息的渠道。如果他们在生产技术或营销管理方面需要帮手，就可以依靠企业内部的技术或营销专家，并凭借股权上的优势冠之以董事的头衔；如果他们感到法律、金融、政治等企业外部条件欠缺，也可以在社会的各个领域吸收这方面的专门人才进入董事会，并凭借股权上的优势使外聘人员成为“外部董事”。由于这些内、外部董事大多是各个领域或部门的行家里手，从而使其咨询决策质量越发稳定、可靠。咨询决策型董事会一般每年召开 10~12 次左右。

(3) 社团型董事会。社团型董事会可以看做是咨询决策型董事会逻辑渐进过程的结果。社团型董事会的成长发育需要两个前提条件：一是股权高度分散。这是因为，只有在股权高度分散的情况下，董事会的成员才能实现优化组合，而不是像在股权高度集中的条件下完全由大股东所控制。二是公司和董事会内部必须存在一系列既相互促进又相互制约的权力制衡机制。这种权力制衡机制有利于将独裁者的潜在势能抑制在最低水平。社团型董事会的会议大多在切磋讨论的气氛中进行，在意见不一致的情况下，靠少数服从多数的投票制度来解决。由于民主氛围比较浓重，在畅所欲言的决策讨论过程中，充分发挥董事会的社团参与精神，从而提高决策质量。其主要弊端是，人多嘴杂，决策效率低。社团型董事会议是应公司业务的发展需要而适时召开，其频数通常高于前两者。带有理想化色彩的社团型董事会模式正处于发展过程中，目前除了某些公开招股的大型股份有限公司外，在其他公司中还比较少见。

2. 董事会的职权和责任

董事会作为股东大会的受托者，是股东大会闭会期间的最高决策机构。公司董事应遵守公司章程，忠实履行职务，维护公司利益，不得以权谋私，收受贿赂，侵占公司财产和泄漏公司秘密。董事会的主要职权包括：

(1) 负责召集股东大会并向股东大会报告工作；

(2) 执行股东大会决议；

(3) 决定公司的经营计划和投资方案；

(4) 拟定公司的财务预决算方案、利润分配方案和弥补亏损方案；

(5) 制定公司增减资本、发行公司债券的方案；

(6) 拟定公司合并、分立、终止和清算的方案；

(7) 聘任或解聘公司经理等高级管理人员、并决定其报酬。

董事会作为一个合议制机构,需要有一个主席来召集和主持会议,因此董事会应设立董事长。董事长由全体董事过半数选举产生。董事长是公司的法定代表人,一般由资历深厚、德高望重、经验丰富的董事担任。董事长行使以下职权:

(1) 主持股东大会和董事会会议;

(2) 检查董事会决议的实施情况;

(3) 签署公司股票和其他重要文件;

(4) 在董事会闭会期间对公司重要业务活动给予指导;

(5) 争议双方票数相等时有两票表决权;

(6) 公司章程规定或董事会决议授予的其他职权。

董事会及董事长拥有以上所述的职权,当然也就应当承担相应的责任。其责任包括两个方面:一方面,从法律上和经济上必须对股东大会承担受托责任,代表和维护股东的利益,对其代理人高级经理人员进行监督约束;另一方面,应当承担决策失误的责任,根据决策失误对公司产生的影响和带来的损失程度,来确定董事会和董事长应负责任的大小。具体责任表现在职务、经济利益和法律三方面,每个董事应负的责任也应作区别。

3.董事会的组成

董事会人数的多少视公司经营规模、管理方式、股东的多少而定。人数太少,权利过分集中,容易造成独裁而损害股东利益;人数过多,机构臃肿,决策困难,办事效率低。法律上,对董事会一般有最低限制,有限责任公司的董事会不得少于三人,股份有限公司的董事会不得少于五人。从其来源看,董事可分为内部董事和外部董事。内部董事是指在本公司任职的董事,他们是公司的高级经理人员。外部董事是指在外单位任职而在本公司挂名的董事,外部董事一般来自其他公司、银行等实际工作部门或大学、科研机构等理论工作部门。让外部董事参加董事会,可以扩大忠告和建议来源,尽可能全面地考虑问题,以免决策失误。

董事会会议分为例会和临时会议。例会是定期召开的,一般半年召开一次;临时会议是不定期的,一般经三分之一以上董事或公司经理提议召开。董事会一般实行一人一票的表决方式,与股东大会的一股一票是不同的。普通决议一般要求过半数的董事表决同意,特别会议则要求三分之二以上的董事表决同意。表决方式以举手为多,在争议双方票数相等时,董事长有决定性投票权。

4.独立董事

独立董事是相对于执行董事而言的。一般把参与企业内部管理过程的董事称为执行董事,把不参与企业内部管理过程的董事称为非执行董事。非执行董事又包含两类:一是属于股东不参与直接经营的董事,通常称为非执行董事,二是集专家或处在独立立场角色的董事,也叫独立董事。

(1) 独立董事的作用

20世纪六七十年代,随着股份公司的股权进一步公众化,董事会日渐形成的内部控制与现代企业的发展形成矛盾。所以,美国大约从30年前就开始大量聘用独立董事。IBM公司的董事中除一人外,其余11名董事全部是从公司外部聘请的,戴尔公司的10名董事中也只有戴尔一人是本公司成员。目前,独立董事正在风行全球。独立董事的作用表现在:

① 独立董事是专家董事,能够提高企业的决策能力。企业的科学决策,既涉及本企业的知识,也需要其他相关知识,如政策、法律方面的知识、市场方面的知识、产权方面的知识、宏观经济方面的知识,等等。作为企业的执行董事,他们或者不具有上述某些知识,或者某些知识的拥有量较少。独立董事多是经济、法律、金融和人事管理等方面的专门人才,他们是政府或民间有发言权或有一定影响的人士,他们进入董事会能增加董事会的信息量,调整董事会的知识构成,解决内部董事某些领域的知识瓶颈,为企业带来许多新鲜的思维和创意,从而强化企业的领导决策能力。

② 独立董事是公正董事,能够确保决策的公正性。公司的董事会是提供经营资本的一方(股东)与运用资本创造价值的一方(经营者)的结合点,直接关系到股东利益的实现。所以,股东往往根据自己的意志、选举能够代表自己利益的人进入董事会参与决策,致使公司的董事会常常被大股东所操纵,大股东为了自己的利益最大化而损害中小股东的利益屡见不鲜。为了维护广大中小投资者利益,改变少数大股东一人说了算,需要在董事会中引进中小投资者的代言人。这种代言人一方面要敢于维护中小股东的利益,另一方面又必须有能力维护中小股东的利益。独立董事就是这种代言人。当然,独立董事维护中小股东的利益,并不是说独立董事只代表中小投资者。事实上,独立董事的形成,更多意义上讲是站在客观公正的立场上参与决策,独立董事是代表全体股东,而不是代表某一方股东。

(2) 独立董事制度有待完善

独立董事制度被当作一剂灵丹妙药引入我国,人们寄希望于它能一举解决公司的法人治理结构、中小投资者保护等问题。但在中国的国情下,需要注意的是:

①独立董事重在“独立”。独立董事的独立性,首先表现在必须独立于公司之外。独立董事必须完全独立于公司的管理和经营活动或有可能影响他们做出独立判断的事物之外,与其所受聘的公司及其主要股东,不存在妨碍其进行独立客观判断的联系。独立董事不代表出资人,也不代表公司的管理层,不能是该公司的成员或家属,也不能是该企业的顾问、律师、用户、供应商或关系银行职员,不能与该企业有债务关系等等,总之,必须是纯粹的局外人。其次,要有独立见解。与执行董事相比,独立董事不应受制于股东公司及公司的管理层,应拥有更多的独立判断的

权利。特别是在公司重大投资、财产处理、关联交易、对外担保、利润分配等重大事项上，独立董事有发表意见、参与决策的权力，甚至有一票否决的权力。

② 独立董事不是“摆设”。目前，国内企业的独立董事还只是一种顾问性质，其中不乏各界名人。公司聘请独立董事，大多是基于提高公司的社会地位、增加公众对公司信任度的目的，主要把独立董事的声望名声当作首选，以图提高企业的新闻炒作力度，增加企业的无形资产。因此，许多企业把独立董事当作“门神”供奉起来，根本看不到监督公司的作用，使独立董事有其名而无其实。中小股东希望独立董事发挥作用，甚至能在维权方面为自己呐喊。然而，公司对独立董事的基本要求是多出主意，少挑剔，致使独立董事成为摆设，其结果不仅会害了公司，也害了独立董事自己，更有损于独立董事的声誉。

③ 独立董事应真正“懂事”。设立独立董事，实际上是将原来封闭型的董事会变成开放型，使董事会成为专业化、知识化的董事会，因此，能够胜任独立董事的人才是最为重要的。不同的公司出于自身需要，对独立董事的技能要求各不相同，所以，独立董事仅为行业里的技术权威是远远不够的，这一职位应更着重于聘用综合型的人才，必须具有相当的企业和商业阅历，能够做出有价值的商业判断，具有一定程度的教育背景。鉴于其地位的特殊性也要求独立董事具有独立的人格及人文修养，同时要有直抒已见的勇气和魄力，因为他为董事会提供的参考意见不光是业务见解，更包括对公司高管人员能力的评判。所以，独立董事必须具备适宜的品格、经验、诚信及足够的专业才干。

④ 独立董事应有法可依。立法应明确规定独立董事的权力和责任，在制度设计时，既要赋予独立董事名副其实的职权，又要避免独立董事成为控股股东操纵公司的漂亮外衣。

三、公司的执行机构——总经理为首的执行班子

经理，是指经公司董事会过半数同意聘任，执行董事会决议，具体掌管和处理公司内部事务，对外可以在授权范围内进行商业活动的高级职员。公司既可只设经理一人，副经理若干人，也可以同时设立经理数人，以一人为总经理。因此，经理非指一人，而是一个执行班子，其中还包括总会计师、总工程师等。

从性质上说，以总经理为首的执行班子是公司业务活动的最高指挥中心，它是一个执行性机构，而不同于董事会的合议制机构，因此必须实行首长负责制。总经理同其他成员的关系是领导与被领导、上级与下级的关系，正因为这样，副总经理等高级职员由总经理提议任命。

1.总经理的职权

总经理作为公司法人代表的代理人及公司行政工作首脑，必须对董事会负责，遵守公司章程，忠于职守，维护公司利益，不得利用职权收受贿赂和以各种手段谋

取私利,不得侵占公司财产和泄漏公司秘密。其主要职权有:

(1) 主持公司的生产经营管理工作,组织实施董事会决议;

(2) 组织实施公司年度经营计划和投资计划;

(3) 拟订公司内部管理机构的设置方案和基本管理制度;

(4) 制定公司的具体规章;

(5) 提请聘任或解聘公司的副总经理和财务负责人;

(6) 公司章程和董事会授予的其他职权,如拟订公司职工的工资水平和分配方案,决定公司副总经理以下员工的奖惩,等等。

2.总经理的职责

总经理主要承担因经营管理不善的责任,从性质上讲包括职务上、经济上和刑事上三个方面。如果因为总经理能力不强或责任心不强而导致经营管理不善,使公司效益下降、发展缓慢,但未给公司造成严重后果,总经理承担的直接责任是自己的薪金减少,甚至被董事会解聘,经济上和自我形象都将遭受损害;如果总经理在经营管理上严重失误而使公司蒙受巨大损害,除解聘总经理的职务外,还可考虑以总经理个人财产的一部分或全部赔偿公司甚至负法律责任。如果总经理背着董事会和监事会,生产经营了国家法律规定禁止的产品或服务内容,受到国家有关部门查处而使公司形象和经济遭受重大损害,总经理不仅要承担职务被解聘和经济赔偿的责任,而且还要承担相应的法律责任。

3.首席执行官(CEO)

CEO(chief executive official),即首席执行官。CEO 一职是美国在 20 世纪 60 年代进行公司治理结构创新时的一个结果,其初衷是要解决公司规模过大、效率不高、决策层与执行层脱节等弊端,也就是把一部分本应由董事会决策的权利下放给职业经理人。为了区别于传统的总经理,美国人想出了 CEO 这一职位名称。CEO 的形成解决了董事会在经营方面的严重缺陷,使董事会不再对重大经营进行决策,这也减少了以前存在的矛盾。首席执行官的权力非常大,除了拥有总经理的全部权力以外,其权力中还有董事会的 40%～50%的权力。所以,在 CEO 产生的条件下,董事会已成为小董事会,董事会不再对重大经营决策拍板,董事会的主要功能是选择、考评和制定以 CEO 为中心的管理层的薪酬制度,经营活动已交由 CEO 来独立进行,实现了功能性分工。

四、公司的监督机构——监事会

监事会是依照法律规定设置,以检查公司财务状况,监督公司董事和经理行为,维护股东和公司利益为主要职责的监督机构。

1.设置监督机构的原因

由于公司是以出资者资本的集合为基础建立起来的,因此,出资者的利益与其投资的公司收益息息相关。但是,出资者不可能直接对公司进行监督,也不可能时时对公司的生产经营管理和财务状况进行检查。虽然会计师事务所、审计师事务所等社会监督机构可以受托依法对公司经营业绩、财务状况行使监督审核权,然而这种监督和审核毕竟来自于企业外部。因此,公司设立监事会,在公司内部对公司自身实施约束是必要的。作为公司的监督机构,监事会独立行使监督权,通过对公司财务状况的检查以及对公司董事、经理利用职权损害公司利益行为的监督和纠正,弥补股东大会闭会期间对经常性监督不足的弊病,使股东、公司和债权人的合法权益得到保护。

2.监事会的职权

监事会作为公司的监督机构,必须以保护股东的利益为己任,监督、约束董事会及其成员和高级经理人员,并不得利用在公司的地位和职权接收贿赂或其他非法收入,不得侵占公司财产或泄露公司秘密。其主要职权包括:

(1) 检查公司的经营和财务活动;

(2) 对董事、经理履行职务时违反法律、法规或者公司章程的行为进行监督;

(3) 当董事和经理的行为损害公司利益时,要求董事和经理予以纠正;

(4) 提议召开临时股东大会;

(5) 列席董事会会议;

(6) 公司章程规定的其他职权。

3.监事会的职责

监事会是公司的监督机构,它不能代替董事会的决策活动,不能对外以公司的名义进行各种业务活动,也不得干扰董事会和经理的正常活动。因此,单纯因为决策失误或经营管理不善使公司蒙受损害,监事会及其监事概不承担任何责任。但若监事存在渎职行为或者在执行职务时因违反法律、行政法规或者公司章程的规定,给公司形象造成影响和经济上造成损失的,应相应地承担责任。比如,对公司董事、经理人员损害股东和公司利益的行为不予以制止和纠正,听之任之,熟视无睹,甚至伙同参与,视情节轻重,轻者将受到股东大会的警告、处分,重者将被解除职务或赔偿公司的损失。如果监事对公司董事、经理人员违反国家法律、地方法规和公司章程的行为不予以监督、制止,任其发展下去,甚至变相和公开怂恿,或共同参与,视情节轻重和造成的后果程度,相应地承担不同的责任,轻者将受到股东大会的处分、解除职务,赔偿公司由此遭受的部分经济损失,重者将承担法律责任。

4.监督机构的组成

公司监督机构的具体形式,各国的做法不尽相同。日本公司的监督机构是由一个或数个监察人组成。英国公司的监督机构是由查账员组成,其职能是审核管理部门提交给股东大会的财务报表。美国公司一般没有独立的监督机构,其监督职能由社会行使。而德国公司的监事会则有很大的权力,成为公司组织机构中最重要的机关。我国公司法明确规定:监事会是股份有限公司的组织机构之一。有限责任公司,公司规模较大者可以设立监事会,公司规模较小者可设1~2名监事。但不管怎样,对公司董事会、高级经理人员及公司经营状况进行监督是不可缺少的。

股份有限公司和有限责任公司的监事会成员不得少于3人。监事会成员由股东代表和职工代表组成。成员的三分之一以上,但不超过二分之一由职工代表担任,职工代表由公司职工推选和罢免;成员的三分之二以下,但不低于二分之一由股东代表担任,股东代表由公司股东大会选举和罢免。监事会设主席一人,由全部监事过半数选举和罢免。监事会成员不得兼任公司董事及其他高层管理职务,以保证其监督工作的公正、廉明、客观和独立。

第七节　公司治理结构的完善

一、我国公司治理结构的矛盾与困惑

我国国有企业的公司化改造尽管时间不长,起步很晚,我国进行现代企业制度探索的时间很短,从实践看,尚存在不少比较突出的矛盾,有些矛盾还相当尖锐。目前存在的主要问题有以下几个方面。

1.股权结构不合理使中小股东没有发言权

我国公司股权结构的主要特点是"一股独大",国有股占了绝对垄断的地位,法人股及个人股所占份额往往很小。作为弱势群体的众多中小股东,尤其是单个分散的小股东,对公司的经营管理基本上没有发言权,难以充分行使他们应有的权力,这主要表现在以下三个方面:

(1) 由于国家是最大的股东,国有股东无疑拥有最大的表决权和发言权。这样一来,代表国家的国有资产管理部门或政府主管部门,就可名正言顺、理直气壮地操纵公司的一切重大事项。如果在企业改制前,我们可以批评上级主管部门干预太多,但现在不同,因为国家是大股东,政府理所当然地就可操纵公司的一切,国有股东成了太上皇,国资管理部门或企业主管部门成了国家派出的"钦差大臣"。这种改制使政企不分更加合法化了,股东的作用极为有限。

(2) 由于股权分散,不仅使大股东一手遮天,而且使股东的主人意识下降,股东之间存在着搭便车现象。股东的权力主要表现在投票权和分红权,投票权意味着付出,分红权意味着得到。谁都不想付出,不想花时间研究公司报告,不想花钱又花时间参加股东会,都希望搭别人的便车。另外,股份公司有两种投票机制,用手投票需要付出,用脚投票则一卖了之。于是,许多人虽然持有公司的股票,但并

不关心公司的事，结果使大股东和经营者处于软约束状态，大股东和经营者成了真正的主人。

(3) 无论是国有大股东还是中小股东，都难以称其为“股东”。从目前的实际运行效果来看，国有大股东依然扮演的是一个政府管理者的角色，事实上行使的是政府对企业的管理职能，而不是股东的职能。可以说，国有股股东是“假”股东，因为他没有责任，自然不会有积极性。而中小股东充其量只是股民，不是真正的股东。甚至连表决权都等于零。既然大股东、小股东都不是真正的股东，对公司的约束自然等于零。

2. 股东大会未能充分有效地行使职权

按照公司法及公司章程的规定，股东大会是公司的最高权力机构，它对公司的一切重大事项有最终决定权。但从目前的实际情况看，不少公司的股东大会其实际职权非常有限，甚至形同虚设，有被削弱和趋于形式化的倾向。主要表现是：

(1) 有的公司章程违背公司法的有关规定，对股东大会的职权加上了某些限制，致使某些股东大会只重视公司利润分配，而不注重加强对公司经营管理的控制；只重视管结果，而不重视决策工作；只重视管钱，而不重视对管理者的监督与管理。在这种情况下，股东大会的职权被大大削弱，股东大会甚至处于一种被驾空的地位，它无法对公司发挥主导性的作用。

(2) 股东大会的运作机制不规范，难以形成对所有股东合法权益的有效保护。有的上市公司对参加股东大会的股东资格加以严格限制，规定只有持有多少股份的人才有资格出席股东大会；有的非上市公司也动不动就规定只召开股东代表大会，而不是召开股东大会，这就无形中把许多股东拒之于股东大会之外，使他们无权、无机会表达他们个人的意愿，他们的合法权益被非法地剥夺了。这种做法经常引起许多中小股东的强烈不满。

(3) 股东大会的职权行使有时受到董事会或经理层的故意阻挠和刁难，反而使董事会或经理层凌驾于股东大会之上而为所欲为。

3. 董事会不规范、董事不“懂事”的现象比较普遍

我国企业股份制改造较之西方的公司化进程要快得多，正因为快，还缺乏成熟的经验，因此作为公司常设决策机构的董事会作用的发挥还有不少缺陷，与规范的公司治理结构对董事会的要求很不适应。这主要表现在以下几个方面：

(1) 董事会议流于形式。董事会作为股东财产的托管人，本应从公司整体利益出发行使职能，勤勉和恪守职责，并对股东大会负责。然而，从目前的实践情况看，一些属于董事会职能范围内的重大议题没有经过董事会议，甚至有些董事会往往在开会前做“工作”，甚至在寻求到统一意见再开会，使董事会议流于形式。

(2) 董事会的选举、任免机制不规范。董事会的产生不是以能为股东谋利益

的能力和贡献的大小等标准来挑选，而是根据代表性、资历、地位来确定的。董事会成员的人选大多是内定或协商产生的，特别是不少公司的董事长甚至总经理都是由政府或党委直接任命的，并不完全是由股东大会选举产生的，其最终的任免权基本上是操纵在政府手中。有的董事会甚至成了政府安排干部的场所，完全置股东的意愿于不顾，有些董事并不为大多数股东所接纳，也不能真正代表股东的利益。

(3) 不少董事的角色意识尚未转换。由于重要的董事人选往往是由政府推荐或直接任命的，这就使得不少董事在心理上仍然把自己看做是政府的代表，而不是股东的代表；是政府的官员，而不是企业的决策者；是政府的一员，而不是企业的一员。他们首先所要考虑的目标是使政府满意，甚至是使具有任免权的个别行政长官满意，而不是首先考虑如何使股东满意，使公司员工满意；他们优先的目标是向政府负责，而不是向股东大会及股东负责。一句话，现在不少董事的官员意识太浓，企业家意识太淡，心里装的不是股东，而是上级，是官员型的管理者，而不是企业家型的决策者。

(4) 董事的知识素养有待提高。如果把公司治理结构看做是一种公司运作机制，那么掌握决策权的董事们的素质高低就至关重要，因为治理结构的效率高低从根本上说取决于董事们的素质。目前不少董事对公司运作机制知之甚少，对市场经济茫然不知所从，知识陈旧，素质低下，他们难以正确有效地履行董事职责。

4.监事会的监督机制弱化

现在少数公司的管理混乱，违法违规行为时有发生，且长期难以发现，就是发现了也难以及时得到有效制止。究其原因，就是这些公司的监督机制不健全，监事会的监督作用极为不利，有的甚至形同虚设。这主要表现在：

(1) 有的公司监督机构不健全，甚至没有监事会，即使有也只是装点公司门面的一种摆设，还有些公司监事会的组成不符合法定要求。

(2) 监事会缺乏独立性和权威性。监事会本身的监督职权有限，权力规定不充分，不足以对董事会及经理层形成有效的监督。公司法规定董事会与监事会平等制约，但实际情况是监事会往往比董事会低，投资者通常看到的监事会报告永远是“平安无事”，监事会对董事会、经理人员的行为往往无可奈何。

(3) 监事的整体素质不高。作为公司的监事，懂法、懂财务是公司对他起码的要求。但目前监事的整体素质还跟不上，一些公司的监事不仅是法盲，连财务报表也看不懂，多数时间是在看报纸，这样的监事如何能“监事”？

5.股东大会、董事会、总经理、监事会责权实施中的矛盾

(1) 从股东大会、董事会、总经理和监事会各自的职权来看，实际工作中有不少问题需引起我们注意。股东大会是公司的最高权力机构，董事会是股东大会的

受托者，但在不少公司中，董事会却凌驾在股东大会之上，成了事实上的最高权力机构，股东大会不过是个形式而已。董事会与总经理是委托代理关系，总经理受董事会的聘任并接受董事会的监督，但在许多公司中，由于董事长兼总经理，所以总经理往往凌驾在董事会之上，事实上对公司的一切重大事务起决定作用。监事会与董事会是相平行的机构，代表股东实施对董事会、总经理的监督，但在一些公司中，监事会却事实上成了董事会、总经理的下属机构，甚至接受董事会和总经理的领导。

(2) 从股东大会、董事会、总经理和监事会实际承担的责任来看，差别很大。如果由于股东大会决策失误给公司造成损失，股东将直接承受公司利润下降、亏损、资产受损所带来的经济利益受损的责任。但董事、总经理和监事们却不一定会因为决策失误、管理不善和监督不力承担全部责任，他们往往可以通过各种办法推卸责任。在不少公司中，董事、总经理、监事不会因为公司效益滑坡、亏损而使自己丢掉职务或减少收入，而股东通过分红的减少甚至没有分红而事实上承担着本不属于自己承担的责任。

(3) 在责任的划分上，实际操作中也有一定难度。一件事的最终结局往往是多种因素共同作用的结果，起主导作用的因素有时很难扯清楚。不同的人有不同的看法，或出于自身推卸责任的目的相互推诿，由谁来进行裁决？如果是重大事情，排除人为因素，法院对此是可以公正裁决的。但如果是中小事情，不属于法院分内的事情就无法裁决了，也就无人承担责任，在这种情况下，最终还是由股东承担本不属自己承担的经济责任。

6."新三会"与"老三会"的关系尚未理顺

根据我国企业法的规定，在国有企业中要设立"党委会"、"职代会"和"工会"组织，其各自的地位、作用、职能和权限各有明确规定；而根据公司法的规定，在股份公司中要设立"股东会"、"董事会"、"监事会"，且公司法对它们各自的地位、作用、职能、权限也都作了明确现定。所以，国有企业在进行规范的公司制改革过程中，普遍碰到企业原有的"老三会"即党委会、工会和职工代表大会应如何对待的问题。那么，在由国有企业改造而来的股份公司里，如何处理"新三会"与"老三会"的关系，的确是不少公司目前感到很棘手的一个问题，而且是一个难题。

二、完善我国公司的法人治理结构

1.健全董事会制度

完善公司法人治理结构需要一个尽职高效的董事会。因为董事会在公司法人治理结构中处于重要地位，它除了要代表股东的利益以外，还要代表利害相关者——公司员工、债权人、供应商的利益。鉴于我国国有企业老板不到位，"内部人控制"相当普遍和严重，需要特别重视和健全董事会制度。具体应采取以下措施：

(1) 实行董事会集体决策。董事会必须作为一个整体来行动,董事会的一切决定,都应以整体名义和整体行动做出。为此,应从制度上保证董事会的职权由董事会集体行使,而不是由董事长个人行使。董事长是董事会的召集人,他只有在获得授权的情况下并且在授权范围内,才能单独行使董事会职权。

(2) 董事长与总经理分设为宜。在西方国家的大中型公司中,董事长与总经理的分离已基本达成共识。董事长一般是从长期在本公司服务、德高望重的经理人员中选拔,一经选出就不担任经理职务。有的公司则在公司章程中规定,在董事长与总经理职务集于一身时,外部董事要选择一位"首席董事",外部董事每年要对总经理进行一次正式评估。对国有股权占绝对多数的公司,董事长与总经理原则上分设,目的在于实现有效制衡。公司的法人代表只能是董事长,而不能是总经理。

(3) 优化董事会的结构。董事会的人员构成决定着董事会的作用和质量,为使董事会具有独立性,董事会要有一定比例的外部董事。内部董事主要搞运营,外部董事主要搞监管。外部董事即独立董事,这部分内容前面已作论述。

(4) 理顺董事会与经理层的关系。董事会做出的战略决策,要聘任经营者实施。为此,董事会应授权经理人员一定范围的决定权,并对其经营业绩进行审计、考核和评价;而经理人原负责组织公司日常生产经营活动,并按照经营业绩取得报酬。

(5) 为了增加董事会对股东的责任感,公司董事一般应拥有本公司一定数量的股票或期权,如在美国一般认为公司董事拥有至少十万美元的公司股票。

2.建立完善的激励和约束机制

目前,企业经营者激励、约束机制上的缺陷是普遍存在的问题。一方面,企业经营者的收益变化与其创造的业绩、承担的风险和造成的损失严重不对应,因而对经营者缺少足够的激励;另一方面,对经营者缺少有效的监督制约办法,如有些经理人员缺乏应有的职业操守,他们以权谋私,侵吞国有资产,获取非法收入,已经达到了令人震惊的程度。这种"前门不开,后门难堵"的情况,使经营者的激励、约束机制处在严重扭曲状态。完善公司的法人治理结构,必须建立对高层经营者的强有力的激励和约束。

(1) 建立经理人员的市场选聘制度。由于经理人员的管理素质、能力、责任心、品德以及努力程度直接影响公司的经营状况,甚至决定公司的成败与兴衰,这就需要在制度上保证对每一个进入经理阶层的人都要进行反复筛选、严格把关。

(2) 建立有效的激励机制。对经理人员的激励应把经济利益与其经营绩效挂钩,使其分享相应的资产利益,承担相应的资产责任,促使他们通过谋求企业长远发展和利益最大化来实现自己的利益。在报酬分配上,对经理人员设置形式多样的报酬方法，克服经理人员追求短期盈利行为，促使他们更加关注公司资产的增值和发展；同时，在政治上对取得优秀业绩的经理人员给予相应的荣誉和社会地位，使其享受经营成功的精神乐趣，从而形成积极向上的动力和不进则退的压力。

(3) 建立有力的约束机制。对经理人员的约束，可以通过内部与外部两个方面进行。内部主要有公司章程约束、监事会约束、机构约束及期股期权约束；外部主要有法律约束、市场约束、道德约束及媒体约束。遏制经营者的不良行为，加大执法力度，提高违约成本，使其不敢以身试法。

3.强化监事会的监督功能，并自觉接受公众监督

现代公司制度发展中，股东大会职权弱化、董事会职权强化已经成为一种趋势。其原因，一是由于公司资本向巨额发展，股份日益分散，小股东众多，且股东们的注意力已更多地转向股票市场，而不是公司经营，他们希望从股票价格涨落中获取巨利；二是随着技术革命的发展，公司管理越来越复杂，股东们很难通晓公司的生产和经营，从而对股东大会的兴趣锐减；三是市场经济是充满竞争的经济，而激烈竞争中的公司经营决策不可能依靠一年一度的股东大会解决，而是要求迅速、及时、有效的处置，这在客观上强化了董事会的职权；四是由于股东在信息掌握上处于劣势，这样，一些重大决策方案不仅要由董事会提出，而且股东大会对这些方案很少予以否定，股东们所能做的基本上是在董事会所提方案的基础上修修补补。为了确保股份公司的健康发展，有必要大大强化监事会的监督功能，为此需要采取以下有力措施：

(1) 从法律法规上进一步扩大监事会的监督职权，使之有职有权，具有高度的权威性和制约力；同时，可以考虑适当扩大监事会的人数。

(2) 改善监事会的成员结构。在国有股占大多数股份的公司里，尤其要注意适当扩大职工代表的比例，同时要确保监事会中有一定的专家参与，特别是财务专家的参与。

(3) 完善监事会的议事方式和表决程序。对监事会的组成、职权、议事方式、表决程序、表决机制等问题在公司章程中做出进一步的明确规定，使监事会的运转更为有序。

(4) 加强对监事会成员的培训与教育工作。提高监事会成员自身的思想素质和业务素质是监事会有效行使监督职能的重要条件。因此，不断加强思想道德培训和业务素质培训，使他们成为专家型的监督成员，而不是门外汉。

(5) 接受公众监督。自觉接受监督不仅能改变或提升公司的市场形象，而且还会使企业不断改变现状、纠正失误。在美国，越有声望的公司越希望接受监督，因为它越透明，大家对它越有信心，所以，最开放、最善于接受监督的公司往往是做得最好的公司。公司如果得不到公众的认可，形象就会受损，临时“挽回”的代价，

比平时“维护”的成本要高得多。目前，国内企业的透明度不高，股东及公众很难了解公司的真实情况，企业必须接受监督，学会开放，以促进自律。

4. 处理好“新三会”与“老三会”的关系

处理好“新三会”与“老三会”的关系，要遵循一个重要的原则可以概括为双向进入。即在国有独资和国有控股公司中，党委负责人和职工代表可以通过法定程序进入董事会和监事会；另一方面，董事会、监事会、经理层中的党委负责人，也可依照党章和有关规定，进入党委会。也就是说，公司既要建立法人治理结构，同时，又要尽可能同“老三会”相结合，发挥“老三会”的作用。

正确处理“新三会”与职代会、工会的关系，并不是用简单的取消职代会这一组织形式所能够解决的。职工作为一个独立的利益主体，其工作的安全感、劳动的报酬和个人的发展都与企业的命运有着直接的关系。因此，应当使职工成为企业发展的积极参与者，并应在公司的治理结构中体现出职工的责权利。在组织制度上，保留职代会和工会，在与职工切身利益有关的问题如劳动条件、工资待遇等问题上，代表职工的利益参与决策。从国外的实践中，也存在着逐步扩大职工参与企业管理范围的趋势，如美国公司的职工持股，德国公司中的“参与决策制”等。

第四章　组织环境和自然环境

学习目的

学习本章应了解与掌握：

1.了解外部环境的重要性。

2.了解环境如何影响组织。

3.了解组织的一般环境要素。

4.了解组织的特殊环境要素。

5.区分自然环境和组织环境。

6.了解组织中环境保护的意义。

7.了解组织如何对外部环境和自然环境的变化做出反应。

第一节　环境与组织的关系

任何组织都不是独立存在的，以从事经济活动的企业为例，企业经营所需的各种资源都需要从属于外部环境的原料市场、能源市场、资金市场、劳动力市场等去获取。组织的**外部环境**包括了与组织运作有关的所有外部因素既有能够产生直接作用的因素也有间接作用的因素。因而，任何组织都是在一定环境中从事活动的，离开外部环境中的这些市场，企业经营便会成为无源之水、无本之木。

系统管理思想认为组织是一个开放的系统。即与周围环境产生相互影响、相互作用的系统。像劳动力市场中供应的劳动力的素质和工资水平，外部资金的宽裕程度、政府的政策、用户的需求变化等，都会影响到企业的经营状况。系统理论的基本假设之一即组织不是自给自足的，它们与外部环境交换资源并依赖外部环境。组织从外部环境获得投入(原材料、资金和能源)，把它们转化成产品或服务，作为产出返回外部环境。正因为如此，一个组织的成败，就往往取决于其管理者能否及时察觉环境的变化，并及时地做出正确的反应。认识到任何组织部不是独立存在的，将组织看成社会系统的一部分，这是系统理论对管理的主要贡献。正如一位作家写道："从整个宇宙中减去代表组织的那一部分就是环境"。当然，环境并非如此简单，恰恰相反，环境及其对组织的影响是相当复杂的。

组织环境是组织生存发展的土壤，它既为组织活动提供必要的条件，同时也对组织活动起着制约的作用。

企业用外部提供的各种资源生产出来的产品,也要在外部市场上进行销售。没有外部市场存在,企业就无法进行交换,无法从出售产品中换回销售收入,以抵补生产经营过程中的各种消耗。这样,企业就无法生存下去,更谈不上在更大规模上的发展了。

对组织活动有着如此重要作用的环境,其本身又是经常处在不断的变化之中。环境的特点及其变化必然会影响组织活动的方向、内容以及方式的选择。

进入20世纪90年代管理正在经历一次重大的再思考,再思考的主要原因之一来自组织外部力量和压力带来的变化。20世纪70年代,石油价格飞涨了四倍,全世界为之震惊,从通用汽车公司到邮局等各类组织不得不做出如何调整自己的决定,以便把外界事件纳入考虑范围之内。80年代日本、韩国、欧洲及其他地区的重量级企业加剧了全球市场的竞争,从而使地区市场到全球市场发生戏剧性地转变。90年代通讯和信息处理的新技术(从便宜的传真机、笔记本电脑到超级新型计算机)和政治地理的剧变使我们对企业的认识发生了革命性的变化。所有这些因素及其他因素都是管理者必须考虑的组织环境的内容。图4.1表示了组织与环境的关系。

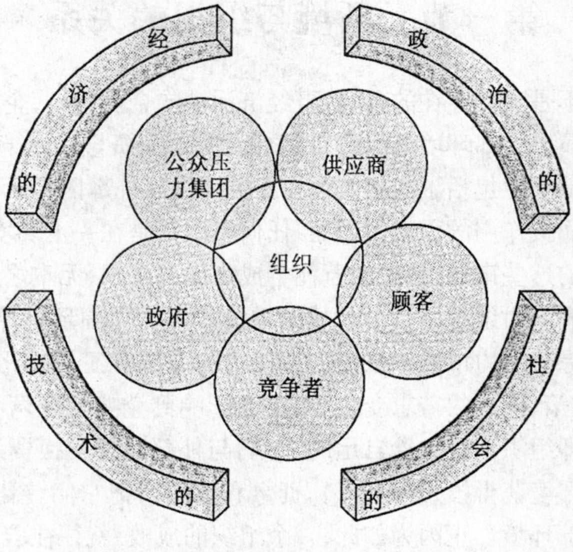

图4.1 组织及其环境

(资料来源:斯蒂芬·P·罗宾斯.管理学.中国人民大学出版社,1997年版,第67页)

因为并非所有的环境都相同,所以环境对管理者而言是很重要的。环境的不同是由于我们所说的环境的不确定性程度不同。进而,环境的不确定性可分解为两个维度:变化程度和复杂程度。

如果组织环境要素大幅度改变,我们称之为**动态环境**。如果变化很小,则称为

稳态环境。在稳态环境中或许没有新的竞争者，或许现有竞争对手没有新的技术突破，公众压力集团极少有影响组织的活动等等。例如美国的汽车制造商自20世纪70年代中起，就面对着一个动态的环境。在20世纪50年代及60年代，他们能非常准确地预测出每年的销售额和利润。后来，随着政府安全规章和排气法令的日益严格，以及外国竞争者的加入，加上逐渐上升的石油价格，使得美国汽车工业的管理者们猛然发现自己正处于一个变化着的环境中。

与不确定性相关的另一个维度是环境复杂性程度。复杂性程度是指组织环境中的要素数量及组织所拥有的与这些要素相关的知识广度。当洗衣机制造商签订合同，将40%的产品卖给西尔斯公司时，它就减少了其消费者数量，这样，也就降低了环境的复杂性。一个组织要与之打交道的顾客、供应商、竞争者及政府机构越少，组织环境中的不确定性就越少。

复杂性还可依据一个组织需要掌握的有关自身环境的知识来衡量。例如，波音公司的管理者如想保证该公司制造的喷气式飞机没有缺陷，他就要尽可能多地了解其供应商的经营活动。相反，零售杂货店的管理者对这一要求就要低很多。

企业面对其赖以生存和发展的环境，要解决的第一个问题便是要分析这种环境的性质、特点和变化趋势，以便制定出正确合理的决策。依据企业所面临环境的复杂性（指环境构成要素的类别与数量）和动态性（指环境的变化速度及这种变化的可观察和可预见程度）这两项标准，可以将组织环境划分为四种不确定性情形：

(1) 低不确定性：即简单和稳定的环境。组织环境中的构成要素相对较少，而且这些要素不发生变化或仅有缓慢的变化。在这种复杂性和动态性都比较低的环境中，企业经营就面临低的不确定性。

(2) 较低不确定性：即复杂和稳定的环境。随着组织所面临环境要素的增加，环境的不确定性程度会相应升高。大量的不同质要素的存在，无疑使企业的经营管理工作复杂化。但要是环境各构成要素能基本保持不变或变化缓慢，处于这种复杂但相对稳定状态中的环境通常只有中等偏低的不确定性。

(3) 较高不确定性：即简单和动态的环境。有些组织所面临的环境复杂性并不高，但因为环境中某些要素发生动荡的或难以预见的变化，从而使环境的不确定性明显升高。

(4) 高不确定性：即复杂和动态的环境。当组织面临许多不同质的环境要素，而且经常有某些要素发生重大的变化，且这种变化很难加以预料时，这种环境的不确定性程度最高，对组织管理者的挑战最大。

环境的不确定性，一方面要求管理者能积极地适应环境，寻求和把握组织生存和发展的机会，避开环境可能造成的威胁；另一方面，组织也不能只是被动地适应环境，还必须主动地选择环境，改变甚至创造适合组织发展的新环境。

由于环境的不确定性威胁着一个组织的成败,因此管理者应尽力将这种不确定性减至最低程度。假定可以选择,那么管理者都愿意在低不确定性那样的环境中经营,但他们却极少能完全控制这种选择。例如,1993 年,生产和销售计算机软件的公司的管理者发现,他们正处于高不确定性的环境中,因为他们选择的这样一个特殊的细分市场来进行生产经营,他们面对的是高度动荡的、复杂的环境。假如他们选择的是制造标准挂衣架的话,那么他们就会发现自己处于低不确定性的环境中了。

第二节 组织的一般环境

企业都运作在一个一般环境下的,所谓**一般环境**指的是外部环境中最普遍的,能潜在影响到组织的战略决定的部分,虽然高层管理者应该考虑目标与内在优势,相关的他还必须在行动前考虑外部因素。一般环境从两方面影响企业。第一,外来力量可能促成一个最终变成利益相关者的团体的形成;第二,间接作用因素造成一个大气候——技术的迅猛发展、经济的繁荣或衰退、工作态度的变化。企业存在于这个大气候之中,并最终将不得不对它做出反应。

1.政治和法律环境

政治和法律环境指一个国家的社会制度,执政党的性质,政府的方针、政策,以及国家制定的有关法令、法规等。还有一个组织在其中经营的所在国的总体稳定性,包括一个组织在其中经营的所在国的政治总体稳定性及政府首脑对工商企业的作用所持的具体态度。不同的国家有着不同的社会制度,不同的社会制度对组织活动有着不同的限制和要求。即使是社会制度没有发生变化的同一个国家,在不同的时期,由于执政党的不同,其政府的基本路线、方针、政策倾向及其对组织活动的影响也是不断变化的。

在具体事务中,某个政府机构在处理企业的管理事务中,会采取从严还是从宽的立场,反托拉斯法令被严格执行还是会被忽视,政府政策会抑制还是会鼓励管理者的决策自由,这类问题涉及政治环境。问题的答案很大程度上取决于政治程序的性质和当前的政治气候。政治程序牵涉到不同利益团体之间的竞争,因为每个团体都要力争推行自己的价值观,实现自己的目标,比如,在围绕环境问题的一般性政治辩论中,均会出现一些各种产品和服务产生了巨大影响的团体。

政府政策既施加战略压力同时也提供机会。政府可以通过税收、法律、经济政策和国际贸易规则,来影响企业行为。对企业限制的一个例子就是政府对行贿、受贿的标准,在一些国家,贿赂和回扣是很普遍的,被认为是商业行为,但对于另一些国家,这些是不合法的。实际上,一些国家的公司在国际竞争中因为贿赂而被罚过款。

管制机构是一个政府对公司影响更具体的政府组织，管制机构有权调查公司的行为并采取合法的行为使公司符合法律。

对于政治和法律环境的这些变化，组织是可以也必须进行分析研究的。另外，随着社会法律体系的建立和完善，组织必须了解与其活动相关的法制系统及其运行状态。通过政治和法律环境研究，组织可以明确其所在的国家和政府目前禁止组织干些什么，允许组织干什么以及鼓励组织干什么，以便使组织活动符合社会利益并受到有关方面的保护和支持。

在大多数国家，各类组织大体上在一个稳定的政治环境中运行。但由于组织的成长，管理成为一种世界范围的活动，而且许多公司经营所在国的稳定性是非常不规律的，因此管理内在地要求组织努力预测其所在国的主要政治变化。从一国货币的贬值到独裁者的决策，再到某些工业的国有化及没收这些工业的资产等等。

组织是在一定环境中生存发展的有机体。组织要适应环境而不可能决定环境，这是组织与环境关系的基本点。在一定环境条件下，组织如何选择，如何行动，如何积极有效地开展业务经营活动，是组织决策的前提。但另一方面，组织作为环境中生存和发展的经济组织，并非简单、被动地适应环境，它也有能动地发挥作用的余地。一是组织可在一定范围内对环境因素做出选择，如从事哪些行业和经营活动、选择哪些国家或地区作为自己的活动舞台等；二是组织可在一定范围内创造或影响环境，如开辟新技术、新行业，改变组织的公众形象，开展有效的公共关系活动等。

2.社会环境

社会环境包括人口、生活方式和社会价值观。一个国家或地区的人口数量及其增长趋势，居民受教育的程度和文化水平，以及宗教信仰、风俗习惯、审美观念、价值观念等会对组织产生重要影响。

人口统计数据是用来衡量群体或其他社会单位的人的各种特征的有效资料，工作群体、组织、国家、市场或社会都可以根据他们的成员的年龄、性别、家庭规模、收入、教育、职业等等划分而形成统计资料。一般来讲，一个国家或地区的人口多，一方面意味着劳动力资源丰富、总体市场规模大，这些为企业开展经营活动和促进经济发展提供了有利的条件，但另一方面也有可能因居民受教育水平难以大幅度提高，劳动者的总体素质比较低，从而构成经济发展的障碍。

组织在设计他们的人力资源战略时必须考虑到劳动力人口统计所反映的情况，人口增长影响着劳动力的规模和组成，中国的城市劳动力人数，现在每年大幅度地增长，这是劳动力资源的巨大优势。但素质比较低受教育水平有待于大幅度提高在某种程度上影响着组织的成长。

人口增长影响劳动力供应人数。人口构成的变化引发的社会问题会影响管理者,比如现在很多员工发现自己既要照顾小孩又要帮助年迈的双亲。结果,许多大公司都实行了特别计划,帮助员工照料老人。另外,人口状况还塑造了很多产品的市场。

从全球范围看,移民也是一个显著影响劳动力的因素。移民大多数处于工作年龄,而来自不同的教育和职业背景。妇女运动及越来越高的离婚率导致了女性劳动就业率的急剧上升。今天,半数以上的成年妇女有了职业,妇女将继续以破纪录总数加入劳动力市场。劳动力市场将比今天更加多样化,这给公司提供更多的可供选择的人才。多元化的劳动力有优势,但管理者们必须保证他们对于妇女和少数民族提供平等的升职机会和报酬、公司必须制定战略计划以招聘、保留、培训、激励和有效利用各种多样化背景的人们,让他们用自己的能力更好地完成公司的任务。管理当局还必须调整其内部组织政策,例如,一个组织如果没有照顾孩子的设施,那它也许会失去招聘到有才能的女职员的机会。大量的单亲父母和有孩子的双收入家庭导致了幼儿园和其他日常服务项目的出现和繁荣。这些人口统计趋势还导致了如父母假期、临时工雇用、灵活工作制、工作分享方式、远距通讯和儿童照顾援助等政策。

生活方式是人们生活态度和价值观的外在表现。近年来,生活方式的特点不是稳定而是变化。例如,"传统家庭在家庭中所占比例不断缩小,由夫妻组成的家庭越来越少,单身成人或单亲家庭渐渐增多。今天的职业妇女趋向于在午餐时间或下班后购买化妆品和家用物品。银行、汽车制造商及妇女服装生产商也发现,他们的市场随妇女职业预期的改变而改变。妇女们想扩大她们的声望;她们要买的是同自己新的生活方式相一致的小汽车;她们的服装日益职业化而不是休闲化(因为女职员增多)。管理也必须变化,也就是说,组织提供的产品和服务、生活方式的变化对组织至关重要。必须使其经营适应所在社会变化中的社会预期。

人口的素质及其文化观念,对组织活动绩效水平有着重要的影响。如居民受教育程度会影响劳动力的技能和心理需求层次。作为消费者的基本行为特点,宗教信仰和风俗习惯会禁止或抵制某些活动的进行。审美观念会左右人们对组织活动方式及成果的态度与偏好,价值观念则不仅影响着社会成员对组织存在理由和目标的认识,而且还影响到该社会中各类机构的基本组织文化类型和变化趋向,以及商业行为的伦理、道德、习惯和作风等。

不断变化的社会价值观已经影响了我们对于机会均等和行业管理的态度,转变了我们对新技术的成本和效益的衡量。对于管理者,最重要的可能是价值观如何改变我们对企业和工作本身的态度。例如,员工参与管理决策在从前仅仅被视为提高员工士气和生产力的手段,如今认为这是势在必行的行为准则。自然,社会价值观因国而异。比如，日本很多员工终生为同一家公司做事，与美国职工相比，能够更自由地参与决策。法国社会关系更拘泥于礼节，法国企业的结构要比美日企业刻板。在德国，工人和工会的权利得到法律保障。

3.经济环境

经济状况和发展趋势关系是组织成功的关键。对于作为经济组织的企业来说，经济环境是影响其经营活动的尤为重要的因素。经济环境均随时间而变化，管理者耗费大量时间与资源来预测经济的发展变化，因为经济变化现在不是例外而是常规，所以这项任务便更加棘手。

微观经济环境中，收入、储蓄、投资、物价、工资、生产率、就业、供应商和竞争对手的定价以及政府的财政政策均会影响产品或服务的成本和市场表现。而企业所在地区或所服务市场区域的消费者收入水平、消费偏好、储蓄情况和就业程度等因素也对企业经营活动有重要影响。这些因素直接决定着企业目前及未来的市场规模。假定其他条件不变，一个地区的就业越充分，收入水平越高，那么该地区的购买能力就越强，对某种活动及其产品的需求就越大。除了直接的产品生产经营活动外，一个地区经济收入水平对经济组织的其他活动也有重要影响。如在温饱没有解决之前，居民就很难自觉主动地去关心环保问题，组织的环保行为就相对受到忽略。

在宏观经济环境中。利率、通胀率、可支配收入的变动、证券市场指数以及一般商业周期、国民收入、国民生产总值及其变化情况，以及通过这些指标能够反映的国民经济发展水平和发展速度，是一般环境中能够影响组织管理实践的一些因素。宏观经济的发展和繁荣显然会为企业等经济组织的生存和发展提供有利机会，而萧条、衰退的形势则可能给所有经济组织带来生存的困难。

4.技术环境

技术环境是影响组织活动的产品或工艺的新发展以及在科学上的进步对组织活动过程和成果的影响。既包括产品、工艺和材料的新发展，也包含如物理等基础科学的进步。社会或某一行业的技术水平在很大程度上决定了生产的产品、提供的服务、使用的设备和运转的管理方式。

我们生活在一个技术时代中，在过去的四分之一世纪里，最迅速的变化也许是发生在技术领域中。现在，我们有自动化的办公室、制造过程中的机器人、激光、集成电路、缩微照片、微处理器以及合成燃料。像苹果计算机公司、3M公司及通用电气公司那样的高技术公司都极为昌盛。同样，技术领先的医院、大学、机场、警察局，甚至军事组织，比那些没有采用先进技术的同类组织具有更强的竞争力。

今天，一个公司如果不在其战略上融入日新月异的技术，就不可能成功。技术进步创造了新的产品，先进的生产技术以及管理与通信的更好的方式。另外，随着技术进步,新的工业、市场和竞争细分市场发展了。例如,计算机的出现创造了一个巨大的产业。生物技术行业的早期进入者试图建立主导地位,但后来者则处在一个充满竞争的细分市场中.

就企业来说,其生产经营过程可以说是由一定的劳动者借助一定的物质条件来生产和销售一定的产品及服务的过程。从组织作业活动过程来看,无论何类组织开展何种作业活动,都需要利用一定的物质手段。学校的教学辅助手段,医院的医疗设施,企业的生产设备和经营设施,这些活动过程所需要的技术的先进性程度,受到整个社会总体科技水平的影响和制约。社会科技的进步会促进组织活动过程物质条件的改善和技术水平的先进化、现代化,从而使利用这些物质条件和技术进行活动的组织取得更高的效率。

可以用办公室的设计来说明技术环境对管理的影响。办公室已经成为交流中心。管理当局现在能够将计算机、电话、文字处理器、复印机、传真机、文件库与其他办公设备联成一个一体化系统。对所有组织的管理而言,这意味着更快、更好的决策制定能力。对一贯只销售部分办公用品的公司(例如那些仅提供打字机或复印设备的公司),这意味着要么开发全面的办公系统,要么被从这一市场中完全排挤出去。像西方联合公司那样的公司,1987 年时,自动电传打字机是其主要的现金来源,由于传真技术的爆炸性发展,将该公司推向了破产的边缘。不同的产品(或服务)代表着不同的技术水平,对劳动者和劳动条件有着不同的技术要求。技术进步了,企业现有产品就可能被采用了新技术的竞争产品所取代。产品更新换代后,企业现有的生产设施和工艺方法可能显得落后,生产作业人员的操作技能和知识结构可能不符合要求,生产所用的原材料可能需要作相应的更新。因此,整个社会产品技术的进步是影响企业生产经营活动的重要因素。

现代信息和通信技术的发展使管理手段、方法乃至管理思想和管理模式发生了重大的变化。新技术还提供了管理和通信的新方式。计算机化的管理信息系统(MIS)提供需要的信息,计算机管理生产和记录性能缺陷,电信技术允许大家在不同地方举行会议、讨论下列的关于电信领域的变化。正如你看到的,技术进步创造了企业创新、围绕划时代的技术进步制定的战略创造了竞争优势。现在,电子计算机不仅在各项专业管理工作中得到应用,而且使各方面管理系统实现了集成化和一体化,乃至在企业与外部关系上出现了网络化联结,改善了组织内外整体管理的水平。信息技术手段对管理及各项经济和社会活动的影响是如此深刻而宽广,以致人们普遍将当今的社会称做“信息社会”。信息化推动了企业经营领域的拓宽和经营方式的多样化,也使企业管理的模式不断推陈出新。

企业除了要考察与企业所处领域的活动直接相关的产品和过程技术及信息技术的发展变化以外,还应及时地了解国家对科技开发的投资和支持重点、该领域的技术发展动态和研究开发费用总额、技术转移和技术商品化速度以及专利及其保护情况等等技术环境因素。

第三节　组织的特殊环境

组织不仅存在于一般环境之中,而且作为具有特定使命和任务的机构,它又是在特殊领域内开展活动的。如果说一般环境对只要作为机构存在的各类组织均会产生相似的影响,那么,与具体使命和任务相关的特殊环境则会对特定的组织产生某种特殊性的影响。所以,**特殊环境**通常也被称作是组织的任务环境或特殊环境。不同的组织面临着不同的具体环境。而对绝大多数组织而言,供应商、顾客。竞争者、政府机构和特殊利益集团都是造成不确定性的外部因素。

1.供应商

所谓供应商是泛指组织活动所需各类资源和服务的供应者。例如,对企业来讲,供应商主要包括为企业提供原材料、设备、工具、能源及土地和房地产的各类供应商,为企业提供资本金和信贷资金的股东、银行、保险公司、福利基金会及其他类似的组织,以及在劳动力市场上为企业提供人力资源的个体和中介机构等。另外,为企业生产经营过程提供各种劳务和服务的机构,如货物运输、设备修理、员工培训、环卫清洁及保安等服务机构,也都构成企业的供应商。可以说,商品经济越是发达,企业的供应商队伍就越庞大。组织必须从外部环境中获取资源,进而把这些资源转化为产品和服务出售。供应商提供生产必需的资源,如人力资源(由商业学校和大学提供)、原材料(由生产商、批发商、零售商提供)、信息(由研究咨询公司提供)、金融资本(由银行和其他来源提供)等。对一个建筑承包商来说,它包括出售和出租推土机和卡车的公司、办公用品公司、储木场、五金供应商及砖和混凝土的分销商。但供应商一词还包括财政及劳动投入的供给者。组织需要股东、银行、保险公司、福利基金会及其他类似的机构来保证持续的资本供给。一个组织可能拥有一个能创利几十万元的公司,但除非管理当局能获取足够的资金来使其运转,否则所谓的利润仅是一种潜在的利润。地方劳动力市场是雇员的源泉。例如一家医院如果缺乏合格的医务人员,便难以有效运转。

组织寻求以尽可能低的成本来保证所需投入的持续稳定供应。因为这些投入物代表着不确定性,也就是说,它们的不可获得或延误均能极大地降低组织的效果,管理当局必须尽最大努力来保证输入流的持续稳定。大多数大型组织之所以设有采购、财务及人事部门,是因为获取机器、设备、资本及劳动力投入的重要性。对组织来说供应商之所以重要不仅在于他们能提供资源,更重要的是供应商提高成本能减少组织的利润,供应商的供货质量决定组织的产品质量,供应商的交货期决定组织的产品交货期。如果一个组织过分依赖于一个强有力的供应商,它将处于不利境地。如果买者没有其他的供货来源或者供应商有许多的买者时,供应者的讨价还价能力将得到提高。例如若计算机公司只能向微软购买软件或向英特尔购买芯片,这些供应商可以施加极大的威力。

选择合适的供应商是一个重要的战略决策,供应商可以影响生产时间、产品质量和研发水平。在一些公司中,供应商和组织之间的关系正在变化,对许多组织来说,紧密的供应关系已经出现新的模式。与供应商建立良好关系,可以使企业获得正常生产所需设备、原材料、配件和半成品,获得充足、稳定的货源,为生产经营活动的连续性和稳定性提供保障;可以促进供、产、销一体化的大协作体系的形成,增强企业的经济实力和竞争能力;可以充分发挥供应商的积极性和合作精神,帮助企业提高经济效益;可以在市场竞争激烈或企业陷入困境时,得到供应商的支持和援助。

组织应努力寻求和发展与供应商双方的共同利益。建立良好的供应商关系,首先应树立正确的指导思想,即寻求和发展双方的共同利益。供应商与企业之间在经济利益上直接相关,只有相互支持、互利互惠、共同受益,才能形成长期稳定的合作关系。

制定正确的采购政策。要明确规定供货方和购货方的责任、权利和义务;无论规模大小,给各供应商以公平待遇;与信誉可靠、能够提供优质适价货源、准时交货的供应商建立交易关系;维护公平、正当的交易秩序;重要原材料采取多元采购方式,避免独家供应造成供应商对企业的过度支配。

保持与供应商的密切联系。具体方式有:邀请供应商参观和座谈,通过实地观察和面对面接触,促进供应商对本企业的了解,征询其对企业政策及业务的看法;参观访问供应商企业,对供应商的产品设计、成本、质量、规格、包装等提出改进意见和建议;编制和发送有关企业经营状况的资料,如期刊、年度报告书,使供应商对企业发展和需要有进一步的了解;对优秀的供应商和供货员给予优惠,鼓励其继续保持与企业的良好合作关系。

2.顾客

所谓顾客是指组织产品或服务的购买者,主要包括所有出于直接使用目的而购买以及为再加工或再销售目的而购买本组织产品或服务的个体和组织。在商业发达的社会中,企业的产品尤其是消费品,通常需要经过多个中间环节才能到达最终使用者手中,这样,不仅消费该产品的最终使用者是企业的顾客,而且产品在离开生产企业之后所经历的各环节的销售商,也都是该企业的顾客,即中间顾客。顾客购买组织提供的产品和服务。没有顾客,公司不能生存,当你购买麦当劳的汉堡或在商场的零售商那儿购买一条牛仔裤时,你是一名最终消费者(购买商品完成形式的人),中间消费者买来原始材料或批发的商品然后再卖最终消费者。中间消费者实际上比最终个人消费者购买量更大,例如,包括零售商在内的中间消费者,在卖给消费者之前从批发商和工厂代理那儿买来衣服;制造商在把原材料制成最终产品之前,要购买原材料(例如化学制剂)。

如同供应商一样顾客对组织来说很重要,不止因为他们为产品和服务交付钞票,而且顾客们要求较低的价格,较高的质量,独特的产品规格,或更好的服务。他们让竞争者互相竞争,如一个汽车消费者(或一个购买代理)收集众多的报价以求得最好的价格。顾客服务是指以顾客想要的方式给他所想要的东西。这通常取决于组织提供产品或服务的速度和可信度。意味着优质顾客服务的行为和态度包括:处理并送达订单的速度、满足紧急需要的意愿、完整运输货物、退换不合格商品和快速补充的意愿、安装和维修服务及配件的可行性、服务收费(即,是否免费或单独计费)。好的顾客服务的策略提供了一个关键的竞争优势,如果一个组织过多地依赖顾客,该组织处于不利条件,如果顾客进行大宗购买或者可以轻易地到别处购买,顾客会很有势力,如果你是公司的最大顾客还有其他公司可以购买产品,你就对这家公司具有优势,你可能成功进行谈判。

顾客是企业面临的数量最多、范围最广的公众群体,不仅包括直接从企业购买商品的顾客,还包括所有商品使用者和潜在需求者。就购买对象而言,既包括生活资料、生产资料等物质产品的购买者,也包括各种精神产品及劳务的购买者和使用者。在一定意义上,全社会所有成员都在随时随地从事各种消费活动,因而都属于顾客公众之列。可见,与顾客之间的关系是企业最大、最普遍的外部关系;同时,顾客关系也是企业外部关系中最重要的一类。在现代市场经济条件下,企业的一切生产经营活动都必须以市场为中心,围绕市场需求进行,其经济利益和经营目标也只有通过产品的市场销售才能得以实现。而顾客作为商品的购买者和使用者,构成现实或潜在的市场需求,他们在市场上购买什么,购买多少,直接关系到企业利益和目标的实现程度。特别是随着买方市场的形成和竞争的加剧,顾客日益成为掌握企业命运的主导力量。能否赢得顾客的信赖与支持,直接关系到企业经营的成败。因此,明智的企业无不对顾客关系予以高度重视。

建立良好的顾客关系,首先要求企业牢固树立"用户第一"的经营宗旨,即把满足顾客需要作为企业的首要目标,置于各项生产经营活动的中心,使企业的一切行为都以顾客的利益和要求为导向,根据顾客需要的变化随时调整企业的经营方向和营销策略。能否最大限度地满足消费者需要,最终取决于企业是否能向顾客提供最佳产品和服务,这是协调企业与顾客关系的物质基础和核心内容。企业应当从产品设计、促销方式、售后服务等方面为顾客提供优质产品和全方位服务,使顾客的物质需求和精神需要到得充分满足。惟有如此,才能在企业与顾客之间建立起稳定、持久的良好关系。

除树立正确的经营宗旨和提供优质产品与服务外，企业还需从多方面采取措施，加强与顾客的密切联系，及时向顾客传递有关企业的信息。可以通过口头、文字、视听等多种信息交流方式和传播手段，向顾客报道企业的政策宗旨、经营内容、产品特点、经营能力、销售方式、服务项目等，以便使顾客在全面了解和熟悉的基础上，形成对企业的良好印象。了解顾客的需求及其变化，通过发放问卷，召开用户座谈会，口头询问，电话信函调查等多种渠道和方式，广泛调查和了解不同年龄、性别、职业的顾客的消费观念、方式、需求和偏好，了解顾客对产品的性能、种类、质量、包装及价格的评价和要求，征询对企业服务质量和服务态度的意见等，根据顾客的意见和要求调整企业的经营策略和内容。保护消费者权益。要切实尊重顾客的合法权益，建立健全有关保障顾客利益的制度和规定，设立专门负责顾客关系的机构和人员，及时处理顾客的意见或投诉。当发生差错或纠纷时，要以保证顾客利益不受损害为原则，妥善加以调节并做好善后工作，把不利影响减少到最低限度。加强对顾客需求和消费行为的科学分析，与顾客保持良好关系不仅仅是迎合或满足顾客的显在需要，随着现代经济的迅速发展和产品更新换代的加快，企业还要对顾客需求和消费行为进行科学分析，发掘潜在需要，提高消费生活质量。

经销商是以经销、代销、批发、零售等方式为企业销售商品的各种企业组织。由商品最终消费的小量、分散、多样化的特点以及消费市场在空间上的广阔性决定，产品制造企业完全依靠自身力量组织产品销售，不仅有能力不足之虞，而且在经济上也是不合算的。而经销商凭借网络化的经销渠道、专门化的经销设施和技术手段以及丰富的销售经验，可以加快商品销售过程，节约流通时间，降低流通费用，为企业生产过程的连续稳定进行提供保证。同时，由于经销商与消费者接触密切，消费者对企业及产品印象的好恶往往受到经销商的直接影响，因此，经销商很容易改善或损害企业的形象，企业在消费者心目中的信誉和形象与作为企业代表的经销商关系极大。为此，明智的企业必须高度重视与经销商建立良好的关系。

(1) 建立良好经销商关系的基本要求。企业为经销商提供质量优良、设计新颖、价格合理、适销对路的商品，是建立良好经销商关系的基础和前提。由于经销商关系的本质是利益关系，倘若企业不能保证供应一流的商品，会从根本上损害经销商对企业的依赖与忠诚，丧失双方关系的基础。此外，企业还应在各方面给经销商以切实的帮助和支持，使其为扩大企业的产品销售而努力工作，进而推动企业与经销商利益的共同实现。

(2) 协调经销商关系的具体途径。主要包括以下方面：根据企业的销售状况和发展前景，论证现有经销关系的适用性和合理性，开辟新的经销网点，发展和完善经销关系网络；向经销商说明企业的资源、组织、设施、产品、服务等情况，增强其对企业的了解与信心。同时征询经销商对企业的意见、态度和要求，据以制定和调整企业的产品销售政策；加强对经销商的业务培训，通过传授、指导、示范等方式提高经销人员的业务素质，增强产品推销能力；为经销商提供服务，包括协助经销商制定广告计划，利用企业的广告网为经销商进行宣传；协助经销商进行商店内部装潢和现场促销；协助经销商为用户提供售后服务；当经销商面临销售困难、陷入危机时，企业应给予有力的支持和援助，包括资金、人力、物力、法律、舆论等方面，以便使经销商尽快摆脱困境，恢复商品的正常销售。

3.竞争者

在各种各样的竞争环境中，组织必须首先面对行业内其他的竞争者。当公司为相同的顾客竞争并试图占有都想占有的市场时，所有人都必须反应并预测他们竞争者的行为。第一个问题是谁是竞争者？竞争者是指与本组织存在资源和市场争夺关系的其他同类组织。企业的竞争对手包括现有生产和销售与本企业相同产品或服务的企业、潜在的进入者以及替代品制造厂商等。

一旦确认了竞争者下一步就是分析怎样竞争，竞争者用诸如降价、开发新产品和广告运动等手段在竞争中取得优势，在评价自己的策略时知道竞争对手在做什么是非常重要的，当有许多竞争者(包括国外的)、当行业发展慢、当产品和服务在某些方面区别不大时，竞争最为激烈。新的成长性行业为获取利益，提供了很多机会。当一个行业成熟了并慢速发展时，利润也降低了。那时，激烈的竞争产生了行业分化，弱的公司被淘汰了，强的公司获得了生存。

组织除必须面对行业内其他的竞争者外，组织还必须面对潜在的竞争者。潜在的竞争者将成为新竞争者。行业的新进入者要同已有竞争者竞争，如果有许多因素阻止新企业进入，对已进入的企业的威胁就小些；如果进入障碍很少，那么对已进入者的威胁就大些。一些主要的障碍包括政府政策、资本需求、品牌确认、成本劣势和分销渠道。政府可以限制或阻止加入，如 FDA 禁止新的药品进入一样。一些产业，如运输和烈性酒的零售被控制，还有一些措施关于采矿业和滑雪场地建设。专利权也是一个障碍。当一个专利权到期了(如宝丽来的立拍立得专利)，其他的公司(如柯达)就会进入市场。其他障碍不这么正式，但会有同样的效果。资本需求太高了，公司就不会冒险或试图拿出这样大数目的金钱。品牌确认使新进入者耗巨资去克服顾客的从旧心理。已加入的公司所具有的成本优势——由于他们的大规模，有利的地理位置和雄厚的资产等——也会是一个可怕的进入障碍。已存在的竞争者可能拥有坚固的分销渠道致使新进入者很难将他们的产品或服务报及顾客。例如，已有的食品已经在超市上有自己的位置，新进入者要以产品改进、价格优势、热销等手段来取代他们。

另外，组织还必须面对替代品制造厂商的威胁。技术优势和经济效益使公司可以发展现有产品的替代者。例如,虽然南方航空已经和其他航空公司有激烈的竞争,同时它还和作为替代者的汽车运输公司和铁路运输公司竞争。替代产品或服务可以限制其他产业的收入能力。这些产业的公司可能遇到发展和收入的问题,除非他们改进服务质量或者采取更积极的市场战略。除了现有的替代者,还要考虑到那些可能在不远的未来潜在的替代者。越来越多的人们通过互联网购买产品,开发网页技术用以对抗这种潜在的威胁。

4.政府机构及特殊利益团体

政府机构作为社会经济管理者,对企业的经营行为需要从全社会利益角度进行必要的调节和控制。而工会、妇联、消费者协会、绿色和平组织、新闻传播媒介等各种特殊利益代表团体和反映公众利益要求的团体,也会对企业经营行为产生某种影响和制约。这些都是企业经营过程中不容忽视的环境因素。

政府关系对企业发展产生重要影响。政府运用宏观调控手段对企业的微观经济行为实行间接调节和控制。在市场经济条件下,政府不再直接干预企业的生产经营活动,而主要通过政策法规、税收、信贷、价格、工资等宏观调节手段对企业实行间接调控,依靠工商、税务等职能机构监督企业的经济活动。政府力求将企业的微观经济活动纳入宏观经济系统的轨道之中,实现国民经济的总体协调发展。政府对企业经济利益的实现程度和分配具有影响和制约作用。企业是物质财富的直接创造者,在市场经济条件下,企业创造的物质财富不仅要以货币收入形式在企业内部分配,而且要作为国民收入在物质生产产业和非物质生产产业以及其他非营利性社会组织之间进行再分配。政府作为社会管理者,为保证国家权力机构、军队、学校等非营利性组织有效发挥职能,以税收形式向企业征收一定比例的税款,从而直接参与企业物质利益的分配。企业有责任遵守国家的税收政策,按照规定的税种、税率依法纳税。政府对企业的生产经营活动具有信息导向功能。在瞬息万变的市场环境中,获取必要的信息是企业制定决策和从事生产经营活动的基本条件。在一定意义上,掌握信息的充足、准确程度决定着企业经营的成败。而企业受自身地位、能力的局限,难以广泛、大量地收集各种社会经济信息。政府利用其特殊地位,可以全面、系统地收集和整理各类信息,及时向企业发布。此外,政府及各部门编发的各种文件、简报、通报、内部刊物、参考资料等,也构成重要的信息来源。政府提供的信息以其全局性、权威性和可靠性而对企业具有重要参考价值,成为企业制定经营决策的主要依据。政府是企业重要的资金来源和客户。采用财政拨款、低息贷款,提供基金等方式支援重点建设,扶持弱小行业和产业,是各国政府行使管理职能的惯常做法。出于政治、军事和经济目的的需要,政府还经常向企业进行订货或组织承包,因而政府成为企业获取资金和订货的一个重要来源。能够争取到政府提供的资金支持和大笔订单,对企业获得优越的资金使用条件和稳定的产品销路,无疑是十分有利的。

正是由于政府对企业有着多方面的行为和利益影响,所以企业必须正确对待和努力协调与政府的关系。及时了解和熟悉政府颁布的各项政策法令,收集汇编各级政府和部门下达的各种文件、条例,并随时研究政府政策法令的变动,准确掌握政府的大政方针和宏观意图,以便正确接受并积极配合国家对企业的宏观指导。自觉遵守政府的各项法规条令,用法规法纪规范企业的生产经营活动;主动协调和正确处理企业与国家的利益关系,维护和服从国家的整体利益。熟悉政府机关的机构设置和职能分工,弄清与本企业关系密切的经济系统的基本细胞,必须遵守国家的经济政策、法规和条例,按照宏观调控信号的指示方向调整自身的经济行为,自觉接受政府部门的监督和检查职能部门的工作范围和办事程序,并与有关部门工作人员保持经常联系,协调关系,以便提高办事效率。主动向政府有关部门通报企业经营情况,提供有关信息资料,争取政府部门的了解与理解,为政府制定有利于企业发展的政策和法令提供依据。邀请政府官员到企业参观访问,或出席企业庆典仪式、成果展览、新闻发布会等,利用各种渠道和形式加强政府与企业的联系,增进对企业的了解和支持。主动协助政府解决一些社会问题,如出资赞助社会公益事业、提供就业机会、进行就业培训和在职培训、积极参加各种公益活动、自觉保护生态环境等,以求得政府的信赖。

管理者在制定企业战略时,必须考虑到当前以及未来的特殊利益团体。最重要的特殊利益团体是消费者权益保护组织和环境保护组织。现代消费者运动起源于20世纪60年代。肯尼迪总统颁布"消费者权利法案"和拉尔夫·纳达对通用汽车公司康瓦尔的讨伐标志着它的开始。不满的消费者既可以选择退出——与别人去做生意,也可以选择发言——倾吐怨气;消费者对企业的忠诚决定了他们是采取前者还是后者。退出当然会削弱企业的顾客基础,也使管理者失去了改进的机会,相反,发言是一种为委屈寻求补偿的政治策略。需要借助于执法机关的诉讼以及向立法机关进行游说均属于发言。值得重视的是发言往往具有建设性而不是敌意。消费者团体领袖意识到政府干预的高昂成本,常常喜欢采取谈判的方式。同时,开明的管理者欢迎发言,视之为了解消费者需求和市场变化的良机。很多公司已经学会与消费者权益团体合作,倾听他们关于改善质量和服务的忠告,一些公司组建了自己的消费者权益团体(或用户团体)以改进这种关系。

第四节　组织的自然环境

中国人做事向来重视"天时"、"地利"、"人和"。如果说"天时"更多地取决于国家政策,"地利"则主要与地理位置、气候条件以及资源状况等自然因素相关。地理位置是制约组织活动特别是企业经营活动的一个重要因素。企业选址是否靠近原料产地或产品销售市场,也会影响到资源获取的难易和交通运输的成本等。从利用国家政策的角度讲,当国家在经济发展的某个时期对某些地区采取倾斜政策时,地理位置对企业活动的影响是相当明显的。气候条件及其变化的影响也不容忽视。比如,气候趋暖或者趋寒会影响空调生产厂家的生产或者服装行业的销售,而四季如春、气候温和则会鼓励人们更多远足郊外,从而为与旅行或郊游等有关的产品制造和劳务经营活动提供良好机会。

资源状况与地理位置也有一定的联系。资源特别是稀缺资源的蕴藏状况,不仅是一个国家或地区经济发展的基础,而且为所在地区经济组织开展活动也提供了机会。如果没有蕴藏丰富的石油资源,中东国家就难以在沙漠中运营出许多高效益的石油公司。我国农村地区不少乡镇企业,在初期也正是靠优越的地理位置和开采资源而逐渐积累资金求得发展的。资源分布影响着一个国家或地区工业的布局和结构,并决定着在不同地区从事不同产业活动的企业的经营命运和特点。

近年来,人们对遭到破坏的自然环境的关注产生了新的影响力。很多人自诩为关心环境的人。对环境问题的重视正在深深地影响着许多企业,这些企业不仅要执行具体法律和规章的规定,而且还要经受公众的审视。这种关注还创造了机会。现在许多企业热衷于开发要么不破坏环境、要么净化污染的新工艺和新产品。管理者面临着越来越多的环境问题,公众关心的主要话题是什么?企业能够(或应该)在保护和净化地球的事业中走多远?谁来承担费用?在此情况下,环境保护运动兴起。

一般的看法认为环境保护运动在美国是一种新现象,20 世纪 60 年代由社会活动家们发起。实际上,西拉俱乐部——一家知名的社会活动组织于 1896 年就开始行动,随后,大批团体如雨后春笋般成长起来,关心土地和自然资源保护。这些保护主义者在约翰·缪尔(John Muir)和其他人的思想基础上提出,我们必须尽力减少人类和人类技术对地球的负面影响。20 世纪 60 年代人们开始觉悟到环保运动迫在眉睫。雷切尔·卡森在 1960 年出版了《寂静的春天》,指出持续使用有毒化学产品和杀虫剂正在损害土地和远离这些土地生活的人类。这本书引起人们对科学、技术和人类与自然界相互作用关系的强烈反思。

60 年代末 70 年代初,美国政府领导了超音速运载飞机的开发。最新技术使它的飞行速度可以达到音速的二倍。超音速运载飞机的开发变成了环境保护运动的象征,众多团体齐心协力,有效地阻止了它的进一步研制。技术发展由于破坏环境而被迫放慢或中止,这是美国历史上有限的几例之一。

70 年代在公众的压力下,理查德·尼克松总统和国会通过了清洁空气法案和清洁水法案,并成立了环境保护署(EPA)。环境保护署一开始就从钢铁业和汽车业下手。且它的影响很快波及全国各大企业。法规制定了，标准确立了，公司不得不遵守新的环境规定，否则就要面临罚款、停产或起诉。

80年代，环保运动在美国更加轰轰烈烈。政府更倚重自由市场来解决污染、废弃物倾倒和其他环境问题。在其他发达国家，环境保护主义形成一支政治力量。绿党组建了，为数不少的党员入选欧洲各国议会。

美国实行的一种以市场为导向的办法是颁发污染许可证。许可证把污染限制在一定水平之内，如果一家公司能控制下属工厂"产生较少的污染，它就可以把污染的权利"卖给别的公司，这项举措遭到一些环保主义者的严厉抨击。尽管如此，政府借助这样的系统鼓励公司净化自身生产，而且通过把排污总量固定在一个水平之内，力求确保公司尽其所能减少污染。

环境问题涉及的问题很多。企业和个人都能够对此有所作为，甚至大有贡献。污染的形式多种多样，有危险物质，如聚氯联苯，是用在电力变化器做冷凝剂的。氯化溶剂污染饮用水，也倍受人们关注。杀虫剂会慢慢在环境中积累，管道中的铅和早期用于建筑的石棉都含有毒物质。危险废弃物，如筒废料化学物质，是工业和政府的副产品，必须妥善处置。固体废弃物指所有不需要或被丢弃的非液态或气态的物质，必须以焚烧、掩埋或其他手段处理。酸雨是一种会损害某些地区的土壤、水和植物的空气污染。

我们不得不为人类造成的气候变化如全球变暖感到忧虑。正如我们知道的，一些科学家指出，全球变暖会对人类构成严重威胁。平均温度上升小小的几度就足以引发气候的巨变。燃烧含碳燃料，如汽油，散发出温室气体，会吸收大气中的热量，有些科学家预言，除非当前的势头减弱，否则下个世纪的全球平均温度将增长1.5~4.5摄氏度。臭氧枯竭，氟利昂排放到大气中并分解，就会释放出氯分子破坏臭氧分子。致使地球周围的臭氧层降解。如果保护地球的臭氧层过于稀薄，具有破坏性的紫外线辐射就会导致皮肤癌增加，臭氧枯竭促使人们在国际范围内达成一致限制氟利昂的生产。有些国家已经完全禁止生产氟利昂。最后，我们不得不为全球性的大问题忧心忡忡，如生物的多样性、充足的水源供应、人口和食品安全。最近索马里的灾难被人称做环境危机，因为在植被减少、人口增加和食品缺乏的情况下索马里人的游牧生活方式很难再维持下去了。

令人困扰的问题是对于每个"从黑暗走向末日"的科学预言，都有相应的科学研究得出相反的结论：环境问题并没有什么大不了的。管理者必须在澄清所有科学事实之前做出行动决定。如果他们打算对环境危机做出反应——如果真的存在危机的话——他们必须从上至下地重新思考企业的各个环节，尽管科学并不明确，但有两个事实很明确，第一，在以往的生活中，我们不曾与环境为善，继续走同样的路可能引发灾难性的后果；第二，当代的管理者不仅要关注科学事实，更要留心公众的想法。

还需要注意的是,在全球范围内,环境问题正成为当年代工商业的热点之一。“绿色”商品、服务、技术的出口市场正在迅速扩大。亚洲等发展中国家和地区渐渐发现,工业拓展和经济增长的高速度正在危及环境质量,更严格的管制标准正在全球推行,预计到2000年,全世界用于环境保护的开支将达到5 900亿美元,年增长率达6.7%。

既然环境对企业的影响如此广泛,我们就需要某种框架来衡量解决环境问题的措施。

成本－效益框架企业用原料生产出产品或服务。如果生产成本高于顾客愿意支付的价钱,那么企业就无法赚取足够的利润在商场上长久立足,企业创造高于或大大超出投入成本的价值,才能维持自己的生存发展,如果愿意出钱的顾客获得的收益大于成本,企业则可以创造盈余,并继续其商品或服务的生产。这种“成本－效益”思想从早期就开始统治商界。成本－效益模型这种考虑环境解决方案的传统方法认为所提议的环境规范应在潜在收益胜过潜在成本时付诸实施。近30年来,成本－效益模型一直是思考环境问题的主导模型,尤其是在环境管理者心目中,简单地说如果提议中的环境法规的效益超过成本,这项法规就应该加以实施,但是,如果它的成本大于可见的效益,这条法规就不应该实行。

例如,若不含氟利昂的冰箱价格比从前高得有限,则效益就大于成本。不含氟利昂的冰箱不会加剧臭氧枯竭。反之,如果新产品的性能大不如前,或价钱贵得惊人,那么可以看作成本高于效益。

成本效益思维方式的弊端在于,不是所有的效益和成本部能轻易量化,比如为我们的子孙后代保护臭氧层不被破坏的效益价值几何?类似的效益难以衡量。因为我们对自然环境忽视得太久,所以现在很难简单地把“环境成本”加到一般的生意等式中。对具体某处或地方性的环境问题,这种思维方式有助于引导我们寻找合情合理的解决办法,但是在全球问题上套用这种模式就不大奏效了。对环境采取行动和“不行动”的真正的成本与效益,我们知道的太少太少了。

可持续发展模式是另一个考虑环境问题的更现代的方法。可持续发展模式认为组织应该致力于那些可长时间持续或可自动更新的行动。可持续发展模式抛开了成本－效益式的思维,考虑到多种环境成本和效益随时间的推移而积累这一事实,在可持续发展这一概念基础上,研究出一个新的框架。它的逻辑十分简单:从事那些能持续相当长时间或可以自动地自我更新的企业活动。例如,破坏原始森林或热带雨林等资源的经济开发是无法持续的,因为如果它继续下去,将威胁人类自身生活的进程。

可持续发展概念一直是人们关注的对象。提交联合国的《布特蓝德委员会报告》中反复强调了这个概念,报告呼吁采取一种全新的办法,即通过鼓励经济发展来保护环境,它被定义为这样一种发展:“满足目前的需要,而不危害下一代人满足他们需要的权利”。1990 年,联合国环境与发展大会秘书长莫瑞丝·斯特朗发起并成立了“可持续发展工商委员会”,主要研究各行各业如何把可持续发展变成一种标准运作程序。

我们再来看看氟利昂破坏臭氧层的例子。可持续发展思维将告诉我们,如果继续生产氟利昂,我们将“损害下一代的权利”,因为臭氧层的破坏至少会导致皮肤癌患者的增加,而且很可能有更多的恶果,可持续发展因此建议我们与公司、地区和国家政府等政治实体协调行动,达成一项公约,例如《蒙特利尔协议》规定,在某一时间之后禁止氟利昂的生产。

把可持续发展思想应用到各个公司的难度要大得多,每家企业都容易认为可持续思想是政府去管的,没有哪一家公司应该为可持续发展增加额外成本,而其竞争对手可能来自管理很松的国家,其竞争对手却不必如此。所以,如果可持续发展想要为每个企业行为提供一种新的思路,它必须充分发展,并与本章企业环境的概念保持一致。

第五节　组织与环境的适应性

如果管理者不理解环境是如何影响他们的组织,或不能够分出可能很重要的机会和威胁,那么,他们决策和实施计划的能力会很有限。例如,如对顾客的喜恶所知甚少,组织会很难设计新产品、计划产量、制定营销计划等等。总而言之,及时准确的环境信息对企业运作至关重要。

但是环境信息不总是易得的。环境的不确定性意味着管理者没有足够的信息去了解环境或预测未来。随着环境的不确定性加剧,管理者必须开发、收集、分类、解释环境信息的技术和方法。通过分析环境力量——既在宏观又在竞争环境中——管理者可以分辨出影响组织的机会和威胁。

考虑环境不确定性的第一步应确定重要性。组织(和个人)经常行动时毫无打算,结果在未来懊悔。例如 IBM 有机会购买复印技术,但拒绝了。施乐公司看到了潜力,接下来正如历史所示。然而施乐研究者后来发展了计算机鼠标技术,但是没有看到其潜力,公司因此丧失了重要的市场机会。管理者花费了大量的时间和金钱监测环境中的事件,收集到大多数人不可得的信息,又对信息进行分类以解释什么是重要的,什么不重要。管理者可问类似的问题;我们目前的竞争者是谁? 我们行业进入壁垒是多还是少? 我们产品或服务存在的替代品是什么? 公司是否非常依赖有势力的供应商? 公司是否非常依赖有势力的顾客? 对这些问题的回答帮助管理者提高竞争意识,这是决定如何最好地在其面对的竞争环境中进行管理所必备的。

管理者考虑环境不确定性的第二步应确定环境力量对其组织的影响,预计有哪些变量未来会变化,例如,为进行投资,公司要预测利率会如何变化。为了确定扩大或收缩业务,公司要预测对产品和服务的需求,预测用来帮助管理者对未来作预测、其可行性依应用状况而不同。因为他们依据过去预测未来。当未来与过去有诸多相似之处时,预测会很精确。当未来完全不同于过去时,预测最有用。遗憾的是,此时预测不会如此精确、形势变化越大,我们预测的可靠性越低。使用多种预测,综合其预测结果,预测得越远,精确度越低。当可能时使用简单预测(而不是复杂的)。重要的事件经常是出乎意料的,与预测相反。

为了与环境的不确定性相适应,组织经常对他们的结构和工作流程进行调整。在环境的复杂性引起不确定性的情况下,我们可以说组织倾向于通过分权来适应,例如,如果公司在许多市场面临着竞争者增加,如果不同的顾客需要不同的商品,如果不同产品的不同特性持续增加,如果产品在世界的不同地区生产,那么要高层管理层了解所有的活动,理解所有的业务运作细节是不可能的。在这些情况下,高层管理层可以向低层管理者授权以做出对公司有益的决定。今天在讨论此种类型的分权时,授权经常用到,授权是指与雇主分享权力,强化他们对自己执行工作的能力的自信并使他们相信自己是组织有影响的贡献者。

为了响应环境变化引起的不确定性,组织趋向于建立更加灵活的组织结构。在今日的商界显而易见。官僚具有贬义。我们中的大多数认识到官僚组织趋向于正规化已非常稳定;他们不能经常地与"不符合规则'的变化或例外环境适应。环境稳定时官僚组织是有效和可控的,当产品、技术、顾客、竞争者变化时它变化缓慢,在这些情况下更有机地组织结构需要具有适应变化的灵活性。

在组织边界处适应从开放系统的观点出发,组织在与环境输入输出的边界上设置了缓冲器缓冲是这样一种用来适应不确定性的方法,通过创造超出资源的供应以防不可预测的需求出现。在输入端,组织和就业代理商建立联系当劳动力需求难以预测时雇佣兼职工和临时工。在系统的输出瑞,许多组织使用不同的最终存货使他们在顾客购贷狂潮时手中能留有存货。汽车零售商是使用这种缓冲的一般的例子。同时我们能在快餐馆、书店、服装店、甚至房地产商处看到相似的情况。除了缓冲外,组织可能试图平缓环境边界的正常变动。例如,在冬季(特别是北方)当汽车销售下降时,零售商削价以求增大需求并不异常。在服装季尾,零售商通过打折清货给新入的存货腾地方。有许多为了减少需求变动而平级环境同期振动的例子。在核心处适应当缓冲和平缓组织边界不确定时,公司也可以建立调整其技术核心的柔性工艺。例如,公司越来越试图顾客化其产品和服务,迎合不同的和变化着的顾客需求。甚至在制造业,难于改变基本核心工艺,公司采用规模顾客化的技术建立柔性工厂、除了大量生产大批量的规格化的产品。规模顾客化还意味着组织可以以相同低成本为顾客提供个性化的产品。亨利·福特过去常说你可以拥有你需要的任何颜色的T型车,只要它是黑色的。现在汽车公司提供多种颜色、型号、有不同选项和配件的汽车。规模顾客化工艺需要独立操作单元组成的网络,每单元能完成像在汽车上安装仪表板之类工作的具体任务,当接下一订单时,不同的模式小组按照顾客所需要的产品或服务集合起来。

除了适应环境。组织可以主动地改变环境。两种主动反应类型包括独立行动和合作行动。独立行动是一个公司使用独立战略,是指依靠自已改变现有环境。合作行动是两个或多个组织使用合作战略影响环境,供应商和消费者,管理者和工会就他们未来的关系签署正式协议时是合作的例子,这些合作明确地希望使他们未来的关系可预见。企业联合起来阻止雇员健康医疗保健成本上涨和同行业内的组织形成行业协会或特殊利益集团联盟的一个例子。你可能已看到像乳制品商、啤酒制品商、桔子种植业者一起为电视广告付款的合作广告策略。

在更有组织性的情况下,组织建立战略联盟、合伙、合资企业以及与竞争者合并来适应环境的不确定性。合作战略在下列情况很有作用:联合行动将减少组织的成本和风险;合作将增强他们的力量(即他们有能力成功地实现所期望的转变以改变所处环境)。

如上所述,组织可以通过改变自身(与环境相适应)改变环境或改变自身所处的环境来适应环境的不确定性。后一点我们称之为战略调配。战略调配包括领域的选择、多样化、并购和撤资。为了有意识地努力去改变竞争环境,也为公司发现潜在的威胁和即将出现的机遇。一些称作先驱者的公司比其他公司更可能进行战略调配。有进攻性的公司经常不断地通过寻找新的产品和市场,多样化、合并和购买新的公司改变他们的竞争环境,通过这些或其他方法,公司将其竞争者置于防御状态,强迫他们被迫做出反应。另一方面,防御者处于相对有限、稳定的产品领域。

组织必须尽力改变环境的适当因素。当认准了引起公司问题的因素,使公司成功改变的环境因素时,环境反应非常有效。其次组织需要选择针对环境关键因素的反应。如果一个公司需要更好地管理其环境,竞争攻击和和解是可行的选择。政治行为影响法律环境,合同帮助管理消费者和供应商。

另外,公司必须选择低成本高收益的反应,投资回报率的计算需要考虑到短期财务和长期影响,仔细考虑了这些因素的战略管理者,会更加有效地指导他们的组织取得竞争优势。

第五章　组织文化

学习目的

学习本章应了解与掌握：

1.组织文化的概念。

2.组织文化的基本特征及其本质。

3.组织文化与绩效。

4.社会文化与组织文化之间的联系。

5.社会文化对组织绩效的意义。

6.不同社会文化背景下的管理特点。

IBM 的企业文化

IBM(国际商用机器公司)是有明确原则和坚定信念的公司。这些原则和信念似乎很简单、很平常,但正是这些简单、平常的原则和信念构成 IBM 特有的企业文化。

IBM 拥有 40 多万员工,年营业额超过 500 亿美元,几乎在全球各国都有分公司,对其分布之广,莫不让人惊叹不已,对其成就莫不令人向往。若要了解此一企业,你必须要了解它的经营观念。许多人不易理解,为何像 IBM 这么庞大的公司会具有人性化的性格,但正是这些人性化的性格,才造成 IBM 不可思议的成就。

老托马斯·沃森在 1914 年创办 IBM 公司时设立过“行为准则”。正如每一位有野心的企业家一样,他希望他的公司财源滚滚,同时也希望能借此反映出他个人的价值观。因此,他把这些价值观标准写出来,作为公司的基石,任何为他工作的人,都明白公司要求的是什么。

老沃森的信条在其儿子时代更加发扬光大,小托马斯·沃森在 1956 年任 IBM 公司的总裁,老沃森所规定的“行为准则”.由总裁至收发室,没有一个人不知晓,如:

1.必须尊重个人。

2.必须尽可能给予顾客最好的服务。

3.必须追求优异的工作表现。

这些准则一直牢记在公司每位人员的心中,任何一个行动及政策都直接受到这三条准则的影响,“沃森哲学”对公司的成功所贡献的力量,比技术革新、市场销售技巧,或庞大财力所贡献的力量更大。IBM 公司对公司的“规章”、“原则”或“哲学”并无专利权。“原则”可能很快地变成了空洞的口号，正像肌肉若无正规的运动将会萎缩一样。在企业运营中，任何处于主管职位的人必须彻底明白“公司原则”。他们必须向下属说明，而且要一再重复，使员工知道，“原则”是多么重要。IBM公司在会议中、内部刊物中、备忘录中、集会中所规定的事项，或在私人谈话中都可以发现“公司哲学”贯彻在其中。如果IBM公司的主管人员不能在其言行中身体力行，那么这一堆信念都成了空口说白话。主管人员需要勤于力行，才能有所成效。全体员工都知道，不仅是公司的成功，即使是个人的成功，也一样都是取决对员工对沃森原则的遵循。若要全体员工一致对你产生信任，是需要很长的时间才能做到的，但是一旦你能做到这一点，你所经营的企业在任何一方面都将受益无穷。

第一条准则：必须尊重个人

任何人都不能违反这一准则，至少，没有人会承认他不尊重个人。

毕竟在历史上许多文化与宗教戒律上，也一再呼吁尊重个目的权利与尊严。虽然几乎每个人都同意这个观念，但列入公司目条中的却很少见，更难说遵循。当然IBM并不是惟一呼吁尊重个人权利与尊严的公司，但却没有几家公司能做得彻底。

沃森家族都知道，公司最重要的资产不是金钱或其他东西，而是员工，自从IBM公司创立以来，就一直推行此行动。每一个人都可以使公司变成不同的样子，所以每位员工都认为自己是公司的一分子，公司也试着去创造小型企业的气氛。分公司永保小型编制，公司一直很成功地把握一个主管管辖十二个员工的效率。每位经理人员都了解工作成绩的尺度，也了解要不断地激励员工士气。有优异成绩的员工就获得表扬、晋升、奖金。在IBM公司里没有自动晋升与调薪这回事，晋升调薪靠工作成绩而定。

一位新进入公司的市场代表有可能拿的薪水比一位在公司工作多年的员工要高。每位员工以他对公司所贡献的成绩来核定薪水，绝非以资历而论。有特殊表现的员工，也将得到特别的报酬。

自从IBM公司创业以来，公司就有一套完备的人事运用传统，直到今天依然不变。拥有40多万员工的今日与只有数百员工的昔日，完全一样。任何一位有能力的员工都有一份有意义的工作。在将近50年的时间里，没有任何一位正规聘用的员工因为裁员而失去1小时的工作。IBM公司如同其他一样也曾遭受不景气的时候，但IBM都能很好地计划并安排所有员工不致失业。

也许IBM成功的安排方式是再培训，而后调整新工作。例如在1969年到1972年经济大萧条时，有1.2万IBM的员工，由萧条的生产工厂、实验室、总部调整到需要他们的地方。有5000名员工接受再培训后从事销售工作、设备维修、外勤行政工作与企划工作。大部分人反而因此调到了一个较满意的岗位。

有能力的员工应该给予具有挑战性的工作，好让他们回到家中，回想一下他们做了哪些有价值的事。当他们工作时能够体会到公司对他们的关怀，都愿意为公司的成长贡献一技之长。IBM公司晋升时永远在自己公司员工中挑选。如果一有空缺就由外界找人来担任，那么对那些有干劲的员工是一种打击，而且深受挫折、意志消沉。IBM公司有许多方法让员工知道，每一个人都可使公司变成不同的样子，在纽约州阿蒙克的IBM公司里，每间办公室，每张桌子上都没有任何头衔字样，洗手间也没有写着什么长官使用，停车场也没有为长官预留位置，没有主管专用餐厅，总而言之，那是一个非常民主的环境，每个人都同样尊敬。

IBM公司的管理人员对公司里任何员工都必须尊重，同时也希望员工尊重顾客，即使对待同行竞争对象也应同等对待，公司的行为准则规定任何一位IBM的员工都不可诽谤或贬抑竞争对手。销售是靠产品的质量、服务的态度，推销自己产品的长处，不可攻击其他产品的弱点。

第二条准则：为顾客服务

老托马斯·沃森所谓要使IBM的服务成为全球第一，不仅是在他自己公司，而且要使每一个销售IBM产品的公司也遵循这一原则。他特别训令IBM将是一个“顾客至上”的公司，也就是IBM的任何一举一动都以顾客需求为前提，因此，IBM公司对员工所做的“工作说明”中特别提到要对顾客提供最佳的服务。

为了让顾客感觉自己是多么重要，无论顾客有任何问题，一定要在24小时之内解决，如果不能立即解决，也会给予一个圆满的答复，如果顾客打电话要求服务，通常会在一个小时之内就会派人去服务。此外，IBM的专家们随时在电话旁等着提供服务或解决软件方面的问题，而且电话是由公司付账。此外还有邮寄或专人送零件等服务，来增加服务范围。IBM公司还要求任何一个IBM新零件，一定要比原先换下来的好，而且也要比市场上同级产品好。服务的品质取决于公司训练及教育，在这方面，IBM已经在全球所属公司投下了大量的钱财，所提供的训练与教育是任何公司无法比拟的。

相信在IBM公司受训所花费的时间超过任何一所大学的授课时间。每年，每一位IBM的经理要接受40个小时的训练课程，而后回到公司内教导员工。有时甚至定期邀请顾客前来一同上课。经营任何企业，一定要有老顾客的反复惠顾才能使企业成长，一定要设法抓住每一位顾客。最优异的顾客服务是能使他再来惠顾才算成功。

第三条准则：优异

对任何事物都以追求最理想的观念去做。无论是产品或服务都要永远保持完美无缺，当然完美无缺是永远不可能达到的，但是目标不能放低，否则整个计划都受到影响。公司设立一些满足工作要求的指数，定期抽样检查市场以设立服务的品质。从公司挑选员工计划开始就注重优异的准则,IBM 公司认为由全国最好的大学挑选最优秀的学生,让它们接受公司的密集训练课程,必定可以收到良好的教育效果,日后定有优异的工作表现。为了达到优异的水准,他们必须接受优异的训练,使他们有一种使命感,一定要达到成功。IBM 是一个具有高度竞争环境的公司,它所创造出来的气氛,可以培养出具有高度竞争环境的公司,它所创造出来的气氛,可以培养出优异的人才。在 IBM 公司里,同辈竞相争取工作成绩,又不断地强调教育的重要,因此每个人都不可以自满,都努力争上游。每个人都认为任何有可能做到的事,都能做得到。这种态度令人振奋。

小托马斯·沃森说:"对任何一个公司而言,若要生存并获得成功的话,必须有一套健全的原则,可供全体员工遵循,但最重要的是大家要对此原则产生信心。"

在企业经营中,公司的任何运营都有可能改变。有时地址变更,有时人事变更,有时产品变更,有时公司的名称也变更。世界上的事就是这样不断变迁,在任何公司里,一个人若要生存,一定要有应变的能力。在科技高度进步的今日,社会形态与环境变化很快,倘若营销计划不能随机应变,可能会毁灭整个公司。你不是往前进,就是往后退,不可能在原处不动。

在任何一个发达的公司里,惟一不能改变的就是"原则"。不论此"原则"的内容是什么,它永远是指引公司航行的明灯。

当然公司在许多方面要保持弹性,随机应变,但对"原则"的信念不可变更,由于 IBM 有这三条基本原则做为基石,业务的成功是必然的。

公司内部必须不断地把其信念向员工灌输,在 IBM 的新进人员训练课程中,就包含了如下课程:"公司经营哲学、公司历史及传统。"谈公司的信念与价值观不能仅是空谈而已,至于能否让其在公司里发生作用,那是另外一回事。在公司里空谈无益,最重要的是:运用策略、采取行动、切实执行;衡量效果、重视奖赏、以示决心。

IBM 的新进销售学员无论在办公室或外出接洽业务,都能遵守公司的准则。他们知道,IBM 准则"必须尊重个人"的真谛如何。他们一进公司开思就感到别人对待他们的方式是基于尊重原则,只要他们一有问题,别人再忙也来帮助他们。他们也看到公司人员是怎样对待顾客的,也亲耳听到顾客对市场代表、系统工程师及服务人员的赞美。他们周围环境的人都在那里努力寻求优异的成绩。有关 IBM 公司的信念,常在所属公司中定期刊载。

有关 IBM 优异服务之实例亦常在公司训练课程中讲授,在分公司会议中特别提出来,在邀请顾客参加的讨论会中亦提出介绍,主要目的是把公司的理想一再重复,以确保理想生存。

组织文化作为组织的构成部分必然发挥重要作用。"我们如何在这儿做事"对组织业绩有着深刻的影响。组织中的人们如何互相作用以及他们的基本信条都是组织文化的一部分。

在人们的思想中通常存在两种主要观念。一种观念是认为管理理论在社会中占支配地位,管理者对组织的成败负有直接的责任。我们将此观点称为管理万能论。相反,另一种观念认为,管理者对组织成果的影响十分有限,组织的成败在很大程度上归因于管理者无法控制的外部力量。这种观点则称为管理象征论。

第一节 管理万能论与管理象征论

一、管理万能论

管理万能论的观点反映了管理学理论中一个占主导地位的假设,即:一个组织的管理者的素质,决定了这一组织本身的素质。也就是说,组织的效果和效率的差别,在于组织中管理者的决策和行动。好的管理者应预测变化,发掘机会,改善不良绩效。并领导他的组织实现目标(如有必要,甚至改变目标)。“好的管理者能变草成金,差者则相反。”

管理万能论将最高管理者视为组织的中流砥柱,他们能够克服任何障碍去实现组织的目标。著名的克莱斯勒汽车公司的董事会主席李·艾科卡,因为在 20 世纪 80 年代中期使克莱斯勒公司业绩卓著而成为美国的民族英雄。当艾科卡在 70 年代末接管克莱斯勒公司时,该公司已濒临倒闭,1980 年,公司亏损 17 亿美元。艾科卡上任后,削减费用,引进新产品(包括新型小客车)。到 1984 年,该公司扭亏为盈,净利润达到 24 亿美元,艾科卡也因此获得了使公司起死回生的极高声望。当然,管理万能论并不仅仅局限于工商业企业,这种观点在其他类型的组织中也很流行。

管理万能论的观点反映到组织运作中,当组织绩效良好,利润增加时,管理当局就会获得荣誉和红利,以及股票、期权等形式的报酬。而当利润下降时,董事会就会撤换最高管理层,他们确信,只有新的最高管理班子才能带来绩效的改善。

在通常的情况下,当组织运行不良时,必须有人承担责任。在一般的社会观念中,承担责任的角色是由管理者扮演的。当然,当一切运行良好时,管理者就会得到荣誉。

二、管理象征论

管理象征论的观点与管理万能论恰恰相反,管理象征论认为一个组织的成果受到大量管理者无法控制的因素影响。这些因素包括经济、政府政策、竞争对手、特定产业的状况、对专有技术的控制,以及组织前任管理者的决策。管理象征论假定一个管理者影响结果的能力是受到很大约束的。以此看来,期望管理者对一个组织绩效有重大影响是不现时的。正如我们前面所述边贸公司的状况,更重要的是管理者无法控制的边贸形势。

再回到克莱斯勒汽车公司的例子上来,有趣的是20世纪80年代末,克莱斯勒再度陷入财政困境并遭受巨大亏损。尽管一些观察家指责克莱斯勒的问题在于艾科卡及其管理班子的决策失误,但在艾科卡力所能及之外存在一个似乎更合情理的解释,日本公司在美国国内建立的新工厂,造成了美国汽车工业生产能力的过剩。

按照象征论的观点,管理者对实际的组织成果的影响是极其有限的。管理者真正能够影响的大部分是象征性的成果。管理者的作用被看作是对随机性、混淆性及模糊性中的内在含义做出判断,管理者很容易给股东、顾客、雇员及公众造成他们在控制着事态的错觉。当事情进行得顺利时,人们需要有人受到赞扬,这一角色由管理者来扮演。类似地,当事情进行得糟糕时,人们便需要一个替罪羊,这一角色同样由管理者来承担。按照象征论的观点,在组织成功与失败中,管理者所起的实际作用是很小的。

在现实中,管理者既不是软弱无能的,也不是全能的。每一个组织中都存在着限制管理者决策选择的内部约束力量,这些内部约束源于组织的文化。此外,外部约束也冲击着组织,并限制着管理者的自由,这些外部约束来自于我们上一章所述的组织环境。

组织文化与环境对管理者构成压力,制约着他们的选择。然而,尽管存在着各种约束,但管理者也并非无能为力。在一个相当大的范围里,管理者能够对组织的绩效施加重大的影响,优秀的管理者有别于拙劣的管理者在于其对组织绩效的影响。不应当把这些约束力量看作是在任何情况下都是固定因素。对某些组织来说,在某些情况下,是有可能改变并影响他们的文化与环境的,这种可能性扩展了管理者发挥作用的范围。

第二节　组织文化

一、组织文化的兴起

文化是一个广义的概念包括假设、行为、故事、神话、修辞以及其他思想相结合而成的一种复杂的混合体。

文化很久以来一直是理解人类社会和群体的一个重要概念。很多人都曾经通过考察、交流、体验来理解异国文化,或阅读对文化的研究文章来了解异国文化。文化,从人类学和历史学角度讲,是一个群体或社会的核心,它指群体或社会成员彼此之间及与外来者相互作用方式的特征,以及他们如何完成所做的事情。

我们知道,每一个人都具有某些心理学家所说的"个性"。一个人的个性是由一套相对持久和稳定的特征组成的。当我们说一个人热情、富有创新精神、轻松活泼或保守时,我们正在描述他的性格特征。一个组织也同样有自己的个性,这种个性我们称为组织的文化。

组织文化是一种弥漫于企业组织各方面、各层次的价值观念、思维方式和行为习惯,是组织的风气、风格。在组织内部垂直的影响过程中和横向作用过程中,组织文化起着不可或缺的作用。它不仅对企业组织的运转是一种必不可少的润滑剂,而且能够创造良好的组织气氛和组织环境,从观念、信仰层次调动组织成员的工作积极性和忠诚心,是其他管理手段无法取代的。

直到20世纪80年代初,很多人仍然觉得要解释一个企业的行为,只要了解它的战略(计划的一部分)和结构(组织的一部分)就足够了。但很多管理学家开始看到企业中不仅仅是开发新产品、新服务,同时还要注意等级制度和权力。一部分研究者为了理解那些国外的、经营管理的企业,开始从人类学中借用文化的概念来分析这些基本差别。

例如,很多日本大公司的假设是,公司应该与员工有着终身合同,即使在销售不景气的时候也不能解雇他们,此外,日本公司还认为,提升到重要职位应该基于年龄和能力,而不像多数美国公司仅仅以能力为标准。今天看来这些假设已经不一定那么适用了。但是在20世纪80年代初期,这些假设让研究者想到,为什么看上去大相径庭的企业组织方式也一样会取得成功。这对他们以往的知识提出了挑战。一些人认为,答案在文化这一概念之中。

强有力而广为认可的组织文化是通用电气、强生、宝洁等公司成功的重要原因。反之,人们也经常指出强大而一成不变的组织文化是通用汽车、IBM等企业最近陷入麻烦的原因。这促使人们十分重视组织文化的研究。

组织文化是与企业相伴而生的客观现象。在企业这一经济组织形态诞生之时,就存在组织文化。但是人们对这一文化现象的认识和研究,则始于20世纪80年代初期。首先提出并倡导组织文化理论的是美国的管理学者。70年代起,美国经济长期陷于停滞状态,而日本经济迅速发展,其产品大量冲击和占领美国曾居于优势的市场领域。这一严峻挑战引起美国各界的震惊和深刻反思。经过多方面的比较研究,美国学者发现,成功的企业管理是日本经济发展的重要原因之一,而日本的企业管理方法中有不少是为美国企业所忽视的。其根本差异表现在,美国企业注重管理的硬件方面,强调理性的科学管理;日本企业则不但重视为全体职工共有的价值观念,还注重强化职工对本企业的向心力,注重企业中的人际关系。比较的结果使美国学者认识到,文化是企业管理中不可忽视的重要因素,对于企业的成功与否具有深刻的影响。为此,他们提出要向日本学习,借鉴日本社会和企业中许多独特的文化因素，培育和发展美国的组织文化。与此同时，许多学者著书立说，探索组织文化的有关理论与模式。美国关于组织文化的研究引起日本企业界和理论界的强烈反响，并相继波及到其他国家，由此兴起一股世界范围的组织文化热潮。

组织文化无论在中国还是在外国，事实上早就存在，但作为概念和理论，则是美国管理学界在研究了东西方成功企业的主要特征，特别是在对美日企业进行了对比后，于20世纪80年代初提出来的。在1982年7月出版的《公司文化——公司生活的礼节和仪式》一书中，作者——哈佛大学的特伦斯·迪尔教授和麦金赛咨询公司顾问阿伦·肯尼迪提出构成组织文化的要素有5项：

- 企业环境——对企业文化的形成影响最大、决定企业成功的关键因素；
- 价值观——组织的基本思想和信念，它们本身就形成了企业文化的核心；
- 英雄人物——把企业的价值观人格化且本身为职工们提供了具体的楷模；
- 礼节和礼仪——公司日常生活中的惯例和常规，向职工们表明对他们所期望的行为模式；
- 文化网络——组织内部的主要(但非正式的)交际手段，公司价值观和英雄人物传奇故事的“运载工具”。

近十几年来，研究组织机构的学者扩展了组织文化的概念，将之用于组织和企业中发生的很多事情，为什么IBM的经理穿白衬衫？为什么宝洁的员工写备忘录不超过一页？为何杜邦的大多数会议以安全问题开场？这些都是神秘的部落仪式吗？显然我们用传统管理学派的理论无法对此做出充分解释。

谈到组织文化，我们所指的具体意义是什么呢？十几年来，国内外学者见仁见智，陆续对组织文化的涵义提出了许多新的见解，至今还处在探讨、争论的阶段，把各种观点罗列出来，应有数十种之多。

二、组织文化的概念

我们认为组织文化是指共有的价值体系。像部落文化中拥有支配每个成员对待同部落人及外来人的图腾和戒律一样，组织拥有支配其成员行为的文化。在每个组织中，都存在着随时间演变的价值观、信条、仪式、神话及实践的体系或模式，这些共有的价值观在很大程度上，决定了雇员的看法及对周围世界的反应。当遇到问题时，组织文化通过提供正确的途径来约束雇员行为。这就是我们做事的方式，并对问题进行概念化、定义、分析和解决。

我们说文化的定义有以下几方面的含义：首先，文化是一种知觉。这种知觉存在于组织中而不是个人中。结果，组织中具有不同背景或不同等级的人，试图以相似的术语来描述组织的文化，这就是文化的共有方面。第二，组织文化是一个描述性术语。它与成员如何看待组织有关，而无论他们是否喜欢他们的组织，它是描述而不是评价。

尽管现在我们没有规范性的方法来测量组织的文化,但前期的研究却表明:文化可以通过评价一个组织具有的10个特征的程度来加以识别,这10个特征是:

(1) 成员的同一性。雇员与作为一个整体的组织保持一致的程度,而不是只体现出他们的工作类型或专业领域的特征。

(2) 团体的重要性。工作活动围绕团队组织而不是围绕个人组织的程度。

(3) 对人的关注。管理决策要考虑结果对组织中的人的影响程度。

(4) 单位的一体化。鼓励组织中各单位以协作或相互依存的方式运作的程度。

(5) 控制。用于监督和控制雇员行为的规章、制度及直接监督的程度。

(6) 风险承受度。鼓励雇员进取、革新及冒风险的程度。

(7) 报酬标准。同资历、偏爱或其他非绩效因素相比,依雇员绩效决定工资增长和晋升等报酬的程度。

(8) 冲突的宽容度。鼓励雇员自由争辨及公开批评的程度。

(9) 手段–结果倾向性。管理更注意结果或成果,而不是取得这些成果的技术和过程的程度。

(10) 系统的开放性。组织掌握外界环境变化并及时对这些变化做出反应的程度。

三、组织文化的影响和作用

文化在组织中的影响和作用,可从三方面来说明,即思想观念共同化的意义、思维方式共同化的意义、共同行为规范的意义。

(1) 思想观念共同。即共同价值观的功能,主要体现在激励、作为判断的依据和标准、促进沟通和理解等方面的作用。组织文化有强有力的激励作用,可以促进企业凝聚力的增强。这是由于,通过价值观念及目标的引导,企业将不再是仅由相互利益需要而聚集起来的群体,而是一个由具有共同的价值观念、精神状态和理想追求的人凝聚起来的组织。在这个组织中,每个成员都有着强烈的认同感和归属感,对企业的发展前途充满责任感和自信心,积极参与企业的各项活动,主动将个人利益与企业利益联系在一起,与企业结成命运共同体。同时,在组织文化的长期强制性约束下,共有的价值观念融化于职工的思想行为之中,形成职工对本组织文化的自然适应。这种自然适应也强化了职工与企业的依存关系,使职工尽量避免脱离本企业而进入其他文化圈。在增强凝聚力的同时,组织文化还可以成为强有力的激励机制,通过共同的价值取向和良好的文化氛围,激励职工为实现自我价值和企业目标而勇于献身,不断进取。

(2) 有的思维方式。首先,有利于组织成员间的理解和沟通。组织之间、人与人之间的纠纷,很大程度上是由于缺乏沟通和误解造成的。如果由于思维方式不同而对同一件事的解释和理解存在很大差异,沟通和理解就会变得非常困难。其次,共有的思维方式对人们把自己的思考变成行动方面有重要影响。当个人得知大多数人的想法和自己一样时,能够确认自己正确、正当,增加自信心。当企业的战略、管理方式与自己的判断一致时,个人会产生强烈的信赖感。另外,共有的思维方式可以促进组织的学习过程。共有的思维方式会提示组织成员应该学习什么,个人学习和经历的结果再经过沟通和理解,会变成共有的东西,逐渐把个人层次的知识和经验变为大家共有的知识和经验。

(3) 共同行为规范。在领会组织文化基础上形成的行为规范,具有自动控制、自动调节、约束行为的功能,它可以起到在没有明确规范约束条件下调节行为和明确规范本能规定范围内起约束作用的功能。此外,共有的规范有助于迅速决策,即组织成员都有在什么条件下该如何处事的共有观念,思考、调整的过程可以大大缩短。

如此,组织文化对人的选择、行为、学习、努力方向等各方面产生全面而深刻的影响。在组织日常活动过程中,潜移默化地、一点一滴地、持续地产生影响,积累时日,便会形成蔚为壮观的文化结构和体系,对外就会逐渐树立起鲜明的形象,成为管理的一个重要方面。

四、组织文化的形成和建设

一个组织的文化常常反映组织创始人的远见使命,因为创始人有着独创性的思想,所以他们对如何实施这些想法存在着倾向性,他们不为已有的习惯或意识所束缚。创始人通过描绘组织应该是什么样子的方式来建立组织早期的文化。由于新组织的规模较小,从而使得创始人能够使他的远见深刻地影响组织的全体成员。所以,一个组织的文化是以下两方面相互作用的结果:一方面是创始人的倾向性和假设;另一方面是第一批成员从自己的经验中领悟到的东西。

组织领导者在组织文化形成和建设中发挥极其重要的作用。由于组织领导者在组织中所处的特殊地位,他们对组织承担了更多的责任,相应地,对组织的经营哲学、组织精神、组织价值观等也都能施加较大的影响。组织文化要形成体系,就更离不开组织最高管理者的总结、归纳和加工,离不开组织领导者的才智以及对组织文化建设的高度重视,很多组织的组织文化的内容,甚至都是直接来自组织领导者的思想和主张,所以,美国组织文化专家斯坦雷·M·戴维斯在其著作《企业文化的评估与管理》中指出:“不论是企业的缔造者本人最先提出主导信念,还是现任总经理被授权重新解释主导信念或提出新的信念,企业领导者总是文化的活水源头。如果领导者是个有作为的人,他就会把充满生气的新观念注入企业文化之中。如果领导者是个平庸之辈,那么企业的主导信念很可能会逐步退化,变得毫无生气。”

事实上,组织文化是一种先进的管理理论,对组织文化的管理是当代领导者的主要职能。美国管理学家埃德加·H·沙因甚至说:"领导者所要做的惟一重要的事情就是创造和管理文化,领导者最重要的才能就是影响文化的能力。"在美国著名的坦顿公司最高层经理大约花一半时间管理企业文化,这使它获得了巨大的成功。

领导者所塑造或设计的组织文化是组织的目标文化,它源于现实组织文化,又高于现实组织文化。培育这样一个组织文化的过程,是发扬现实组织文化中的适用部分,纠正现实组织文化中的非适用部分的过程,是微观文化的净化和更新的过程。领导者对组织文化的管理正体现在这一过程中,他所做的一切,就是要在组织中形成预期的文化。为此,他要使员工明白组织提倡什么、反对什么,要及时处理推行新文化的过程中产生的矛盾和问题,必要时,还要对组织文化进行修正和补充,通过管理组织文化,领导者就能有效地管理组织,在《公司文化》一书中,这类领导者被称为"象征性的管理者"。

对于领导者来说更加重要的是在组织文化建设中要起示范和表率作用。组织文化的形成是一个学习的过程,在这一过程中,领导者的一言一行,都将为员工有意或无意地效仿,这时,其言行就不再只是个人的言行,而具有了示范性、引导性。正如《成功之路》一书所说,领导者是"以身教而不是言教来向员工们直接灌输价值观"的,他们"坚持不懈地把自己的见解身体力行,化为行动,必须做到众所瞩目,尽人皆知才行",必须"躬亲实践他想要培植的那些价值观,堂而皇之地、持之以恒地献身于这些价值观",这样,"价值观在员工中便可以扎根发芽了"。

领导者要发挥好示范、表率作用,就需要具备领导者的优秀素质,包括完善而先进的价值观、高尚的道德品质、创新精神、管理才能、决策水平、技术业务能力、人际关系能力等等,尤其是要有良好的道德品质。只有具备了良好的道德品质,领导者才会自觉地以身作则,才会真正信任、尊重员工,而不是凌驾于员工之上,把员工看成自己的工具,员工也才会敬重和支持领导者,心甘情愿地接受领导者的领导,并且自觉地以领导者为榜样,齐心协力共同建设组织文化。

但是,另一方面,我们应该十分重视广大员工在企业文化建设中的作用,因为,创造一个组织的文化的是广大员工,他们在创造物质财富的同时,也创造了组织的文化。领导者只是对员工创造的文化进行总结和加工。离开员工的实践,离开组织已有的文化,领导者是不可能独自创造出适合于一个组织的新文化的,所以,《公司文化》的作者迪尔和肯尼迪指出:"是不是每个公司都能有强烈的文化?我们想是能够的,但要做到这一点,最高层管理者首先必须识别公司已经有了什么类型的文化,哪怕是很微弱的。总经理的最终成功在很大程度上取决于是否能够精确地辨认公司文化并琢磨它、塑造它以适应市场不断转移的需要。"

综上所述,领导者作为组织文化的塑造者,一方面要对组织已有的文化进行总结和提炼,保留其积极成分,去除其消极因素;另一方面又要对提炼后的文化进行加工,加入自己的信念和主张,再通过一系列活动,将其内化为员工的价值观,外化为员工的行动。这就对领导者的素质提出了很高的要求,领导者的品格、智慧、胆识在很大程度上决定了组织文化的水准。

虽然所有的组织都有文化,但并非所有的文化对员工都有同等程度的影响。强文化(强烈拥有并广泛共享基本价值观的组织)比弱文化对员工的影响更大。员工对组织的基本价值观的接受程度和承诺越大,文化就越强。

一个组织文化的强弱或居于其间与否,取决于组织的规模、历史、员工的流动程度及文化起源的强烈程度。一些组织分不清什么是重要的,什么是不重要的(这是弱文化的一个特征)。在这样的组织中,文化对管理者的影响很小。然而大多数组织已向强文化转变。他们对什么是重要的,什么是正确的员工行为,什么推动了组织的前进等问题取得了共识。我们有理由希望当组织文化变得更强时,它将会对管理人员的所作所为产生愈来愈大的影响。

强组织文化的建立是需要传授和教育的,以拥有并广泛共享基本价值观。员工加入公司时,管理者在培训期,或更普遍地,在面试的时候就向他们介绍组织文化。通过话语和行为,经理传达出所有员工都必须遵循的成文或不成文规定。例如,员工在加入公司时,要参加一个时期的学习,熟悉所有的常规做法。虽然这样做要有一定的培训费支出,但多数领导者还是相信这项开支是值得的,因为这使得员工们之间联系紧密,并且提高生产力。

仅仅靠教育是不够的,文化常常通过创造故事、英雄、仪式和典礼得到加强,公司口号也起着增进文化的作用,口号内容简单,却有效地表达了公司的目标、策略和价值观。

五、组织文化与组织绩效

组织文化是思考和行为的习惯或传统方式,或多或少地被该组织的所有成员所共享,要进入该团体工作的新成员必须学习并且至少部分接受。也就是说,组织文化是指引雇员的日常行为和决策并使他们的行动朝着达成组织目标方向的框架体系,实际上文化衍生并决定了组织目标,组织文化必须和组织行为的其他部分如计划、组织、领导和控制联系在一起,如果组织文化没有和这些步骤联合在一起,那么该组织注定会陷于困境。但反之,组织文化和这些步骤能够联合在一起必然发挥重要作用。

研究的结果表明,组织文化对于组织绩效有着强大并且日益增加的影响。这种影响可以从四个方面反应出来:

(1) 组织文化对于组织的长期经济绩效有重要影响。

(2) 组织文化在决定下一个 10 年里企业的成败方面很可能是一个更为重要

的因素。

(3) 阻碍长期经济绩效的组织文化并不罕见，他们很容易就会发展起来，甚至是在那些大多都是通情达理和聪明人的公司里。

(4) 虽然很难改变，但组织文化也可以创造更好的绩效。

有一些组织文化善于适应变化，维持组织的绩效，而另一些却难以做到这一点。从这个角度可以把组织文化分为"适应的"和"不适应的"。

适应的企业文化在核心价值观上表现为绝大多数管理者非常关心顾客、持股人和雇员。他们很珍视能带来有益变化的人和过程(如管理体系上上下下的领导)。

在共同行为上表现为管理者密切关注他们所有的联系人，特别是顾客，如果需要就主动求变以满足顾客的合理要求，即使那么做要冒些风险。

不适应的企业文化在核心价值上表现为绝大多数经理人员主要关心他们自己下辖的工作小组，或与之有关的某种产品(或技术)。他们更看重有序和低风险的管理。

在共同行为上表现为经理人员倾向于有些保守和官僚主义，结果是他们不会迅速转变策略来适应或利用商业环境的变化。

基于组织文化对于组织绩效的影响，组织文化变革是必要的。

六、组织文化的变革

由于组织的内外部环境在不断变化着，组织文化也不是静止的、永恒不变的，在必要的时候，也需要对组织文化进行变革，以适应新的形势。这种变革必须依靠管理者自上而下地进行，离开了管理者的领导，组织文化的发展就势必陷入一种混乱、无序的状态，新的良性的组织文化就不可能形成。

但是，并不是说只要内外部环境变化了，就需要对组织文化进行变革，组织文化也要有相对稳定性。那么，组织文化在什么时候需要变革呢？这就要求管理者具有敏锐的观察能力和强烈的辨别能力。一般来说，当发生以下几种情况时，管理者可以变革其组织文化。

(1) 当组织的内外环境发生重大变化时，例如，国家的经济法律政策发生重大改革并且对本组织造成重大影响，组织的产品结构有重大调整，组织的技术、设备条件有重大改进，组织的规模发生了较大的变化，组织文化不再支持组织的使命时等等；

(2) 当组织的业绩平平，甚至每况愈下时；或大规模危机出现。这可以成为动摇现状的一个震源，促使人们对现有文化的适应性产生怀疑。如发生令人吃惊的财务亏损，丢失一个重要的顾客，或者竞争对手的一次重大的技术突破等等。

(3) 当组织的主导文化与宏观文化发生严重冲突时。如管理当局如何推行一种像全面质量管理这样的持续变革方案时。

(4) 高层领导职位易人。新的高层领导可能被认为对危机具有更强的反应能力。而新领导往往会给组织带来一种不同的价值观。

(5) 组织新而小。新建立的组织,其文化的渗透力较弱。相似地,当组织规模较小时,管理当局也更容易传播它的新价值观。

(6) 组织文化弱。一种组织文化愈是广泛渗透并在成员中形成对总价值观的高度认同,那么它就愈难得到改变。相反,较弱的文化比较强的文化具有更大的可变性。

由于组织文化是由相对稳定和持久的因素构成的,文化具有很强的惯性,导致文化的变革具有相当的阻力。一种文化需要很长一段时间才能形成。而一旦形成,它又常常成为牢固和不易更改的。即使在最有利的条件之下,组织文化的变革也常常需要经历多年的时间,而不是几周或几个月,才能看出其变化的。管理者对变革组织文化一定要采取慎重的态度,要尽可能维持企业文化的稳定性。而一旦决定变革,就应当冲破层层阻力,构筑新的组织文化体系。无论何时,组织都要有明晰的企业文化,切忌使企业陷入文化混乱状态,在这一点上,管理者的旗帜鲜明、当机立断是至关重要的。

实现组织文化变革,其一大挑战是要解冻现有的文化。对根深蒂固而又高度重要的东西,要加以解冻,并不是单一一项措施就能奏效的。组织文化变革管理需要有一个全面的、协调的战略。首先进行组织文化分析;确定需要变革的文化因素;向员工们明确说明,如果不马上推行变革,组织的生存就会受到致命威胁;任命具有新观念的新领导;发动一次组织重组;引入新故事、新典礼来传播新观念;改变人员甄选和社会化过程及绩效评估和奖酬制度,支持新的文化价值观。

组织文化变革解冻的最佳着眼点是进行组织文化分析。这包括进行文化审核以评估现有的文化,将现有文化与预期的文化做比较,进行差距评价以确定哪些文化要素特别需要加以变革。大规模危机作为解冻根深蒂固文化的一种重要的手段。但危机并不是组织的所有成员总能注意到的。因此,管理当局有必要使人们更清楚地看到组织的危机。需要让组织的每个人都清楚,组织的生存正受到致命的威胁。要是员工们没有意识到变革的紧迫性,那就很难使一种强文化对变革的努力做出反应。任命新的高层经理人员可能预示着一场重大的变革正在发生。新的领导人可能展现一种新的角色模式,并产生一套新的行为标准。不过,新领导需要尽快将他或她的新观念注入组织中,并将关键管理职位的人员调换成忠于这一观念的人。组织文化的变革成功,毫无疑问在相当程度上应当归功于组织高层经理的大批迅速的调整。伴随着主要经理人员的调整,发动一次组织重组也具有重要的意义。设立一些新单位,或者将某些单位合并或取消,这些都以显而易见的方式传送着管理当局下决心将组织引入新方向的信息。当然新的领导也要尽快创造出新的故事和典礼来取代原先使用的仪式,以便更好地向员工们传播组织的主体价值观。而这是需要即刻去做的。耽搁只会使新领导与现有文化为伍,从而关闭推行变革的大门。管理当局还要改变人员甄选和社会化的过程,以及绩效评估与奖酬制度,以便对采纳了所期望的新价值观的员工形成有力的支持。

华为成公司立于1988年。经过10年的艰苦创业,华为建立了良好的组织体系和技术网络,市场覆盖全国,并延伸到香港、欧洲、中亚。公司现有员工3000余人,其中研究开发人员1300余人。在发展过程中,华为一直坚持以“爱祖国、爱人民、爱公司”为主导的企业文化,发展民族通信产业,连续3年获得深圳市高科技企业综合排序第一,1995年获得中国电子百强第26名。1996年产值达26亿元,1997年已超过50亿元,到1999年已达到120亿元左右。

目前,华为在大容量数字交换机、商业网、智能网、用户接入网、SDH光传输、无线接入、图像多媒体通讯、宽带通讯、高频开关电源、监控工程、集成电路等通信领域的相关技术上,形成一系列突破,研制了众多拳头产品。1996年交换机产量达到250万线,1997年达400万线(含出口)。华为的无线通讯、智能网设备和SDH光传输系统正在大批量装备我国的通信网。华为不仅在经济领域取得了巨大发展,而且形成了强有力的企业文化。因为华为人深知,文化资源生生不息,在企业物质资源十分有限的情况下,只有靠文化资源,靠精神和文化的力量,才能战胜困难,获得发展。

一、民族文化、政治文化企业化

华为人认为,企业文化离不开民族文化与政治文化,中国的政治文化就是社会主义文化,华为把共产党的最低纲领分解为可操作的标准,来约束和发展企业高中层管理者,以高中层管理者的行为带动全体员工的进步。华为管理层在号召员工向雷锋、焦裕禄学习的同时,又奉行决不让“雷锋”吃亏的原则,坚持以物质文明来形成千百个“雷锋”成长且源远流长的政策。华为把实现先辈的繁荣梦想、民族的振兴希望、时代的革新精神,作为华为人的品格。坚持宏伟抱负的牵引原则、实事求是的科学原则和艰苦奋斗的工作原则,使政治文化、经济文化、民族文化与企业文化融为一体。

二、双重利益驱动

华为人坚持为祖国昌盛、为民族振兴、为家庭幸福而努力奋斗的双重利益驱动原则。这是因为,没有为国家的个人奉献精神,就会变成自私自利的小人。随着现代高科技的发展,决定了必须坚持集体奋斗不自私的小人,才能结成一个团结的集体。同样,没有促成自己体面生活的物质欲望,没有以劳动来实现欲望的理想,就会因循守旧,固步自封,进而滋生懒惰。因此,华为提倡欲望驱动,正派手段,使群体形成蓬勃向上、励精图治的风尚。

三、同甘共苦，荣辱与共

团结协作、集体奋斗是华为企业文化之魂。成功是集体努力的结果，失败是集体的责任，不将成绩归于个人，也不把失败视为个人的责任，一切都由集体来共担，“官兵”一律同甘苦，除了工作上的差异外，华为人的高层领导不设专车，吃饭、看病一样排队，付同样的费用。在工作和生活中，上下平等，不平等的部分已用工资形式体现了。华为无人享受特权，大家同甘共苦，人人平等，集体奋斗，任何个人的利益都必须服从集体的利益，将个人努力融入集体奋斗之中。自强不息，荣辱与共，胜则举杯相庆，败则拼死相救的团结协作精神，在华为得到了充分体现。

四、“华为基本法”

从1996年初开始，公司开展了“华为基本法”的起草活动。“华为基本法”总结、提升了公司成功的管理经验，确定华为二次创业的观念、战略、方针和基本政策，构筑公司未来发展的宏伟架构。华为人依照国际标准建设公司管理系统，不遗余力地进行人力资源的开发与利用，强化内部管理，致力于制度创新，优化公司形象，极力拓展市场，建立具有华为特色的企业文化。

第六章　社会责任与管理道德

学习目的

学习本章应了解与掌握：

1. 管理的社会责任的相关观念。
2. 列举赞成和反对企业承担社会责任的论点。
3. 阐述公司的社会责任和经济效益间的联系。
4. 管理的道德观念及各种道德观念的区别。
5. 影响道德行为的因素。
6. 组织能够改善雇员道德行为的各种途径。

第一节　企业的社会责任

企业社会责任是企业对所在社会产生影响的行为。例如志愿者辅助计划。企业社会责任注重企业的所做所为。企业行为影响着它所在的社会。管理者和理论家已经把他们的关注扩展到基本伦理问题，如“我们应该如何生活”，“如何处理与他人的关系”等基本伦理问题，关注我们的决策如何影响他人的研究，它同时研究人的权利和义务、人们在决策中应用的道德准则及人与人之间关系的性质。

过去，公司的社会责任问题并没引起多大注意。但现在时代变了，管理者现在经常遇到需要考虑社会责任的决策，如慈善事业、定价问题、雇员关系、资源保护，以及产品质量都是极为明显的社会责任问题。

企业的社会责任要求企业在遵守、维护和改善社会秩序，保护和增加社会福利方面承担的职责、义务。企业作为开放性质的经济组织，其基本功能和职责是通过生产经营活动向社会提供商品和劳务并获取盈利。然而，随着社会经济的迅速发展和企业主体地位的加强，社会对企业提出了更高的要求，即在行使自身功能的同时，企业应承担起更多的社会责任。

关于社会责任的实质和内容，近几十年中人们的认识经历了较大变化。20世纪初，权威性的看法认为，企业的社会责任就是通过经营活动获取大量的利润，企业为自身获取最大利润就是为社会提供最大利润。30年代，资本主义经济大萧条时期，许多企业为避免陷入困境而与大股东等相关公众发展密切的合作与互助关系。当时的观点认为，企业的社会责任是与公共社会建立合作伙伴关系，为彼此的生存而共同努力。60年代以来，随着企业的迅速发展和向社会各个领域的广泛渗透，人们提出企业与社会相互依存的观点，认为企业的利益必须服从和服务于社会的利益，为社会整体利益做出贡献就是企业的社会责任。在当代，环境保护、绿色经营日益成为社会对企业经营发展的要求。

对企业社会责任的认识变化，反映了市场经济条件下社会组织结构和利益关系高度相关化、一体化的趋势。具有现代意识的企业应当充分认识到这一趋势的客观性和必然性，自觉主动地承担起应负的社会责任，在社会生活的各个领域发挥更大的作用。实践证明，自觉履行社会责任，可以为企业赢得社会各界的好评与信任，树立起良好的公众形象；可以建立有效的社会监督机制，促进企业不断改善内部管理，规范企业行为；还可以督促企业主动协调与相关公众的关系，争取他们的理解、支持与合作，为企业的生产经营活动创造宽松和谐的外部关系环境，从而在推动社会利益发展的同时，更好地实现企业的经营目标和经济利益。

企业的社会责任涉及诸多方面，如提供就业机会、资助社会公益事业、保护生态环境、支持社会保障体系等。除此之外，就外部关系而言，企业还对股东、媒介、社区、政府、交易伙伴、消费者等相关社会组织及个人负有特定的社会责任。具体来说，企业对股东承担的社会责任是保护股东及其他出资人的投资，并使之得到合理的收益。对于新闻媒介，企业的责任是保证提供信息的准确、及时，维护新闻传播的真实性、客观性和时效性原则，并自觉接受社会舆论监督。在社区环境中，企业应当通过积极参与本社区的公益活动，提供更多的就业机会和保持环境清洁，为社区居民提供更好的生活场所。企业对政府的社会责任是认真遵守政府的有关法令和政策规定，接受有关部门的监督、指导或管理，自觉履行作为公民应承担的各项义务。就消费者而言，企业应当把满足消费者需要作为责无旁贷的义务，尊重和维护消费者的合法权益，同时担负起教育、引导消费者的职责。

总之，承担社会责任是企业协调外部关系的基础。只有积极履行各项社会责任，为促进实现相关公众的利益和改善社会环境做出贡献，企业才能获得良好的生存和发展条件，从而更加有效地实现经营目标。

一、卡内基的公司社会责任观

安德鲁·卡内基是美国钢铁集团公司的创建者，他出版了一本名叫《财富福音》的书，提出了经典的公司社会责任的观点。卡内基的观点建立在两个原则之上：慈善原则和管家原则，两者都是坦白的家长式的。这些原则把员工和顾客看成缺乏使自己获得最佳利益能力的小孩，而业主起类似家长的作用。

慈善原则要求比较幸运的社会成员帮助那些不幸运的社会成员，包括失业者、残疾人、患病者和老年人。可以直接或间接地帮助这些不幸的人。如通过教堂、安置屋（始于20世纪20年代）和社会慈善箱运动。当然，富裕的人自己决定要捐多少。最初慈善被当作是个人的义务,而不是工商业自身的义务。然而到了 20 年代,社会的慈善需要超过了最乐善好施的有钱人的财产,为慈善事业出资,帮助不幸的人们就落到了工商企业肩上。卡内基自己言行一致,为慈善和民间事业捐助了不下千万美元。

管家原则要求商业或财产所有者应视自己为财产的管理人或看护人,为了社会的整体利益以诚信的方式管理他们的财产。

管家原则源出圣经,它要求企业和有钱人把自己看成财产的管家或照管者,卡内基的观点是富人为社会其他人"托管"财物,可以把钱用在社会认为合法的任何用途上,不过他也认为,工商企业的作用是通过把自己负责看管的资源谨慎投资,使自身的财产增加,从而使社会财富翻番。

"托管"是"对一般广义上的社会责任"的托管,这些责任无法用数学方法描述,但是具有极其重大的意义。到了 20 世纪 50 年代和 60 年代,随着越来越多的公司认识到"权力带来责任",慈善和管家原则开始为工商界广泛接受,连那些不赞同这两个原则的公司也认识到,如果公司不自愿接受社会责任,政府就会强迫它接受。

二、弗里德曼的古典理论

经济学家和诺贝尔奖获得者米尔顿·弗里德曼认为,今天大部分经理是职业经理,即他们并不拥有他们经营的公司,他们是雇员,对股东负责。因此他们的主要责任就是按股东的利益来经营业务。那么这些利益是什么呢?弗里德曼认为股东们只关心一件事:财务收益率。弗里德曼相信,企业要生存,就必须解除不恰当的社会责任,回到其赚钱这个基本出发点上去。弗里德曼指出,企业的首要责任是利润最大化。

弗里德曼认为:企业有且只有一个社会责任;把资源和能源用于以增加赢利为目的活动中,只要它不反游戏规则,且从事公开自由的竞争,不搞欺骗欺诈。公司经理无权决定社会问题的相对紧迫性,或应投入到某一问题中的企业资源的数量。他还坚持认为,有些经理投入公司资源来追求个人的、也许是误导的社会善行观念,不公平地把负担强加在持股人、员工和顾客身上。简言之,他认为,企业应该高效地生产产品和服务,把解决社会问题的责任留给有关个人和政府机构。

在各种社会部门,包括政府和工商企业之间划分社会责任这一点上,弗里德曼代表了一种极端的想法。大多数管理者和其他人都相信政府和工商企业都有责任来为社会利益效力。作为国家的两个最强有力的机构,工商业和政府自身的规模要求两者对公众关心的问题有所作为,公司和政府都离不开他们所从属的社会的认可。

根据弗里德曼的观点,当经理将组织资源用于"社会产品"时,他们是在削弱市场机制的基础。有人必须为这种资产的再分配付出代价。如果社会责任行为降低了利润和股息,那么股东受损失。如果必须降低工资和福利来支付社会行为,那么雇员受损失。如果用提价来补偿社会行为,那么消费者受损失。如果市场不接受更高的价格,销售额便下降,那么企业也许就不能生存,在这种情况下,组织的全部组成要素都将受损失。弗里德曼进一步指出,当职业管理者追求利润以外的目标时,他们隐含地将自己作为非选举产生的政策制定者。他怀疑企业经理是否具有决定社会应当是什么样的专长。这就是(弗里德曼认为)我们选择政治代表来决策的原因。

如果社会责任行为增加了经营成本,则这些成本必须或是以高价转嫁给消费者,或是通过较低的边际利润由股东们承担。在一个竞争的市场中,如果管理当局提高价格,则将减少销售。在完全竞争的市场中,竞争并未假设成本中含有社会责任成本。因此提高价格不可能不损失市场,这种情况意味着生意本身必须吸收那些成本,最终导致利润下降。

在一个竞争的市场中,存在着种种压力使得投资基金流向能获得最高回报率的地方。如果担负社会责任的公司不能将高社会成本转嫁给消费者,而不得不在内部吸收这些成本的话,他的回报率将会降低。经过一段时间,投资基金就会从担负社会责任的公司中流出来,被吸引到那些不需承担社会责任的公司中,因为后者将会提供更高的回报率。这甚至意味着在一个特定的国家(如美国)的所有公司,由于管理当局认识到社会责任是公司的目标之一而引起了额外的社会成本,那么全部国内产业的生存可能会受到不产生社会成本的外国竞争者的威胁。

三、社会经济观

社会经济观认为,时代已经变了,并且对公司的社会预期也在变化。公司的法律形式可以最好地说明这一点。公司要经政府许可方能成立和经营,同样,政府亦有权解散它们。因此公司不再是只对股东负责的独立的实体了,它还要对建立和维持它们的更大的社会负责。利润最大化是公司的第二位目标,而不是第一位目标,公司的第一位目标是保证自身的生存。

在社会经济观的观点看来,管理者应该关心长期的资本收益率最大化。为了实现这一点,他们必须承担社会义务以及由此产生的成本。他们必须以不污染、不歧视、不从事欺骗性的广告宣传等方式来保护社会福利,他们还必须融入自己所在的社区及资助慈善组织,从而在改善社会中扮演积极的角色。

组织认识到只有当公司以社会公众认为负责的方式行事时公司的最大利益才会得到保证。社会责任与公司自我利益是挂钩的。现代企业不再仅仅是经济机构了。在一定意义上,现代企业是机构社会。

四、赞成和反对社会责任的争论

赞成和反对工商企业承担社会责任的具体论据是什么?在这部分,我们将列出已提出的主要观点。

赞成工商企业承担社会责任的主要论据有：

(1) 公众期望。对工商企业的社会期望自20世纪60年代以来急剧增长，公众支持工商企业在追求经济目标的同时也追求社会目标的主张，现在则更加坚定。

(2) 长期利润。承担社会责任的工商企业趋向于取得更稳固的长期利润。这是更好的社区关系和负责的行为，产生了更好的工商企业形象所带来的必然结果。

(3) 道德义务。一家工商企业能够并应该有良心，工商企业应该具有社会责任，因为负责的行为符合他们自身的利益。

(4) 公众形象。公司设法加强自身的公众形象以获得更多的顾客、更好的雇员，进入货币市场以及获得其他益处。由于公众认为社会目标是重要的，工商企业就能够通过追求社会目标来创造一个为大众喜欢的形象。

(5) 更好的氛围。工商企业的参与能解决许多社会难题，从而在企业中创造更好的生活质量和更令人向往的团体，这种氛围有利于吸引并留住雇员。

(6) 减少政府调节。政府调节增加了经济成本，限制了管理当局的决策灵活性。通过承担社会责任，工商企业可以期望减少政府调节。

(7) 责任与权力的平衡。工商企业在社会中拥有巨大的权力，这就要求有同等程度的责任来平衡它。当权力远大于责任时，这种不平衡会助长违背公众利益的不负责行为。

(8) 股东利益。从长期来看，社会责任将提高企业股票价格。股票市场将把承担社会责任的公司看作风险更小的和接受公众监督的公司，因此，它将使股票获得更高的价格－收益比率。

(9) 资源占有。工商企业拥有财政资源。技术专家和管理人才，它们有能力帮助需要援助的公共项目和慈善计划。

(10) 预防社会弊端的优越性。社会问题发展到一定时候必须处理。工商企业应该在问题变得更严重，需付出更大代价去补救，以及分散管理当局实现产品和服务目标的精力之前，对它们采取措施。

反对工商企业承担社会责任的主要论据有：

(1) 违反利润最大化原则。这是古典观的精髓。工商企业在严格追求自己的经济利益和把其余活动留给其他机构时，就是在最大限度地承担社会责任。

(2) 淡化使命。对社会目标的追求冲谈了工商企业的基本使命即经济的生产率。社会也许会因不能很好地实现经济和社会目标而遭受损失。

(3) 成本。许多社会责任活动不能自负盈亏，某些人不得不为此付出代价。工商企业必须吸收这些成本，或将以更高的价格转嫁给消费者。

(4) 权力过大。在我们的社会中，工商企业已经是最有权力的机构之一了。

如果它追求社会目标,它的权力就更大了。社会已给予工商企业足够的权力。

(5) 缺乏技能。工商企业领导者的眼光和能力基本上是经济导向的。商人不能胜任处理社会问题的角色。

(6) 缺乏明确规定的责任。政治代表追求社会目标,并对他们的行为负责,而工商企业领导则不必。从工商企业到公众之间没有社会责任的直接联系。

(7) 缺乏大众支持。并没有广泛的社会授权要求工商企业参与社会问题,公众在这些问题上意见不一。事实上,这是一个不能引起激烈争论的主题。在这种不一致的支持下,采取行动很可能失败。

社会责任活动会降低一个公司的经济绩效吗?这问题很难说。也许社会参与和经济绩效是正相关的,也许并不意味着社会参与产生了更高的经济效益,可能正相反,就是说,它可能表明正是高利润才使得企业能够广泛参与社会活动。毫无疑问,公司的某些社会行为主要是由利润动机驱动的。事实上,这种行为已经获得了一个名称就是起因相关营销。

起因相关营销指实施直接由利润驱动的社会行为。社会责任是一个很好的营销诱饵。在起因相关营销背后的思想,是发现与公司产品和服务相吻合的社会原因,然后以互利的方式把它们联系起来。研究表明,公司的慈善事业需要借助广告宣传,而且要以利润来驱动。事实上,起因相关营销被认为是慈善事业中最热门的事情。虽然我们还不能说明企业的每一个社会行为的动机,但显然至少有一些行为是出于利润动机的,是和利益最大化目标一致的。在公司的社会责任和经济效益间存在一种正相关关系。

五、社会反应和社会表现

社会反应意味着公司如何对事件做出反应。企业如何觉察并对社会问题做出反应从两个方面来探讨。一方面它探讨单个公司如何对社会问题做出反应;另一方面,考虑哪些力量决定公司该对某些社会问题做出反应。将两种方法相结合,就可以把公司能够和实际回应具体社会问题的方式加以归类。公司对社会问题的回应有一个生命周期,由发现问题开始,到研究问题。考虑处理办法,直至实行一种解决措施。实行过程可能很慢。随着政府和公众意见的加压,到一定时候公司会失去主动性。管理者及早对问题做出反应,以获得最大限度的管理自主权。

把社会责任和社会灵敏度的哲学理念综合成一种公司社会行动理论,叫做公司社会表现。公司社会表现是一种关于公司社会行为符合社会规则、程序和政策的理论。

根据这个理论,社会责任论争的舞台是由经济、法律和伦理原则构成的,比如支持自由企业(经济原则)、大众享有安全工作场所的权利(法律原则)和工作机会均等(伦理原则),这些原则相加创造出工商业和社会之间的一项“社会契约”,即允许公司作为道德的代理人。

在每个公司中,管理者试图在决策过程和公司政策中履行社会契约的原则,他们的决策和政策可以反映出四种姿态之一:

- 反应型——公司只有在某个社会问题对公司目标提出非难之后,才有所反应。
- 防守型——公司采取行动,避开指责。
- 适应型——公司与政府规定和公众舆论保持一致。
- 预防型——公司预测还未被提出的要求。

大量有关社会责任的问题,关键的问题是管理者对之负有责任的是哪部分人。古典理论认为只有股东或所有者才是他们所理当关心的人,革新观念可能会认为,管理者应对任何受组织决策和政策影响的个人或团体负责。这些利害攸关者是组织环境中的任何有关方面。包括政府机构、工会、雇员、顾客、供应商。所在社区及公众利益集团。所以,利害攸关者是环境中受组织决策和政策影响的任何有关者。

六、组织社会责任扩展的四阶段

作为一个管理者。在追求社会目标方面,你所做的一切取决于你认为对其负有责任的人或人们。组织社会责任扩展被认为是一个过程,这一过程分为四阶段。

第 1 阶段:管理者将通过寻求使成本最低和使利润最大来提高股东的利益。

第 2 阶段:管理者将承认他们对雇员的责任,并集中注意力于人力资源管理,因为他们想获得、保留和激励优秀的雇员。他们将改善工作条件,扩大雇员权力,增加工作保障等。

第 3 阶段:管理者将扩展其目标,包括公平的价格、高质量的产品和服务。安全的产品、良好的供应商关系以及类似的方式。处在第 3 阶段的管理者,觉察到他们只有通过间接地满足其他利害攸关者的需要,才能履行对股东们的责任。

第 4 阶段:同社会责任的严格意义上的社会经济定义一致。在这一阶段,管理者对社会整体负责。他们经营的事业被看作公众财产,他们对提高公众利益负有责任。承担这样的责任意味着管理者积极促进社会公正、保护环境、支持社会活动和文化活动,即使这样的活动对利润产生消极影响,他们的态度也不改变。

每一阶段都伴随着管理者自由决定权的程度的提高。当管理者的自由决定权连续提高时,他们必须做出更多的判断。在第 4 阶段上,需要将他们对社会行为的是非准则应用于社会。产品什么时候对社会有害?对社会而言,什么行为是做“对”了。什么行为是做“错”了。这里没有简单的非此即彼的对错之分,能够帮助管理者制定社会责任决策。显然,管理者有遵守法律和创造利润的基本责任,不能实现这两个目标将威胁组织的生存。除此之外,管理者要识别他们认为对其负有责任的人们。通过关注与他们有利害关系者和公众对组织的期望,管理者会增强对关键的利害攸关者的责任,或减少疏远他们的可能。

第二节 社会伦理与管理道德

一、社会伦理与管理道德

处理企业与社会的关系不可避免地涉及社会伦理与管理道德问题。伦理学研究我们的决定如何影响他人的理论,伦理学也研究人们的权利与义务、人们在决策中应用的道德准则以及人与人之间关系的性质。我们每天都有意或无意地进行着伦理学的思考。伦理学的内涵包括价值观、权利和义务、道德规范和人际关系。

(1) 价值观:自己认同的相对长久的愿望。当你珍视某事,你就会想要它,或想让它变成现实。价值观本身是非常美好的相对持久的愿望,如和平或好意。

价值观是"为什么"的解答。例如,为什么你在阅读本书? 你可能回答因为你要学管理。为什么这很重要? 要做更好的管理者。为什么要做? 争取更快提升,赚更多的钱。为什么需要更多的钱? 去买一台盒式录像机。类似问题一直继续下去。直到你不再为另一样东两才有这种需要,这时,你就找到一条价值观。公司也有价值观,如规模、利润率或生产优质产品。

(2) 权利和义务:义务,采用特殊步骤或服从法律的责任。权利,赋予人采取行动的"空间"。用更正式的术语来表达,则可以把这种空间称为一个人的"自主范围"或(更为简单地)他的自由。权利很少是绝对的,大多数人会赞同个人权利的范围受他人权利的限制。通常,你有自由表达思想的权利,只要你别对另一个人进行诽谤中伤。

权利与义务是互相联系的。一个人有一项权利,旁人就有尊重它的义务。义务就是采取某些特别步骤的责任,如纳税以及在其他方面遵守规则。

(3) 道德规范:经常内化为价值观的行为规则。道德规范引导我们处理互相冲撞的利益关系。道德规范是行为的规则,常常内化成价值观。

(4) 人际关系:每个人都在一个关系网中与他人连结起来。这样的关系之所以存在,是因为我们为了互相支持和完成目标而彼此需要。从儿童与父母的关系,到员工与管理者的关系,关系遍及道德生活的各个角落,我们不断做出如何维持和培养关系的决定,这些决定反映了我们的价值观和对伦理的关注。所以,管理含有极大的伦理成分。

道德是伦理的重要组成部分。管理道德通常是指针对管理者规定的行为是非的惯例或原则。管理者制定的许多决策要求他们考虑谁会在结果和手段方面受到影响。

二、管理道德涉及的四个方面

在工商领域中,我们无法回避管理道德问题,正如在生活的其他方面难以避开一样。在工商界,大部分管理道德所涉及的问题都可以归入以下四个方面。

(1) 社会:有社会层次,主要是社会的基本结构问题。种族隔离问题就是社会层次的问题。在一个社会体制中,某一类人实际上是大多数人,被系统地剥夺了基本权利从伦理上讲是否正确?在这种环境下管理者将面临一系列复杂的政治、经济和社会机制的转变问题与管理问题。

另一个社会层面的问题是分配公平问题。是不是存在一个公平分配资源的体制?政府在管理市场中起何种作用?是否应容忍财富、地位和权力的极大不平等?高层管理者报酬的飞速增加也属于问题的一部分。例如,美国从 1980 年到 1990 年,工人的薪水增长了 53%,公司的利润增加 78%,而首席执行官的工资则提高了 212%。1980 年,最高主管的平均工资为 624 996 美元,是一名工厂工人薪水的 42 倍;1992 年首席执行官平均总收入创下 3 842 247 美元的记录,157 倍于工厂工人的所得。对照一下,日本的首席执行官工资不足普遍工人的 32 倍,1992 年,日本只有 8 个首席执行官报酬超过 100 万美元。社会层次的问题通常代表了相互对抗的主要组织间持续的争端。作为管理者和个人,我们每个人都可能改变这种争执。

(2) 利益相关者:包括供应商、顾客、持股者和其他人。在这一层次,我们研究公司应如何处理与受其决策影响的外部团体之间的关系,以及利益相关者应该如何面对公司。存在很多利益相关者方面的问题。关连交易是其中之一,另一个是公司有使顾客知晓产品的潜在危险的义务,公司对供应商承担什么样的责任?对所在的社区呢?还有对持股人?我们应如何努力决定这样的问题?管理者面临着是否尊重利益相关者拥有权利这样一个伦理问题。

(3) 内部政策:这里我们关注的问题是公司与员工之间关系的性质,哪一种雇用合同是公平的?管理者和员工共同的义务是什么?员工拥有什么权利?管理者的工作日程中尽是这样的问题。裁员、效益、工作规定、动力和领导全部是关注的焦点。

(4) 个人:这里我们关心企业中人与人应该如何互相对待。我们是否应保持诚实,不管后果如何?我们即作为个人又作为承担具体工作的员工对老板、手下和同僚有什么义务?这些问题涉及企业日常生活的具体环节,在它们的背后存在着更广泛的问题:我们有权把他人基本上看作是达到目的的手段吗?这一点我们能避免得了吗?

三、三种不同的道德观

在道德标准方面有三种不同的观点。

第一种是道德的功利观。即完全按照成果或结果制定决策的一种道德观点。功利主义的目标是为绝大多数人提供最大的利益。一方面,功利主义鼓励效率和生产力,并符合利润最大化目标。但另一方面,它能造成资源的不合理配置,尤其当那些受影响的部门缺少代表或没有发言权时更是如此。功利主义还会造成一些利害攸关者的权利被忽视。

第二种是道德的权利观。这是与尊重和保护个人自由和特权有关的观点，包括隐私权、良心自由、言论自由和法律规定的各种权利。权利观的积极一面是保护个人自由和隐私，但它在组织中也有消极的一面。它能造成一种过分墨守规章的工作气候，而阻碍生产力和效率的提高。

第三种是道德公正观理论。这要求管理者公平和公正地加强和贯彻规则。实行公正标准也会有得有失。它保护了那些其利益可能未被充分体现或无权的利害攸关者。但它会助长降低风险承诺、创新和生产率的权利意识。

大部分人对道德行为继续持功利态度。这不足为奇，因为这一观点与效率、生产力和高利润等目标是相一致的。但由于管理领域正在发生变化，因此观点也需要改变。功利主义为大多数人的利益牺牲了少数人的利益。强调个人权力和社会公正的新趋势意味着管理者需要以非功利标准为基础的道德准则。这对当今的管理者是一个实实在在的挑战，因为依据个人权力和社会公正等标准来制定决策，要比依据效率和利润的效果等功利标准制定决策，含有更多的模糊性。

四、影响管理道德的因素

一个管理者的行为合乎道德与否，是管理者道德发展阶段与个人特征、组织结构设计、组织文化和道德问题强度的调节之间复杂地相互作用的结果。缺乏强烈的道德感的人，如果他们受规则、政策、工作规定或加于行为之上的强文化准则的约束，他们做错事的可能性很小。相反，非常有道德的人，可以被一个组织的结构和允许或鼓励非道德行为的文化所腐蚀。此外，管理者更可能对道德强度很高的问题制定出符合道德的决策。影响管理者行为是否符合道德的各种因素如下。

1.道德发展阶段

道德发展存在三个水平，每一个水平包含两个阶段。在每一个相继的阶段上，个人道德判断变得越来越不依赖外界的影响。这三个水平和6个阶段为：

第一个水平称为前惯例水平。在这个水平上，仅受个人利益的影响。按怎样对自己有利制定决策，并按照什么行为方式会导致奖赏或惩罚来确定自己的利益。

第1个阶段：严格遵守规则以避免物质惩罚。

第2个阶段：仅当符合其直接利益时方遵守规则。

第二个水平称为惯例水平，这个水平表明道德价值存在于维护传统秩序和他人的期望之中，受他人期望的影响。包括遵守法律，对重要人物的期望做出反应，并保持对人们的期望的感觉。

第3个阶段：做你周围的人所期望的事情。

第4个阶段：通过履行你所赞同的准则的义务来维护传统秩序。

第三个水平称为原则水平。个人做出明确的努力,摆脱他们所属的团体或一般社会的权威,确定自己的道德原则。受自己认为什么是正确的个人道德原则的影响,它们可以与社会的准则和法律一致,也可以不一致。

第5个阶段:尊重他人的权利,支持不相关的价值观和权利,不管其是否符合大多数人的意见。

第6个阶段:遵循自己选择的道德原则,即使它们违背了法律。

通过对道德发展阶段的研究,我们可以得出几个结论。首先,人们以前后衔接的方式通过6个阶段。他们逐渐地顺着阶梯向上移动,一个阶段接着一个阶段地移动,而不是跳跃式地前进。第二,不存在道德水平持续发展的保障。发展可能会停止在任何一个阶段上。第三,大部分的成年人处于第4阶段上。他们被束于遵守社会准则和法律。最后,一个管理者达到的阶段越高,他就越倾向于采取符合道德的行为。例如,处于第3阶段上的一位管理者,可能制定将得到他周围的人们支持的决策;处于第4阶段上的管理者,将寻求制定尊重公司规则和程序的决策,以成为一名"模范的公司公民";处于第5阶段上的管理者,更有可能对他认为错误的组织行为提出挑战。

2.个人特征

组织中的每一个人都有一套相对稳定的价值准则。这些准则是在个人早年发展起来的(从父母亲、老师、朋友或他人那里),这些准则是关于什么是正确、什么是错误的基本信条。故每个组织中的管理者,经常有着明显不同的个人准则。注意,虽然准则和道德发展阶段可能看起来相似,但它们是不一样的。前者的范围广,覆盖的问题领域宽,而后者是专门衡量在外界影响下的独立性的一个尺度。

存在两种个性变量影响着人们的行为,这些行为的依据是个人的是非观念。这两种个性变量是自我强度和控制中心。

3.自我强度

自我强度是衡量个人自信心强度的一种个性度量。自我强度得分高的人比分低的人更可能克制冲动,并遵循自己的判断。就是说,自我强度高的人更可能做他们认为正确的事。我们可以预料自我强度高的管理者比自我强度低的管理者,将在道德判断和道德行为之间表现出更大的一致性。

4.控制中心

控制中心是衡量我们相信自己把握自己命运程度的个性特征。具有内在控制中心的人,认为他们控制着自己的命运。而具有外在控制中心的人则认为他们一生中会发生什么事全凭运气和社会。从道德的观点来看,具有外在控制中心的人不大可能对他们行为的后果负个人责任,更可能依赖外部力量。相反,具有内在控制中心的人,则更可能对其行为后果承担责任,并依据自己的内在是非标准来指导自己的行为。具有内在控制中心的管理者将比那些具有外在控制中心的管理者，在道德判断和道德行为之间表现出更大的一致性。

5.结构变量

组织结构设计有助于形成管理者的道德行为。有些结构提供了强有力的指导,而另一些却只是给管理者制造困惑。模糊性最小的结构设计有助于促进管理者的道德行为。

正式的规则和制度可以减少模糊性。职务说明和明文规定的道德准则可以促进行为的一致性。研究不断表明,上级的行为对个人道德或不道德行为具有最强有力的影响。人们注视着管理当局在做什么,并以此作为什么是可接受的和期望于他们的行为的标准。有些绩效评价系统仅集中于成果,但也有一些评价系统既评价结果,也评价手段。在仅以成果评价管理者的地方,则会增加使人们"不择手段"地追求成果指标的压力。与评价系统紧密相关的是报酬的分配方式。奖赏和惩罚越依赖于具体的目标成果,管理者实现那些目标和在道德标准上妥协的压力就越大。此外,时间、竞争、成本和工作的压力越大,管理者就越有可能放弃他们的道德标准。

6.组织文化

组织文化的内容和力量也会影响道德行为。一种可能形成较高道德标准的文化,是一种高风险承受力,高度控制,以及对冲突高度宽容的文化。处在这种文化中的管理者,将被鼓励进取和革新,将意识到不道德的行为,并对他们认为不现实的或不喜欢的期望或需要自由地进行公开挑战。

强文化比弱文化对管理者的影响更大。如果文化的力量很强并且支持高道德标准,它会对管理者的道德行为产生非常强烈和积极的影响。而在一种弱文化环境中,管理者更可能以亚文化规范作为行为的指南,工作群体和部门准则将强烈影响弱文化组织中的道德行为。

7.问题强度

影响一个管理者道德行为的另一个因素是道德问题本身的特征。与决定问题强度有关的6个特征是:

(1) 某种道德行为的受害者(或受益者)受到伤害(或利益)的程度。

(2) 舆论大小的影响。

(3) 可预见的危害(或利益)的大小。

(4) 行为和它所期望的结果之间持续的时间的长短。

(5) 感觉在社会、心理或物质上与行为的受害者(或受益者)的接近程度。

(6) 道德行为对有关人员的集中作用程度。

根据以上原则,人们所受的伤害越大,认为行为是邪恶的舆论就越强,行为发生和造成实际伤害的可能性就越高，从行为到后果的间隔时间就越短，观察者感觉与行为受害者越接近，问题强度就越大。总的来说，这6个要素决定了道德问题的重要性。当一个道德问题对管理者很重要时，我们有理由期望管理者采取更道德的行为。

五、改善管理道德行为措施

如果高层管理者确实想减少其组织中的不道德行为，那么他们可以努力挑选高道德标准的人，制定道德标准和决策规则，通过模范来影响大家，描绘工作目标，以及提供道德训练等。

1.甄选

假设个人处于不同的道德发展阶段并拥有不同的个人价值体系和性格，一个组织的雇员甄选过程(包括面试、笔试、背景测试等)，应当用来剔除道德上不符合要求的求职者。然而，这并非易事，即使在最好的情况下。是非标准很成问题的人也可能被录用。这是可以预料的，但如果加强其他方面的控制，由此产生的问题并不严重。而甄选过程则应被视为是了解个人道德发展水平、个人价值准则、自我强度和控制中心的一个机会。

2.建立道德准则

道德准则是表明一个组织基本价值观和它希望员工遵守的道德规则的正式文件。一方面，道德准则应尽量具体，以向员工表明他们应以什么精神从事工作；另一方面，道德准则应当足够宽松，从而允许员工有判断的自由。道德准则的内容可分为三类：

(1) 作一个可靠的组织公民，遵守安全、健康和保障规则，表现出礼貌、尊敬、诚实和公平，禁止生产非法药品和酒精，管理好个人财务，出勤率高和准时，听从监督人员的指挥，不说粗话，穿工作服，禁止上班携带武器。

(2) 不做任何损害组织的不合法或不恰当的事情。合法经营，禁止付给非法目的报酬，禁止行贿，避免有损职责的外界活动，保守秘密，遵守所有的反托拉斯和贸易规则，遵守会计规则和管制措施，不以公司财产谋取私利，雇员对公司基金负有个人责任，不宣传虚假和误导信息，制定决策不考虑个人利益。

(3) 为顾客着想，合法经营。在产品广告中传递真实的信息，以你的最大能力履行分派的职责，提供最优质的产品和服务。

3.高层管理者以身作则

道德准则要求高层管理者以身作则。因为正是高层管理者建立了文化基调。在言行方面，他们是表率。虽然他们所做的可能比所说的更为重要。例如，如果高层管理者将公司资源作为己用，扩大他们的费用支出，给予朋友优待，或从事类似的行为，他们等于向全体雇员暗示这些行为是可以接受的。

高层管理者还可通过他们的奖罚来建立文化基调。选择谁或什么事作为提薪奖赏或是晋升的对象,将向雇员传递强有力的信息。以不正当的方法取得重大成果的某位管理者,他的提升表明那些不正当的方法是可取的。另一方面,当揭发错误行为时,管理当局不仅必须惩罚做错事的人,而且还要公布事实,让人人看到结果。这就传递了另一条信息:“做错事要付出代价,行为不道德不是你的利益所在。”

4.明确的工作目标

员工应该有明确的和现实的目标。如果目标对员工的要求不现实,明确的目标也能引起道德问题,在不现实的目标压力下,即使有道德的明确的目标也会持“不择手段”的态度。而当目标清楚和现实时,它会减少雇员的迷惑并使之受到激励而不是惩罚。

5.道德培训

越来越多的组织正设立研讨会、专题讨论会和类似的培训项目,尝试改善道德行为。

6.综合绩效评价

当绩效评价仅以经济成果为焦点时,结果将会开始为手段辩护。一个组织如果想使它的管理者坚持高道德标准,它必须在绩效评价过程中包含这方面的内容。

7.独立的社会审计

一种重要的制止非道德行为的因素是害怕被抓住的心理。按照组织的道德准则评价决策和管理的独立审计,提高了发现非道德行为的可能性。这种审计可以是一种例常性评价,类似财务审计一样,或者是抽查性质的,并不预先通知。一个有效的道德评价计划应包括这两种方式。为了保证正直,审计员应对组织的董事会负责,并直接将审计结果呈交董事会。这不仅给了审计员一个警告,而且减少了那些被审计的组织报复审计员的机会。

8.正式的保护机构

最后建议组织提供正式的机构,以使处于道德困境的雇员能按自己的判断行事而不必担心受到惩戒。

第七章 管理的国际化

学习目的

学习本章应了解与掌握：

1.管理的国际化的重要性。

2.了解多国公司和跨国公司。

3.描述组织国际化的主要阶段。

4.了解民族文化的4个维度。

随着交通和通信的迅速发展，以及全球反对贸易保护、提倡自由贸易浪潮的掀起，企业的经营和竞争已经走向了国际化、全球化。中国的企业不仅要注意开拓国际市场并研究如何抗衡国外强劲对手的竞争，同时随着我国加入世界贸易组织(WTO)，在国内市场上，中国的企业也面临着越来越广泛和激烈的竞争。在新的全球商业环境下，对于今天的管理者来说，这是一场全新的竞赛。随着世界市场的形成，国界正失去意义，组织增长及扩展的潜力变得几乎毫无限制。但是，新的竞争者却可能在任一时刻，从任何地方突然出现。那些不能密切监视全球环境的变化，或对这些变化反应迟钝的管理者，可能会发现他们组织的生存正在遇到危机。

国际经营由来已久。所谓多国公司是指同时在两个或两个以上国家从事重要的经营活动。但以本国为基地对国外经营进行集中管理的公司，这些公司带动了国际贸易的快速增长。多国公司在全世界许多国家都设有子公司或制造厂。

全球环境正在延伸多国公司的范围和目标，从而创建一种更为普遍的组织跨国公司，跨国公司是指同时在两个以上的国家从事重要经营，并在从事经营的所在国分散制定决策的公司。这种组织类型并不以复制本国的成功经验来集中管理国外经营，而是在每个国家中，主要雇佣当地人员来经营，而且每个国家的产品和市场战略完全根据该国的文化特色来制定。例如，雀巢食品公司就是一家跨国公司，它的业务几乎遍布世界各国，是世界上最大的食品公司。但它的管理者必须使其产品适合各国顾客的需求，雀巢公司在中国销售的产品，与在美国销售的产品就不一样。

我们应该指出之多国和跨国组织的管理者的眼光已变得日渐全球化了，并接受了国界不再能限定公司发展这一现实。随着国际间技术、经济和文化领域的交往日益频繁，随着跨国公司的蓬勃发展，随着国际国内市场竞争的日趋激烈，管理者必须学习和借鉴其他国家的管理思想与管理方法，研究其他国家经济成功的原因。研究其他国家的文化背景、政治经济法律环境、管理思想及管理实践，进行跨文化跨国度的系统综合研究，以探求具有普遍意义的管理原理和规律，从新的角度检验一切现有的管理理论，预见管理思想、理论与实践的发展趋势。

第一节　组织国际化的过程

一、组织国际化的四个阶段

一个组织发育成一个全球性的组织主要经过以下几个阶段：

第一个阶段是**出口产品阶段**。组织进入国际市场的最初方式仅仅是出口产品。这是走向国际化的被动的一步。因为组织没有做出认真地努力来打开国外市场，而且组织签订的国外定单大多是对方主动找上门来的。对于许多企业而言，这是他们经过的第一阶段，也是仅有的一个阶段。

第二个阶段是**直接销售产品阶段**。组织主动地到国外市场上去销售自己的产品，或在国外工厂制造产品。然而公司仍没有向国外正式派驻人员。在销售方面，是根据业务需要定期地派遣公司雇员到国外出差或是通过雇佣外国的代理商、中间商来代理组织的产品。在制造方面，组织则是同外国公司签订合同，制造自己的产品。

第三个阶段是合资**合作开发市场阶段**。这是组织积极寻求国际市场的一个阶段。这可以有多种实现形式。管理层可以给予其他公司商标、技术或产品规范的许可或特许经营权，这种方法广泛用于医药和快餐连锁行业。合资企业是一种更为常用的实现形式，这是一家国内公司与外国公司共同承担新产品开发成本或在国外建立生产设施的投资。建立战略联盟这种伙伴关系为公司的全球竞争提供了一条快速的、低代价的方式。当组织在外国建立一个外国子公司，表示它要全力以赴地进行全球经营。这一阶段的实现或者通过国内的集中控制(多国经营)，或者通过国外的分散控制(跨国经营)。

第四个阶段是**全球经营阶段**。既在全球范围内配置资源。

二、组织国际化的环境要素

作为一位中国管理者，准备到一家多国公司的国外分支机构工作，所面临的环境将与国内必然有很大的不同。任何一位处于一个陌生国家的管理者都面临着新的挑战。在国外环境中经营的管理者面临的环境因素有：

1.法律政治环境

首先是法律和政治体系的稳定性。在法律和政治体系中，一些国家政府变化是缓慢的，程序是完善的，即使政党变化也不会引起快速的、根本的改变。支配个人和机构行为的法律的稳定，允许非常精确的预测。而另一些国家政府有着不稳定的历史。政府更迭频繁，每个新政府有自己的新规则。一个政府的目标可能是以国有化作为国家的关键工业，另一个的目标可能是促进自由企业。这些国家工商企业的管理者由于政治的不稳定而面对着剧烈变动的高度不确定性。

法律政治环境并非只有不稳定或具有革命性才会引起管理者的注意，事实上国家之间社会及政治体系的差异才是重要的。管理者如果想了解他们经营中的约束及存在的机会，他们需要认识这些差异。例如，香港地区对商业的法律约束很少，而法国则很多。各国(地区)对工业间谍活动、贸易限制、工作条件、隐私权、工人权力等的法律是不相同的。

2.经济环境

全球管理者关注着经济因素，而一国的管理者则无此之虞。最明显的两个关注点是波动的货币汇率及多样化的税收政策。一个多国公司，它的利润因受本国货币的地位或其经营所在国货币的影响而剧烈变化。全球性的组织除了在生产和销售上承担的风险，还可能有来自于浮动汇率的风险(或利润潜力)。

同样，多样化的税收政策也是全球型管理者的一个主要担忧。许多东道国比公司所在国的约束更多，而有的则宽松一些。仅有一点可以肯定的是，国与国之间的税收规则不尽相同。管理者需要了解他们经营所在国的各种税收规则的实践知识，从而将其公司的全部纳税义务减至最少。

3.文化环境

最后的环境力量是各国文化的差异。组织有不同的内部文化，人类学家也一直在告诉我们，国家也有文化。像组织文化一样，民族文化是一国全体或绝大多数居民共有的价值观。它形成他们的行为以及他们看待世界的方式。民族文化驾驭着组织文化。民族文化对雇员的影响要大于组织文化的影响。在中国的 IBM 工厂的中国雇员，受中国文化的影响将会比受 IBM 公司文化的影响大。这意味着，与组织文化对管理实践的影响相比，民族文化产生的影响更强。

三、衡量民族文化间差异的四个方面

迄今为止，能够帮助管理者更好地了解民族文化间差异的最有价值的框架，是由吉尔特·霍夫施泰德(Geert Hofstede)发展出来的。他对在 40 个国家中为一家多国公司工作的 11.6 万名雇员进行了调查，他发现了什么呢？他的巨大数据库表明，民族文化对雇员与工作相关的价值观和态度起着主要影响。实际上，民族文化比年龄、性别、职业或在组织中的职位解释了更多的差异。更为重要的是，霍夫斯泰德发现，管理者和雇员的文化差异表现在**民族文化的四个维度上**：个人主义与集体主义；权力差距；不确定性规避；生活的数量及质量。

(1) 个人主义与集体主义：个人主义是指一种松散结合的社会结构，在这一结构中，人人只关心自己的或直系亲属的利益。这在一个允许个人有相当大自由度的社会中是可能的。与个人主义相反的是集体主义。它以一种紧密结合的社会结构为特征。在这一结构中,人们希望群体中的其他人(诸如家庭或一个组织)在他们有困难时帮助并保护他们。集体主义所换来的是成员对团体的绝对忠诚。霍夫施泰德发现,一个国家的个人主义程度与一国的财富密切相关。像美国、英国和荷兰等富裕的国家,个人主义严重。像哥伦比亚和巴基斯坦等贫穷的国家,则盛行集体主义。

(2) 权力差距:人们天生具有不同的体力和智力,从而就产生了财富和权力的差异。社会如何处理这种不平等呢?霍夫施泰德使用权力差距一词作为衡量社会承认机构和组织内权力分配的不平等程度的文化尺度。一个权力差距大的社会承认组织内权力的巨大差别,雇员对权威显示出极大的尊敬。称号、头衔及地位是极其重要的。一些公司发现在与权力差距大的国家谈判时,所派出的代表应至少与对方头衔相同才有利。这样的国家有菲律宾、委内瑞拉和印度等。相反,权力差距小的社会尽可能减少不平等。上级仍拥有权威,但雇员并不恐惧或敬畏老板。丹麦、爱尔兰及奥地利是这类国家的典型。

(3) 不确定性规避:这是衡量人们承受风险和非传统行为程度的文化尺度。我们生活在一个不确定的世界中,未来总是在很大程度上是未知的,社会以不同的方式对这种不确定性做出反应。一些社会使其成员沉着地接受这种不确定性。在这样的社会中,人们或多或少对风险泰然处之。他们还很能容忍不同于自己的行为和意见,因为他们并不感觉受到了威胁。霍夫斯泰德将这样的社会描述成低不确定性规避的社会,也就是说,人们感到相当安全。属于这类的国家有新加坡和丹麦等。

我们用人们日益增长的焦虑来表征一个高不确定性规避的社会。在这种社会中。人们表现出高度的神经紧张、压力和进取性。由于人们感到社会中不确定性和模糊性的威胁,他们创建机构来提供安全和减少风险。他们的组织可能有更正式的规则,人们对异常的思想和行为缺乏容忍,社会成员趋向于相信绝对真理。毫不奇怪,在一个高不确定性规避的国家中,组织成员表现出较低的工作流动性,终身雇佣是一种普遍实行的政策。属于这类的国家有日本、葡萄牙和希腊等。

(4) 生活的数量与质量:民族文化的第四个维度也分为两个方面。有的民族文化强调生活的数量,这种文化的特征是过分自信和物质主义。还有的民族文化则强调生活的质量,这种文化强调人与人之间的关系以及对他人幸福的敏感和关心。

霍夫施泰德发现,日本和奥地利的文化更倾向于生活的数量维度。相反,挪威、瑞典、丹麦和芬兰的文化,则更倾向于生活的质量维度。

第二节　主要工业国家的管理特点

一、美国的管理特点

1. 文化背景

美国文化表现出强烈的开拓精神、冒险精神、个人主义和功利主义的价值信念。在这里，个人的进取心、事业心受到鼓励，人们讲求个人价值和个人奋斗，而不注重集体的力量，很少有集体归属感，非常崇拜个人英雄主义。美国人从小就接受“竞争意识”与“独立意识”教育，认为人与人之间独立展开竞争是健康而又富有建设性的。

美国企业文化的主要特点是：

(1) 分配上贯彻能力主义，工资与贡献直接挂钩，工资分配大都采用岗位工资制和职务工资制。

(2) 企业职工只对自己的工作负责，对其他人的工作情况及整个企业的状况都漠不关心。

(3) 职工流动性大，雇佣期短，职工与企业的关系完全是契约关系，职工对企业缺乏忠诚。

(4) 利润的多少不仅是衡量企业行为的惟一尺度，也是决定经营者成败的重要砝码。经营者都拼命追求短期内最大利润和股票价格。

(5) 企业高层管理者权力集中，决策往往只由少数人参与。

(6) 有相当完善的监督管理系统，各项工作都有严格标准，将工作表现与标准对照，用比较结果测评工作绩效。

(7) 美国企业特别重视规划、组织机构和规章制度，强调使用分析技术，做决定都基于准确精细的数据资料，大多企业倾向于“硬”管理。

总之，美国企业一贯崇尚个人主义、能力主义、契约主义和权威主义，是一种理性的企业文化模式。

2. 经济体制

美国人信奉的是自由企业制度，该制度的核心是私人财产所有权。私人财产受法律保护而神圣不可侵犯，人们之间的产权界限都是明确的，人们可自由支配自己的财产，或用于消费或用于投资。每个公民都可以建立企业，利用自己的或有偿利用他人的生产要素，从事生产经营活动。这些企业以单人业主制、合伙制、公司制等组织形式，独立而自由地从事各种生产经营活动。

美国有着长期的自由主义传统，在市场经济发展过程中，尽管政府从 20 世纪 30 年代开始在较大范围介入经济生活并对经济活动进行干预和调节，但与欧洲、日本相比,政府干预程度相对低。美国政府主要是通过各种法律法规的制定和实行,通过财政政策、货币政策、收入政策、社会保障与福利政策、对外经济政策等的贯彻执行,通过为社会提供一系列公共物品和服务来实现的。政府对市场实行宏观调控主要有4个目标:①经济增长;②充分就业;③物价稳定;④国际收支平衡。在宏观调控过程中,美国政府一向坚持平等竞争与权力制衡原则,如《反垄断法》及《劳动法》的实施都是为了保证市场运行的效率。政府宏观调控的两个主要手段是财政政策和货币政策。财政政策的主要工具是政府税收和政府支出;货币政策主要工具是联邦储备系统的贴现率、银行法定准备率、公开市场业务、信贷政策等。

美国经济活动很大程度上依赖于金融市场的活跃程度。美国的银行系统及金融市场相当发达。美国大中城市的街道上,几乎到处都有自动取款机,信用卡如同美式快餐麦当劳汉堡包一样已经成为美国文化的表征。银行系统金融服务产品多、效率高、服务质量优良、参与经济活动面广。美国金融市场分为货币市场和资本市场两个层面,运行都有各自一套规范化的程序和严格法规,美国的一些交易所,如纽约证券交易所、芝加哥期货市场等,实际上是世界性的交易场所。无论是短期货币市场还是长期资本市场,在解决企业发展的资金来源问题上起了不可替代的作用。企业和投资者需要有效的金融市场,健康的经济也需要有效的金融市场。

3.政企关系

美国实行"自由企业制度",生产者与消费者在一只"看不见的手"即市场价格机制的引导下,从事各种生产经营活动。政府一般不直接经营企业,也不干涉私人企业的微观经济活动,而主要是作为一个"裁判员"和"服务员"的角色,为企业的生产经营活动创造一个良好的外部环境,如确保公共安全,维护契约与财产权,保证货币供应和货币值稳定,维护市场秩序与公平合理的竞争,以及提供其他公共服务等。

美国工商界强烈反对政府的干预,但在某些特殊场合,联邦政府对私营部门的事务进行了干预,企业必须遵守特定产业活动的联邦条例或行政措施。国会建立了许多联邦条例机构,如联邦通讯委员会、联邦贸易委员会、联邦药品委员会等,其目的在于实施国会所颁布的法律。这样,政府与一部分企业也时有冲突。一些学者与商界人士甚至认为,政府与企业关系不顺是导致美国在本土及海外不能与日本展开成功竞争的重大因素之一。对企业影响最重要的法律之一就是《谢尔曼反托拉斯法》,该法案目的是要防止工业权力集中于少数公司,以鼓励有竞争力的市场力量自由地相互作用。反托拉斯法曾在打破石油工业等大产业形成垄断局面中发挥了重要作用。反托拉斯法赋予联邦政府采取反托拉斯行动的权力。

联邦对工商业的重大影响还体现在美国的对外政策和国防政策上。特别是

"冷战"年代,国会通过了许多法令,明令禁止企业把敏感技术出售给所谓对美国不友好的国家。此外,美国农场主也成为当时美苏关系的工具,粮食是否售给前苏联,要依美国政府的外交政策需要而定。时至今日,美国的国防与外交政策仍然影响着美国企业的商务活动。经济制裁是美国外交的一个重要杠杆。

4.企业管理

(1) 组织结构

美国常见的组织结构有以下3种:

① 直线职能式组织结构。凡是中小型企业大多采用这种组织形式。它的特点是:公司由单一的总管(总裁或总经理)牵头,各职能部门(制造、财务、营销、人力资源管理等)主任向总管报告工作。每个职能部门各自独立运营、各自为整个组织提供服务。

② 产品事业部式组织结构。集中决策,分散经营,各事业部都是利润中心。各自的职能部门对各自的产品总经理负责。公司总部究竟是设立集中控制的一些职能部门(财务、人事等),还是以其他方式替代,要视该公司权力分散的程度和决心而定。美国的大企业多采用这种组织形式。

③ 矩阵式组织结构。该结构是纵(职能部门)横(产品或项目组)并存的一种组织形式,它要求每位成员在纵向系统中向其职能负责人报告,而横向系统中向其项目负责人报告。

美国企业组织一般标准化、程序化程度高,组织内部各部门责任、权限明确,有可能按照规范经营。

(2) 决策与控制

在美国企业中,董事会一般由股东代表、企业高层管理人员及外聘兼职管理专家、教授等组成。董事会在某种意义上监督管理人员所做的工作,经常审视企业的行动是否对社会负责,经常对行政总裁的业绩进行评价,不少人被认为不适合于公司经营而被解除职务。管理人员的报酬由非执行董事审议。董事会设有一个委员会,审议管理人员的报酬,行政总裁作为一名委员参加,但委员会主席必定是非执行董事。美国企业发挥监察部门机能的是附属于董事会的监察委员会(由非执行董事组成),监察委员会统管公司内的监察人员,对公司的各个事业部门进行监察。

美国企业中的最高决策机构是董事会,经理全权负责的由下属各职能部门领导组成的管理委员会掌握执行权力。尽管美国企业的经理可以成为董事会成员,但决策和执行是分开的。

美国企业的决策方式是个人(或少数人)决策。主要特点是:

① 自上而下地进行。由企业的最高管理者制定决策,由各级下属去执行。尽管决策前也要听取各方面的意见,考虑几个行动方案,但最终还是根据董事长、总

经理个人的判断和意志来决策。

② 强调个人责任。一项重大决策如果失误,由决策者负全部责任。

③ 依靠数理统计方法和电子计算机,重视定量分析。

美国企业决策方式的优点是:决策迅速,责任明确。缺点是:不能集思广益,不利调动职工积极性;决策下达时通常进行较多的解释说明工作,具体执行起来往往会遇到挫折,执行速度慢。

在监督控制管理上,美国企业强调明确的控制。由于美国企业上下级之间、部门之间缺乏感情上的交流、理解和默契的配合,为使企业有效地运转起来,只能通过建立严密的组织机构、实行明确的控制来实现。因此美国企业组织机构健全,制度严密,等级森严,权责分明,效率也较高。但这种明确的控制限制了人的积极性和主动性的发挥,在控制不到的地方,人们便不知所措或问题丛生。

二、日本的管理特点

日本与中国同属东方民族,有着相同的文化渊源。第二次世界大战以后,日本在不到30年的时间里,再次创建了日本奇迹,成为仅次于美国的世界经济强国。连美国的企业界及理论界也纷纷赴日本学习。日本成功的经验是什么呢？是在于日本不仅大量引进西方先进的科学技术,而且学习一整套美国的现代科学管理制度、思想、方法,并能把日本儒家资本主义管理模式中的伦理精神与美国科学管理思想巧妙地揉为一体,从而形成了独具特点的“日本式管理”即“以人为本”的管理。日本管理模式也是产生与适用某一特定文化环境之中,无不打上时代的民族的文化的烙印。

1.文化背景

日本文化重视互相合作,强调集体力量,富于人情味。日本社会是一个容不得个人主义的国家,极度强调集体主义,不倡导内部竞争,力图避免冲突,强调的是妥协与团结协商一致,即所谓的“和”。日本社会中,团体主义、家族主义观念强烈,个人对集体有一种“恋宠”的情感,对集体依赖性强。公元7世纪,日本传入了中国儒教文化,接受了儒教中的等级观念、忠孝思想、宗法观念及“仁、义、礼、智、信”、“中庸”、“人和”等思想观念,逐渐形成了“稳定性强”的具有大和民族色彩的文化。

日本企业的文化特点:

(1) 日本企业追求经济效益和投放国家双重价值目标

提倡忠诚是日本文化的突出特点,也是儒家思想的要义,忠于国家、致富经国是日本崛起的强大文化动力。

(2) 信奉家族主义和资历主义

“企业主好比父亲,工会好比母亲,企业中层负责人类似小舅子,劳动者则似挣钱的儿子”。日本企业不断向职工灌输“以企业为家”的思想,再加上实行“终身雇佣制”、“年功序列工资制”,企业与职工结成了“利益共同体”、“命运共同体”。

(3) 富有集体主义管理思想

与美国企业个人主义相反,日本企业在生产方面不是激励某个职员提高效率,而是注重激励整个集体提高效率,它要求职工把个人利益置于团体利益之下,个人从属于集体;在决策方面强调由领导集体共同决策。

(4) 以“和”为魂、劳资和谐

松下公司“社训”中有许多条文都是倡导“和”的,如“和亲一致”、“礼节谦让”等。日本劳资关系是“和”的典范,工会在处理劳资纠纷时,多从维护企业整体利益出发,发挥协调作用。“和”的精神使日本企业成为一个劳资和谐、全员经营的高效团体。

(5) 以人为本,调动人的积极性与创造性。如日立公司的经营信条是“事业即人”,丰田的口号是“既要造车,也要选人”,松下主张“造物之前先造人”。人本管理思想来源于“仁者爱人”的儒家思想核心。日本企业特别重视培养人的道德力量和人格力量,突出人的精神因素,其核心是通过建立企业成员共同道德的价值观,进行文化软性管理。

日立公司内的“婚姻介绍所”

在把公司看作大家庭的日本,老板很重视员工的婚姻大事。例如,日立公司内就设立了一个专门为员工架设“鹊桥”的“婚姻介绍所”。一个新员工进入公司,可以把自己的学历、爱好、家庭背景、身高、体重等资料输入“鹊桥”电脑网络。当某名员工递上求偶申请书,他(或她)便有权调阅电脑档案,申请者往往利用休息日坐在沙发上慢慢地、仔细地翻阅这些档案,直到找到满意的对象为止。一旦他被选中,联系人会将挑选方的一切资料寄给被选方,被选方如果同意见面,公司就安排双方约会。约会后双方都必须向联系人报告对对方的看法。日立公司人力资源部门的管理人员说:由于日本人工作紧张,职员很少有时间寻找合适的生活伴侣。我们很乐意为他们帮这个忙。另一方面,这样做还能起到稳定员工、增强企业凝聚力的作用。

2.政企关系

日本企业与政府存在着高度的合作,这种密切关系可追溯到明治时期。当时,政府为了推进本国工业化进程,大办国营示范工厂,然后将耗资巨大的示范工厂转让给私人经营,政府保留一定的控制权,私营业主也表现出对政府的依赖性,从而形成了上下结合、极为协调的政府指导式的自由市场经济结构。

日本政府通过长期经济计划及产业政策等引导企业的发展,同时对于符合国家经济发展规划的行业和公司给予财政资助,如开发基金、出口补贴、资本扩张等。

在20世纪的50年代和60年代,日本政府扶持过的行业有:钢铁、造船、化工,以后还支持过计算机、机器人等重要项目的开发。政府在制定政策过程中,审议会处于举足轻重的地位,它的组成人员主要是企业界领袖及大学、研究机构的学者。政府与企业界之间的信息和观点交流贯穿于政策形成过程始终,保证了政策的可行性。

另外,政府公务员退休后往往到大企业中担任高薪管理职务,这也密切了政府与企业间的关系。

3.产业结构

日本在经济发展过程中形成了以银行和贸易公司(综合商社)为核心的六大"财团型企业集团",它们是三井、三菱、住友、富士、第一劝业及三和。这六大集团的主要特点是:各集团内的成员企业相互持股,日本企业股票的70%都集中在法人企业手中。银行是企业集团的核心,也是资金的主要来源,银行向其集团的企业派出董事,监督企业活动。银行更关心企业的长期发展,一旦企业经营困难,银行不仅不会像美国银行那样上门逼债,而且会鼎力相助,共渡难关。

除上述财团型企业集团外,日本还形成了"独立系企业集团",这种企业集团是以垄断企业为核心,以控股及其他形式,将一大批企业纳入自己的生产体系而形成的。如日立、日铁、松下、丰田、日产、东芝等。

这些大企业集团虽然数量不多,但横跨各行业,掌握着国家经济命脉。日本是一个企业集团占主导地位的发达资本主义国家,但同时也是中小企业较多的国家,几乎有98%的制造公司的雇员不到100人。从整体看,大企业与中小企业形成一种"二重结构"。中小企业中约有60%是大企业的零部件或配件供应商,它们依赖于大企业,与大企业保持了长期稳定的合作方式,结成了"命运共同体"。中小企业工资低,卖给大企业的零件价格也低,从而增加了大企业的国际竞争力。大企业也重视与供应商的合作关系,对中小企业进行技术培训和人员培训,甚至派驻人员协助管理。

4.企业管理特点

权力结构与决策方式:

第二次世界大战以后,日本以美国商法为范本制定了日本商法,规定股东大会为企业最高权力机构,由股东大会选举产生的董事会拥有实际上的企业经营权,监事会则代表股东对企业财务进行监督。目前,日本企业由于股东分散化,最大的法人股东(一般是银行、保险公司以及大企业)所拥有的该企业资本份额也是很有限的,至于个人股东占的比重就更小了,从而降低了股东的影响力,企业权力转向作为经营者的董事会。由于日本公司的董事主要是从内部提拔的,即多数来自企业管理干部,这样,就形成了日本企业最高决策机构和最高执行机构的一体化,这种转变既保证了企业的集体领导,又保证了权力的集中统一。

日本企业进行决策的方式是集体决策。主要特点是：

(1) 自上而下与自下而上地进行U型决策。即首先由最高决策机构提出企业的战略方向和抽象的方针目标，然后下达到基层进行讨论，在讨论过程中，将各级组织讨论和提议的结果逐级向上反映，同时各有关部门也进行横向的交流与协商。这样，最高决策机构提出的抽象的方针目标逐渐成为具体的实施方案，并在讨论过程中对实施方案的每一细节都进行反复讨论研究，最后，由最高决策机构对这些方案进行审查和批准。

(2) 制定决策后执行速度快。由于最高决策机构与最高执行机构一体，董事会成员兼任职能部门领导，他们即是决策者又是执行者。职工在参与决策的过程中，也明确了决策的意义和要达到的目标，所以在执行决策时积极性高，速度快。

(3)这种决策方式的优点是：能集思广益，考虑问题周到缜密，决策较少出现失误，执行效果好。但由于介入决策的人太多，讨论时间长，决策速度慢。对决策责任采取含糊态度，容易发生工作疏漏和推倭责任的现象。

三大神器：

日本企业的终身雇佣制、年功序列工资制和企业工会制，被称为日本企业管理的三大神器。

终身雇佣即一个劳动者从学校毕业参加工作直到退休长期在一个企业工作，与企业是一种长期的雇佣关系，这种制度一般在大企业中实行。终身雇佣也是一项典型的日本式管理，它在使日本完成工业革命以及后来的经济起飞中发挥了重大作用。终身雇佣制培养了职工对企业的忠诚心，使职工进了公司像走进大家庭，把自己与公司看作命运共同体，也使得公司不惜在职工教育方面投资，从而提高了职工的整体素质。

年功序列工资是指工资收入按工龄拉开档次，而且增长幅度也不大，一般在临退休前才能达到最高峰。日本企业职工的工资差别不大，高工资和低工资的差别至多为5~6倍，而不像美国那样高达几十倍。日本企业家认为，这有利于职工队伍的稳定与团结。

日本的工会与美国工会的根本差别在于，美国工会是行业或更大范围的工会组织，代表工会会员与资方谈合同，讲条件。而日本的工会却仅限企业范围，故称企业工会。按日本的规定，科长以上的管理人员不是工会会员，其余职工进入企业即自动加入工会。工会委员长和其他干部都是不脱产的，只有书记长在委员长领导下脱产从事工会工作。工会也代表工人与资方斗争，如每年的“春斗”(指春季斗争)，但实际上企业工会不是在斗，而是采取非常温和的形式，是在妥协。企业工会在劳资之间起到了“缓冲器”和“调节阀”的作用，这有利于公司秩序稳定与经济的发展。

工人参与企业管理:

日本工人参与企业管理的形式很多,主要有工人自治小组、禀议制和大办公室制。

自治小组是日本目前推行“工人参加管理”的一种主要组织形式。这是在管理部门的支持赞助下,职工自愿结合成小组,自己讨论工作,自己设置目标,自己努力去达到。自治管理最典型的例子是全面质量管理(TQC)运动。

禀议制是下级主动参与集体决策的过程。在日本企业里,一般以课(中层)为单位提出问题,搜集情报,与有关部门联系并协调关系,形成初步方案,然后写出书面报告向上级建议(禀告)。在此过程中,一个文件往往由一位课长转到另一位课长,而每位课长都得听取本课人们的意见,以便决定是否同意。禀议制赋予下级相当大的主动权,有利于工人参加管理。

大办公室制,就是主要领导与一般职员一起办公,以非常公开、非常有利于上下左右信息沟通的方式进行工作。职员与领导之间没有“隔墙”,朝夕相处,天天共事,在感情上没有障碍,有利于职员与领导间沟通,有利于职员参与管理。

近年来企业管理发生新变化,终身雇佣制与年功序列工资制发生动摇。1990年以来,随着日本泡沫经济的破灭,许多企业不得不大量裁员,为了公司生存,盛行提前退休及敦促中高年职工自动退职制度,不少企业向有志另立业的退职者提供一笔补助,以使其另谋职业。年功序列工资制也正在变化,以前50岁左右工资达到顶峰,目前提前到40岁左右,且扩大了能力评价的比重,并使之反映在工资待遇上,工资中贡献大小的成分增加了,年功部分工资减少了。有些日本企业已逐步推行能力晋升的年薪制。人事制度方面逐步强调能人治理,大胆启用有独立见解的人才,反对论资排辈,容许个人主义存在等等。这种趋势对于日本现行企业经营管理将带来巨大冲击。

三、中国的管理

中国是一个具有五千年历史的文明古国,中国的各种文化现象,有其相当特殊的背景。中国的文化传统主要表现在为人处世原则上崇尚中庸之道,提倡“温、良、恭、俭、让”的君子风度和方式,很少有强烈的自我表现。提倡道德和人格的自我完善,要求人们通过道德修养,融个体于群体之中,即“吾日三省吾身”以便“克己复礼”。只有克制身心,服从群体,才能与世俗融洽相处。在中庸观念引导下,人们从众心理较强,缺乏敢为人先的冒险精神、开拓精神和进取精神。眼界狭小,小成即安是这种小农心理的典型写照。

中国古代长期存在着以血缘关系为纽带的宗法制度,它把社会成员牢固地联系在一起,使其有共同的风俗习惯、心理状态、行为规范,宗族成员有很强的集体主义感,宗族内部有很强的凝聚力。但另一方面,宗法制度又导致“家长制”式的集权专制，导致了重人治、轻法制的传统，形成了裙带关系比法律条文更起作用的社会关系网。

中国社会受儒家文化与道家文化的长期影响。儒家与道家有着不同的价值观、思维方式和心理模式，它们相互刺激，相互影响，相互吸收，推动着民族精神和整个文化的演进，共同构成了中国传统文化的主流。儒家是一种积极“入世”的人生态度，提倡“天行健，君子以自强不息”。儒家思想的传统是“格物、致知、正心、诚意、修身、齐家、治国、平天下。”儒家崇尚大同思想、内圣外王之学，正己正人、成己成物的主张，以及“穷则独善其身，达则兼善天下”的人生哲学。而道家则主张情心寡欲、与世无争、顺其自然，不主张像儒家那样为人生理想而奋斗不息。受儒家及道家哲学的影响，中国既有积极进取，“先天下之忧而忧，后天下之乐而乐”的仁人志士，也有超然世外、自甘寂寞的隐逸之士。儒道互补、阴阳交错，使得中国人无论在得意或失意时都能得到心理平衡，而且皆可以从这一文化背景中寻找到支撑点。

改革开放以来，中国传统文化也受到了巨大冲击。西方文化伴随着西方物质文明涌入国门时，人们的价值观再次发生动摇和混乱。比如，拜金主义、享乐主义、个人主义、腐败之风的盛行，造成假冒伪劣产品屡禁不止。坑蒙拐骗现象时有发生。道德观念的滑坡已经严重干扰了正常的市场竞争秩序，阻碍了经济的发展。如何弘扬祖国传统文化精华，形成有利于社会主义现代化建设的共同理想、价值观念和道德规范，是必须认真解决的重大问题。

中国的企业管理是与中国国情和每个时期的政治、经济体制、科技发展，尤其是文化密切相关的。解放后，中国的企业管理主要仿效前苏联的管理模式，如推行“一长制”、建设“托拉斯”等等。1961 年 3 月，毛泽东提出了“两参一改三结合”的原则，即工人参加管理，干部参加劳动，改革不合理的规章制度，技术人员、工人、干部三结合。十一届三中全会以后，全党、全国把工作重点转移到经济建设上来，促使经济体制结构发生了根本性的变化。随着改革的不断深入，企业经营与管理也正在发生着日新月异的变化。

随着我国加入世界贸易组织(WTO)，对于中国的管理者来说，企业的经营和竞争已经逐步走向了国际化、全球化。不仅要抗衡国外强劲对手的竞争同时要开拓国际市场，许多企业逐步发展成为世界级企业。国际化经营成为企业的核心问题。中国的管理者如何做到“以我为主、博采众长、融合提炼、自成一家”，是中国管理者面临的重要课题。

德国企业里的工厂委员会

在德国企业里，参与管理主要通过工厂委员会的协商、董事会的共同决策、监事会的制衡及其他一些方式实现。工厂委员会由不包括管理阶层的所有员工选举代表组成，委员会定期与雇主举行联合会议。法律规定雇主有义务向工厂委员会提供各种信息和有关文件,尤其是涉及财务生产、工作流程的改变等方面。员工超过100人的企业,工厂委员会必须委任一个财务委员会,定期与管理层会面,了解公司的财务状况;1000人以上的企业,每季度雇主还必须书面报告企业各方面的情况。委员会几乎可以对企业中所有重大的决策与举措表达看法。在工作时间、工资福利等方面,委员会还具有共同决策权,特别是当发现劳动条件的改变损害了员工的人性化需要时,可以要求雇主予以改变或赔偿。方式有:

1.每个员工每年要写一份自我发展计划,简明扼要阐述自己在一年中要达到什么目标,有什么需求,希望得到什么帮助,并对上一年的计划进行总结。自我发展计划一方面是员工实行自我管理的依据,另一方面给每个员工的上级提出了要求:你如何帮助你的下属实现自己的计划,它既可以作为上级人员制定自我计划的基础,又成为对上级人员考核的依据。

2.每年定期填写对公司工作意见的员工调查,这个员工调查可以使那些没有参与管理积极性的人调动起积极性也能参与进来,他们对公司工作的评价会成为管理部门主动了解意见和建议的基础。

3.每年进行一次员工评议,360度的。

4.定期举行座谈会,征求员工意见,参加人员就所定议题充分发表意见,一般需要在会议期间或会议结束时作出明确的决议。召开研讨会,为制定某项重大问题的决策、原则与办法,各级组织举行研讨会,就某个问题作深入研究,从而提出妥善的解决办法。被邀请或指定参加的人员,即使没有发表什么意见,也可使其心理上感到受重视或得到满足的感觉。

5.设置咨询机构或顾问委员会。

第八章　企业家与创新

学习目的

学习本章应了解与掌握：

1.理解创新过程。

2.理解促进创新的因素。

3.指出创业与管理之间的区别。

4.解释企业家的主要心理素质。

5.讨论企业再开创的重要性。

第一节　创新与创新过程

“不创新，则灭亡”这句话日益成为现代管理者的一大呼声。在全球竞争的动态环境中，组织要成功地开展竞争，就必须创造出新的产品或服务，并采用最先进的技术。通常而言，企业应具有以独特的方式综合各种思想或在各种思想之间建立起独特的联系这样一种能力。能激发创造力的组织，可以不断地开发出做事的新方式以及解决问题的新办法。应具有形成创造性思想并将其转换为有用的产品、服务或作业方法的过程。也即，富有创新力的组织能够不断地将创造性思想转变为某种有用的结果。当管理者说到要将组织变革成更富有创造性的时候，他们就是要激发创新。我们可以把能产生新颖的思想并转换成盈利的产品的公司看作是富有创新力的组织。如取得辉煌成功的计算机芯片制造商英特尔公司，它在芯片微型化方面领先于所有的制造商。386 和 486 芯片的开发成功，使该公司占有了与 IBM 兼容的个人计算机微处理器市场的 75%份额。以 50 亿美元的年销售收入作为支撑，该公司每年投入 12 亿美元用于厂房和设备，8 亿美元用于研究开发，从而保证有新的、更有力的产品源源推出。使公司保持竞争的领先地位。当今世界创新精神比从前显得更为重要，也就是说，用新的方法去思考，同时对各种完全不同的看法不抱任何偏见。

创造为产生新的思想，**创新**是指把新的思想引入一家新的公司、一种新开发的产品、一种新的服务项目、一种新的工作程序或是一种新的生产方法。富有创造力的组织可以不断地提出新的思想，而富有创新力的组织则能不断地将创造性思想转变为某种有用的结果，如开发出某种新产品、新技术、做事的新方式或者解决问题的新办法等。当管理者说到要将组织塑造成更富有创造性的时候,他们通常指的就是要激发创新。

经济历史学家约瑟夫·熊彼特(Joseph Schumpeter)认为,创新在市场经济中是成功之母,这种观点在今天急剧变化、竞争激烈的市场环境中得到进一步加强。缺乏创新精神的企业不可能生存。因而,越来越多的企业管理人员在不断寻求激励和培养员工以及整个企业的创新精神的途径。

日本人素来以仿制或改进其他国家的产品(特别是美国产品)而著称。他们向世人显示了培养企业中的创新精神的文化传统。在1991年发表的一份美日14家顶级公司的研究报告指出,"比起美国人来,日本人更能自始至终保持创新精神,他们像魔鬼一样制订出方案,然后完美无缺地去做,而且还不断考虑做进一步的改进

一、企业的创新过程

每个人的创造力各有不同。如有人问:轮胎可以用来做什么?缺乏创造力的人会说用来做救生圈或是捆在树上作秋千。富有创造力的人会说诸如"当大象的眼镜架"或是"机器人头上的光环"。富有创造力的人要比缺乏创造力的人更加灵活。在解决困难时能够并愿意灵活地采取相应的措施。他们善于解决比较复杂的问题,他们的思维更加独立,不像缺乏创造力的人,在遇到不同意见时仍然固执己见。富有创造力的人随时会对权威意见产生怀疑,随时打破他们认为没有意义的清规戒律。因此,在企业中他们有可能难以管理。一旦被某些有趣的问题所吸引,他们会长时间地努力工作,而不计较物质奖励。

每个人把创新精神应用到工作实践中的能力各有不同,企业能够把员工的创造才能应用到新产品、新的生产过程或是新的服务中的能力也各有不同。为了有效地发挥企业创新精神,管理人员应该了解企业创新过程,以便采取措施发扬光大。企业中的创新过程包含以下三个阶段:新思想的产生;针对问题找出解决方法或进一步推敲新的想法;最后采取行动。

企业里新思想的产生首先主要取决于工作人员和信息在公司与其环境之间的流动。例如,大部分的技术革新是根据市场环境的变化发生的。如果管理人员没有意识到市场对某种产品的需求或人们对某种现有的产品产生不满,他们就不大可能寻求革新。来自企业外部的专家和顾问由于时常了解相关领域的新产品、新的生产过程和新的服务项目开发过程,因此,他们对于管理人员了解信息相当重要。新来的雇员可能了解供货商或竞争对手使用的不同方法或技术。在企业内部的固定员工中,那些经常接触工作之外信息的人员也是新思想的重要来源。托马斯·艾伦称这些人为"技术守门人",他们在科研开发实验室中对于激发创新精神能够起到独特的作用。

洛萨贝丝·坎特(Rosabeth Moss Kanter)认为,新的思想如果产生于企业基层就

更有可能激发创新。她指出,授权给第一线员工并且在宽松的环境中支持他们探索寻求新的方法,是一种有价值的创新手段,此外,尽管许多新的思想常常对企业文化传统提出挑战,但企业照样应该鼓励员工提出新的思想和办法,像惠普公司和丰田汽车公司。

新思想主要是与外部接触而产生。与新思想的产生不同,新思想进一步发展需要依靠企业内部文化和运作过程。企业的具体特征、价值观和内部运作过程可以支持也可以阻碍创新思想的推广和应用。如果遵循解决问题的原则,创新思想就会得到认可和全面推广。

企业创新过程的实施阶段包括把解决问题的方法或是把新产品推向市场等步骤。在产品生产过程中,这些步骤包括产品设计、加工、生产、试销和推销。大量的革新常会使短期效益减少,但对长期效益至关重要。比如瑞士的手表工业一直依靠传统的个体加工工艺,到了20世纪70年代中期逐渐衰退,就是由于更具创新能力的竞争者把数字式手表等新产品推向了市场。后来瑞士手表制造商生产出时髦廉价的手表,算是把失去的部分市场又夺了回来。

为了使创新成功,企业必须把相关部门紧密地结合在一起。负责新产品设计的技术专家必须和行政管理和财务管理人员合作,把革新成本控制在合理范围内。负责改进产品的生产部门经理必须和负责产品试销及宣传促销的市场营销经理合作。要想使新产品的开发及时、经济,又能试销对路,必须把上述部门合理地结合在一起。管理结构死板的企业在部门间协调合作上会遇到困难,相反,企业部门间经常进行灵活的沟通会很容易互相合作。因此,建立专门工作小组和实行矩阵管理能够促进部门间的沟通与合作,非常适于新思想、新方法的产生、深化和付诸实践。

二、促进创新的因素

有三类因素可用来激发组织的创新力,它们就是组织的结构、文化和人力资源实践。

1.结构因素

企业结构很重要。死板的组织结构影响部门之间的沟通,也经常妨碍关键人物意识到问题的存在。由于设立了沟通障碍,呆板的组织结构还影响管理人员找到解决问题的方法。管理信息系统(MIS)、决策支持系统(DDS)和专家系统可以存取产生的新思想,帮助管理人员进一步深化新的思想。最近,上述系统的网络化发展特别有助于管理人员进行综合决策。

根据大量的研究,我们可以总结出有关结构因素对创新作用的结论:有机式结构对创新有正面的影响,因为其纵向变异、正规化和集权化程度低,有机式结构可以提高组织的灵活性、应变力和跨职能工作能力,从而使创新更易于得到采纳。拥有富足的资源能为创新提供另一重要的基石,组织资源充裕,就使管理当局有能力购买创新成果,敢于投下巨资推行创新并承受失败的损失。单位间密切的沟通有利于克服创新的潜在障碍,像委员会、任务小组及其他这类机制都可促进部门之间的相互交流,从而得到创新成功组织的广泛采用。

2.文化因素

富有创新力的组织,通常具有某种共同的文化,如鼓励试验、容忍失败、不论成功还是失败都给予奖励等等。充满创新精神的组织文化通常有如下特征:

接受模棱两可。过于强调目的性和专一性会限制人的创造性;

容忍不切实际。组织不抑制员工对"如果……就……"这样的问题做出不切实际的、甚至是愚蠢的回答。乍看起来似乎是不可行的,但往往可能带来问题的创新性解决;

外部控制少。组织将规则、条例、政策这类的控制减少到最低限度;

接受风险。组织鼓励员工大胆试验,不用担心可能失败的后果。错误被看作能提供学习的机会;

容忍冲突。组织鼓励不同的意见。个人或单位之间的一致和认同并不意味着能实现很高的经营绩效;

注重结果甚于手段。提出明确的目标以后,个人被鼓励积极探索实现目标的各种可行途径。注重结果意味着,对于任一给定的问题,可能存在若干种正确的解决办法;

强调开放系统。组织时刻监控环境的变化并随时做出快速的反应。

3.人力资源因素

富有创新力的组织注意招募那些具有做事有持久力、高度自信、精力旺盛、敢冒风险等个性的员工,并积极对现职员工开展培训,使其保持知识的更新。同时,给予员工可靠的工作保障,以减少他们担心因犯错误而遭解雇的顾虑。激发创新的组织还鼓励员工成为革新能手甚至成为在企业内部力行创业的企业家,使其一旦产生新思想就能义无返顾地主动将这种思想予以深化,形成创新的成果,并享受到创新过程的乐趣和创新结果给组织及个人带来的实质性好处。

在人力资源这一类因素中,我们发现有创造力的组织积极地对其员工开展培训和发展,以使其保持知识的更新。同时,它们还给员工提供高工作保障,以减少他们担心因犯错误而遭解雇的顾虑。组织也鼓励员工成为革新能手。一旦产生新思想,革新能手们会主动而热情地将思想予以深化。提供支持并克服阻力,以确保创新得到推行。最近有项研究表明,革新能手们有一种共同的个性特征,高度自信、有持久力、精力旺盛、敢于冒风险。革新能手们也显示出与动态式领导相似的特征。如他们会以其对创新成功的潜在可能的认识,以及他们个人对其使命的坚信不移来激励和鞭策他人,并善于从他人处争取支持的力量。另外,创新能手们一般拥有提供相当大决策自主权的职位,这使得他们能在组织中引入并推行所提倡的创新。

拥有富足的资源。宽裕的资源为创新奠定了物质基础。这样的组织不仅有能力购买创新成果,而且更敢于投下巨资推行创新并承担创新失败的损失。管理者较长时间的任期对创新十分有利。创新通常需要在一段较长时间内才能显示出效果。任职期间过短会不利于管理者行为的长期化,从而妨碍创新得到应有的重视。

三、企业创新的氛围

众所周知,创新最适于在鼓励产生新思想、新方法的宽松环境中培养。许多管理人员不能接受这种氛围。他们对于不断的变化感到不适,而这恰恰对于创新是必不可少的。他们不能接受这种宽松的氛围,也因为担心规章制度会被破坏或造成成本失控。

洛萨贝丝·坎特就有关创新精神研究了许多大企业采取的态度和制定的方针政策,她发现了一些管理人员抑制和打击员工创新积极性的手段,又列出了十种管理人员对创新存在的态度和与之相对应的挫伤创新精神的消极行为。在她的著作《变革大师》里专门讲述这十种"抑制创新精神的守则"。我们把它列在下面:

坎特十大挫伤和窒息创新精神的原则:

(1) 要以怀疑态度对待下属提出的任何新思想,就是因为它是新的,而且是下面提出的。

(2) 必须坚持,任何想干事的人首先要得到其他人的批准才能从我这里得到同意。

(3) 让部门和个人之间互相质疑和评价对方的建议。(这样就可以不用费力去选择,只要选择存活下来的就行。)

(4) 随意批评,避免表扬(让人们诚惶诚恐,小心行事),让他们知道随时会被解雇。

(5) 发现问题就是承认失败,尽量阻止人们反映问题。

(6) 小心做事,确保人们始终把任何事情都考虑周到。

(7) 私下决定变革之事,然后突然通报给当事人(让人们诚惶诚恐,小心行事)。

(8) 任何人想索取资料信息必须有充分正当的理由,不能把信息随意透露给经理。(不能让情报落入他人之手。)

(9) 要以授权或参与的名义,指派下级管理人员负责缩编、解雇或来回调动员工工作,还要采取威胁手段,让他们尽快行事。

(10) 总之,永远牢记你是高层管理人员,对企业要事早就了如指掌。

企业创新精神的指导方针：

(1) 要让企业接受变革。必须让员工相信，员工和企业一道可从变革中受益，如果让员工参与变革决策，在变革计划和实施中处理好类似职位稳定之类的问题后，员工会对变革更有信心。

(2) 积极鼓励提出新思想。企业管理人员，从上到下，必须在语言上、行动上积极欢迎新的方法和思路。为鼓励创新精神，管理人员必须倾听下属的建议和意见，合理地尽快实施或向上汇报。

(3) 允许更多的交流。给予员工机会去和同事和其他部门员工交流，就会营造宽松、富有创造力的环境。

(4) 宽容对待失败。许多新思路最后证明是不切合实际的或是无效的。管理人员应该允许员工投入时间和精力试验新的方法或思路。

(5) 制定明确目的，同时给予充分自由去达到目的。企业领导必须对变革创新有明确的目的和方向。为变革提供指导方针和合理限制可以对投入到变革和创新活动中的时间和资金给予合理控制。

(6) 给予认可。富有创造力的人努力完成他们感兴趣的工作，但和其他人一样，因工作出色需要得到奖励。管理人员应该通过颁发奖金等有形的手段给予认可。这样就会显示出创新精神在企业里得到重视。

四、创建学习型组织

在当今社会，管理者所面对的组织环境正在发生着翻天覆地的变化，信息、知识、智慧取代土地、机器、资本等成为新组织成功运营的基础。这正如世界管理大师彼得·德鲁克(Peter F Drucker)在 1988 年所预见的“未来的典型企业将是以知识为基础的，一个由大量根据同事、客户、上司的反馈信息进行自主决策、自我管理的各类专家构成的组织。”这样的组织要求每个成员都要对信息和知识负责，使其不但知道自己正在做什么和应该怎么做，而且还清楚自己为什么要这样做并能评价自己做得怎么样了。无疑，这种以信息和知识为基础的组织要求其每一个成员都要有意识并卓有成效地进行学习，以提高适应变化和进行创新的能力。

学习型组织是关于组织的概念和员工的角色的一种崭新的态度或理念。在学习型组织中，每个成员都要参与识别和解决问题，使组织能够进行不断的尝试和创新，改善和提高它适应变化的能力。学习型组织的核心在于解决问题和提升员工解决问题的能力，这与传统以效率和控制为着眼点的组织有着截然的区别。在学习型组织内，员工参与问题的识别，这意味着员工需要与顾客保持持续的联系，并能切实了解顾客的需要。同时，学习型组织中的员工还应该有权力和有能力对识别到的问题自主地提出并采取解决的措施，这意味着要以一种独特的方式将一切综合起来考虑满足顾客的需要。因此，新时代组织的管理者需要通过在整个组织范围内培养和提升员工的学习能力来确保组织获得和保持竞争优势。

传统的组织通常是通过财务、营销和技术能力来获得竞争优势。财务能力的表现就是高明的投资决策和对投资者的利益返还能力。营销能力是指生产对路的产品或服务，与顾客建立密切的联系，并且有效地销售产品和服务。技术能力指的是技术创新、研究开发新产品和最新的生产技术。但是在竞争焦点由机器、资本转向头脑、知识的信息时代中，企业的竞争优势更多地来源于学习的能力。管理者需要培育组织的学习能力。杰出的学习能力不仅使组织和每个人能够做以前不能做的事情，还能将财务、营销和技术能力推向更高的水平。

尽管对学习型组织目前还没有一个公认的精确的定义，但我们可以通过与传统的层级制组织及流程再造后的水平性组织的对比来了解其基本的特点。在传统的层级制组织中，最高管理层负责制定组织的战略方向，承担思考和行动的责任。员工只是其追求有效生产的要素，被指定完成没有变化的固定工作。水平型组织的突破在于员工被鼓励跨部门联系和合作，并被授予思考和行动的权力，他们可以对所负责的特定流程的工作进行自主管理。不过，最高管理层仍然提供基本的战略指导，只是在执行战略时员工行动的范围更广泛些，有的还可以与顾客代表在同一个团队中工作。学习型组织则比水平型组织有了更进一步的突破，它让员工直接参与到组织共同愿景和战略方案的制定和形成过程，这意味着学习型组织中的员工可以为设计组织的未来做出以往所不能达到的贡献。员工不再只是高层领导所制定战略的执行者，因为正是勤于思考的广大员工在学习型组织的日常活动中，在与顾客、供应商和新技术频繁接触之中，以其“敏感的触角”感悟到了环境正出现的机会和企业实力所发生的变化，由此形成共同认可、协调一致的组织目标和战略，用以指导服务于内外顾客的工作团队及员工的各种活动。

具体地说，学习型组织的特点主要表现在：

(1) 有一个普遍赞同的共同愿景。这里，愿景就是指对组织理想未来的构想或设想。在学习型组织中，愿景并不是由高层领导独自制定的，而是在自下而上。自上而下和左右协商的过程中形成的，并得到广大员工的一致认可。

(2) 在解决问题和从事工作中，摈弃旧的思维方式和常规程序。发现错误或问题时，不是按照现有的观念，简单地沿用既有的程序和规范来进行决策和行动，而是要对根深蒂固的观念和规范提出挑战，使人人在大胆地质疑“前提”中提高各方面工作的水平。

(3) 作为相互关联系统的一个有机组成部分，成员们对组织的所有过程、活动、功能和与环境的相互作用进行积极的思考。学习型组织可以比喻为一张“网”，组织的不同部分在独立地调整和变革的同时也在为组织整体学习能力的提高做出贡献。

(4) 成员们跨越纵向和横向边界进行着坦率真诚的沟通,共享相关的信息和知识,在开放的环境中,在功能正常的冲突中,使异质的、自主的个体团结成为一个整体。

(5) 成员们放弃个人利益和局部利益,为实现组织的共同愿景协同工作、密切配合。概而言之,就像人具有学习能力一样,如果能对企业进行学习型组织的建设,那这样的企业就有可能最终成为一个能不断提高和发展自身以动态地适应环境变化的这样一种具有强大组织学习能力的充满生命力的有机体。

第二节　创业与企业家

一、创业与企业家

各种企业兴败起落,很多企业和组织销声匿迹,另外一些则被吞并了,每年当中,兴办起很多家新企业。若遵照历史规律,不出几年,它们中的大多数都会夭折。众多的企业好梦难圆,更多的企业处于变化之中。管理者在各种问题里挣扎,无论产品、市场,还是组织形式、全球竞争,凡此种种。总之,创办企业对于管理者来说是人生的一大挑战。

小企业是我们生活中的主角,因为我们个人经济活动中的一大部分都是在同小企业经营者打交道。当你去修自行车、理发或看牙,你就在参与小企业的经济运行。小企业指由业主拥有和管理,只有很少的员工和工作场所的企业。按习惯的定义,“小”企业即雇员不超过 500 人的企业。小企业的开创过程被称之为创业。

奥地利经济学家约瑟夫·熊彼特 20 世纪 40 年代初写道“一个健康的经济体系应当一年到头受到有创造力的破坏力量的冲击。”这一表述仍适用于当今小企业的世界。

在企业和管理世界里,小企业容易被忽视。你或许像很多人一样,更容易想起大企业的名字,但是企业总是从小做到大的,将企业做大的核心就是企业家。**企业家**是为个人追求机会,通过创新满足需要,而不顾手中现有资源,追求成功的活动家。**企业家精神**是经济发展的促进力量;是企业发展的核心力量。

企业家是新的风险事业的组织者或试图通过产品创新来提高组织单位绩效的管理者。其具体职能是获得生产所必需的各种因素——土地、劳动力和资金应用它们生产出新产品或提供新服务。企业家能察觉其他企业主管看到或不以为意的机遇。

一些企业家利用人所共见的信息去创造新事物。比如,亨利·福特既不曾发明汽车,也不曾发明劳动分工,但是他巧妙地将劳动分工应用于汽车生产,使用了流水线。另一些企业家则看到新的商机。盛田昭夫是日本电子消费品业巨人索尼公司总裁,他发现可以把公司已有的产品改制成一种新产品,即今天的个人立体声随身听。“从根本上讲,企业家看到了一种需求,为此他组织人力、物力和财力,从而去满足这个需求。究其根本,企业家开创一个组织,为顾客、员工和其他利益相关者提供一些新的东两。”

创业不同于管理,保罗·威尔金解释说,创业是在生产中发动变革,而管理则是不断协调生产过程。他说:“创业是个不连续的现象,在生产过程中发动变革时出现……然后消失,直至发动下一次变革”。

创业的关键在于变革,变革的核心在于创新。“企业家以变革为规范,视变革为健康的发展。他们自己往往不是变革的初始者,(就是说,他们通常不是发明者)然而,他们总是在寻求变革,对变革做出反应,并善于巧妙地加以利用。他们不放过任何变革的契机,这正是企业家和企业精神的精髓”。这看法出自彼得·德鲁克(Peter F Drucker),一位当代著名的管理学家。且它们同样可以来自熊彼特笔下。熊彼特在上文已有提及,是他推广了创业这一名词。对他来说,经济变革的全过程完全取决于那个使之发生的人物——那就是企业家。

创业如今是管理学和经济学学生中的时髦话题,以往并非如此,过去人们多关注大公司,而遗忘了大多数新的工作机会是更新、更小的公司提供的。此外过去占主导的经济学派关注劝消费者购买更多的产品,企业迎合消费者需求,而企业家组织新生产资源去扩大供给这一职能在经济学家看来无足轻重。如今“企业家身上英勇的创造性”,成为经济的健康发展的至关重要因素。创业至少对社会有四个贡献:促进经济发展;提高生产力;创造新的技术、产品和服务;改变、活跃市场竞争。

经济学家更加注重小企业的一个原因是,小企业似乎提供了绝大多数的新工作机会。并非所有小企业都是工作职位的创造者。创造新职位的是那些较年轻、处于创业阶段、扩展迅速的少数小企业。它们正很快由小变大。对创业兴趣浓厚的另一个原因是人们越来越深地认识到,创业对提高生产力所起到的作用,国际竞争的加剧驱使人们重视生产力。更高的生产力依靠改良生产技术,而这一任务,正是企业家的拿手好戏”。提高生产力的两大要诀是研究与发展以及投资于新工厂新设备。研究与发展与投资项目有着紧密联系,两者都需要注入更多的创业精神。新的技术、产品和服务将创业与变革相提并论的另一原因是企业家扮演着促进技术、产品和服务革新的角色。很多新技术、新产品、新服务的开创者都曾就任于大公司,但大公司不肯采用他们的创意,迫使他们自己成为企业家。

二、企业家的特征

由于企业家有可能为社会做出诸多贡献,研究人员试图分析他们的个性、技能、态度以及促进其成长的条件。结果表明,企业家具备某些心理和社会特征。

像大多数人一样,企业家们也是错综复杂的,没有一种理论能解释他们所有的行为。戴维·麦克里兰(David McClelland)于20世纪60年代早期提出了或许是第一种但无疑是最重要的理论。他发现,在企业界寻求发展的人(比如做销售)有着很高的成就需求,即一种追求成就的心理需求。成就需要高的人敢于冒险,但只是适当的冒险,这些风险会激励他们加倍努力。此外,麦克里兰发现,某些社会产生的成就需求高的人比例更大。另外一些研究人员考察了企业家的动机和目的,大致包括财富、权力、名望、安全感、自我评价和服务于社会公益。

80年代中期,托马斯·贝格雷和戴维·鲍依德研究了有关创业的文献,努力寻找企业家和现有小企业管理者之间的差异,最后,他们指出了5个方面。

(1) 成就需求。即麦克里兰的概念,企业家成就需要较高。

(2) 控制点。这一点是指个人而不是靠运气或命运,掌握着自己的一生。企业家和管理者都倾向于认为命运之弦操纵在自己手中。

(3) 容忍风险。愿意承担一定风险,追求高资产回报率。

(4) 容忍情况不明朗。在某种程度上,每个管理者都需要这一素质,因为经常需要在资料信息不全或不明确时做出决策。但是企业家面临更多的情况不明确,因为他们可能是第一个前无古人地从事开创性的事业,也因为他们在拿自己的生计冒险。

(5) A类行为。指在最短的时间内完成最多的工作的心理驱动力。而且不顾他人的反对。小企业的创始人和管理者的A类行为一般大大高出其他公司主管。

爱伦·麦根森提供了一种从不同的角度来研究企业家和管理者的心理差异的方法,她发现,企业家大都看重自我尊重、自由、成就感和激动人心的生活方式。而管理者更注重真正的友谊、智慧、救助和乐趣。她推断"企业家对生活的要求有别于管理者"。

显然,没有稳定收入带来的安全感,企业家需要强烈的自信、驱动力、乐观、勇气和果断去兴建和经营一家公司。有时,企业家放手开创一项冒险事业,是因为他们不能无视自己的梦想、前景,并且为了经济丰收,他们宁愿冒着失去平稳生活的风险。另一些时候,他们或为形势所迫,身不由己,如组织裁员(当前日益普遍的现象],或升迁机会有限,或者是为了协调个人和职业目标的需要。面对种种状况,很多人都找到了勇气和信心,掌握自己的职业命运。

直接或间接地时常感到雇主的歧视,种种挫败使他们渴望寻求一个新环境,适合他们需要的、给他们创造和发展空间的环境。这种渴望,加上创业对人类永远的诱惑,是企业家成功的社会因素。

鼓励创新和创业的民族文化、地区亚文化;父母鼓励子女追求成就与成功、保持独立性及对自己的言行负责;个人对偶像的崇拜与刻意模仿是促使企业家成功的源动力。

三、创业的障碍

认识到一种需要，并想出怎样去满足它，这对开办一家企业是远远不够的，尤其是未来的企业还要借钱的时候，大多数成功的企业家还要制定一份经营计划，即一份正规的文件，其中包括公司宗旨的陈述、对所供应的产品或服务的描述。市场分析、财政计划及为了达到公司目标而制定的管理战略和管理程序。但在写计划之前企业家一定要对前方的障碍有所了解。

为什么创业会失败？最常见的原因是“缺乏可行的观念”。另一个普遍问题是市场知识不足，有时很难把对市场了如指掌的人招到自己旗下，因为人家或是已经找到了好工作，并被现在的雇主套上了“金手铐”，或是自我感觉太好，不会想到去做真正一流、真正重要的工作，甚至缺少技术技能也会成为问题。

一些企业家起步不久就失败了，原因是他们缺乏基本的工商业常识。12 种常见的创业障碍为：

缺乏可行的观念；

缺乏对市场的了解；

缺乏技术技能；

缺乏原始资本；

缺乏基本商业技能；

自以为是，个人冒险；

在社会上不光彩的观念；

工作“锁定”，“金手铐”；

时间压力，精力分散；

法律约束、法规、官僚作风；

保护主义垄断；

专利的限制。

来自于树大根深的大型公司的严酷竞争也是企业家可怕的拦路虎。也正是在这种关头，才能清楚地看到企业家带来了新的竞争关系。所以，没有理由认为已在一方市场先入为主的管理者就可以小看刚起步的后来人。惊心动魄，充满危险，判断失误将受到无情的惩罚。当竞争愈发激烈，小企业最先感知。筹集到资金很难，有时不可能。小公司人均管理开销更大，这也是发展不快的原因。业主彻夜难眠，苦思冥想。尽管如此，企业家创造的小企业蓬勃发展。企业家开创了企业，但企业站稳脚跟并不意味着可以丢掉思变精神和危机感。

四、内部创业与内部企业家

企业经过创业阶段并运行起来，管理的乐趣和挑战就摆在面前。现在越来越多的管理者关注着，当企业成员进入日常运作轨道，处理相互关系以及与顾客、供应商和其他外部环境因素的关系时会发生什么情况,企业日常工作和经验难免会形成很多惯例,这些惯例到一定时期会成为变革的绊脚石。人们应注意这种现象,“做正确的事”和“按照惯例做事”是有区别的。越来越多的管理者相信这个明显矛盾的论断,变革是企业内部和外部环境中的一个常量。成功的企业家每天都能感觉到这一点,毫不奇怪,他们对企业内的惰性和停滞十分警醒,仅仅跟上或应付周围世界的变化已经让管理者和员工们大伤脑筋。企业应不断地进行适应性的学习和创造性的学习,前者指应付变化,后者指企业成员共同努力产生的创造性,

在今天快步增长的经济中,公司不进则退。很多大公司丧失了当初的创业精神。随着公司的日益壮大,它的规模和成功恰恰窒息了其革新性和灵活性。但是根基深厚的公司可以找到跟上来、与更灵活的小公司竞争的办法。人们创造了很多术语来描述管理者如何防止企业僵化停滞,使企业更具有适应性,并改善企业气氛使之有利于创造性地学习。应用最广的大概要算内部创业一词。**内部创业**,显然派生于创业这个名词。它指在现有企业机构内部建立并发展新的公司。**内部企业家**,内部企业家是那些试图在大型组织中激发企业家精神的**管理者**,即组织通过对现有资源的重新组合来开发新的机遇,寻求新的发展。

企业家和内部企业家的发展可以浓缩成一条相当简单的法则,即人类有着天赋的创造冲动——创造出前所未有的东西或使之日臻完美。公司可以鼓励员工,让他们像内部企业家那样思考问题,再给予他们自由和灵活性去完成计划,而不是陷入到官僚体制的死气沉沉之中。通过这样做来促进革新,创造更多的利润。很多公司都在创造和鼓励内部创业的过程中取得成功。

管理者应该对内部创业格外重视,因为它完全抛开常规行动。所以,内部创业过程的明确目标,管理者和内部企业家之间的信息交流系统,强调个人责任,奖励创造性的工作,对内部创业十分重要。

内部创业被称之为“革新创业”,还有人称之为“企业内部事业开创”。在变幻莫测的时代,管理者应该采取新的领导“法则”来塑造企业。管理者必须有能力重新开创组织的关系模式。

爱立信战略转型

有126年历史之久的爱立信公司,在短短的10年内,以手机闻名于业内。人们了解爱立信最直接的手段就是使用爱立信手机。但在手机业务经历辉煌后,爱立信开始了对手机业务的整合。

转型之初手机一度是爱立信品牌的代名词。实际上,手机只是爱立信业务的一部分,即使在爱立信手机业务最辉煌的时候,手机业务只占总体业务的15%。可以说,手机是爱立信发展和获取更高市场认知度的手段。20世纪90年代中期,手机业务成为爱立信业务核心增长点,1994年,爱立信获得进入中国市场的机会,

并成为首批注册的外商独资公司之一。"以刘德华和关之琳"等广告成为爱立信手机成功进行市场推广的标志。手机成为爱立信推动中国市场发展的重要推动力。爱立信的成功同样带动了竞争者。诺基亚以极快的反应速度跟进。诺基亚5110成为市场最受欢迎的手机之一;加上摩托罗拉的手机,手机市场中形成三匹快马。专家预测:高速市场份额的增长背后隐藏的利润减缓的危机;事实也是如此。欧洲的手机市场开始减缓甚至停滞;中国虽然有1.7亿手机用户,但用户越来越挑剔,手机厂商们在若干细分市场争夺日渐加剧。诺基亚创下百天推5款新型手机的纪录。摩托罗拉也重新标榜自己的品牌。爱立信面临的挑战是无疑的,与其他手机厂商一样,爱立信进行战略转型。有关人士将爱立信转型归为如下三方面原因。

第一,手机等终端消费类产品市场并不是爱立信的核心业务优势。虽然爱立信手机是爱立信提升了品牌价值,并成为爱立信在中国推进市场的核心手段。但以通讯设备起家的爱立信公司无法逃避诺基亚的低成本挑战。"爱立信需通过转型重新寻求自我,在转型中找到原有优势",以部分收缩产品线,整合现有业务,全面降低运营成本的基础上获得更广的增长空间。

第二,从产品来线看,爱立信手机外观一直得到手机用户的钟爱,但在变化的手机市场中,爱立信的忠实者正失去对爱立信的感觉。手机屏幕小、一直使用氢电、品种单一,挑来挑去都是那几种型号。当摩托罗拉、诺基亚老牌双雄和飞利浦、松下、西门子等后起的生力军,纷纷根据市场趋势作积极的调整时,爱立信却突然失去了的市场的嗅觉。T28用户产生的市场置疑使爱立信手机的信誉度缩水不少。

第三,爱立信公司虽是中国本土化程度最高的公司,无疑在营销渠道,市场影响力方面占有优势。但在代理商和零售商中,关于爱立信官僚化和管理混乱早有议论。经销商的忠实度下降,对终端市场带来不良影响。据透露,有公司高级管理人员同时在外面开设代理爱立信产品的代理公司和零售公司等。

其实,对于战略转型,爱立信早有预计。1996年,爱立信公司动员全球资源和各方面专家做了一个很大的项目,叫爱立信2005的十年规划。规划是爱立信对未来十年的战略性决策,并且指明对爱立信远期发展战略做出全面调整;即通过整合移动通信终端产品,振作核心技术优势,使爱立信最终向移动及固定业务技术型厂商及通信技术方案提供商转变。市场的冲击,加之竞争对手的活跃,爱立信对本次战略转型显得特别迫切;同时爱立信也对此表现出前所未有的慎重。媒介对于爱立信战略转型,评论种种。爱立信中国公司首席执行官张醒生说,"与其说是手机业务的收缩,不如说是资源深层次整合,爱立信战略转型早已开始,只不过在手机市场的高增长期,淹没在激扬的泡沫中了。"总之,爱立信最终目标是向技术型企业转型,以技术提高自身的核心价值。张认为,三大品牌手机已将市场推向高潮,整体手机市场在跟随者的推动下继续维持一段时间的热度。这正给爱立信以适当的机会，即在手机业务辉煌的时候，获得战略转型的时机，为新一轮业务增长做全面筹备。整体战略转型是从欧洲开始的，遍及到亚洲、美洲，对于中国市场来说，战略转型则相对独立。

首先是利润恢复计划，该计划旨在使其处于亏损的手机部分(2000 年全年亏损金额高达 17 亿美元)，尽快削减成本，早日盈利；而手机生产外包，即为一个重大步骤。虽然爱立信公司所经营的电话交换系统业务给该公司带来了丰厚的利润，但在移动电话方面，爱立信公司已远远落后于诺基亚公司和美国摩托罗拉公司，占世界上手机市场份额的 10%。因为自己运营生产厂，成本过高，而交由社会生产商则经济得多。除在中国手机生产厂外，新加坡 Flextronics 公司将按照爱立信的指令生产部分元器件并组装成品，执行爱立信的质量检验和控制标准，从而使其客户获得充足的资源、技术和生产能力以实现生产效率的最大化。

在中国，爱立信保持本土化开发、本地生产、本地销售的“流水式作业”，手机业务的剥离，不会对中国用户没有任何影响。中国的用户从正规渠道买到的手机都是爱立信在中国北京和南京的两个合资厂生产的。这样运作一则表示对中国市场的信心，二来爱立信中国手机生产厂已成为爱立信重要的供货基地。到 2001 年爱立信在中国生产额占整体业务量的 18%。中国销售额接近 30 亿美元，增长接近一倍，出口 15 亿美元，成为出口额最大的外商企业。

第二，重整研发资源，加强研发基地建设。2000 年爱立信在中国建立研发基地，在中国投入的高科技投资将从 2000 年 10 月的 24 亿美元，提升到 51 亿美元，共有 58 000 个就业机会。尽管第三代手机尚未正式面世，但爱立信已开始了第四代移动通信技术的开发，新技术将使手机的传输速度比现在的快很多。”资金获得解放的爱立信，将做价值链上自己最强大的部分，这就是通信技术开发”。在中国有 10 个合资企业、24 个办事处，已建的爱立信中国学院、爱立信中国技术技能中心成为爱立信的技术弹药库。2001 年，爱立信移动多媒体开放实验室正式成为由中国移动授权的首家移动应用测试中心。2002 年在中国北京、成都、珠海成立移动多媒体开放实验室，在深圳成立移动互联网应用开发中心，在上海设移动互联网应用测试中心，为中国 700 多家应用开发商免费提供硬件开发平台。按照爱立信计划，2002 年爱立信中国出口到爱立信其他市场的年出口额将增加 3 倍，从 14.9 亿美元增加到 45 亿美元，把在中国的研发和人力资源开发投资额从目前的 2.9 亿美元增加到 5.72 亿美元。再次在业务调整时，争取其他业务额增长，以实现总体利润整体增长。2000 年度财务报告显示，爱立信虽然手机经营状况不佳，但随着第二代、第三代移动通信技术的主导优势扩大、移动网络系统的发展，爱立信的整体销售情况良好，2001 年的销售额上升了 27%，税前利润比上年增长了 75%，在移动互联网的两个重要的基础设施领域 GPRS 和 3G 市场超过 50%以上份额，与中国电信哈尔滨分公司签署了第一个城域网，赢得上海电信的上海热线五期 IP 网络设备扩容合同，并与黑龙江移动通信公司签署了 GSM1800 合同。2002 年 3 月，ENGINE 方案使爱立信赢得中国电信的第一个下一代(NGN)实验网合同为运营商提供构建新一代数据公网所需解决方案。分组交换骨干网解决方案(PBN)，电信级管理解决方案也正在占据中国市场。此外，提供了完全光纤网络数据包、解决方案和用于定线路接入的服务、蜂窝传输以及将处理 TB 容量的全国网络。并参与中国 IP 骨干网方案。整合手机业务后，爱立信将固定业务，移动通信，多媒体通信三个平台合为一个整体平台，在全新的平台上开发新的功能和应用，突显其技术优势。产品平台和技术统一搭建后，用户需要的移动系统、CDMA、WCDMA 均在此系统上开发，以求在更深层次提高竞争力，全面降低技术运营成本。因此爱立信称：将发展为向用户提供端到端全方位解决方案的厂商。

爱立信这样描绘一个没有手机的通信世界：一个人的眼镜上突然闪动有朋友的来电，他眨了眨眼，眼镜上出现了朋友的脸，眼镜腿上的耳机传来朋友的声音；只要用手指指点点，就可通过手套上的电话传回文字或控制家里的电器工作；通过街头的虚拟现实设备(公用电话?)游览任何景点或参观遥远的地方……

爱立信战略规划中电信市场格局正在形成。通信将从较少的运营商走向多运营商，通信的融合成为必然趋势。新的电信世界早日到来的推动力。爱立信合作伙伴策略同时改变。“只有共同踏上新的通信制高点的公司才能走到一起，爱立信欢迎先行者”。爱立信与微软公司签订技术合作协议，以壮大网络平台的开发能力；在欧洲与 20 余家运营商合作。在中国市场，新的电信世界来得并不顺畅。中国电信市场处于复杂的转型阶段，运营商业务跳跃式、激进式的发展，市场需求的提高，也在加速同类厂商的成长。爱立信中国公司打算用爱立信的品牌优势，吸引合作伙伴，但并不十分理想。国内集成商未走出单纯制造的阶段，无法在短期内实现快速的融合。这在一定程度上延缓了转型后的爱立信中国公司继续巩固和提升市场份额的周期。

作为知名的国际通讯厂商之一，爱立信采取了本土技术领先的策略，海外公司(包括中国公司)理念领先的市场进入策略。爱立信中国公司的 BD 们角色迅速转换，成为公司业务核心；他们将更多地直接面对客户，寻求潜在的市场份额。爱立信的 BD 表示：在短渠道中生存就是这样，我们需要随时的应变能力。在中国市场，五个大区，27 个分支机构的联络变得更加频繁，三个月、每月、每周、到随时沟通。目的只有一个，客户和潜在市场份额。借助已有的品牌优势，实现技术移植，爱立信可减少市场培育成本；借助合作伙伴资源及软件商推动市场，可加快爱立信战略转型的速度。除了与综合性技术提供商的合作，爱立信公司也瞄准了国内中小型开发商,低成本获取更多市场。这就是爱立信新的合作伙伴政策。与合作伙伴间加速资金流转,保障他们的利益,从而达到共赢。爱立信认为:这是地区渗透。爱立信的战略转型也带动了同类厂商诺基亚战略跟进。2000年诺基亚手机新机型推出的速度明显放慢,伺机展示宽带时代带来用户的新兴的应用理念。有专家认为:优势回归策略。

爱立信的新电信世界将夹杂在电信业的旋涡中,带来了新的电信业购并和倒闭风暴;也推动竞争者和合作伙伴在短期内要么获得新的生存空间,要么向死亡谷迅速迈进。一种"瓶颈式的竞争"在起作用。同时在新的电信世界中,爱立信将部分资本分散到有潜力的次级厂商,以寻求在完成转型后第二代产品的战略合作。爱立信中国公司市场首席执行官张认为,高技术品牌的价值链被分割和相对缩短。新的中国电信市场中,一方面,爱立信产品特性决定了产品可以分割成不同的组成部分,每一个部分都可以相认为对独立地形成自己的产品价值,而无须经过一个漫长而完整的过程才能得以实现。这是爱立信手机在中国市场获得品牌优势的原因。而爱立信公司转型后,加速分割爱立信品牌创造的过程,他们通过与中国更多伙伴的合作,形成品牌互动,并在树立爱立信技术性品牌时整合社会各种资源,使得品牌可以最短的时间和最经济的投入实现其最大价值化。

爱立信被众多的消费者认为是终端移动通信产品的制造者,而完成战略转型后,爱立信将重塑技术提供商的形象,削减不良资产,强化绩优业务是重显品牌优势的手段。而强化品牌是重塑爱立信的有效手段。在中国,爱立信从三个方面完善其品牌理念。

内部深化锲而不舍、积极进取的企业精神,通过参加市场活动深化品牌理念;以爱立信、以信致远成为公司战略转型后的凝聚点。张认为,手机业务转型是爱立信锲而不舍精神的体现,也是爱立信在中国品牌产生新亮点的原因所在。

其次,深化本土的企业文化。爱立信中国公司进行了 Culture Program 项目,探讨战略转型中的本土企业文化。其人力资源总部对中国近 30 个爱立信机构的中层员工进行调研,让员工描述其文化特质的核心词,然后从中形成核心爱立信理念。2002 年 6 月 Culture Program 青岛会议上除了原有了十二字训条,新加入激情致胜,客户成功,敏锐创造,价值团队。

战略转型后,带来短渠道效应,销售、开发、技术支持等人员有更多的机会同客户和战略伙伴接触,直接传达爱立信品牌将变得更加频繁。爱立信中国公司的工程师 JERRY 说,我的工作已不仅是技术型的工作了,我的工作中有义务进行爱立信品牌宣传。也就是说,爱立信的品牌内涵正从有形告知向无形的品牌理念和服务意识转变。

爱立信的理念正向价值链的各个环节上渗透,一方面进一步规范爱立信的市场运作;再就是由于爱立信向客户提供解决方案,向市场承诺客户成功等于我们成功。

第九章　质量与全面质量管理

学习目的

学习本章应了解与掌握：

1.全面质量管理的概念

2.质量管理的历史。

3.高层管理者在质量管理过程中的作用。

4.质量管理的作用和顾客第一的重要性。

5.员工在提高产品质量过程中的作用。

质量是一个复杂的概念，它是在管理理论中受到最普遍重视的概念之一。现在在企业中普遍进行着一场质量革命，人们对质量的重视有着深远的历史根源，可以说，现在的每个企业都希望生产出优质产品或提供优质服务。也就是说他们的产品和服务高于一般水平，达到了较高水平，并且用合理的成本达到了这样的水平。企业之所以成功就在于他们为顾客提供了高质量的产品或服务。“质量”在企业管理中不仅仅意味着物美价廉，它也意味着在不断提高产品和服务质量的同时价格也越来越具有竞争力。这意味着一开始就能提供高质量的产品和服务，而不是犯了错误再改正错误。从开始起就强调重视质量，企业可避免由于重复劳动所带来的高额成本。

注重质量不仅是现在也是将来商业竞争者的最重要的手段之一。过去管理者曾经认为，注重质量将会不可避免地降低产量，他们认为质量和产量一个提高，另一个就会相应地下降，现在，现代管理者认为，产量和质量就像一个硬币的两面，他们不但能够增加利润，同时也能提高顾客对产品的信任程度。认识到了这一点，对形成现代管理理论的新观念具有特别重要的意义。

质量管理理论是随着现代化工业生产的发展而逐步形成、发展和完善起来的。美国在20世纪初开始搞质量管理，具有一定的代表性。日本在50年代逐步引进美国的质量管理，并且结合自己的国情又有所发展。质量管理是一门现代化管理科学。它是建立在经济管理原理、系统科学、数理统计、专门技术、行为科学和法学基础上，阐述产品质量的产生、形成和实现的运动规律的学科，是介于自然科学与社会科学之间的边缘学科。是企业为了保证最经济地生产出满足用户要求的产品而形成和运用的一套完整的质量活动体系、制度、手段和方法。

全面质量管理就是以质量为中心，全体职工和有关部门积极参与，把专业技术、经济管理、数理统计和思想教育结合起来，建立起产品的研究、设计、生产、服务等全过程的质量体系，从而有效地利用人力、物力、财力和信息等资源，以最经济的手段生产出顾客满意、组织及其全体成员以及社会都得到好处的产品，从而使组织获得长期成功和发展。

全面质量管理与传统的质量管理相比较，其特点是：把过去的以事后检验为主转变为以预防为主，即从管理结果转变为管理因素；把过去的就事论事、分散管理转变为以系统的观点为指导进行全面综合治理；把以产量、产值为中心转变为以质量为中心，围绕质量开展组织的经营管理活动；由单纯符合标准转变为满足顾客需要，强调不断改进过程质量来达到不断改进产品质量。

第一节　全面质量管理的基本观点和基本思想

一、全面质量管理的基本观点

1.质量第一、以质量求生存、以质量求繁荣

任何产品都必须达到所要求的质量水平，否则就没有或未完全实现其使用价值，从而给消费者、给社会带来损失。从这个意义上讲，质量必须是第一位的。贯彻“质量第一”就要求企业全体职工，尤其是领导层，要有强烈的质量意识；要求企业在确定经营目标时，首先应根据用户或市场的需求，科学地确定质量目标，并安排人力、物力、财力予以保证。当质量与数量、社会效益和企业效益、长远利益与眼前利益发生矛盾时，应把质量、社会效益和长远利益放在首位。

“质量第一”并非“质量至上”。质量不能脱离当前的消费水平，也不能不问成本一味讲求质量。应该重视质量成本的分析，把质量与成本加以统一，确定最适宜的质量。

2.系统的观点

既然产品质量的形成和发展有个过程，这个过程包含了许多相互联系，相互制约的环节，那么不论是保证和提高质量，或是解决产品质量问题，都应把企业看成是个开放系统，应当运用系统科学的原理和方法，对暴露出来的产品质量问题，实行全面诊断、辨证施治。人们常说“产品质量是企业各项工作的综合反映”，就说明了系统对产品质量的影响。因此，要保证和提高产品质量，就应当建立系统的观点，并运用系统科学的理论和方法。

3.“用户至上”，用户第一，下道工序就是用户

实行全面质量管理，一定要把用户的需要放在第一位。因而，企业必须保证产品质量能达到用户要求，把用户的要求看作产品质量的最高标准、以用户的要求为目标来制定企业的质量标准。

在全面质量管理中、"用户"的概念是广泛的，它不仅仅指产品的购买者或使用者和社会，而且，还认为企业内部生产过程中的每一个部门，每一个岗位也是用户。于是，在全面质量管理中，提出了"下道工序就是用户"的指导思想。上道工序将下道工序作为用户，为下道工序提供合格品，为下道工序服务，下道工序对上道工序进行质量监督和质量信息的反馈。每道工序的产品质量和工作质量都要经得起下道工序的检查，保证其质量使下道工序满意。凡是达不到本工序质量要求的产品不交给下道工序，否则就等于把不合格品销售给用户。这个观点，不但适用于各道工序，而且也适用于企业的一切工作。把这种对用户高度负责的观点应用到企业内部的生产、技术、供销、财务等各个方面的工作中去，就能增强每个职工的责任心，提高工作的严肃性。只有每道"工序"都为下道"工序"服务，做到每项工作都为同它有关联的工作着想，在质量上高标准、严要求，才能保证生产出来的是优质产品。

4.质量是设计、制造出来的，而不是检验出来的

在生产过程中，检验是重要的，它可以起到不允许不合格品出厂的把关作用，同时还可以将检验信息反馈到有关部门。但影响产品质量好坏的真正原因并不在于检验，而主要在于设计和制造。设计质量是先天性的，在设计时就已决定了质量的等级和水平；而制造只是实现设计质量，是符合性质量。二者不可偏废，都应重视。但从我国目前现状来看，对于设计质量还需要格外强调。

5.以预防为主的观点

全面质量管理要求把管理工作的重点应从"事后把关"转移到"事前预防"，把从管理产品质量"结果"变为管理产品质量的影响"因素"，真正做到防检结合，以防为主，把不合格产品消灭在产品质量的形成过程中。在生产过程中，应采取各种措施，把影响产品质量的有关因素控制起来，以形成一个能够稳定地生产优质产品的生产系统。

当然，实行全面质量管理，以"预防为主"，并不是说不要检验工作，不要"事后检查"，质量检查和监督工作不但不能削弱，而且必须进一步加强。为了保证产品质量，不让不合格品流入下道工序或出厂，质量检验工作是必不可少的。同时，我们也应该看到，质量检验工作不仅仅具有"把关"的作用，也有着"预防"的作用。

6.数据是质量管理的根本，一切用数据说话

实行全面质量管理，要坚持实事求是，树立科学地分析、控制质量波动规律的工作作风。一切用事实和数据说话，用事实和数据反映质量问题。一定要尽可能使产品质量特性数据化，以利于对产品质量的优劣做出准确的评价，从而进行有效的管理。

7.经济的观点

全面质量管理强调质量，但无论质量保证的水平或预防不合格的深度都是没

有止境的，我们必须考虑经济性，建立合理的经济界限。这就是所谓经济原则。因此，在产品设计制定质量标准时，在生产过程进行质量控制时，在选择质量检验方式为抽样检验或全数检验时等等场合，我们都必须考虑其经济效益来加以确定。从20世纪80年代以来，由于国际市场的竞争异常激烈，所以质量管理发展的新方向之一即经济质量管理(EQC)，即在推行全面质量管理时追求经济上的最适宜的方案。1986年德国乌尔茨堡(Wurzburg)大学成立了以冯·考拉尼教授为首的经济质量管理研究中心，就是这种趋势的一个明证。

8.突出人的积极因素

在开展质量管理活动中，人的因素是最积极、最重要的因素。全面质量管理阶段格外强调调动人的积极因素的重要性。这是因为现代化生产多为大规模系统，环节众多，联系密切复杂，远非单纯靠质量检验或统计方法就能奏效的。必须调动人的积极因素，加强质量意识，发挥人的主观能动性，以确保产品和服务的质量。全面质量管理的特点之一就是全体人员参加的管理，“质量第一，人人有责”。

二、全面质量管理的基本思想

1.全员参加的质量管理

全面质量管理要求企业中的全体职工参与，因为产品质量的优劣，决定于企业的全体人员对产品质量的认识和与此有密切关系的工作质量的好坏，是企业中各项工作质量的综合反映，这些工作涉及到企业的所有部门和人员，所以，保证和提高产品质量需要依靠企业全体职工的共同努力。

全面质量管理要求以人为主，必须不断提高企业全体成员的素质，对他们进行质量管理教育，强化质量意识，使每个成员都树立“质量第一”的思想，保证和提高产品质量，其次还应广泛发动工人参加质量管理活动，这是生产优质产品的群众基础和有力保证，是全面质量管理的核心、也是全面质量管理之所以有生命力的根本所在。

全面质量管理要求全体职工明确企业的质量方针和目标，完成自己所承担的任务，发挥每个职工的聪明才智、主动积极地工作，实现企业的质量方针与目标。

实行全员参加的质量管理，还要建立群众性的质量管理小组。质量管理小组简称QC小组，是组织工人参加质量管理，开展群众性质量管理小组活动的基本组织形式。

总之，全员的质量管理就意味着全面质量管理要“始于教育，终于教育”。

2.全过程的质量管理

全面质量管理的范围应当是产品质量产生和形成的全过程，即不仅要对生产过程进行质量管理，而且还要对与产品质量有关的各个过程进行质量管理。

产品质量是企业生产经营活动的成果。产品质量状况如何，有一个逐步产生和形成的过程,它是经过生产的全过程一步一步实现的。根据这一规律,全面质量管理要求把产品质量形成全过程的各个环节和有关因素控制起来,让不合格品消灭在质量的形成过程中,做到防检结合、以防为主。产品质量的产生和形成过程大致可以划分成4个过程,即设计过程、制造过程、使用过程和辅助过程。

设计过程主要包括市场调查、产品规划、试验研究、产品设计和试制鉴定等环节,它是产品质量产生和形成的起点,产品质量的好坏取决于设计。根据国外质量管理专家的统计分析,以及国内现状的调查,产品质量问题的20%至50%是由于设计不良引起的。如果研制和设计过程工作质量不好,仓促决策,草率投产,就会给制造过程留下许多隐患,可谓“先天不足,后患无穷”。质量管理发展至今,在设计过程中已形成了一系列专门的技术和方法,如产品设计、系统设计、参数设计和容差设计等。

制造过程是产品质量的形成过程,制造过程的质量管理是企业中涉及面最广,工作量最大,参与人数最多的质量管理工作。该阶段质量管理工作的成效对产品符合性质量起着决定性的作用。制造过程的质量管理,其工作重点和活动场所主要在生产车间。因此,产品质量能否得到保证,很大程度上取决于生产车间的生产能力和管理水平。在制造过程的质量管理活动中,不仅要对整个过程的各个环节进行质量检查,而且还要对产品质量进行分析,找出影响产品质量的原因,将不合格品减少到最低限度。

使用过程主要包括产品流通和售后服务两个环节。因为产品质量最终体现在用户所感受的“适用性”上,这是对产品质量的真正评价。要使产品由生产者手中转移到用户手上,使其能充分发挥性能,就应充分重视产品的销售和售后服务这两个环节。使用过程质量管理的主要工作:一是做好对用户的技术服务;二是做好产品的使用效果和使用要求的调查研究;三是做好处理出厂产品的质量问题。只有做好这些工作,才能保证产品充分发挥作用,并且使改进产品的设计和制造有可靠的依据。因此,使用过程的质量管理既是全面质量管理的归宿点,又是它的出发点。

辅助过程既包括物资、工具和工装供应,又包括设备维修和动力保证,还包括生产准备和生产服务。设计过程和制造过程中出现的很多质量问题,都直接或间接地与辅助过程的质量有关。因此,在全面质量管理系统中,辅助过程的质量管理占有相当重要的地位。它既要为设计过程和制造过程实现优质、高产、低消耗创造物质技术条件,又要为使用过程提高服务质量提供后勤支援。

实行全过程的管理,以防为主,一方面要把管理工作的重点从管事后的产品质量转到控制事前的生产过程质量上来,在设计和制造过程的管理上下功夫,在生产过程的一切环节上加强质量管理,保证生产过程的质量良好,消除产生不合格品的种种隐患，做到防患于未然；另一方面，要以顾客为中心，逐步建立一个包括从市场调查、设计、制造到销售、使用的全过程的，能够稳定地生产满足顾客需要的合格产品的质量体系。

可见，全过程的质量管理就意味着全面质量管理要“始于识别顾客的需要，终于满足顾客的需要”。

3.全企业的质量管理

全企业的质量管理可以从两个方面来理解。

(1) 从组织角度来看，企业可以划分成上层、中层、基层管理，“全企业的质量管理”就是要求企业各个管理层次都有明确的质量管理活动内容。当然，各层次活动的侧重点不同。上层管理侧重质量决策，制订出企业的质量方针、质量目标、质量政策和质量计划，并统一组织；协调企业各部门、各环节、各类人员的质量管理活动，保证实现企业经营的目标；中层管理则侧重贯彻落实上层管理的质量决策，更好地执行各自的质量职能，并对基层工作进行具体的管理；基层管理则要求每个职工要严格地按标准、按规程进行生产，相互间进行分工合作，并结合本职工作，开展合理化建议和质量管理小组活动，不断进行作业改善。

(2) 从质量职能角度看，产品质量职能是分散在企业的有关部门中的，要保证和提高产品质量，就必须把分散到企业各部门的质量职能充分发挥出来。但由于各部门的职责和作用不同，其质量管理的内容也是不一样的。为了有效地进行全面质量管理，就必须加强各部门的组织协调。为了从组织上、制度上保证企业长期稳定地生产出符合规定要求、满足顾客需要的产品，企业应建立和健全质量体系，使企业研制、维持和改进的质量活动构成为一个有效的体系。

可见，全企业的质量管理就是要“以质量为中心，领导重视，组织落实，体系完善”。

4.全社会推动的质量管理

全面质量管理是全社会推动的质量管理，随着社会的进步，生产力水平的提高，整个社会大生产的专业化和协作化水平也在不断提高。在发达国家自有成本发生率有的达到30%左右的水平，每个产品都凝聚着整个社会的劳动，是社会分工与合作的产物，反映着社会的生产力水平。因而，提高产品质量不仅仅是某一个企业的问题，需要全社会的共同努力的推动，去共同提高全社会质量意识和质量水平，才能保证产品质量水平，提高和增强产品的全球竞争力。

戴明与朱兰的管理思想

爱德华兹·戴明(Edwards Deming)对推进质量管理运动发挥重要作用。他为日本战后复兴做出重要贡献。1950年他去了日本，并在日本讲授使用质量控制统计图表及统计过程控制技能，这种思想是戴明和休哈特及贝尔实验室的其他人创造的。当时很少美国厂家重视这种理论。统计过程控制的思想是通过对生产过程的产品质量进行定期测量,并且记录下这些测量数据。观察这些测试的数据分布模式能经常发现生产过程中的质量问题,并且在生产这些不合格产品之前找到这些质量问题的原因。产品质量数值的变化可能是由于原材料不合格、机器的振动或电压不稳定产生的,通过使用质量控制统计图表,目的在于为工人和管理者提供信息,以便改正生产过程中可能出现的并导致高额成本的问题。

戴明认为工人的参与极其重要。质量管理的技巧在于改进生产过程而不是寻找责任者。戴明相信如果工人拥有适当的知识和资方的支持他们会发现许多需要改进之处。雇员的参与与休哈特技巧的使用是紧密相连的,戴明把这些观点有机地结合在一起并形成一整套体系,许多人把他看成是质量管理的创始人。为了纪念戴明为战后日本的重建所做的贡献,日本以他的名字命名最高质量奖:1951 年创立的著名的戴明质量奖被看作是日本极其重视质量的一个表现。

约瑟夫·朱兰(Joseph M Juran)与休哈特共同合作,发展了统计过程控制的思想,一些日本企业家把他的著作《质量控制手册》中的理论应用到实践中,并且于 1954 年邀请他到日本。朱兰与戴明的观点尽管相似,但他俩在创建全面质量管理体系中需要的管理方法的变革程度上存在分歧。戴明认为,改进质量只有通过重大的变革。他还提出了指导变革的基本观点。然而朱兰认为,质量的改进像公司内部其他变革一样,也就是说,通过现行的体制来进行机构的决策和行动,比如他描绘了"质量改革三步曲",包括质量计划、质量控制和质量改进。这些观念和财务计划、财务控制和增加利润一样极其相似而且为管理者所熟悉。朱兰承认质量控制并不容易,需要进行重要的变革,但朱兰并不认为质量管理需要在管理方面进行如戴明所要求的那种重大的变革。

当戴明和朱兰的著作均把质量管理的思想系统地结合在一起并且应用到战后日本工业基地的重建上时,许多日本的重要人物也起了很大作用。比如,石川馨在这方面就为他的同胞做出了一系列重要的贡献。人们认为是他创造了质量管理小组,也就是说,工人们聚在一起共同探讨改进质量的措施。许多美国公司也建立了质量管理小组,希望学到日本制造业的成功经验。但是,他们没有意识到,日本人的质量管理小组的成功是由于管理者真正地严肃对待工人们提出的建议,并且允许他们把这些建议进一步付之实践。许多美国公司也没有意识到,只有工人和管理者在经过管理理论和手段的培训后,质量管理小组才能起到它应有的作用。石川馨的另一个贡献是他强调全面质量管理的核心是使顾客满意。他甚至提出一个生产部门要把另一个生产部门当作顾客,这种手段进一步强化了各个生产部门的联系,把生产部门的协作看成是服务而不是官僚作风,即牺牲其他生产部门而只管理好自己部门的作风。

第二节　基准管理与6西格玛管理

近年来,在竞争异常激烈的美国,许多大企业纷纷开展"基准研究",实施"基准管理",以此抵御市场风险和提升企业竞争力。同时,世界各国企业群起效仿,基准管理正风靡全球。

一、基准管理

基准管理(Benchmarking),或称为标杆管理,是一种管理理念,也是一种管理方法,其核心是向业界或其他行业的最优企业学习。具体地说,基准管理是指企业把自己的产品或经营管理方式与全球最好的企业进行比较,找出自身不足,学习他人长处,提高产品质量和经营管理水平,增强抗市场风险的能力,提升企业竞争力。从知识管理角度讲,基准管理正是推动管理进步的目标与阶梯,它为管理知识化找到了目标,为进步安上了阶梯。

施乐公司是"基准管理"运动的最先发起者之一。在大卫.克恩斯(David Kearns)的领导下,施乐公司提出了一整套质量改进战略,以夺回失去的市场份额。这套战略就是基准管理的雏型。通过实施基准管理,施乐公司找到了自身的不足,改进了业务流程,并很快就见到了实效。这一下子引起了美国企业界和研究机构对基准管理的浓厚兴趣。施乐公司在基准管理方面首开先河后,世界上许多大公司也群起效仿,纷纷开展此项研究。如美国电话电报公司(AT&T)、杜邦公司(Du-Port)、通用汽车公司(GM)、福特汽车公司(Ford)、国际商用机器公司(IBM)、伊斯曼·柯达公司(Kodak)、摩托罗拉公司(Motorola)等。

作为一种管理方法,基准管理是面对管理实践的。因此,基准管理有着一整套逻辑严密的实施步骤,其基本步骤如下:

制定基准管理的目标

检查企业业务流程,找出不足

寻找基准

系统学习

评价与提高

基准研究的所有阶段都相互贯通,是一个多次反复的循环过程,每一个循环圈都需要围绕基准管理的目标、基本概念和基准研究假设进行有意识的精心思考。

二、6西格玛管理

管理是科学还是艺术,学术界仁者见仁,智者见智。我们视之为科学,因为面对的是数字和物质;我们视之为艺术,因为整个过程都离不开人。然而利润与增长是其最终目的之一。企业减少成本与提高质量是永远不变的主题。在全球化经济背景下,一项全新的管理模式在美国摩托罗拉和通用电气两大巨头中试行并取得立竿见影的效果后,逐渐引起了欧美各国企业的高度关注。这项管理便是6西格玛模式。该模式由摩托罗拉公司于20世纪90年代率先开发,采取6西格玛模式管理后,该公司平均每年提高生产率12.3%。由于质量缺陷造成的费用消耗减少了84%。运作过程中的失误降低99.7%。

这模式真正名声大振,是在90年代中后期,即在通用电气公司全面实施6西格玛模式取得辉煌业绩后。通用电气1995年开始引入6西格玛,随后其经济效益加速增长,1998年公司因此节省资金达75亿美元。经营率增长4%,达到了16.7%的历史高水平。1999年,因6西格玛GE节省资金达160亿美元。

西格玛原为希腊字母σ,又称为Sigma。学过概率统计的人知道其含义为“标准偏差”,6西格玛意为“6倍标准差”,在质量上表示每百万个机会中次品率(简称DPMO)少于3.4,但是,6西格玛模式的含义并不简单地是指上述这些内容,而是一整套系统的理论和实施方法。适用于生产流程,它着眼于揭示每百万个机会当中有多少缺陷或失误,这些缺陷和失误包括产品本身,产品生产的流程、包装、转运、交货延期、系统故障、不可抗力等等。大多数企业运作在3~4西格玛的水平,这意味着每百万个机会中已经产生6 210至66 800个缺陷。这些缺陷将要求生产者耗费其销售额的15%~30%进行弥补。而从另一方面看,一个6西格玛模式的公司仅需耗费年销售额的5%来矫正失误。

6西格玛模式不仅专注于不断提高,更注重目标,即企业的底线收益,假设某一大企业有1 000个基层单元,每一基层单元开发一个6西格玛项目,而每个项目为公司节省1万美元或使公司销售款增加10万美元,其贡献就可想而之了。通过该模式,公司还可以清晰地知道自身的水平、改进提高的额度和目标。

我们可以把6西格玛的核心内容总结为6个要素。

要素1:真诚地以客户为中心。

在6西格玛中,以客户为中心是最优先的事。例如,6西格玛的业绩度量是从客户开始的。6西格玛的改进是由对客户满意和价值的影响程度来确定的。

要素2:由数据和事实驱动的管理方法。

6西格玛把“以事实来管理”的理念提高到一个更有力的新层次。虽然现在对衡量、改进信息系统、知识管理等等关注不少,现在许多公司的决定仍然是基于一些观点和假设。6西格玛一开始就通过分清什么是衡量公司业绩的尺度,然后应用数据和分析来建立对关键变量的理解和优化结果。

要素3:流程的聚焦、管理和改进。

在6西格玛中,流程是采取行动的地方。设计产品和服务、度量业绩、改进效率和客户满意度,甚至经营企业等等,都是流程。流程在6西格玛中被定位为成功的关键。精通流程不仅仅是必要的,而的确是在给客户提供价值时建立竞争优势的有效方法。一切活动都是流程,所有流程都有变异,6西格玛帮助我们有效减少变异。

要素4:有预见的积极管理。

6西格玛谈及的控制是过程的控制,但从管理这层面上来说,它是预见性的,是积极主动地推动改革。真正的有预见的积极管理实质上是创造力和有效变化的开始。被动地处理一个又一个危机使你非常忙,同时也给你一种控制一切的假象。实际上,这是一位经理和或一个组织已失去控制的表现。

要素5:无边界的合作。

"无边界"是杰克·韦尔奇的企业成功秘诀之一。在发动6西格玛之前几年,他曾致力于在公司上下内外打破障碍和改进团队合作。改进公司内部和与供应商及客户的合作的潜力是巨大的。因为不同集团间的缺乏联系和不合适的竞争导致每天白白损失数以亿美元计的机会。供应链的各方应该为同一个目标工作:为客户提供价值。

正是6西格玛扩展了合作的机会,人们认识到他们的角色是如何融入到为客户提供价值这一"蓝图"中去,并且意识到在一个流程中所有活动之间的相互依赖性。"无边界"合作打破了官僚制,密切了团队之间的关系,加速了业务的发展。6西格玛中的无边界合作并不意味着牺牲个性,但这的确要求理解最终用户和流程中工作流向的真正需求。进一步说,这要求一种承诺:用客户和流程知识来使所有人得益的工作态度。因此,6西格玛系统能够创造一个支持真正团队合作的环境和管理结构。

要素6:追求完美,容忍失误。

6西格玛倡导冒险。一辈子不犯错的员工不是好员工;第二次犯错也不是好员工。幸运的是,我们所提供的改进业绩的方法中,包括了如何进行风险管理以确保即使犯错也仅是小错。总之,一个以6西格玛为目标的公司在不断地追求完美的同时,也愿意接受和处理偶然的挫折。

在企业内部,规范的6西格玛模式项目一般是全体员工根据自己的工作,通过创造性思维方式,提交革新项目,获得称为"6西格玛模式精英小组"(Six Sigma Champion)的执行委员同意。这个小组的职责之一是选择合适的项目和分配资源,并辅导项目人员有效利用6西格玛工具,按时按质按量完成项目。一个公司典型的6西格玛模式项目可以是矫正关键客户的票据或减少库存,比如在通用电气公司,通过削减发票的缺陷以争取加快付款。还可以是改变某种工作程序提高生产率。领导小组将任务分派给黑带管理师(黑带管理师是6西格玛架构中的中坚力量,黑带"BlackBelts"之下是绿带"GreenBelts"。这些人构成了一个公司推行6西格玛模式的动力)，黑带管理师再依照6西格玛模式组织一个小组来执行这个项目。

小组成员对6西格玛模式项目应定期通告并严密监测。流程图成为项目管理的中心，因为它概括了工作的流程并且界定了一个项目内容，流程图关注特定的问题或环节，比如瓶颈、弱链接以及延误区。

对于通用电气公司的黑带管理师们，6西格玛模式意味着应顾客需求而表现出来的管理行为。一些高层管理人员认为他们学到了宽容失败和奖励成功，并且给予雇员自主决定的权力，无需过多地从上到下的干预，即通过把解决问题的决策权下放给最了解该工作的一线员工，而达到"无边际的"合作。

戴明的十四个观点

戴明认为，一个企业为了全面提高质量，就需要进行一场观念的变革。因此应该把他的体系看成是个完整的系统的管理理论。戴明认为，改变管理方法的一个最基本的要求是学会不树立敌人。戴明曾经说过，恐惧为公司的改革制造了障碍，他不认为优质就意味着高价，他相信，把改进质量看作是企业永恒目标，再加上前面所提到的统计质量控制和"寓工于乐"三者结合一起，就能不断地提高质量，同时降低成本。此外，戴明认为，管理者的任务是及时发现并且改正可能导致失败和错误的原因，而不是失误后再去发现，戴明的十四个观点目的在于改变经理和雇员的工作方式，使公司成为低成本、高质量和高产出的产品和服务的提供者，同时公司也是尊重和鼓励所有人员为企业做贡献的地方。

1.为改进产品和服务创造永恒目标

戴明认为，管理者必须把提高质量看作是一个长期的努力而不是一个短期行为，企业的根本目的在于质量而不是利润。他认为，当企业把质量看成是目的时高额利润就会自然而然地获得。

2.接受新观念

戴明认为，我们必须充分认识到我们正处在一个新的时期，不断地提高质量对于企业的生存至关重要。管理者在生产过程中必须杜绝不合格的原材料、低劣的工艺、残次品和松散的服务，把失误降低到最低限度是不够的，应该从根本上把失误消除。戴明说过：可靠的服务降低了成本，失误增加了成本。传统的体制应该被取代，新的企业文化必须得到所有雇员的支持，并且充分反映出对质量的追求。

3.不再依赖大规模质量检测

戴明认为，只要一出现失误就会失去效率和效益。过去当问题出现后，再去大规模地进行检查。现在必须从一开始就抓好质量，不断地改进生产过程就能减少失误所造成的消耗。生产出优质产品的同时也鼓励了雇员，因为它能使雇员拥有成就感，使得他们对自己的工作而感到自豪，谁也不会为生产废品而感到自豪。因此，要把重点放在工作一开始，从"源头"发现并改正错误。雇员一开始就使顾客得到满意的产品,成本同时也降低了。

4.业务往来不仅仅通过报价单

戴明鼓励企业与他们的供货商不仅仅保持纯粹的商业关系,而是要保持长期的合作关系。他认为,商品只有在某种程度因为质量的好坏而出售时,价格才与商品相关,通过使用统计方法,能使公司对零部件供应商和购买的零部件做出客观的评价。为了促进公司与供货商的合作,戴明提出通过与供货商进行业务往来从而加强彼此的信任。

5.不断改进生产和服务体系

戴明认为,管理者应该不断地寻求改进质量的措施和方法。他相信,质量的改进取决于对生产过程的研究而不是对缺点和错误的研究,改进生产过程是管理者的责任,从这一点来说近来人们对企业体制改革的重视是与戴明的观点相辅相成的。

6.应用现代化的岗位培训手段

在戴明看来,培训不仅仅意味着教给雇员怎样通过使用某种方法来改进质量。比如,使用统计质量控制方法培训也意味着赋予雇员们工作所需要的知识和技能。

7.加强领导

戴明认为,传统上监工的职责是不合适的。他认为监工只是告诉工人做什么并且保证他们完成所做的工作,他们负责对员工的奖励和惩罚,必要时执行严格的纪律,他们没有意识到他们的工作也意味着承担着领导作用,另一方面,领导者也认为工人们能各尽其能干好自己的工作因而他们的任务只是帮助工人最大限度地发挥其能力。对于低层次的管理者来说,他们的工作任务就是指导和安排培训。高层管理者反过来要制定和实施一个建立在全面质量管理文化上的战略计划,并且确保他们自己的行为也反映了这种文化的价值观念。

8.消除恐惧

戴明认为,恐惧使得雇员不敢提出他们的疑问,反映他们所看到的问题,或提出他们的看法,雇员们必须在他们的工作中为了改进质量而不承担任何风险,人们可以大胆他说出事实真相,这对于企业开放式的文化是至关重要的。消除恐惧大胆地提出自己的看法,这也是建立企业文化的重要组成部分,许多人认为,在这个激烈的竞争时代,通过公开的交流以及加强这些交流的行为都能促进企业文化向开放性发展。管理需要长期做出判断。管理者必须根据他们的知识和经验,在有分歧的场合下做出分析和判断,聪明人会把他们的观点拿给别人去讨论,因为对问题进行广泛讨论可以发现对企业文化不同角度的理解,并且发现其他值得注意的观点和看法。

9.消除雇员内部的隔阂

戴明认为,职能部门之间的隔阂严重地影响了生产效率。雇员尽管各自拥有不同的专业知识,他们可以通过取长补短、共同合作来提高生产效率。传统的职能结构助长了部门之间的对抗,戴明认为,雇员应该认识到,尽管他们拥有不同的专业知识和技能,但他们拥有一个共同目标,他们的竞争对手是其他企业而不是他们自己内部。

11.消除产量限额

戴明提出,应该消除产量指标数额,因为它们只是鼓励工人重视数量而忽视了质量,公司应该强调产品质量而不应该盲目地追求产品的数量。

12.树立正确的工作自豪感

戴明坚持认为,应该取消每年的考评制度。如果人们本来就愿意把工作干好,他们就不需要这样的鼓励机制,他们真正需要的是帮助他们解决由于原材料设备和培训的缺限而造成的问题,帮助消除这些问题的机制应该代替那些工人认为他们经常被评估排队分等的机制。拥有高度自动化设备的工人灵活性很强,由于工人们接受过多种工作岗位培训,可以在生产线承担许多种工作,雇员们经常和即将就任的管理者面谈,如果他们认为新来的管理者和工人之间的关系不会融洽,这个管理者将不会被任命。

13.开展灵活的教育和培训计划

戴明一直强调培训,这包括质量管理的方法和技巧,也包括全面质量管理文化的观念和贯彻团队精神的指导方针。

14.采取行动,完成机制转变

戴明认为整个企业应该团结协作,共同创立质量文化。作为高层管理者他们的任务是制定和实行战略规划,在工人们的配合下,共同为创造全面质量管理文化而努力。

第三篇

计　　划

第十章 决 策

学习目的

学习本章应了解与掌握：

1.对决策进行明确的分类和定位。

2.明确完全理性决策的前提假设。

3.说明完全理性决策的局限性。

4.描述完全理性决策和有限理性决策的过程。

5.识别程序性决策和非程序性决策。

6.区别确定性、风险性和不确定性决策的情况并为之决策。

7.明确群体决策和个人决策的优缺点。

8.阐述改善群体决策的四种定性决策方法。

第一节 决策概述

一、决策的概念

目前理论界对决策的概念概括起来有两种说法，一种认为决策是指为了实现某种目标而制定的某种行动方案；另一种则认为决策是指为实现某种目标而拟定、选择满意行动方案的过程。可以认为，决策是指在一定的环境条件下，决策者为了实现特定目标，遵循决策的原理和原则，借助于一定的科学方法和手段，从若干个可行方案中选择一个满意方案并组织实现的全过程。它既包括制定各种可行方案、选择满意方案的过程，又包括实施满意方案的全过程。

在上述概念中，必须注意以下四个关键词：第一，目标。决策前必须明确所要达到的目标，而且必须将局部的目标置于组织的总体目标体系中，如果目标模糊或整个目标体系杂乱无章，那就无从谈起合理的决策了。第二，两个以上的备择方案。如果只有一个方案，那就不用选择，也不存在决策。第三，分析判断。每个备择方案都有其优缺点，管理者必须掌握充分的信息，进行逻辑分析，才能在多个备择方案中选择一个较为理想的合理方案。不过在拍板决定的关键时刻，由创造力或直觉产生的判断也十分重要。第四，过程。不能把决策理解为决定采用哪个方案的一刹那的行动，而应理解为从诊断活动到设计活动到选择活动到执行活动的整个过程，没有这个过程就很难有合理的决策。实际上，经过执行活动的反馈又进入下一轮的决策。因此,美国管理学家西蒙(Herbert Simon)认为:管理就是决策,决策是一个循环过程,贯穿于整个管理活动的始终。

二、决策在管理中的作用

随着社会化大生产的日益发展,决策在现代组织中的作用越来越大。一个组织的决策水平高低对其在市场经济中兴衰存亡起到决定作用。表现在以下几方面:

1.决策是决定组织管理工作成败的关键

组织的管理工作成效大小,首先取决决策的正确与否。决策正确,可以使组织兴旺发达,可以提高组织的管理效率和经济效益;决策失误,则一切工作都会徒劳无益,会给组织造成直接经济损失或灾难性的损失。

2.决策是实施各项管理职能的根本保证

决策贯穿于组织各项管理职能中,在组织管理过程中,每个管理职能要发挥作用,都离不开决策。在计划职能实行过程中,选择什么样的目标,为实现这个目标如何分配人力、物力和财力,采用什么样的方法和步骤,都要做出决策;在行使组织职能时,如何建立管理机构,怎样划分各管理机构的职权范围以及如何选配各机构的管理人员等,也都需要做出决策;在行使领导和控制职能时也不例外。总之,计划、组织、领导和控制各管理职能的实现过程都需要决策,可见决策是各个管理职能实现的根本保证。

三、决策的基本原则

1.系统原则

利用系统理论进行决策,是科学化决策必须遵循的首要原则,是实现决策整体化、综合化和满意化的保证。

2.信息原则

信息是决策的基础。信息资料的质量是决策成功的前提和保证。决策过程实际上是一个信息的收集、加工和变换的过程,决策的科学性、准确性是和信息的数量、质量成正比的。信息越全面、准确、及时,决策过程中思维的广度和深度也就越大,否则就难免做出错误决策。只有在掌握和分析了大量信息之后,才能做到情况明,决心大,实现科学决策。

3.可行性原则

决策要符合决策对象发展的客观规律性;要充分考虑到需要与可能、有利因素与成功的机会、不利因素与失败的风险。只有当决策的目标在技术上、经济上和管理上具有可实施条件时,才能进行下去。

可行性原则要求决策者必须以科学的理论作指导,运用科学的方法按客观规律办事;必须从实际出发,分析现有的主客观条件,分析发展过程中可能产生的种种变化，分析决策实施后在政治、经济、社会心理等方面产生的利弊，经过科学论证，周密审查、评估，确定其可行性和优化程度。有的重大决策还应当经过试点，然后才能进行抉择。

4.民主集中制的原则

民主集中制的原则就是在决策过程中要充分发扬民主，认真倾听不同意见，在民主讨论的基础上实行正确的集中。

民主集中制的原则，一方面要求领导者在决策的过程中，坚持走群众路线，发扬民主，充分听取广大群众的意见；另一方面就是在决策中坚持集体决策，在决策中实行民主集中制。特别是主要领导要善于和勇于大胆提倡和鼓励不同意见之间扬长避短，不搞个人专断或擅自决定，重大问题要在充分发扬民主的基础上，实行集中。

5.创新原则

创新在决策中起着极为重要的作用，没有创新就不可能进行有效的决策。创新原则就是在决策过程中，要打破常规和原有的定式，进行大胆的创造。要求领导者在决策过程中，创造性地组织决策活动，并激发组织成员的创造性，发挥组织内集体的创造精神。

三、决策的特点

组织决策具有鲜明的目标性、可行性、选择性、满意性、过程性和动态性等特点。在表10.1中做了详细阐述。

表10.1　决策的特点

特点	具体内容
目标性	1.目标是决策的依据，是组织在未来特定时限内完成任务的程度的标志 2.决策者根据目标，拟定未来的活动方案，以目标为标准评价和比较这些方案，并且对未来活动效果进行检查
可行性	决策方案和选择，不仅要考察采取某种行动的必要性，而且要注意实施条件的限制。组织决策应该在外部环境与内部条件结合研究和寻求动态平衡的基础上来制定
选择性	组织决策时不仅要提出多种备选方案，而且还要提供选择的标准和准则。从本质上说，决策目标与决策方案两者都是由“选择”确定的
满意性	选择组织活动的方案，通常根据的是满意化准则而不是最优化决策。组织决策是一种有限理性的决策
过程性	组织决策是一系列决策的综合，包括选择业务活动的内容和方向，具体展开组织业务活动，资源的筹措，组织结构的调整，人事安排等许多方面的工作
	从决策目标确定到决策方案的拟定、评价和选择再到决策方案执行结果的评价，这些诸多步骤才构成了一项完整的决策
动态性	决策是一个不断循环的过程，决策是动态的，没有真正的起点，也没有真正的终点
	决策的主要目的之一是使组织活动适应外部环境的变化，然而，外部环境是在不断发生变化的，因此，决策必须保持动态性，从而更好地实现组织与环境的动态平衡

四、决策的类型

决策所要解决的问题是多方面的,不同类型的决策,采用不同的决策方法。了解各种类型决策的特点,有助于管理者合理决策。一般来说,决策是按照以下标志进行分类的。

1.按决策的作用范围分类

(1) 战略决策

战略决策是指为了组织全局的长期的发展和大政方针方面做出的决策。战略决策一般涉及组织全局,而且起着比较长的指导作用。战略决策主要是为了适应外部环境的变化采取的对策,以谋求长期发展,例如经营方针决策。战略决策影响的时间长,所以风险性也很大。

(2) 战术决策

战术决策又称管理决策或策略决策。它是指为了实现战略目标,而做出的带有局部性的具体决策。战术决策对企业的人力、资金、物资等资源进行合理配置,以及经营组织机构加以改变的一种决策,具有局部性、中期性与战术性的特点。管理决策的制定必须纳入经营决策的轨道,为企业实现战略目标服务,比如机构重组、人事调整、资金筹措与使用等等都属于管理决策的范畴。

(3) 业务决策

业务决策又称日常管理决策。它是指组织为了提高日常业务活动而做出的决策。它直接关系到组织的生产经营效率和工作效率的提高。业务决策往往和作业控制结合起来的,它是针对短期目标,考虑当前条件而做出的决定,处理日常业务的决策,具有琐细性、短期性与日常性的特点。例如,生产经营任务日常分配决策等。业务决策有很大的灵活性。

2.按照决策的时间长短分类

(1) 长期决策

中长期决策是指在较长时期内,一般为 3~5 年,甚至于 15~20 年才能实现的决策。它一般需要一定数量的投资,具有实现时间长和风险较大的特点,属于战略性决策。

(2) 短期决策

短期决策是指一年以内或更短时间内实现的决策,一般属于战术或业务决策。具有不需要投资和时间短的特点。例如,订货数量决策等。

3.按照拟定决策的层次分类

(1) 高层决策

高层决策是指组织中最高管理人员(厂长、经理)所做出的决策。它所要解决的是组织全局性的,以及与外界环境相关的重大决策问题,大部分属于战略决策、战术决策,极少数属于日常业务决策。

(2) 中层决策

中层决策是指由组织中层管理人员(处级)所进行的决策。它所涉及的问题多属于安排组织一定时期的生产经营任务,或者是为了解决一些重要问题而采取一些必要措施的决策。一般属于战术决策和部分业务决策,也参与制定某些战略决策。

(3) 基层决策

基层决策是指组织内基层管理人员所进行的决策。它主要解决作业任务中的问题。主要包括两方面内容:一方面是经常性的作业安排,例如每天每个作业组织的任务安排等;另一方面是生产经营活动中偶然要解决的问题,例如设备发生故障等。这类决策问题技术性较强,要求及时解决,不能拖延时间。上述三个层次所进行的决策如图 10.1 所示。

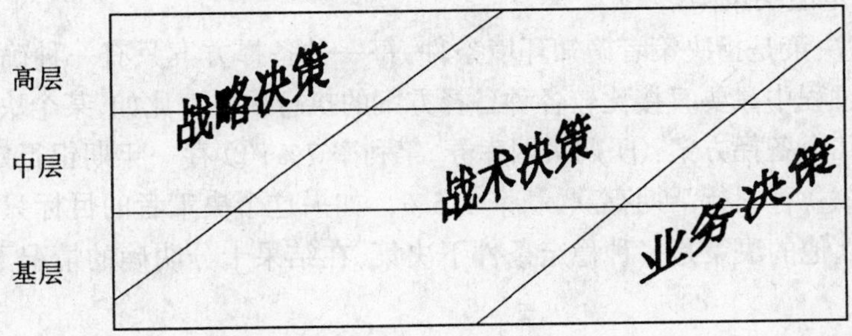

图 10.1　不同层次的决策

4.按照决策的重复程度分类

(1) 程序化决策

程序化决策又称规范化决策或重复性决策。它是指经常重复发生,能按原来规定的程序、处理方法和标准进行的决策,多属于业务决策。例如,签订购销合同等。由于这类问题是重复出现,因而可以规定出一定的程序,建立决策模式,可以用电子计算机进行处理。

采用程序化决策有利于提高组织效率,在现实社会中,我们最好将决策看作是程序化为主的或非程序化为主的决策而不是绝对地将这两类决策看作非此即彼。

(2) 非程序化决策

非程序化决策又称一次性决策。它是指没有常规可循,对不经常重复发生的业务工作和管理工作所做的决策,例如,新产品开发决策等。这种决策不是经常发生的,缺乏准确可靠的统计数据和资料,而且解决这类问题的经验也不足。这种决策在很大程度上依赖于决策者的知识、经验、洞察力和逻辑思维能力。

5.按照决策的时态分类

(1) 静态决策

静态决策又称单项决策或一级决策。它是指对所处理的问题,一次就可以把决策问题确定,只做出一个决策,没有再规定出随事物发展进程和可能发生的变化,进一步采取对策。例如,采用新工艺的决策,只做出是否采用,而不管新工艺是否成功。

(2) 动态决策

动态决策又称序贯决策或多级决策。它是指所处理的问题,不是做出一个,也不是只作一次的决策,是随着事物的发展进程,针对可能出现的情况再规定出一系列对应的决策。例如,采用新工艺如果不成功又怎么办?假如不成功就转回采用旧工艺,或者转向外购零件进行补救等。

6.按照决策问题具备的条件和决策的可能程度分类

(1) 确定型决策

确定型决策是指决策者确知环境条件,每一种备择方案只有一种确定的执行后果,决策过程中只要直接比较各种备择方案的执行后果。比如,某个决策者有笔余款,他有几个备择方案:① 购买国库券,年利率 7%;② 存一年期银行定期存款,利率 4.5%;③ 存银行活期存款,利率 1.5%。如果这个决策者的目标只是想多获得利息,那么他的决策是一种稳定条件下决策,在结果十分明确的情况下,选择购买国库券。

(2) 风险型决策

风险型决策是指决策者对未来的情况无法做出肯定的判断,无论选择哪个方案都有一定风险的决策。风险型决策的各种方案都存在着两种以上的自然状态,其概率是已知的,对执行结果决策人虽然预先不能完全肯定,但可以根据概率进行计算做出决策。

(3) 不确定型决策

不确定型决策,即不稳定条件下决策,是指决策者不能预先确知环境条件,可能有哪几种状态和各种状态的概率无从估计,决策者对各个备择方案的执行后果难以确切估计,这种备择方案的不肯定性来自于环境条件的不稳定性。实际上,大多数工商企业的决策,都属于不稳定条件下决策。例如,在市场变化不能肯定时,投产方案的决策等。

7.按照决策目标与使用方法分类

(1) 定量决策

定量决策又称计量决策。它是指能够应用数学方法和数学模型,借用电子计算机进行决策的一种方法。

(2) 定性决策

定性决策又称非计量决策。它是指在决策过程中,充分发挥专家集体的智慧、能力和经验,在系统调查研究分析的基础上,根据掌握的具体情况与资料,进行决策的方法。

8.从决策需要解决问题的性质分类

这可将组织决策分成初始决策与追踪决策。

表 10.2 初始决策与追踪决策

决策类型	定 义	决策基础	决策起点	优化方式	备 注
初始决策	指组织对从事某种活动或从事该种活动的方案所进行的初次选择	对组织同外环境的某种认识	零起点	单重优化	
追踪决策	在初始决策的基础上对组织活动方向、内容或方式的重新调整,是由于组织对环境特点的认识发生了变化而引起的	回溯分析	非零起点	双重优化	组织中的大部分决策都属于追踪决策

回溯分析:就是对初始决策的形成机制与环境条件进行客观分析,列出需改变决策的原因,以便有针对性地采取调整措施。追踪决策是一个扬弃的过程,对初始决策取其精华去其糟粕。

非零起点:追踪决策所面临的条件与对象都已经随有关初始决策的实施受到了某种程度的改造、干扰和影响。这种影响主要表现在两个方面:(1)随着初始决策的实施,组织与外部协作单位已建立了一定的关系(如企业为了开发某种产品,已经与供应商发生了联系,等等);(2)组织成员对初始决策的成果已经有了一定的感情。组织成员可能会对改变初始决策持抵触态度,也可能由于这种抵触情绪,这些单位和部门可能在做追踪决策时提供并非客观的情报和信息。因此,追踪决策容易受到过去决策的影响。

双重优化:第一重优化是追踪决策的最低的基本要求,即要求追踪决策必须优于初始决策(只有这样追踪决策才有意义);第二重优化则是追踪决策应力图实现的根本目标,是在能够改善初始决策实施效果的各种可行方案中,选择最优或最满意的决策方案。

9.按决策的敏感性要求分类

美国学者威廉·金和大卫·克里兰把决策划分为知识敏感型决策和时间敏感型决策。

战略决策,基本上属于知识敏感型的,这类决策着重抓住可利用的机会而不是避开威胁,注重于长期效果而不是短期效果,所以在制定和选择方案时,以决策的正确性为第一目标。但是,对于突发的难以预料、难以控制的重大变化,则要求组织迅速做出反应,否则可能出现生存危机。这种时间压力可能限制人们能够考虑的备选方案数量,也使人们在得不到足够的评价方案所需信息的情况下仓促做出决策。面对这种难以预料与控制的变化,一般启用备用方案。

第二节　决策理论

"经济人"假说认为人类从事经济活动的目的是追求利润最大化,而忽视人所具有的情感态度及价值观。在"经济人"假说的基础上形成了规范决策理论。这一理论假定决策者具备完全的理论知识,追求效用最大,通过冷静客观的思考进行决策。

但 20 世纪 50 年代之后,人们认识到建立在"经济人"假说之上的规范决策理论只是一种理想模式,不一定能指导实际中的决策,诺贝尔经济学奖获得者西蒙提出"满意标准"和"有限理性标准",用"社会人"取代"经济人",大大拓展了决策理论的研究领域,出现了新的理论—行为决策理论。这一理论包括了有限理性模型、成功管理模型和社会模型。以上模型加上规范决策理论模型,表明了决策从完全理性到完全非理性之间的变化。图 10.2 概括了四种模型组成的决策理论统一体。

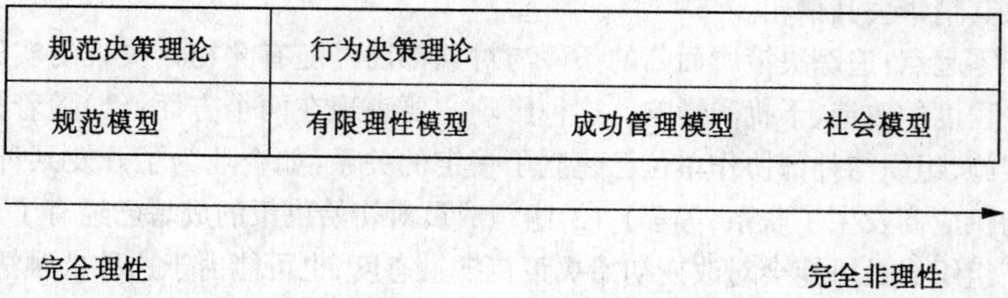

图 10.2　决策理论统一体

一、规范决策理论

规范决策理论模型又称为古典模型、经济模型或生态模型。这个模型认为决策者能够做出"最优"选择,决策者是完全理性的。管理决策被认为是理性(Rational)的,是说管理者在具体的约束条件下做出一致的、价值最大的选择。

一个完全理性的决策者,会是完全客观的和合乎逻辑的。他会认真确定一个问题并会有一个明确的、具体的目标。而且,决策制定过程的步骤会始终如一地导向选择使目标最大化的方案。图 10.3 是对理性假设的概括,表 10.3 是对假设的释义。

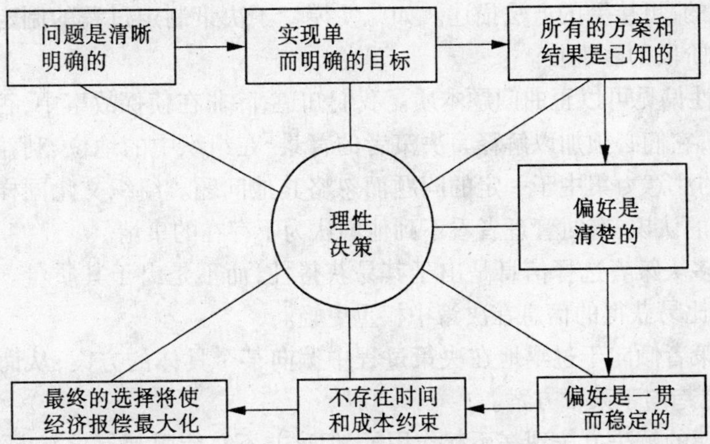

图 10.3 理性假设

表 10.3 理性假设释义

假设	假 设 释 义
问题清楚	在理性决策中，问题是清楚的、无歧义的。决策者被假定为拥有与决策情境有关的完整信息
目标导向	在理性决策中，没有目标的冲突。无论决策是购买一辆新车、选择所读的一所大学、为一种新产品制定恰当的价格，还是挑选合适的应聘者以填补一个工作空缺，决策者都有惟一的、明确的、试图实现的目标
已知的选择	理性决策假设决策者是富于创造性的，他们能够确定所有相关的标准，全面掌握有关决策环境的信息情报，并能列出所有可行的方案。而且，决策者还能意识到每一方案的所有可能的结果
明确的偏好	理性决策假设标准和方案能按其重要性进行排序
一贯的偏好	除了有一个明确的目标和偏好外，它假设具体的决策标准是一贯的，这些标准的权重是不随时间而变化的
没有时间和成本的约束	理性决策者能获得有关标准和方案的全部信息，因为它假设没有时间和成本的限制
最大报偿	决策者有能力完成做出“最优”决策所需的十分复杂的计算，从而选择那些能产生最大经济报偿的方案。理性管理决策假设决策制定是为了取得最佳的组织经济利益

二、理性假设的局限

大量的研究指出了决策制定经常改变理性假设中隐含的逻辑性、一贯性和假定，研究者已发现的与决策制定过程有关的一些重要见解是：

(1) 个人信息处理能力是有限的。在短时间的记忆中，大多数人仅能维持 7 条左右的信息。当决策变得复杂时，个人试图建立简单的模型，这样能使他们将问题减化到可以理解的程度。

(2) 决策制定者趋向于将解决方法和问题混合在一起。确定一个问题经常伴随一个大概的、可接受的方法描述。如此便模糊了决策制定过程的制定方案阶段和评价方案阶段的客观性。

(3) 感性偏见可以歪曲问题本质。我们知道,除非在侦探故事中,否则事实自己不会说话,它们必须加以解释。决策者的背景、在组织中的地位、利益和过去的经验,使他的注意力集中于一定的问题而忽略其他问题。组织文化同样可以歪曲一个管理者的认识:有时管理者看不到他们认为不存在的事情。

(4) 许多决策者选择信息是出于其易获得性,而不是出于其质量。因此造成重要的信息比易获得的信息在决策中权重更轻。

(5) 决策者倾向于过早地在决策过程中偏向某个具体的方案,从而左右着决策过程,使之趋向于某个方案。

(6) 前期的解决方法现在不起作用了,但这并不总能引起寻求新方案的需求。相反,它常引起一种承诺升级(Escalation of commitment),即决策者进一步增加对先期行动的资源投入,以试图证明起初的决策并没有错。

(7) 从前的决策先例制约着现在的选择。决策极少是简单的、孤立的事件。把它们描述成为选择流中的一系列点更为贴切。大多数决策实际是许多长期分决策的积累。

(8) 组织是由不同的利益群体组成的,从而使得它很难,甚至不可能建立起一种为实现单一目标的共同努力。因此,决策很少直接指向实现整个组织的目标。而是在对问题有不同看法和对方案有不同偏好的管理者之间,留有一个不断商讨的余地。不同利益的存在决定了目标、方案和结果的差异。讨价还价是必不可少的,以求达成妥协和支持最后方案的实施。总而言之,在模糊和矛盾的环境中,决策很大程度上是权力和政治施加影响的结果。

(9) 组织对决策者施加着时间和成本的压力,反过来,这限制了一个管理者所能寻找到的可行方案数量。从而,人们趋向于在旧方案的附近寻找新方案。

(10) 尽管有着潜在的不同见解,但在大多数组织的文化中都存在强烈的保守偏见。大多数组织的文化都是强化维持现状,而不鼓励风险承担和创新。在这样的文化中,雇员常因成为“合格队员”而不是兴风作浪者而受到奖赏。错误的选择对决策者生涯的影响,比发展一种新思想的影响更大。故决策者要花更多的精力避免错误,而不是发展创新的设想。

大多数学者认为这种模型仅是描述了一种理想状态,对现代决策行为的描述不够真实。管理既是科学,又是艺术,决策包含相当大的艺术成分,不可能像规范决策那样,对全部已知的效用函数求解,用解析的办法找出最大值,这样的做法只是对纷繁复杂的现实的一种简化,因而简单地用它来进行实际决策往往是行不通的。但是由于该模型对“最优”的追求和采用定量方法,一些管理者仍用此模型进行决策，不过他们往往对该模型用自己的知识、经验和分析进行一定的修正。

三、有限理性模型(Bounded rationality)。

有限理性是把问题的本质特征抽象为简单的模型，而不是直接处理全部复杂性的决策行为。然后，在组织的信息处理限制和约束下，管理者努力在简单的模型参数下采取理性行动。其结果是一个满意的决策而不是一个最大化的决策，即是一个解决方案"足够好"的决策。

赫伯特·西蒙挑战了理性决策模型，并提出了有限理性概念。按照西蒙的有限理性，决策者不能是真正理性，原因在于①他们对于选择方案和结果不具备完善和充分的信息；②他们面对的问题过于复杂；③人类不能分析他们周围的信息；④没有足够的时间来处理所有相关信息；⑤包括在同一个企业的管理者，具有相互矛盾的目标。

有限理性模型又称西蒙模型或西蒙最满意模型。它认为人的理性是完全理性和完全非理性之间的一种有限理性，它的主要观点如下：

(1) 手段—目标链的内涵有一定矛盾，一个简单的手段—目标链分析会导致不准确的结论。西蒙认为，手段—目标链的秩序系统很少是一个系统的、全面联系的链，组织活动和基本目的之间的联系常常是模糊不清的，这些基本目的也是个不完全系统，这些基本目的内部和达到这些目的所选择的各种手段内部也存在着冲突和矛盾。

(2) 决策者追求理性，但又不是最大限度追求理性，决策者只要求"有限理性"。这是因为人的知识有限，决策者既不可能掌握全部信息，也无法认识决策的详尽规律；人的计算能力有限，不要说人，即使借助计算机，也没有办法处理数量巨大的变量方程组；人的想象力和设计能力有限，不可能把所有备择方案全部列出；人的价值取向并非始终如一，目的时常改变；人的目的往往多元，而且互相抵触，没有统一的标准。

(3) 决策者在决策中追求"满意"标准，而非"最优"标准。在决策过程中，决策者定下一个最基本的要求，然后考察现有的备择方案，如果有一个备择方案能较好地满足定下的最基本的要求，决策者就实现了"满意"标准，他就不愿意再去研究或寻找更好的备择方案了。这是因为一方面人们往往不愿发挥继续研究的积极性，仅满足于已有的备择方案；另一方面决策者也由于种种条件约束，本身也缺乏这方面的能力。

根据以上几点，决策者承认自己感觉到的世界只是纷繁复杂的真实世界的极端简化；他们"满意"的标准不是最大值，所以不必去确定所有可能的备择方案；由于感到真实世界是无法把握的，他们往往满足于用简单的办法，凭经验、习惯和惯例去办事。

有限理性假设会阻害理性而给偏见、主观、混乱决策过程提供机会。例如：

决策的累进模型认为决策者进行小的决策，并一步一步谨慎推进，最后把它们拼凑起来成为一个大的方案。

决策的联合模型认为当人们对目标分歧或和别人竞争资源时，决策过程会变成政治过程，个人会结成帮派对决策施加集体影响，两个或更多的帮派会有不同的偏好，都努力使用影响力和谈判来左右决策。

决策的垃圾桶模型认为当人们不能确定目标或对目标有分歧时，以及对做什么不能确定和有分歧时，就会因为问题简单或过于复杂而不能很好地理解它们，而决策者们还有许多事情要处理，就会对决策过程很随意。这个模型解释了为什么有些决策是混乱的和几乎是随机的。你能发现它们是对理性决策过程的戏剧性偏离。

当然，这些过程都会在任何组织中发生。更近地观察一些组织生活中的现实和如何使之完全理性决策是不可能的。

在理想的理性假设不起作用的情况下，决策制定过程的细节，强烈地受到决策者个人利益、组织文化、内部政治及权力考虑的影响。管理者应该如何制定决策的完全理性观和管理者实际上如何制定决策的有限理性描述之间存在的差异，常常能够解释管理实践与管理理论脱节的情况。

四、成功管理模型

成功管理模型又称皮特斯－渥特迈模型。皮特斯（Peters）和渥特迈（Waterman）在调查了许多成功的工商企业后发现，理性模型给工商企业带来了不良后果，因而这些工商企业并不遵守理性模型。它们有自己的成功管理模型，这一模型具有如下特征：

(1) 决策者流动于各个部门之间，以掌握真实的正在发生的情况。

(2) 决策者尽可能在一段时间里只做一件事，完成有限的目标。

(3) 决策者重视行动，经常实验，不惧怕失败。而理性模型是不承认实验价值的。

(4) 决策者注重速度和数量，提倡立刻就干，事做得多，策略就越完善，他们不怕实践，也知道什么时候该放弃。

(5) 拥有一个无形的有漏洞的体系，企业的重大突破来自对漏洞的改革。

这种决策模型没有一套理性的决策程序，属于非理性的模型。它尽管受到一些怀疑，但解决了来自组织的实际案例。

五、社会模型

社会模型又称为社会心理学模型。弗洛伊德（Floyd）认为，人的行为大部分是由本身的潜意识指导的。按照弗洛伊德的观点，人们是没有能力做出理性决策的。

不管对弗洛伊德的理论抱什么态度,人们几乎都同意社会因素对决策行为有深远影响,社会的压力和影响甚至会导致决策者做出完全非理性的决策。

每个人都生活在文化之中,文化对人的影响极深,不跳起来不知道地球重力的存在,不换一个文化环境往往意识不到文化对人根深蒂固的影响。文化的影响其实就是一种社会的压力,会有意无意地迫使决策者按照自己的文化传统去认知、决断和行动,这一切并不是建立在理性的基础之上的。父子在一个问题上认识不同,儿子如何决策呢?按中国文化,儿子应当洗耳恭听接受教育;按美国文化,家长尊重子女的个性与独创,不要求顺从,儿子可以与父亲争辩。那么,以上两种选择哪种是理性的呢?我们必须清醒地认识到决策是一种文化现象。

社会模型在某些条件下是适用的,但是人并不是完全非理性的,否则人类社会也不会得到发展。因此,我们不能简单地认为社会模型在大多数决策中起主要作用,但也不得不承认,社会因素和社会压力对决策行为的影响是十分重要的。

六、直觉决策

变化中的管理实践:直觉决策日益流行。

一位满脑子是方法的教授说:“决策制定很容易,只是确定适当的模型,定义变量,代入数字并求出答案。”这种管理决策的方法于20世纪80年代中期达到了登峰造极的地步。推动这一方法的指导原则似乎是:“如果不能使之定量化,它就不存在。”

理性模型的本质在于用系统性的逻辑取代直觉。直觉决策正在赢得商学院和管理人员中新的追随者的青睐。专家们不再不加分析地假定直觉的运用是制定决策的一种非理性的、或无效的方法了。越来越多的人认为,理性分析被强调得过了头,并且在某些情况下,决策制定能够通过决策者的直觉来改善。故直觉不是要被理性分析所取代——而是这两种方法是相辅相承的。

管理者最有可能使用直觉决策的方法的情况:(1)存在高不确定性时;(2)极少有先例存在时;(3)变化难以科学地预测时;(4)“事实”有限时;(5)事实不足以明确指明前进道路时;(6)分析性数据用途不大时;(7)当需要从存在的几个可行方案中选择一个,而每一个的评价都良好时;(8)时间有限,并且存在提出正确决策的压力时。

在运用直觉时,存在一个管理者可遵循的标准模型:或是在决策过程之初使用直觉;或是在决策过程结尾使用直觉。

在决策开始时使用直觉,决策者努力避免系统分析问题。他让直觉自由发挥,努力产生不寻常的可能性事件,以及形成从过去资料分析和传统行事方式中一般产生不出的新方案。而决策制定结尾的直觉运用,有赖于确定决策标准及其权重的理性分析,以及制定和评价方案的理性分析。但这一切做完后,决策者便停止了这一过程，目的是为了筛选和消化信息。这种方法被形象地描述为“睡眠决策”，一二天后再做出最后的选择。

第三节　程序性决策与非程序性决策

管理者在一种决策情境下所面对的问题类型，通常决定了他如何对待此问题。必须针对问题和决策类型给出一种分类方案，然后，找出管理者采用的决策类型是如何反映问题的特征。

一、问题的类型与决策的类型

有些问题挺直观。决策者的目标是明确的，问题是熟悉的，与问题相关的信息是易确定和完整的。例如，一位顾客想向零售店退货；一个供应商延迟了一项重要的交货；报纸不得不报道意外的、快速传播的新闻事件；或大学处理一名留级的学生。这些情况都称为结构良好问题（Well－structured problems）。它们是指那些直观的、熟悉的和易确定的问题。它们与完全理性假设接近一致。

但管理者面临的许多问题都是结构不良问题（Ill－structured problems），它们是新的或不同寻常的、有关问题的信息是含糊的或不完整的问题。如挑选一个建筑师设计一幢新的公司总部大楼就属此情况之一，决定是否投资于一种新的、未经证实的技术也属于这类决策。

正像问题能分成两类一样，决策也可分为两类，程序化的或例常性的决策，这是处理结构良好问题最有效的途径。而当问题是结构不良问题时，管理者必须依靠非程序化决策寻找到独特的解决办法。

二、程序化决策（Programmed decision）

决策可以程序化到重复和例行的程度，并在某种程度上存在解决问题的确定方法，因为问题属于结构良好问题，管理者不必陷入困境，费尽心机去建立一个复杂的决策过程。程序化决策是相对简单的，并且在很大程度上依赖以前的解决方法。故决策过程的“制定方案”阶段或不存在或不起作用。在许多情况下，程序化决策变成了依据先例的决策，管理者仅需按别人在相同情况下所做的一个系统化的程序、规则或政策就可以了。

程序（Procedure）是管理者能用于响应结构良好问题的一系列相互关联的顺序步骤，唯一真正的困难在于确定问题。一旦问题明确了，程序也就定了，决策过程仅仅是执行一系列简单的步骤。

规则（Rule）是一种清晰的陈述。告诉管理者他应该做什么，不应该做什么。当管理者面对结构良好的问题时，常使用规则，因为它们易于遵循而且保证了一致性。

程序化决策的第三种指南是政策(Policy)。它们使管理者沿着特定的方向考虑问题。与规则相比较,政策为决策者设立了参数,而不是具体说明应做什么,不应做什么。如果将基督教十戒当作规则,那么美国宪法就是政策,后者需要判断和解释;前者则不必。

政策一般包含一些模糊的术语,留待决策者解释,但为决策指明了方向。

三、非程序化决策(Nonprogrammed decisions)

决定是否与另一组织合并,如何重组以提高效率,或是否关闭一个亏损的分厂,这些都是非程序化决策的例子。这些决策是独一无二的,是不重复发生的。当管理者面临结构不良问题或新出现的问题时,是没有事先准备好的解决方法可循的。它需要一种定式的反应。

如果大部分重要决策都是程序化决策,管理生涯将会轻松得多。但是,管理者面临着都是典型的非程序决策:它们是全新的,复杂的、无章可循的,它们有各种各样的解决方案,而且每个方案都各有优缺点。为了解决这样的问题,决策者必须要创新或改进一种方法;没有事前制订的结构(章程)可以遵循。非程序化决策是那些重要而复杂的,需要创新的方法进行解决的决策。

程序性决策与非程序性决策的比较见表 10.4 所示。

表 10.4 程序性决策与非程序性决策

	程序性决策	非程序性决策
问题类型	频繁、重复、常规、对因果关系极其确定的	新的、非结构化的、在因果关系上不确定的
步骤	依赖政策、规则和确定的步骤	需要创造性、对模糊的容忍以及有创意的解决问题
例子	企业:定期记录存货 大学:对学术地位的必要成绩评分 保健:接收病人的步骤 政府:公务员晋升体系	企业:在新产品和市场进行多角化 大学:建设新教室设施 保健:购买实验设备 政府:政府机构重组

四、程序性决策与非程序性决策的综合分析

图 10.4 描绘了问题类型、决策类型以及组织层次三者间的关系。结构良好问题是与程序化决策相对应的,结构不良问题需要非程序化决策。低层管理者主要处理熟悉的、重复发生的问题,因此,他们主要依靠像标准操作程序那样的程序化决策。而越往上层的管理者,他们所面临的问题越可能是结构不良问题。为什么呢?因为低层管理者自己处理日常决策,仅把他们认为无前例可循的或困难的决策向上呈送。类似的,管理者将例行性决策授予下级,以便将自己的时间用于解决更棘手的问题。

在现实社会中,极少的管理决策是完全程序化的或完全非程序化的,这是两个

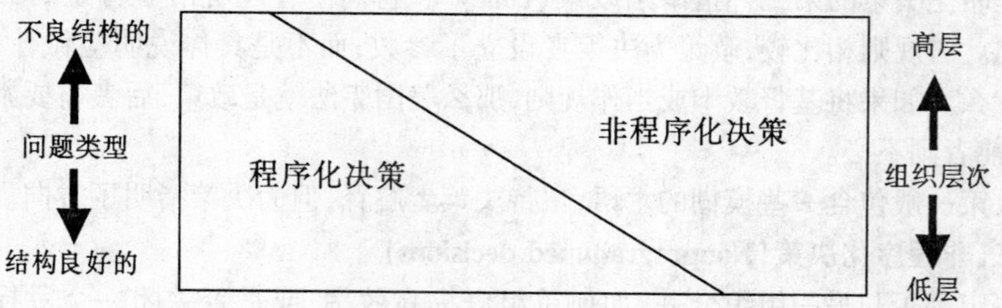

图 10.4　问题类型、决策类型以及组织层次

极端,而绝大多数决策介于两者之间。极少有程序化决策完全排除了个人判断;另一方面,程序化的决策程序有助于做出那些毫无先例的、只有用非程序化决策方法制定的决策。我们最好将决策看作是程序化为主的或非程序化为主的决策,而不是绝对地将这两类决策看作非此即彼。

最后一点,采用程序化决策有利于提高组织效率,这可以说明为什么程序化决策得到广泛应用。只要可能,管理决策都应当程序化。显然,这对组织高层不太现实,因为高层管理所面临的许多问题不具有重复性。但对高层管理而言,强烈的经济动机促使他们制定标准作业程序(SOPs),规则和指导其他管理者的政策。

程序化决策使需要管理者斟酌决定的范围减至最小的程度,这是有利的,因为扩大管理者斟酌决定的范围会增加支出,而管理者要做的非程序化决策越多,所需的判断就越多。由于合理的判断不是人人具备的,所以它要求具有此种能力的管理者提供更多的帮助。

第四节　决策模式与风格

一、决策模式

1.集体决策与个人决策

组织中的许多决策,尤其是对组织的活动和人事有极大影响的重要决策,是由集体制定的。决策的过程是在组织内进行的,它受到来自各个方面的影响:内部的同事、监督人员、检查人员、上司和下属等,外部的竞争者、原料供应者、顾客等等。在这么多与决策有关的人员中,如果决策的诊断活动、设计活动、选择活动由一个人来完成,这种决策称为个人决策;如果决策的诊断活动、设计活动、选择活动由包括两个人以上的群体完成,这种决策称为集体决策。区分集体决策还是个人决策的关键在于,诊断活动、设计活动和选择活动中只要有一个活动是合作完成的,就可以认为是集体决策。当然决策的执行活动必须由组织来执行,因此,无论是个人决策还是集体决策,决策的执行都是集体共同的任务。集体决策与个人决策各有利弊，因此，应在不同的条件下选用不同的决策方式。

2.集体决策与个人决策的比较

在当今世界上，越来越多的重要问题采用集体决策的方式，个人决策占的比重正在不断减少。但是在许多时间紧迫的关键时刻，集体决策无法取代个人决策。一些不值得花费很大代价的次要问题也常常采用个人决策方式。集体决策与个人决策各有各的特点与优势，也各有各的不足，在不同场合发挥各自无法替代的作用。表 10.5 从七个方面对集体决策与个人决策进行比较。

表 10.5 集体决策与个人决策比较

	集体决策	个人决策
果断性	差	佳
责任明确	差	佳
决策成本	高	低
决策质量	佳	一般
一贯性	佳	差
可实施性	佳	一般
开放性	佳	差

(1) 果断性。集体决策时，往往需要有足够的时间来进行沟通与讨论，因此，难以迅速做出决策，当决策的紧迫程度非常高时，必须采用个人决策，由一个决策者果断拍板。

(2) 责任明确。集体决策常会造成责任分散，在决策过程中大家都愿意分析情况、提出方案，但又不愿承担最后抉择的责任，有时会滥用表决的方式，将责任推给大家，造成无人对决策结果负全责的情况。而在个人决策的情况下，决策者的责任明确，无从推委。

(3) 决策成本。集体决策耗费的时间与经费都很多，个人决策相比较而言成本要低得多。因此，在考虑采用集体决策时，必须比较成本与收益，一般只有重要决策才采用集体决策。

(4) 决策质量。集体决策可以汇集更多的信息情报和广泛的知识、经验与创造性，可以得到更精确的诊断和更丰富的备择方案，进行抉择时考虑更全面，产生漏洞的可能性就会比较小，因此决策质量相对较高。由于一个人的信息、知识、经验、创造性一般比不上集体，有时容易片面，除非决策者有极其丰富的经验和敏锐的直觉，一般情况下个人决策的质量比不上集体决策。

(5) 一贯性。个人目标取向是动态的，处在不断的改变中，个人决策常是一种下意识的自然的思维活动，不一定依照科学的决策程序。因此，个人决策可能反复无常,前后矛盾。集体中虽然各个人的目标取向也是动态的,但多元目标综合起来就会稳定得多,加上集体决策一般采用合理的科学决策程序,比较理性,所以集体决策的一贯性较佳。

(6) 可实施性。集体决策过程中,参与者较好地了解所制定的决策,增加了对决策实施的认同感和责任感,参与者获得了较多的信息与信任,满足了人们受尊重的需要,因此,更易接受集体做出的决策,执行过程中积极性较高。个人决策后,向组织成员解释决策时会耗费时间与精力,组织成员有时还会产生误解,实施决策时也可能因为利益关系等种种原因而遇到阻力。

群体决策制定过程是与民主思想相一致的,因此人们觉得群体制定的决策比个人制定的决策更合法。拥有全权的个体决策者不与他人磋商,这会使人感到决策是出自于独裁和武断。

(7) 开放性。开放性指不受个人偏见支配的程度。集体中各成员由于不同的背景地位,他们会从不同角度思考问题,对决策过程有着多方面的信息输入,提供更多、更完整的信息,因此集体决策开放性较强。而开放性越强,一个群体将带来个人单独行动所不具备的多种经验和不同的决策观点,越有利于提高决策水平。

和个体相比,群体有其特有的心理现象,如果说个体心理是头脑的机能,是外部世界的主观印象,那么,群体心理则是普遍存在于各个群体成员头脑中反映群体社会关系的共同心理状态与心理倾向。由于群体心理的特殊性,造成集体决策的如下特有现象。

(1) 群体空想症。由于参与决策的群体成员把保持群体和谐一致作为目的,往往不能理智地分析各种备择方案,而表现出群体空想症,从而使决策质量降低。群体空想症的特征是:

① 从众、屈从压力。上下级关系导致下级并非真正参与决策,下级为迎合上级,宁愿顺着上级的意图而不提出自己的真正意见;个体担心表示异议,会受到多数人的孤立与嘲笑,即使有怀疑也不敢公开发表意见。在群体中要屈从社会压力,从而导致所谓的群体思维(Groupthink)。这是一种屈从的形式,它抑制不同观点、少数派和标新立异以取得表面的一致。群体思维削弱了群体中的批判精神,损害了最后决策的质量。避免不同意见的压力导致群体思维的现象。

② 倾向性地选择信息。群体成员往往封锁外界和内部对决策的怀疑信息,尤其对领导更不敢报告坏消息。

③ 盲目自信与乐观。群体过高地估计自己的判断能力,对外部的影响和力量缺乏清醒认识。群体成员往往对决策的成功率估计过高,对失败可能性估计不足,相信群体无所不能。

④ 首创精神的幻想。群体自认为在解决问题上有首创精神,当人们不愿打破

既有的团队气氛,选择避免争论和异议时就产生了群体思维。有些群体希望成为只有一种思想、没有争议、努力保持热诚的群体。这样的群体过于自信和自满,而且不愿冒风险。在这种群体压力下往往会窒息创造力,扼杀能够进行优秀决策的其他行为。

⑤ 少数人统治。一个群体的成员永远不会是完全平等的。他们可能会因组织职位、经验、有关问题的知识、易受他人影响的程度、语言技巧、自信心等因素而不同。这就为单个或少数成员创造了发挥其优势、驾驭群体中其他人的机会。支配群体的少数人,经常对最终的决策有过分的影响。群体成员中某个人的个体主导。一旦发生这种情况,例如当一个强势领导者明显地表现其偏好时,其结果就是支配的个体在进行单独决策。个体主导有两个缺点,第一,主导者不必有最有效的观点;第二,即使支配者的偏好能够带来好的决策方案,群体决策也是在浪费其他人的时间。

(2) 风险转移。传统观念认为,集体决策会倾向于谨慎和保守,但"风险转移"现象却揭示集体决策较个人决策具有更大的冒险性,其主要原因是:

① 失去个性化。个人决策时,决策者顾虑自己的决策后果,不敢贸然采取有风险的决策,但当集体决策时,成员们共同分担责任,他们就不像个人决策那样具有强烈的责任感,能够做出风险较大的决策。

② 领导者的作用。群体中较具影响力的领导,常常为了显示自己的才能,而采取风险水平较高的决策。领导个人的冒险意愿,很可能被群体接受。

③ 社会比较。因害怕别人认为自己懦弱,群体成员常常会提出较个人决策时更具冒险性的方案。

(3) 群体中经常出现的目标置换。群体目标本来是寻找解决问题的最佳方案。但是,当目标置换发生后,新的目标置换了原有目标。在两个或两个以上的群体成员有不同的观点并提出了冲突的方案时,理性的说服变成了互相攻击,在争论中获胜成为新的目标,保住面子,推翻别人的方案变得比解决问题更加重要。

尽管在很多情况下,群体中会出现"风险转移"现象,但这不是绝对的规律,有的群体甚至会存在向保守转移的倾向。但是在集体决策中,注意可能出现的"风险转移"是十分必要的。

二、决策方式的选择

面临一项决策,明智地选择采用个人决策还是集体决策,将在决策质量、决策成本、决策执行的顺畅程度和决策的果断性等多方面找到一个合理的组合,从而提高决策水平。在这方面,美国匹兹堡大学的弗鲁姆(Vroom)和耶顿(Yetton)两位教授提出的弗鲁姆–耶顿模型,给管理者提供了一个选择决策方式的有效方法。

弗鲁姆–耶顿模型认为在集体决策和个人决策两个极端之间有一个决策方式

的连续体,从纯粹的个人决策到完全的集体决策之间有五种决策方式。

(1) 权力主义方式(A_1)。决策者根据自己已有的知识、能力和资料单独进行决策。

(2) 权力主义方式(A_2)。决策者向下属收集必要的资料,下属不提供或评价解决问题的方案,决策者单独进行决策。

(3) 协商方式(C_1)。以个别接触的方式,向下属说明问题的性质,听取他们的意见或建议,在此基础上,决策者再自行做出决策。

(4) 协商方式(C_2)。让下属集体了解问题,集体提出意见和建议,随后由决策者做出决策。

(5) 团体式决策(G)。决策者作为集体平等成员之一参加集体讨论,由集体进行决策。

弗鲁姆－耶顿模型用决策树的形式来描述情况和适当的决策方式。由图10.5可以看出,问题始于左端,决策者将回答方格上的每一个问题,直到找到适当的决策方式。弗鲁姆和耶顿认为决策过程中最关键的问题是决策的质量和下属对决策的接受程度。决策的质量直接影响到下属以后的行动表现,而下属对决策的接受程度又直接影响他们对决策的执行和负责程度,由此,弗鲁姆和耶顿提出了七个问题。其实,有些控制点可以接受的决策方式不只一个,但是在模型中选择了最省资金、用时最少的那种。

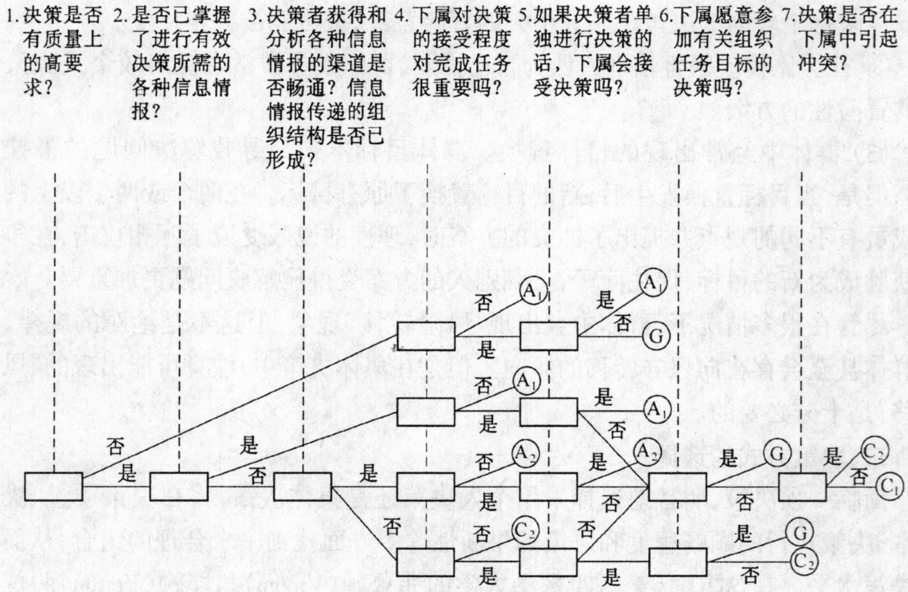

图 10.5 弗鲁姆－耶顿模型

弗鲁姆－耶顿模型在美国的科研单位中已被广泛地采用,并取得很好的效果。当然用一种固定的模式规范思路可能会陷入僵化,但是,弗鲁姆－耶顿模型给管理者提供了一个改进决策过程的有用方法。

三、管理群体决策

图10.6列举了如何有效地管理群体决策的要求:(1)适当的领导类型,(2)建设性地使用争议和冲突,(3)提高创造性。

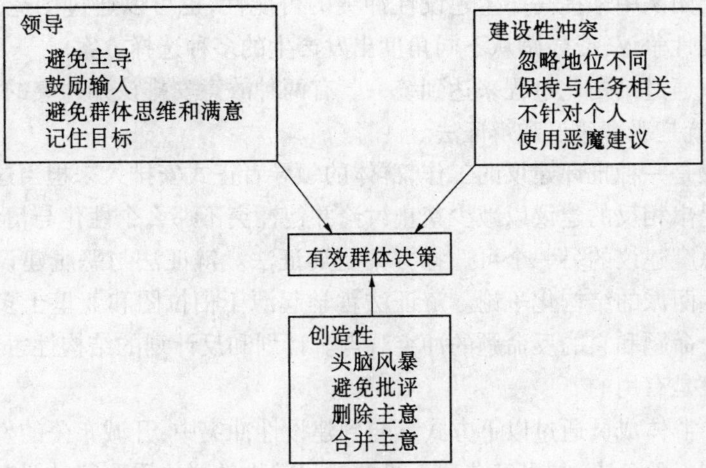

图10.6　有效的群体决策

1.领导类型

决策的领导者应该尽量最小化与过程相关的问题。他们应该避免控制讨论而让其他人控制。这意味着鼓励少数派发表他们的观点和建议并且要求不同的观点。

与此同时,领导者不应该允许群体通过压力来保持一致,当群体出现群体思维和满意迹象时领导者要发出警告。同时,他要在群体成员表现出失去主要目标时给予适当调节,让他们回到解决问题的最佳方案上来。

这意味着两件事情,第一,不要失去问题的意义,第二,做决策。那些反应慢速的企业就是在群体成员不能进行争论中被麻痹的。

2.建设性冲突

群体成员全体一致同意的结果可能是灾难,它能导致群体思维、非创造性解决并浪费个人带给群体的知识和各种各样的观点,因此,一定程度上的建设性冲突是应该存在的。

冲突中最具有建设性的类型是对观点的评判和理解的不同所带来的认知型冲突。与此相反,影响型冲突是情绪型的并对其他人有导向作用。影响型冲突由于导致愤怒、憎恨、目标置换和低质量决策而往往对群体起破坏性作用。另一方面,认知型冲突允许不同观点会产生较好的主意和解决方案,因此,比个人发挥更大作用。

许多管理团队没有任何冲突;他们的文化是由老板支配的并排斥不同意见,在那里人们极力主张一致和不起波澜。这样的团队会失去建设性的潜在利益。

建设性冲突产生于开放参与型环境表面的公开分歧。管理者通过安排不同类型的人在一个团队中来提高产生建设性冲突的可能性,也可以通过创造日常的相互作用和建设性争议,或鼓励从不同角度出发产生的多种选择方案。

冲突可以通过结构化过程来达到统一。有两种故意安排认知冲突的技术用于决策过程,那就是恶魔建议和辩证法。

恶魔建议是一种批评建议的工作,群体的领导者正式安排人来担当这个角色,要求这些人提出相反的建议以减少禁止讨论并使冲突不那么个性化与情绪化。

相对于恶魔建议的另一个可选择方案是辩证法。辩证法与恶魔建议不同,它要求的是产生两派的结构化争论。辩证法哲学起源于柏拉图和亚里士多德,他们提倡综合一个命题和它的反命题的冲突观点。计划和反计划的结构性争论对于制订战略的决策是有用的。

任何一个群体成员通过以下方式参与到建设性冲突中:开诚布公的发表观点;不必担心与别人的争论;如果已花费太长的时间就推动群体采取行动;如果需要就让群体放慢速度;如果群体过于关心短期结果就要提倡注意考虑长期利益;在改进群体决策的有效性上,所有的群体成员都有必要的责任和义务来介入建设性冲突。

3.鼓励创造性

当你已经意识到解决问题的预备方案是不充分和无益的,需要一个特定的解决方案时,就意味着这个群体在产生方案时要有创造性。

创造性比一个观点更重要,它是生存的本质。让人们去创造是一个管理者最重要和具有挑战性的责任。

四、决策风格

全球视野的管理:民族文化对决策风格的影响。

决策风格(是群体参与还是个人专断)以及决策者愿意承担的风险程度,是反映一国文化环境下决策差异的两个方面。例如,日本人就比美国人更倾向于群体决策,这可以从日本的民族文化特征得到解释。

日本人崇尚遵奉与合作,你可以在他们的学校和企业组织中体会到这一点。制定决策前,日本企业的 CEO 要收集大量的信息,以便在群体决策时形成一致的舆论。由于日本组织中的雇员享有高度的工作保障,所以管理决策是从长远观点出发的,而不是只考虑短期的利润,而后者在美国企业中却十分普遍。

其他国家的高层管理者(包括法国、德国和瑞典),也使他们的决策风格适应本国的文化。例如,在法国普遍以独裁方式制定决策。德国的管理方式反映了德国文化讲究结构和秩序的特征。在德国组织中制定有大量的规则和条例,管理者有明确的责任并按规定的组织路径进行决策。瑞典管理者的决策风格与法国和德国的管理者不同,他们更富于进取性,主动提出问题,并且不怕冒风险。瑞典的高层管理者也是把决策权层层委让,他们鼓励低层管理人员和雇员参与影响他们利益的决策。

这些例子表明,管理者需要改变他们的决策风格,以反映他们所在国家的民族文化和所在公司的组织文化。

第五节 决策的影响因素与决策过程

一、决策的影响因素

组织决策是在一定环境条件下通过组织成员的参与而进行的,因此,决策过程会受到组织内外各方面因素的影响。影响组织决策的主要因素包括环境、组织文化、过去的决策、决策者对风险的态度和决策的时间紧迫性。具体内容见表10.6。

表10.6 决策的影响因素

影响因素	具体项目	主要内容
环境	环境的特点影响着组织决策的频率; 环境的特点影响着组织决策的内容; 环境中的其他行动者及其决策会对组织决策产生影响	1.面临市场急剧变化环境条件的企业,会更经常地需要对其经营活动做重大的调整; 2.在竞争性市场上经营的企业,通常需要密切注视竞争对手的动向,不断推出新产品,努力改善对顾客的服务,建立和健全营销网络; 3.处于垄断市场中的企业,则经常将决策重点放在内部生产条件的改善、生产规模的扩大以及生产成本的降低上; 4.处在同一环境中的相关组织之间是相互影响、相互牵制和相互作用的。这种影响在竞争者之间表现得更为明显;
组织文化	组织文化制约着包括决策制定者在内的所有组织成员的思想和行为;组织文化通过影响人们对改变的态度而对决策起影响和限制作用	在偏向保守、怀旧、维持的组织中,组织成员对新事物、新变化持怀疑、害怕和抵御的态度,不利于新政策的实施; 在具有开拓、创新、进取氛围的组织中,组织成员对新事物、新变化持欢迎和支持的态度。组织文化有利于新决策的提出和实施

续表 10.6

影响因素	具体项目	主要内容
过去决策	过去的决策是组织目前决策的起点；过去的决策对目前决策的制约程度，主要受到它们与现任决策者关系的影响	在组织中 80%的决策是追踪决策。过去所选定方案的实施，不仅伴随着组织人力、物力、财力等资源的消耗，而且带来了内外部状况的改变。1.决策者需要对自己做出的选择及其后果负管理上的责任。2.如果决策者对过去决策怀有深厚的感情，则不愿意对过去决策经常调整。反之，如果没有什么感情则较为愿意做出变革
决策者对风险的态度	愿意承担风险的决策者通常会采取进攻性的行动不愿承担风险的决策者通常只会对环境做出被动的反应	
时间限制	时间敏感型决策	要求必须迅速而准确地做出的决策。这种决策对速度的要求更甚于决策质量
	知识敏感型决策	这类决策的效果怎样主要取决于决策质量，而非决策的速度。要使人们充分利用知识，做出尽可能正确的选择

二、决策的过程

决策不是瞬息之间的行为，是一个过程。它是一个发现问题、分析问题和解决问题的系统分析判断的过程。为了保证决策正确，一般应按一定程序进行，如图 10.7 及表 10.7 所示。

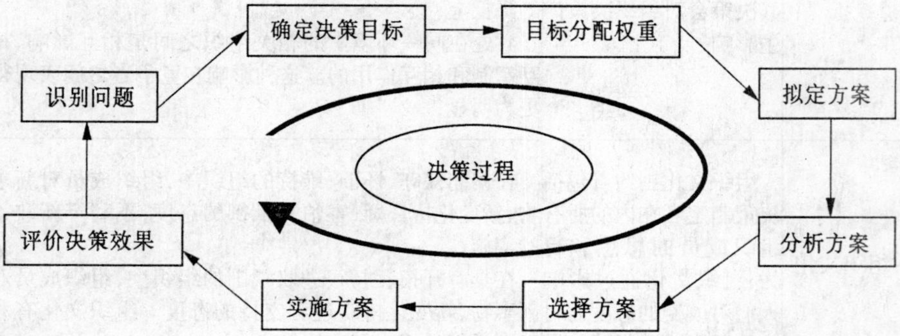

图 10.7　决策过程图

表 10.7 决策过程及其内容

步骤	主要内容	效果	备注
识别问题	经过调查研究,发现现有状况与实际状况之间的差距	认识到改变活动的必要,避免更大的损失	研究组织活动中存在的不平衡,要着重思考以下问题:1)不平衡的时间、类型及影响;2)不平衡的原因及主要根源;3)针对不平衡性质组织采取的对策
确定目标	研究针对所存在的问题而将要采取的措施需要符合哪些要求,必须达到何种的效果	1)目标是决策的方向,为方案的制定和选择提供了依据 2)为决策的实施和控制、组织资源的分配和各种力量的协调提供了标准	明确决策目标,要注意以下问题:1)确定目标的最低水平和理想水平;2)明确多元目标间的关系;3)限定目标的正负面效果。4)保持目标的可操作性。5)近期目标必须明确、具体,远期目标可以有一定的模糊性 特征:a.可以计量或衡量;b.可以规定其期限;c.可以确定其责任者
目标分配权重	衡量目标的重要性	明确多元目标体系中的目标主次关系	
拟定方案	制定备选方案,并从备选方案中选择较为满意的一个方案	决策的本质是选择,只有选择才能够保证决策的质量	在决策过程中,拟定可替代的方案要比从既定方案中进行选择更为重要。如果备选方案的制定存在缺陷,那么,决策就很难得到优化或者满意化
分析方案与选择方案	方案的拟定是一个渐进地、不断地加以补充和完善的过程。一个较好的方案通常都是在与其他方案比较后,在受到其他方案的启发下形成的	优化方案	评价和比较方案一般从以下几个方面着手:1)方案实施所需的条件及成本。2)方案实施能给组织带来的长期和短期的利益。3)方案实施的过程中可能遇到的风险及成功的概率 在方案比较和选择过程中,应注意处理好下述几个方面的问题:1)统筹兼顾;2)注意反对意见,使决策趋于完美;3)要有决断的魄力。妥善地掌握“议”与“断”的度

续表 10.7

步骤	主要内容	效果	备注
实施方案	方案一旦选定以后，组织应该着手制定实施方案的具体措施和步骤		决策方案执行过程应做好以下工作：1)制定相应的具体措施，保证方案的正确执行；2)确保参与实施的人充分接受和彻底了解决策方案的内容；3)运用目标管理方法，把决策目标层层分解，落实到个执行单位和个人；4)建立良好的控制体系，随时了解方案进展情况，及时调整行动
评价决策效果		及时掌握决策执行的情况，将有关信息反馈到决策机构，以便采取对策	决策者跟踪决策实施情况，取得各种反馈信息，一方面可以及时地采取积极措施引导行动，以保证既定目标的实现；另一方面，如果客观条件发生重大变化而导致原决策目标确实难以实现，则应该进一步寻找问题，确定新的决策目标，重新制定可行的决策方案进行评估和选择

理想的决策过程要解决以下一些问题，我们想变化什么？阻碍我们达到希望状态的障碍是什么？如何进行变化？什么是最好的变化方法？我们在按照计划行事吗？怎样做才能得到结果？

1.识别问题

在决策过程的第一个阶段就是要认识出现的问题，而且这个问题必须要解决。典型的是，一个管理者认识到目前的状态和希望的状态之间的差距。

认识目前的问题只是步骤的开始，决策者还必须愿意解决问题并且确认解决问题所需要的资源和能力。然后决策制定者必须深挖和诊断这些表面问题的深层的真实原因。

(1) 正在发生的与将要发生的情况有什么不同？

(2) 怎样尽可能具体地描述这个偏差？

(3) 偏差的原因是什么？

2.确定决策目标

确定决策目标是决策的前提。决策目标是根据所要解决的问题来确定。因此,必须把需要解决问题的性质以及产生的原因分析清楚,目标才能确定。有了目标后,才能拟定出各种达到目标的方案,并根据目标的价值标准仔细衡量,从中选择最好的方案,做出决策。

决策目标一般分为两类:一类是必须达到的目标;另一类是希望达到的目标。必须达到的目标,在资源限制方面,要订一个最高限度,尽可能放开。在必须获得的成果方面,要有一个最低限度的标准,即边界条件。对希望达到的目标,只要表示出相对的需要就行了。区别两类目标有助于一开始就认清和淘汰那些不可能采纳的方案,并对所有达不到目标的方案,不予考虑。另外,保证在决策时不忘记基本要求。一般说来,边界条件说明越具体,划分越清楚,据此做出的决策就更有效。这个步骤要提出和回答的有效问题包括:

(1) 具体要达到的目标是什么?

(2) 哪些目标对决策的成功是绝对关键的?

3.给决策目标分配权重

组织有多种目标。为了使组织能够集中资源和精力完成那些对组织的发展有重大影响的目标,组织必须分清多元目标的主次关系。多元目标之间就存在着既相互关联又相互排斥的关系,在不同时期,随着组织活动重点的转移,这些目标的相对重要性也不一样。这个步骤要提出和回答的有效问题包括:

(1) 哪些目标是存在着排斥关系的?这里的哪一个目标是重要的?

(2) 哪些目标是相互补充的?

(3) 哪些目标是存在因果关系的,如果可能找出原因性目标。

4.拟定方案

备选方案既包括已有的,也包括新形成的。决策者寻找已有方案就是采用他们以前见过或试过的主意,或者听从其他曾遇见类似问题的人的建议,另一方面,制定方案,就必须根据具体问题设计,这需要将主意融入新的、有创意的方案中。

拟定备选方案(数量不只一个的可行性方案)后再进行选择。备选的不同方案必须是在整体上具有齐全性(尽量列出所有的可能的方案),在个体上具有排斥性(各个方案之间应有原则上的差异,且相互排斥)。这样才能够保证备选方案具有实际意义。在这一阶段包括下列有用的问题:

(1) 是否有可供评估的特定选择方案?

(2) 我们还要考虑其他的吗?

(3) 谁能帮助我们提出主意?

(4) 我们怎样创造性增加备选选择?

5.分析方案

这个阶段是要预测各种观点付诸实施后的结果是什么。管理者要考虑不同类型的结果。预测不同方案的财务或其他方面的业绩。重新对照确立的组织目标,看一下哪些备选方案符合或不符合目标?对于你或其他重要利益相关者来说,哪一个备选方案是最可接受的?如果几个备选方案都能解决这个问题,哪个方案将是花费最少的?如果没有备选方案能达到所有的目标,你可能要结合两个或几个最好的。

主要问题包括:

(1) 关于备选方案的信息是否是现实和完善的?如果不是,我们能得到更好的信息吗?

(2) 这些备选方案符合我们的主要目标吗?每一个方案的风险是多少?

(3) 如果我们实施这个备选方案,会有什么问题?

6.选择方案

在这里有几个重要概念:最大化,满意,最佳。

最大化意味着做最有可能的决策。最大化决策实现最大的正面结果和最小的负面结果。换句话来说,最大化就是用最小的成本取得最大的收益,从而获得总体最大的回报。最大化要求寻找所有的选择方案,并对每个选择方案进行认真仔细的评估和比较,之后选择或创造一个最佳方案。

满意是要选择一个最能接受或承认的方案;选择的方案要满足目标或标准。你要根据目标比较你的选择而达到满意。满意意味着寻找并停止在第一个满意的方案上。一般来说,人们不会花费时间和精力来搜集完全的信息。取而代之的是在已经获得的信息基础上来做选择。满意有时候是懒惰的结果;而另外一些时候是由于时间短,没有充分信息,或其他限制而没有其他方案,不能进行最大化。

最佳化是指在几个目标中达到最佳平衡。

7.实施决策

决策过程并不是在选择出一个方案后就结束了,而是要把选择的方案付诸实施。有时候决策者自己投入努力,而有时候他们会把实施的责任委托给其他人,如最高管理层改变了政策或工作程序,而执行经理必须贯彻这种改变。

实施决策就必须知道决策的内容和为什么做这样的决策。而且他们必须对能成功地实施决策达到共识。这就需要在决策过程的早期就吸收执行决策的人加入进来。在世界上最大的制造办公家具的钢箱公司,新产品设计过程就同时包含了设计、工程、市场调查的人员的参与。另外一种做法是设计师先设计,然后把这个概念传递给其他部门进行实施。在后面这种情况下,结果是所有的部门很难了解和认同。

管理者要认真地计划如何实施,恰当的计划工作包含以下几个步骤:

(1) 当决策完全实施时应是什么样子?

(2) 进行时间安排,可能要有一个时间表。

(3) 列出每个实施步骤所需要的资源和行动。

(4) 估计每个步骤所需要的时间。

(5) 明确每个步骤应由谁负责。

决策者必须假设到有些事情在实施过程中是不会太顺利的,这对于花一些额外时间来确定潜在的问题和潜在的机会是非常有用的。这样你就能采取行动去预防问题和有准备地去衡量没有预料到的机会。以下是一些有益的提问:

(1) 什么问题是由这次行动引起的?

(2) 预防这个问题要采取什么行动?

(3) 能带来什么没有预料的利益或机会?

(4) 我们如何确认它们会发生?

(5) 当机会来临时我们准备如何行动?

经常发生不能预料的事情。对此,更好的办法不是在实施阶段检讨那些没有预料到的事情,而是应该在早期的决策阶段进行更多的全面思考。

8.评价决策效果

决策过程的最后阶段是评价决策,这意味着要收集关于决策是如何运行的信息并准确判断决策的成功或失败。

不论反馈是正反馈还是负反馈,决策评价都是有用的,反馈可以显示实施是否按照决策运行以及在组织中的哪个部分运行。负反馈意味着失败,它可能出自下列原因:(1)实施需要更多的时间、资源、努力、思想;(2)是一个错误的决策。

如果决策显示出不恰当时,就要返回到策划阶段。于是过程回到第一阶段,重新定义问题。决策制订过程重新开始,需要更多信息和建议,以及一种方法来避免在第一轮中出现的错误。

三、完全理性与有限理性假设对决策过程的影响

尽管存在着对完全理性的局限,人们还是希望管理者遵循理性过程。管理者们知道,"好的"决策者必定要做的事情是:识别问题、考虑方案、收集信息,以及果

断而谨慎地行动。这样,管理者才能表现出正确的决策行为。

表 10.8 概括了完全理性和有限理性管理者应如何实行决策制定过程的步骤。并给出了管理者在有限理性假设下是如何决策的。

表 10.8 决策制定过程的两种观点

决策制定步骤	完全理性	有限理性
1.识别问题	确定一个重要的、相关的组织问题	确定一个反映管理者利益和背景的、可见的问题
2.确定决策目标	确定所有的标准	确定有限的一套标准
3.给目标分配权重	评价所有标准并依据它们对组织目标的重要性进行排序	建立一个简单的评价模型并对标准排序;决策者自身的利益强烈影响排序
4.拟定方案	创造性地制定广泛的各种方案	制定有限的一系列相似方案
5.分析方案	依据决策标准和重要性评价所有方案;每一方案的结果是已知的	从希望的解决方法出发,依据决策标准一次一个的评价方案
6.选择方案	最大化决策:获得最高经济成果的方案(依据组织目标)	满意决策:寻找方案一直到发现一个满意的、充分的解决方法为止
7.实施方案	由于决策是最大化单一的、明确的组织目标,所以所有组织成员将会接受此方案	政治和权力的考虑将会影响决策的接受和执行
8.评价决策效果	依据最初的问题客观评价决策成果	对决策结果的评价只有消除评价者个人利益才能客观;对先前承诺的资源配置逐步升级的可能,而不管先前的失败和不顾追加资源配置仍难以成功的事实

四、有效决策的障碍

在决策过程的每一步骤都贯彻警惕性,与其说是管理决策原则不如说是例外。但是研究表明,当管理者使用如此理性过程时能带来好的决策结果。管理者应该确信采用这样的过程是非常有效的。

管理者为什么不能自动采用这样的理性过程呢?因为备选方案容易被否定或者在实施中发生错误,问题或目标可能被错误的界定,产生的方案是不完美的,或者这些方案没有充分评估。可能做出的选择只是一个满意的方案但不是一个最大化的。实施方法没有被很好地计划或者执行或者由于监控不恰当或干脆没有。决策被主观心理偏见、时间压力、社会现实所影响。

1.心理偏见

决策者在搜集、评估、应用信息来做出决策时会远离客观。人们的偏见会干扰客观理性。

控制幻想是一种信念,在这种信念下人们会相信能够影响客观事件的进行,甚至对将要发生的事情毫无控制时,赌博就是一个例子。对于已经有许多人无数次证明都不能赢的猜单赌博,还有一些人相信自己有赢的技巧。在商业中,这样的过分自信由于忽略风险以及对客观评估处于侥幸心理会导致失败。相关的是,这些人对于自己以及公司的实际位置也没有明确的认识,认为他们不会做错事情,对于未来抱有态度是相信能够避免挫败和风险。

框架效应(FRAMING EFFECTS)也是影响问题和决策方案形成的一种心理偏见。它是指问题与决策的选择是如何被理解和看待的以及这些主观影响如何超越了客观事实。例如管理者表示愿意在一个项目中进行大量投资,这个项目被报告称有了70%的成功率比被说成有30%的失败率对他的影响大,因为评估是用成功几率进行的。这就是被框架了的看问题的方法限定了管理者的选择,因此框架在人们的决策中施加了无原因的、非理性的影响。

决策者还经常将未来折现。这就是说,他们在评估备选方案时对短期的成本和收益看得比长期的成本和收益要重要。

2.时间压力

在今天迅速变化的商业环境下,最宝贵的就是行动敏捷并保持稳定。如果管理者花很长时间来决策的话,就会带来严重后果——决策是不相关的,甚至是灾难。

管理者有一些自然倾向,包括分析不足,压制冲突,在没有其他管理者提供建议的情况下单独决策。这些方法虽然能提高决策速度但是会降低决策质量。

管理者在时间压力下如何做出既是高质量的又是迅速的决策呢?对高科技的迅速增长的计算机行业中的企业决策过程的研究显示了快速反应和慢速反应之间的一些重要不同。快速企业在不牺牲决策质量下建立了有意义的竞争优势。

这些企业使用了什么样的战术呢?

第一,坚持依靠长期计划和未来信息。关注实时信息:在几乎没有时滞的情况下获得流动的信息。

第二,使决策过程的人更加有效率和有效果。注重和信赖那些自己领域中能提供良好建议和排除不确定性确保行动敏捷的专家。对于冲突,采用现实的观点,对于不同的观点给予有价值的评价,就不会有任何结果,最高管理者必须促成意见一致,并在最后关头进行最终选择。

3.社会现实

如同描述的计算机行业的企业决策一样,许多企业的决策不是由某个管理者做出的,而是由一个群体做出的。在慢速反应企业中,个人之间的关系因素损害了决策的有效性,他们甚至在对老板或其他个人负责任的单独行动中也必须考虑其他人的反映和偏好。重要的管理决策都有不同利益群体的冲突痕迹,因此,许多决策是社会相互作用、讨价还价和政治交易的结果。

第六节 决策的方法

随着社会生产、科学技术、决策实践与决策理论的发展,人们创造出许多决策方法。归纳起来可以分为两大类:定性决策方法和定量决策方法。

一、定性决策方法

定性决策方法又称决策的"软"方法。它是指在系统调查研究分析的基础上,根据掌握的情况与资料,充分发挥专家集体的智慧、能力和经验进行决策的方法。常用的定性决策方法有以下几种。

1.头脑风暴法(Brainstorming)

头脑风暴法是一个产生思想的过程,群体领导者以一种明确的方式向所有参与者阐明问题,鼓励提出任何种类的方案设计思想,同时禁止对各种方案的任何批评。并且所有方案都当场记录下来,留待稍后再讨论和分析。头脑风暴法是克服阻碍产生创造性方案的遵从压力的一种相对简单的方法。

在头脑风暴环境下,人们无拘无束往往能发表不同寻常的、创造性的甚至是激进的主意。这样,人们释放出他们的观点,能产生一长串的选择方案。只有到评估方案的阶段,多数的主意才被评价、修正或者结合来产生一个对于解决问题是创造性的、定制的方案。

虽然头脑风暴法是常见的做法,研究显示群体面对面的商讨与他们单独进行思考相比要产生比较少的主意。这是因为(1)在群体中有一些人总在担心其他人的想法,这会限制他们表达主意;(2)人们在群体中的思维积极性比他们单独思维且对结果负责情况下要低;(3)花时间听别人阐述会降低生产率。

2.德尔菲法(Delphi technique)

德尔菲法是一种更复杂、更耗时的方法,不允许群体成员面对面在一起开会。以下步骤描述了德尔菲法的特征:

(1) 确定问题。通过一系列仔细设计的问卷,要求成员提供可能的解决方案。

(2) 每一个成员匿名地、独立地完成第一组问卷。

(3) 第一组问卷的结果集中在一起编辑、誊写和复制。

(4) 每个成员收到一本问卷结果的复制件。

(5) 看过结果后,再次请成员提出他们的方案。第一轮的结果常常是激发出新的方案或改变某些人的原有观点。

重复(4)、(5)两步直到取得大体上一致的意见。

许多大型组织都对德尔菲法感兴趣,因为它是一种行之有效的决策方法,尤其对新技术发展和新产品开发的决策富有成效。但这种方法耗时,费用也高,因此一般不适于日常决策。

德尔菲法隔绝了群体成员间过度的相互影响。它还无须参与者到场,这样避免了召集主管人的花费,又获得了比较一致的意见。但它的缺点是太耗费时间了。当需要进行一个快速决策时,这种方法通常行不通。而且,这种方法不能像相互作用的群体或名义群体那样,提出丰富的设想和方案。

3.名义群体法(Nominal group technique)

名义群体在决策制定过程中限制讨论,如参加传统委员会会议一样,群体成员必须出席,但他们是独立思考的。具体来说,它遵循以下步骤:

(1) 成员集合成一个群体,但在进行任何讨论之前,每个成员独立地写下他对问题的看法。

(2) 经过一段沉默后,每个成员将自己的想法提交给群体。然后一个接一个地向大家说明自己的想法,直到每个人的想法都表述完并记录下来为止(通常记在一张活动挂图或黑板上)。在所有的想法都记录下来之前不进行讨论。

(3) 群体现在开始讨论,以便把每个想法搞清楚,并做出评价。

(4) 每一个群体成员独立地把各种想法排出次序,最后的决策是综合排序最高的想法。

这种方法的主要优点在于,使群体成员正式开会但不限制每个人的独立思考,而传统的会议方式往往做不到这一点。

4.电子会议法(Electronic meeting)

最新的群体决策方法是将名义群体法与尖端的计算机技术相结合的电子会议。多达50人围坐在一张马蹄形的桌子旁,这张桌子旁,除了一系列的计算机终端别无他物,将问题显示给决策参与者,他们把自己的回答打在计算机屏幕上,个人评论和票数统计都投影在会议室内的屏幕上。

电子会议的主要优点是匿名、诚实和快速。决策参与者能不透露姓名地打出自己所要表达的任何信息,一敲键盘即显示在屏幕上,使所有人都能看到。它还使人们充分地表达他们的想法而不会受到惩罚,它消除了闲聊和讨论偏题,且不必担心打断别人的讲话。

专家们声称电子会议比传统的面对面会议快一半以上。但电子会议也有缺点,那些打字快的人使得那些口才虽好,但打字慢的人相形见绌;再有,这一过程缺乏面对面口头交流所传递的丰富信息。

二、定量决策方法

定量决策方法又称决策“硬”方法。它是指应用数学模型,或借助电子计算机进行决策的一种方法。

1.确定型决策方法

确定型决策问题,应具备以下条件:存在决策者希望达到的一个明确目标;只存在一个确定的自然状态;有可供决策者选择的两个或两个以上的行动方案;不同的行动方案,在确定状态下的损益值可以计算出来。

2.风险型决策方法

风险型决策方法又称随机型决策。风险型决策需要具备以下条件:具有一个决策者企图达到的明确目标;存在两个以上可供选择的行动方案;存在着不以决策者意志为转移的两种以上自然状态;各个行动方案在各个自然状态下的损益值可以计算出来;决策者对未来可能出现何种自然状态不能确定,但出现的概率可以大致估计出来。

决策树法是风险决策中应用最广、效果最显著的方法。决策树是决策问题的图形表达,对分析多阶段的决策问题十分有效,它指明了未来的决策点和可能发生的偶然事件,并用记号标明各种不确定事件可能发生的概率,它把可行方案、所冒风险及可能的结果直观地表达出来。

(1) 单级决策举例

例 某企业准备今后五年生产某种产品,需要确定产品批量。根据预测估计,这种产品的市场状况,畅销的概率为0.3,一般的概率为0.5,滞销的概率为0.2。对产品生产提出大、中、小三种批量的生产方案。怎样决策才能取得最大经济效益?有关数据如表10.9所示。

表10.9 各方案损益值表 (万元)

自然状态 / 概率 / 方案	畅销	一般	滞销
	0.3	0.5	0.2
大批量(Ⅰ)	30	25	12
中批量(Ⅱ)	25	20	14
小批量(Ⅲ)	18	16	15

① 从左向右画决策树形图，如图 10.8 所示。

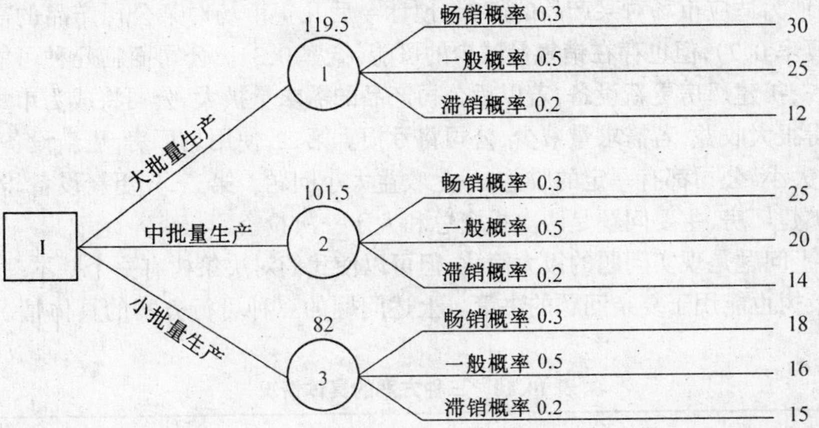

图 10.8

图中:□表示决策点;从决策点引出的分枝称方案枝,每一条方案枝代表一个方案,并在该方案枝上标明该方案的内容;○表示自然状态点,从它引出的分枝称概率枝,每个概率枝代表一种随机的自然状态,并在概率枝的上面标出自然状态的名称,在概率枝的下面标出这种自然状态的概率值;每条概率枝的末端的△符号称结果点,在该点上标出该自然状态下的损益值;在方案枝上‖为剪枝符号,表示对该方案的舍弃。

运用决策树法,首先要画出决策树形图,画决策树应从左向右,即先在左边画出决策点,从决策点出发引出若干方案枝,方案枝末端画出自然状态点,从自然状态点引出概率枝,概率枝末端标出损益值,然后进行计算和分析。计算和分析是由右向左,即按右端结束点后的损益值与相对应的概率值,计算出各方案在不同自然状态下的损益期望值,并注明在各方案状态点上,再比较其大小后进行优选

② 计算各方案的损益期望值,其公式是:

某方案损益期望值 = ∑(各方案某种自然状态的概率 × 该自然状态下的损益值)

大批量生产结点①的期望值 = $[30\times0.3+25\times0.5+12\times0.2]\times5=119.5$(万元)

中批量生产结点②的期望值 = $[25\times0.3+20\times0.5+14\times0.2]\times5=101.5$(万元)

小批量生产结点③的期望值 = $[18\times0.3+16\times0.5+15\times0.2]\times5=82$(万元)

③ 选择最佳决策方案。把以上计算结果注明在各个方案结点上,然后在各个方案之间比较期望值,从中选出期望值最大的作为最佳方案,并把此最佳方案的期望值写到决策结点方框的上面,以表示决策的结果。根据比较,剪去中批量和小批量方案枝,选择大批量方案。

(2) 多级决策举例

某地为适应市场对某产品的需求,预计今后几年市场对某公司产品的需求会扩大(概率 0.7),但也存在销售量减少的可能(概率 0.3)。公司面临几种可能的选择:第一,扩建厂房更新设备,若以后公司产品的需求量扩大,公司将成为市场领先者,获得很大收益;若需求量减少,公司将亏损。第二,使用老厂房,更新设备,无论需求量大小,公司都有一定的收益,只是收益大小问题。第三,先更新设备,若销路好,再扩建厂房,主要问题是两次投资总和大于一次投资。

以上问题是现实问题的极大简化,但可以使我们对决策树有一个基本理解,当然,决策树也能用于复杂问题的决策。上述问题的三种可行方案的具体情况见表 10.10。

表 10.10 三种方案的具体情况

方案	投资/万元	获利/万元		服务年限
		需求量大	需求量小	
A.扩建厂房更新设备	700	300	亏损 50	5
B.更新设备	400	100	60	5
C.先更新设备,发现需求量大,于一年后扩建厂房增加设备	800	300	—	4

现在看看如何根据这些情况选择最佳方案。根据三种可行方案情况画出决策树,如图 10.9。

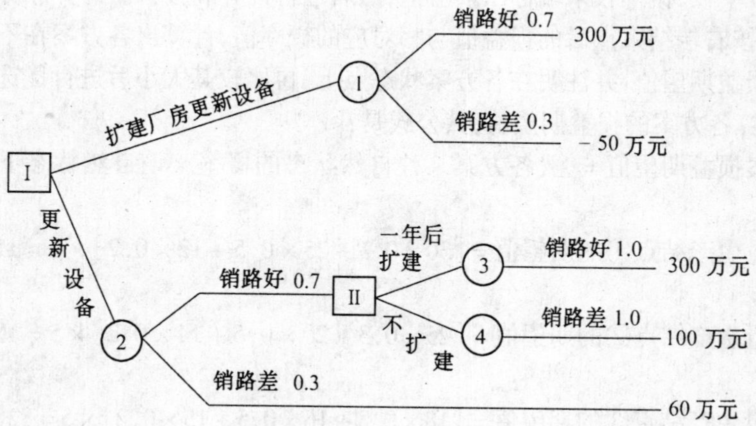

图 10.9 三种方案的决

由决策点引出的若干条树枝称为方案枝。由状态结点引出的若干条树枝称为状态枝，状态枝上标明状态的情况和可能的概率。本例有两个决策，决策Ⅰ是当前扩建厂房更新设备还是仅更新设备；决策Ⅱ是一年后销路好时是扩建厂房增加设备还是维持原状。各状态结点的期望收益如下：

结点④：$100\times1.0\times4=400$（万元）

结点③：$300\times1.0\times4-400=800$（万元）

由于 $800>400$，所以决策Ⅱ选择扩建厂房增加设备。

结点②：$(60\times0.3\times5+100\times0.7\times1+800\times0.7)-400=320$（万元）

结点①：$[300\times0.7\times5+(-50)\times0.3\times5]-700=275$（万元）

决策结果为目前仅更新设备，并不急于扩建厂房，因为状态结点②的预期收益320万元大于状态结点①的预期收益275万元。

3.不确定型决策方法

不确定型决策是在客观自然状态的概率完全不能确定的情况下进行的决策。这种决策主要取决于决策者的经验和智慧。这时的选择将受决策者心理导向的影响，由于决策者各具特点，便有不同的评价标准，因而产生了多种具体的决策方法。下面用实例说明不确定型决策的方法。

银行S的营销经理已经为在东北部推广银行S的d信用卡而制定了四种可能的战略。但这位营销经理还注意到他的主要竞争者——银行CA已在同样的地区，为推广其另外信用卡可能采取的三种竞争性行动。在此情况下，假设银行S的经理没有指导自己确定四种战略成功概率的经验，于是，银行S的营销经理列出了一个如表10.11所示的模型，表明银行S的各种战略，以及在银行CA采取竞争行动下银行S的最终利润。

(1) 悲观法（小中取大法）。这种方法决策的程序是：① 从每个方案中选择一个最小的收益值；② 从这些最小收益值中选取数值最大的方案作为决策方案。这种决策方法的主要特点是依据悲观的原则，总是从最坏的结果着想，但又想从最坏的结果中选择最好的结果。

如果S银行的营销经理是一位悲观主义者，那么他将只想到可能会发生的最坏情况。每一战略的最坏结果如下：$S_1=11$；$S_2=9$；$S_3=15$；$S_4=14$。这些是每一战略最悲观的结果。依据最大化选择，他将选择最大化最小收益，即选择 S_3 方案。

(2) 乐观法（大中取大法）。这种方法决策的程序是：① 从每个方案中选择一个最大；② 收益值中再选择一个最大值作为决策方案，这种决策方法的主要特点是依据乐观原则，不放弃任何一个获得最好结果的机会，争取好中取好。

在本例中，假如S银行的营销经理是一位乐观主义者，他将选择 S_4，因为这一方案能产生最大可能的收益是2 800万美元。这一方案是最大化最大可能收益。

表 10.11 收益矩阵 单位:百万美元

收益矩阵		银行 CA 的反应		
		CA_1	CA_2	CA_3
S 银行营销策略	S_1	13	14	11
	S_2	9	15	18
	S_3	24	21	15
	S_4	18	14	28

(3) 平均法(又称等概率法)。这种方法决策的程序是:① 将每个方案在各种自然状态下的收益值相加后,除以自然状态的个数,求得每个方案的平均收益值;② 从中选择平均收益值最大的方案作为决策方案。这种决策方法的特点是以平均收益值作为评价方案的标准,依据的是平均原则,这是一种折衷的、平稳的决策方法,也可以理解为把不确定性决策的各个方案按等概率出现来进行风险性决策分析,计算见表 10.12 所示。

表 10.12 平均法(又称等概率法)

收益矩阵		银行 CA 的反应			平均收益值
		CA_1	CA_2	CA_3	
S 银行营销策略	S_1	13	14	11	12.67
	S_2	9	15	18	14
	S_3	24	21	15	20
	S_4	18	14	28	20

从本例计算结果看,S_3 和 S_4 同是此方法的可选方案,但

$$\sigma_3=\sqrt{\frac{(24-20)^2+(21-20)^2+(15-20)^2}{3}}=\sqrt{14}$$

$$\sigma_4=\sqrt{\frac{(18-20)^2+(14-20)^2+(28-20)^2}{3}}=\sqrt{34.7}$$

从上述计算可以判断 S_4 方案的风险比 S_3 要高得多,由此可以选择方案 S_3。

(4) 后悔值法(大中取小法)。管理者认识到一个决策一旦做出,它不一定产生最有利可图的收益。这表明存在着放弃利润的后悔(遗憾),这里所谓的后悔(遗憾)指的是,如果你选择了其他战略可能增加的收益。

这种决策方法的程序是:① 从各种自然状态下找出各个方案的最大收益值;② 将每种自然状态下各种方案的收益值与最大收益值相比较,求得后悔值;③ 从各个方案后悔值中找出最大后悔值;④ 从中选择最小后悔值,作为最后选择的决策方案。这种方法是以后悔值作为评价方案的标准,依据的是遗憾原则。它既不过于保守,又不过于冒险,是一种比较稳当的决策方法。

管理者以竞争对手每一种行动下四种战略的最大可能收益，减去相应的可能收益所得的值来衡量后悔（遗憾）。对 S 银行的营销经理而言，与 CA 银行的 CA_1、CA_2、CA_3 行动相对应的最大收益分别为 2 400 万美元、2 100 万美元和 2 800 万美元（即表 10.11 中每一列的最大值）。用这几个值减去表 10.11 中相应列的各个收益值，就得到表 10.13 的结果。

表 10.13 遗憾矩阵 单位：百万美元

遗憾矩阵		CA 银行的反应			最大遗憾值
		CA_1	CA_2	CA_3	
S 银行营销策略	S_1	11	7	17	17
	S_2	15	6	10	15
	S_3	0	0	13	13
	S_4	6	7	0	7 *

最大遗憾值是：$S_1 = 17$；$S_2 = 15$；$S_3 = 13$；$S_4 = 7$。由于极小极大选择是最小化最大遗憾，所以营销经理应选择 S_4。作此选择，他将无须担心利润的机会损失会多于 700 万美元。相比之下，如果他选择了 S_2，而 CA 银行采取的是 CA_1 行动，那么他就会少获得 1 500 万美元的利润。

4.优选理论

决策者在实际中往往并不按决策树法得出的结果行事，越是重要决策，越是如此。比如有两个方案，方案 A 的预期利润为 1 000 万元，成功概率 0.2，若不成功的话损失 100 万元，那么期望收益是 $1\ 000 \times 0.2 + (-100) \times 0.8 = 120$ 万元；方案 B 的预期利润为 100 万元，成功概率 0.9，若不成功的话既无收益也不损失，那么期望收益是 90 万元。按决策树的思路，应该选择方案 A。但在实际中，决策者考虑到一旦失败，方案 A 损失不小，还会造成本人声誉的损失，影响本人在公司内的前途，加之方案 A 失败的可能相当大，因此许多决策者会选择较平稳的方案 B。这里存在着一个决策者对待风险的态度问题。“优选理论”就是研究人们对风险的态度，分析人们在愿意或避免承担风险情况下的各种可能性的一种理论。典型的对待风险的态度曲线如图 10.10 所示。有些人在较小的成功概率下愿意承担大风险，是冒险家；有些人只有在很大的成功把握下才愿意承担大风险，是谨慎者。图中的统计概率曲线，是完全按成功把握的正比例承担风险，只是数学上的理想；图中的个人偏好曲线，是大多数人的实际情况，即在风险较小时，都是冒险者，但当风险增大时，很快就成为谨慎者。

管理者可以通过评估自己在实际中的处事方法或想象情况下的应对策略，绘出自己的偏好曲线，从而就可以根据实际决策中的估计概率决定自己的行动。即使管理者不能系统地画出个人偏好曲线，但如能粗略地知道自己与同事或下属对

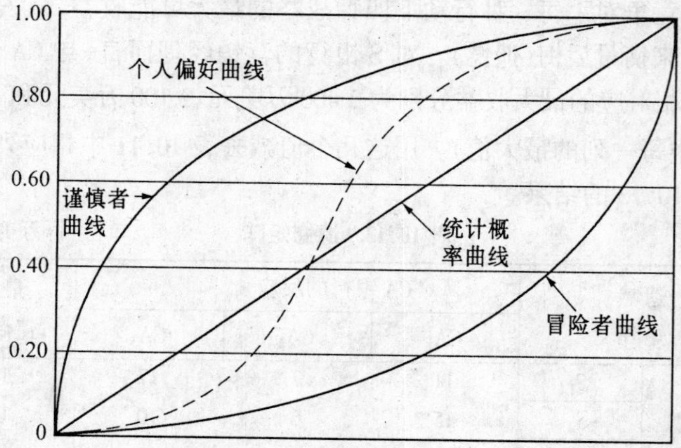

图 10.10　人们对待风险的态度

风险的态度,这对决策的制定也是十分有益的。

定量决策方法的发展,是与电子计算机在组织管理中的应用分不开的。因为有了电子计算机,才能大大缩短运算和逻辑判断的时间。定量决策方法的运用可以提高决策的准确性、时效性和可靠性,并且能大大地节省决策者花费在常规决策上的时间和精力。但它也存在一定的局限性,对于许多复杂的决策问题很难用数学模型表示出来,某些变量根本不可能定量化,因此,数学模型所反映的只是影响决策的主要因素而不是全部因素,它只能是近似地、有条件地反映现实。另外,建立数学模型往往要耗费大量人力和资金,使用电子计算机的成本也比较高。

第十一章 战略管理

学习目的

学完本章后应了解与掌握::

1.了解战略的产生、发展过程与流派。

2.分清战略及战略管理的概念。

3.区分公司层、事业部层和职能层的战略。

4.掌握战略管理的过程。

5.掌握环境分析与制定战略的方法

第一节 战略及战略管理的发展

一、战略的概念

战略原为军事用语,顾名思义,战略就是作战的谋略。辞海中对于战略一词的定义是:军事名词。对于战争全局的筹划和指挥。它根据敌对双方的军事、政治、经济、地理等因素,照顾战争的全局各方面,规定军事力量的准备和运用。中国大百科全书军事卷:战略——指导战争全局的方略。即战争指导者为达到战争的政治目的,根据战争规律所制定和采取的准备和实施战争的方针、政策和方法。

在英语中,Strategy 来源于希腊语,也是一个与军事有关的词,韦氏新国际英语大词典定义为军事指挥官克敌制胜的科学家与艺术。简明不列颠百科全书称战略是在战争中利用军事手段达到战争目的的科学和艺术。

军事家们对战略一词也有精辟的见解。著名的德国军事战略家克洛塞维茨说:战略是为了达到战争目的而对战斗的运用。战略必须为整个军事行动规定一个适应战争目的目标。另一位著名的德国军事战略家毛奇也曾经说过:战略是一位统帅为达到赋予他的预定目的而对于自己手中掌握的工具所进行的实际运用。

随着人类社会实践的发展,战略一词后来被人们广泛地用于军事之外的领域,人们又逐渐赋予战略一词以新的含义。因此,将战略思想运用与企业经营管理之中,就产生了企业战略这一概念。

在西方战略管理文献中没有一个统一的定义,不同的学者与经理赋予企业战略以不同的含义。有的人认为企业战略应包括企业目的与目标,即广义的企业战略;有的则认为企业战略不应该包括这一部分内容,即狭义的企业战略。

美国哈佛商学院的教授安德鲁斯认为企业总体战略是一种决策模式,决定和揭示企业的目的和目标,提出实现目的的重大方针与计划,确定企业应该从事的经营业务,明确企业的经济类型与人文组织类型,以及决定企业应对职工、顾客和社会做出的经济与非经济的贡献。

因此,安德鲁斯的战略定义从本质上讲,是要通过一种模式,把企业的目的、方针、政策和经营活动有机地结合起来,使企业形成自己的特殊战略属性和竞争优势,将不确定的环境具体化,以便较容易地着手解决这些问题。

战略决策对这种模式的最大贡献是在较长的时间里影响着企业各方面的资源和行为。因此,战略模式的某些方面在相当长的时期不会发生变化,但战略模式的某些方面则一定会随着时间推延而发生变化,因此,在观察、判断和制定企业的战略时,经理人员要有全面的观点,辩证地处理变与不变两种关系,在保证企业活力的前提下,提高战略的相对稳定。

魁因是美国达梯莱斯学院的管理学教授。他认为,战略是一种模式和计划,它将一个组织的主要目的、政策与活动按照一定的顺序结合成一个紧密的整体。一个制定完善的战略有助于企业组织根据自己的内部能力与弱点,环境中的预期变化,以及竞争对手可能采取的行动而合理地配置自己的资源。魁因对此定义做过进一步的解释,认为战略应包括以下内容:

(1) 有效的正式战略包括三个基本因素:① 可以达到的最主要的目的;② 指导和约束经营活动的重要政策;③ 可以在一定条件下实现预定目标的主要活动程序或项目。在魁因的定义中,确立了一个组织的目标是战略制订过程中一个不可分割的部分。

(2) 有效的战略是围绕着重要的战略概念与推动力而制定的。所谓战略推动力是指企业组织在产品和市场这两个主要经营领域所采取的战略活动方式。不同的战略概念与推动力会使企业的战略产生不同的内聚力、均衡性和侧重点。当然,这些战略推动力有的是暂时的,有的则贯穿始终。从成本上看,企业要实现某些推动力,则要付出相应的代价。企业要获得成功,则必须给每个已近推动力配置足够的资源。

(3) 战略不仅要处理不可预见的事件,也要处理不可知的事件。因此,战略的实质是建立一种强大而又灵活的态势,为企业提供若干个可以实现自己目标的抉择方式,以应付外部环境可能出现的例外情况,不管外部力量可能会发生哪些不可预见的事件。

(4) 在大型组织管理层次较多,每一个有自己职权的层次都应有自己的战略。这种分战略必须在一定程度上或多或少地实现自我完善,并与其他的分战略相互沟通互相支持。更重要的是,组织中说有的战略要具有一种总体的凝聚力,即每一个低层次的战略都必须是实现高一层次战略的凝聚力的元素。同时,组织还应运用系统的方法去考察每一种分战略,检验他们是否按照战略的主要原则所制定。

美国著名战略学家安绍夫,认为经营战略主要是关心企业外部胜于企业内部,特别是关系到企业生产的产品构成和销售市场,决定企业干什么事业,以及是否要干。

自从他的战略定义提出以后,西方战略管理文献一般将战略管理分为二大类:企业总体战略和经营战略。企业总体战略考虑的是企业应该选择进入哪种类型的经营业务;经营战略考虑的则是企业一旦选定了某种类型的经营业务后,确定应该如何在这一领域里进行竞争和运行。

安索夫指出,企业在制定战略时,有必要先确定自己的经营性质。有的企业按照产品系列的特性确定自己的经营性质;有的则是根据构成产品系列的技术来确定经营的性质。在后一种定义的情况下,企业尽管有可能向不同的用户销售一系列不同的产品,但制造这些不同的产品的技术基本上是一致的,或彼此之间在技术上有着一定的关系。无论怎样确定自己的经营性质,目前的产品和市场与未来的产品和市场之间存在着一种内在的联系,安索夫称这种现象为共同的经营主线。通过分析企业的共同的经营主线可把握企业的方向,同时企业也可以正确地利用这条主线,恰当地指导自己的内部管理。

加拿大麦吉尔大学管理学教授明茨博格指出在生产经营活动中,人们在不同的场合以不同的方式,赋于战略不同的内涵,说明人们可以根据需要接受各种不同的战略定义。只不过在正式使用战略的定义时,人们只引用其中的一个罢了。在这种观点的基础上,提出了战略是由 5 种规范的定义阐明的,即计划(Plan)、计策(Ploy)、模式(Pattern)、定位(Position)和观念(Perspective)。值得强调的是企业战略仍只有一个,这 5 个定义只不过是从不同角度对战略加以充分阐述。

把战略看成为一种计划,即它是一种有意识的有预计的行动程序,一种处理某种局势的方针。战略具有两种属性:一是战略是在企业发生经营活动之前制定的,以备人们使用;二是战略是有意识有目的地开发的。战略是一种计策,是指在特定的环境下,企业把战略作为威胁和战胜竞争对手的一种具体的“手段”。

明茨博格认为仅把战略定义为企业采取经营活动之前的一种计划是不充分的。把战略定义为一种模式,它反映企业的一系列行动。战略作为一种计划与战略作为一种模式两种定义是相互独立的。在实践中,计划往往可能在最后没有实施,模式却可能事先并没有具体计划,但最后却形成了。就是说,战略可能是人类行为的结果,而不是人类设计的结果。这就是说,无论企业是否事先对战略有所考虑,只要有具体的经营行为,就有战略。这种战略与企业的行为相一致,行为的最终结果说明了战略的执行情况,使之有水到渠成的效果。

战略应是一种定位,是一个组织在自身环境中所处位置。对企业来讲,就是确定自己在市场中的位置。企业战略是一种地位,引进了多方竞争以及超越竞争的含义。换句话说,企业在生产经营中既要考虑单个竞争对手在面对面的竞争中处于何种位置,也须考虑在若干个竞争对手面前自己在市场中所处的地位,甚至企业还可以在市场确定一种特殊的地位,使得对手们无法与自己竞争。

明茨博格把战略定义为一种观念,是指战略体现组织中人们对客观世界固有的认识方式。战略是一种观念的定义,强调战略都是一种抽象的概念,只存在与需要战略的人的头脑之中,没有谁亲眼见过战略,或触摸过战略。可以说,每种战略都是人们思维的创造物,是一种精神的产物。战略是一种观念的重要实质在于,不同价值观、文化和理想等精神内容为组织成员所共有一样,战略的观点要通过组织成员的期望和行为而形成共享。这个定义还需强调的是集体的意识,个人的期望和行为是通过集体的希望和行为反映出来的。因此,研究一个组织的战略,要了解和掌握该组织的期望如何在成员间分享,以及如何在共同一致的基础上采取行动。

上述魁因的定义与安德鲁斯的定义有类似之处,都属于广义的定义。安绍夫的定义与安德鲁斯和魁因的不同,是一种狭义的战略定义。广义的战略包括目的与目标,而狭义的战略则不包括。明茨博格的定义是从 5 个不同角度对战略加以充分阐述。

综上所述,战略是为了组织的生存和发展,利用内部优势,把握外部机会,对组织全局的长远的重大问题进行的谋划。

二、战略管理的概念

战略管理一词最初是由美国企业家兼学者安绍夫在其 1976 年出版的《从战略规划到战略管理》一书中提出的。安绍夫在 1979 年出版的《战略管理论》一书中,指出企业的战略管理是指把企业的日常业务决策同长期计划决策相结合而形成的一系列经营管理业务。而斯坦纳在 1982 年出版的《企业政策与战略》一书中则认为,企拥战略管理是确定企业使命,根据企业外部环境和内部经营要素确定企业目标,保证目标的正确落实并使企业使命最终得以实现的一个动态过程。

战略管理的实质不是战略而是动态的管理,它是一字崭新的管理思想和管理方式。它是经过经验管理、科学管理、现代管理发展而来的,是现代管理中一种总体性管理方式。这种管理方式的特点是指导企业全部活动的企业战略,全部活动的重点是制定战略和实施战略。而制定战略和实施战略的关键都在于对企业外部环境的变化进行分析,对企业的内部条件审核,并以此为前提确定企业的战略目标,使三者达成动态平衡。战略管理的任务,就在于通过战略制定、战略实施、战略控制、战略评价,实现企业的战略目标。

战略管理有广义与狭义两种概念。广义的战略管理是指运用战略对整个组织进行管理,其主要代表是安绍夫。狭义的战略管理是指对企业战略的制定、实施、控制和评价等进行的管理,其主要代表是斯坦纳。目前主张狭义战略管理者占主流。

综上所述,战略管理是对组织活动实行的总体性管理,是组织制定、实施、控制和评价战略的一系列管理决策与行动,其核心问题是使组织自身条件与环境相适应,求得组织的生存与发展。

三、战略管理的特征

战略管理是组织(企业)最重要的最高层次的管理,它属于现代管理的高级阶段,其特征如下。

(1) 全局性,又称总体性。战略管理是以组织的全局发展规律为研究对象,为指导整个组织总体发展全过程的需要而制定的。它所管理的是组织总体活动,追求的是组织总体效果,着眼点是组织全局的发展,覆盖着组织工作的全局。这种管理尽管包括企业的局部活动,但是这些活动是作为总体活动的有机组成部分在战略管理中出现的。

(2) 长远性。战略管理的长远性指考虑组织长期的总体生存和发展的问题。它着眼于未来,在科学预测的基础上,谋求组织的长远发展,关注的主要是组织的长远利益。制定的战略目标一般为5年以上,其措施也要从长计议。

(3) 纲领性。战略管理所制定的战略目标、战略重点、战略对策等属于方向性、原则性的。它是组织发展的纲领,对于组织一切活动具有权威性的指导作用。它必须通过分解落实等过程,才能变为具体的行动计划。战略管理也是各门管理科学的总纲,各种管理理论的集成。

(4) 适应性。战略管理的适应性指所制定的战略要与外部环境和内部条件相适应;在实施战略过程中,要根据环境、条件变化,适时地加以调整,使战略适应变化的情况。同时,利用可能发生的变化和新的发展机会,制定新战略,达到组织的目的。

(5) 竞争性。战略管理的竞争性指要树立竞争意识,要承认竞争的必然性、合理性、敢于竞争和善于竞争;制定的战略要具有在激烈的竞争中与竞争对手抗衡,迎接来自各方面的许多冲击、压力、威胁和困难的挑战的特性。战略管理谋求的是改变组织在竞争中的力量,在未来竞争中占据有利地位,不断扩大组织的实力,战胜对手,保证组织的生存和发展。

四、战略管理的产生与发展

战略管理各阶段的发展过程如表11.1所示。

表 11.1 战略管理的发展过程

发展阶段	代表人物及著作	主要特征或贡献
萌芽期(20 世纪 30 年代末到 20 世纪 60 年代中期)	巴纳德:《经理的职能》(1938),钱德勒:《战略与结构:工业企业史的考证》(1962)	首次在企业管理中引入战略思想,开创战略研究之先河
奠基期(20 世纪 60 年代中期到 20 世纪 70 年代初期)	安索夫:《企业战略论》(1965) 安东尼:《计划与控制系统》(1965) 安德鲁斯:《公司战略思想》(1971)	初步形成了企业战略管理研究的理论框架
探索期(20 世纪 70 年代初期到 20 世纪 80 年代初期)	安索夫:《从战略计划走向战略管理》1976 和《战略管理论》(1979) 霍弗:《战略制定》(1978) W.R.金与克里兰:《战略规划与政策》(1978)	重视企业中物的要素和理性化的研究方法 战略管理由理论研究开始走向实际应用研究
争鸣与反思期(20 世纪 80 年代初期到 20 世纪 80 年代末)	波特:《竞争战略》(1980)和《竞争优势》(1985) 泰勒尔:《产业组织理论》 德鲁克:《创新和企业家精神》 彼德斯与奥斯汀:《赢盟优势:领导艺术的较量》 霍格斯:《判断与选择:决策心理学》(1980)	整体分析方法与经验分析方法相结合,利用博弈论的分析工具,重视创新与企业家精神、人的心理因素、企业文化的非主流学派迅速崛起
转折期(20 世纪 80 年代中期到现在)	沃纳菲尔特:《基于资源的企业观点》(1984) 普拉哈拉德、哈梅尔:《公司核心能力》(1990) 斯托克:《能力竞争:公司战略的新规则》(1992) 哈梅尔、赫尼:《基于能力的竞争》(1994)	着重研究企业内部资源、能力和知识对竞争优势的影响,对基于能力的战略和战略联盟的研究成为主流

1.20 世纪 60 年代——战略管理的兴起

(1) 钱德勒《战略与结构》:企业战略是影响和决定企业的长期目标与目的,选择企业达到既定目标所遵循的路线途径,并为实现这些目标对企业已有资源进行最优化配置。结论:企业战略应当适应环境变化——满足市场需求,而组织结构又必须适应企业战略的要求,随战略的变化而变化。

(2) 安德鲁斯战略构造设计基本内容:

① 战略构造应是一个有意识控制的思想过程;

② 战略构造的模式应该是简单而又非正式的;

③ 组织结构中的高层管理者应是战略家,专门从事全局问题的把握,负责战略设计和控制;

④ 最佳的战略应该具有创造性、灵活性及充足的弹性,能不断地适应变化,而不是陈旧、僵化的信条。

(3) 安索夫《公司战略》,主要观点:

① 战略构造应是一个有控制、有意识的正式计划过程;(支撑措施)

② 组织中的高层管理者负责计划的全部过程,在具体制订和实施过程中,下层人员必须对高层管理者负责;

③ 企业战略一旦形成,要能通过目标、项目、预算的逐级分解使之得以实施。

综上所述从 20 世纪 60 年代到 20 世纪 70 年代初的理论研究主要集中于以下三个问题:一是研究战略与环境的关系;二是战略应从上自下,既由高层管理者构思设计;三是战略应该通过正式计划予以实施。

诸多学者基本达成共识:战略应该适应环境的变化;战略计划不同于一般的管理作业计划,因为后者仅是面向结果的,即规定企业应该达到的具体目标;战略计划则是面向未来和全局的,它的重点不在于规定企业发展的各种指标,而是要指明企业生存与发展的最有力的途径。因此,战略计划便成为贯穿企业生产经营活动全过程的一个动态过程,企业各部门、各单位、各层次的工作都应纳入到战略计划体系,围绕着企业整个战略计划来展开,去获取有利的态势。

这个时期,战略研究取得了很大的进展,它虽然侧重于企业理论上的探索,与企业的实际经营活动结合不甚紧密,但它却具备企业整体宏观的特点,它将企业的经营活动看成是一个相互关联的整体,在分析问题上打开了思路,为以后的企业战略管理研究奠定了坚实的基础。这里可以用著名战略管理学者、哈佛商学院教授迈克尔波特的话来一个概括:20 世纪 60 年代的企业战略研究成果为今后的发展建立了一个框架,但是这其中的内容有待进一步填充。这个填充工作也就很快成为 70 年代企业战略管理研究的中心问题。

2.20 世纪 70 年代——战略管理的热潮

20 世纪 70 年代是企业经营环境剧烈动荡的年代,同时也是企业战略研究的鼎盛时期。这个时期,企业战略管理的理论与实践相互结合,相互促进,使关于战略管理的研究视野更加开阔,方法亦是多种多样。

1971 年,美国管理学者肯尼斯·安德鲁斯出版《公司战略思想》一书,它首次提出了公司的战略思想问题,充分阐述了制定、实施公司战略的分析方法。同时,他深入地研究了高层管理者在战略制定与实施中的地位和作用,认为高层管理者是制定战略的设计师与指导者,并督促战略的实施过程。与此同时,安索夫根据已有的战略研究理论和自己在企业中总结的实际经验,提出了一整套关于制定公司战略的方法。1972年,他在企业经营政策杂志上发表了战略管理思想一文,正式提出了战略管理的概念,为以后的企业战略管理理论的进一步拓展奠定了基础。

1979年安索夫又出版了《战略管理论》一书,系统地提出了战略管理模式,即企业的战略行为模式,这也是他的战略管理的核心内容。安索夫认为,战略行为是一个组织对计划完成的交感过程以及由此而引起的组织内部结构变化的过程。安索夫的战略行为模式即企业战略管理模式。他提出的外部环境、战略预算、战略动力、管理能力、权利、权力结构、战略领导、战略行为等八大要素。

3.20世纪80年代——战略管理的回落

进入了20世纪80年代以后,战略管理进入了一个回落阶段。由战略热到战略回落,究其原因,主要表现有以下三个原因:

(1) 企业管理的"软化"导致战略热的降温

20世纪80年代管理理论异常活跃,管理丛林时代,特别是比较管理学派的出现,《Z理论》、《日本管理的艺术》、《寻求优势》、《企业文化》批判管理中的理性主义,提出恢复符合常理的"非理性主义"。

(2) 战略分析方法走向以财务分析预测为主导的盲区

追求财务上的短期利益,缺少远见卓识的气魄和运筹全局的能力,错失商业机会。计划过程只能窒息创造性的思想,它并不能为我们指出新的机会,相反,它只能是扼杀这些机会。(巴纳德·帕克特),GE为了健全财务上的指标,根据PPM分析,从计算机和半导体事业中撤退的决策失误。

(3) 一些企业应用战略管理不当,致使其声誉日衰

如不恰当的多角化经营战略,没有形成自我的竞争优势,即没有公司独有的核心能力。

4.20世纪90年代——战略管理的重振与发展趋势

交通、通讯的发展,科学技术使世界变小;网络时代的到来;企业面临的环境比以往任何时期更复杂多变,竞争更加激烈。企业面临的决策是:如何在国际市场上更有益地实现扬长避短,制定有益的竞争方略?如何能抢先设计出新产品、抢先投入生产、抢先占领市场、抢先转移市场?如何能充分了解和掌握需求动态的变化趋势,及经营方向和竞争策略,并能灵活主动地把握竞争主动权?

战略管理发展有以下趋势:

(1) 注重从实践中摸索、提升

20世纪80年代各种数量分析方法大行其道,尽管其近乎完美的数学模型和

基于此的对策建议,但结果还是被企业界人士无情地抛弃,导致战略管理的声誉大损,证明了没有实践基础的战略管理是没有生命力的。实践出真知。1959 年林德布鲁姆发表"失败后再成功的科学"指出:战略构造是一个非常复杂的系统过程,成功的企业必须善于从失败中学习教训。1980 年魁恩《应变的战略》再次强调企业战略管理与实践相结合的重要性,并提出制订战略的过程是一个不断深化、发展的过程,其中包括 3 个阶段:

① "无序增量主义"制定过程是一个不断补救的分散过程。

② "合理增量主义"战略必须现实可行,决策目标与外界环境一致。

③ "战略的主动精神"努力学习,认真研究,反复总结经验教训,创新。

20 世纪 90 年代的战略管理已充分注重其实践意义,边实践,边检验,并逐步细化,实施"走一步、看一步"的滚动研究方法,并非短视,反映了战略管理的实践方向。

(2) 重视物质要素与精神要素的相互作用

在美国,许多战略问题专家指出,许多企业在错综复杂的国际竞争中屡次败北的原因就在于它们偏废一方,即重财务分析、轻生产技术管理。他们提请企业家应该再次将注意力转移到生产和技术管理上去,重视抓产品和技术开发。只有具备强大的物质基础,将管理的重点转移到这个基点上来,才能使目前的被动局面得以改观。成功的关键在于企业集体的精神动力。

(3) 兼顾整体面和个案论证的分析方法的应用

(4) 注重对培育优秀战略的研究

日本学者伊丹敬之阐述过去对于战略管理研究的不足,即对战略制定的程序和方法研究过多,而对于什么是优秀战略确实少有问津,也就是战略的战略问题并没有很好地解决。他认为研究战略管理先应该知道什么是优秀战略,其次要知道为什么是优秀战略。他指出优秀战略就是适用战略,即要求战略内容与环境之间形成的适应关系。伊丹敬之在论述优秀战略的三个适应之后,认为企业战略家若要有成形的优秀战略,必须具备下列战略指导思想:

① 要具有差别化战略,就是能与竞争对手进行明显地区分,要具有特色策略来获取支撑;

② 集中化战略,使企业资源必须有适当的密集分配点,形成自我的旗舰;

③ 战略要切合时机,谋事在人成事在天,不切时宜的战略无疑于纸上谈兵;

④ 整体战略中的各个子战略必须有相应的关联度,能应用波及效果实现更大收益;

⑤ 战略需汇集士气,使全体员工拧成一条绳,产生聚合效益;

⑥ 保持战略一定程度上的不平衡性,可能会更有利于战略的实现;

⑦ 战略应发挥组合效果，既能将各种要素充分组合起来，产生乘数效果和互补作用。

五、战略管理不同学派

目前，战略管理的理论归纳为两大学派：市场结构学派和资源配置学派。

1. 市场结构学派

市场结构学派认为，战略的关键是确定企业的相对竞争优势，而竞争优势的建立，市场结构将起重要的作用。整个20世纪80年代，迈克尔·波特(M. Porter)的著作《竞争战略》、《竞争优势》对以上观点的形成产生了强烈影响，因此他被誉为市场结构学派的当然代表人物。波特提出，企业战略管理的基本过程是：① 分析有吸引力的行业及其周围的环境；② 识别、评价和选择适合所选定行业的竞争战略；③ 实施选定的战略。

波特认为，行业吸引力是企业盈利的主要决定因素，只有首先研究企业外部行业结构和内部优势后，才能进行战略选择。在战略开发中强调此顺序是非常重要的。波特将行业定义为一群生产互为相似、替代产品或服务的公司的集合。他的贡献突出表现在：深入分析了行业及其周围的竞争力量结构，从而对处于行业内的企业的获利能力和水平做出判断。

市场结构学派的实际意义在于，经营者在制定战略时，应从更广泛的视角审视所处行业的竞争态势，用"放大镜"去观察可能会对企业形成威胁和提供机会的众多结构性因素，通过系统评价行业内外各种竞争力量的相对强度，把握行业环境的基本态势，以便形成更好的竞争战略。波特归纳出有五种力量共同决定了行业的潜在盈利性，最强的一种或几种力量占据着统治地位并且从战略构成的角度起着关键性作用。

企业可以对来自市场结构的机会和威胁有所评判，然后结合自身的优势和劣势，为扬长避短，选取以"低成本战略"、"差异化"和"集中战略"所谓的"一般竞争战略"之中的一种作为自己的竞争战略方案。

2. 资源配置学派

资源配置学派的基本观点是，企业战略的核心是资源的配置方式，通过筹划、研究企业未来的资源配置及其与外部环境的相互作用，指导和解决企业发展中的一切重大问题。这一学派的主要代表人物是美国学者安索夫(H. Ansoff)、霍弗(C. W. Hofer)、申德尔(D. Schendel)、英国学者D·福克纳、C·鲍曼等。安索夫认为，企业经营战略是"现有资源和计划资源的配置及外部环境相互作用的基本模式，这一模式表明企业组织如何实现其目标"。安索夫特别强调"组织—战略—环境"三者之间的相互适应和协调一致。他认为，战略性行为就是组织通过改变内部的资源配置和行动方式，使之与环境相互作用的过程，并认为这一点由于环境变化变得日益重要。霍弗把战略看作是企业大计划中的一个构成部分,企业大计划包括目标、战略、方针三个组成部分。霍弗和申德尔在《战略制定》一书中特别强调了资源配置这一要点。资源配置学派的具体观点表现在以下三个方面。

(1) 战略“四要素说”

安索夫最早对战略的基本构成进行了概括,于20世纪50年代提出战略由四个要素组成,并对他们之间的相互关系作了说明。战略的四要素即:产品与市场范围、增长向量、竞争优势和协同作用。将这四种要素组合起来可以产生合力,从而提供企业经营活动和共同经营主线。所谓共同经营主线即企业目前的产品与市场组合、未来产品与市场组合之间的关联。有了这条经营主线,企业的内外人员都可以充分了解企业经营的方向和实力。

① 产品与市场范围。产品与市场范围主要说明企业在其所处行业中产品与市场的地位是否占居优势。许多行业将自己的经营范围定得过宽,造成行业经营内容过于广泛,结果共同的经营主线不明朗。为了清楚地表达企业的共同经营主线,产品与市场的范围常常需要分行业来描述。

② 增长向量。增长向量指出了企业经营运行的方向、趋势,表11.2的产品—市场矩阵概括了企业增长向市场渗透是通过目前的产品与市场的份额增长来表示一种增长方向,市场开发是为企业产品寻找新的市场。产品开发是创新产品以替代目前的产品。多种经营则是另辟蹊径,独具特色,其产品与市场部是新的。应该看到,增长向量不仅指出了企业在一个行业里的发展方向,而且指明跨越行业界限的方向,以这种方式描述,共同的经营主线是对以产品与市场范围来描述主线的一种补充。它是指企业经营运行的方向,成长的方向,从企业现有产品与市场组合向未来产品与市场组合移动的方向。下面通过表11.2来说明增长向量。

表11.2　增长向量要素

产品 / 使命	现有产品	新产品
现有使命	市场渗透	产品开发
新使命	市场开发	多种经营

③ 竞争优势。竞争优势是指企业所寻求的、表明企业某一产品与市场组合的特殊属性,以给企业带来强有力的竞争地位。一个企业要获得竞争优势,或寻求兼并,谋求在新行业或原行业中获得重要地位;或选择具有专利保护地位的某经营领域;或进行产品开发生产出具有突破性的新产品,以代替旧产品。

④ 协同作用。协同作用指联合作用的效果。依据系统论原理,协同作用常常被描述为具有 $2+2>4$ 的效应,即企业内部各经营单位联合起来所产生的效益要大于各经营单位各自努力所创造效益的总和。

协同作用可分为:销售协同作用,企业产品使用共同的销售渠道、仓库等;运行协同作用,企业内分摊间接费用,分享共同的经验曲线;管理协同作用,在一个经营单位运用另一个单位的管理经验、专门技能。当然,如果协同作用使用不当,也会产生负协同作用,即 $2+2<4$。协同作用在选择多种经营战略上也是一个关键的变量,它可使各种经营要素形成一种内在的凝聚力。

上述前三种要素描述了企业在外部环境作用下的产品与市场道路,而第四种要素则是从企业内部的协调综合角度考虑的。总之,战略的构成要素是相互联系、相辅相成的。产品与市场范围指出寻求获利能力的范围;增长向量指出范围的方向;竞争优势指出企业最佳机会特征;协同作用则发挥企业总体获利能力的潜力,提高了企业获得成功的能力。

(2) 企业能力理论。在战略理论的研究中,除波特运用产业分析提出竞争战略以外,20 世纪 80 年代中期以来,由马歇尔(Marshall)、潘罗斯(Pen - rose)和理查德森(Richardson)等人共同倡导的"企业内在成长论",获得了长足的发展。而且在战略管理领域十分盛行。在此基础上逐步发展形成了基于企业能力的战略理论。这是关于企业竞争优势的形成、保持和更新的理论,它构成了当今企业战略研究的一种全新范式。运用企业的能力理论揭示企业经营战略的奥妙是当今世界的最新潮流。直至今日,战略管理学者仍然热衷于把企业拥有的特殊资源和能力作为影响企业长期竞争优势的关键因素,因而,能力理论一跃而成当今战略理论研究的主流。

企业能力理论包括两个相对独立而又互为补充的两个流派。一派是基于资源的理论,把战略管理理论明确建立在潘罗斯的企业成长极限理论基础之上。基于资源战略观点假设资源是异质的和不可转移的,由此得出的结论是:有效的资源配置、开发和保护是取得最佳绩效的必由之路。因此,租金的概念在企业资源论中受到高度重视。另一派是动力能力论。这一理论侧重于发展理查德森关于组织间协调和蒂斯(Teece)的"协调专门化活动"与"互补性资产"理论。建立在"企业内在成长论"基础上的这两个流派都试图构建一种解释多产品生产企业如何在关联性多角化经营战略和非关联性多角化战略之间进行抉择的理论模式。此外,还有德姆赛茨(Demsetz,1988)、格兰持(Grant,1996)的基于知识的企业观点,强调了知识在创造竞争优势中的作用。

概括地说,企业能力理论认为:与企业外部条件相比,企业内部条件对于企业占据市场竞争优势具有决定性的作用;企业内部的能力、资源和知识积累是解释企业获得超额收益和保持竞争优势的关键性概念。因此,企业能力理论不仅是对传统产业组织理论"结构—行为—绩效"分析的替代、而且是对波特产业分析模型应用于战略管理领域分析方法的替代。

(3) 核心竞争力(Core Competence)说

进入 20 世纪 90 年代以来,许多成功的企业发现,在资源配置过程中最重要的是培育核心竞争力,它是企业竞争优势之根源,是市场竞争中的"重炮弹",更是企业现行事业相互结合的"粘合剂"、新事业发展的"发动机",因此,核心竞争力可谓企业的战略资源。

海默(Hamel)和帕拉哈德(Prahalad)在 1990 年提出了核心竞争力的概念。他们认为对企业而言,在全球竞争中处于主宰地位的强有力的方法往往是无形的。管理的最关键的任务在于创造一种组织,这种组织有能力赋予产品难以抵制或超越的功能,或者更好的方法是能够生产消费者需要但目前还不能想象得到的产品。在短期,企业的竞争来自于产品的价格绩效的贡献。在长期,竞争来自于比竞争对手更低的成本、更快的速度去大量生产市场还未预见到的产品的能力。竞争优势的真正来源,在于企业能巩固企业整体的技术和生产技能,并将其转化为企业单个业务单元,快速适应不断变化的环境的综合管理能力。

海默和帕拉哈德将核心能力定义为各种技术和生产技能(Skills)的组合,它贯穿于公司的金字塔式的产品线中。成功的竞争者能够进入新的、表面看起来毫不相关的行业(经营领域)。具有核心能力的企业似乎更具有多元化扩张的能力。核心竞争力是开发新的经营业务的源泉,它是组成公司战略的核心。海默还形象地将多元化的企业比喻成一棵大树,树干和主枝是核心产品,小的支干是经营业务单元,树叶、花和果实是最终产品,提供营养、支撑和稳定性的根系是核心竞争力。如果企业仅仅盯住竞争者的最终产品,就会忽略竞争者的真正实力,正如只注意叶子就会看不到一棵树的力量一样。

核心竞争力是指企业开发独特产品、发展独特技术和发明独特营销手段的能力,它使企业在战略上与众不同。按照 D·福克纳和 C·鲍曼的观点,核心竞争力包括运行能力和制度能力。运行能力指企业员工拥有的知识、技能、企业技术运行体系和实物系统等。制度能力包括企业管理体制、管理风格、创新能力及价值观等。

企业核心竞争力有三个基本特征:

① 外延性。核心竞争力为企业通向各种市场提供潜在通道,可对最终产品所体现的消费者利益有显著贡献。核心竞争力犹如一个"技能源",通过其发散作用,将能量不断扩展到最终产品身上,从而为消费者源源不断地提供创新产品,使消费者的需求得到满足,随着产业、技术的演化,核心能力可以生长出许多奇妙的最终产品、创造出众多意料不到的新市场,它是企业竞争优势的根源。

② 耐久性。作为战略资源或资产,应具有耐久的属性。耐久性主要指其提供利润的持久程度,而不是对其物理耐久性而言。与 10 年前相比,因产品和技术生命周期不断缩短,大部分资产的耐久性大大降低了,它主要是对有形资产提供可持

续利润的耐久性有效,而对于像企业的核心竞争力、品牌、团队精神等无形资产却并未因此受影响,他们经历了多代产品而长盛不衰,在历史的磨励中显出持久的韧性。究其原因,持有这类战略资产的企业已将其深深扎根于组织体之中,溶于企业的文化和管理模式之中了。

③ 独特性。核心竞争力具有与众不同的独到之处,因此不易被人轻易占有、转移或模仿。任何一个企业都不能靠简单模仿其他企业而建立自己的核心竞争力,应靠自身的不断学习、创造乃至在市场竞争中的磨炼,建立和强化独特的核心能力。

核心能力的作用具有二重性,一方面,核心竞争力作为创新的资源基础和支持系统,当它适应竞争环境和企业发展战略的要求时,能有效地促进企业发展,另一方面,它必须适应企业外部技术、市场和社会的变化,如果核心竞争力不能适应外部环境的变化,那么它将成为阻碍企业创新和发展的消极因素。这种消极作用来源于"核心竞争力刚性"。由于核心竞争力具有耐久性,当外部环境变化时,这种耐久性很容易表现出某种抗拒变化的惰性,即"核心竞争力刚性"。

尽管核心能力的思想非常具有诉求力,但也有学者认为核心能力没能提供对公司层次的战略制定的实践上的指导意义,它是一个放之四海而皆准的美好的意愿,在实践中却不好操作,缺乏可依赖的工具。堪培尔(Andrew Campbell)(1995)认为,能力(Capability)的概念比核心能力的概念更广阔些,它包括整个价值键(核心能力只体现在价值链的某一个或几个环节)。从这个意义上说,能力对消费者来说更可见,而核心能力对消费者来说是很少看得见的,因此,堪培尔等人认为,最好的母公司应该比它的各个战略经营单位在面对竞争者方面能创造更多的价值。

六、战略管理研究存在的主要问题

根据上述对战略管理理论研究演进的回顾及现状的分析。结合企业实行战略管理的有关经验教训,战略管理研究主要存在以下几个问题:

(1) 重理论轻实践,理论与实践脱节严重。对环境变化的研究不够,导致战略缺乏"预见"能力和灵活快速的应变机制。在企业实践上表现为传统的战略规划或计划的"刚性"无法解决战略的长期性与企业竞争环境快速多变的矛盾。

(2) 战略思维方式线性化,忽视人的能动性,以往的战略研究,基本上是一种线性思维方式,忽视了对环境变化的混沌性和不可预见性,事物发展的非线性的研究,也没有研究人主动利用甚至制造变化、驾驭局势的能力。

(3) 大部分战略研究都是建立在产业组织分析框架之上的,无法回答竞争优势是如何产生与保持的。20 世纪 70 年代以来,主导战略理论研究的是贝恩一梅森结构主义者的产业组织理论。然而,在战略研究中完全依赖产业组织理论不是没有缺陷的。①贝恩对产业组织理论的深入研究排斥任何企业内部理论,把企业当作一个"黑箱",波特的《竞争战略》一书明显地表现出这一特征,对企业及其能力的忽视是波特对战略进行产业分析的主要缺憾。②产业组织理论是静态的,没有充分考虑多样化企业,把它作为有关决策者单元来研究。这一点与20世纪60年代战略管理理论产生之初把战略看作关于不确定性和难以预测的外部环境的企业行为的观点形成鲜明的对比。③现代产业组织的均衡性倾向太强,无法把握竞争优势形成的源泉与过程。

(4) 企业能力理论缺乏强有力的实证基础和充分说服力的理论论证,而战略联盟从理论到实践还是困难重重。有待于其他理论(如组织理论)突破和基础设施(如信息与通讯设施)、相关法律(如知识产权保护)等支撑条件的进一步完善。

七、战略管理的重要意义

第二次世界大战以后,企业管理已进入现代化管理阶段。其特点之一,就是突出经营战略。进入80年代以后,世界经济更加动荡不安。在这种环境下推行经营战略,便成为企业适应形势,维持生存和发展的重要保证。据调查,到20世纪80年代中期,95%以上的美国大企业都积极推行了经营战略,经营成功的中小企业也结合自己特点实行了经营战略管理。

实行战略管理,有助于组织(企业)扬长避短,以己之长,克敌制胜。这也是战略的指导思想。它贯穿于组织活动的全过程。一切战略管理的最终归宿,都是扬长避短,趋利避害,使自己在竞争中取胜。

当前,企业面对的外部环境,可以概括为顾客导向、变化快速、竞争激烈的"三C"环境。企业发展的趋势是企业兼并激烈,企业多样化发展,企业集团化发展,企业国际化经营,经济的全球化。在这样复杂的环境和新趋势面前,企业必须通过战略管理,做好战略环境分析,未雨绸缪,高瞻远瞩,运筹帷幄,才能掌握主动,利用机会,取得生存与发展。

企业战略管理能够优化结构,调整投资方向,按照规模经济和合理布局的要求,优化资源配置,不断地使自己有限的资源,配置到最有效的需求,发挥其效用。

第二节 战略管理层次、构成体系与战略管理过程

一、战略管理层次

在现阶段,从单一事业的组织越来越少,单一战略计划不行了。如果一个组织拥有一种以上的事业,同时这一组织又实行战略管理,那么我们就应该清楚战略管理层次,即公司层战略,事业层战略和职能层战略,他们的关系和职责分工如图11.1和如表11.3所示。

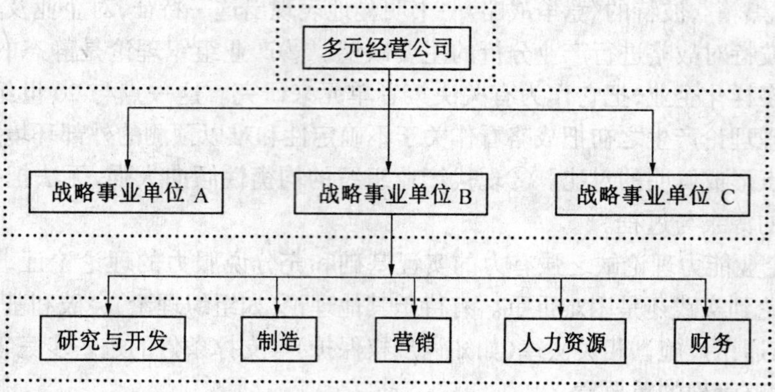

图 11.1 战略管理层次

表 11.3 企业管理者和战略管理层次

战略层次	责任者	战略管理工作重点
公司战略	企业高层管理者	制定和实施企业的宗旨、目标、政策和战略
事业部战略	事业部主要管理者	制定和实施公司战略之下的相关战略相配合的职能战略
职能战略	职能机构的中级管理人员	制定和实施公司战略、事业部战略相配合的职能战略
战术	基层管理者和职工骨干	实现企业各层次战略的具体方法和步骤

公司层战略:当一个组织拥有一种以上的事业时,组织的管理者们就应考虑这么一些问题:我们应当拥有什么样的事业组合？每一项事业在组织中的地位如何？公司层战略便是由此而生。

事业层战略:既然一组织要从事多种不同的事业,同时又要对多种事业进行计划和控制,我们就应该建立起战略单位。每一战略事业单位代表一种单一的事业或事业组合,都应当有自己独特的使命和竞争对手,这使得每一个战略事业单位有自己独立于组织的其他事业单位的战略。在划分事业单位时,应该遵从下述原则:组织的经营是一种事业组合,每一个事业单位服务于一种明确定义的产品细分市场,并且具有明确定义的战略,事业组合中的每一个事业单位按照自身的能力和竞争的需要开发自己的战略,同时必须与整体组织的能力和需要保持一致,全部事业组合应当管理得符合作为一个集体的组织的利益,在可接受的受控制的风险水平下,使销售、收益和资产结构获得均衡发展。

职能层战略:这一层的战略主要解决的问题是:各职能部门怎么去支撑事业层战略？无论如何,职能部门都应该与事业层战略保持一致。

二、企业战略构成体系

企业战略作为一个系统,主要由五个部分构成,即战略思想、战略目标、战略重点、战略阶段、战略对策。它们相互联系,形成一个完整的战略。

1.战略思想

战略思想是指导战略制定和实施的基本思想,是整个战略的灵魂。它对战略目标、战略重点、战略对策起一个统帅作用。战略思想来自战略理论、战略环境的客观分析以及企业领导层的战略风格。

2.战略目标

战略目标是战略决策的核心,又是战略管理其他环节进行活动的依据。企业围绕战略目标提出战略对策和重点,并予以实现。

战略目标是以一或两个目标为主导的一组相互联系和相互制约的目标体系。诸如:以销售额和利润额为主导的战略目标体系;以新技术、新产品、高质量为主导的战略目标体系;以扩大市场面和提高市场占有率为主导的战略目标体系;以高效率、低成本、低价格为主导的战略目标体系等。战略目标是否正确,是战略管理的核心问题。

3.战略重点

战略重点是指对战略目标的实现有决定意义和重大影响的关键部位、环节和部门。抓住关键部位,突破薄弱环节,就便于带动全局,实现战略目标。战略本身就是为了解决重大问题,没有重点就没有战略。战略重点,是由企业所处内外环境和条件所决定的。需求多样性和企业能力的有限性,要求企业根据自己的优势选择战略重点。

战略重点的选择必须围绕目标进行,通过对环境的描述,分析企业实力和因素,找出关键部位,突出战略重点,从而在资源分配上就能确保重点的需要。战略重点也是有层次性的,不同战略层次都有各层次的战略重点。如总战略中有经营领域的重点,在市场战略中有重点市场,产品战略中有重点产品等。

4.战略阶段

战略阶段是指战略的制定和实施在全过程中要划分为若干个阶段,一步一步地达到预定的战略目标。一个较长期的战略,如5年、10年的战略规划,必须是逐步实现,逐步推进,因此就要划分为弱干阶段。战略阶段的划分不是主观随意的,要有一定的标志和依据。

(1) 每个阶段要有一个特定的战略任务,这要根据总战略任务和工作量,以及预计环境变化状况,具体条件,企业实力增加的情况而定,每一阶段有它的特点和相对独立性,不要相互混淆或倒置。

(2) 每一阶段都要有各自战略重点,而各阶段的重点又有其相关性,即先解决哪些重点,后解决哪些重点。重点的先后秩序不同,便形成了不同的战略阶段。

(3) 各个阶段要有衔接性。各个阶段有其相对独立性,但又是相互联系的。前一阶段是后一阶段的准备,后一阶段是前一阶段的继续。如果客观条件发生特殊变化,这在战略实施过程的战略推进中再予调整。

战略阶段的划分,或者叫作战略步骤的划分,实际上是对战略目标和战略周期的分割。这种划分和分割,要求明确各战略阶段的起止时间以及在这段时间内所达到的具体目标。这些具体目标和阶段的总和就构成为总的战略目标和战略周期。

三、战略管理过程

1.战略管理者与战略管理过程

战略管理过程的主体是战略管理者,各层次管理者在战略管理过程中的主要任务见表 11.4 所示。

表 11.4 战略管理者与战略管理过程

企业管理者	战略管理过程中的主要任务
企业高层管理者	制定公司的任务和战略; 确定公司各事业部的任务; 按照任务给各部门分配资源; 批准各事业部的计划、预算和主要投资; 考核各事业部的工作,保证整个公司按照战略规划顺利动作
事业部主要管理者	向公司高层管理者提出本事业部执行公司总体战略的事业部战略; 制定本事业部的经营计划并获得上级批准; 为取得最佳利润率和业务增长率而经营; 按照公司方针、政策与程序进行管理
职能部门管理者	参与制定公司战略; 制定公司范围的方针、政策与标准,通过考核与监督,保证执行的一致性; 就各事业部的任务、战略、经营计划与预算问题向公司高层管理者提出建议; 就各事业部的职能部门工作,向公司高层领导者提出专门性的意见; 制定职能部门系统的战略、目标和职责; 对于关键岗位的任命、工作标准的设置,以及考核评价,提出建议; 在需要的地方提供职能方面的服务。

2.战略管理过程

战略管理是一个过程,是一个计划实施和评估的过程,共有九个步骤,他们是缺一不可的。只有战略计划而不能适当实施,或是不能恰当地评估实施的结果,也会失败。因此,必须重视各个环节。它们之间的关系如图 11.2。

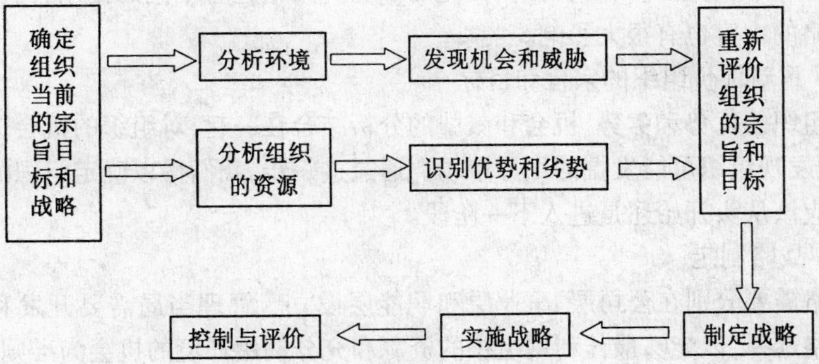

图 11.2　战略管理是一个过程

(1) 确定组织当前的宗旨、目标和战略

每一个组织都有一个宗旨,它规定了组织的目的和回答了这样一个问题:我们到底从事的是什么事业?定义企业的宗旨促使管理当局仔细确定企业的产品和服务范围。决定组织从事的事业的性质对于非营利性组织如同工商企业一样重要。医院、政府机构学校也必须确立自己的宗旨,必须搞清楚组织当前的目的。

(2) 分析环境

所谓环境,就是指对组织绩效起着潜在影响的外部机构或力量。组织不能自给自足,它们同环境发生相互作用,并受环境影响。组织环境在很程度上规定了管理当局的选择。

所以我们将环境作为管理行动的主要制约因素,环境分析是战略过程的关键要素。每个组织的管理当局都需要分析它所处的环境,要准确把握环境的变化和发展趋势及其对组织的重要影响,成功的战略大多是那些与环境相适应的战略。

(3) 发现机会和威胁

环境变化对一个组织来说是机会还是威胁,取决于该组织所控制的资源,在分析了环境之后,管理当局需要主讲评估有哪些机会发掘,以及组织可能面临哪些威胁。

(4) 分析组织的资源

无论多么强大的组织,都在资源和技术等方面受到某些限制,不可能面面俱到。分析组织的资源,我们应该了解这么几个问题:组织的雇员拥有什么样的技巧和能力?组织的现金状况怎么样?在开发新产品方面一惯很成功吗?公众对组织及其产品或服务的质量怎么看?

(5) 识别优势和劣势

在分析组织资源的基础上,管理当局能识别出组织的与众不同的能力,即决定作为组织的竞争武器的独特技能和资源。这一步的关键在于理解组织的文化和力量,及它们赋予管理当局的责任。文化的强弱对战略起着不同的作用,而文化的内容对战略的内容也有很大影响。

(6) 重新评价组织的宗旨和目标

把组织的优势和劣势、机会和威胁的分析结合在一起,对组织的机会进行再评价,以便发现组织可能发掘的细分市场。通过这一步,我们得以确定组织的目标和宗旨是应该从头开始还是进入下一阶段。

(7) 战略制定

战略需要分别在公司层、事业层和职能层设立。管理当局需要开发和评价不同的战略选择,以能够最佳利用组织的资源和充分利用环境的机会为准则,选定一组符合三个层次要求的战略。在这一步,管理当局将寻求组织的恰当定位,以便获得领先于竞争对手的相对优势。

(8) 实施战略

无论战略计划制定得多么有效,如不能恰当地实施,是仍不会成功的。最高管理当局的领导能力是成功的战略的一个必要因素,而中层和基层管理者执行高层管理当局的计划的主动性同样关键。为了实现组织的战略目标,管理当局通常需要进行人事调动,如招收雇员、解聘雇员、岗位调动等。

(9) 控制与评价

在这一步当中,管理当局要对战略的效果进行评价,找出战略计划的成功与不足之处,进一步总结经验,寻求调整方法,以获得更大的成功。

3.战略管理过程中的环境分析方法

(1) 战略环境分析的目的

各类企业在进行外部战略环境分析时,应重点突出,抓住关键战略环境因素,科学地预测发展的趋势,从中找出蕴含的机会与威胁,为企业制定适合其发展的战略计划提供决策依据。

企业战略环境特点:

企业战略环境对企业的影响是全局性的而非局部性的:构成企业的战略环境的要素应是对企业有重要影响的要素,当其变化时将对企业的整体战略产生重大的影响。

企业战略环境对企业的影响是现在和未来的:企业战略环境对企业的影响是长远和未来的。当构成企业战略环境的要素变化时,企业奉行的战略的基础就会受到冲击。因此,企业只有洞察并抓住战略环境提供的机遇,才能在未来获得有利的战略地位,并建立竞争优势。

企业战略环境对企业的影响是动态的而非静态的:企业战略环境是一个不断变化的系统,其中每一个构成要素都是一个变量。所以我们必须用动态的眼光看待市场,从发展的角度修定战略。

(2) 企业内部因素与企业外部因素的关系

企业内部因素与企业外部因素的关系如图 11.3 所示。

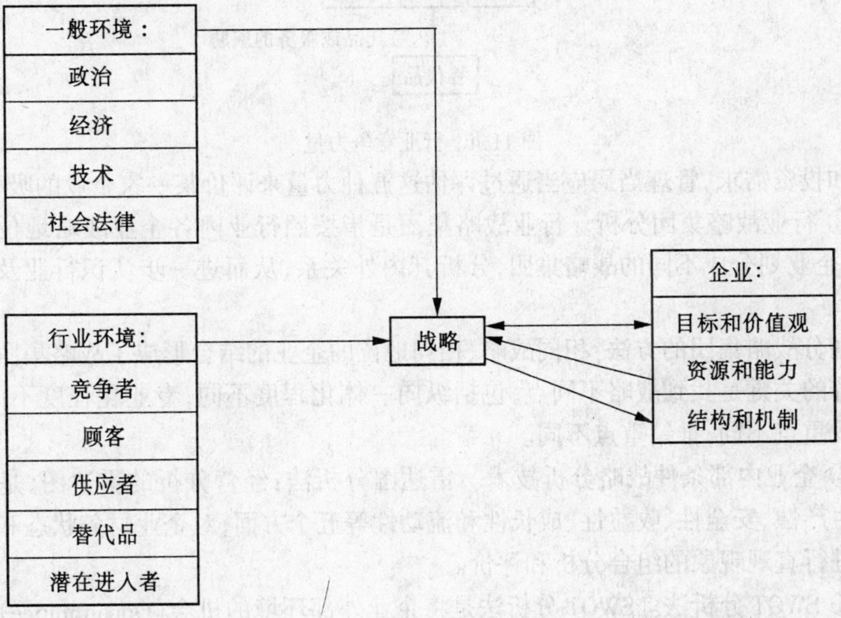

图 11.3　企业内外环境与战略的关系

(3) 环境的构成与分析

① 企业战略一般环境的构成要素。企业战略一般环境由四大要素构成,即社会文化、经济、技术、政治法律。

② 行业结构的战略分析。行业结构决定了竞争的原则和企业可能采取的战略,因此,只有进行行业结构分析,企业制定的战略才会科学合理。

行业结构的构成:行业竞争由五种基本力量构成,即潜在的加入者、替代品的威胁、购买者的讨价还价能力以及现有竞争者之间的抗衡(见图 11.4 所示),上述的五种竞争力量的状况及其综合强度,决定着行业的竞争激烈程度,决定着行业获利的潜力。同时,各种力量作用是不同的,常常是最强的力量或是某股合力共同处于支配地位。

这五种力量从整体上决定了产业的盈利性,直接影响到企业的价格水平、成本

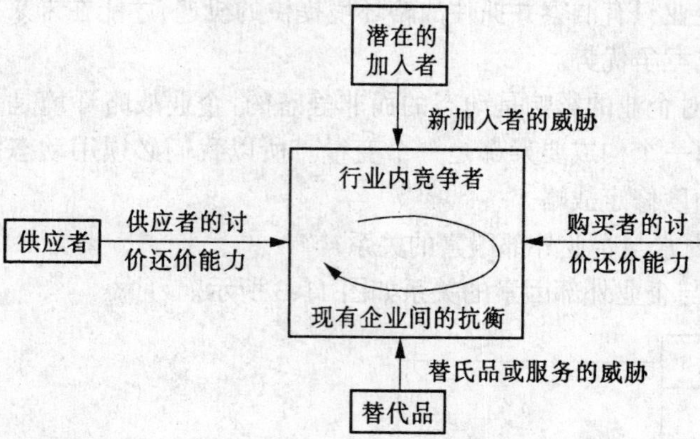

图 11.4 行业竞争力量

结构和投资需求，管理当局应当通过评估这五种力量来评价某一家企业的吸引力。

③ 行业战略集团分析。行业战略集团是指按照行业内各企业战略地位的差别，把企业划分成不同的战略集团，分析其内外关系，从而进一步认识行业及竞争状况。

划分战略集团的方法：相同战略、相同地位的企业的结合形成了战略集团。故而细分的关键是找到战略不同点，包括纵向一体化程度不同；专业化程度不同；研究开发重点不同；推销重点不同。

④ 企业内部条件战略分析技术。雷达图分析法：经营分析的雷达图，是从企业的生产性、安全性、收益性、成长性和流动性等五个方面，对企业财务状态和经营现状进行直观现象的组合分析和评价。

⑤ SWOT 分析法。SWOT 分析法是将企业外部环境的机会(Opportunitice)与威胁(Threats)、内部条件的优势(Strengths)与劣势(Waeknesscs)同列在一张十字图形表中加以对照，可一目了然又可以从内外环境条件的相互联系中做出更深入的分析评价。

第三节 战略类型

一、总体战略

1.稳定型战略

(1) 稳定型战略的概念及特征

顾名思义，稳定型战略是在企业的内外部环境约束下，企业准备在战略规划期使企业的资源分配和经营状况基本保持在目前状态和水平上的战略。

由于稳定型战略从本质上追求的是在过去经营状况基础上的稳定，它具有如下特征：

① 企业对过去的经营业绩表示满意，决定追求既定的或与过去相似的经营目标。

② 企业在战略规划期内所追求的绩效按大体的比例递增。

③ 企业准备以过去相同的或基本相同的产品和劳务服务于社会。从以上特征可以看出，稳定型战略主要依据于前期战略。它坚持前期战略对产品和市场领域的选择，它以前战略所达到的目标作为本期希望达到的目标。因而，实行稳定型战略的前提条件是企业的过去的战略是成功的。

(2) 稳定型战略的适用性

采取稳定型战略的企业，一般处在市场需求及行业结构稳定或者较小动荡的外部环境中，因而企业所面临的竞争挑战和发展机会都相对较少。但是，有些企业在市场需求以较大幅度增长或是外部环境提供了较多发展机遇的情况下也会采用稳定型战略。这不得不采用相对保守的稳定型战略态势。下面分别来讨论一下企业外部环境和企业自身实力对采用稳定型战略的影响。

当外部环境较好，行业内部或相关行业市场需求增长，为企业提供了有利的发展机会。

当外部环境较为稳定时，资源较为充足的企业与资源相对较为稀缺的企业都应当采用稳定型战略，以适应外部环境；

当外部环境较为不利，比如行业处于生命周期的衰退阶段时，则资源丰富的企业可以采用一定的稳定型战略；而对那些资源不够充足的企业来说，则应视情况而定。

(3) 稳定型战略的利弊分析

稳定型战略具有自己的优点和缺点。其优点主要表现为：

① 企业经营风险相对较小。

② 能避免因改变战略而改变资源分配的困难。

③ 能避免因发展过快而导致的弊端。

④ 能给企业一个较好的休整期，使企业积聚更多的"能量"，以便为今后的发展做好准备。

但是，稳定型战略也有不少缺陷：

① 稳定型战略的执行是以包括市场需求、竞争格局在内的外部环境的基本稳定为前提的。

② 特定细分市场的稳定型战略往往也隐含着较大的风险。

③ 稳定型战略也容易使企业的风险意识减弱，甚至形成惧怕风险、回避风险的企业文化，这就会大大降低企业对风险的敏感性、适应性和对冒风险的勇气从而也增大了以上所述风险的危害性和严重性。

(4) 稳定型战略的类型

无变化的战略：在情况不明或者环境稳定的情况下，企业继续采用原有战略；

利益/收益型战略：行业增长无潜力或者其他情况下，企业只注意利润或者回收投资；

按通涨增长战略：行业成熟且企业市场地位稳定，企业按照通涨率制定目标。

2. 增长型战略

(1) 增长型战略的概念及特征

增长型战略是一种使企业在现有的战略基础水平上向更高一级的目标发展的战略。

与其他类型的战略态势相比，增长型战略有以下的特征：

① 实施增长型战略的企业不一样比整个经济的增长速度快，但他们往往比其产品所在的市场增长得快。

② 实施增长战略的企业往往取得大大超过社会平均利润率的利润水平。

③ 采用增长型战略态势的企业倾向于采用非价格的手段来同竞争者抗衡。

④ 增长型战略鼓励企业的发展立足于创新。

⑤ 与简单的适应外部环境的变化不同，采用增长型战略的企业倾向于通过创造以前并不存在的物或对物的需求来改变外部环境使之适合于自身。

(2) 增长型战略的适用性

在现实世界中，该战略之所以被采用的原因并不仅仅是其给企业带来了经营上的优势，还包括许多其他原因：

① 在动态的环境中竞争，增长是一种求生存的手段。

② 扩大规模和销售可以使企业利用经济曲线或规模经济效益以降低生产成本。

③ 许多企业管理者把增长就等同于成功。

④ 增长快的企业容易掩盖其失误和低效率。

⑤ 企业增长得越快，企业管理者就越容易得到升迁或奖励，这是由最高管理者或最高管理集体所持的价值观决定的。

因而，增长型战略的使用确实存在一定的误区，因为其使用是有相应的适用条件的。

① 企业必须分析战略规划期内宏观经济景气度和产业经济状况。

② 增长型发展战略必须符合政府管制机构的政策法规和条例等约束。

③ 公司必须有能力获得充分的资源来满足增长型战略的要求。

④ 判断增长型战略的合适性还要分析公司文化。

(3) 增长型战略的利弊分析

增长型战略优点体现在以下方面:

① 企业可以通过发展扩大自身的价值,这体现在经过扩张后的公司市场份额和绝对财富的增加。

② 企业能通过不断变革来创造更高的生产经营效率与效益。

③ 在竞争日益激烈的今天,增长型战略能保持企业的竞争实力,实现特定的竞争优势。

当然,增长型战略也有以下可能的弊端:

① 在采用增长型战略获得初期的效果之后,很可能导致盲目的发展和为发展而发展,从而破坏企业的资源平衡。

② 过快地发展很可能降低企业的综合素质,使企业的应变能力虽然表面上不错,而实质上却出现内部危机和混乱。

③ 增长型战略很可能使企业管理者更多地注重投资结构、收益率、市场占有率、企业的组织结构等。

(4) 增长型战略的类型

① 专业化——集中于单一产品或服务的增长;

② 多样化成长:多样化成长战略是指企业生产更多种类的产品甚至几个行业的产品。它又称多角化和多元化战略,是增加与本企业现有产品或劳务大不相同的产品或劳务的一种发展战略。简单地说是开拓与现有不同的经营领域。它可以在企业内部开拓,但更多的是通过对其他企业的合并、购买或合资经营来实现。

采用多样化成长战略的优点是很多的。诸如,能为企业提供本行业不能为本企业提供的机会或利用行业优越的成长机会;能满足竞争和经济发展不景气的需要;便于开展国际间补偿贸易;有利于发挥企业优势,提高经济效益;应变能力较强,可以通过向几个不同市场提供服务来分散风险;可以向具有更优经济地位的行业转移来提高整体盈利能力;可以在某些部门处于发展或暂时困难之际,从其他部门获得财力支持,利用一个部门的利润来弥补另一部门的支出;便于利用机会实现跳跃式的发展。

多样化成长战略虽然受到较多企业的青睐,但是,它也有一定的缺点:会使组织膨胀,大大增加了管理上的困难,容易失控;往往容易脱离本行,不利于发挥自己的优势等。因此,采用多样化成长战略,必须考虑以下主要因素:

a. 要有明确的组织目标和发展目标,明确应向哪些领域重点发展,而不是盲目扩展。

b.有多种市场容量和用户,为开拓经营领域提供机会。

c.有实行多角经营的能力,包括对企业实力的分析和可用于多样化经营的资源。为了使多样化成长战略取得成功,一个企业至少必须利用它的三个基本实力之一。这就是生产能力、技术能力和特定市场的分销实力。

多样化成长的形式,按照跨行业产品与企业原有产品的联系程度,可分三种:即同心多样化,水平多样化和整体多样化。同心多样化是指企业发展与原有生产技术有联系的跨行业产品,产品虽属不同行业,但技术基础相同,是"同心"的。比如丰田汽车公司除了生产汽车外,还生产与汽车技术相同的钢梁结构的住宅建筑等。水平多样化是指企业发展与原有市场销售情况有联系的跨行业产品,产品虽属不同行业,但市场销售对象是相同的,是同一"水平"的。

一个企业可以根据不同时期,不同经营领域的情况采用不同的发展战略,也可以把上述各种类型的发展战略组合应用,为了发挥企业优势,一般采用同心多样化或水平多样化较为有利。

③ 一体化,可分为后向一体化、前向一体化和横向一体化

a.后向一体化。是指生产企业与供应企业之间的联合,目的是为了确保原材料的供应。生产企业从过去向供应厂商购买原材料变为自己生产原材料。例如长春汽车制造厂生产汽车需要的发动机,原来从大连柴油机厂购买,现在与大连柴油机厂搞联合,让它专门生产汽车用的发动机。

b.前向一体化。是指生产企业和销售企业之间的联合,目的是为了促进产品的销路。前向一体化分两种:即产销联合和产用联合。产销联合指工业企业与商业企业之间的联合。产用联合指工业企业与工业企业之间的联合,如一家钢铁厂与另一家使用本厂钢管制造家具的家具厂实行联合。

c.横向一体化(水平一体化)。是把性质相同或生产同类产品的其他企业合并起来,也就是与同行业的竞争者企业进行联合的战略。其目的是为了扩大生产规模。水平一体化可以是购买竞争对手的普通股票或其他资产加以控制,也可以通过两个集团共同经营来扩大企业的实力。

3.紧缩型战略

(1) 紧缩型战略的概念和特征

所谓紧缩型战略是指企业从目前的战略经营领域和基础水平收缩和撤退,且偏离战略起点较大的一种的战略。

紧缩战略有以下特征:

① 对企业现有的产品和市场领域实行收缩、调整和撤退策略,比如放弃某些产品和某些产品线系列。

② 对企业资源的运用采取较为严格的控制和尽量削减各项费用支出，往往只投入最低限度的经管资源，紧缩战略的实施过程往往会伴随着大量员工的裁减，一些奢侈品和大额资产的暂停购买等等。

③ 紧缩型战略具有短期性。

(2) 紧缩型战略的适用性

适用性有三种类型：适应性紧缩战略、失败性紧缩战略、调整性紧缩战略。

适应性紧缩战略是企业为了适应外界环境而采取的一种战略。

失败性紧缩战略则是指由于企业经营失误造成企业竞争地位虚弱、经营善恶化，只有条用紧缩战略才能最大限度地减小损失，保存企业实力。

调整性紧缩战略的动机则既不是经济衰退，也不是经营失误而是为了谋求更好的发展的机会，使有限的资源分配到更有效的使用场合。

(3) 紧缩型战略的利弊分析

紧缩型战略的优点有：

① 能帮助企业在外部环境恶劣的情况下，节约开支和费用，顺利地度过面临的不利困境。

② 能在企业经营不善的情况下最大限度地降低损失。

③ 能帮助企业更好地实行资产的最优组合。

与上述优点相对应，紧缩型战略也有不利之处。如实行紧缩型战略的尺度较难把握，因而如果盲目使用紧缩型战略的话，可能会使企业的整体利益受到伤害。此外，一般来说，实施紧缩型战略会引起企业内部人员的不满，从而引起员工情绪的低落，因为紧缩型战略常常引起不同程度的裁员和减薪。

(4) 紧缩型战略的类别

① 抽资转向战略。抽资转向战略是企业在现有的经营领域不能维持原有的产销规模和市场面，不得不采取缩小产销规模和市场占有率，或者企业在存在新的更好的发展机遇的情况下，对原有的业务领域进行压缩投资、控制成本以改善现金流为其他业务领域提供资金的战略方案。

② 放弃战略。放弃战略是指将企业的一个或几个主要部门转让、出卖或停止经营。

③ 清算战略。清算是指卖掉其资产或停止整个企业的运行而终止一个企业的存在。这在企业毫无希望的情况下也是一种明智之举。

4.混合型战略

混合型战略就是将稳定型战略、增长型战略和紧缩型战略混合起来使用。

从混合型战略的特点来看，一般是较大型的企业采用较多。另外，混合型战略并不具备确定的变化方面.它有时是战略态势选择中不得不采取的一种方案。

5.分析工具——BCG 矩阵

公司业务组合矩阵是制定公司层战略最流行的方法之一,这是在 20 世纪 70 年代初提出来的,如图 11.5 所示。

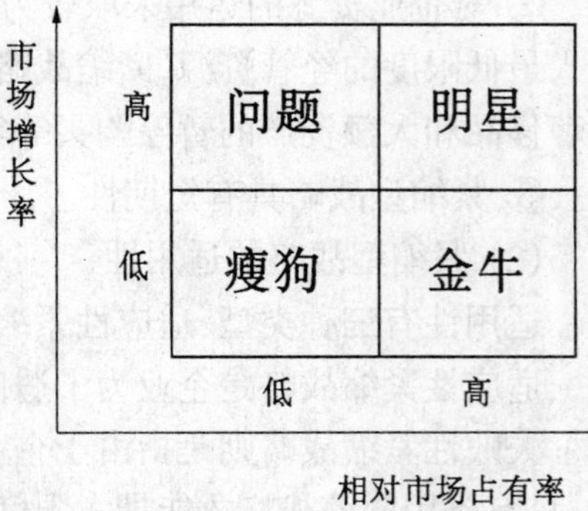

图 11.5　BCG 矩阵

近年来,由于种种原因,公司业务组合概念已经不那么为人所重视了,但它仍不失为一种有用的理论,它提供了一种框架,帮助人们理解性质各异的业务以及确定战略资源分配的优先次序,只是作为一种指导管理当局制定战略的工具,它还存在明显的局限性。

二、事业部战略

指由事业部制定的,一般发生在事业部层次,重点是改善公司产品和服务在其所处的具体行业或细分市场中的竞争地位。在事业层,最普遍的战略框架是适应战略和竞争战略。

1.适应战略

适应战略框架可分为 4 种战略类型:防御者,探索者,分析者和反应者。

(1) 防御者寻求向整体市场中的一个狭窄的细分市场稳定地提供有限的一组产品。防御者拚命奋斗以防止竞争者进入自己的地盘,不受其目标市场以外的机会诱惑,通过市场渗透和有限的产品开发获得成长。

(2) 探索者追求创新,其实力在于发现和发掘新产品和新市场机会。探索者战略取决于开发和研究环境条件、变化趋势和实践的能力,灵敏性对于探索者战略的成功是非常关键的。

(3) 分析者靠模仿生存,复制探索者成功的思想,追求风险最小化和利润机会最大化,有着快速响应那些领先一步的竞争者的能力,同时还要比探索者具有专长更强的稳定产品和细分市场;

(4) 反应者的战略是其他三种战略实施不当时所采用的一种不一致和不稳定的战略模式。一般地,只要所采取的战略与经营单位所处的环境内部结构与管理过程相吻合,前三种战略中任何一种都能够获得成功,但反应者由于对环境变化和竞争往往作出不适当的反应,绩效不佳,并且在承诺某种特定战略时表现得犹豫不决。

2.竞争战略

竞争战略的主要目的就是通过集中于一个行业,通过产品/市场的经营,实现利润和市场占有率的最大化。因此从获得竞争力和利润的基本手段来划分,最基本的行业竞争战略有三种类型:

(1) 成本领先战略:成本领先要求积极的建立起达到有效规模的生产设施,在经验基础上全力以赴降低成本,抓紧成本和管理费用的控制,以及最大限度的减少研究开发、服务、推销、广告成本费用。

(2) 差异领先战略:差异化战略是将公司提供的产品或者服务标新立异,形成一些在全产业范围内具有独特性的东西。

(3) 集中战略:是主攻某个特定的顾客群,某产品系列的一个细分区段或某个地区市场。常常意味着对获取的整体市场份额的限制。

而从增加收入和市场占有率的角度来说,行业经营战略可以分为以下四种类型:(1) 市场集中;(2) 产品集中;(3) 市场开发;(4) 产品开发。

竞争战略是战略计划方面最重要的思想,其关键在于建立和保持高于产业平均生产率水平的竞争优势,首先是要进行产业分析。其次,要选择竞争优势。没有一家企业能够成功地通过为所有的事达到超过平均水平的绩效,应该进行战略选择,根据自身的长处和短处,避免不必要的拼杀,将企业置于竞争对手所不具备的强有力地位。

3.面对竞争者的战略思想——定点超越

为了保持企业的持续发展而将企业的内部行为及其运作过程加以客观分析,在此基础上为自己建立一个参照点,将本企业的竞争实力和目标竞争对手进行对比分析、评价竞争战略竞争力水平,及竞争优势的差距以在此基础上提高企业的竞争力,超越目标竞争对手。定点超越战略技术的核心思路:知己知彼,取长补短,互惠互利,领先一步。

三、职能战略

职能战略指由职能部门制定的战略。它是总体战略按专门职能的落实和具体化,职能战略的主要目的是提高工作的有效性和效率。如市场、产品发展、技术、人才开发等职能领域的战略。

第四节　战略的实施

战略执行就是把战略付诸实施。为了确保战略的实施,要了解战略执行的制约因素,选择战略实施模型,搞好资源分配,加强组织领导和激励,制定具体的行动计划等。

一、战略执行的制约要素

战略执行的制约要素,有人员系统、组织结构系统和企业文化系统。

1.人员

企业中的人员是战略管理过程的主体。这些人员具有各自不同的目标、价值观、行为方式和技能。他们既是执行战略的人，又是战略实施过程中需要改变行为的人。要使战略执行得到预期效果，必须做好以下两项工作：一是选择或培训能胜任新战略实施的领导人；二是改变企业中所有人员的行为与习惯，使他们易于接受新战略。其中选择能胜任新战略实施的经理（或厂长）是战略执行的关键。美国著名的管理学家卡斯特说过：平庸的战略，可能会因为具有驾驭能力，有才华、干劲足的领导的引导有方而获得成功；完美的战略却会因缺乏好的领导人以至组织内各个成员仅仅是消极地行动而遭失败。

2.组织

组织是实施战略的一种工具。一个好的战略需要通过相应的组织机构去执行。企业的组织结构应当根据企业战略目标进行调整。美国管理学家托马斯·丁·彼得斯和小罗伯特·H·沃特曼对各种组织结构进行分析后，提出了能适应战略时代新型组织结构的三大要求：一是履行基本职能的效率要求；二是不断创新的要求；三是确保面临重大威胁时能做出起码程度的反应，以避免僵化的要求。只有这样的组织结构，才能保证战略的顺利进行。

3.企业文化系统

企业文化系统是实施战略的保证。企业文化，简单地说是企业职工共同的观念形态和行为准则。它的本质是在价值观念上对全体职工提出的一种理性的韧性约束。在战略执行过程中，积极的企业文化起支持作用。

二、战略实施模型

选择战略实施模型，对于企业高层领导来说，选择好战略实施的模式是实施战略的重要工作。一般地说，战略的实施有五种模式，即指令型、转化型、合作型、文化型和增长型。

指令型是指具有极为正式的集中指导的倾向，战略实施靠的是满意战略和有权威的日常指导。

转化型模式是从指令型转变来的。这种模式十分重视运用组织结构、激励手段和控制系统来促进战略实施。

合作型模式是指把战略决策范围扩大到企业高层管理集体之中，调动了高层管理人员的积极性和创造性。因此，协调高层管理人员的活动成为总经理的工作重点。

文化型模式是指把合作型的参与成分扩大到了企业的较低层次，力图使整个企业人员都支持企业的目标和战略。在该模式中总经理起指导者的作用，通过灌输一种适当的企业文化，使战略得以实施。

增长型模式指企业的战略是从基层单位自下而上地产生。它的关键是激励管理人员的创造性去制定与实施完善的战略，使企业的能量得以发挥，并使企业实力得到增长。

从实践来看，上述的五种模型并不是互相排斥的。在某种意义上讲，它们可能只是形式上有所区别。一个稳定的企业可能对各种模型都感兴趣，只不过各有不同的侧重。不过，这些模型中任何一种都不可能适用于所有的企业。运用这些模型的条件主要取决于企业多种经营的程度、发展变化的速度以及目前的文化状态。

三、计划与资源分配

执行战略计划还要搞好资源分配。资源分配是根据总体战略和职能战略的目标和要求分配所需的资源，包括人力、物力和财力的分配。其中主要是资金即财力分配，通过预算来分配和调控所利用的资源。因为有了资金，可以通过生产资料市场、劳务市场、技术市场等途径取得所需的物资、人才和技术，即使是公司内部调配也需要相应的经费开支。

加强组织领导和激励，制定具体的行动计划，把战略的内容和要求具体化，安排实施战略和行动计划的具体工作程序等，把企业战略落到实处。

第五节 战略的控制

战略控制是指把战略执行过程中所产生的实际效果与预定的目标和评价标准进行比较，评价工作业绩，发现偏差，采取措施，以达到预期的战略目标，实现战略规划。它是战略实施中保证战略实现的一个重要阶段。搞好战略控制，要做好控制层次、关键因素和关键信息、控制的多样性、控制程序等工作。

控制层次，安东尼建议控制动能的需要在战略、管理、操作三个层次上发生。实施新战略需要在三个层次上都进行控制，每一层次控制的目的都不一样，需要的信息也不相同。例如实施一项海外投资战略需要在战略层次上控制总预算，在管理层次上控制日常花费并进行职工管理，在操作层次上保证例行业务正确无误地完成。

关键因素和关键信息，要搞好战略控制，必须抓住决定战略是否成功的关键因素。这些关键因素在资源规划的时候应该确定。然后还要保证反应这些关键因素的绩效指标和有关信息及时得到。

控制的多样性，战略决策的长期影响特性及战略决策制定条件的不确定性决定了控制系统必须有较大的自由活动空间。战略的不断演化也决定了控制的多样性。

控制程序一般由评价标准、评价工作业绩和反馈三个要素构成。评价标准有战略内部的一致性、战略与环境的一致性、战略与可供资源的一致性、战略风险的可容忍性、战略时间结构的适宜性、战略的可行性等。评价工作业绩是把战略执行中的实际效果与评价标准相比较，它包括实际效果，信息的收集、整理、计算，与标准比较，进行分析的全过程。它的主要目的是发现战略执行中存在的问题，找出偏差，从而确定和采取纠正的措施。反馈就是找出发生偏差的原因，拟定和执行纠正的措施，改进组织活动。

第十二章　计划与管理

学习目的

学习本章应了解与掌握：

1.能够了解计划的含义与意义。

2.能够了解计划的类型。

2.能够阐述目标管理的涵义。

3.能够了解目标管理的过程。

5.能够阐述目标设置的要求。

6.能够阐述目标管理的特点。

7.能够阐述计划工作的步骤和方法。

8.能够了解计划评审技术。

第一节　计划的基础

计划是管理的首要职能。没有计划，企业内一切活动都会陷入混乱。在一个好的计划指导下，水平一般的下属，也会做出成效；在一个差的计划指导下，能力很强的下属，也会把工作弄糟。现代工业生产是社会化大生产，企业内部分工十分精细，协作非常严密，任何一部分生产活动都离不开其他部门的协作。因材，需要统一的计划来指挥企业各部分的活动。企业里没有计划，好比一个交响乐队没有乐曲，是无法进行任何生产经营活动的。

计划、组织、领导和控制等方面的管理活动，是为了支持企业目标的实现，因此，计划工作放在所有其他管理职能的实施之前，这是合乎逻辑的。虽然在实践中，所有的职能交织成一个行动的网络，但是计划工作具有它的特殊地位，因为它牵涉到整个集体努力去完成的必要目标。此外，主管人员必须制定计划，为了使他们知道需要什么样的关系和人员素质，按照什么方针去领导下属工作人员，以及采用什么样的控制。因此，很自然，如果要使所有其他管理职能发挥效用，必须安排好计划。

一、计划的定义

计划包括定义组织的目标；制定全局战略以实现这些目标；开发一个全面的分层计划体系以综合和协调各种活动。因此，计划涉及设计目标（做什么），也涉及达到目标的方法(怎么做)。

计划还可以被进一步定义为正式的计划和非正式的计划。所有的管理者都制定计划,但许多只是一种非正式的计划。在非正式计划中,什么都不写出来,很少或没有与组织中其他人共享的目标。这种非正式计划大量存在于小企业中,在这些企业中只是所有者兼管理者本人考虑过企业要达到什么目标,以及怎么实现目标,计划是粗略的且缺乏连续性。当然,非正式计划也存在于某些大型企业中,而一些小企业也制定非常详细的正式计划。在本教材中所使用的计划术语,指的都是正式计划。

二、计划工作的意义

计划工作是指导性、科学性和预见性很强的管理活动,对组织的经营管理活动起着直接的指导作用,但这种作用可能是积极的,也可能是消极的。计划工作的重要性主要表现在以下几方面:

(1) 弥补不肯定性和变化带来的问题。

(2) 有利于管理者把注意力集中于目标。

(3) 有利于更经济地进行管理。

(4) 有利于控制。计划是控制的标准,是控制的基础。

三、计划的效率

我们衡量一个计划的效率,就是看这个计划对我们的目的和目标的贡献。这里讲的贡献,是指扣除在制定和实施这个计划时所需要的费用和其他因素后,能得到的总额而言。计划可能提高所要的达到的目标,但没有必要提高付出的代价。如果计划按合理的代价实现目标,这样的计划是有效率的。在衡量代价时,不仅用时间、金钱或者生产来衡量,而且还要衡量个人和集体的满意程度。

许多主管人员编制了费用大于所能获得的收入的计划。例如,有一家航空公司,以费用超过收入的代价购买某种飞机。有一家汽车制造厂设法通过强调工程设计,而没有做出富有竞争性的先进式样,去占领市场。如果计划使一个组织内很多人不满意或者不高兴,那么计划甚至不可能实现目标。一家赔本公司新任的总经理企图通过无计划而成批地裁减重要员工的办法,达到该公司迅速削减支出的目的。这样做的后果是忧虑、忿恨和失去民心,并导致生产率大大降低,最后,这位新上任的总经理原来的消灭亏损获得利润的目标,以失败告终。此外,尽管计划基本上是可行的,但是由于所采用的方法失当而造成集体的不满,因此,某些企图做出管理评价和制定发展计划的打算终于失败了。

第二节　计划类型

有些主管人员不承认有若干不同类型的计划,因此,经常很难制定有效的计划。而这一点很容易弄明白,即一项重大方案,如建设和装备一家新工厂,就是一个计划。但是,一些其他将来行动方针也是计划,一个计划包含任何将来行动的方针,这样我们能够理解,计划是多种多样的。

一、按照计划的表现形式分类

根据计划的表现形式把计划分为:目的或使命,目标,策略,政策,程序,规则,预算。在某种程度上,这些不同种类的计划是一种层次体系,如图 12.1 所示。

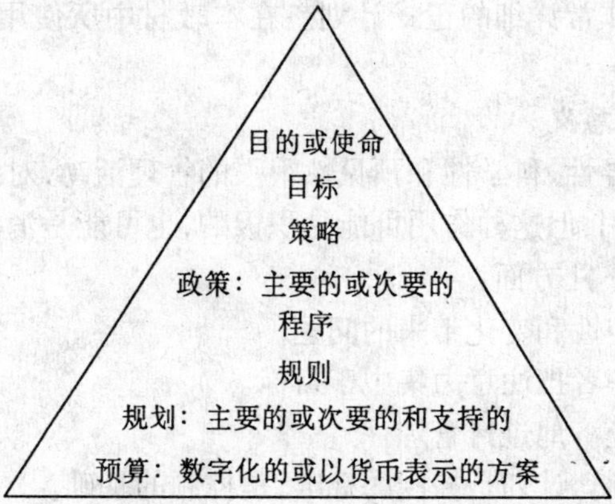

图 12.1　计划的层次体系

(1) 目的或使命。这种目的或使命,是社会赋予它们的基本职能,用以回答组织是干什么的以及应该干什么这类问题。

(2) 目标。目标是在目的或任务指导下,提出整个组织所要达到的具体成果。

(3) 策略。策略是一个组织为全面实现目标而对主攻方面以及资源进行布置的总纲。

(4) 政策。政策是指组织在决策时或处理问题时指导及沟通思想活动的方针和一般规定。

(5) 程序。程序规定了处理问题的例行方法、步骤。

(6) 规则。规则是根据具体情况采取或不采取某个特殊的或特定的行动。

(7) 规划。规划是为实现既定方针所必需的目标、政策、程序、规则、任务分配、执行步骤、使用资源以及其他要素的复合体。

(8) 预算。预算是将资源分配给特定活动的数字性计划。

从图 12.1 中可以看出,以上七种计划表现形式同时也是计划的层层细化的一个过程。

二、按计划所涉及的范围分类

按所涉及的范围可将计划分为:战略层计划、战术层计划、作业计划。

战略层计划是指应用于整体组织的,为组织设立总体目标和寻求组织在环境中的地位的计划。它涉及竞争策略,产品发展方向,生产发展规模,技术发展水平,新生产设备的建造等。

战术层计划是确定在现有资源条件下所从事的生产经营活动应该达到的具体目标,如产量、品种、产值和利润。

作业层计划则提供了实现具体目标的方法。因此,它是确定日常的生产经营活动的安排。

三个层次的计划有不同的特点,如表 12.1 所示。由表中可以看出,从战略层到作业层,计划期越来越短,计划的时间单位越来越细,覆盖的空间范围越来越小,计划内容越来越详细,计划的不确定性越来越小。从该表中,我们还可以看出组织的管理层次与计划类型的关系,以及计划工作的重点。

表 12.1　不同层次计划的特点

	战略层计划	战术层计划	作业层计划
计划期	长(≥5 年)	中(一年)	短(月、旬、周)
计划的时间单位	粗(年)	中(月、季)	细(工作日、班次、小时、分)
空间范围	企业、公司	工厂	车间、工段、班组
内容详细程度	高度综合	综合	详细
不确定性	高	中	低
组织的管理层次	高层管理者	中层管理者	基层管理者
计划工作重点	资源获取	资源利用	日常活动处理

三、按计划所涉及的时间长短分类

按计划所涉及的时间分类可分为:长期计划、中期计划和短期计划。长期计划一般超过 5 年以上;短期计划是指一年以内的期间如季度计划、月计划、旬计划、周计划等;中期计划则介于两者之间。

按计划的内容分类可分为:专项计划和综合计划。如设备大修理计划属于专项计划,年度经营计划属于综合计划。

计划还可以按企业职能分类,主要有:销售计划、生产计划、财务计划、供应计划、安全计划、人员培训计划等。

第三节　目标管理

石匠寓言与经理人

在目标管理的培训辅导中,我们经常会说到“三个石匠的寓言”来帮助学员理解什么是目标,什么是目标管理。这个寓言是这样的:有个人经过一个建筑工地,问那里的石匠们在干什么?三个石匠有三个不同的回答。

第一个石匠回答:"我在做养家糊口的事,混口饭吃。"

第二个石匠回答:"我在做最棒的石匠工作。"

第三个石匠回答:"我正在盖一座教堂。"

如果我们用"自我期望"、"自我启发"和"自我发展"三个指标来衡量这三个石匠,我们会发现第一个石匠的自我期望值太低,在职场上,此人缺乏自我启发的自觉和自我发展的动力。第二个石匠的自我期望值过高,在团队中,此人很可能是个特立独行、"笑傲江湖"式的人物。第三个石匠的目标才真正与工程目标、团队目标高度吻合,他的自我启发意愿与自我发展行为才会与组织目标的追求形成和谐的合力。

管理大师德鲁克曾说:"目标管理改变了经理人过去监督部属工作的传统方式,取而代之的是主管与部属共同协商具体的工作目标,事先设立绩效衡量标准,并且放手让部属努力去达到既定目标。此种双方协商一个彼此认可的绩效衡量标准的模式,自然会形成目标管理与自我控制。

目标表示最后结果,而总目标需要由子目标来支持。这样,目标就形成了一个有层次的体系和网络。此外,各级组织和主管人员有其不同层次的具体目标,而这些目标有时不相协调,从而可能导致组织内部、班组内部和甚至个人之间的矛盾。主管人员在短期和长期业绩之间可能有所选择,而个人利益则应该服从组织的目标。

一、目标的层次体系

如在图 12.2 中可以看到,目标形成了一个有层次的体系,范围从广泛的目的到特定的个人目标。这个层次体系的顶层是有两个方面的宗旨。其一是社会宗旨,如果求这个组织以合理成本提供商品和服务,为人民的福利做出贡献。其次是企业宗旨,它可以为普通人提供方便的、成本低的运输。所规定的任务,可能是生产、营销汽车以及为汽车业服务。请注意,宗旨与任务之间的区别是很微细的,因此,许多作者和实际工作者就不去区分二者之间的差别。在任何情况下,这些目的还要转化成总目标和策略,如设计、生产和销售可靠的成本低的燃料效率高的各种汽车。这个层次体系的下面的层次,我们会发现更多的具体目标,诸如那些在关键成果领域中的具体目标。正是在这些领域里的业绩,是企业成功所不可缺少的。

树立目标的过程和组织的层次关系。

在图 12.2 中可以看到:在组织的层次体系中的不同层次的主管人员参与不同类型目标的建立。董事会和最高层主管人员主要参与确定企业的宗旨、任务目标,并且也参与在关键成果领域中更多的具体的总目标。中层主管人员如副总经理或营销经理或生产经理,主要是建立关键成果领域的目标、分公司和部门的目标。基层主管人员主要关心的是部门和单位的目标以及他们的下层人员目标的制定。虽

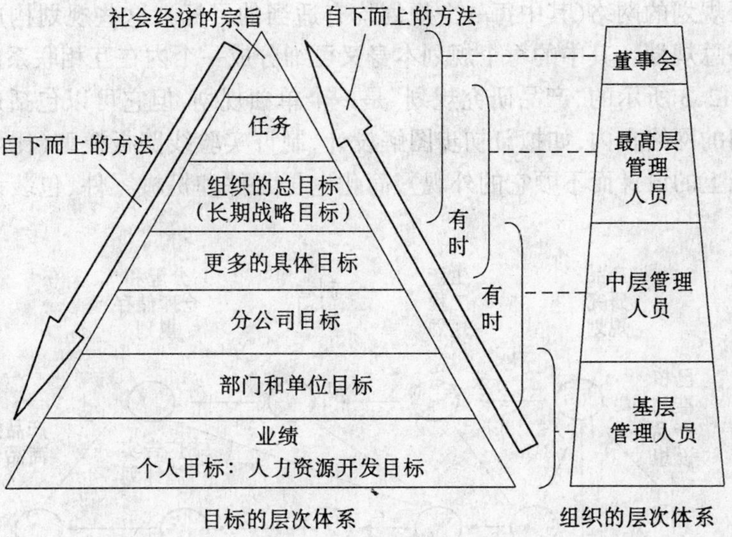

图 12.2　目标的层次体系和组织的层次体系之间的关系

资料来源：H. Weihrich and J. Mendleson, Management; An MBO Approach (Dubuque, lowa; Wm, C. Brown Co, 1978), p. xi.

然我们指出目标层次体系的最低层的个人目标包括业绩和个人发展目标，对于较高层次的主管人员，也应设立他们自己的业绩和个人发展的目标。

关于一个组织是否应该用自上而下还是自下而上的方法来建立目标（如图12.2 中箭头所示）尚有些争论。自上而下的方法就是上级主管人员为下属人员确定目标，而自下而上的方法，则是下级人员先确立他们职位上的目标，呈报他们的上级。

主张自上而下方法的提议者指出：整个组织需要通过总经理（与董事会协力）提出公司目标，指明方向。另一方面，主张自下而上方法的提议者则认为，最高层主管人员树立目标可能具有高度的激励而愿承担为实现目标做出努力。作者的经验认为自下而上的方法还不够完善，但二者的任何单一方法也都是不够好的。把二者结合起来是必要的，但侧重在哪一种方法则要视情况而定，包括这样一些因素，如组织的规模、组织文化、主管人员所喜欢的领导方式和计划的迫切程度等。

二、目标网络

目标与计划方案，通常均形成所希望的结果和结局的一种网络。如果各种目标不互相联结，并且他们也互不支持，则人们非常容易采取对他们本部门看来可能有利而对整个公司却是不利的途径。

目标和计划很少是直线的，即并不是当一个目标实现后接着去实现另一个目标，如此等等。目标和规划形成一个互相联系着的网络。图 12.3 描绘出相互起作用的若干规划的网络(其中每一个规划均有适当的目标),这些规划构成一个典型的新产品总规划。其中的每个规划本身又可细分成一个内在互相联系的网络。这样,如图 12.3 所示的“产品研究规划”是一个单独规划,但它可以包括这样一些目标和规划的网络在内,如拟订初步图解设计,制订实验线路板模型(比如重点放在产品功能上的设计而不顾它的外观),简化电子元件和机械零件、包装设计和其他事项等。

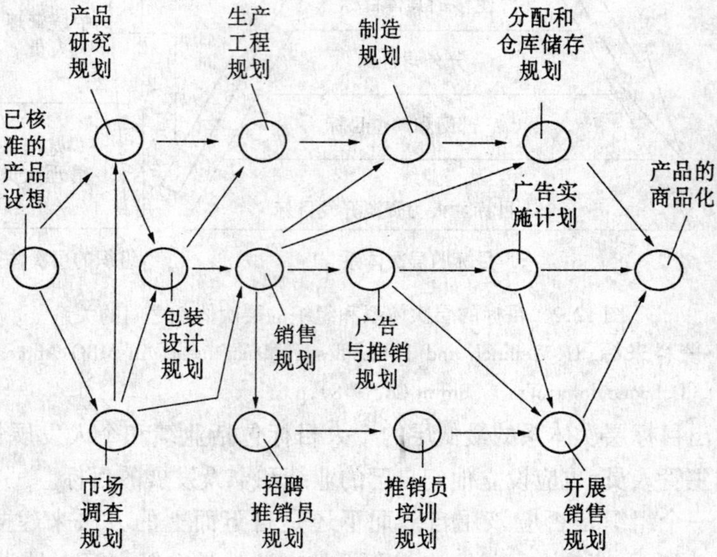

图 12.3　构成一个典型的新产品规划的网络

主管人员必须确保这个网络的每个组成部分要相互协调。协调是指:不仅执行各种规划要协调,而且完成这些规划在时间上也要协调,因为一个规划的开始通常依赖于前一个规划的完成。

一家公司的一个部门,很容易制定似乎完全适合于本部门的目标,但在经营上与另一个部门的目标相矛盾。采购部门可能认为一次大量采购是最佳目标,但这可能与财务部门要求库存资金维持在相当低的水平的目标相抵触。

公司往往在设置各种目标时,不去认识许多约束因素,如经济条件或者如竞争对手的行动,那是不现实的。此外,建立公司的财务目标是一种连续过程,在这过程中必须平衡相抵触的优先考虑的各种因素。事实上,主管人员往往从他们自身的利益来考虑目标而不去理解目标的网络。

一家企业在它的总目标中可能包括下面一些内容:

获得一定的利润率和投资收益率;

重点研究连续开发的适当产品;

发展公众持有的股票所有权；

主要通过利润再投资和银行贷款筹措资金；

在国际市场中销售产品；

保证优势产品的竞争价格；

达到在行业中占优势的地位；

遵循企业经营业务所在的社会价值。

当各种目标不能相互支持和互相联结时，那就非常不好。当它们彼此干扰时，那可能是一场灾难性的大变动。正如一位经理所说的那样，需要的是一种互相支持的各种目标的矩阵。

三、目标管理的过程

总结目标管理工作在实践中是怎样取得成功的，我们便能更好地看出目标在管理中的实际重要性。图 12.4 用图解方法描绘了这个过程。在理想的情况下，这个过程开始于组织的最高层，并且有总经理的积极支持，他给组织以指导。但是目标设置开始于最高层并不是实质性的。它可以从分公司一级开始，在销售主管人员这一级或者甚至更低层开始。例如，在某个公司的目标系统，首先开始在一个分公司建立，随后逐级建立到管理的最低层而形成一个互相连锁着的目标网络。在分公司总经理个人的领导和指导下，无论在获利性、成本降低、改善经营等方面都取得了成功。不久，其他一些分公司经理和总经理也产生了兴趣并力图履行类似的计划。在另一个例子中，一位会计部门的主管人员在他的小组内展开了目标体系；他的成功不仅得到领导的赏识（并提升），而且成为全公司展开这种体系的开端。

与所有的计划一样，目标管理关键的要求是开发和传播那些协调一致的计划前提。要是没有明确的指导方针，任何主管人员都不可能希望去设置目标或制定计划和预算。

1.在最高层设置目标

已知某些适当的计划工作的前提后，设置目标的第一步是最高主管人员确定在未来特定时期内他们要抓住企业的宗旨或使命和更重要的目标是什么。这些目标可以设置为任何期限的——季、一年、五年，或在已知环境下的任何适当期限。在达多数情况下，目标设置可与年度预算或主要项目的完成期限相一致。但并非必须如此，而且通常并不是希望的。某些目标应该安排在很短的时期内完成，而另一些则要安排在更长的时期内。同样，在典型的情况下，组织层次的位置越低，为完成目标而设置的时间的长度往往越短，例如，第一层次的监管人员设置许多年度目标是很少行得通或者是明智的。因为他们的目标时间，在大多数经营内容上，诸如成本或废品减少、设备重新安排或专门人事计划的制定等，所需的时间跨度都短

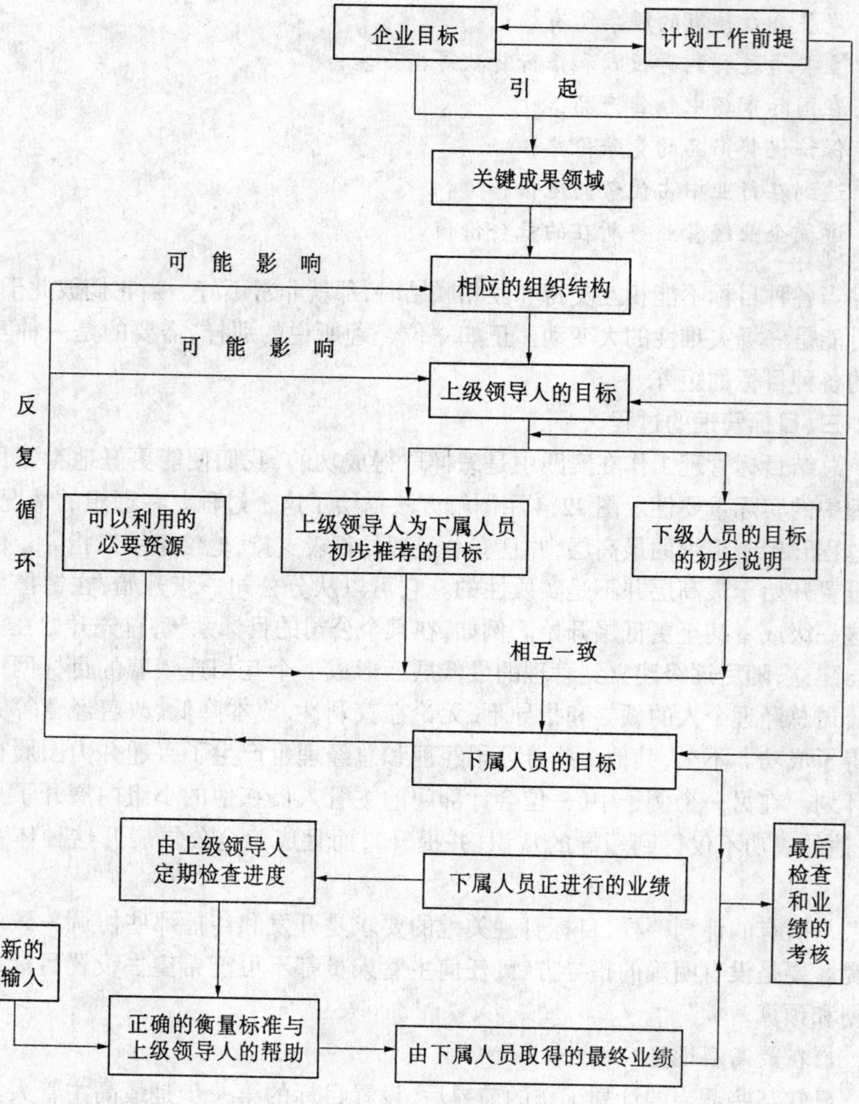

图 12.4　以目标进行管理和考评过程

资料来源：H. Koontz,《Appraising Managers Managers》(New York：Mc-Graw－Hill. 1971，P48)

(这些目标的大多数可能在几个星期或几个月内完成)。

由上级设置目标是初步的，关于在一定时期内这个组织可能和应该完成什么目标，是建立在分析和判断基础上的。这就需要按照面临的可供利用的机会和威胁来考虑公司的优势和弱点。这些目标必须看成是试验性的，而当由下级拟订出整个可考核的目标系列时，根据它来进行修改暂定的目标。通常不应当强制下属人员订立各种目标，因为强制几乎不可能引起承诺意识。大多数主管人员也发现，和下属人员一起制订目标的过程，暴露出他们以前所不知道的要去处理的一些问题和机会。

在设置目标的时候，主管人员也要建立衡量目标完成的标准，如果制定的是可以考核的目标，无论是销售金额、利润、百分率、成本标准或计划赏识等这些衡量标准，一般都要订到目标里去。

2.明确组织的作用

在达到目标的过程中，所期望的成果和责任之间的关系往往被人忽视。理想的情况是，每个目标和子目标都应有某一个人的明确责任。然而，对一个组织结构的分析，常常发现责任是含糊不清的和需要加以澄清或改组。有时不可能去建立一个组织结构以致特定的目标成为某个个人的责任。例如在设置一种新产品投入的目标中，研究、销售和生产等部门的主管人员必须仔细地协调他们的工作。他们的各种职能可以由设立一名产品主管人员来负责把它们集中起来。但是，如果不愿意这样做，则至少每一协作的主管人员对要完成的计划目标所要做的具体任务，可以和应该作出明确的规定。

3.下属人员目标的设置

在有关的总目标、策略和计划工作的前提条件等在确保传达给下属主管人员之后，上级领导人询问下属人员，下属认为可以完成什么目标，在什么期限内完成，需要什么资源。然后他们讨论对公司或部门来说，什么目标看来是可行的等初步思想。

上级领导人的作用在这里是极其重要的。他们应该问的问题包括，你能做出什么贡献？我们怎样来改进你的工作也有助于改进我的工作？有什么障碍？是什么阻碍你取得更高水平的业绩？我们能做些什么变革？我能怎样来帮助你？令人惊异的是，这样做，可以使许许多多阻碍业绩的问题得到解决，而且可以从下属人员的经验和知识中，吸收到许多建设性的意见。

上级领导人也必须是有耐性的顾问，帮助他们的下属人员制订出协调一致的和相互支援的目标，并要注意所设置的目标不应是无法实现的。人的本性认为，任何在一年之后完成的事情，很少可能在下个星期就完成。而可以使目标管理规划变得脆弱的许多事情之一，是容许下属主管人员设置毫无实现希望的目标。

同时，下属人员设置目标的时候，并不意味着人们想干什么就干什么。上级领导人必须听取他们的想法并同他们一起工作。但是最后他们必须对批准下属人员的目标承担责任。上级领导人的判断和最后批准必须依据：实现目标是否有合理程度的“紧张”和“费力”，是否同上一层次的目标充分配合，是否与其他部门主管人员的目标协调一致，并且是否和本部门和本公司的长期目标一级利益协调一致。

谨慎地设置可考核的目标网络，并且为了有效地实现它而创造必要的条件，其主要好处之一，是在于它同时把资金、材料和人力资源的需要结合在一起。各个层次的所有主管人员都需要用这些资源来完成他们的目标。把这些资源同目标联系起来本身，就能够使上级领导人更好地看到资源分配的最有效的和最经济的方法。它有助于避免任何上级主管人员都存在的祸害——下属人员“讨价还价”，要求多给一名技术员或工程师，或者要求多给一台设备。如果不把资源分配同目标联系起来，下属人员就容易说服他们的领导，而且上级领导人很难拒绝。

4.拟定目标的反复循环过程

从最高层开始确定目标而后将目标分派给他们的下属人员，可能是难以奏效的。拟订目标也不应从基层开始。需要的是有一定程度的反复循环过程。最高主管人员对他们的下属人员应当确定什么目标先要有个设想。但是当下属人员的贡献成为重点时，他们将几乎肯定要改变这些预先想定的目标。这样，目标的设置不仅是一个连续过程，而且也是一个互相作用的过程。例如，一位销售主管人员可能切合实际地设置一个产品销售目标，这个目标可能会高于最高层主管人员所认为的可能目标。在此情况下，制造部门和财务部门的目标将肯定要受到影响。

四、目标设置的要求

1.目标应是可考核的

没有明确的目标，管理工作是无计划的。除非又一个明确的目标，不然就没有一个人也没有一个集体可以希望有效地和效率高地去进行工作。表12.2列举出一些目标，并将那些不可考核的目标重新表示成可以计量的目标。

表12.2　不可考核的和可考核的目标举例

不可考核的目标	可考核的目标
1.获取合理利润	1.在本会计年度终了实现投资收益率12%
2.加强信息沟通	2.自2002年7月1日开始发行两页新闻月刊，包括多于40个工作小时的准备时间(指第一期以后)
3.提高生产部门的生产率	3.到2002年12月31日止，增加产品的产出量5%，不增加成本，并保持先前的质量水平
4.培养更好的主管人员	4.设计并开办一个“管理学基础”班，室内课程40小时，在2003年1月1日前完成，包括不多于200个工作小时的管理开发人员配备，并至少有90%的主管人员通过考试(指定的)
5.安装一个计算机系统	5.在2003年12月31日前，生产部门安装一个计算机控制系统，要求不多于500个工作小时的系统分析，在投入运行的最初三个月间，停机时间不超过10%

2.目标的数目不宜太多，它应包括工作的主要特征

我们已经强调了目标应该是可考核的，而且应当说明必须完成什么和何时完成。如果可能，所期望的质量和为实现目标的计划成本也应该表示出来。

3. 目标应该呈现一种挑战性,促进个人在职业上的成长和发展

表 12.3 中简单地列出了设立良好目标的一些标准。凭该检验表中所列出的标准来检查目标,是对主管人员和有志于当主管人员的一种很好的练习。

表 12.3 主管人员目标的检验表

如果目标符合标准,就在右边的方框中写“+”来表示,如果不是,用“-”表示。	
1. 目标是否包括我的工作的主要特征?	□
2. 目标的数目是否太多?如果太多能合并一些目标吗?	□
3. 目标是否是可考核的,亦即,我知道期末是否已经实现了目标?	□
4. 这些目标是否表示了:	□
(a) 数量(多少)?	□
(b) 质量(如好到什么程度或具体的特性)?	□
(c) 时间(何时)?	□
(d) 成本(按什么成本)?	□
5. 这些目标是有挑战性的吗?尚合理吗?	□
6. 是否已给这些目标安排了优先程序?(次序、侧重等)	□
7. 这套目标是否包括:	□
(a) 改进工作的目标	□
(b) 个人发展目标	□
8. 这些目标是否同其他主管人员和组织单位的目标协调?	□
9. 是否已将目标传达给所需要掌握这种信息的人?	□
10. 短期目标是否与长期目标一致?	□
11. 目标依据的假定是否已清楚查明?	□
12. 目标表达是否清楚并用文字写出?	□
13. 这些目标是否能随时提供反馈,从而采取必要的纠正步骤?	□
14. 所掌握的资源与权力是否足以去实现这些目标?	□
15. 是否考虑给予那些想实现目标的个人一些机会去提出他们的目标?	□
16. 分派给下属人员的责任是否都能控制?	□

五、目标管理的优缺点和一些建议

虽然目标方针管理是现在最广泛的实际管理方法之一,它的效果有时还有问题。其错误的履行常常受到责备。但是另一种理由是把目标管理用作为一种机械的方法,集中注意于管理过程的某几个方面,而没有把它们综合到一个系统之中。通过现实考察和分析一些目标管理的优缺点,从经验和研究中学到一些东西。

1.目标管理的优点

(1) 更好的管理。目标管理的全部好处我们可以扼要地讲,就是目标管理导致管理工作有很大的提高。没有计划便不能建立目标,而用结果来定向的计划工作,才是使计划工作有意义的惟一办法。目标管理迫使主管人员去考虑关于计划的效果,而不仅仅是计划的活动或工作。为了保证目标的现实性,它也需要主管人员去考虑他们实施目标的方法,考虑他们需要这样做的组织和人员,以及他们需要的资源和帮助。同样,设立一套明确的目标,这才是更好的控制激励。

(2) 弄清楚组织结构目标管理的另一个主要好处,是迫使主管人员弄清楚组织的任务和结构。在可能范围内,各个职位应该围绕所期望的关键成果建立起来,各个职位应有人负责。已经有效地着手目标管理计划的那些公司,经常发现在他们组织里的缺陷。主管人员经常忘记:为了取得成果,他们必须根据他们期望的成果授予下属人员以权力。正如曾经报导过的霍尼韦尔公司的一位高级主管人员所说的:"有两件事同时被考虑为霍尼韦尔公司的基本信条:为使霍尼韦尔公司开展工作,则需要分散管理,以及为进行分散管理工作,则需要目标管理"。

(3) 个人承诺目标管理的一个好处是鼓励人们专心致志于他们的目标。人们不再只是做工作、执行指示、等待指导和决策;他们现在都是明确规定目标的个人。他们实际上已参与设置目标;他们已有机会把自己的想法纳入计划之中;他们了解自行处理的范围——他们的职权——而且他们还能从上级领导人那里取得帮助,以确保他们完成自己的目标。这些都是有助于承担责任感的因素。当他们控制自己的命运时,他们便成为热心的人了。

(4) 展开有效的控制工作目标管理激发更有效的计划工作,同样地,它也有助于开展有效的控制工作。前面已谈到控制包括测量结果,并采取了行动纠正计划的偏差,以确保目标的实现。在第20章中将看到,管理控制系统和过程的一个主要问题是要知道去监视什么:一套明确的可考核目标就是进行监视的最好指导。

2.目标管理的弱点

尽管目标管理系统有很多优点,但它也有若干弱点。大多数是由于在运用目标管理概念中引起的。

(1) 对目标管理的原理阐明不够。目标管理可能看起来简单,但要把它付诸实施的主管人员,必须对它很好地领会和了解。他们必须依次向下属人员解释目标管理是什么,它怎样能起作用,为什么要实行目标管理,在评价业绩时它起什么作用,以及最重要的是参与目标管理的人能够得到什么好处。这个原理是建立在自我控制和自我指导的概念基础上的,目的在于使主管人员成为内行。

(2) 给与目标设置者的指导准则不够。目标管理和任何其他计划工作一样,如果那些被期待去设置目标的人没有给予必要的指导准则,便不能起到目标管理的作用。主管人员必须知道公司的目标是什么,以及他们自己的活动怎样适应这些目标。如果公司的一些目标含糊不清、不现实或不协调一致,那么主管人员想同这些目标协调一致,实际上是不可能的。

各级主管人员也需要计划的前提条件和了解公司的主要政策。人们必须对将来有某些设想,对影响他们经营范围内的各种政策有一定了解,并知晓目标的性质,以及为了有效地计划而把目标连锁起来的规划性质。如果不能满足这些要求,计划工作就会限于致命的真空之中。

(3) 设置目标的困难。真正可考核的目标是很难确定的,尤其是如果要求它们每年每季始终具有正常的"紧张"和"费力"程度的情况下更是困难。目标设置可能要比任何其他类型的有效计划工作更加困难,为了建立那种艰难的但是可以达到的可考核目标,要比往往只为展开所要做的工作而拟订许多计划,要做更多的研究和工作。

参与目标管理计划的人有时报告说,过于看重经济效果,会对个人产生压力,可能引起可疑的行为。为了减少选择不道德手段去达到这些效果的可能性,最高层主管人员必须承认合理的目标,明确表示行为的期望,并给道德的行为以高度优先地位,给以奖励,对不道德的行为,就要给以惩罚。

(4) 强调短期目标。在大多数的目标管理计划中,主管人员设立短期目标,很少多于一年,往往是一季或更短。强调短期目标显然是危险的,也许会损害长期目标的安排。当然这意味着上级领导人必须始终保证他们现有的目标,像任何其他短计划一样,是为长期目标服务而制定的。

(5) 不灵活的危险。主管人员对改动目标往往犹豫不决。如果目标经常改动,就不好说明它是经过深思熟虑和周密计划的结果,那么这样的目标是没有意义的。然而在公司目标已修改,计划工作的前提条件已经发生了变化或政策已经改变的情况下,如果期望一个主管人员为已经过时的目标去努力奋斗,那也是愚蠢的。

(6) 其他危险。在目标管理中尚有一些其他危险和困难。为了追求他们目标的可考核性,人们可能过分使用定量目标,而且在不宜用数字来表示的一些领域里也企图利用数字,或者对一些项目的最终成果用数字表示有困难的重要目标,他们可能降低等级。

一个良好的公司形象,可能成为企业的关键力量,但它用数量来表示是困难的。有时主管人员甚至在他们的上级领导人的充分参与和帮助下,没有使用目标作为建设性的力量,忘记了对目标的管理工作要比目标的设置更加重要,那也是危险的。

在很有生气的和复杂环境下应用目标导向计划也可能是困难的。可以注意

到,在人类服务救助系统中已经拒绝采用目标管理,因为有下面一些困难:

(1) 把广泛的组织目标转换成更详细的组织单位的目标;

(2) 计量业绩和提供反馈;

(3) 确定什么是有功勋的业绩和相应地奖励个人;

(4) 用数量表示长期目标和短期目标协调一致;

(5) 对快速变化的环境做出调整。

即使目标管理在某些情况下有这些困难和危险,但实际上,这种系统所强调的是设置目标,人们很久以来就认为目标管理是计划工作和管理工作不可缺少的部分。

第四节 计划工作的程序

前面已经谈到,计划既包括目标设置过程,也涉及到怎样实现目标的过程。因此,在计划工作中必须重视其工作程序问题。

一、计划工作的原理

(1) 限定因素原理。限定因素是指妨碍目标得以实现的因素。在其他因素不变的情况下,抓住这些因素,就能实现期望的目标。限定因素原理是指在计划工作中,越是能够了解和找到对达到所要求目标起限制性和决定性作用的因素,就越是能准确地、客观地选择可行的方案。

(2) 许诺原理。许诺概念(Commitment concept)是指计划期限应当延伸到足够远,以便在此期限中能够实现当前的许诺。当前的计划越是影响到对未来的许诺,计划的时间期限应当越长。而计划对太长的期限或太短的期限都是无效的。

管理者不是计划未来的决策,而是计划当前决策对未来的影响,今天的决策是对未来行动和支出的许诺,期限越长,许诺越多,当然实现组织目标的可能性就越小。

(3) 灵活性原理。是指计划工作中体现的灵活性越大,则由于未来意外事件引起的损失的危险性就越小。要求制定计划时要有灵活性,即留有余地。对于主管人员来说,灵活性原理是计划工作中最主要的原理。当承担的任务重、目标期限长的情况下,灵活性便显示出它的作用。在国外,现在也多强调实行所谓的"弹性计划",即能适应变化的计划。

二、计划工作的步骤

任何计划工作的步骤都是相近的,依次包括以下内容:

(1) 估量机会。严格地讲,估量机会不是计划工作过程的一个组成部分,但却是计划工作的真正起点。

(2) 确定目标。通常包括:指导资源最合理的分配;充分发挥全体职工的积极性和潜力;达到经营活动的最佳效果;促进组织内部团结成一体,对外享有良好的声誉。

(3) 确定前提。前提是指计划工作的假定条件,即执行计划时的预期环境。计划前提的确定应该选择那些对计划工作具有关键性的、有战略意义的、对计划执行情况最有影响的因素。

(4) 确定可供选择的方案。一个计划往往同时有几个可供选择的方案,要将可供选择的方案的数量逐步减少,对一些最有希望的方案进行分析。

(5) 评价各种方案。按照前提和目标来权衡各种因素,以此对各个方案进行评价。

三、计划的方式和方法

1.滚动计划方式

滚动式计划方式是一种编制具有灵活性的、能够适应环境变化的长期计划方法。其编制方法是:在已编制出的计划的基础上,每经过一段固定的时期(例如一年或一个季度,这段固定的时期被称为滚动期)便根据变化了的环境条件和计划的实际执行情况,从确保实现计划目标出发对原计划进行调整。每次调整时,保持原计划期限不变,而将计划期顺序向前推进一个滚动期。

滚动式计划方式要求将整个计划期分为两个阶段,即执行阶段和预定阶段。执行阶段计划编得具体,便于贯彻执行;预定阶段的计划编得较粗,起到预计的作用,执行时允许有少量的修改。每经过一定时间,将计划内容进行修改并在时间上向前延续一段。每个时期,既有详细的执行计划指导工作,又有较粗略的预计计划展望较长远的计划方向,便于做好计划实施前的准备工作。

采用滚动计划方式,可以根据环境条件变化和实际完成情况,定期地对计划进行修订,使组织始终有一个较为切合实际的长期计划作指导,并使长期计划能够始终与短期计划紧密地衔接在一起。

计划的滚动过程如图 12.5 所示。

2.甘特图的计划方法

甘特图(Ganttchart)是在 20 世纪初由亨利.甘特开发的。它是一种线条图,横轴表示时间,纵轴表示要安排的活动,线条表示在整个期间上计划的和实际的活动完成情况。甘特图直观地表明任务计划在什么时候进行,以及实际进展与计划要求的对比。

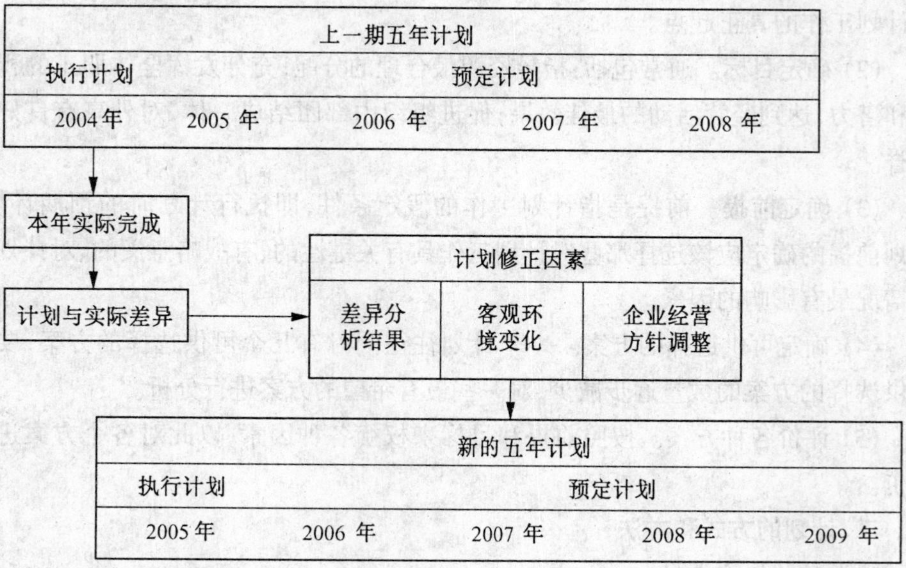

图 12.5　滚动计划方式示意图

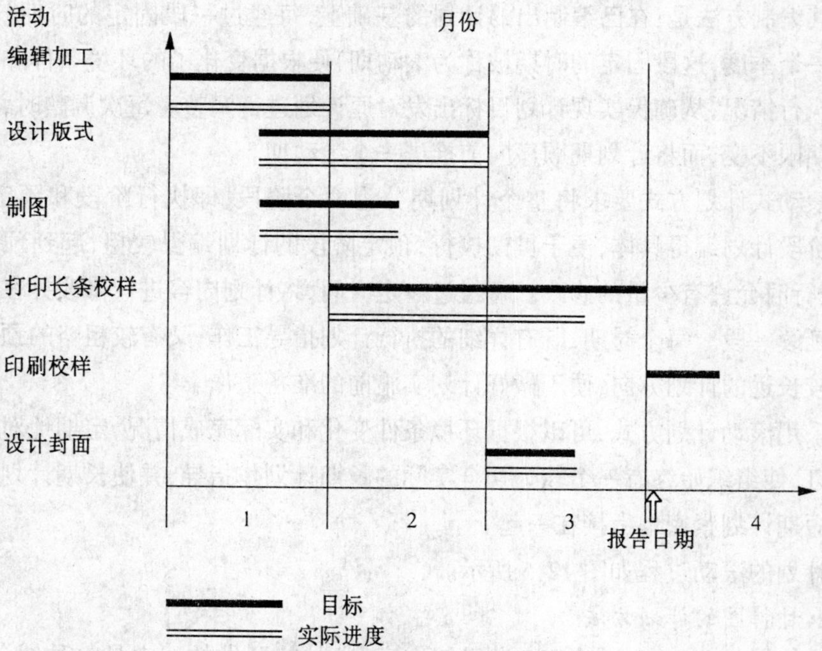

图 12.6　甘特图

下面我们来举一个图书出版的例子(图 12.6)来说明甘特图。

时间以月为单位表示在图的下方,主要活动从上到下列在图的左边。出版计划需要确定的数值包括哪些活动、这些活动的顺序以及每项活动持续的时间。时间框里的线条表示计划的活动顺序,空白的线框表示活动的实际进度。甘特图作为一种计划和控制工具,帮助管理者发现实际进度偏离计划的情况。在本例中,除了打印长条校样以外,其他活动都是按计划完成的。

3.计划评审技术(PERT)

计划评审技术(Program Evaluation and Review Technique, PERT)最初是在20世纪50年代末开发潜艇系统中为协调3000多个承包商和研究机构而开发的。主要用于项目的计划安排。PERT是一种类似流程图的箭线型网络图,它描绘出项目包含的各种活动的先后次序,标明每项活动的时间或相关的成本。对于PERT网络,项目管理者必须考虑要做哪些工作,确定时间之间的依赖关系,辨认出潜在的可能出问题的关键环节,借助PERT还可以方便地比较不同行动方案在进度和成本方面的效果。

构造PERT图,需要明确三个概念:事件、活动和关键路线。事件(Events)表示主要活动结束的那一点;活动(Activities)表示从一个事件到另一个事件之间的过程;关键路线(Critical Path)是PERT网络中花费时间最长的事件和活动的序列。

开发一个PERT网络要求管理者确定完成项目所需的所有关键活动,按照活动之间的依赖关系排列它们之间的先后次序,以及估计完成每项活动的时间。这些工作可以归纳为5个步骤。

(1) 确定完成项目必须进行的每一项有意义的活动,完成每项活动都产生事件或结果;

(2) 确定活动完成的先后次序;

(3) 绘制活动流程从起点到终点的图形,明确表示出每项活动及其它活动的关系,用圆圈表示事件,用箭线表示活动,结果得到一幅箭线流程图,我们称之为PERT网络;

(4) 估计和计算每项活动的完成时间;

(5) 借助包含活动时间估计的网络图,管理者能够制定出包括每项活动开始和结束日期的全部项目的日程计划。在关键路线上没有松弛时间,沿关键路线的任何延迟都直接延迟整个项目的完成期限。

下面举一个例子来说明。假定你要负责一座办公楼的施工过程,你必须决定建这座办公楼需要多长时间。表12.4概括了主要事件和你对完成每项活动所需时间(周)的估计。

表 12.4　建筑办公楼的活动关系表

事件	期望时间	紧前事件
A 审查设计和批准动工	10	—
B 挖地地	6	A
C 立屋架和砌墙	14	B
D 建造楼板	6	C
E 安装窗户	3	C
F 搭屋顶	3	C
G 室内布线	5	D,E,F
H 安装电梯	5	G
I 铺地板和嵌墙板	4	D
J 安装门和内部装饰	3	I,H
K 验收和交接	1	J

基于上表数据的 PERT 网络图如图 12.7 所示。

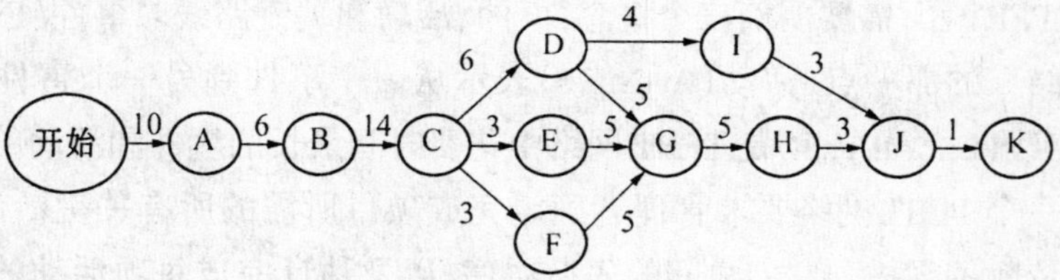

图 12.7　建筑办公楼的 PERT 网络图

完成这栋办公楼将需要 50 周的时间,这个时间是通过追踪网络的关键路线计算出来的。该网络的关键路线为:A－B－C－D－G－H－J－K。沿此路线的任何事件完成时间的延迟,都将延迟整个项目的完成时间。要想深入了解 PERT 的计划方法,详见运筹学的有关章节,在此不再赘述。

第四篇

组　织

第十三章　组织的基础

学习目的

学习本章应了解与掌握：

1.能够了解组织的含义。

2.能够了解企业组织的结构体系。

3.能够理解组织结构设计原则和影响组织结构的因素。

4.能够了解组织理论的演变与发展的过程。

5.能够阐述具体的组织结构形式。

6.能够了解职务特征模型和职务设计程序。

第一节　组织设计的基础

无论是一家工商企业、一个非营利性机构或者是一个公共机关，不管其最终使命是什么，为了有效地实现组织的目标，都需要把组织总体的任务分配给各个成员、各个部门去承担，建立起它们之间相互分工而又相互协作的关系，这种关系就形成了一种框架或结构。管理组织职能的目的，就是着眼于在管理者所服务的组织中建立一种能产生有效的分工和协作关系的结构，并为这样的组织结构配备合适的工作人员。

一、组织的定义

所谓组织，是人们为了实现某种目标而形成的人的有序集合。这是从目标和结构上给组织下的定义，这一定义强调了三个方面的含义：一是组织必须具有目标，二是组织是由人组成的，是人的集合；三是组织的有序性，即组织中的人不是混乱地汇合在一起，而是通过人员间的分工合作和各种规章制度形成的有机体。因此，并不是所有人的集合都能称得上“组织”。现代组织管理论的代表人物巴纳德(Chester I. Barnard)从功用上给组织下的定义是：“组织是二人或二人以上，用人类意识加以协调而成的活动或力量的系统。”这种“协调系统”依据系统原理，使系统中的各种要素相互协调配合，产生“综合效应”，保证企业目标的实现。

企业组织除保证企业目标的实现外，还必须保证企业中成员的个人目标的实现，如果不能满足组织成员的这种需求，组织就不可能形成。人之所以要参加组织，并向组织投入一定的人力、时间或其他要素，目的是为了实现自己的某种目标。

人活着总是有一定目标的，但这些目标的实现是他个人无法独立完成的，人们为了实现自己的目标，就得参加可能实现自己目标的组织，通过组织的"综合效应"，在实现组织目标的同时使个人的需求得到满足。一般来讲，一个人的目标是多元的，即同时会具有多个目标，因此一个人往往同时参加多个组织，如企业、党团组织、社会学术团体等。

二、企业组织的边界与构造体系

1.企业组织的边界

自然人企业的组织中，企业的所有者就是企业的经营者，企业组织工作只需要对经营者和从事生产经营活动的劳动者进行协调。但在现代公司制企业中，由于所有权与经营权的分离，而且所有者不止一个，这时的组织工作不仅包括经营者与一般劳动者的协调，还包括资产所有者之间以及资产所有者与经营者、劳动者之间的协调。根据两权分离的原则，企业的投资者一般不直接参与企业的日常经营管理，更不从事具体的生产经营作业活动，所以，从对企业日常生产经营活动的协调来看，企业组织应只包括经营管理者和劳动者，这时的组织边界称为"内边界"。但是，公司制企业的两权分离是相对的，企业的所有者为了维护自己的利益，通过行使所有者权利间接干预企业的生产经营和管理活动，而且从利益目标和责任范围来看，他们与经营管理者和劳动者一起构成企业利益共同体。因此，企业的投资者不能不包括在企业组织之内，包括投资主体的企业组织边界称为"外边界"。

企业组织实际是对企业各生产要素投入者的力量和活动的组合与协调，如果将生产要素进入企业前后作为区分点，那么"外部边界"把生产要素进入企业时的各种关系及其协调包括在企业组织中，"内部边界"构成的组织则只是包含了生产要素进入企业后形成的关系及其协调。根据这一理解，企业与其他企业之间通过签订契约形成的长期生产要素交易关系也可包括在外部边界之内，这就是本章后面将要讨论的企业集团要涉及的组织边界问题。

2.企业组织的结构体系

根据上述外部组织的概念，构成企业组织中的人，按照他们投入生产要素的不同，可将其分为三种类型的利益主体，即所有者、经营者和一般劳动者。所有者投入的是资本（包括资金、土地、固定资产等），他们的目的是希望资本保值增值；经营者投入的是他们的经营管理经验和管理技能，他们除物质方面的需要外，更多的是成就、权力和友谊方面的需要；一般劳动者投入的是生产技能和劳务，他们的目的是获得工资收入和精神方面的需求满足。各利益主体根据他们投入要素在组织中所处的位置不同，运作的方式和发挥的作用不同，由此构成企业组织三个不同层次的组成部分，即财产组织、管理组织和作业组织。财产组织是因企业的产权关系形成的，它是企业存在的基础，也是影响企业整个组织结构的重要因素。管理组织是围绕着企业的生产经营管理活动而形成的,作用是对日常生产经营活动进行协调。作业组织由生产经营活动形成,是企业的基本活动部分。这三者之间的关系是:财产组织对管理组织进行委托授权,并根据管理组织在经营管理过程中发生的经营信息对其进行监督和约束;管理组织在财产组织的授权下从事企业的日常经营管理活动,按照企业管理的原理和方法对作业组织进行指挥和管理控制;作业组织在管理组织的指挥控制下,利用财产组织提供的资金,从企业外部获取资源,经过内部转换并向外部提供产品或服务,通过这种转换获得企业收益,并提供给财产组织进行分配。这一关系如图 13.1 所示。

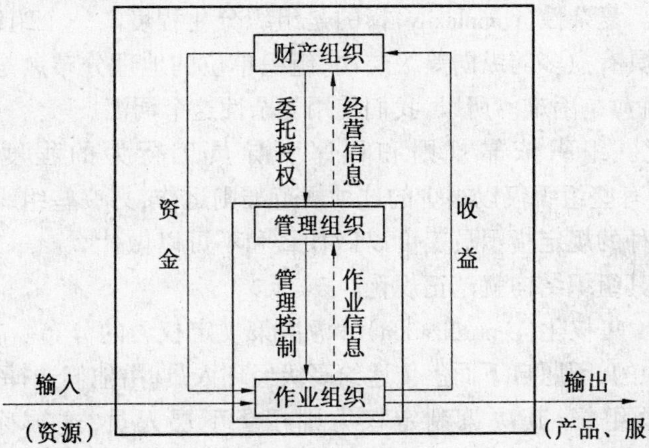

图 13.1　企业组织构造体系

三、组织管理及其工作内容

组织具有综合效应,这种综合效应是组织中的成员共同作用的结果。组织管理就是通过建立组织结构,规定职务或职位,明确责权关系,以使组织中的成员互相协作配合、共同劳动,有效实现组织目标的过程。组织管理是管理活动的一部分,也称组织工作或组织职能。

组织管理的工作内容,概括地讲,包括四个方面:第一,确定实现组织目标所需要的活动,并按专业化分工的原则进行分类,按类别设立相应的工作岗位;第二,根据组织的特点、外部环境和目标需要划分工作部门,设计组织机构和结构;第三,规定组织结构中的各种职务或职位,明确各自的责任,并授予相应的权力;第四,制订规章制度,建立和健全组织结构中纵横各方面的相互关系。

组织管理,应该使人们明确组织中有些什么工作,谁去做什么,工作者承担什么责任,具有什么权力,与组织结构中上下左右的关系如何。只有这样,才能避免由于职责不清造成的执行中的障碍,才能使组织协调地运行,保证组织目标的实现。

第二节 组织结构与组织设计

一、组织结构与组织设计的定义

1.组织结构的定义

组织结构(organization structure)描述组织的框架体系。就像人类由骨骼确定体型一样,组织也是由结构来决定其形状。组织结构可以被分解为三种成分:复杂性、正规性和集权化。

(1)复杂性。复杂性(complexity)指的是组织分化程度。一个组织愈是进行细致的劳动分工,具有愈多的纵向等级层次,组织单位的地理分布愈是广泛,则协调人员及其活动就愈是困难。所以,我们使用复杂性这个词汇。

(2)正规化。组织依靠规则和程序引导员工行为的程度就是正规化(formalization)。有些组织仅以很少的这种规范准则运作,另一些组织,有些规模还很小,却具有各种的规定指示员工可以做什么和不可以做什么。一个组织使用的规章条例越多,其组织结构就越正规化。

(3)集权化。集权化(centralization)考虑决策规定权力的分布。在一些组织中决策是高度集中的,问题自下而上传递给高级经理人员,由他们选择合适的行动方案。而另外一些组织,其决策制定权力则授予下层人员,这被称作是分权化(decentralization)。

2.组织设计的定义

管理人员在设立或变革一个组织的结构时,他们就是进行组织设计(organization design)的工作,我们谈论管理者作出这些结构决策(比如,决定决策应该在哪一层次做出或者需要有哪些标准规则让员工去遵循),所指的正是组织设计。

二、组织设计的基本原则

组织设计的经典概念早就被一般管理的理论家们提出,从这些原则最早被提出来至今,70多年时间已经过去了。经历了这么长一段时间,我们的社会也发生了各种各样的变化,鉴于这种情况,你可能会认为这些原则在现今已成为近乎无用的东西。也许让你吃惊,它们并非如此。这些原则中的大部分仍为你设计一个既有效率又有效果的组织提供有价值的参考。当然,经历了这么多年头,我们也对这些原则的局限性有了更清晰的认识。

1.劳动分工

传统的观点 我们在前面介绍亚当·斯密和管理思想的演变中提到过劳动分工。劳动分工是指,并非让一个人完成全部的工作,而是将工作划分为若干步骤,由一个人单独完成其中的某一个步骤。换言之,个人是专门从事某一部分的活动而不是全部活动。每个工人不断重复地做同一项标准化的装配线生产工作,就是劳动分工的一个典型。

劳动分工使不同工人持有的多样技能得到有效利用。在大多数组织中,有些任务要求高度熟练的技能,而另一些则可由未经过训练的人来完成。如果所有的工人都要有从事制造过程的工作所必要的技能,其结果只会是,除了在开展需要最高技能的、最为复杂的任务外,员工们大都在低于其技能水平的状态下工作。因为熟练的工人比非熟练工人要支付更多的工资,其工资水平一般反映其技能的最高水平,这样雇佣高技能的工人做简单的工作,就意味着资源的浪费。

现代的观点　传统学者们将劳动分工视为增加生产率的一个不尽的源泉。在20世纪转换之际和更早的时候,这一结论毫无疑问是正确的。当时由于专业化没有得到普遍推广,所以应用它通常总能产生更高的生产率。但物极必反。如图13.2所示,在某一点上,由劳动分工产生的人员非经济性(它由厌倦、疲劳、压力、低生产率、劣质品、常旷工和高离职流动率等表现出来)会超过专业化的经济优势。

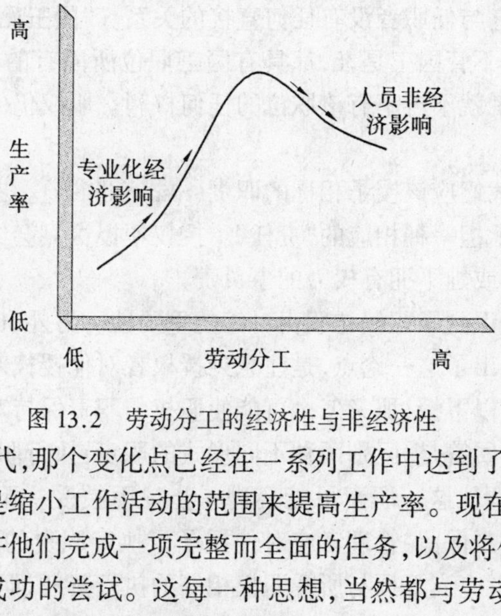

图13.2　劳动分工的经济性与非经济性

到20世纪60年代,那个变化点已经在一系列工作中达到了。在这种情况下,可以通过扩大,而不是缩小工作活动的范围来提高生产率。现在,很多企业给予员工多种工作去做,允许他们完成一项完整而全面的任务,以及将他们组合到一个工作团队中,这些都是成功的尝试。这每一种思想,当然都与劳动分工的思想相违背。但是,从总体上说,劳动分工思想仍在当今的许多组织中具有生命力,且有比较好的效果。我们应该认识到它为某些类型工作所提供的经济性,与此同时也看到它的不足方面。

2.统一指挥

传统的观点　提倡统一指挥(unity of command)原则的古典学者们主张,每个下属应当而且只能向一个上级主管直接负责。没有人应该向两个或者更多的上司汇报工作,否则,这样的下属人员就可能要面对来自多个主管的冲突要求或优先处理要求。在统一指挥原则不得不有所放弃的极少数场合,传统观点也总是毫不含糊地指出,应当对活动作明确的区分,以便让每位主管人员分管某一项工作。

现代的观点 当组织相对简单时,统一指挥概念是合乎逻辑的。它在当今大多数情况下仍是一个合理的忠告,而且有许多组织严格地遵循这一原则。但也有一些情况,当严格遵照统一指挥原则行事时,会造成某种程度的不适应性,妨碍组织取得良好的绩效。

3.职权与职责

传统的观点 所谓职权(authority),指的是管理职位所固有的发布命令和希望命令得到执行的这样一种权力。职权是古典学者的一大信条:它被视为是把组织紧密结合起来的粘结剂。职权可以向下委让给下属管理人员,授予他们一定的权力,同时规定他们在限定的范围内行使这种权力。

每一个管理职位都具有某种特定的、内在的权力,任职者可以从该职位的等级或头衔中获得这种权力。因此,职权与组织内的一定职位相关,而于担任该职位管理者的特性无关,它与任职者没有任何直接的关系。"国王死了,国王万岁"的表述说明了这一意思。不管国王是谁,都具有国王职位所固有的权力。某人被辞退掉有权的职位,离职者就不再享有该职位的任何权利。职权仍保留在该职位中,并给予新的任职者。

授权的时候,我们应该授予相称的职责(responsibility)。也就是,一个人得到某种"权力",他也就承担一种相应的"责任"。授权不授责只会给滥用职权造成机会,而没有人应当对他或她不拥有权力的事负责。

古典学者们认识到了职权与职责对等的重要性。另外,也常有人阐明,职责不可以下授。他们提出了这一论点,是注意到授权者对他授权对象的行动负有责任。但是如果职责不可以下授,那又怎么可能使职权与职责保持对等呢?

古典学者们的回答是,区别两种不同形式的职责:执行职责与最终职责。管理者向下授予执行职责,这一职责可能会进一步往下授受。不过,职责的另一方面(它的最终要素)应当保留:管理者应对他授予了执行职责的下属人员的行动最终负责。所以,管理者应当下授与所授职权相等的执行责任,但最终的责任永远不能下授。

古典学者们也对职权关系的两种形式作了区分:直线职权与参谋职权。直线职权(line authority)是指给予一位管理者指挥其下属工作的权力。正是这种上级-下级职权关系贯穿着组织的最高层到最低层,从而形成所谓的指挥链,如图13.3所示。在指挥链中每个链环处,拥有直线职能的管理者均有权指导下属人员的工作并无须征求他人意见而做出某些决策。当然,指挥链中的每一个管理者也都要听从其上级主管的指挥。

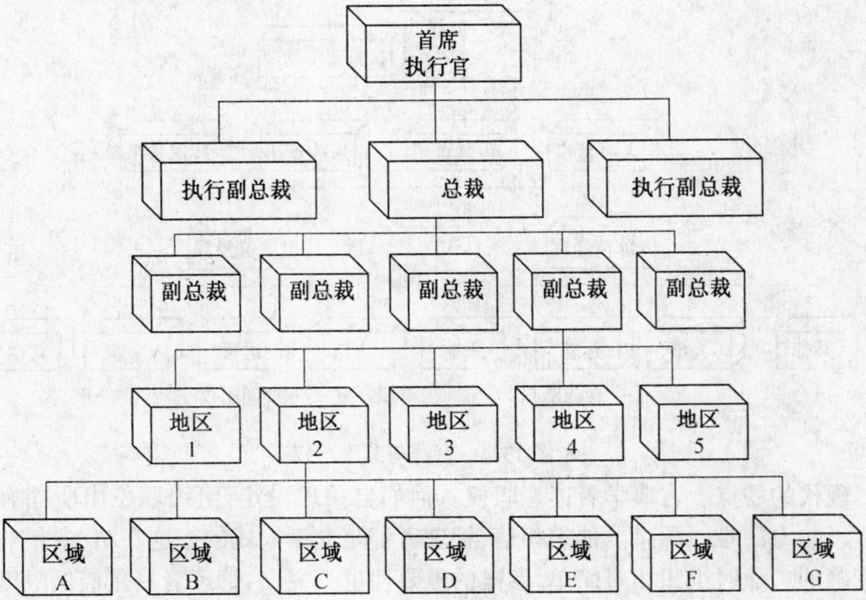

图 13.3　组织的指挥链

有时,“直线”一词也用来区分直线管理者与辅助管理人员。在这种场合下,直线这个词用来强调对组织目标的实现具有直接贡献的那些组织职能的管理者。如制造业企业中,直线管理者通常只负责生产和销售职能的人员,而人事和财会职能的管理人员则被看作是辅助管理人员。但一位管理者的职能就经营归类为直线的还是辅助的,完全取决于组织的目标。例如,在人才安置机构中,面谈人员就具有直线职能。而在会计公司,会计就是一项直线职能。

以上与我们对“直线”一词所下定义并不矛盾,而是说明了该词的两种不同观察角度。每个管理者都对他的下属拥有直线职权,但并不是每个管理者都处于直线职能或职位中。后者的确定要取决于该项职能是否直接贡献于组织的目标。

当组织规模得到扩大并变得更为复杂后,直线管理者会发现他们没有足够的时间、技能或办法使工作得到有效完成。为此,他们配置了参谋职权(staff authority)职能来支持、协助,为他们提供建议,并减轻他们的信息负担。例如一家医院的院长,当她不能有效地管理医院所需供应品的所有采购事宜时,她会设立一个采购部门,作为参谋职权部门来运作。当然采购部门的领导对于其属下的采购人员也拥有直线职权。医院院长也可能发现自己工作负担过重,需要一位助理。要是真设置了助理职位来协助院长工作,她也就增加了一个参谋职位。图 13.4 说明了组织的直线与参谋职权。

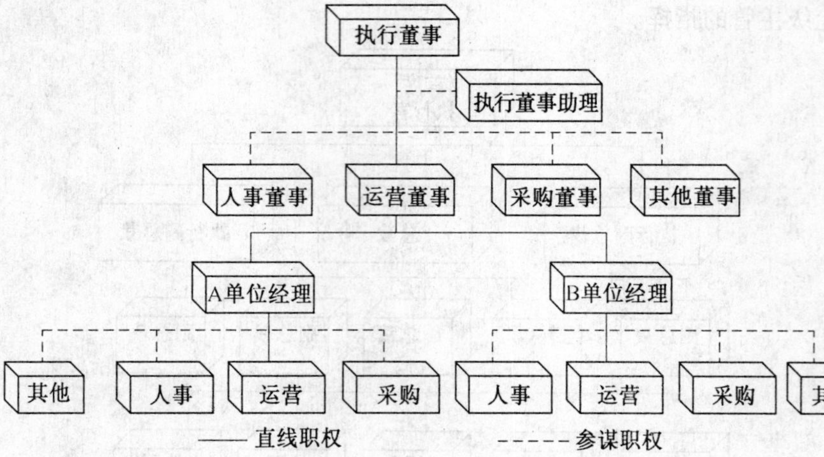

图 13.4 直线与参谋职权

现代的观点 古典学者迷恋职权。他们自信地设定,组织职位中所固有的权力是影响力的唯一源泉。他们相信,管理者都是充满权威的。这在 70 多年前也许是正确的。那时组织相对简单,参谋的重要性也不突出,管理者只是最低限度地依赖技术专家。在这样的条件下,影响力是和职权同一意义的;管理者在组织中的职位越高,他所拥有的影响力也就越大。然而,那些条件已经不复存在。管理的研究者和实践者们现在都发现,你不必成为一个管理者就可以拥有权力,权力也未必与一个人在组织中所处的地位完全相关。职权是组织中一个重要的概念,但排斥一切的注重职权往往对组织的影响力产生一种狭窄的、不现实的认识。今天,我们应当明了,职权只是更广泛的权力概念的一个要素。

职权和权力两个词经常混淆。职权是这样一种权力,一种基于掌握职权的人在组织中所居职位的合法的权力。职权是与职务相伴随的;与之对照,权力则是指一个人影响决策的能力。职权是更广泛的权力概念的一部分。换句话说,与一个人在组织中所居职位相联系的正式的权力,只不过是这个人影响决策过程的一种手段而已。

图 13.5 形象地描绘出职权与权力的差别。其中(a)图方形框的双维安排表示了职权的概念。职权行使的范围以横坐标来表示,每个横向分组代表一个职能领域。一个人在组织中拥有的影响力以组织结构的纵坐标来表示。在组织中所处的层次越高,这个人的职权也就越大。而权力是一个三维的概念,用图 13.5 中(b)图的锥体来表示。它不仅包括了职能和职权层次两维,还增加了第三维,称作中心性(centrality)。职权是由一个人在组织层级中纵向职位决定的;权力则同时由他的纵向职位和他与组织权力核心或中心的距离所共同决定的。

把图 13.5 中的锥体想象为一个组织,那么,锥体的中心就是组织的权力核

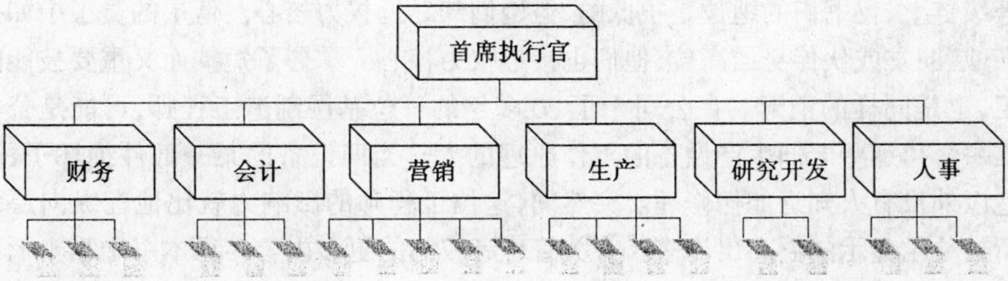

(a) 职权

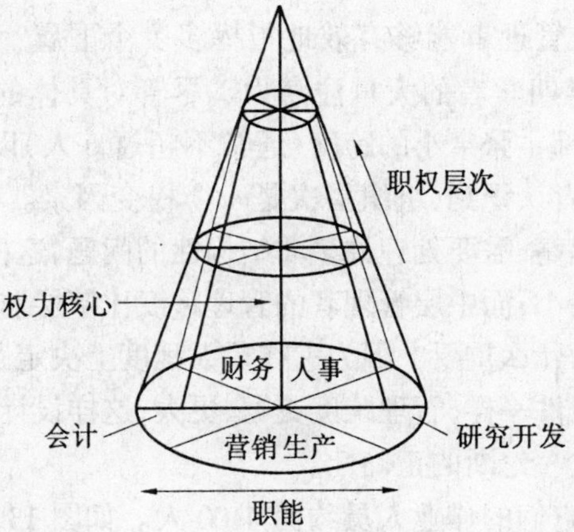

(b) 权力

图 13.5 职权与权力对照

心。距离这个权力核心越近,你对决策的影响就越大。事实上,正是权力核心的存在,才形成了图 13.5 中(a)图和(b)图的区别。(a)图中的纵向层次维只反映一个人在锥体外围边上所处的地位。锥体的顶端对应于职权层级的上层;锥体的中部对应于职权层级的中层;以此类推。同样,(a)图中的职能组也变成锥体的楔子,每个楔子代表一个职能领域。

锥体的比喻清楚地说明了两个事实:(1)一个人在组织中晋升得越高(反映职权的提升),他与权力核心的距离就越近;(2)未必需要有职权才能产生权力,因为一个人可以向权力核心的内圈作水平移动而不必往上升迁。

你是否注意到,为什么高层经理人员的秘书,尽管只有很小的职权,却通常拥有相当大的权力?作为她们老板的看门人,秘书们对于老板要见谁和何时会见有很大的安排权。而且,因为人们常常需要依赖这些秘书将有关信息传递给她们的老板,这样,秘书们对于她们的老板听到些什么也有一定的控制权。一位年薪 10 万元的中层经理,要小心谨慎地同一个年薪 2.5 万元的秘书打交道,就是为了不得罪他们上司的秘书,这绝不是件罕见的事。为什么?因为秘书们拥有权力!在职权等级链上，秘书们的地位是很低的，但她们却靠近权力核心。低层的员工中如果有亲戚、朋友或伙伴身居高位，他们也接近权力核心。掌握了短缺而又重要技能的员工，也是同样的情形。在公司干了 20 多年的一位基层制造工程师，可能是公司中唯一懂得那些老旧生产设备的工作原理的人。当旧设备的某一部件损坏了，除了他以外没有人知道如何修理。突然间，这位工程师的影响力就比他在纵向层级上所处地位显示的要高出许多。有关管理者权力的更多内容参见本书中第十七章第一节相关阐述。在此不再赘述。

4. 管理跨度

传统的观点 一位管理者能够有效地指挥多少个下属？这一管理跨度(span of control)问题吸引了早期学者的大量注意力。尽管对具体的数目没有形成一致的意见，但古典学者们都主张窄小的跨度(通常不超过 6 人)以便对下属保持紧密控制。不过，也有些学者认识到，组织层次是一个权变因素。他们论证说，随着管理者在组织中职位的提高，需要处理许多非结构性的问题，这样高层经理的管理跨度就要比中层管理者的小；而中层管理者的管理跨度比基层监督人员的小。

管理跨度的概念为什么重要？因为它在很大程度上决定了组织的层次和管理人员数目。假定所有条件一样，管理跨度更宽、更大，这样设计的组织就更有效率。有一个例子可以说明这一论断的正确性。

假设有两个组织，它们的作业人员约为 4100 人。如图 13.6 所示，如果一个组织的管理跨度各层次统一为 4；另一个组织的跨度为 8。跨度大的组织就可减少两个管理层次，大约精简 800 名管理人员。假如管理人员的平均年薪为 3.5 万美元，则加宽管理跨度后将使组织在管理人员工资上每年节省 280 万美元。从成本角度看，宽跨度明显地是更有效率的。但在某一点上，宽跨度会导致效率降低。

现代的观点 1992 年，沃尔玛超过西尔斯公司成为美国的第一号零售商。管理大师汤姆·彼特斯(Tom Peters)早在几年前就预见到这一结果。“西尔斯不会有机会的”，他说，“一个 12 层次的公司无法与一个只有 3 个层次的公司抗争。”彼特斯也许有点夸大其辞，但这个结论清楚地反映了近年来出现的以宽管理跨度来设计扁平结构的趋势。

越来越多的组织正努力扩大管理跨度。例如，像通用电气和雷诺兹金属等公司，它们的管理者的跨度已拓宽到 10 ~ 12 个下属——比 15 年前扩大了一倍。管理跨度日益根据权变因素变化的情况向上调整。比如，接受更多训练、具有更丰富经验的下属，明显地需要更少的直接监督。因此，拥有良好训练的、经验丰富的下属的管理者，他们可以更宽的跨度开展工作。其他对合适的跨度范围起决定作用的权变因素还有：下属工作任务的相似性，任务的复杂性，下属工作地点的相近性，使用标准程序的程度，组织管理信息系统的先进程度，组织文化的凝聚力，以及管

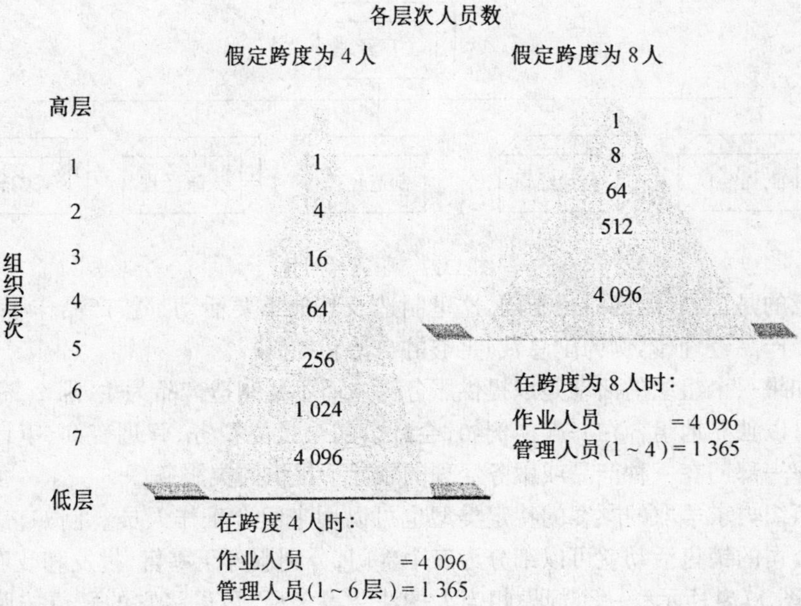

图 13.6 管理跨度对比

理者风格等。

5.部门化

传统的观点 传统的学者们主张，组织中的活动应当经过专业化分工而组合到部门中。劳动分工创造了专家，也对协调提出了要求。而将专家们归并到一个部门中，在一个管理者指导下工作，可以促进这种协调。部门的建立通常可以依据所开展工作的职能；所提供的产品或服务；所设定的目标顾客或客户；所覆盖的地理区域；或者将投入转换为产出所使用的过程；等等。古典学者们并不提倡使用单一的划分部门方法。选择部门化方法需要反映最有利于实现组织目标和各单位目标的要求。

一种最常见的方法是按履行的职能组合工作活动，称之为职能部门化(functional departmentalization)。制造厂的经理可以将工程、会计、制造、人事和采购等专家分别组合到共同的部门中，来建立工厂的组织结构，如图 13.7 所示。职能部门化可以在各种类型组织中得到运用，不同的只是反映组织目标和活动的具体职能发生变化。如医院可能会设立研究、病人诊治、会计和其他一些部门；职业足球俱乐部设立的部门可能叫做球员管理、票房销售、旅游住宿等部门。

图 13.8 是太阳石油制品(Sun Petroleum Products)公司使用的产品部门化(product departmentalization)方法的示例。该公司每一主要产品领域都归一位副总裁统管，该副总裁是所分管的产品线方面的专家，并对所开展的一切活动负责。值

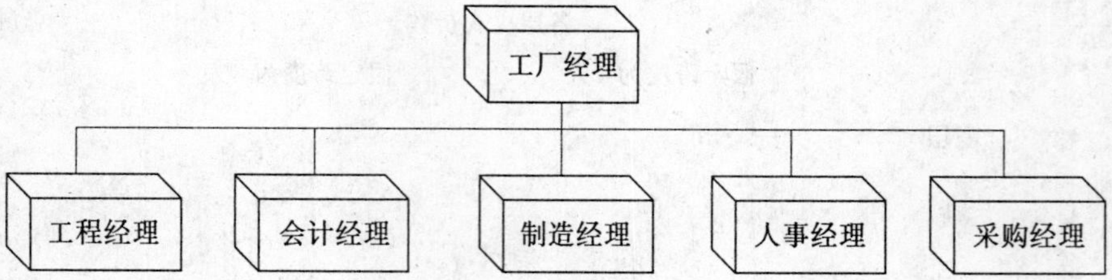

图 13.7　职能部门化

得注意的是，与职能部门化不同，这里制造及其他重要活动都按产品作了分割，以便给予产品经理（本例为副总裁）足够的自治和控制权。

如果一个组织的活动是以提供服务为主而不是制造产品为主，那么，每一种服务都可以独立地组合在一起。例如，会计公司会设立税务、管理咨询、审计这类部门。每一部门在一种产品或服务经理的领导下提供同类服务。

组织力求争取的顾客的特定类型也可以用来组合工作人员。例如，一家办公用品公司的销售活动就可以细分为三个部门，分别服务于零售、批发和政府三类顾客，如图 13.9 所示。一个规模相当大的法律事务所，可以将它的职员按照服务于公司客户还是私人客户进行分组。采取这种顾客部门化（customer departmentalization）方式隐含的一个假定是，每个部门所服务的顾客都有一类共同的问题和要求，需要各自的专家才能予以更好地解决。

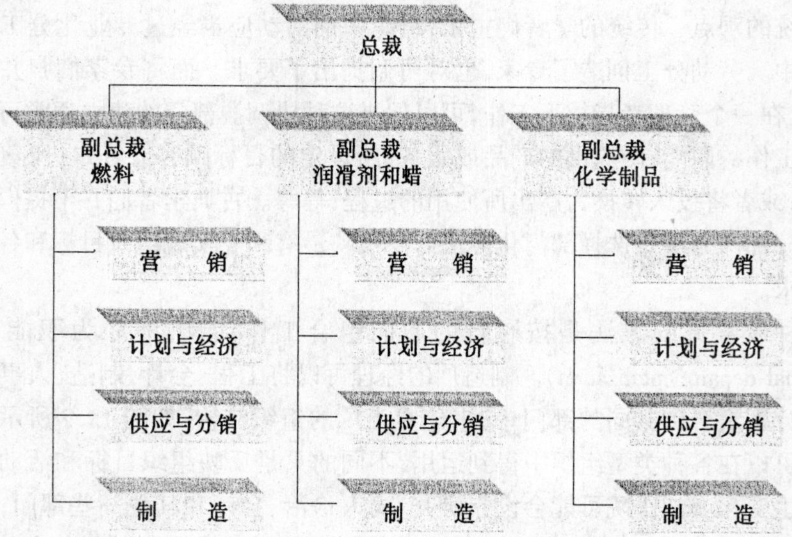

图 13.8　产品部门化

部门化的另一种方式是按照地理区域进行的——地区部门化（geographic departmentalize）。如图 13.10 所示，销售职能可以分布在西部、南部、中西部和东部

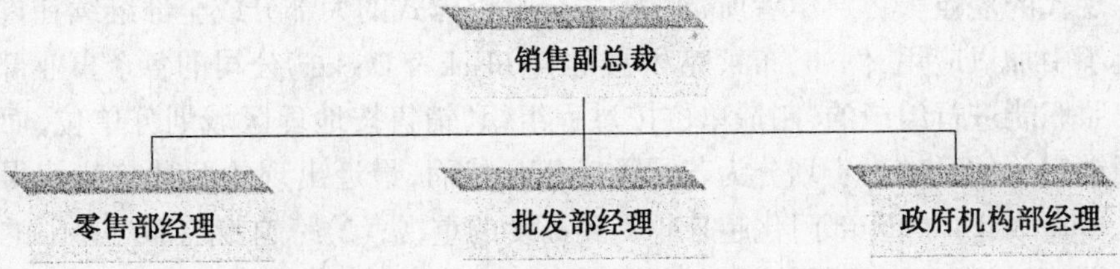

图 13.9　顾客部门化

几个区域。一个大型教育机构可能在该地区内设有六个中学,为各个主要的地域提供便利的教学。要是一个组织的顾客遍布于广泛的地理区域,那么采取地区部门化方式是最有意义的。

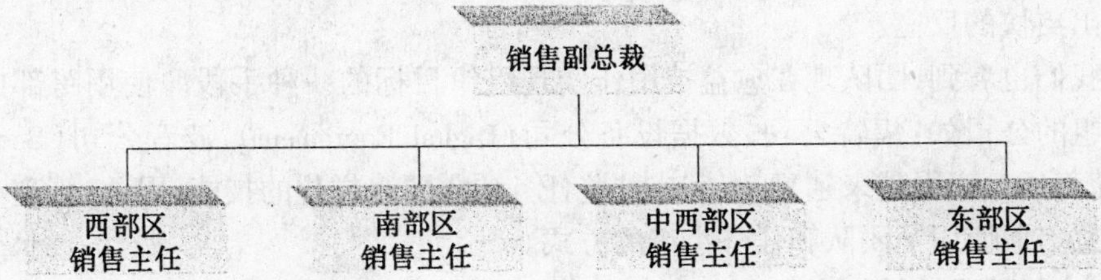

图 13.10　地区部门化

图 13.11 所示的是一家炼铝厂的各生产部门。每个部门负责铝管制造过程的特定阶段。首先,金属被扔进巨大的熔炉中熔炼;然后送到冲压部门,在那里被挤压成管形;再转到制管车间,轧制成各种规格和形状的管子;然后进入精轧车间,进行切割和管理;最后到检验、包装和发运部门。每一过程都要求不同的技能,因此按过程进行部门化可以提供同类活动归并的基础。

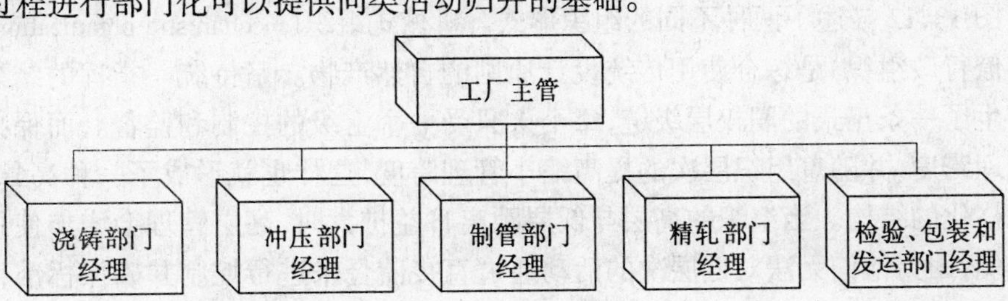

图 13.11　过程部门化

过程部门化(process departmentalization)既可以在制造产品,也可以在提供服务中加以应用。如果你曾到机动车辆办公室申请驾驶执照,你在得到执照前大概都要经过许多个部门。在一些地区里,申请者必须经过三道手续,每一步骤都由一个独立的部门来处理,即(1)机动车辆部门验证申请是否合法;(2)执照部门进行执照处理;(3)司库部门负责收款。

现代的观点 古典学者所建立的划分部门方式的大部分或全部继续在许多大型组织中加以应用,例如,布莱克和德克尔(Black & Decker)公司的各个事业部内部是按照职能进行组织的,制造单位按过程组织,销售按地理区域划分单位,而每个地区销售单位又进一步划分为若干顾客组。然而,最近出现的两种趋势值得我们在这里提级:(1)顾客部门化越来越受到高度的重视;(2)跨越传统部门界限的团队的采用,正使得原来僵硬的部门划分得到补充。

当今的竞争环境迫使管理当局的注意力再度集中到顾客身上。为了更好地监测顾客的需要,也为了能对顾客需要的变化作出更好的反应,许多组织已经对顾客部门化方式给予了更高的重视。例如,施乐公司已经撤销了公司总部的营销部门,而将营销专家直接配置在现场。这使得公司能更好地辨别其顾客,并对他们的要求作出更快的反应。

我们也看到,团队现在愈益被用作实现组织目标的一种手段。使用跨部门项目小组的公司如:福特公司、数据设备公司(Digital Equipment)、波音公司(Boeing)等,随着任务变得越来越复杂,完成这些任务愈需要多样化的技能,因此,管理当局愈来愈多地使用了团队和任务小组的方式。

二、组织设计的权变因素

如果我们将上述传统的原则组合到一起,我们会得出一个结论:早期大多数学者所相信的理想化的结构设计是机械式组织或官僚行政组织。今天,我们认识到,并不存在一种唯一的"理想"组织设计适合于所有的情况。正如我们在计划及其他许多管理概念中发现的,理想的组织设计取决于各种权变因素。

1.机械式与有机式组织

图 13.12 描述了两种不同的组织形式。机械式组织(mechanistic organization,也称官僚行政组织)是综合使用传统设计原则的自然产物。坚持统一指挥的结果也就产生了一条正式的职权层级链,每个人只受一个上级的控制和监督。而保持窄的管理跨度,并随着组织层次的提高缩小管理跨度,这样也就形成了一种高耸的、非人格化的结构。当组织的高层与低层距离日益扩大时,高层管理会增加使用规则条例,因为他们无法对低层次的活动通过直接监督来进行控制并确保标准作业行为得到贯彻,所以高层管理者要以规则条例来替代。古典学者们对高度劳动分工的信任导致了工作变得简单、常规化和标准化。通过部门化方法的采用而产生的进一步专业化使组织的非人格化特征增强,同时也提出了以重叠的管理层次来协调专业化部门的需要。

用我们前面定义的组织结构术语来说,我们发现古典学者们提倡所有的组织都必须是高度复杂化、高度正规化和高度集权化的。结构应该像高效率的机器一样,以规则、条例和正规化作为润滑剂。人性化和人的判断应该被减少到最低限

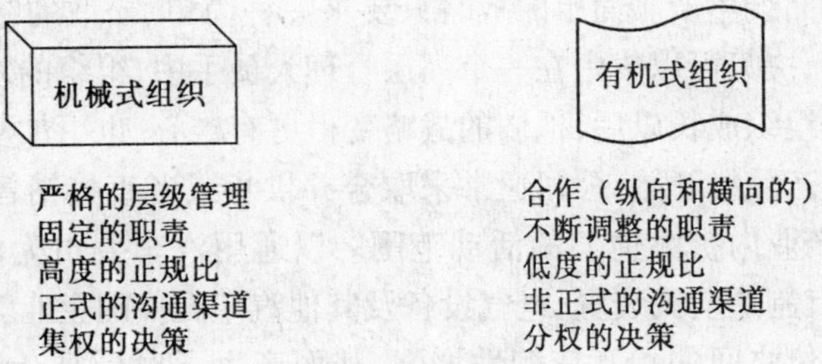

图 13.12　机械式与有机式组织对比

度,因为他会产生非效率和不一致。而标准化则会导致稳定和可预见性。所以混乱和模糊性应该尽量避免。

有机式组织(organic organization，也称适应性组织)则与机械式组织形成一种鲜明的对照:它是低复杂性、低正规化和分权化的。

有机式组织是一种松散、灵活的具有高度适应性的形式；而机械式组织则是僵硬、稳定的。因为不具有标准化的工作和规则条例,所以有机式组织是一种松散的结构,能根据需要迅速地作出调整。有机式组织也进行劳动分工,但人们所做的工作并不是标准化的。员工是多职业化的,具有熟练的技巧,并经过训练能处理多种多样的问题。他们的教育已经将职业行为的标准灌输到他们体内,所以不需要多少正式的规则和直接监督。例如,给计算机工程师分配一项任务,就无须告诉他做事的程序。他对大多数的问题,都能够自行解决或通过征询同事后得到解决。这是依靠职业标准来指导他的行为。有机式组织保持低程度的集权化,就是为了使职业人员能对问题作出迅速的反应;另一方面也因为,人们并不能期望高层管理者拥有做出必要决策所需要的各种技能。

2.影响组织设计的权变因素

组织设计的权变因素很多,在这里我们主要介绍组织战略、组织规模和组织所采取的技术以及组织环境这四个影响组织结构设计的因素。

(1)战略与结构

组织结构是帮助管理当局实现其目标的手段。因为目标产生于组织的总战略,所以,使战略与结构紧密结合,这是顺理成章的。特别是结构应当服从战略。如果管理当局对组织的战略做了重大调整,那么就需要修改结构以适应和支持这一调整变革。

对战略－结构关系的第一个重要研究是艾尔弗雷德·钱德勒(Alfred Chandler)对美国100家大公司进行的考察。在追踪了这些组织长达50年的发展过程,并广泛收集了如杜邦(Dupont)、通用汽车(General Motors)、新泽西标准石油(Standard Oil of New Jersey)及西尔斯等公司的历史案例资料后,钱德勒得出结论说,公司战略的变化先行于并且导致了组织结构的变化。具体地说,钱德勒发现组织通常起始于单一产品或产品线生产。简单的战略只要求一种简单、松散的结构形式来执行这一战略。这时,决策可以集中在一个高层管理人员手中,组织的复杂性和正规化程度都很低。当组织成长以后,他们的战略变得更有雄心,也更加复杂了。

从单一的产品线开始,公司通常采取合并供货或者直接销售产品到顾客等办法,在既定的产业内扩大他们的活动范围。以通用汽车公司为例,他不仅装配整车,同时还拥有制造空调装置、电气设备及其他汽车配件的企业。这种纵向一体化战略使组织单位之间的相互依赖性增强,从而产生了对更复杂协调手段的要求。而这可以通过重新设计结构,按照所开展的职能构建专业化的组织单位来取得。后来,公司进一步成长,进入产品多样化阶段,这时结构需要再次调整,以便取得高效率。这种产品多样化战略要求这样一种结构,它能够有效地配置资源,控制工作绩效并保持各单位的协调。而组建多个独立的事业部,让每个部门对一特定的产品线负责,则能够更好地达到上述要求。总而言之,钱德勒建议,随着公司战略从单一产品向纵向一体化、再向多样化经营的转变,管理当局会将组织从有机式转变为更为机械的形式。

总体上说,最近的研究也证实了上述战略——结构关系。例如,追求探索者战略的组织必须以创新来求生存,因此有机组织更好地适应这一战略,因为它很灵活,能保持最大的适应性。相反,防御者战略寻求稳定性和效率性,这需要一种机械式的组织才能更好地取得。

(2)规模与结构

有足够的历史证据说明,组织的规模对其结构具有明显的影响作用。例如,大型组织(那些通常雇佣了 2 000 多名员工的)倾向于比小型组织具有更高程度的专业化和横向及纵向的分化,规则条例也更多。但是这种关系并不是线性的,而是规模对结构的影响程度在逐渐减弱。也即随着组织的扩大,规模的影响愈益不重要。因为从本质上说,一个拥有 2 000 多名员工的组织,已经是相当机械式的了,再增加 500 名员工不会对它产生多大的影响。相比之下,只有 300 多个成员的组织,如果再增加 500 名员工,就很可能使它转变为一种更机械式的结构。

(3)技术与结构

任何组织都需要采取某种技术,将投入转化为产出。为达到这一目标,组织要使用设备、材料、知识和富有经验的员工,并将这些组合到一定类型和型式的活动之中。比如,高校的教授在给学生授课时就使用多种方法,包括课堂讲授、小组讨论、案例分析以及利用有习题解答的教科书进行自学,等等。这每一种方法都是一类技术。

在制造业,一般将企业分为单件生产、大量生产和连续生产(也称流水生产)三种生产类型,这三种生产类型的技术复杂度明显不同,因此在组织结构和效能上也有很大的差别。在 20 世纪 60 年代英国不列颠大学的琼·伍德沃德(Joan Woodward)就发现组织的绩效与技术和结构之间的"适应度"密切相关。表 13.1 概括了伍德沃德的发现。

表 13.1　伍德沃德对技术、结构和效能的研究

	单件生产	大量生产	连续生产
结构特征	低度的纵向分化 低度的横向分化 低度的正规化	中度的纵向分化 高度的横向分化 高度的正规化	高度的纵向分化 低度的横向分化 低度的正规化
最有效的结构	有机式	机械式	有机式

伍德沃德的技术分类法的一个主要缺陷是,它仅限于制造业组织。由于制造业企业只代表所有组织的不足一半数,如果要使技术与结构关系的思想是用于所有的组织,就必须以一种更一般化的方式对技术作可操作性的研究。

查尔斯·佩罗(Charles Peroow)提供了这样一种研究方案。佩罗将他的注意力放在知识技术而不是生产技术上。他提议从以下两个方面对技术进行考察:(1)成员在工作中遇到的例外的数目;(2)为寻找妥当解决例外问题的有效方法所采用的探索过程类型。他将第一个因素称作任务多变性(Task variability);第二个因素称作问题可分析性(problem analyzability)。

当任务多变性的例外情况较少时,工作就是高度常规化的。在日常活动中通常具有较少例外的情况,包括生产装配线上的工人以及麦当劳店中的炸制厨师等。这一光谱上的另一端是,当工作具有许多变化时,它就会有大量的例外情况。这可以从高层管理者、咨询工作以及海上油井灭火工作等作为典型的例子。

第二类因素,问题可分析性是对探索过程的一种评估、一个极端,探索可以说成是高度确定的,人们可以使用逻辑和推理分析来寻找问题的答案。如果学生平常得分都在良 +,突然在一门课程的头一回测试中得了个不及格,这时你可以对该问题作一理性的分析,找到克服的办法。比如,你是否花了足够多的时间准备这次测试?你是否使用适当的教材?这次测试难度合理吗?其他好学生表现如何?循着这样的逻辑,你可以找到问题的根源,然后纠正它。另一个极端是不确定性的问题。假如你是位建筑工程师,你接到的一项任务是,按照你以往从没使用过或听说过的标准和限定要求设计一幢建筑,这时你就没有任何正规的探索方法可供使用。你得根据先前的经验、判断和直觉找到答案。通过猜测和尝试失误,你可能会找到一个可接受方案。

佩罗使用这两维变量,任务多变性和问题可分析性,构建了一个 2×2 矩阵,如图 13.13 所示。该矩阵的四个象限代表四类技术:常规的、工程的、手艺的和非常规的。

	任务可变性：少量例外	任务可变性：很多例外
确定的	常规技术（象限Ⅰ）	工程技术（象限Ⅱ）
不确定的	手艺技术（象限Ⅲ）	非常规技术（象限Ⅳ）

图 13.13　佩罗的技术分类

常规技术(象限Ⅰ)只有少量的例外,问题易于分析。用来生产钢铁和汽车或者提炼石油的大量生产过程,就属于这一类。工程技术(象限Ⅱ)有大量的例外,但可以以一种理性的、系统的分析进行处理。桥梁建造属于这一类。手艺技术(象限Ⅲ)处理的是相对复杂、但少量例外的问题。制鞋和家具修补属于这一类。最后,非常规技术(象限Ⅳ)以诸多例外和问题难以分析为特征。这类技术可代表许多航天业务,比如罗克韦尔国际公司(Rockwell International)航天飞机的开发就采用了这类技术。

总之,佩罗认为,如果问题是可进行系统分析的,则适宜采用象限Ⅰ和Ⅱ的技术。问题只能以直觉、猜测和不能加以分析的经验来处理的,则需要采取象限Ⅲ和Ⅳ的技术。同理,如果经常出现新的、不平常的、不熟悉的问题,它们可能在象限Ⅱ和象限Ⅳ。而如果问题是熟悉的,则象限Ⅰ或Ⅲ更为合适。

这些结论对技术－结构关系意味着什么呢? 佩罗主张,控制和协调方法必须因技术类型而异。越是常规的技术,越需要高度结构化的组织。反之,非常规的技术要求更大的结构灵活性。这样,按照佩罗的观点,最常规的技术(象限Ⅰ)可以通过标准化的协调和控制来实现,这些技术应该配之以同时高度正规化和集权化的结构。而非常规的技术(象限Ⅳ)要求具有灵活性,一般地,组织应该是分权化的,所有成员间有频繁的相互作用,并以保持很低程度的正规化作为特征。介于两者之间的,如,手艺技术(象限Ⅲ)要求问题以最丰富的知识和经验加以解决,这意味着组织需要分权化。而工程技术(象限Ⅱ),虽有许多例外情况,但具有可分析的探索过程,因此应当分散决策权限,并以低正规化来保持组织的灵活性。

总之,技术研究中的共同主题是,组织将投入转换为产出使用的过程和方法,在常规化程度上是各不相同的。一般而言,技术愈是常规,结构就愈为标准化的。我们期望,管理当局应当以一种机械式结构与常规技术相配合;另一方面,愈是非常规的技术,结构就愈应该是有机式的。

(4)环境与结构

我们从本书前几章内容已经了解到,组织的环境是管理决策的一个限制因素。

研究表明,环境也是结构的一个主要影响力量。从本质上说,机械式组织在稳定的环境中运作最为有效;有机式组织则是与动态的、不确定的环境最匹配。

环境－结构关系也可以作为进一步的证据,帮助说明为什么现在许多管理人员将他们的组织改组为精干、快速和灵活的。全球的竞争,由所有竞争者推动的日益加速的产品创新,以及顾客对高品质和快速交货的愈来愈高的要求,这些都是环境因素动态性的表现。机械式组织并不适合于对迅速变化的环境作出反应。因此,我们看到了管理者们改组他们的组织,以便使它们变得更具有适应性。

第三节　几种常见的组织形式

尽管从理论上说,企业组织结构的形式可以有无数种,但是在现实组织中得到采用并占主导地位的组织结构则仅有其中的几种,即直线制、直线职能制、事业部制、矩阵组织形式、企业集团组织形式等。这些组织形式其实没有绝对的优劣之分。不同的环境中的企业或同一企业中不同单位的管理者,都可根据实际情况选用其中某种最合适的组织形式。

一、直线制

直线制形式是一种最古老的组织形式,最初广泛在军事系统中得到应用,后推广到企业管理工作中来。如图 13.14 所示,直线制组织形式的突出特点是,企业的一切生产经营活动均由企业的各级主管人员直接进行指挥和管理,不设专门的参谋人员和机构,至多只有几名助理协助厂长(或经理)工作。企业日常生产经营任务的分配与运作,都是在厂长(或经理)的直接指挥下完成的。

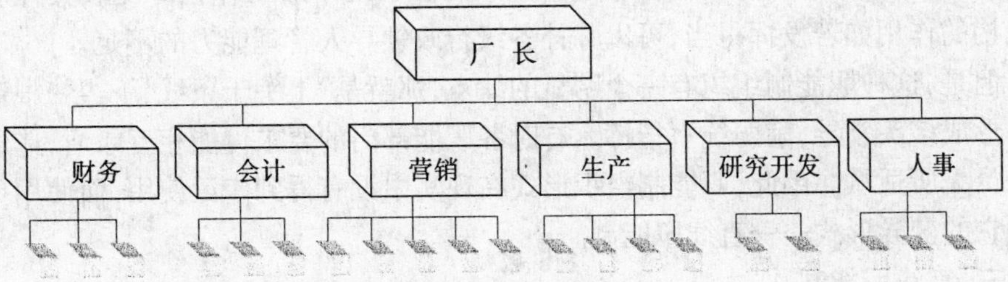

图 13.14　直线制组织形式

直线制组织的优点是管理结构简单,管理费用低,指挥命令关系清晰、统一,决策迅速,责任明确,反应灵活,纪律和秩序的维护较为容易。但是,这种组织形式要求企业的各级领导者精明能干,具有多种管理专业知识和生产技能知识。现实中,每个管理人员的精力都毕竟有限,依靠主管个人的力量很难对问题做出深入、细致、周到的思考。因此,管理工作就往往显得比较简单和粗放。同时,组织中的成员只注意上情下达和下情上达,成员之间和组织单位之间的横向联系比较差。

另外,原胜任的管理者一旦退休,他的经验、能力无法立即传给继任者,再找到一个全能型又熟悉该单位情况的管理者立即着手工作也面临困难。直线制组织的缺点就源于它对管理工作没有进行专业化分工。

二、职能制

职能制组织形式实际是在提倡管理工作分工的“科学管理之父”泰勒所提出的职能工长制基础上演化而来的。其主要特点是,采用专业分工的职能管理者,代替直线制的全能管理者。为此,在组织内部设立各专业领域的职能部门和职能主管,由他们在各自负责的业务范围内向直线系统直接下达命令和指示。各级单位负责人除了要服从上级行政领导的指挥外,还要服从上级职能部门在其专业领域内的指挥,如图 13.15 所示。

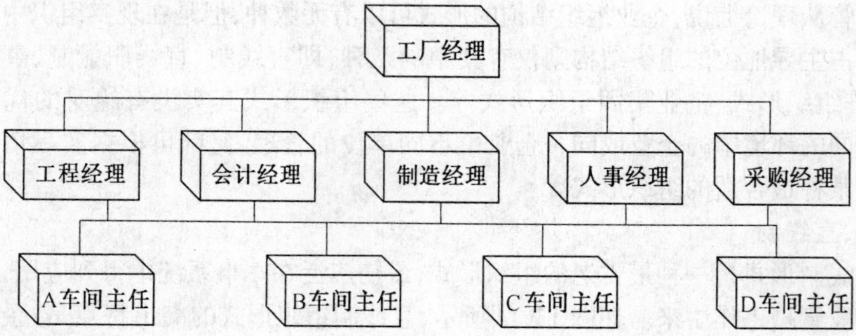

图 13.15　职能制组织形式

职能制的主要优点是:每个管理者只负责一方面的工作,有利于充分发挥专业人才的作用;专业管理工作可以做得细致、深入,对下级工作指导比较具体。职能机构的作用如若发挥得当,可以弥补各级行政领导人管理能力的不足。

但是,这种职能制组织有一个明显的缺点,那就是“上头千条线,下边一根针”,容易形成多头领导,削弱统一指挥。有时各职能部门的要求可能相互矛盾,造成下级人员无所适从。因此,职能制组织形式在现实中没有得到广泛使用,而使用更多的是它的变异形式——直线职能制。

三、直线职能制

直线职能制组织形式是对职能制组织形式的一种改进。如图 13.16 所示,直线职能制组织与职能制组织一样,也对管理工作按照职能部门化方式进行了专业化分工(正是因为这两种组织形式都采用了按职能划分部门这种相同的部门化方式,所以它们通常被统称为“职能型组织”)。但是在直线权力的分配方面,直线职能制组织形式与职能制组织形式有着实质性的区别。具体表现就是,直线职能制只对负责某一特定专业领域管理工作的职能部门和职能主管的权限进行了严格限定,使之仅具有出谋划策的建议权,而无直接向直线系统下级人员发布指示命令的指挥权。

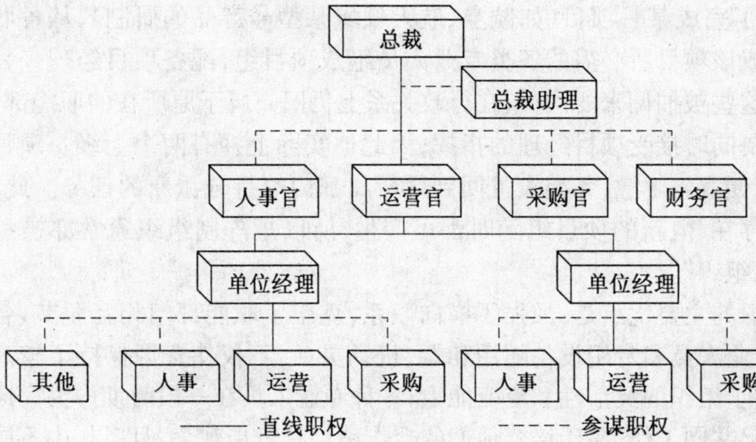

图 13.16　直线职能制

直线职能制，严格地说，应该称做"直线参谋制"。因为这种组织形式是以直线制为基础，在保持直线制组织统一指挥的原则下，增加了为各级行政主管领导出谋划策但不进行指挥命令的参谋部门而综合形成的。其特点是，只有各级行政主管才具有对下级进行指挥和下达命令的权力，而各级职能机构（"参谋机构"）只是作为行政负责人的参谋发挥作用，对下级只起到业务指导作用。虽然有些机构如人事、外事、财务等部门，当行政负责人授予他们直接向下级发布指示的权力时会拥有一定程度的指挥命令权（如前所述，这种由参谋部门人员行使的直线权力便称做"职能职权"，从而这样的参谋部门也变成为"职能部门"），但这种情况通常只是少数的例外。而如果夹杂有行使职能职权的职能部门，企业的组织结构实际上就演化为直线参谋制与职能制的混合形态。这种时候，为明确起见，我们常常将之称为"直线职能参谋制"。

直线职能制组织形式是在综合直线制和职能制各自优点的基础上形成的，因而既有利于保证集中统一的指挥，又可发挥各类专家的专业管理作用。它的缺点是，各职能单位自成体系，往往不重视工作中的横向信息沟通，加上狭窄的隧道视野和注重局部利益的本位主义思想，可能引发组织运行中的各种矛盾和不协调现象，对企业生产经营和管理效率造成不利的影响。而且，如果职能部门被授予的权力过大、过宽，则容易干扰直线指挥命令系统的运行。另外，按职能分工的组织通常弹性不足，对环境变化的反应比较迟钝。同时，职能工作不利于培养综合型管理人才。尽管直线职能制组织形式有这些潜在的缺点，但它目前在我国绝大多数企业尤其是面临较稳定环境的中小型企业中仍得到了广泛采用。

四、矩阵制

矩阵制组织形式是在直线职能制垂直指挥链系统的基础上，再增设一种横向指挥链系统,形成具有双重职权关系的组织矩阵,所以称之为矩阵制组织。如图13.17所示,为了完成某一项目(如航空、航天领域某型号产品的研制),从各职能部门中抽调完成该项目所必需的各类专业人员组成项目组,配备项目经理来领导他们的工作。这些被抽调来的人员,在行政关系上仍旧归属于原所在的职能部门,但工作过程中要同时接受项目经理的指挥,因此他实际上拥有两个上级。项目组任务完成以后,便宣告解散,各类人员回到原所属部门等待分派新的任务。此时,原项目组不复存在,但新的项目组随时都可产生,所以矩阵制组织通常亦被称为"非长期固定性组织"。

矩阵制组织的主要优点是:加强了横向联系,克服了职能部门相互脱节、各自为政的现象;专业人员和专用设备随用随调,机动灵活,不仅使资源保持了较高的利用率,也提高了组织的灵活性和应变能力;各种专业人员在一段时期内为完成同一项任务在一起共同工作,易于培养他们的合作精神和全局观念,且工作中不同角度的思想相互激发,容易取得创新性成果。

矩阵制组织的缺点在于:成员的工作位置不固定,容易产生临时观念,也不易树立责任心;组织中存在双重职权关系,出了问题,往往难以分清责任。

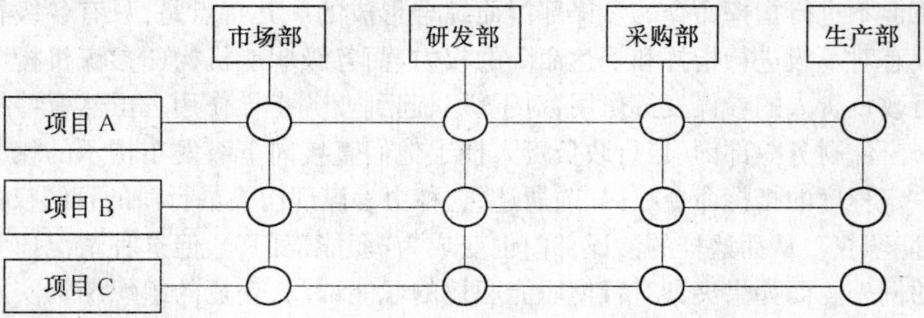

图13.17　矩阵制组织形式

根据矩阵结构的基本特点,目前有企业已经开发出了多维组织结构形式。其中一种便是三维组织结构。它由专业职能部门、地区管理机构和产品事业部三重指挥链所构成,围绕某种产品的研发、生产和销售等重大问题,协调三方面的力量,加强相互之间的信息沟通和联系。这种三维结构适用于跨地区从事大规模生产经营而又需要保持较强的灵活反应能力的大型企业中。

五、事业部制

事业部制组织形式是在多个领域或地域从事多种经营的大型企业所普遍采用的一种典型的组织结构形式,本章第二节中图13.7~图13.11所示的例子实际上都可看作是事业部的雏形。这种组织形式最初由美国通用汽车公司副总裁斯隆创立,故被称做"斯隆模型"。有时也称为"联邦分权制",因为它是一种分权制的企业内部组织形式。

事业部制是在一个企业内对具有独立产品市场或地区市场并拥有独立利益和责任的部门实行分权化管理的一种组织结构形式。其具体做法是，在总公司下按产品、地区、销售渠道或顾客分设若干事业部或分公司，使它们成为自主经营、独立核算、自计盈亏的利润中心。总公司只保留方针政策制定、重要人事任免等重大问题的决策权，其他权力尤其是供、产、销和产品开发方面的权力尽量下放。这样，总公司就成为投资决策中心，事业部是利润中心，而下属的生产单位则是成本中心，并通过实行“集中政策下的分散经营”，将政策控制集中化和业务运作分散化思想有机地统一起来，使企业最高决策机构能集中力量制定公司总目标、总方针、总计划及各项政策。事业部在不违背公司总目标、总方针和总计划的前提下，充分发挥主观能动性，自主管理其日常的生产经营活动。

事业部制组织形式的优点是：公司能把多种经营业务的专门化管理和公司总部的集中统一领导更好地结合起来，总公司和事业部间形成比较明确的责、权、利关系；事业部制以利润责任为核心，既能够保证公司获得稳定的收益，也有利于调动中层经营管理人员的积极性；各事业部门能相对自主、独立地开展生产经营活动，从而有利于培养综合型高级经理人才。

事业部制形式的主要缺点是：对事业部经理的素质要求高，公司需要有许多对特定经营领域或地域比较熟悉的全能型管理人才来运作和领导事业部内的生产经营活动；各事业部都设立有类似的日常生产经营管理机构，容易造成职能重复，管理费用上升；各事业部拥有各自独立的经济利益，易产生对公司资源和共享市场的不良竞争，由此可能引发不必要的内耗，使总公司协调的任务加重；总公司和事业部之间的集分权关系处理起来难度较大也比较微妙，容易出现要么分权过度，削弱公司的整体领导力，要么分权不足，影响事业部门的经营自主性。

事业部制组织形式在欧美和日本大型企业中得到了广泛采用。但成功的经验表明，采用事业部制应当具备以下一些基本条件：

(1)公司具备按经营的领域或地域独立划分事业部的条件，并能确保各事业部在生产经营活动中的充分自主性，以便能担负起自己的盈利责任。

(2)各事业部之间应当相互依存，而不能互不关联地硬拼凑在一个公司中。这种依存性可以表现为产品结构、工艺、功能类似或互补，或者用户类同或销售渠道相近，或者运用同类资源和设备，或具有相同的科学技术理论基础等。这样，各事业部门才能互相促进，相辅相成，保证公司总体的繁荣发达。

(3)公司能有效保持和控制事业部之间的适度竞争。因为过度的竞争可能使公司遭受不必要的损失。

(4)公司要能利用内部市场和相关的经济机制(如内部价格、投资、贷款、利润分成、资金利润率、奖惩制度等)来管理各事业部门，尽量避免单纯使用行政的手段。

(5)公司经营面临较为有利和稳定的外部环境。可以说,事业部制组织形式利于公司的扩张,但相对不利于整体力量的调配使用,因此不适宜在动荡、不景气的环境下使用。

六、集团控股型组织结构

现代企业的经营已经超越了企业内部边界的范围,开始在企业与企业之间结成比较密切的长期的联系。这种联系在组织结构上的表现就是形成了控股型和网络型组织形式。

控股型组织,是在非相关领域开展多种经营的企业所常用的一种组织结构形式。由于经营业务的非相关或弱相关,大公句不对这些业务经营单位进行直接的管理和控制,而代之以持股控制。这样,大公司便成为一个持股公司,受其持股的单位不但对具体业务有自主经营权,而且保留独立的法人地位。

控股型结构是建立在企业间资本参与关系的基础上。由于资本参与关系的存在,一个企业(通常是大公司)就对另一企业持有股权。这种股权可以是绝对控股(持股比例大于 5%以上)、相对控股(持股比例不足 50%但可对另一企业的经营决策发生实质性的影响)和一股参股(持股比例很低且对另一企业的活动没有实质性的影响)。

对于这种持股关系,对那些企业单位持有股权的大公司便成为了母公司,被母公司控制和影响的各企业单位则成为子公司(指被绝对或相对控股的企业)或关联公司(指仅被一般参股的企业人子公司、关联公司和母公司一道构成了以母公司为核心的企业集团。图 13.18 为哈尔滨电站设备集团公司的组织机构图。

在该集团公司中,哈尔滨动力设备股份有限公司是集团的核心企业。相应地,各子公司、关联公司就是围绕该核心企业的集团紧密层和半紧密层的组成单位。此外,企业集团通常还有一些松散层的组成单位,即协作企业,它们通过基于合同或契约的业务协作关系而被联结到企业集团中。

集团公司或母公司与它所持股的企业单位之间不是上下级之间的行政管理关系,而是出资人对被持股企业的产权管理关系。母公司作为大股东,对持股单位进行产权管理控制的主要手段是:母公司凭借所掌握的股权向子公司派遣产权代表和董事、监事,通过这些人员在子公司股东会、董事会、监事会中发挥积极作用而影响子公司的经营决策。

七、网络型组织结构

网络型组织是利用现代信息技术手段而建立和发展起来的一种新型组织结构。现代信息技术使企业与外界的联系加强了,利用这一有利条件,企业可以重新考虑自身机构的边界,不断缩小内部生产经营活动的范围,相应地扩大与外部单位

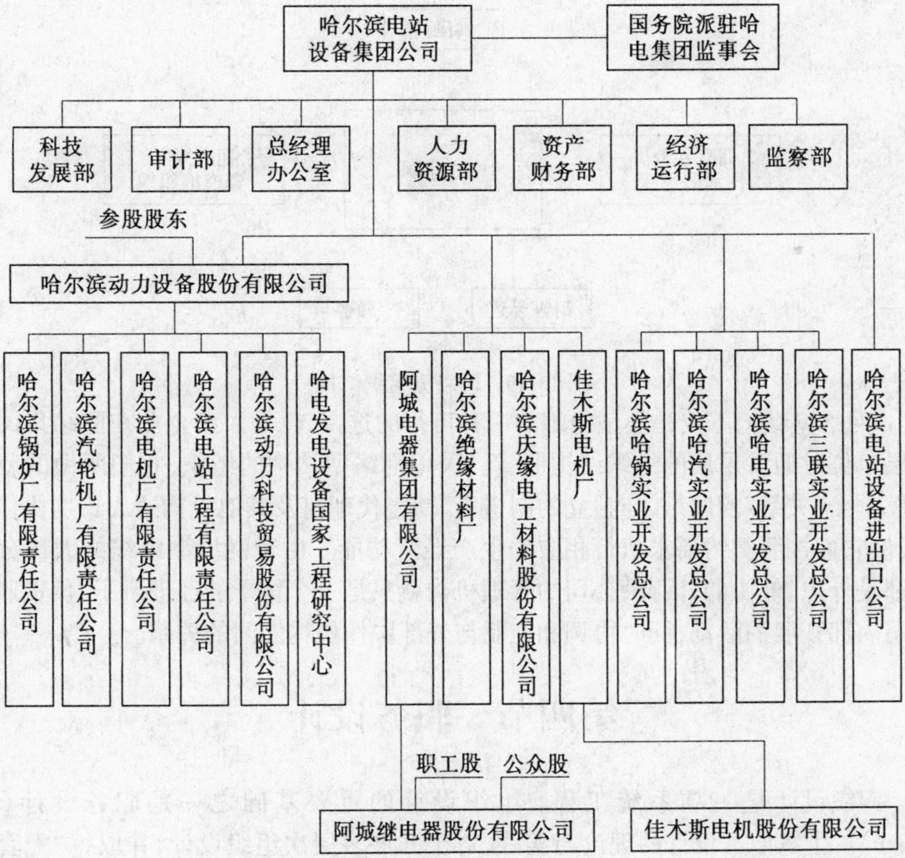

图 13.18　哈尔滨电站设备集团公司的组织机构图

之间的分工协作。这就产生了一种基于契约关系的新型组织结构形式，即网络型组织。

网络型结构是一种只有很精干的中心机构，以契约关系的建立和维持为基础，依靠外部机构进行制造、销售或其他重要业务经营活动的组织结构形式，如图 13.19 所示。被联结在这一结构中的两个或两个以上的单位之间并没有正式的资本所有关系和行政隶属关系，但却通过相对松散的契约纽带，透过一种互惠互利、相互协作、相互信任和支持的机制来进行密切的合作。卡西欧是世界有名的制造手表和袖珍型计算器的公司，却一直只是一家设计、营销和装配公司，在生产设施和销售渠道方面很少投资。IBM 公司 20 世纪 80 年代初在不到一年的时间内开发 PC 机成功，依靠的是微软公司为其提供软件，英特尔公司为其提供机芯。网络型结构使企业可以利用社会上现有的资源使自己快速发展壮大起来，因而成为目前国际上流行的一种新形式的组织设计。

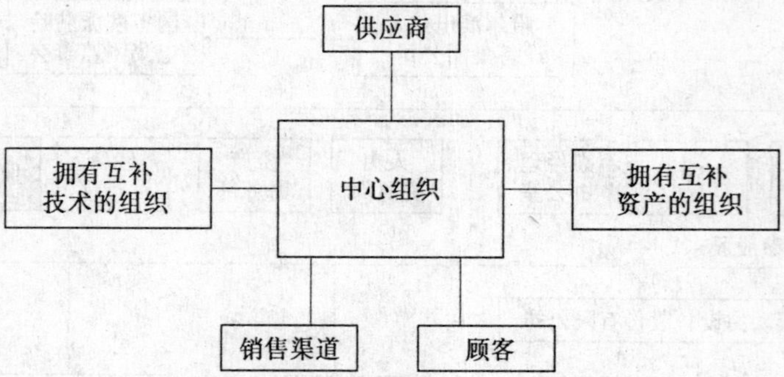

图 13.19 网络型组织结构

网络型结构不仅是小型组织的一种可行的选择,也是大型企业在联结集团松散层单位时通常采用的组织结构形式。采用网络型结构的组织,它们所做的就是创设一个“关系”的网络,与独立的制造商、销售代理商及其他机构达成长期协作协议,使它们按照契约要求执行相应的生产经营功能。由于网络型组织的大部分活动都是外包、外协的,因此,公司的管理机构就只是一个精干的经理班子,负责监管公司内部开展的活动,同时协调和控制与外部协作机构之间的关系。

第四节 职务设计

组织设计是一项系统工程。组织设计的重要基础之一是职务设计(job design)。了解职务设计的理论与实践,对于开展多层次组织设计,并取得“配套效应”,具有十分重要的意义。

一、职务设计的定义和发展

职务设计,指的是将任务组合起来构成一项完整职务的方式,是对工作的内容、功能和相互关系等的设计。职务设计主要包括四个方面的因素。

(1)工作内容。工作内容规定了工作任务的一般性质,包括任务的多样化、自主性、复杂性难度和完整性等。

(2)工作功能。这是指工作职务的要求和方法,例如,工作责任、权利、信息流、工作方法以及协调要求等。

(3)相互关系。这是工作的人际关系方面的特点:在工作中其他人交往的程度、社会交往的机会以及工作群体的要求等。

(4)工作绩效。工作绩效既包括工作任务完成的情况,也是指组织氛围周边条件的改进和累计的成效。

此外,职务设计中还应包括工作成效的反馈特点,包括工作过程本身的直接反馈和从他人(同事、上下级等)得到的反馈信息。

职务设计的发展大致经历了以下三个阶段:

(1)职务专业化。职务设计第一阶段(40年代之前)的重点是提高工作的专业化程度,越来越强调劳动分工、流水作业和高度的工作专业化。从短期效果看,工作专业化确实提高了生产效率、加强了质量控制。可是,过分的专业化也带来许多弊病:工作单调乏味、缺乏激励性和挑战性,令人疲劳和紧张等。

(2)职务轮换与任务扩大化。40年代起,许多企业开始采用职务轮换和任务扩大等新的职务设计思路,重视任务的多样化,显著减低了工作单调感,提高了工作满意感。但是,并没有从工作更为内在的特征方面提高工作的激励程度,因而仍然是一种短期的职务设计策略。

(3)现代职务设计。从60年代起,进入现代职务设计阶段,立足于对整个工作结构和特征的重新设计,在更大程度上改变了工作的内容、功能、相互关系和反馈等特征,较有影响的有"工作职务丰富化"和"工作特征设计"等途径。前者着重于增加工作的责任性、自主性和决策权,注意在工作中提供有关绩效的反馈,并给予奖励,并提供个人成长发展的机会;后者从满足员工更需要和考虑个体差异出发,对工作本身的特征加以改革。

近年来,在职务设计中还注意把人员特征、工作特点与组织发展要求等因素联系在一起作为一个"工作系统",使人员、工作、技术、组织等方面形成最佳匹配。

二、职务特征模型

20世纪70年代中期,心理学家霍夫曼(K.R.Hackman)等提出的著名的职务特征模型(见图13.20),为职务设计提供了新的理论依据。

(1)工作职务的核心特征。职务特征模型提出,任何工作都包含五个核心特征:①技能多样性,即工作所要求具备的多种技能与知识的程度;②任务同一性,指工作任务的整体特征(有始有终并有看得见的结果);③任务重要性,工作对组织内部与外部人员绩效的影响;④任务自主性,在任务安排和决定工作程序等方面具有的自由度;⑤任务反馈,有关任务结果的直接、明确的信息。其中前三个特征共同创造出工作的意义,如果一项职务具有这三个特征,我们可以予以认知且将他的职务视为是重要、有价值的和值得做的。而拥有自主性的职务会给任职者带来一种对工作结果的个人责任感,而如果职务能提供反馈,则员工就会知道他所进行工作的效果如何。

(2)职务设计措施,根据上述五种工作特征,可以采取以下措施:①采用较大工作模数,把高度专业化的任务组和成较大的工作模数,提高任务的多样化和完整性;②形成自然工作单元,使工作任务具有整体责任感;③建立用户联系,使员工有机会不断听取有关产品或服务的意见与要求,并改进工作,从而提高任务的多样化、自主性和反馈程度;④增加纵向自由度:使员工能决定工作的时间程序和工作节律及方法;⑤开放反馈渠道:帮助员工了解工作结果及其与工作目标间的差距,以便改进工作。

(3)工作特征的影响。从图 13.20 中可以看出工作特征对于员工和工作过程有三方面的影响,当工作的技能多样化、任务完整性和任务的重要性得到提升时,将显著增强工作责任感等心理状态,并在很大程度上决定工作动机、工作绩效和工作满意感的程度。工作特征模型认为,员工的"成长需要强度"(GNS),即满足高级需要的愿望,是一个重要的变量,高 GNS 的员工将体验到上述心理状态。整个模型运用"激励潜力分数"(MPS)作为工作特征的指标:

$$MPS = 自主性 \times 反馈$$

根据职务特征模型,如果员工体验到工作的意义,体验到对工作成果的责任以及了解到工作的实际结果,它就会获得一种内在的激励。职务愈是具备这三个条件,员工的动机、绩效和满意度就会愈强。而旷工和辞职的可能性就会愈小,也就是说激励潜力总分高的职务,对员工工作绩效和满意感将会产生积极的影响,并将使员工缺勤和离职流动的可能性降低。

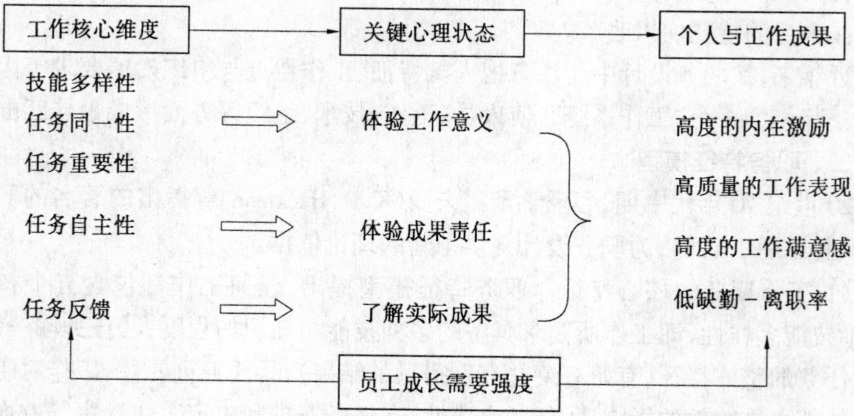

图 13.20 工作特征模型

三、职务设计的程序

职务设计的程序包含着以下几个步骤

(1)职务设计的需要分析。职务设计的第一步,是对原有工作情况和技能要求进行心理学评估,以决定职务设计所要解决的问题。这时,需要选择有代表性的工作作为样本。

(2)可行性分析。在确认职务设计的需要以后,进行可行性分析,包括分析原有工作特征缺陷,成本代价合理性,人员心理准备状况等。

(3)建立职务设计小组和评估工作特征。在可行性分析基础上,正式建立职务设计小组(包括员工、内外专家或咨询人员等),共同评估原有工作特征,认真分析原因,提出切实可行的职务设计方案。

(4)制定职务设计方案。根据调查和评估结果,提出备择设计方案。除了工作特征改革意见外,还应规定新的工作职责、规程即相应的新管理系统,并在适当部门试点,检验职务设计方案的效果。

(5)职务设计的评价和推广。对职务设计方案及时作出评价,评估应着重于三个方面:员工态度与反映;工作实绩;成本和效益。并在此基础上,及时向同类型的工作推广,进行更大规模的职务设计。

职务设计是一项长期的任务。职务设计所花的时间一般比较长,需要几个月甚至几年;而且,职务设计中又会出现新的问题,员工心理需要也会不断变化,因此,需要把职务设计作为一项不间断的任务。

四、职务设计与组织变革

要使新的职务设计发挥积极的功能,必须把职务设计作为组织设计与改革的组成部分,作出相应的调整与改革,把职务设计看成一场组织变革和发展工作。有关职务设计的研究与实践表明,在开展职务设计改革时应重视以下问题:

(1)针对具体情况采用具体方法。职务设计改革的方法很多,应根据改革性质、技术类型、组织传统、人员素质与态度等因素,选择适和具体情况的方法。

(2)小范围试点,逐步推广。应选择最有条件的班组或部门先开展职务设计试点,然后逐步推广。在小范围取得实际成果,可以消除员工思想顾虑,作好改革心理准备。同时,通过小范围试点,使管理部门和职务设计小组取得实际经验,以便在推广中取得更好效果。

(3)有较长远的规划。职务设计作为一场组织变革,需要有较长远的规划、分阶段实施。由于职务设计涉及原有工作流程和组织结构,因而,应从社会－技术系统的观点出发,作出周密计划,特别是注意新工作的布局、组合、相互关系、各子系统的协调等。

(4)领导指挥、专家协调。职务设计改革应由高层领导发动和指挥,并且由职务设计专家协调各项任务,充分发挥职务设计小组的作用,使原有工作顺利过渡和转换到新的工作系统。

(5)员工参与设计。注意使有关人员有机会参与职务设计的计划、实施和评价活动,这样可以使新的工作系统更符合员工的需要和实际工作要求,同时,使新工作更容易被职工接受。

(6)加强技能培训,提高工作胜任力。新的工作将对员工提出更高的技能与知识要求,应在职务设计过程中让有关人员及时得到培训,尽快适应新的工作流程和内外环境。

第十四章 人力资源管理

学习目的

学习本章应了解与掌握：

1.能够概述人力资源管理过程。

2.能够了解员工招聘程序、途径与方法。

3.能够了解人员选拔原则。

4.能够了解人员培训的目标与方法。

5.能够阐述绩效评估的作用。

6.能够了解绩效评估的一般程序与方法。

7.能够了解职业生涯发展的阶段与管理职业生涯的方法。

第一节 人力资源管理过程

一、人力资源计划的任务

编制和实施人力资源计划的目标，就是要通过规划人力资源管理的各项活动，使组织的需求与人力资源的基本状况相匹配，确保组织总目标的实现。

人力资源计划的任务包括以下几个部分。

1.系统评价组织中人力资源需求量

人力资源计划就是要使组织内外人员的供给与一定时期组织内部预计的需求相一致，人力资源的需求量主要是根据组织中职务的数量和类型来确定的。职务数量指出了每种类型的职务需要多少，职务类型指出了组织需要什么技能的人。一个组织在进行了组织设计之后，需要把组织的需求与组织内部现有人力资源状况进行动态对比并找出预计的缺额。

2.选配合适的人员

组织中的员工总是随着内外环境的不断变化而变动的。为了确保担任职务的人员具备职务所要求的基本知识和技能，必须对组织内外的候选人进行筛选。这就必须研究和使用科学的人力资源管理方法，使组织中所需要的各类人才得到及时的补充。

3.制定和实施人员培训计划

培训既是为了适应组织内部变革和发展的要求，也是为了提高员工素质，实现员工个人生涯发展的要求。要使组织中的成员、技术、活动、环境等要素更具环境的适应性，就必须运用科学的方法，有计划、有组织、有重点、有针对性地对员工进行全面培训，以培养和储备适应未来要求的各级人才。

二、人力资源管理过程

图 14.1 介绍了一个组织人力资源管理过程（Human resource management process）的重点要素。它所反映的九项活动或步骤（图中以阴影框来表示），如果得到妥当实施，可以使组织配备到能干的高绩效员工，这些人将在一段较长时期内保持良好的绩效水平。

这前四个步骤分别是：人力资源规划、通过招聘增补员工、通过解聘减少员工，以及进行人员甄选。经过这四个步骤，你就可以确定和选聘到有能力的员工。一旦你选聘了能胜任的员工，你还要帮助他们适应组织并确保他们的技能和知识不断得到更新。这些需要通过定向和培训来达到。人力资源管理过程的最后步骤用来识别绩效问题并予以改正，以及帮助员工在整个职业历程中保持较高的绩效水平。这所包括的活动就是评估和职业发展。图中所示的整个人力资源管理过程是受到外部环境影响的，而且环境因素的限制往往在管理活动中对人力资源管理的作用可能是最为强烈的。

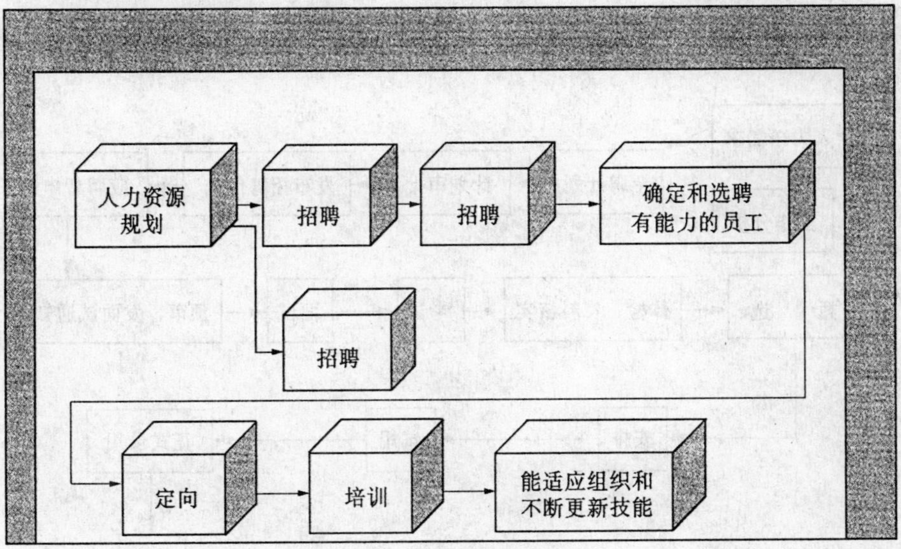

图 14.1　人力资源管理过程

第二节　员工的招聘与选拔

一、人员招聘原则与程序

1. 员工招聘原则

(1) 因事择人。企业应依据人力资源计划进行招聘。无论多招了人还是招错了人，都会给企业带来很大的负面作用，除了人力成本、低效率、犯错误等看得见的损失外,由此导致的人浮于事还会不知不觉对企业文化造成不良影响,并降低企业的整体效率。

(2) 公开。招聘信息、招聘方法应公之于众,并且公开进行。这样做,一方面可将录用工作置于公开监督之下,以防止不正之风;另一方面,可吸引大批的应聘者,从而有利于招到一流人才。

(3) 平等竞争。对所有应聘者应一视同仁,不得人为地制造各种不平等的限制。要通过考核、竞争选拔人才。静止地选拔人才,靠“伯乐”“相马”、靠在“马厩”里“选马”,靠领导的直觉、印象来选人,往往带有很大的主观片面性。采用“赛马”的方法,以严格的标准、科学的方法对候选人进行测评,根据测评结果确定人选,就可以创造一个公平竞争的环境,这样既可以选出真正优秀的人才,又可激励其他人员积极向上。

(4) 用人所长。在招聘中,必须考虑有关人选的专长,量才使用,做到“人尽其才”、“事得其人”,这对应聘者个人以及企业都十分重要。

2.员工招聘程序

员工招聘大致分为招聘、选拔、录用、评估四个阶段,这四个阶段可用图 14.2 来表示。

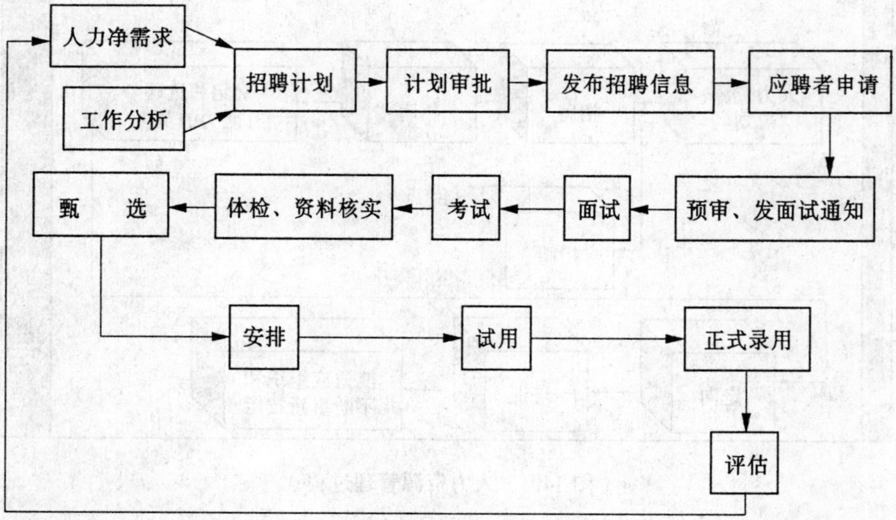

图 14.2　员工招聘流程图

员工招聘的内容主要是由招募、选择、录用、评估等一系列活动构成。招募是组织为了吸引更多更好的候选人来应聘而进行的若干活动,它主要包括:招聘计划的制定与审批、招聘信息的发布、应聘者申请等;选拔则是组织从“人－事”两个方面出发,选拔出最合适的人来担当某一职位,它包括:资格审查、初选、面试、考试体检、人员甄选等环节;而录用主要涉及员工的初始安置、使用、正式录用;评估则是对招聘活动的效益与录用人员质量的评估。

这里需要说明的是在招聘过程中,传统的人事管理与现代人力资源开发与管理的工作职责分工是不同的。在过去,员工招聘的决策与实施完全由人事部门负责,用人部门的职责仅仅是负责接收人事部门招聘的人员及其安排,完全处于被动的地位。而现代组织中,起决定性作用的是用人部门,它直接参与整个招聘过程,并在其中拥有计划、初选与面试、录用、人员安置与绩效评估等决策权,完全处于主动的地位。人力资源部门只在招聘过程中起组织和服务的功能。

二、人员招聘来源与方法

人员招募就是通过各种途径和方法获取候选人的过程。招聘工作的成败在很大程度上取决于有多少人来应聘,应聘的人越多,企业选出优秀人才的可能性就越大,人员招募的目标,就是要吸引尽可能多的人来应聘。

1.招聘的途径

人员招聘的途径不外乎两个方面:内部招聘和外部招聘。人们传统上认为招聘都是对外的,而事实上,企业内部人员也是空缺岗位的后备人员,而且有越来越多的企业开始注重从内部招聘人员。

内部招聘与外部招聘各有利弊,两者基本上是互补的(表 14.1)

表 14.1　内部招聘与外部招聘的利弊

	内部招聘	外部招聘
优点	①了解全面,准确性高; ②可鼓舞士气,激励员工进取; ③应聘者可更快适应工作; ④使组织培训投资得到回报; ⑤选择费用低	①人员来源广,选择余地大,有利于招到一流人才; ②新雇员能带来新思想、新方法; ③当内部有多人竞争而难以作出决策时,向外部招聘可在一定程度上平息或缓和内部竞争者之间的矛盾; ④人才现成,节省培训投资
缺点	①来源局限于企业内部,水平有限; ②容易造成“近亲繁殖”; ③可能会因操作不公或员工心理原因造成内部矛盾	①不了解企业情况,进入角色慢; ②对应聘者了解少,可能招错人; ③ 内部员工得不到机会,积极性可能受到影响

2.内部招聘的来源和方法

企业内部候选人的来源主要有五个:公开招募、内部提拔、横向调动、岗位轮换、重新雇佣或召回以前的雇员等。其中,公开招募是面向企业全体人员,内部提拔、横向调动和岗位轮换则局限于部分人员,重新雇佣或召回以前的雇员就是吸引那些因企业不景气等原因而被企业裁撤的人或者在竞争中被暂时淘汰出去的人。

从这些途径招募的候选人都可平等地参加选拔。

内部招募的方法有：

(1) 查阅档案资料

即通过查询企业人力资源信息系统(包括书面档案和计算机系统)来搜寻候选人。

(2) 发布招募广告

发布广告的目的是展示现有职位空缺,邀请企业所有符合条件的雇员申请。这种方法的优点是让各类员工都知道岗位空缺,发现可能被忽视和埋没的人才,鼓励员工对自己的职业发展负责。这种方法还符合现代管理倡导参与、开放交流、平等竞争的潮流。现在企业可以利用的广告媒体已经越来越多了,例如内部电视、电子邮件、企业主页、张贴海报等。招募广告中的内容应包括空缺岗位名称、工作说明、待遇条件、任职资格等。在运用这种方法时需要注意的一点,就是要尽可能通知到所有的人。

(3) 管理层指定

企业内有些岗位,特别是管理岗位,常常是由管理层根据考核结果指定候选人,有时甚至直接任命。

除了以上三种正式的内部招募方法外,员工也常常通过非正式系统成为空缺职位的候选人,例如上司、同事简单的口头要求。

3.外部招聘的来源和方法

外部招募的人员来源较多,例如熟人介绍来的、自己找上门来的、职业介绍机构介绍来的、合同机构或学校推荐来的等等,他们可能是学校的毕业生、其他企业的员工,也可能是失业人员。

外部招募求职者用的方法有：

(1) 发布广告

广告是企业从外部招募人员最常用的方法之一。使用广告招募人员主要有两个问题需要考虑:一是媒体选择,二是广告设计。

① 选择广告媒体。企业可选择的广告媒体很多,例如电视、广播电台、报纸、期刊、网站、广告页等等。每种媒体都各有利弊,企业在选择时,要综合考虑空缺岗位、广告价格、潜在应聘者所在的地域、工作特性等因素。在所有这些媒体中,网站是最新出现的,凭借其传播速度快、范围广、查询方便等特性,它受到了越来越多企业的青睐。在媒体选择上的另一个趋势,就是在自己企业的主页上做广告,许多企业都在主页上开辟了“职业机会”模块,这样企业就可以把大量的信息放在主页上供应聘者查询,这对那些知名度较高的主页访问量较大的企业,也是一种很好的选择。

② 广告设计。招聘广告的设计应力求达到四条要求:吸引注意、激发兴趣、创造愿望、促使行动。

(2) 借助中介机构

企业招聘人员可借助的中介机构包括猎头公司以及各种职业介绍机构,例如人才交流中心、职业介绍所、劳动力就业服务中心等。

猎头公司是英文 Head Hunter 直译的名称,指那些以受托招聘为主要业务的公司。在国外,猎头服务已成为企业求取高级人才和高级人才流动的主要渠道之一。我国的猎头服务近些年来发展迅速,有越来越多的企业逐渐接受了这一招聘方式。猎头服务的一大特点是推荐的人才素质高。猎头公司一般都会建立自己的人才库。优质高效的人才库是猎头公司最重要的资源之一,对人才库的管理和更新也是他们日常的工作之一,而搜寻手段和渠道则是猎头服务专业性最直接的体现。当然,与高素质候选人才相伴的,是昂贵的服务费,猎头公司的收费通常能达到所推荐人才年薪的 25% ~ 35%。但是,如果把企业自己招聘人才的时间成本、人才素质差异等隐性成本计算进去,猎头服务或许不失为一种经济、高效的方式。

职业介绍机构往往担当着双重角色:既为组织择人,也为求职者择业。这一定位使职业介绍机构能够掌握大量的关于求职和用人单位的信息。企业向介绍机构提出用人要求,介绍机构就可根据要求提供求职的简历等资料。不过,这种方式一般更适合中低层员工的招聘。

(3) 上门招募

所谓上门招募,即由企业的招聘人员通过到学校、参加人才交流会等形式直接招募人员。

学校是企业招聘人员的主要渠道之一,跟社会招聘相比,学校招聘有许多优势:学生的可塑性强,选择余地大,候选人专业多样化,可满足企业多方面需求招募成本较低有助于宣传企业形象等。学校招募的主要形式是召开信息发布会,另外也可采取张贴海报、委托学校的就业服务部门介绍等形式。

学校、政府、职业中介机构常常会举办各种形式的人才交流会,这也是企业招募人才的好机会。

(4) 推荐

通过企业的员工、客户、合作伙伴等熟人推荐人选,也是企业招募人员的重要来源。这种方式的长处是对候选人的了解比较准确;候选人一旦被录用,顾及介绍人的关系,工作也会更加努力;招募成本也很低。问题在于可能在企业内形成小团体,采用这种方法的一个典型例子是思科公司,该公司大约 10% 的应聘者是通过员工互相介绍来的。思科有一项特别的鼓励机制,鼓励员工介绍人加入思科,其方式有点像航空公司累积旅程;介绍一个人来就有一个点数,每过一道关又有一个点数,如果最后被雇用还有一笔奖金。这些点数最后累积折成对员工的海外旅游的奖励。

三、人员选拔原则与方法

1.人员选拔原则

选拔人才首先是发现人才的过程,是任用人才的前提,是人才管理的第一个环节。做好人才选拔工作,应坚持如下几条原则。

(1) 标准适度原则

选拔人才首先必须确定人才标准。德才兼备是我们社会主义国家选拔人才的基本准则。德,主要指政治方面、政治立场、品德和思想作风;才,主要指掌握有关的专业知识,具有专业能力。在选择人才的具体实践中,德才兼备的标准还必须具体化。在制定具体的选拔标准时,应当明白,人无完人。人才也同普通人一样,存在短处和不足。标准如果过于苛刻,过于求全,就可能使相当一部分人才被排除在选择对象之处,这就不利于人才脱颖而出。调动大多数人的积极性,看人应当看主流,用人应当用长处。

(2) 注重实绩的原则

才能与知识学历有关,但并不能等同,选择人才,最重要是人才的才能,解决实际问题的能力。选拔人才,不能看学历,讲名气,不能先入为主。一切都必须从实际出发,坚持实践是检验人才的准则,注重考察人才的实绩,当然,有的人才因为用非所学,或其他因素制约,才能没有发挥出来,这就需要通过适当的选拔方法加以测试、鉴定。真正把有真才学的人才选拔出来。

(3) 机会均等,公平竞争

竞争出人才,这是市场经济中的一条基本规律。选拔人才,也应该给出每一个人同等机会。做到这一点,首先要反对任人唯亲,凭私人感情,以个人好恶来确定人才标准和选拔人才的做法。其次,不能搞论资排辈,以学历划线,或设置其他的条条框框,对有真才实学,但不具有学历或学历不高的人歧视对待。再次,要做到推荐平等、考核平等、任职平等。最后,选拔人才要公开,视野要开阔,多种选拔方式相结合,鼓励推荐,人才自荐。

2.人员选择的方法

人员选拔与测评方法是评定应聘者素质与行为能力的重要手段,有了科学有效的甄选测评方法才能保证企业能够招聘录用到组织所需要的合适人选,并将其放到组织中最合适的岗位上。下面介绍几种常用的人员选择和测评方法。

(1) 笔试

笔试是一种最基本的人员选拔方法,它是让应聘者在试卷上笔答事先拟好的试题,然后由考官根据考生解答题目的正确程度评定成绩的一种测试方法。这种方法可以有效地测量应聘者的基本知识、专业知识、管理知识、相关知识以及综合分析能力、文字表达能力等方面的能力。

笔试的优点是花费少,效率高,一次评价人数多,对报考者的知识、技术、能力的考查信度和效率较高,成绩评定比较客观,因此笔试至今仍然是企业常采用的人才选拔方法。但笔试也存在一定的局限性,它不能全面地考察应聘者的工作态度、品德修养以及组织管理能力、口头表达能力和操作技能等。因此,还必须采用其他测评方法,如面试、心理测验、情境模拟等方法,才能全面考查应聘者的素质和能力。通常,在企业人员选拔录用活动中,笔试合格才能取得面试和下一轮测试的资格。

(2) 面试

面试是在考官面前,根据考官的特定要求,被试者用口述方式回答问题。考官则根据被试者在面试中的表现来观察分析被试者回答问题的正确程度以及所表现出来的行为方式,并进一步对产生这种行为方式的背景和基础进行推断后,对被试者进行评定的一种考试方法。

面试的重点内容:

- 仪表风度
- 专业知识与特长
- 工作经验
- 应聘者的求职动机
- 与职位的匹配性
- 人际交往与沟通技巧
- 应变能力
- 分析判断能力
- 个人兴趣与爱好

(3) 心理测试

心理测试是指通过一系列手段来测试应聘者的智力水平和个性方面差异的一种科学方法。心理测试目前已逐渐成为现代人员甄选录用中一种非常重要的技术,许多企业不仅应用心理测试来选拔录用新员工,而且还用来测试企业在任员工的潜在能力,并作为晋升的依据。

① 心理测试必须遵循的基本原则:

- 在心理测试之前,要预先做好准备工作
- 对被试者的隐私要加以保护
- 明确测试程序和主考官的要求

② 心理测试在人员选拔录用中的应用:

- 对应聘者能力特征的评定及发展潜能的预测
- 对应聘者的个性品质和职业兴趣进行测试

(4) 情境模拟法

采用情境模拟的评价方式也是目前常用的技术手段。

所谓情境模拟是指将应聘者置于一个真实(或相对真实)的情境中,让其某一方面的问题,在这个情境中表现出来与工作相关的工作条件,从而考察应聘者各个方面的能力,并根据应聘者能力的大小或者素质的高低来决定是否录用。

情境模拟的评价方式有很多种类型,如公文处理法、无领导小组讨论、角色扮演、操作演练、模拟调研、有领导小组讨论、公开演讲、发言等。

第三节 员工培训

一、人员培训的目标

培训是指组织通过对员工有计划、有针对性的教育和训练,使其能够改进目前知识和能力的一项连续而有效的工作。培训旨在提高员工队伍的素质,促进发展,同时为企业创造最大的价值。培训可使企业获得如下收益:

(1) 培训能够使员工对企业文化和企业目标有深刻的理解,培养员工对企业的认同感。

(2) 培训能使员工了解岗位的要求,通过提高员工的分析解决问题能力和专业技术水平,使员工能够减少工作中的失误和事故,注重职业安全与卫生,从而使个人和企业双受益。

(3) 当培训的结果使得下属员工完成任务的能力有所提高时,管理者就可以从更正错误、补救失误等琐碎的工作中解脱出来,更好地考虑全局决策问题。

(4) 当企业在实施企业管理变革时,培训是极其有效的促进观念转变的方法,培养员工掌握所需技能以参与变革的实施。

(5) 培训具有激励作用,当员工参与一项培训时,会有一种被重视和认可的感觉,经过培训后,他们会主动掌握并应用所学的新技能。

二、人员培训的方法

一个组织中的培训对象主要有:新来员工、基层员工、一般技术或管理人员、高级技术或管理人员。员工培训的方法有多种,依据所在职位的不同,可以分为对新职工的培训、在职培训和离职培训三种形式;根据培训的目标和内容不同,培训又可分为专业知识与技能培训、职务轮换培训、提升培训及设置助理职务培训和设置临时职务培训等。

1.新来员工的培训

应聘者一旦决定被录用之后,组织的人事部门应该对他将要从事的工作和组织的情况给予必要的介绍和引导，西方国家称之为职前引导。职前引导的目的在于减少新来人员在新的工作开始之前的担忧和焦虑，使他们能够尽快地熟悉所从事的本职工作以及组织的基本情况，如组织的历史、现状、未来目标、使命、理念、工作程序及其相关规定等，并充分了解他应尽的义务和职责以及绩效评估制度和奖惩制度等等，例如有关的人事政策、福利以及工人时数、加班规定、工资状况等等。

2.在职培训

对员工进行在职培训是为了使员工通过不断学习掌握新技术和新方法，从而达到新的工作目标要求所进行的不脱产培训。工作轮换和实习是两种最常见的在职培训。

3.离职培训

离职培训是指为使员工能够适应新的工作岗位要求而让员工离开工作岗位一段时间，专心致志于一些职外培训。最常见的离职培训方式包括教室教学、影片教学以及模拟演练等。

4.专业知识与技能培训

专业知识与技能培训有助于员工深入了解相关专业的基本知识及其发展动态，有助于提高人员的实际操作技能。专业知识与技能培训可以采取脱产、半脱产或业余等形式，如各种短期培训班、专题讨论会、函授、业余学校等。

5.职务轮换培训

职务轮换是指人员在不同部门的各种职位上轮流工作。职务轮换有助于受训人全面了解整个组织的不同工作情况，积累和掌握各种不同的工作经验，从而提高他们的组织和管理协调能力，为其今后的发展和升迁打好基础。

6.提升培训

提升是将人员从较低的管理层级暂时提拔到较高的管理层级上，并给予一定的试用期。这种方法可以使有潜力的管理人员获得宝贵的锻炼机会，既有助于管理人员扩大工作范围，把握机会展示其能力和才干，又能使组织能全面考察其是否适应和具备领导岗位上的能力，并为今后的发展奠定良好的基础。

7.设置助理职务培训

在一些管理层级上设立助理职务，不仅可以减轻主要负责人的负担，而且有助于培训一些后备管理人员。这种方式可以使助理接触到较高层次上的管理实务，使他们不断吸收其直接主管处理问题的方法和经验，在特殊环境中积累特殊经验，从而促进助理的成长。

8.设置临时职务培训

设置临时职务可以使受训者体验和锻炼在空缺职位上的工作情景，充分展示其个人能力，避免出现有些管理人员被提升之后不能保持原来的成绩，反而可能给组织效率带来大滑坡的现象,又被称作"彼德现象"。劳伦斯·彼得曾经发现,"在实行等级制度的组织里,每个人都崇尚爬到能力所不及的层次",人们把这一原理称作"彼德原理"。

第四节　绩效评估

一、绩效评估的定义和作用

所谓绩效评估是指组织定期对个人或群体小组的工作行为及业绩进行考察、评估和测度的一种正式制度。用过去制定的标准来比较员工的工作绩效记录并及时将绩效评估结果反馈给员工,可以起到有效的检测及控制作用。实施绩效评估一直被认为是组织内人力资源管理中最棘手也是最强有力的方法之一。

在人力资源管理中,绩效评估的作用体现在以下几个方面。

1.绩效评估为最佳决策提供了重要的参考依据

绩效评估的首要目标是为组织目标的实现提供支持,特别是在制定重要的决策时,绩效评估可以使管理者及其下属在制定初始计划过程中及时纠偏,减少工作失误,为最佳决策提供重要的行动支持。

2.绩效评估为组织发展提供了重要的支持

绩效评估另一个重要目标是提高员工的业绩,引导员工努力的方向,使其能够跟上组织的变化和发展。绩效评估可以提供相关的信息资料作为激励或处分员工、提升或降级、职务调动以及进一步培训的依据,这是绩效评估最主要的作用。

3.绩效评估为员工提供了一面有益的"镜子"

绩效评估使员工有机会了解自己的优缺点以及其他人对自己工作情况的评价,起到了有益的"镜子"作用。特别是,当这种评价比较客观时,员工可以在上级的帮助下有效发挥自己的潜能,顺利执行自己的职业生涯计划。

4.绩效评估为确定员工实际工作报酬提供依据

绩效评估的结果为确定员工的实际工作报酬提供了决策依据。实际工作报酬必须与员工的实际能力和贡献相结合,这是分配制度的一条基本原则。为了鼓励员工出成绩,组织必须设计和执行一个公正合理的绩效评估系统,对那些最富有成效的员工和小组给予明确的加薪奖励。

5.绩效评估为员工潜能的评价以及相关人事调整提供了依据

绩效评估中对能力的考证是通过考察员工在一定时间内的工作业绩,评估他们的现实能力和发展潜力,看其是否符合现任职务所具备的素质和要求,是否具有担负更重要工作的潜能。组织必须根据管理人员在工作中的实际表现,对组织的人事安排进行必要的调整。对能力不足的员工应安排到力所能及的岗位上,而对潜能较强的员工应提供更多晋升机会,对另一些能力较为平衡的员工则可保持其现在的职位。当然,反映员工过去业绩的评价要与描述将来潜力的评价区分开来,为此,组织需要创设更为科学的绩效评估体系,为组织制定包括降职、提升或维持现状等的人事调整计划提供科学的依据。

二、绩效评估的一般程序

绩效评估是企业根据员工的职务说明,对员工的工作业绩,包括工作行为和工作效果,进行的考察与评估。绩效评估的程序一般分为"横向程序"和"纵向程序"两种。

1.横向程序

横向程序是指按绩效考评工作的先后顺序形成的过程进行,主要有下列环节:

(1) 制定绩效考核标准。这是考核时为避免主观随意性而不可少的前提条件。绩效考核标准必须经职务分析中制定的职务说明与职务规范为依据,因为那是对员工所应尽的职责的正式要求。

(2) 实施绩效考核。即对员工的工作绩效进行考核、测定和记录。根据目的,考核可分全面的和局部的。

(3) 绩效考核结果的分析和评定。绩效考核的记录需与既定标准进行对照来作分析与评判,从而获得结论。

(4) 结果反馈与实施纠正。绩效考核结论通常应与被考评员工见面。使其了解组织对自己工作的看法与评价,从而发扬优点,克服缺点。但另一方面,还需针对绩效考核中发现的问题,采取纠正措施。因为绩效是员工主、客观因素的综合结果,所以纠正不仅是针对被考评的员工的,也需对环境条件作相应调整。

2.纵向程序

纵向程序是指组织层次逐级进行绩效考核的程序。绩效考核一般是先对基层考核,再对中层考核,最后对高层考核,形成由下而上的过程。

(1) 以基层为起点,有基层部门的领导对其直属下级进行绩效考核。绩效考核分析的项目包括员工个人的工作行为(如是否按规定的工艺和操作规程进行工作,或一名干部在领导与管理其下级时是如何具体进行的等),员工个人的工作效果(如产量、废品率、原材料消耗率、出勤率等),也包括影响其行为的个人特征及品质(如工作态度、信念、技能、期望与需要等)。

(2) 基层绩效考核之后,便会上升到中层部门进行绩效考核,内容既包括中层干部的个人行为与特性,也包括该部门总体的工作绩效(任务完成率、劳动生产率、产品合格率等)。

(3) 待逐级上升到公司领导层时,再由公司所隶属的上级机构(或董事会),对公司这一最高层次进行绩效考核,其内容主要是经营效果方面硬指标的完成情况

(如利润、市场占有率等)。

三、绩效评估的方法

绩效评估非常重要,那么如何对一个员工的工作绩效进行评估呢,下面介绍几种绩效评估中常用的方法。

1.书面描述法

书面描述法(Writt enessays)一般是指评估时主要以描述一个员工的所长、所短、过去的绩效和潜能等,然后提出予以改进和提高的建议的一种记叙性的绩效评估方法。其优点是进行书面描述时不需采取复杂的格式,也不需要经过多少培训就能完成。其缺点是在评估描述员工的"好"于"差"时,可能不仅取决于员工的实际绩效水平,同时取决于评估者的写作技能。

2.关键事件法

关键事件法(Critical incidents)是指评估者将注意力集中在区分员工有效和无效的工作绩效的关键行为方面,并记下一些细小但能说明员工所作的是特别有效果或无效果的事件的绩效评估方法。其特点是评估时只记录员工具体的关键的行为事件而不笼统地评价员工的个人特质,以便给员工指明哪些行为是被期望的或哪些行为是不被期望的。

3.评分表法

评分表法(Graphic rating scales)是一种最古老也最常用的绩效评估方法。是指评估时列出一系列绩效因素(如工作的数量与质量、职务知识、协作与出勤、忠诚、诚实和首创精神等)然后,评估者逐一对表中的每一项给出评分的绩效评估方法。评分尺度通常采用5分制,如对职务知识这一因素的评分可以是1分("对职务职责的了解很差")~5分("对职务职责的各方面有充分的了解")。其优点是评分表的设计和执行的总时间耗费较少,便于作定量分析和比较。

4.行为定位评分法

行为定位评分法(Behaviorally anchored rating scales,BARS)是近年来日益得到重视的一种绩效评估方法,它综合了关键事件法和评分表法的主要因素:考评者按某一序数值对各项指标打分,但评分项目是某人从事某项职务的具体行为事例,而不是一般的个人特质描述。行为定位评分法侧重于具体而可衡量的工作行为,它将职务的关键要素分解为若干绩效要素,然后为每一绩效因素确定有效果和无效果行为的一些具体事例。其结果可以形成诸如"预测""计划""实施""解决眼前问题""贯彻执行命令"以及"处理紧急情况"等的行为描述。

5.多人比较法

多人比较法(Multiperson comparisons)是将一个员工的工作绩效与一个或多个其他人作比较的一种相对的而不是绝对的衡量的绩效评估方法。该类方法最常用的三种形式是:分组排序法、个体排序法和配对比较法。

6.目标管理法

现代绩效评估更多采用目标管理法(Management - By - Objectives),它是对管理人员和专门职业人员进行绩效评估的首选方法。在目标管理法下,每个员工都确定有若干具体的指标,这些指标是其工作成功开展的关键目标,其目标必须是明确的、可证实和可衡量的,因此他们的完成情况可以作为评价员工的依据。目标管理法在管理者中之所以流行,主要归功于它对结果目标的重视。管理者通常很强调利润、销售额和成本这些带来成果的结果指标,这种趋向恰与目标管理法对工作绩效定量测评的关注相一致。正因为目标管理重结果更甚于手段,因此使用这一评估方法可使管理者得到更大的自主权,以便选择其达到目标的最好路径。

第五节　职业计划与发展

一、职业生涯发展的阶段及其特点

一个人的职业生涯将经历五个阶段:摸索期、立业期、生涯中期、生涯后期和衰退期,每一个阶段都有其特点。

1.摸索期

对于大多数人而言,职业生涯摸索期是指从学校毕业到步入工作岗位这段时期。正是在这段时期人们形成了对职业生涯的一种预期,其中有很多是颇有抱负的理想,甚至是不切实际的幻想。这些理想或幻想在工作一开始可能会潜藏不露,到后来会逐渐地暴露出来。如果这些理想或幻想能够实现,员工将会产生极大的成就感;反之,如果个人愿望不能够跟组织的实际安排相吻合,将使员工本人和组织都遭到不应有的挫折和损失。

2.立业期

立业期是指员工从寻找工作和找到第一份工作开始到三十多岁第一次体验工作经历为止。在这段时间内,员工需要经历与同事相处、做好本职工作、处理好个人生活问题,以及经受现实中成功或失败感受等过程。这个时期的特征是员工通过个人的思考和努力,调整自己的行为并与组织合拍,在磨合中不断改进自己的工作,一旦发生错误,要有勇气承认并加以改正。

3.生涯中期

生涯中期是指面临第一次严重的职业危机开始一直到走出困境为止这样一段经历。在这一时期,一个人的绩效水平可能会继续改进提高,也可能保持稳定,或者开始下降。这一阶段的重要特征是人们此时已不再是一个学习者,不会再有更多的试挫机会,如犯错误将会付出巨大的代价。特别是在一层级组织中,如能够经受得住这一考验就可能获得更大的发展机会，反之，则可能要面临调整和变换工作或者寻求其他的变换方式走出困境，诸如继续深造、变换工作环境等等。

4.生涯后期

生涯后期是指经历了中期考验之后一直到退休这段时间。显然，对于那些成功地进行了中期转换获得了继续发展的人们来说，这段时期意味着收获季节的到来，事业成功，工作轻松，他们可以凭借自己多年积累的经验和判断力以及非凡的能力向组织证明其存在的价值。

然而对于那些经历了挫折或停滞不前的人来讲，这一段时期可能会遭遇来自各个方面的压力，会感觉到过去曾经想象的那种理想很遥远，也正是在这一时期，人们会意识到需要减少工作的流动性，从而可能会更安心于现有的工作。

5.衰退期

衰退期是指退休之后的人生经历。这一段时期，对于成功的人士来讲，意味着几十年的成就和绩效表现就要停止，容易使人感到有一种失落感，而对于那些人生经历和绩效表现一般的人来讲则可能会有一个令人舒心的时期，因为此时他们可以把工作中的烦恼抛在脑后。

二、管理职业生涯的方法

职业生涯的阶段模型提示我们，处在不同时期的员工其特点是不一样的，有效管理职业生涯必须针对员工的具体特点分别对待。

对摸索期的新员工来说，他们常常对自己的职务抱有不切实际的预期。因此，组织应该加强职前引导，及时而客观地告知有关工作职务和组织的正面和负面信息，避免由于目标的不匹配给组织和个人造成的震荡。

对于立业期阶段的员工来讲，必须给他们必要的培训和指导，以确保他们知识和技能的及时更新，使其能更好地开展组织工作，并及时对他们提供指导和鼓励。

对于职业中期阶段的员工，组织要及时提醒他们失误可能招致的代价，管理者应该做好必要的准备，帮助员工克服各种不稳定因素并使工作变得更富有弹性。

职业后期的员工希望有更多的时间或从事压力更轻一些的工作。组织应该通过不断的调整及时开发利用这些员工的才能，保证组织在人才年龄结构上的合理一致性。

最后，组织应当认识到处于衰退期的每个人或许都会遇到情绪低落的时候，如若处理不好就会发生矛盾，甚至于发生敌视或攻击挑衅行为，组织应当对其有所防范，特别是要做好这些人的思想工作，防止不必要冲突和难堪。

总的来讲，成功管理职业生涯需要注意以下几个方面。

1.审慎选择第一项职务

员工在组织中的起点，对于其今后的职业生涯发展具有重大的影响，实践证明,如果机会适宜,一个人应当选择一个最有权力的部门作为自己管理生涯的开始。因为,一开始就在组织中权力影响大的部门工作,就有可能在今后的职业生涯中得到快速的提升。另外,在第一项管理职务中不应停留太大,除非能预期做出更大成绩来。如果能够很快地转换到不同的工作岗位上,一方面可以锻炼自己找到更好的升迁路径,另一方面,会产生一种快速升迁的感觉,增加自我成就实现感。

2.尽快找好工作定位

良好的工作绩效是职业生涯成功的一个必要条件但却不是充分条件。成功会给以后的提升带来有益的帮助,但失败也会时常发生,这对未来的发展会造成不利的影响。员工应当通过努力减少这样的失败,并应该尽快熟悉组织的权力结构,了解并努力争取对组织中那些稀缺而又十分重要的资源加以控制,如知识、技术、经验等等,以提高自己在组织中的价值。

3.适时表现自我

由于员工绩效的评估具有相当的主观性,因此,通过自己的努力并让主管和组织中的当权人认识到自己的贡献是非常重要的。特别是应当明确组织对个人的要求和期望,了解组织文化的特点以及如何与组织中的关键人员协调关系等。如果自己的工作可表现性很差或自己的特定贡献难以与别人区分,就必须采取一些手段,如及时向上级或其他人汇报自己的工作进展情况,出席各种社交集会,与正面评价你的人结成有力的同盟,当然,不要给人一种不踏实的印象。

4.处理好与上级的关系

自己的未来往往掌握在上级的手中,如本身缺乏足够的实力对上级提出的挑战,那么明智的办法是努力帮助你的上级取得成功,特别是在上级处于被动时应当给予大力配合和支持,不能拆台、挖墙脚。经验表明,为了实现个人的目标,还应该努力找到组织中居于权力核心的某个人作为自己的推荐人,如果上司很有才干并拥有权力基础,那么自己升迁的速度将会很快,自己的才能会得到快速的认可。否则,即使自己工作绩效再明显也不会及时得到认可,这就必须借助推荐人的帮助及时讲行工作轮换,寻找其他发展路径。

5.保持一定的流动性

随着现代管理组织扁平化趋势以及购并、重组的不断发生,工作环境也变得相对动荡不定。显然,如长期陷于那些成长缓慢、不景气或衰退中的组织,自己的职业发展进程可能会得不到更好的促进,进而会扼杀自己的进取心,并失去发展的能力。因此,适时跳出这样的组织,保证一定的工作流动性,可以给人提供更广泛的工作经历和背景,同时激发人的工作积极性,使工作变得更富有挑战意义。

索尼公司的内部招聘制度

有一天晚上,索尼董事长盛田昭夫按照惯例走进职工餐厅与职工一起就餐、聊天。他多年来一直保持着这个习惯,以培养员工的合作意识和与他们的良好关系。这天,盛田昭夫忽然发现一位年轻职工郁郁寡欢,满腹心事,闷头吃饭,谁也不理。于是,盛田昭夫就主动坐在这名员工对面,与他攀谈。几杯酒下肚之后,这个员工终于开口了:“我毕业于东京大学,有一份待遇十分优厚的工作。但是,进入索尼之前,对索尼公司崇拜得发狂。当时,我认为我进入索尼,是我一生的最佳选择。但是,现在才发现,我不是在为索尼工作,而是为课长干活。坦率地说,我这位科长是个无能之辈,更可悲的是,我所有的行动与建议都得科长批准。我自己的一些小发明与改进,科长不仅不支持,不解释,还挖苦我赖蛤蟆想吃天鹅肉,有野心。对我来说,这名课长就是索尼。我十分泄气,心灰意冷。这就是索尼?这就是我的索尼?我居然要放弃了那份优厚的工作来到这种地方!”这番话令盛田昭夫十分震惊,他想,类似的问题在公司内部员工中恐怕不少,管理者应该关心他们的苦恼,了解他们的处境,不能堵塞他们的上进之路,于是产生了改革人事管理制度的想法。之后,索尼公司开始每周出版一次内部小报,刊登公司各部门的“求人广告”,员工可以自由而秘密地前去应聘,他们的上司无权阻止。另外,索尼原则上每隔两年就让员工调换一次工作,特别是对于那些精力旺盛,干劲十足的人才,不是让他们被动地等待工作,而是主动地给他们施展才能的机会。在索尼公司实行内部招聘制度以后,有能力的人才大多能找到自己较中意的岗位,而且人力资源部门可以发现那些“流出”人才的上司所存在的问题。

第十五章　组织变革管理

学习目的

学习本章应了解与掌握：

1.有计划的变革。

2.适于进行有计划的变革基本条件。

3.三种不同的有计划的变革方式。

4.进一步了解与有计划的变革的其他不同方式。

5.常用组织发展变革的方法。

6.区分革新与创造，并且说明企业如何鼓励上述两方面的发展。

惠普公司适应新信息时代的改革

总部设在美国加州的惠普，是一家拥有88 500多名员工，业务遍及全球120多个国家的大型跨国公司，这家以创业者名字联合命名的企业，是由比尔·休利特和戴维·帕卡德两人在1939年创建的。这家在戴维家车库中诞生的名不见经传的小企业，靠着一种"为用户提供切实满足其需要的产品和服务就能使公司发展壮大"的信念迅速地走出了车库，发展成为当今全球瞩目的大型电子公司。迄今，惠普公司在全球范围内生产和销售的产品达到十几大类80多种，这些产品通过公司的540个销售和办事机构销往世界各地。在2000年10月31日截止的2000财政年度，惠普公司从连续经营中获得了总额达488亿美元的营业收入，预期其2001财政年度的营业收入增长幅度为15%~17%，毛利润增幅为27.5%~28.5%。

惠普历史上曾进行过三次具有战略意义的大调整，使公司从一个发展阶段顺利地进入到下一新阶段。目前，广为业界关注的惠普第四次大调整已经基本到位。在2000年11月1日开始新的财政年度，惠普将按照新设计的业务战略和组织架构进行运作。

为配合这次战略大调整，惠普公司董事会在2000年9月22日宣布任命富有改革精神和经验的卡莉·菲奥莉纳接替迪克·哈克博恩担任公司董事会主席。卸任后继续作为惠普公司董事会成员发挥作用的年已六旬的迪克，在1999年下半年当其前任易斯·普莱特宣布要在该年低正式退休时被任命为惠普公司过渡时期的董事会领导人，他在担任董事会主席期间并没有同时兼任公司首席执行官一职，而是将该职位给予了当时正在朗讯技术公司担任一主要业务部总裁的卡莉女士。据报道，在受聘担任惠普公司总裁兼首席执行官和惠普公司董事会成员之前，卡莉领导下的朗讯全球服务提供商业务部是这家公司中一个规模最大且发展速度最快的事业部门,年收入达200亿美元。对卡莉的接任,迪克这样评论说,“此次任命是对卡莉的领导才能和她在过去14个月中指定的公司发展方向的充分肯定”,“我相信在她的领导下,惠普将持续稳定地迅速发展”。

惠普公司董事会在任命卡莉担任董事长同时继续保留其总裁兼首席执行官职位后不久,即批准了新一届领导班子提出的采取大胆步骤变革惠普公司的方案——把各部门全部打散重组,用组织设计的调整来促进业务战略的转变。这次惠普大调整,按照惠普人的说法,并不是因为公司财务上出现了危机,也并非公司技术产品落后于市场潮流,惠普的品牌形象还在用户中有很强的感召力。但惠普为什么要这样做呢?

其实早在1997年,惠普公司有关人员提交了一份市场调研报告,指出浏览器的发明和在因特网(Internet)的大范围使用已经使IT产业发生了重大的革命,也改变了整个行业的竞争规则。“如果说过去客户选择计算机是从技术角度考虑,因此开放式系统很重要,但现在开放式系统已经成为了行业标准,客户选择计算机开始考虑在网络环境中应用功能性问题。”“谈网络环境,我们的竞争对手与以前接触的完全不同。它们都是近十年内才出现的公司,都是些年轻小伙子,而且还不一定做计算机的公司,游戏规则完全变了。你的敌人会从不同的地方冒出来,而且每一个都迅速攻击你最脆弱的地方,非常灵活。客户也不再关心网络环境中的某一项产品,而是关心整个环境中的资源怎么集成”。“浏览器这个全世界最伟大的发明可以通过Internet把所有的信息联结在一起。实际上客户也是一样,客户希望你的公司也联结在一起的,他不希望在买你的打印机、PC机、服务器等不同产品的时候,要跟不同的部门打交道。对于我们销售人员来讲也是如此,一个客户来买打印机,碰到卖服务器的销售人员,客户和员工都很难堪。因为这个员工没有能力回答客户提出的有关打印机方面的问题,假如他好心帮助客户去协调,结果达成的交易又不算他的业绩。”

对于公司在新的信息技术环境中运营存在的问题,细心的惠普领导人刘易斯·普莱特也不是没有察觉。他早已倾听到从四面八方传来的客户意见:“你们进展太慢,而且官僚主义严重”,“你们的产品价格太昂贵”,“你们的信息不准确”,“你们不了解我——而且不在乎我”,“你们不能提供全方位的解决方案”,“你们不是一家互联网公司”,等等,普莱特意识到,客户的批评并不是无中生有,惠普需要与客户走得近些、再近些,尽可能多地为客户服务。在他心中,一场大变革的序曲已经奏响,但他了解自己在惠普工作这么多年,他是那么地爱这个公司,他本人是不忍心为惠普“动刀”的。所以,他做出了提早退休的决定,希望公司能找到一个合适的人帮他完成改革的心愿。卡莉由此来到惠普。而最能支持卡莉当选的理由,就是她在朗讯技术公司任职时也作过同样的事情。普莱特认为:“到惠普来,她能做得更好!”

富有改革经验的卡莉来到惠普后便提出,惠普的当务之急是要转变为互联网时代的领导者,要为公众利益而创新,使客户得到最大的好处。因此,“有必要重新制定全公司的战略”,以便“为客户提供最高质量的产品和服务并给客户带来最大的利益,从而赢得他们对惠普的尊重和衷心”。卡莉提出的惠普公司新战略包括两大方面内容:(1)以电子化服务(E - service)为中心的业务战略;(2)以全面客户体验服务模式(TCE)为核心的组织战略。

认识到新时代下企业经营的新形势、新课题,卡莉来到惠普公司后不久即着手开发基于 Internet 的服务和 E - service。这种服务动态地、在空中与其他服务相互作用,使整个交易链都将在“幕后”被电子化所取代,客户可基于此而更好利用宝贵的时间做更重要的事情。因此,惠普公司将其新世纪中的使命表述为“一家全球领先的计算、成像解决方案与服务的供应商,致力于通过简单的信息终端产品、功能完备的电子化服务永续运行的互联网基础架构来使科学技术与其所带来的利益达及个人和企业”。

关于电子化服务的特色,惠普公司新领导人这样评析说:在过去的五年里,客户关于因特网技术的关注主要集中在提高业务过程效率上,E - commerce 主要是使同用户的交互和事务处理过程效率更高,E - business 着眼于提高后端系统和过程的效率。如今,这些话题已发生了变化。当客户仍旧在谈论业务过程时,他们谈论的是更大、更普遍的过程。他们看到,技术不再是一个支持者,实际上应该是现代商业策略和商业转变背后的推动力量,当今世界正在进入因特网时代中的一个本质上不同的阶段。而无论 E - commerce 还是 E - business 都不能改变企业的基础结构,使企业在 Internet 时代中对变革和机会作出回应。惠普公司相信,E - services 能够做到这一点,那也正是其竭力推行 E - service 战略的驱动力所在。

惠普试图构想出一种更为人性化、个性化、友好的互联网,它能通过从不间断的基础设施将电子服务提供给你能叫得出名字来的各类信息终端产品。惠普的电子化服务战略包括电子化服务、信息终端产品及永不间断的基础设施三个部分,这三个部门的交叉处就是惠普的利润点所在。惠普领导人认识到,惠普公司在 IT 产业的领先地位将取决于是否能够把这三者很好地结合在一起。

惠普组织变革的基本目标就是要让客户感受到惠普公司提供给他们的服务是很完善地集成在一起的,是以客户为中心的。这是一个崭新的商业模式,它的最基本内容是使销售人员兼备服务的功能,使客户买到的不仅是产品,而是一整套的服务流程,中国惠普公司总裁孙振耀在 2000 年 11 月 27 日向中国新闻界公布“历时一年有余的惠普公司大调整终于尘埃落定”时评价说,这个模式一旦最终成功,惠普将当之无愧地成为新经济时代游戏规则的制定者。

惠普这次改革在世界范围引起了很大的轰动。一个重要原因是,它完全打碎了以前的组织架构,试图建立起一个迥异于以往的新惠普。惠普以前是以产品为中心来划分部门,在这样的组织架构中,每一个部门都是功能完整的单位,包括销售、市场、生产、研发、财务等。而新的惠普则是要求以客户为中心来设立组织架构,所以要把以前的部门或产品的概念完全打碎,重新组成新的部门。

以中国惠普公司为例,新的组织架构划分为"前端"和"后端"两部分。"前端"是直接面对客户的部分,人员主要来自原来各事业部的销售和市场部门。根据以客户为中心的原则,这一端分为两大部门:消费产品业务部(CBO)和商务客户业务部(BCO),前者主要面向为数众多的小用户提供通信、家庭娱乐和电脑周边产品相融合的一揽子解决方案,后者根据其客户规模又分设了全球性客户、大型企业和中小型企业等部门。"后端"则是主管产品生产和研发的部分,人员主要来自原来各事业部的生产和研发部门。这里仍旧沿用以产品为中心的部门设置原则,设有三个主要部门,即与计算资源和计算设备相关的计算系统部、与图像处理和打印相关的打印系统部,以及与信息终端有关的消费类电子产品部。原来惠普公司的销售人员每人只负责一至几个相关产品的销售,其他产品与己无关。改变结构以后,每一位销售人员都不再按产品划分,而是按客户来划分。只要是该销售人员负责的客户,无论其需要何种产品,此人都须尽心尽力地满足。而不同产品之间在技术支持等方面的协调工作则由此销售人员全权负责。相应地,"后端"部门除要开发出符合客户需求的产品以外,一个很重要的职责就是为"前端"销售人员提供各种支持。这一架构确保了电子化服务、信息终端产品和从不间断的基础设施三部分的交叉利润的实现,也为全面客户体验服务模式的最终成功建立提供了保证。

作为一个肌体健全的大公司,惠普公司内部还有很多为销售人员和客户服务的部门,如产品专家、发运、咨询以及包括渠道和财务管理在内的支持单位等等。因为一个销售人员面对惠普公司的80多种产品,他不可能样样精通。这就需要向他的强大后盾——产品专家等支持人员请教。在以此组成的一个完整的单位中产生出在这个国家(地区)的总经理,由此人来协调各部门之间的关系,完成合作。孙振耀说:"新的部门成立以后,很多老总都有点伤脑筋,80多种产品都要了解,可真有点难为他们。但对客户来说,简单多了。"

与各国子公司内部组织结构改革的逻辑基本相同,惠普对整个集团的组织结构进行了重大改革。改革以前,惠普某国子公司中的A事业部老总被要求要向地区A事业部老总汇报工作,而地区A事业部老总在总部的老板则是全球A事业部老总,这样依大部门垂直指挥,形成一条龙的阵势。而现在,全球、地区和国家的组织结构完全相同。譬如,张景华是中国惠普公司新组建的消费产品业务部(CBO)总经理。作为一名"前端"部门的负责人,他需要领导起手下的销售人员全方位地满足数量巨大的小用户的不同要求,并协调好销售与市场扩展、财务、研发、支持等各个层面的工作。对本部门的经营业绩,他直接向中国惠普公司老总负责。而像孙振耀这样的国家子公司老总则直接对所在地区的老总负责,受其考核和领导。但在业务上,各职能部门人员又与上至地区和全球的同类人员有垂直对应的关系。比如,中国的 unix 产品专家遇到问题,有亚太地区的 unix 产品专家帮助他,还有全球的 unix 产品专家帮助他。从职能工作的开展来说,他们是合作关系,但是每一个人的绩效考核与评估与上面两个人没有关联。孙振耀把这种关系叫做"父母亲结构",即每个人在每个地区都有一个爸爸和一个妈妈,妈妈给你发工资,爸爸给你技术支持。

近一个世纪以来,组织经常面临着内外部环境的变化或者变革。社会环境变化迅速,变化使管理者的工作发生了很大改变。各类组织活动也越来越复杂。变革从根本上改变了世界上所有的组织,要不是因为变革,管理者的工作会相对容易得多。计划将会变得毫无问题,因为明天与今天没有什么两样。组织设计的问题也可以得到解决,因为环境不存在不确定性,所以就不存在适应的需要,这样所有的组织都可以采取严密的结构设计。类似地,决策制定也会大大地简化,因为每一方案的结果都几乎可以绝对准确地加以预见。确实,如果竞争者不推出新的产品或服务,顾客不产生新的需要,政府不对法规进行修改,或者员工的需求不会发生变化,如果没有变化发生,管理过程中各方面的决策制定都会得到大大简化,因为每一个方案的结果都几乎可以准确地加以预见。不变越来越成为一种虚幻,只有变化才是组织的现实。虽然变革总是管理者工作的一个组成部分,近年来已经变得愈益频繁。面对变革,有的组织将抓住新的机遇、获得发展,有的组织将被淘汰。为了适应外部环境变化和内部组织的要求,所有的组织都迫切需要一套新的相应的变革法则,以促进组织的可持续发展。

第一节　组织变革的动因

一、组织外部力量

组织是从属于社会大环境系统的一个子系统,它无力控制外部环境,而只能主动适应外部环境。适者生存是市场竞争的自然法则。外部环境变了,整个组织就要进行相应的变化。只有以变应变才会获得新的发展机遇。导致组织变革的外部环境变化的因素主要有:

(1) 市场。市场变化步伐的加快是当今市场的一大主要特征。其典型表现是,顾客的需求越来越变幻莫测,新产品不断推陈出新,产品寿命周期也不断缩短。市场变化的方式、速度已远远超出厂商的想象和控制范围。

(2) 竞争。同业的生产者、潜在进入者、替代品生产商以及具有强讨价还价能力的供应商和顾客,都是企业经营和盈利的竞争者。他们之间的竞争已不再是单纯的产品竞争,更是服务的竞争。竞争的手段已经从成本、价格越来越转移到质量、品种、反应速度及其与成本因素的混合。甚至竞争的主体已经由单个企业转变为整条商品供应链的联合体。核心竞争力的培植和发挥日益成为新时期企业竞争战略研究的新内容。

(3) 全球化。随着交通和通信的迅速发展,以及全球反对贸易保护、提倡自由贸易浪潮的掀起,企业的经营和竞争已经走向了国际化、全球化。中国的企业不仅要注意开拓国际市场并研究如何抗衡国外强劲对手的竞争,同时随着我国加入世界贸易组织(WTO)进程的加速,在国内市场上,中国的企业也面临着越来越广泛和激烈的竞争。

(4) 信息社会的变化。电子计算机的普及和现代信息与通信技术的发展,使人们的生活以及企业的经营和管理推进到一个崭新的时代。十几年前还只是空幻的东西,现在已迅速地、令人吃惊地展现在了人们眼前。全球互联网络和电子商务等的应用、全球村的即将到来,这些在给企业的经营和管理带来新机会的同时,也形成了许多待解决的课题。

二、组织内部条件的变化

影响组织变革的内部因素主要包括:

(1) 管理技术条件的改变,如技术的进步和新设备的引进是引发变化的一种内部力量;

(2) 管理人员的调整与管理水平的提高;尤其是随着员工受教育程度和职业流动意向的提高,他们对工作的自主性和能力发展的需要会增强;

(3) 组织运行政策与目标的改变,如企业战略的重新制定或修订;

(4) 组织规模的扩张与业务的迅速发展;

(5) 组织内部运行机制的优化及企业之间的合并重组;

(6) 组织成员对工作的期望与个人价值观念的变化等。

以上这一切都会影响到组织目标、结构及权力系统等的调整和修正,从而引起组织的变革,而且有些变革是全面而深刻的。比如,当汽车制造厂产品单一且规模较小时,它往往实行的是集权型的直线职能制的组织结构;当产品品种增多,市场变化加快,且生产批量急剧扩大时,直线职能制显然就不适应了,这时必须建立分权型的事业部制,就是结构上的一种质的改变。

三、推动变革的重要因素

组织成员的期望与实际情况的差异是推动变革的重要因素。

管理学家霍尔顿(R.E.Walton)认为,组织成员的期望与组织的实际情况之间

至少存在6点差异:

(1) 成员希望得到富有挑战性并能促进个人成长的工作,但组织仍然倾向于工作简化以及专业化,因而限制了成员的成长与发展;

(2) 成员逐渐倾向于能够相互影响的管理模式,他们希望公平、平等地相待,但组织仍然以等级层次、地位差别和指挥链为其特性;

(3) 成员对组织的承诺,逐渐表现为工作本身能产生的内在利益、人性的尊严和对组织的责任,而实际上组织仍在强调着物质的报酬、成员的安全,忽略了成员的其他需要;

(4) 成员希望从组织的职位中获得的是目前即刻的满足,但组织当前所设计的职位阶层及职位升迁系统,仍然是假设成员同以前一样,期望获得事后的满足;

(5) 成员更关注组织生活的感情面,比如,个人的自尊、人际间的坦诚与温情的表现,然而组织仍强调理性,不注重组织的情绪方面;

(6) 成员正逐渐缺少竞争的动力,但经理人员却仍然以成员过去所习惯的高度竞争的方法,来设计职位、组织工作以及制定报酬制度等。

第二节　组织变革的过程与方式

一、管理者在变革中的作用

管理者应作为变革推动者。组织内的变革需要一种催化剂。我们把作为催化剂起作用,并承担变革过程管理责任的人,称作变革推动者。任何管理者都可能成为变革推动者。我们假定变革是由组织内的管理者发起并得到实施的。但变革推动者也可以是非管理者,比如,内部的职能专家或者外部的咨询人员,他们的技能都可能被用于变革执行过程。特别是系统范围的大变革,内部管理当局经常会聘请外面的咨询人员提供建议和协助。由于这些人来自于外部,他们将提供内部人通常缺乏的一种客观的认识。不过,外部咨询人员也常有一个缺陷,即对组织的历史、文化、作业程序和人事等缺乏足够的了解。外部咨询人员还经常倾向于主张比内部人更剧烈的变革(这可能是利,也可能是弊)因为他们在变革推行后不必生活在各种反应中。相反,内部管理者作为变革推动者时可能更深思熟虑(也可能更小心谨慎),因为他们必须与其行动的结果终日为伴。作为变革推动者的管理者,应当有动力去发动变革,以使组织的效果得到改进。然而,变革可能对管理者构成一种威胁。变革当然也会对非管理者形成威胁。这样,组织就会产生惯性,促使其反对改革现状,尽管这一改革可能是有益的。我们这一部分就要考察组织中的人们:为什么反对变革,以及组织可以采取哪些措施减弱这种阻碍力量。

二、变革型管理的特点

处于变化时代中的管理者,应该是革命性变革的推动者。他必须能够率领所领导的组织抛弃事情一贯是怎么做的传统做法,而以自己的领袖魅力发动一场激进的、根本的变革。变革型管理者是勇于突破现状的企业家式的、创业型的管理者,与致力于维持现状的守业式的事务型管理者形成了鲜明的对照。

从国际上看,面对20世纪80年代后期开始出现的日益严峻的环境变化的挑战,许多企业的管理者表现出了对变革管理的无能或不重视。结果,便出现了事务型管理强而变革型管理弱的种种问题,①强调短期框架,注重细枝末节,侧重回避风险,拘于理性,而很少注重到长期性、全局性和敢冒风险的战略以及人的价值观念的重塑。②重视专业化分工,强调人尽其职,遵循规则,而忽略综合性、工作中的合作配合和全身心投入。③强调对人的行为的抑制、控制及预见性,而忽略人的能力的扩展以及授权和激励。以上行为的结果就导致了组织僵化,无革新性,无法应对其市场需求和竞争、技术环境的变化。这样的组织,如果处于强有利的市场地位,其绩效表现会随着时间的推移而不断恶化,如果未处于有利的市场地位,则直接面临存亡的威胁。

当然,片面强调变革型管理而忽略了事务型管理,也可能导致另一类问题:①强调长期远景,而忽略短期计划和预算;②极为重视组织文化的作用,不注重专业化、结构体系和规章制度;③鼓动那些不愿利用控制系统也不遵循解决问题法则的员工,以非正式联系的方式集结在一起。以上做法的结果最终会导致企业处于一种失控的状态,使顾客要求的货品无法按时交付,预算的目标无法达到,各种承诺都无法兑现,从而使企业沦入一种难以为继、昙花一现的命运。

为确保企业在日益复杂多变的环境中求得长期的生存和发展,企业的管理者必须既具有变革型管理又具有事务型管理的能力。尽管这两种能力很难在一个人身上得到同时体现,但对于组建有能力互补、结构合理的管理班子的整个企业来说,这两种管理能力的结合是完全可以达到,而且也是实属必要的。

变革型管理与事务型管理有可能同时存在于一个企业中。但管理者应该看到,它们两者无论是在管理的基本使命上,还是在管理过程开展的具体职能上,都有着非常显著的差别。从使命方面说,变革型管理是为了带来有用的变革,使企业能以新的方式做以前没有做过的事情;事务型管理则是为了维持秩序,使企业系统能高效、稳定地运行下去。由于基本使命不同,其管理工作的过程在职能方面的表现也不尽一样

总而言之,事务型管理与变革型管理是两类不同的但又需要得到结合的管理。在充满活力的创业型企业或小型企业中,其强有力的变革型管理如果能进一步与必要的事务型管理相配合,那么,就能创造出更为有序的变革进程,使混乱的局面得到控制;而具有较强的事务型管理能力的行为刻板僵化、缺乏活力的大型企业,如果能启动变革型管理的力量,则它可望在有秩序的运行中产生满意的变革。变

革型管理与事务型管理两方面都不具备或者都很弱的企业，犹如一艘无舵之船再加上船体有一个大洞。仅有强有力的变革型管理而事务型管理微弱的企业，尤如一个好舵手在艰难地引导一艘随时都有粉身碎骨危险的船只前行。而仅具备强有力的事务型管理而缺乏变革型管理能力的企业，就如拥有坚实的船体但无舵手的船只，其境况也不会好过前者。小企业在“成长的危机”中学习如何强化应有的秩序，而面临“发展中的危机”的大企业则在思索着如何激发变革和革新。这些都在显示着变革型管理与事务型管理相结合的趋势。

三、两种类型的管理变革

我们可以使用两个极为不同的比喻来说明变革过程。

1.“风平浪静”观

这是一种静态环境中的间断变革。这时的组织就像一艘在“风平浪静”的海洋中航行的船只，船长和船员们都清楚地知道他们正开往何处，且因为他们或前人已作过多次这样的航行，积累有丰富的经验和知识来确保航行顺利地到达目的地。只是偶尔遇到风暴时才会有变化出现，其他平静、可预见的航程中尽可按常规方式来航行。在这种情况下，变化只是偶然的干扰事件，或者说是对组织平衡状态的一种暂时的打破，只要对一时出现的变化能够得当应对，组织将很快恢复到平衡状态。因此，在这种组织的管理工作中，追求稳定性和效率性是管理的主流方向，事务型管理模式起着主导的作用。

2.“急流险滩”观

把组织看作是在不断出现险滩的湍急河流中航行的小木筏，筏上有半打的船工，但他们以前从未在一起出过航，也完全不熟悉河流的构造，不了解最终的目的地，甚至情况可能更坏，他们得在漆黑的夜晚航行。在这种急流险滩比喻下，变化就是一种自然的状态。对变革的管理因此是一个持续的过程。“急流险滩”的比喻更适合不确定与动态的环境。它认为管理者的工作是一种不断经受打扰的过程。它也与从工业化社会转变为由信息和思想支配的新时代的动态环境相适应。是动态环境中的持续变革。从20世纪80年代后期、90年代初期开始，企业的经营环境愈来愈显示出动态多变的特征，相对不变或渐进变化的环境条件已经在越来越多的行业或企业中消失了，变化成为了一种自然、持续的过程。在这种“急流险滩”情形下，变化就是一种自然的状态，对变革的管理因此是一个持续的过程。换句话说，动态多变的环境向管理者提出了变革管理的任务和要求。

3.对上述两种观点的认识

是否每一个管理者都面临一种不断无序变化的环境？不是的。但不处于这一环境中的管理者的数量正在急剧地减少。现实中，绝对稳定的环境和绝对动态的环境并不多见，更经常出现的是介于这两个极端之间的某种混合状态。在稳定和变化两种状态交混的情况下，管理者需要对何时及如何实施变革做出决策。决策的主要内容包括：①要不要变，即分析其所领导的组织需要变革的原因和必要性；②变成什么样子，即确定组织变革的方向和目标；③变什么，即确定变革的主要内容有哪些，是侧重于任务。技术的变革，还是结构、人员的变革，或是组织文化的变革，甚或是涵盖内容广泛的全面的变革；④如何变，即确定变革发动的时机、所采用的变革方式和变革过程中减少阻力或增强动力的措施等像妇女时装行业。计算机软件行业中的管理者，长期面临着一种“急流险滩”，的经营环境。他们曾不无忌妒地看着另一部分的管理者，如汽车制造、石油勘探、银行、出版、电信和航空等行业的管理者，长久地处于一种稳定、可预见的环境中。

现今很少有组织可以将变革看作是偶然的干扰事件，就像是在另一平和的环境中那样。即便是少数，它们这样做也面临极大的风险。组织有太多的事物在快速变化之中，没有这种认识的管理者只不过是在自欺欺人，其竞争的优势不会持续一年半载。正如管理大师汤姆·彼得斯贴切地形容的，“不破，不修”的传统说法已不再适用了。取而代之的是如彼得斯指出“不破，只是因为你没有做细心的观察。修理它吧，不管用什么方法。”

四、有效变革的过程

大多数变革的失败有两种原因。首先，人们不愿意(或不能够)改变长期形成的观点和行为。让一位经理必须学习一种新的分析方法，他可能会接受这个建议，但如果告诉他对待别人不要那么简单粗暴时，他很有可能感到气愤并且拒绝转变。一个组织如何实施组织变革呢？一般认为，组织变革须经过以下8个步骤。

(1) 确定变革的问题。一个组织是否需要进行变革以及所要变革的内容，必须结合组织的实际情况来予以考虑。如果组织需要变革，在日常的管理实践中和反馈的信息中就会显露出不适应的征兆。主要表现在：

① 组织决策效率低或经常做出错误的决策；

② 组织内部沟通渠道阻塞，信息传递不灵或失真；

③ 组织机能失效，如生产任务不能按时完成，产品质量下降，成本过高，财务状况日益恶化，职能部门严重失调，组织成员的积极性不能充分发挥出来等；

④ 组织缺乏创新。

这些现象表明，组织的现状已不尽人意，如不进行及时地变革，组织的发展受到严重的影响。因此，组织有必要对出现的问题进行认真的分析，找出引发问题的主要原因，以确定变革的方向。

(2) 组织诊断。为了准确地掌握组织需要进行变革的事实和程度，就有必要对组织进行诊断，为保证诊断的质量，可吸收一部分专家参加。诊断可分两步进行：首先，采取行之有效的方式将组织现状调查清楚；其次，对所掌握的材料进行科学的分析,找出期望与现状的差距,进一步确定需要解决的问题和所要达到的目标。

(3) 提出方案。变革方案必须要有几个,以便进行选择。在方案中必须明确问题的性质和特点,解决问题需要的条件,变革的途径,方案实施后可能造成的后果等内容。

(4) 选择方案。这项工作也就是在提出的方案中选出一个较优的方案,对选出的方案,既要考虑到它的可行性、针对性,也要考虑到方案实施后能带来的综合效益。

(5) 制定计划。在选定方案的基础上,必须制定出一个较为具体、全面实施的计划,包括时间的安排、人员的培训、人员的调动、财力和物力的筹备等内容。

(6) 实施计划。组织变革是一个过程。心理学家库尔特·勒温从变革的一般特征出发,总结出组织变革过程的三个基本阶段,得到广泛地承认。

这种模式能够适用于任何个人、小组和整个企业。该模式包括"解冻"现存的行为模式,"改变"或提出新的行为模式,然后"重新冻结"或加强这种新的模式。

第一阶段:"解冻"。使变革的需要更为明显,以使个体、群体或组织能够看到并接受必须进行的变革。解冻需要在企业里广泛宣传变革的必要性,让个人、团体或组织能够真正感到变革的必要并且接受变革。

第二阶段:"变革"。受过培训的组织变革促进者领导个体、群体或整个组织,发现并采用新的态度、价值观和行为的过程。在此过程中,组织成员要认同变革促进者的价值观、态度和行为,并将其内在化;一旦他们接受了变革促进者的价值观、态度和行为,组织的绩效就会得到改善。变革需要是发现并提出新的观点、理念或采用新的行为。一位经过培训的变革代言人负责在变革过程中始终指导着个人团体或企业。在此期间,该工作人员要使新的观点、理念或行为在员工中得到认同和接受,而这些新的观点、理念或方式只有看到预期效果时,才能真正得到认同和接受。

变革代言人是在组织环境中,领导和指导组织变革过程的个人。

第三阶段:"重新冻结"。通过强化和支持机制,将一种新的行为模式纳入标准。重新冻结需要通过加强和支持等手段,使新的行为方式锁定成为新的模式和规范。

成功的变革要求对现状予以解冻,然后变革到一种新的状态,并对新的变革予以再冻结,使之保持长久。现状可以看作是一种平衡状态。要打破这一平衡状态,解冻就是必要的。这可通过如下三种方式中的某一种来取得。

① 增强驱动力,使行为脱离现有状态。

② 减弱制约力,即妨碍脱离现有平衡状态的力量。

③ 混合使用以上两种方法。

解冻一旦完成，就可以推行本身的变革。但仅仅引入变革并不能确保它持久。新的状态需要加以再冻结，这样才能使之保持一段相当长的时间。除非增加这最后一个步骤，否则，变革就很可能是短命的，员工又会返回到原有的平衡状态中。因此，再结冻的目的就是通过平衡驱动力和制约力两种力量，使新的状态稳定下来。

值得注意的是，上述三步骤是将变革看作是对组织平衡状态的一种打破。现状被破坏以后，就需要经过变革而建立起一种新的平衡状态。这种观点对于 20 世纪 50 年代、60 年代和 70 年代初期面临相对平稳环境的大多数组织来说，可能是适合的。但这种"风平浪静"观就当前管理者所面临的经营环境而言，已日益成为一种过时的描述方式。

(7) 评价效果。评价效果就是检查计划实施后是否达到了变革的目的，是否解决了组织中存在的问题，是否提高了组织的效能。

(8) 反馈。反馈是组织变革过程中关键的一环，也是一项经常性的工作。反馈的信息揭示的问题较为严重时，需根据上述步骤，再次循环，直到取得满意的结果为止。

勒温最早开始关于变革过程的研究，从本世纪 40 年代起，他就在美国开始了组织变革与组织发展的研究。这个模型后来成为人们探讨变革过程的基础。在此基础上，美国行为学家戴尔顿总结了变革过程的 4 个阶段模型：

(1) 制定目标。包括变革的总目标和具体目标，特别是具体目标。

(2) 改变人际关系。逐渐消除适应旧状况的陈旧的人际关系，建立新的人际关系模式。不破除旧的人际关系，变革就无法进行。

(3) 树立职工的自我发展意识。如果职工的自我发展意识得以确立，他们就愿意参与到组织变革之中，如果组织中的每项变革都征求他们的意见，变革就成为全体组织成员共同努力的事情，变革就具备了广泛的支持基础。

(4) 变革动机内在化。即将变革措施转化为员工自觉的行动，转变职工的思想和自觉信念。

不论变革过程是分为 3 个阶段还是 4 个阶段，都不是一个简单的变化过程。变革是充满矛盾、冲突的过程。

第三节 组织变革的阻力与降低阻力的策略

一、组织变革的阻力

组织变革意味着原有状态的改变，意味着破旧立新。面对改革，组织中的一些人必须放弃自己原有的观念、行为方式，适应新的方式。因此，组织变革不可能一帆风顺，势必遇到来自各个方面的阻力。充分认识和了解这些阻力，并设法排除阻力是组织成功变革的基本条件。

组织成员出于各种个人原因，可能抵制或反对变革。个人的能力、态度、性格和期望都会导致他们反对变革。

反对变革的第一个原因是不确定性。变革使已知的东西变成模糊不清和不确定的。组织中的员工也对不确定性有一种厌恶感。例如，在制造厂中引入采用复杂的统计模型的质量控制方法，往往意味着许多质量控制检验员需要学习新的方法。有些检验员可能担心自己学不去，由此对统计控制方法产生敌意的态度，并在要求他们采用这一方法时表现出无效的行为。

不确定性是一种心理方面的阻力。人们一般有一种安于现状的特性。一旦人们熟悉了某种工作方式和人际关系后，就倾向于保持它，任何改变都会使他们感到是对原有安全的威胁，因而丧失原有的心理平衡。如果变革带来了新的领导人和新的同事，人们对这些新人开始总是带着疑虑、不信任的态度，本能的有一种排斥的倾向。对于大多数人来说，由于各种原因，他们仅仅考虑眼前的短期的事情，对于长远的变化没有兴趣。因此，当变革不能给他们马上带来好处时，他们就会反对变革。而在现实生活中，许多变革确实是能带来长期利益的。

反对变革的第二个原因是担心失去既得利益。不论组织在什么状态下运作，它之所以能继续运作下去，原因之一是有些人在组织中满足了自身的利益。因此，他们希望组织依照原样运行下去。组织发生变革时，由于各种关系和地位的调整，这些人的利益可能无法继续得到保障，或者是，当组织变革触动了某些人的原有利益时，他们就有可能成为变革的反对者。变革会威胁到人们为取得现状所做的投资。人们对现有体制投入得越多，他们反对变革的阻力就越大。为什么？因为他们担心失去现有的地位、收入。权势、友谊、个人便利或其他看重的福利。这点说明为什么老年员工比年轻员工更加反对变革。年老的员工一般说来对现有系统的投资更多，因而调整到变革状态后失去的也更多。

在组织中工作的目的是谋生，至少是人们在组织内工作的基本目标之一。收入基本上取决于人们在组织中的地位和工作。而大多数组织变革，都会或多或少地改变组织的某些结构和某些工作方式。因此，被涉及的人会感觉到自己在经济上可能要受到损失；因而反对组织变革。

阻力的第三个原因是，有人认为变革并不符合组织的目标和最佳利益。要是一个员工相信变革推动者所提倡的新操作程序将造成生产率或产品质量下降，那他就极有可能反对这项变革。如果这个员工能正面地表达他或她的反对意见（清楚地告知变革推动者，并提出证据），则这种形式的阻力就可能对组织有益。

如果组织变革涉及到工作的性质的技术方面,例如调整工作内容,使用新机器或技术,也会遭到员工的抵制。因为某个职工在熟悉了某项工作后,当组织要求他转到另一工作岗位或使用新方法时,他的工作技术知识可能不太适应,或者他们要重新进行培训才能胜任新的工作岗位。因此,他们宁愿不变革,也不愿适应新的工作。这与人们喜欢安于现状的心理是一致的。

由于各种社会关系方面的原因,有的员工也会反对组织变革。人们在工作中会形成多样的非正式人际关系,这些非正式人际关系对于满足员工的需要有很大作用。当组织进行变革时,特别是当进行结构和人员调整时,这些非正式人际关系会遭到破坏,在长期工作中培养起来的友谊、相互谅解和协调关系将不复存在,因此,人们可能抵制变革。

组织中的小群体或非正式群体,由于长期频繁的交往,会形成独特的非正式规范,如果小组成员不遵守这些准则规范,就会遭到其他成员的排斥打击甚至驱逐。小群体的凝聚力越强,对成员的影响就越大。因此,有些组织成员抵制变革,正是因为他所在的小群体抵制变革。

科层结构本身就带有固定、普遍化的特点,它一般不考虑偶然的、特殊的情况,也不会因人因时而任意改变。因此,当组织进行变革时,往往首先就与现行体制发生冲突。

二、降低变革阻力的策略

管理当局确定了有害的变革阻力以后,可以采取哪些措施予以克服呢?我们提出六种策略,供管理者或其他变革推动者处理变革阻力时参考使用。

1.教育与沟通

向员工个人、小组甚至整个企业说明变革的必要性和合理性。通过与员工们进行沟通,帮助他们了解变革的理由,会使阻力得到降低。这一策略假定,阻力的根源在于信息失真,或者是由不良的沟通造成的。如果员工们了解到全部的事实,澄清了他们的错误认识,那么其阻力就会自然减退。而这可以通过个别会谈、备忘录、小组讨论或报告会等取得。这种策略能否见效?要是阻力的根源确实在于不良的沟通,且劳资双方呈现一种相互信任、相互信赖的关系,那么它会有效果的。但假如这些条件不存在,它就不可能成功。另外,这一策略所需投入的时间和精力也应当相对其优点做出权衡,特别是当变革触动到许多员工时。适用于企业内部缺乏对变革的了解或正确理解分析。有利之处是人们一旦被说服,就会推动变革向前发展。不利之处是涉及人很多的话就会很费时间。

教育与沟通的目的是保持公开性,增加透明度。对于组织目前所处的运行环境、所面临的困难与机遇等,要坦诚公布,使组织上下达成共识,增强变革的紧迫感,扩大对变革的支持力量,使组织变革建立起广泛而牢固的群众基础,这是保证组织变革得以顺利进行的首要条件。通过自上而下的培训教育,使大家学习新知识,接受新观念,掌握新技术,学会用新的观点和方法来看待和处理新形势下的各种新问题,从而增强对组织变革的适应力和心理承受能力,增进他们对组织变革的理性认识,使他们自觉地成为改革的主力军。要使人们深深地认识到,虽然每种变革都会影响到某些人的特权、地位或职权,但如果不实施变革,停滞下来,那将会威胁到整个组织的生存和发展。相互尊敬,增进信任。几乎每个人都急切地希望生活环境中发生某种类型的变革。只要我们对变革的力量合理地加以因势利导,及时相互沟通与尊重,变革的阻力就会减小。

2.参与和融合

让企业内部员工参与变革设计。一个人要是参与了变革的决策,他就不容易形成阻力。因此,在变革决定之前,需要将持反对意见的人吸收到决策过程中来。假如参与者能以其专长为决策做出有益的贡献,那么,他们的参与就能在降低阻力、取得支持的同时提高变革决策的质量。不过,这一策略也有缺陷,即可能带来次等的决策,并耗费许多时间。当变革发起者缺乏对变革的全面了解,来自其他人的阻力很强大时采用这一策略。有利之处是人们会积极参与变革,并且把自己的所知融入变革计划中。

3.促进与支持

为受变革影响的员工提供再培训、休假、感情支持和理解。变革推动者可以通过提供一系列支持性措施减少阻力。如果员工对变革的恐惧和忧虑很强,那么,提供员工心理咨询和治疗、新技能培训以及短期的付薪休假等可能有助于促进他们的调整。这一策略与其他策略一样,也是有缺陷的。其中之一是消耗时间。另外,它的推动花费较大,且没有成功的把握。适用于人们由于不适应而阻挠变革的情况。注意策略,相机而动。变革要选好时机,把握好分寸,循序渐进,配套进行。变革是革命,但不等于蛮干,要特别注意策略和艺术,成功的变革不仅可以增进组织的效率,维持组织的成长,同时也可以提高成员的工作士气,满足成员的合理欲望。

4.商谈和协议

与有可能反对变革的人商谈,甚至可以提出条件赢得理解。变革推动者处理变革潜在阻力的另一方式是,以某种有价值的东西来换取阻力减低。比如,如果阻力集中在少数有影响力的个人中,可以通过谈判形成某一奖酬方案使这些人的需要得到满足。谈判作为一种策略,尤其在阻力来自于某权力源时更为适用。但其潜在的高成本是不可低估的。这种策略还有一个危险,即一旦变革推动者为克服阻力而做出让步,他或她也就可能面临其他有权势者的勒索。

5.操纵与合作

在变革设计和执行中赋予关键人物重要职位。可以进行操纵。操纵是将努力转换到施加影响上。如有意扭曲事实而使变革显得更有吸引力，隐瞒具有破坏性的消息，制造不真实的谣言使员工接受变革等，这些都是操纵的实例。一个公司的管理当局可能威胁说，员工们要是不接受全面的工资削减方案，它就要关闭这家工厂。尽管实际上并无关闭工厂的打算，但这样说就是使用了操纵。合作是介于操纵和参与之间的一种形式。它通过“收买”反对派的领袖人物参与变革决策来降低阻力。所以征求这些领袖人物的意见，并不是为了达成更好的决策，而是为了取得他们的允诺。操纵和合作这两种方法的使用成本相对不高，也便于力争得到反对派的支持，但其欺骗或利用的意图若被察觉，容易适得其反。一旦诡计被揭穿，变革推动者的威信也就可能一落千丈。如果其他手段不起作用或代价太大的话，可以采用这一策略。这有可能是一种对付阻力的便捷方法。

6.直接和间接的强制

用解雇、调换工作和不给晋职等手段相威胁。这是克服变革阻力的最后一种策略。强制，即直接对抵制者使用威胁力和控制力。如一个公司管理当局真正下定决心，要是员工们不同意削减工资就关闭这家工厂。这时就是使用了强制策略。强制的其他例子包括调换工作、不予升职、负面绩效评估及不友善的推荐信等。强制的优点类似于操纵和合作。但这一方法的主要缺点是，强制通常是不合法的，即使是合法的强制也容易被看成是一种暴力，从而有损变革推动者的威信。当变革进展是关键并且变革发起人拥有相当的权利，能够迅速有效消除任何阻力。如果引起人们对变革领导的不满，会带来很大的风险。

美国管理学家威尔顿认为，一个组织如果能采用下列 12 种方式，则可减少变革的阻力：

(1) 如能让有关人员参与变革的计划，使其认为此变革的方案是他们自己提出来的，则可减少阻力；

(2) 如果变革方案能得到高层管理者的全力支持，则阻力将减少；

(3) 如能使参与变革者认为此种变革将减少而不是增加他们的负担，则阻力将减少；

(4) 如果变革计划所依据的价值观念和理性准则为参与变革者所熟悉和理解，则阻力将减少；

(5) 如果变革计划所提供的新经验为变革的参与者感兴趣时，则阻力将减少；

(6) 如果变革计划能使参与变革者感觉到他们的自主权与安全没有受到威胁时，则阻力将减少；

(7) 如果参与者能参与共同的诊断，以使他们同意变革的基本问题，并感觉其重要性时，则阻力将减少；

(8) 如果参与者能一对一地决定变革的计划，则阻力将减少；

(9) 如果能使变革的赞成者与反对者增进交流，了解反对的正当理由，并设法减轻其不必要的恐惧时，则阻力将减少；

(10) 如果能认识到创新可能被误解，同时做好变革计划的信息反馈与宣传解释工作，则阻力将减少；

(11) 如果能使参与者之间彼此相互接受、相互信任和相互支持，则阻力将减少；

(12) 如果能够公开地讨论变革计划，且经验显示，此种变革有望成功进行，则阻力将减少。

由此不难看出，威尔顿所强调的减少变革阻力的方法是让有关人员共同参与变革的计划执行。有关专家的实践表明，全面参与或部分参与远比不让成员参与好。变革自始至终要有群众基础，因此，要减少变革的阻力，就应该与有关的人员公开讨论变革的内容与执行的方式，以减少他们内心的恐惧与不安，以利变革的顺利推进与实施。

三、组织变革的方式

组织变革可采用改良式变革、革命式变革的方式，也可以采用计划式变革的方式。运用什么样的方式进行变革，这取决于每个组织的具体特点。现介绍几种最主要的变革方式。

1.影响组织变革的四因素

管理学家李威特认为，组织变革必须要认清变革的对象。在组织的运作过程中，有四个因素是最重要的：任务、结构、技术、人员。这四个因素相互依赖，一个因素的变革势必会影响到其他三个因素。因此，进行组织变革必须充分考虑它们之间的相关性，利用这种相关性进行变革，针对不同的因素，采取不同的方式。例如，如要进行任务变革，应采取工作设计等方式；结构变革主要是调整结构，建立新的规章制度，增减机构，重新授权。技术变革应引进新的技术，或改变工艺流程，推广新的操作方法；人员变革则主要指态度协调、动机和行为的变化，应通过新的绩效评估设计等方式进行。

2.权力分配方式

权力分配方式强调如何进行组织变革。这种方式认为，依赖强制性权力，能够进行成功的变革，这种方式的代表人物是格雷纳。格雷纳认为，在组织变革中运用权力，可分为 3 种类型：

(1) 单方面权力。即组织变革是由掌握最高权力的组织领导人提出要解决的问题和办法，然后通过正式渠道自上而下进行贯彻。例如，可以采用命令的方式，直接贯彻变革的措施和规定完成的时间，以及违反命令的处罚。

(2) 权力分享。仍然以权力的权威性、强制性为基础，注重职位和权力运用；

但在一定条件下,可与下级适当分享权力。例如,如果下级能干且值得信任,就可以和他分享权力来推动变革。这种方式可有两种具体形式:一是上级制定出若干变革方案,这些方案已决定了要解决的问题和方法,然后交给下级和职工,让大家共同参与,从中选出一个方案。这种形式的意义在于:会在实施过程中得到职工的积极参与,从而会得到员工赞同的变革方案。二是由员工讨论变革要解决的问题和方法,然后由领导做出最终决定。

(3) 权力授予。将变革的权力授予下级,由下级决定变革。这种方式也有两种具体形式:一是上下级共同讨论,鼓励员工发表意见,分析问题,提出变革方案,并采用他们提出的适当方案。二是改善人际关系,提高人们工作的自觉性,以期改进工作效果,实现组织目标。

格雷纳认为,在3种权力分配方式中,权力授予是较优的变革方式,因为它体现了权力实施和工作自主之间的平衡。

3.态度、行为改造

这种方式的倡导者以勒温为代表。他强调组织变革最终要以员工态度和行为的改变为基础,只有员工的态度和行为发生改变,员工才会支持和积极参与变革。

四、组织变革的方法

管理者能对什么进行变革? 其内容有如下三种:结构、技术、人员。结构变革包括改变组织的复杂性、正规化、集权化程度,职务再设计及其他结构因素。技术变革包括工作过程、所使用方法和设备的改变等。人员变革则是指员工工作态度、期望、认知和行为的改变。

1.结构变革

结构变革包括改变组织的复杂性、正规化、集权化程度。职务再设计、重新构建内部机制、联系方式、工作流程或管理层次等。

传统的机构设置强调确定职责、明确分工和工作流程。我们注意到,现在机构设置的一种最明显的趋势是管理层次越来越少,从高层领导到工作人员的中间环节逐渐减少,工作人员被赋予更多的职权。分权管理包括建立规模较小但组织完善的工作单位,以促进工作人员提高工作效率,把精力投入到最需要的地方。分权管理还可以鼓励每个工作单位根据特定的任务和环境对自身的结构和技术进行灵活调整。变革工作流程和精心组合不同专业生产可以提高生产率和工作积极性。这种趋势的表现之一反映在员工未经上级批准就有可支配一定金额费用的权力。如大公司允许部门经理支配一定金额费用的支出。在规模较小的企业里允许员工支配一定金额费用用于生产革新,而不需经过缓慢而又可能令人羞辱的申请批复过程。上述变革理论的另一种表现反映在管理学作者汤姆·彼德斯的建议中,他认为,管理人员“应该把分工完全不同的员工塞在一个屋中、同一个工作间里或是一个小房子里，来加速产品的开发”。

管理者要对选择组织的正式设计、分配职权、决定普遍的分权化程度及职务设计等活动负有责任。但这些结构决策不是一旦做出就一成不变的。变化的条件要求结构作相应的改变。这样，管理者作为变革的推动者，就可能需要对结构进行修改。一个组织的结构是由其复杂性、正规化和集权化程度决定的。管理者可以对这些结构要素的一个或多个加以变革。例如，可将几个部门的职责组合在一起，或者精简某些纵向层次。拓宽管理跨度，以使组织扁平化和更少官僚机构特征。为提高组织的正规化程度，可以制定更多的规则和制度。而通过提高分权化程度，精简了若干个等级层次，拓宽了管理跨度，则可加快决策制定的过程。

另一个对实际的结构设计做出重大的改变。这包括从职能型向产品分部结构的转变，或者形成一种矩阵结构设计，管理者也可能考虑重新设计职务或工作程序，或者修订职务说明书。丰富职务内容或实行弹性工作制。还有一个选择是修改组织的酬偿制度。例如，通过采用业绩奖励或利润分享方案，可以提高员工的激励力。另外以跨职能的工作团队来安排工作，并对团队成员按小组成绩进行奖励。也是一种组织变革。

2.技术变革

企业技术革新包括变革生产设备、产品设计过程、研究技术或生产方法。该途径可以追溯到泰勒的科学管理理论。生产技术会对企业结构产生很大的影响。技术结构革新或称社会技术革新方法，就是试图通过变革企业结构及其技术的同时来提高生产效率。扩大工作范围和丰富工作经验也是技术结构革新的事例。管理者也可对其用以将投入转换为产出的技术进行变革。大多数有关管理的早期研究(如弗雷德里克·泰勒和弗兰克·吉尔布雷斯的研究)就是着重于技术变革方面的努力。科学管理是基于动作和时间研究来推进变革，以提高生产的效率。今天，许多技术变革通常涉及新的设备、工具和方法的引进，以及实现自动化与计算机化等。产业内竞争的力量，或者新的发明创造，常常要求管理当局引入新的设

备、工具或操作方法。自动化是以机械取代人力的一种技术变革。它开始于工业革命时代，现在仍继续是管理当局可供选择的一个方案。

近年来最明显的技术变革来自于管理当局努力扩大计算机化的应用范围。现在许多组织都安装有复杂的管理信息系统。大型超级市场已经将它们的收款台改造为输入终端，这些终端与计算机连接，可以提供实时的库存数据。由于计算机的广泛使用，微型计算机可以运作上千种商用软件包，而网络系统的建立则使这些计算机实现了相互通信联络。

3.人员变革

技术革新和机构变革两者都是通过变革生产和工作环境来提高效率。另一方

面,对于工作人员的变革主要集中在改变他们的劳动技能对工作的态度、认识和期望。通常用组织发展来描述这种变革途径。管理者努力使组织中的个人和群体更加有效地在一起工作。组织发展有时也用以泛指各类变革,但通常是侧重指藉以改变人员及人际间工作关系的本质和性质的各种方法或方案。常见的组织发展方法包括敏感性训练、调查反馈、过程咨询、团队建设和组织发展等,它们都设法带来组织人员内部或相互关系的改变。

五、组织发展

组织发展是在专家的协调帮助下,在应用行为科学理论和技术(包括行为研究)的指导下。由高层管理人员支持的长远工作计划,通过对企业文化,尤其是对正式或临时工作小组和小组之间的文化进行共同有效的分析和组织管理,达到改善整个企业解决问题和更新发展的过程。

许多有计划的变革的途径主要是为了解决当前的具体问题。相反,组织发展是一种长期的、全面的、更为复杂且代价更大的变革途径,目的是使组织提高到一个更高的层次,同时显著地改进了工作人员的工作效率和对工作的满意程度。尽管组织发展常常包括结构变革和技术革新,但其重点在改变企业人员及其工作状况的性质和质量。

在组织发展概念中。解决问题过程指的是应付企业生产环境中产生的危险迹象和机遇的方法。更新发展的过程指的是管理人员根据环境的变化对解决问题的方法所做的调整。组织发展的目的之一就是改进企业自我更新过程,使管理者能够迅速地调整其管理方式以适应新的环境和解决新产生的问题。

组织发展的另一个目的是把职权分给员工,这通过共同管理来实现。共同管理指管理人员不考虑管理结构层次,让员工在决策中发挥更大的作用。为实现这种变革,管理人员必须有意识地改变企业文化,既企业成员所共有的工作态度、价值观念和行为方式。

实现组织发展的另一种方法是行为研究。通过这种方法,组织成员学习组织需要何种改进,以及实现这种改进所需要的方法。行为研究要求负责变革的工作管理人员广泛了解企业内部哪些地方需要变革,以帮助企业进行变革。行为研究大致包括:(1) 变革工作人员确定存在的问题;(2) 收集支持或反对变革的资料;(3) 把这些资料反馈给企业有关人员;(4) 企业有关人员对上述资料进行研究;(5) 制定相应的行动计划;(6) 实施上述行动计划。

负责变革的工作管理人员可以采取多种措施实施变革计划。这些措施可以根据相应的对象分为几类,目的是改进员工的工作效率、两三个员工之间的工作关系、工作小组的职能及其工作关系或是整个企业的效率。组织发展活动的几种类型如下:

1.敏感性训练

敏感性训练是面向个体员工的组织发展方法，是通过非结构化的群体互动来改变人的行为的一种方法。该群体是由一位职业行为学者和若干参与者共同组成。并不对群体规定某种议事日程，职业行为学家(不具有领导角色)也仅仅是为参与者创造表达自己思想和情感的机会。会谈自由而奔放，参与者可以探讨他们喜欢的任何议题。讨论中所注重的是个人的积极参与及其互动的过程。敏感训练是一种广泛应用的组织发展技巧。受训者通过训练者的指导，增强人际交往的敏感程度和提高处理人际关系的技巧。通过观察参加者忍受焦虑的程度对其逐个筛选。现在组织已经很少使用敏感训练。培训前还要保证受训者自愿参加。

对敏感性训练作为一种变革方法的效果，实证研究已经表明它具有多种结果。从正面看，这种方法表现出对沟通技能的迅速改善，以及对提高认知的准确性和个人参与的意愿有促进的作用。然而，这些改变对工作绩效有什么影响还没有结论，且这种方法还不能避免心理方面的风险。

2.调查反馈

调查反馈是对组织成员的态度进行评价，确定其态度和认识中存在的差距，并使用反馈小组中得到的调查信息帮助消除其差距的一种方法。调查问卷通常分发给组织或单位的所有成员填写。问题包括成员对诸如决策制定、沟通效果、单位间的协调，组织的满意度、工作、同事及直接上司等广泛议题的认识与看法。将调查问卷统计处理后得到的数据制成表格分发

给有关的员工，使所提供信息成为人们确定问题和解决问题的一个跳板。

面向整个企业的组织发展的调查反馈方法可以用来改进整个企业的运作。主要是进行民意调查，然后把结果反馈给企业内部员工。由员工们决定应该采取哪些措施来解决问题或探索出在民意调查中出现的发展机遇。

3.过程咨询

过程咨询是通过咨询者帮助组织成员理解和改变他们在一起工作的方式的技巧。依靠外部咨询者帮助管理者对其必须处理的过程事件形成认知、理解和行动的能力。这些过程事件可能包括工作流程、单位成员间的非正式关系、以及正式的沟通渠道等。咨询者帮助管理者更好地认识他或她的周围。其自身内部或与其他人员之间正在发生什么样的事情。咨询者并不负责解决管理者的问题。相反，咨询者只是作为教练，帮助管理者诊断哪些过程需要改进。如果管理者在咨询者的帮助之下还不能解决问题，咨询者将协助管理者给自己配备一名具有适当技术知识的专家。

4.团队建设

团队建设是一种在团队水平上，通过诊断团队运行中的障碍，改进团队内部关

系，以提高组织效率的方法。团队建设是与过程咨询相关联的方法。通过分析工作小组的活动、资源分配和工作关系以便提高工作效率。例如，这种技巧可以培养一个新的委员会内部成员的团结精神。团队建设面向两种不同的工作小组，一种是由经理和雇员组成的固定的工作小组，它经常被称之为家族小组；另一种是为解决某一个具体问题或通过合并以及其他结构调整新组成的工作小组，我们称之为特别小组。对两种小组来说，团队建设的目的是找出影响团队业绩的障碍，提高工作效率，改进小组内部人员之间的关系，改善队伍中工作程序，比如交流和任务下达。使工作团队的成员在互动中了解其他人是怎么想和怎么做的。通过高强度的互动，团队成员学会形成相互的信任和开诚布公。团队建设方案中的活动可能包括团队目标的确定、团队成员间人际关系的开发。明确各成员任务和职责的角色分析以及团队过程分析等。

5.组际发展

组际发展试图改变不同工作小组成员之间的相互看法、认知和成见。例如，两个小组一直存在不良的工作关系。可以让它们分别开列出一份清单，说明有关如下方面的认识：我们如何看待我方？我们如何看待对方？我们认为对方小组如何看待我方？然后，交换两个小组的清单，讨论有什么相似的认识及不同之处。不同点将得到特别的注意。接着，两个小组考查存在差异的原因，并努力制定出解决办法改进小组间的关系。

第五篇

领　　导

第十六章　激励与激励理论

学习目的

学习本章应了解与掌握：

1.说明管理者对激励深感兴趣的原因。

2.动机和激励。

3.有关激励过程的基本假定。

4.各种激励理论及其根源。

5.管理实践中哪些具体措施能够更有效地激励员工。

6.管理者在激励实践中所面临的现实挑战。

激励是管理过程中不可或缺的环节和活动。组织的发展需要每一个成员长期的协作努力。如何激发、调动组织成员工作积极性，是组织管理的一个基本课题。有效的激励可以成为组织发展的动力保证，可以把组织员工的潜在能量激发出来，更好地完成组织的任务，实现组织目标。激励有自己的特性，它以组织成员的需要为基点，以需求理论为指导。对组织员工的激励必须遵循相应的原则，采取相应的激励方式方法，才能产生良好的效果。国外有人做过这样的调查：按时计酬的职工每天一般只需发挥20%～30%的能力用于工作就足以保住饭碗。但如果能充分调动其积极性，那么他们的潜力可发挥到80%～90%，这之间的差额用于提高劳动生产率，其效果是可观的。这须依靠有效的激励。

从大的方面着眼，激发、影响和改变个体的行为有两大途径。一是针对个体的需要、动机，提供能够满足个体需要的各种物质和非物质因素，满足个体的需要，以调动其积极性；二是设法影响和改变个体行为的动机。两种途径各有不同作用，实践中必须结合起来考虑。

激励主要是通过第一种途径改变个体行为的方法。了解和学习激励的基本知识，首先需要对激励因素、激励过程、激励的作用机制有较为透彻的理解，同时应尽可能了解激励的模型和方法，根据具体情况设计和调整激励系统。

第一节 激励过程

一、激励思想的发展过程

1.古典的激励思想

激励是人类古老的行为之一。是管理者和管理学研究人员最早遇到的概念之一。在20世纪以前,通过恐吓和惩罚,就可以激发人们努力工作。如在资本主义初期,企业主可以任意延长工作时间,增加工人的劳动强度;利用监工监督工人劳动等,来迫使工人为他们卖命。但是,由于过度强调恐吓和惩罚,使工人对工作产生了较大的反抗情绪和破坏性行为,明显不利于组织的正常运行和健康发展。于是,古典激励思想应运而生。古典激励模式的激励通常和泰勒及其科学管理理论联系在一起。管理者对重复性的工作选择最有效率的工作方式,并用工资激励系统来激励员工。生产得越多的人,挣的工资越高。古典激励思想的主要特点是开始重视人的需要,其基本做法是除了"大棒"(即恐吓和惩罚)外,更注重"胡萝卜"(即奖酬)。如古典激励思想的代表人物泰罗曾对职工的工作动机进行了深入的科学研究。通过对工人的工作和工作专门化的试验,他认为工人进行工作的最主要目标是经济上的收入。因此,他提出了刺激工资制,从而极大地提高了作业生产率。古典激励思想认为,员工只要能得到合理的经济报酬,他们就不计较工作的性质和工作的环境条件。作为这种理论基础的假设是,经理人员比员工更理解工作;员工的本性是懒惰的,只有通过金钱刺激才能驱动他们努力工作。从实践上看,对销售人员按定额基数的完成情况来付酬,可以视为这种理论的一种应用。总体上说,古典激励思想强调经济因素,希望通过经济刺激来激发员工的工作积极性。但是,却忽视了经济因素以外的其他方面,影响了激励的效果,暴露出明显的不足。

2.人际关系的激励思想

人们通常将人际关系激励思想与乔治·埃尔顿·梅奥及其同时代的人联系起来。梅奥和其他人际关系研究者发现,很多工作因为重复与枯燥,实际上降低了对员工的激励程度,而社会交往则会创造和保持激励,他们的结论是管理者可以通过确认员工的社会需要,并使他们感到自己有用、自己重要来激励员工。在实践中沿用这一理论的做法包括意见箱、公司制服、公司简报以及员工参与绩效评价过程。传统模式认为,公司以高工资作为回报,要求员工服从管理者的权威。人际关系模式则认为,因为管理者们对员工关心体贴,改善了他们的工作环境,所以,他们应该接受管理者的权威。管理者的意图是一样的:让员工们接受已经由管理者规定好的工作条件。

人际关系的激励思想认为,员工有社会方面的需求和愿望,如工人希望在自己的工作小组中能成为有用而重要的人，要求自己在小组中受到他人的承认和尊重。员工虽然有经济上的需求，但当经济需要被满足后，他们可能又觉得奖酬是份内的权利而不是组织的恩赐，有时员工甚至还会觉得奖酬并非自己所需要的。因此，这种思想是在古典激励思想运用效率降低的情况下，强调激励的社会关系方面。人际关系的激励思想在管理中得到了较好的实践，并取得了明显的效果。例如，让职工了解有关的决策、任务和目标的制定，可使员工意识到他们的重要性；允许员工在从事日常工作的同时，有自我发展与自我表现控制的权利等，来提高员工在人际关系方面的满意程度，激发其工作的积极性。

3.人力资源的激励思想

人力资源的激励思想则通常与道格拉斯·麦戈雷格联系在一起。麦戈雷格和其他理论家批评人际关系理论依旧在操纵员工，只不过是换了一种更复杂、更巧妙的方式。他们还指责说，和传统模式一样，人际关系理论把激励看得过于简单，它只注意到了某一方面的因素，例如金钱或者社会关系。

人力资源的激励思想比人际关系更进了一步。人际关系的思想认为，让员工参加管理和肯定他在工作中所做的贡献能激发员工的积极性。人力资源的激励思想认为，贡献本身就是极有价值的。员工都希望并愿意为组织做出更大的贡献。因此，管理者的任务就是创造有利于员工参与管理，做出贡献的环境和条件。例如，美国的很多公司就尽量让工人参加有关计划、决策制定等管理活动。当然，对人力资源的激励思想的基本假设是强调员工具有组织进行有效工作所需的真正知识和技能。

应该指出，上述管理激励思想的激励对象主要是组织中的一般员工和中下层管理人员。随着组织法人治理结构的成熟，如何对组织的经营者（即组织委托代理关系中的高级代理人）进行激励，显得非常重要。

二、需要、动机与行为

凡人类有意识的活动均称之为行为。而行为产生的原因是心理学家争论的焦点。

一种观点认为人与其他动物没有什么差别，人类行为的原因在于人的本能。这种本能是从人的动物祖先那里遗传下来的，主要表现为自我保存和性的本能，只是这种本能不能像动物那样自由地表现出来，而是受着社会条件和道德观念的限制，通过各种伪装形式表现出来。此种观点认为人的行为完全是由人的自然性质决定的。

第二种是社会学化的观点。此种观点认为人的行为是社会环境将自己的特征投射到人体上的结果，因此人的行为完全是外力推动的。例如，有人认为权力欲是推动人们行为的主要力量，也有人认为金钱、地位或对权威的顺从是决定人们行为的主要力量。总之,他们认为人的行为完全是由社会性质决定的。

第三种是相互作用的观点。这种观点认为前面两种主张都是片面的,要么强调人的生物本能对个人行为的影响,要么强调社会环境对个人行为的影响。而实际上,人们的行为是环境与个体相互作用的结果。最具有代表性的是勒温的场论。

大部分心理学家持第三种观点。根据这种观点他们认为,人的行为是由动机决定的,而动机是由需要支配的。

所谓需要是客观的刺激作用于人们的大脑所引起的个体缺乏某种东西的状态。这里所说客观的刺激不只是指身体外部的,也包括身体内部的。例如人饿了想进食,这是由于人饿时体内血糖成分降低,血液成分失去了平衡所产生的刺激,这种刺激通过神经系统反映到人脑的下丘部分传到大脑皮层,产生了饥饿的感觉和进食的需要。客观的刺激可以是物质的,也可以是精神的,例如雷锋精神对人们的影响。

一般而言,人的需要具有以下基本特性。

(1) 多样性。由于人的社会实践活动范围极其广泛,在此基础上形成的需要也是多种多样的,除了衣食住行等基本物质生活需要外,人们还有知识、交往、尊重、成就等社会和精神方面的需要。许多管理学者曾就人的需要进行过多种分类。例如,美国心理学家马斯络将人的需要分为生理、安全、社交、尊重、自我实现等五种;麦克莱兰认为人有权力、社交、成就等三方面需要。马克思主义经典作家也曾提出人有生活、享受、发展三种需要。

(2) 结构性。人的多种需要之间相互关联、相互制约,由此构成复杂的结构体系。在需要结构体系中,各种需要处于不同的层次,从而对行为产生不同程度的影响。其中占据主导地位的需要对人的行为具有决定性支配作用,称为优势需要;其他需要则处于次要地位,对行为的影响作用相对较弱。不同个人在不同时期或环境条件下有着不同的优势需要,而优势需要与其他需要的不同组合结构又决定了人们行为方式的差异。

(3) 社会制约性。需要是人的主观感受与客观环境共同作用的结果,因而必然受到所处环境条件的制约。归根结底,人的需要是由特定社会历史条件下的生产水平、社会关系性质及个人的社会角色决定的。尽管不同个人因主观感受的区别而存在需求差异,但任何人都无法超越所处历史阶段形成某种不存在客观可能性的需要。

(4) 发展性。一定社会历史条件制约着人的需要,同样,社会历史条件的发展变化,也会引起需要的内容范围以及满足方式的相应变化,人类需要永远不会停留在同一水平上。随着社会的进步,某些旧的需要消失了,新的需要又相继产生,从而推动着人们不断寻求新的满足方式和手段。

动机是人们行为产生的直接原因,它引起行为、维持行为并指引行为去满足某种需要。动机是由需要产生的。当人们产生某种需要,而又未能满足时,心理上便产生了一种不安和紧张,这种不安和紧张成为一种内在的驱动力,促使个体采取某种行动。心理学把这种现象称为动机。当人有了动机以后就要寻找、选择和接近目标。找到目标后,就进行满足需要的活动。需要满足后,紧张消除,然后又有了新的需要。在整个过程中,寻找、选择和接近目标的行为,被称之为目标导向行为;满足需要自身的活动被称之为目标行为。上述的行为循环可用图 16.1 表示。

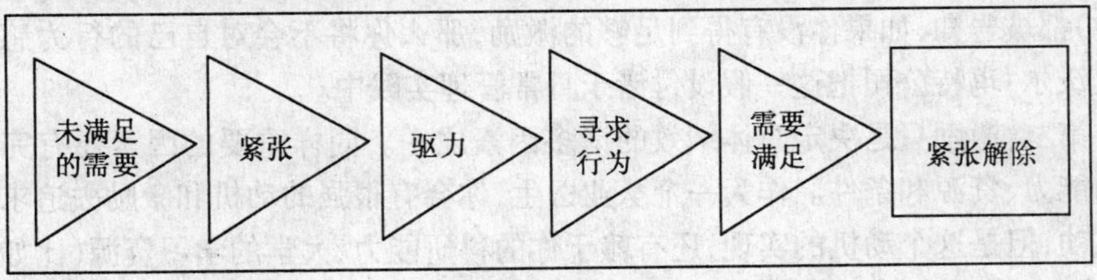

图 16.1　人的行为循环

(资料来源:斯蒂芬·P·罗宾斯.管理学.中国人民大学出版社,1997 年版,第 388 页)

动机在激发行为过程中的具体功能表现在以下几方面。

(1) 始发功能。即由动机唤起和驱动人们采取某种行动。

(2) 定向和选择功能。动机总是具体指向某一目标,因而对行为具有定向作用。正确的动机指向积极的目标,可以引发良好的行为,产生有益的效果。在进行行为定向时,动机还指导人们对各种行为方式加以评价、比较,从中选择能够达到预期目标的最佳行动方案。

(3) 维持与强化功能。长久稳定的动机可以维持某种行为,使之持续进行。动机也可因行为结果而得到加强或抑制,对以后的行为产生强化作用。因良好结果而不断得到加强的动机,可以促使该行为重复出现;因不良结果而减弱的动机,会抑制该行为的重复发生。

动机是由需要支配的,有需要才可能产生动机。但是动机和需要有时是很难区别的,有时也不必严格区分。可以总括为一句话:需要带有较强的客观性,而动机则是纯主观的。例如同样需要钱,为什么有人通过辛勤劳动获得,有人则通过投机倒把获得,又有人去偷去抢呢?这只能说明动机不同。需要是侧重于缺乏某种东西的客观状态,而动机总是和具体的目标以及一定的行为方式相联系的,因而动机更多的受社会、文化、意识、道德和个人品质的影响,它经过了更多的思维加工。所以在一些情况下,内在的需要和外界的刺激不等于就是动机,能不能成为动机还要受个体的人格系统和社会心理环境的影响。

一个人可能同时有许多需要和动机,但是人的行为却是由最强烈的动机引发和决定的。因此,要使职工产生组织所期望的行为,可以根据职工的需要设置某些目标,并通过目标导向使职工出现有利于组织目标的优势动机并按组织所需要的方式行动,这就是激励的实质。

所谓激励,就是创设满足职工各种需要的条件,激发职工的工作动机,使之产生实现组织目标的特定行为的过程。在我们深入探讨有关激励的理论和管理人员的激励实践之前,你需要了解一些基本假设。

第一,激励通常被视为好事。你还没听说过有人因为不为激励所驱动而受到表扬吧?我们在不同的场合(包括学校、教堂、家庭、工作场所以及有组织的体育活动中)都被告知,如果你没有得到足够的激励,那么你将不会对自己的行为感到满意。沃尔·玛特公司把这一假设付诸于日常管理实践中。

第二,激励只是决定个体绩效的诸多因素之一。同样重要的因素还有完成工作的能力、资源和条件。作为一个从业医生,你会有很强的动机和激励去追求事业的成功,但是这个动机的实现,还有赖于你的科研能力、大学的学习资源(比如现代化的实验室)、与导师经常接触的机会等。沃尔·玛特公司的员工们除了从管理人员那里得到激励信息之外,他们还有决定自己行为的自由,这也是一种资源。

第三,管理者和管理学研究人员一致假定:激励是一种供给不足的短缺资源,需要定期补充。激励就像冬季北方房屋里的暖气,因为热量会慢慢逃逸,炉内必须保持燃料循环补给才能维持房间温暖。激励的理论和实践是一个永无休止的过程。基于这种假设,即激励的影响力随时间的过去会消失,所以,萨姆·沃尔顿经常不断地给他的员工新的激励。

第四,激励是一种工具,管理人员可以利用它来协调组织内的各种运作之间的联系。如果管理者们知道促使人们努力工作的因素,他们可以有针对性地制定工作分配方案和报酬方法。所以,激励方面的知识和战略性计划一道作为一种投入要素,用以设计组织内的各种关系,并且就这些关系进行权力的配置。

激励理论是关于激励的基本原理、规律、机制及方法的概括和总结,是激励在管理活动中赖以发挥功能的理论基础。自20世纪20年代以来,西方许多管理学者和心理学家分别从不同角度研究探索,提出了多种激励理论。在借鉴前人研究成果的基础上,可以将有关理论归纳为如下几种模式。

第二节　激励理论

一、需要激励理论

需要激励理论也称内容型激励理论,是从激励的基点即人的需要出发,试图解释是什么因素推动、引导并且维持某种行为去实现目标等问题。这类理论着重研究人的各种需要,确定这些需要的主次顺序或结构,以及满足何种需要将导致最大的激励等。需要激励理论认为,人的积极性和受激励的程度取决于需要的满足程度。

1.马斯洛的需要层次理论

由著名的美国心理学家和行为学家马斯洛提出,人类都是有需要的,其未满足的需要产生工作的动机,也是激励工作的因素。然而这些需要又是以层次的形式出现的,由低级到高级分为5个层次。人类的需要的5个层级为:

(1) 生理的需要。食物、水、住所、性满足以及其他方面的生理需要。这是人类为了维持其生命最基本的需要,也是需要层次的基础。衣、食、住、行、空气和水等这类要求得不到满足,人类的生存就成了问题。从这个意义上来说,这些基本的物质条件是人们行为最强大的动力。马斯洛认为,当这些需要还未达到足以维持人们生命之时,其他需要将不能激励他们。他说:"一个人如果同时缺少食物、安全、爱情及价值等,则其最强烈渴求当推对食物的需要。"一般说来,生理需要的满足都与金钱有关。

(2) 安全需要。保护自己免受身体和情感伤害的需要。当一个人的生理需要得到了一定的满足之后,他就想满足安全的需要。即不仅考虑到眼前,而且考虑到今后,考虑自己的身体免遭危险,考虑已获得的基本生理需要及其他的一切不再丧失和被剥夺。例如要求摆脱失业的威胁,要求在生病及年老时生活有保障,要求工作安全并免除职业病的危害,希望解除严格的监督以及不公正的待遇,希望干净和秩序的环境,希望免除战争和意外的灾害等等。

(3) 社交的需要。包括友谊、爱情、归属及接纳方面的需要。当生理及安全的需要得到相当的满足后,社交的需要使占据主导地位。因为人类是有感情的动物。他希望与别人进行交往,避免孤独,希望与伙伴和同事之间和睦相处,关系融洽。他希望归属于一个团体以得到关心、爱护、支持、友谊和忠诚。人为什么要归属于一个团体?因为人们有一种把与自己信念相同的人找出来的倾向,以此来肯定自己的信念,特别是当一种信念岌岌可危时尤为如此,这时他们便聚在一起,并试图对所发生的事态及他们的信仰达成一个共同的认识。爱情是较高级的社交需要,它既包括男女之间的爱,也包括父母与子女间的爱、兄弟姊妹之间的爱。为了爱情,人们甚至可以舍弃一切。社交需要比生理和安全需要来得细致,各个人之间的差别性也比较大,它和一个人的性格、经历、教育、信仰都有关系。

(4) 尊重的需要。内部尊重因素包括自尊、自主和成就感;外部尊重因素包括地位、认可和关注等。当一个人开始满足归属感的需要以后,他通常不只是满足做群体中的一员,而需要产生自尊的需要。即希望别人尊重自己的人格和劳动,对自己的工作、人品、能力和才干给予承认并给予公正的评价。希望自己在同事之间有较高的地位、声誉和威望,从而得到别人的尊重并发挥一定的影响力。

(5) 自我实现的需要。即成长与发展、发挥自身潜能、实现理想的需要。这是一种追求个人能力极限的内驱力。马斯洛认为这是最高层次的需要,当自尊的需要得到满足以后,自我实现的需要就成为第一需要。自我实现的需要就是要实现个人理想和抱负、最大限度地发挥个人潜力并获得成就,实现自我价值。它是一种"希望能成就其独特的自我的欲望,希望能成就其本人所希望成就的欲望"。这种需要往往是通过胜任感和成就感来获得满足的。

所谓胜任感是指希望自己担当的工作与自己的知识能力相适应,工作带有挑战性,负有更多的责任,工作能取得好的结果,自己的知识与能力在工作中也能得到成长。

所谓成就感表现为进行创造性的活动并取得成功。具有这种特点的人一般给自己设立相当困难但可以达成的目标,而且往往把工作中取得的成就本身看得比成功以后所得到的报酬更为重要。

以上 5 种需要的关系可以用图 16.2 表示。

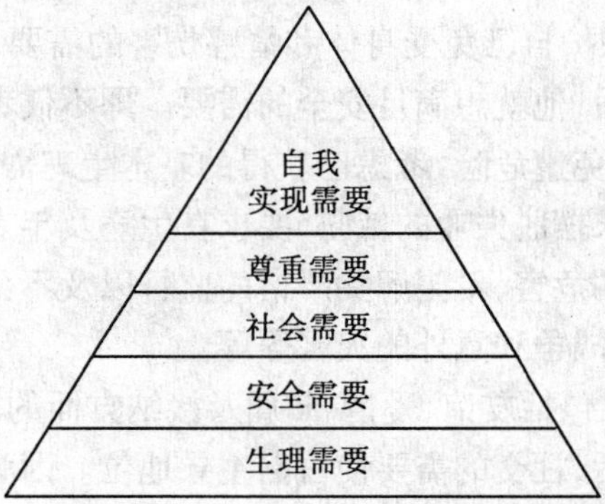

图 16.2　马斯洛的需要层次理论

(资料来源:斯蒂芬·P·罗宾斯.管理学.中国人民大学出版社,1997 年版,第 389 页)

当一种需要得到满足后,另一种更高层次的需要就会占据主导地位。个体的需要是逐层上升的。从激励的角度来看,没有一种需要会得到完全满足,但只要其得到部分地满足,个体就会转向追求其他方面的需要了。按照马斯洛的观点,如果希望激励某人,就必须了解此人目前所处的需要层次,然后着重满足这一层次或在此层次之上的需要。

马斯洛还将这五种需要划分为高和低两级。生理需要与安全需要称为较低级的需要,而社会需要、尊重需要与自我实现称为较高级需要。两级的划分建立在这一前提下,高级需要是从内部使人得到满足,而低级需要则主要是从外部使人得到满足。事实上,从马斯洛的需要层次理论中会很自然得到这样的结论,在物质丰富的条件下,几乎所有员工的低级需要都得到了满足。

马斯洛认为,人的需要遵循递进规律,在较低层次的需要得到满足之前,较高层次的需要的强度不会很大,更不会成为主导的需要。当低层次的需要获得相对的满足后,下一个较高层次的需要就占据了主导地位,成了驱动行为的主要动力。

马斯洛认为,由于各人的需要结构发展的状况不同,这5种需要在体内形成的优势位置也就不同,但是任何一种需要并不因为高层次的要求获得满足而自行消失,只是对行为的影响比重减轻而已。此外,当一个人的高级需要和低级需要都能满足时,他往往追求高级需要,因为高级需要更有价值,只有当高级需要得到满足时,才具有更深刻的幸福感和满足感。但是如果满足了高级需要,却没有满足低级需要时,有些人可能牺牲高级需要而去谋取低级需要,还有些人可能为了实现高级需要而舍弃低级需要。

人们常常是5种需要同时存在,只是各自的需要强度不同,呈现出不同的需要结构。

马斯洛的理论得到了普遍认可,特别是实践中的管理者。这主要归功于该理论简单明了,易于理解、具有内在的逻辑性。然而,众多的研究并未停止对他的批评,而且至今其有效性仍受到怀疑,但它依然是激励员工的具有流传性的理论。也就是说,这一理论缺乏实证基础,仅有的几项支持其理论观点的研究,也缺少说服力。

马斯洛需要层次理论对管理者具有积极的意义。

马斯洛的需要层次论提供了一个比较科学的理论框架,成为激励理论的基础。他从人的需要出发来研究人的行为,这个思路是正确的。他将人类千差万别的需要归为5类,揭示了一般人在通常情况下的需要与行为规律,指出了人们的需要从低级向高级发展的趋势,这符合心理发展的过程,对我们很有实用价值。马斯洛将各类需要研究得很细,指出了每一类需要的具体内容,这对我们很有用处。它告诉我们人的需要是多种多样的,激励方式也是多种多样的。不仅要给人以物质的满足,而且要给人以精神的满足。特别是基本生理需要得到一定的满足以后,精神需要更为重要。因为,满足人的高级需要将具有更持久的动力。马斯洛将自我实现作为人的需要的最高层次对管理者同样具有积极的一面。不要将自我实现和组织目标简单地对立起来,自我实现应当理解为充分发挥潜力、实现理想、多做贡献的愿望。但个人的理想不一定就是以个人为中心,更不等于个人主义。只要这种理想组织目标的实现,我们应当鼓励支持。在我们国家中具有自我实现需要的人,即希望发挥自己潜力取得成就的人越多,对国家建设越有利。国外一些专家认为,一个国家有成就感的人越多,这个国家越兴旺。据统计,英国1925年国民经济情况很好,当时英国有高度成就需要的人数在25个国家中名列第五。第二次世界大战后,英国经济走下坡路,到1950年再作调查,英国在39个国家中名列第27名。企业中具有自我实现需要的人越多,对企业发展也越有利。

马斯洛的需要层次理论,在一定程度上反映了人类行为和心理活动的共同规律。马斯洛从人的需要出发探索人的激励和研究人的行为,抓住了问题的关键。

但是,马斯络的理论也存在着明显的不足:如对需要层次的分析简单、机械。人类需要的发展不带有自然成熟的色彩,往往不是非经过某一层次需要才能有下一层的需要,而是随着环境和个体情况的变化同时存在着若干种需要。在顺序上,特别是在后3种需要顺序上,有些人看重社会需要,有些人自我实现的需要最强烈,有些人则只停留在前两种需要上,而后3种需要很少。实际上,人同时存在几种需要,这几种需要同时产生动机,动机之间不仅有强弱之分,而且是斗争的,不讲多种需要和动机的斗争是一个缺陷。中国古代流传至今的名句,如:“贫贱不能移,富贵不能淫,威武不能屈”,“不为五斗米折腰”等等,都是“递进规律”所无法解释的。另外,马斯洛层次需要论的理论是以人本主义为其理论基础的。他认为人的需要都是本能的活动,都是生而具有的,生理需要是为了维护自己的生存,安全需要是出于趋利避害的本能,社交的需要是为了自己享受生活的乐趣,自尊和自我实现的需要是为了出人头地。总之,人的一切行为都是出于人的利己本能。马斯洛把无私解释成“以健康的方式自私”,否认无私行为的真实性,这种看法不符合社会实际,是十分有害的。把人的基本需要仅归结为5个层次,也不尽完善。事实上,马斯洛越研究越发现5个层次不够,诸如:爱美的需要,求知的需要,劳动的需要等等,都是人的普通需要。最后,他把需要层次归结为13层,但都无法得到世人的认同。而最重要的是人都有一种“超越自我”的需要,亦即人们往往追求高尚的社会理想,愿意为民族、为国家牺牲个人的一切,这种需要层次远远超出了“自我实现”的境界。在各个民族、各个国家都有自己的英雄和伟人,他们都是“超越自我”需要占主导的人。

2.赫兹伯格的双因素理论

双因素理论是由美国心理学家赫兹伯格(Frederick.Herzbeng)提出的。他在20世纪60年代后期对一些企业进行了调查。调查时,他设计了许多问题,如什么时候你对工作特别满意,什么时候你对工作特别不满意等等。然后,他通过采用“关键事件法”,对200多名工程师和会计师进行了调查研究。根据对调查所得的大量资料的分析,赫兹伯格发现促使组织成员在工作中产生满意或良好感觉的因素与产生不满或厌恶的因素是不同的。

赫兹伯格认为,使职工感到不满意的因素往往是由外界环境引起的,使职工感到满意的因素通常是由工作本身产生的。赫兹伯格发现造成职工非常不满的原因有:公司政策、行为管理和监督方式、工作条件、人际关系、地位、安全和生活条件。这些因素改善了,只能消除职工的不满、怠工与对抗,但不能使职工变得非常满意,也不能激发他们工作的积极性,促使生产增长。赫兹伯格把这一类因素称为保健因素,即只能防止疾病、治疗创伤,但不能提高体质。赫兹伯格还发现使职工感到满意的原因有:工作富有成就感、工作成绩能得到认可、工作本身具有挑战性、负有较大的责任、在职业上能得到发展等等。这类因素的改善,能够激励职工的工作热情,从而提高生产率。如果处理不好,也能引起职工不满,但影响不是很大,赫兹伯格把这类因素称为激励因素。这两类因素如图16.3所示。

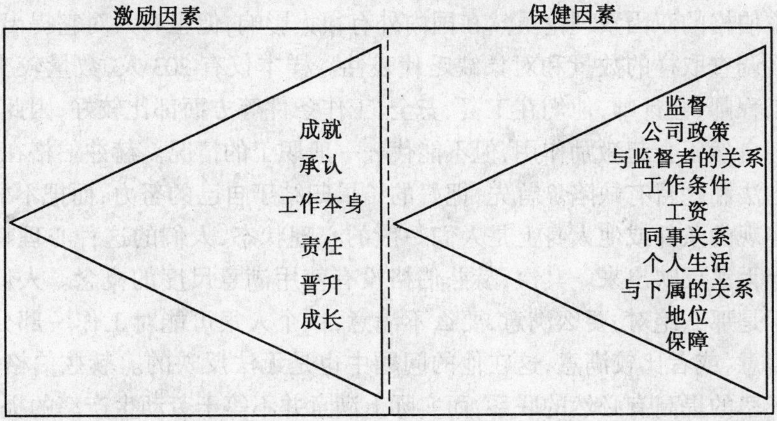

图16.3　赫兹伯格的双因素理论

(资料来源:斯蒂芬·P·罗宾斯.管理学.中国人民大学出版社,1997年版,第391页)

赫兹伯格还认为,与传统观念不同的是,满意的对立面不是不满意,而是没有满意;不满意的对立面也不是满意,而是没有不满意。如图16.4所示。

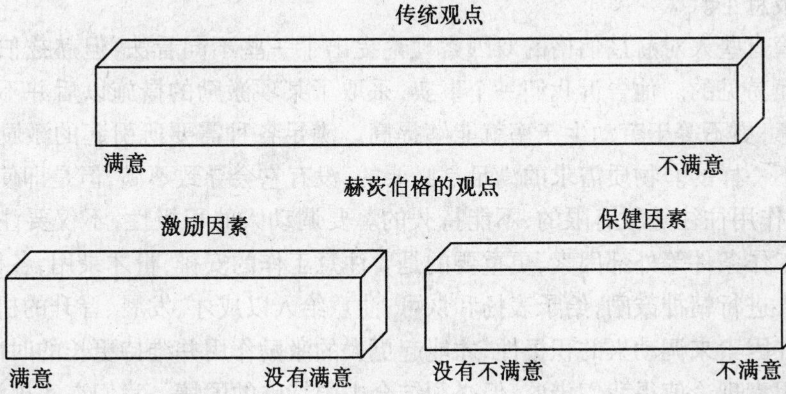

图16.4　满意－不满意观点的对比

(资料来源:斯蒂芬·P·罗宾斯.管理学.中国人民大学出版社,1997年版,第391页)

按照赫兹伯格的观点,改善保健因素只能起到安抚员工的作用,带来的是"没有不满意",而不一定能起到激励的作用。因此,要想真正激励员工努力工作,就必须去改善那些激励因素,这样才会增加员工的工作满意感。赫兹伯格认为,传统的满意与不满意的观点是不正确的。满意的对立面应当是没有满意,不满意的对立面应该是没有不满意。

赫兹伯格的双因素理论和马斯洛的层次需要论是兼容并蓄的。只不过马斯洛的理论是针对需要和动机而言的,而赫氏理论是针对满足这些需要的目标和诱因而言的。

赫兹伯格的双因素理论虽然在国内外有很大影响,但也有人对它提出了批评,赫兹伯格调查取样的数量和对象缺乏代表性。样本仅有203人,数量较少。而且对象是工程师、会计师,他们在工资、安全、工作条件等方面都比较好,因此,这些因素对他们自然不会起激励作用,但不能代表一般职工的情况。赫兹伯格在调查时,问卷的方法和题目有缺陷。首先,把好的结果归结于自己的努力,而把不好的结果归罪于客观的条件或他人身上是人们一般的心理状态,人们的这种心理特征在他的问题上无法反映出来。其次,赫兹伯格没有使用满意尺度的概念。人们对任何事物总不是那么绝对,要么满意,要么不满意,一个人很可能对工作一部分满意一部分不满意,或者比较满意,这在他的问题中也是无法反映的。赫兹伯格认为,满意和生产率的提高有必然的联系,而实际上满意并不等于劳动生产率的提高,这两者并没有必然的联系。赫兹伯格将保健因素和激励因素截然分开是不妥的。实际上保健因素和激励因素、外部因素和内部因素都不是绝对的,它们相互联系并可以互相转化。保健因素也能够产生满意,激励因素也能够产生不满意,例如奖金既可以成为保健因素,也可以成为激励因素,工作成绩得不到承认也可以使人闹情绪,以致消极怠工。

尽管有些人对赫兹伯格的双因素理论提出了一些不同看法,但赫兹伯格的贡献是显而易见的。他告诉我们一个事实,采取了某项激励的措施以后并不一定就带来满意,更不等于劳动生产率就能够提高。满足各种需要所引起的激励深度和效果是不一样的。物质需求的满足是必要的,没有它会导致不满,但是即使获得满足,它的作用往往是很有限的,不能持久的。要调动人的积极性,不仅要注意物质利益和工作条件等外部因素,更重要的是要注意工作的安排,量才录用,各得其所,注意对人进行精神鼓励,给予表扬和认可,注意给人以成才、发展、晋升的机会。用这些内在因素来调动人的积极性,才能起更大的激励作用并维持更长的时间。

双因素理论值得我们借鉴,但必须结合中国特殊的国情。我们在实施激励时,应注意区别保健因素和激励因素,前者的满足可以消除不满,后者的满足可以产生满意。双因素理论诞生在温饱问题已经解决的美国。在当前,中国的温饱问题尚未完全解决,因此,工资和奖金并不仅仅是保健因素,如果运用恰当,也表现出显著的激励作用。关键在于工资和奖金的发放办法。如果发放方法不当(如搞大锅饭、平均主义),那么工资奖金顶多是一种保健因素,即可以消除不满,但不能产生满意。应注意激励深度问题。上级的赏识、荣誉感和成就感的满足,使当事人得到深刻的激励,因为它来自工作本身,被称作内在激励。而工资、奖金、福利、工作条件、人际关系的改善,属于工作的外部条件的改进,即使有一些激励作用,也缺乏深度,持续时间也短暂。这被称作外在激励。随着温饱问题的解决,内在激励的重要性越来越明显。无怪乎发达国家的企业经理们挖空心思地寻找内在激励的良方:如何增加工作本身的吸引力?如何使员工在工作中感受到无穷的乐趣?如何使工作更具挑战性,工作胜任后有更大的成就感?其中最重要的应用是“工作丰富化”。

随着工业技术的发展,工厂规模的扩大,工人分工越来越细,为了提高劳动生产率普遍采用流水生产,工人只能在某一固定岗位上从事简单、重复、单调的劳动,工作非常乏味并且易于引起疲劳,从而引起工人的不满,生产积极性不高,出勤率下降,离职率增高。为了解决这种问题,有人根据双因素理论,提出了工作丰富化这样一种新的劳动组织方式。它的中心思想是扩大工作内容,将工人由从事单一的工作变为从事几种工作,由完成部分工作变为完成整体工作,增加工作中的自主性和独立性,减少外部的监督,并自行评价工作状况;分担责任和管理,让工人分担一部分计划工作、组织工作和设计工作等等。从理论上说,这种让工人从工作本身获取最大满足的办法是好的,但是实现上效果有限。通常的反映是工作丰富化使工人的工作兴趣增加,旷工减少,但在生产率和成本这个关键问题上,效果极不肯定,有的下降,有的上升。所以目前国外对工作丰富化的反应极不一样。

随着我国的经济发展,我国的一些企业,特别是一些高技术企业和效益较好的企业,一是员工收入水平较高,二是员工知识水平较高,如何加强内在激励,已逐步提到议事日程上来。工作重新设计、鼓励员工参与决策、强化精神激励、加强人员培训等内在激励方法受到重视。

3.麦克莱兰的成就需要理论

大卫·麦克莱兰等人提出了三种需要理论,他们认为个体在工作情境中有三种主要的动机或需要。

(1) 成就需要:指根据适当的标准达到目标、追求卓越、争取成功的需要。

(2) 权力需要:权力需要是指影响和控制他人且不受他人控制的一种欲望或驱使力。

(3) 归属需要:建立友好亲密的人际关系的愿望。归属需要是指人们寻找他人接纳和友谊的欲望,或获得他人赞同,建立友好亲密的人际关系的欲望。

一些人有强烈的内驱力要将事情做得更为完美,使工作更有效率,以获得更大的成功,但他们追求的是个人的成就感而不是成功之后所带来的奖励。我们将这种内驱力称为成就需要。麦克莱兰发现高成就需要者的不同之处在于:他们渴望把事情做得更完美。他们寻求那种能发挥其独立处理问题能力的工作环境;他们希望得到有关工作绩效的及时明确的反馈信息,从而了解自己是否有所进步;他们喜欢设立具有适度挑战性的目标。高成就需要者不是赌徒,他们不喜欢凭运气而获得的成功。他们愿意接受困难的挑战,并能承担成功与失败的责任,但他们不愿使结果受运气或他人的左右。也就是说,他们不喜欢接受那些在他们看来特别容易或者特别困难的工作任务,如图 16.5 所示。

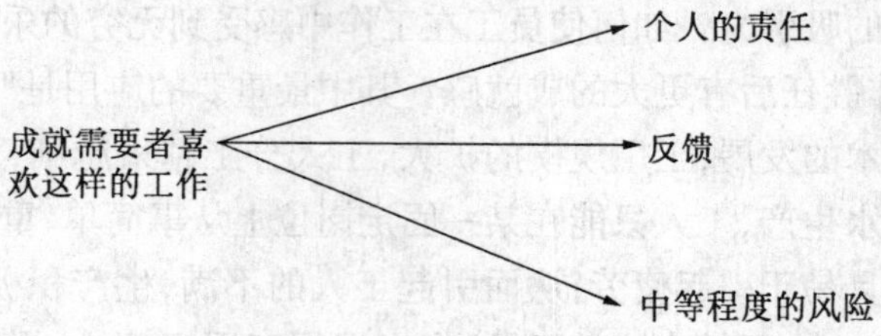

图 16.5　高成就需要者与工作的匹配

(资料来源:斯蒂芬·P·罗宾斯.管理学.中国人民大学出版社,1997 年版,第 12 页)

高成就需要者对于自己感到成败机会各半的工作,表现得最为出色。他们不喜欢成功的可能性非常低的工作,这种工作碰运气的成分非常大,并且,那种带有偶然性的成功机会无法满足他们的成就需要;同样,他们也不喜欢成功可能性很高的工作,因为这对于他们的自身能力不具有挑战性。他们喜欢设定通过自身的努力才可达到的奋斗目标。对他们而言,当成败可能性均等时,才是一种能从自身的奋斗中体验成功的喜悦与满足的最佳机会。

权力需要是指影响和控制别人的一种愿望或驱动力。高权力需要者喜欢"承担责任",喜欢竞争性和地位取向的工作环境。

麦克莱兰分离出的第三种需要是归属需要,也就是寻求被他人喜爱和接纳的一种愿望。这种需要一直未能引起研究人员的足够重视。高归属需要者渴望友谊,喜欢合作而不是竞争的环境,希望彼此之间的沟通与理解。

怎样辨别一个人是高成就需要者还是其他类型呢?麦克莱兰通过投射测验进行测量,他给每位被试者一系列图片。让他们根据每张图片写一个故事,而后麦克莱兰和他的同事分析故事,对被试者的三种需要程度做出评估。

在大量研究的基础上,麦克莱兰对成就需要与工作绩效的关系进行了十分有说服力的推断。虽然对于权力需要和归属需要的研究相对较少,但其结果是较为一致的。首先,高成就需要者喜欢能独立负责,可以获得信息反馈和中度冒险的工作环境。在这种环境下他们可以被高度激励。不少证据表明高成就需要者在企业中颇有建树,如在经营自己的企业、管理大公司中的一个独立部门及处理销售业务等方面。其次,高成就需要者并不必定就是一个优秀的管理者,尤其是对规模较大的组织而言。比如,一名高成就需要的推销员,并不一定就会成为优秀的销售经理。同理,大型组织中的优秀管理者,也未必就是成就需要很高者。第三,归属需要与权力需要和管理的成功密切相关。最优秀的管理者是权力需要很高而归属需要很低的人。最后,员工可以通过训练来激发他的成就需要。如果某项工作要求高成就需要者,那么管理者可以通过直接选拔的方式找到一名高成就需要者,或者通过培训的方式培养自己原有的下属。

麦克莱兰还发现,成就需要显然是能够通过学习获得的,而并非全由童年经验预先决定。这种学习可通过特殊的培训计划达到,在某些时候还可能是员工被安排在某种职位上的结果。因为在这种职位上受成就激励的行为是人们所期望的,并且会得到奖励。

麦克莱兰理论架构中的归属需要,从梅奥和他的助手们所参加的著名的霍桑实验起,一直是管理者关注的焦点。归属需要常被作为解释"远程通讯"(即不去办公室,通过家庭与办公室间的电子通信线路的联系来办公),并没有像曾经预测的那样在各个城市广泛推行。很多人都需要和他们的同事保持密切联系,这一点毋庸置疑。

在麦克莱兰的架构中,权力的需要用以表明人们想对自己所处的环境施加影响和控制的程度。这可以从人们对待成功与失败的态度中看出来。害怕失败,害怕自己的权力被削弱,这对一些人来说可能是强烈的激励因素。相反,对另外一些人来说,害怕成功会是激励因素。我们都听到过很多明星人物如音乐家、女影星和体育界明星的故事。一旦取得了一定程度的名与利,会因为私生活被侵扰而大为烦恼。这种侵扰使他们感到自己对外界环境无能为力。

对管理者来说,麦克莱兰等人的研究成果突出显示了使员工与其工作相匹配的重要性。具有高度成就需要的员工在富于挑战性的、使人不断得到满足感、成就感激发其在复杂工作中会取得成功。他们对自主权、多样化和来自上司的持续不断的反馈表示欢迎。成就需要低的员工则喜欢安定、保险系数高和可预见的工作场所。体贴细心的管理者,远比那些不顾个人喜好的、高压式的管理者更适合他们,他们愿意前往工作环境,能在与同事交往中得到社交上的满足感。

麦克莱兰的研究还表明,在一定程度上,管理者能够通过创造适当的工作环境来提高员工的成就需要。管理者可以赋予员工一定程度的独立自主权和责任感,逐渐使工作更具挑战性,并且对出色的表现加以表扬或奖励。

4.阿尔德弗的 ERG 理论

针对马斯洛需要层次理论所受到的批评,美国激励研究者阿尔德弗(Clayton.Alderfer)作了某些但不是全部的改进。他提出了一种与马斯洛的理论密切相关但有所差别的理论,即存在(existence)、关系(relatedness)、成长(growth)理论,简称 ERG 理论。这个理论把人的需要分为 3 类:

(1) 存在需要。这些需要关系到机体的存在。它们包括衣、食、住以及工作组织为得到这些因素而提供的手段，如报酬、福利补贴、安全的工作条件以及职务的安全感。

(2) 关系需要。这是人际关系的需要，这种需要通过与职务内外其他人的相互作用得到满足。

(3) 成长需要。这是个人发展和完善的需要。这种需要通过发展对个人极为重要的能力和才能而得到满足。

阿尔德弗的 ERG 理论在需要的分类上并不比马斯洛的理论更完善，他对需要的解释也并未超出马斯洛需要层次理论的范围。如果认为马斯洛的理论是带有普遍意义的一般规律，则阿尔德弗的理论对不同需要之间联系的限制较少。总的说来，阿尔德弗的 ERG 理论确实有所改进：首先，ERG 理论不那么强调层次的顺序。此外，多种需要可以在一个时间发挥作用，而且一种需要得到满足后，既可能进展到下一种更高的需要，也可能没有。其次，ERG 理论认为较高级的需要受到挫折可能导致倒退，使人更加关心低级的需要，而不是像马斯洛预言的那样，继续努力去满足受挫折的需要。最后，ERG 理论认为某些需要，尤其是关系需要和成长需要，如果为个人提供了满足这种需要的较好的条件，其强度可能会增长。这种情况与马斯洛的预言正好相反，也就是说，一种需要的满足与其重要性有正相关的关系。

二、过程激励理论

过程激励理论是从连接被激励者需要和行为结果的中间心理过程这个角度来研究激励问题的。这类理论试图弄清楚组织成员面对奖酬如何决定付出努力的程度，它涉及组织成员如何对奖酬进行评估、选择自己的行为、决定行为的方向等问题。

1. 期望理论

期望理论是一种激励理论，阐述人们在具有多种可供选择的行动中如何选择行动，取决于他们对每一行动可获得收益的预期。

期望理论最早可追溯到托尔曼（E. Tolman）等人。美国心理学家弗罗姆（Victor. H. Vroom）在 1964 年出版的《工作与激励》一书中正式提出了期望理论。期望理论假设，人人都是决策者，他们要在各种可供选择的行为方案中选择最有利的行为。但是从另一方面看，人们在智力上和认识备选方案的能力上又是有限的，因此人们只能在备选方案的有利性和自己认识能力有限性的范围之内进行选择。这种理论涉及到参与决策的认知成分和个体为做出决策而处理这些成分所采取的方式。弗罗姆的基本观点是，人之所以能够积极地从事某项工作，是因为这项工作或组织目标会帮助他们达到自己的目标，满足自己某方面的需求。期望理论是建立在如下假设基础上：

(1) 个体内在因素和外在环境因素共同决定行为。

(2) 个体在组织中的行为是经过思考后做出的决定。

(3) 每个人的需要、愿望和目标都不同。

(4) 人们根据对达成目标所需之行为的预期,在可供选择的行为中做出决定。

这些假设是所谓的期望模型的基础。

对弗罗姆的期望理论的认识可以是很简单扼要的,但也可以是很复杂的。弗罗姆期望理论最简单的描述可以用以下公式表示:

激励程度══效价×期望值

其中,激励程度是指个人工作积极性的高低和持久程度,即努力的大小;是个体对其行为可能产生的一系列结果会做出某种预期,而这种预期反过来又影响他们的行为。比如,一个试图超过销售定额的员工,对其行为的结果会产生如下预期:如表扬、奖金,或是老板对此无动于衷,或是来自同事的敌意。

效价是指个人对所预期结果的评价高低,即个人在主观上认为结果能满足需要的程度;具体行为结果产生的激励力量;效价大小因人而异。反映不同的个体由某一特定行为结果所得到的效价或激励力量是不同的。例如,对一个看重金钱和成就感的管理者来说,调动到另外一个城市的薪金较高的职位,对他会产生很高的激励力量;而对一个重视同事和朋友间亲密联系的管理者而言,同样调动的激励力量就很低。

期望值是指个人对某一行为导致某种结果和结果满足需要的概率大小的经验性判断,其分布区间是从 0.00 到 1.00。人们对成功实现目标的困难程度的预期会影响他们的行为决策。给定某些选择,个体倾向于选择那种最有可能实现预期结果的绩效水平。

该公式说明,假如一个人把结果的价值看得越大,估计能实现的概率越高,则被激励的程度就越大。如图 16.6 表示了简化的期望模式。

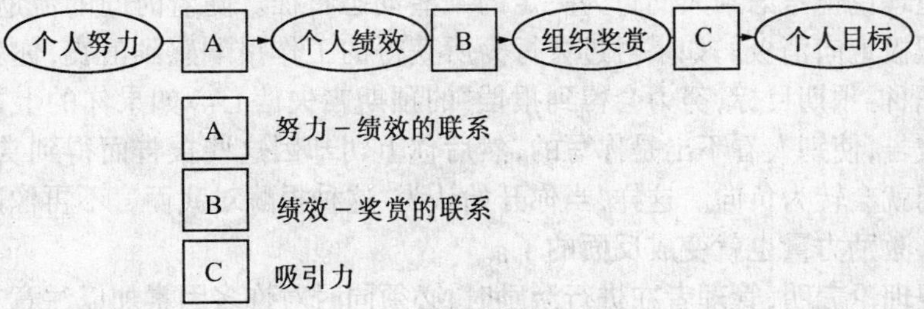

图 16.6 简化的期望模式

(资料来源:斯蒂芬·P·罗宾斯.管理学.中国人民大学出版社,1997 年版,第 398 页)

效价和期望的不同结合,会产生不同的激励程度,其具体情况有以下几种:

效价高、期望值高工激励程度高

效价中、期望值中一激励程度中

效价低、期望值低—激励程度低

效价高、期望值低工激励程度低

效价低、期望值高—激励程度低

可以看出,要使激励程度达到最大,必须同时保持高的效价和高的期望值。我们可以把这三部分看成这三个问题:如果我做这件事,能够得到什么结果?我的所得与我付出的努力相匹配吗?我成功实现一个有价值的目标的概率有多大?因此,根据期望理论,如果个体认为一个目标对自己很重要,并通过自己的努力能达到这个目标时,就能受到激励。相应地,他们会很有信心地去努力工作。

个体的行为在某种程度上取决于预期结果的类型,有些是内在报酬,产生于个体直接经历的心理回报。可以被个体自己直接"感受"到的报酬,如成就感、自尊的提高以及工作中新技能获得等;有些是由外部因素,如上级或工作团队提供的,是外在报酬,由外部代理人,如上级或工作群体提供的奖励。某一绩效水平可能同时与内在报酬和外在报酬相联系,每种报酬都有各自的激励力量。

弗罗姆的期望理论引起了人们浓厚的兴趣和激烈的争论。对这一理论的批评主要是针对该理论的假设和方法论问题。有两个方面:第一,弗罗姆假设人们基本上都是享乐主义者(理性经济人),即他们都在寻求达到日益快乐的条件而避免痛苦的条件;第二,人们在实际决策过程是如此复杂的过程。事实上,由于人们认识上的局限性,会把各种类型的简单策略用于过程处理。

同需要理论、公平理论相比较,期望理论涉及到一些比较复杂的计算。因为激励程度、效价、期望这三个因素是以一种乘法运算连接在一起的。假设你正在为一个项目进行筹划,你清楚地知道你的绩效能够换来的结果,你可以由经验判断出需要付出努力,但是这个结果对你而言没什么价值,那么激励力量就会很低。在这种情形下,你可能会拖延至最后一分钟去完成任务。

期望理论也考虑到人们行为决定的某些动态特征。随着时间的流逝,预期也能够从积极走向消极。如果对过去行为所获得的工作报酬感到沮丧,你就可能对"努力会取得预期目标,努力会得到报偿"的预期丧失信心。如果你的上司经常改写你的报告,使别人看不出是你写的,然后你上司却因这些报告而得到赏识,你的正向预期就会转为负向。这样,当你开始认为"这种报酬对我而言不再像以前那样重要了",激励力量也就变成反面的了。

期望理论表明,管理者在进行激励时,必须同时对许多因素加以注意。管理者应注意做如下建议:

(1) 根据每位员工对报酬价值的估价决定酬劳形式。若想使报酬成为激励因素,必须使之适合于酬劳的对象。管理者可以通过观察员工在不同条件下的反应和询问他们需要哪种报酬,来决定给员工以何种报酬。与此相反是外在报酬,比如奖金、表扬、普升。

(2) 决定你期望的绩效。管理者必须明确自己需要什么样的绩效,这样就能告知员工若想得到报偿,该做些什么。

(3) 设置的目标要可以达到。如果员工们觉得要达到这个目标太困难了或不可能,他们受到的激励就很低。

(4) 把报酬和绩效联系起来。若想保持激励力量,短期内一定要对成功实现的绩效给予适当报偿。

(5) 分析哪些因素会抵销报酬的效价。工作环境中的一些因素与管理者的报酬体系之间存在冲突,可能会要求管理者对报酬做些调整。例如,如果员工的工作群体从低的劳动生产率中得到好处,为了激励员工达到高劳动生产率,就需要超出平均水平的奖励以鼓励员工实现高生产率。还有,年资报酬制,是对员工在组织长期服务的奖励,而不是因为他的工作表现。

(6) 确保报酬要足够大。小的报酬只能产生小的激励力量。外在刺激是不利于提高生产率的,因为它破坏了内在激励因素,使所完成的工作受到了限制,使竞争更加激烈,从而使团队工作崩溃。根据期望理论的真谛,管理者应就任务分配、工作目标、员工需要以及完成特定工作后员工个人的成长机会等,与员工进行商议。

2.波特 – 劳勒激励模型

美国心理学家和管理学家波特(W. Porter)和劳勒(E. E. Lawler)在弗罗姆的期望理论基础上发展出了一个更全面的激励模型,如图 16.7 所示。

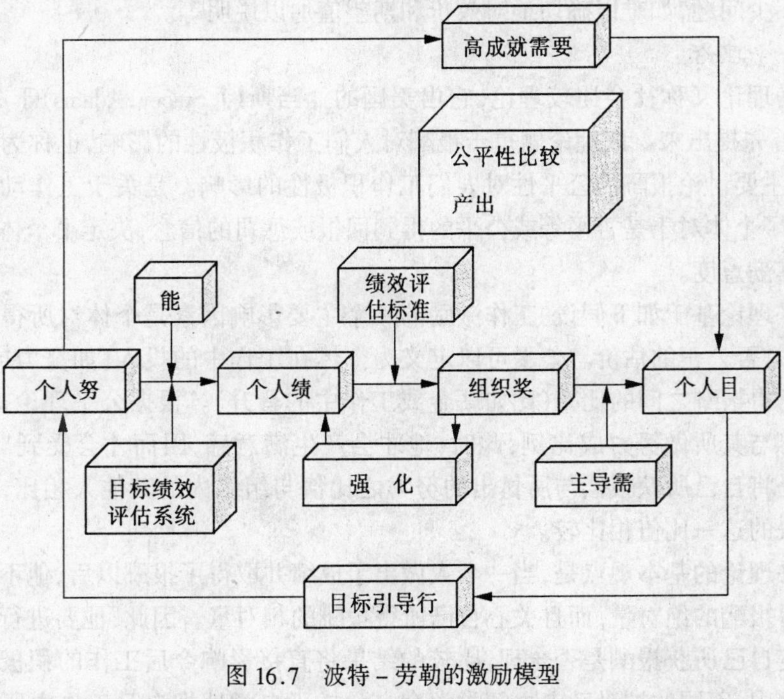

图 16.7　波特 – 劳勒的激励模型

(资料来源:斯蒂芬·P·罗宾斯.管理学.中国人民大学出版社,1997 年版,第 400 页)

图 16.6 中显示,一个人的努力程度即激励所发挥的力量,取决于效价和期望值;而工作业绩主要取决于个人的努力程度,但同时又要受其完成该工作所需的特定能力以及他对该工作的认识了解程度的影响;工作业绩实现后会带来各种奖酬,包括内在性的报酬和外在性的报酬;工作业绩的取得与否或难易程度又会影响以后个人对该类工作期望值的认识;个人最终的满意程度取决于所得到的报酬以及个人对公平程度的认识,而这个满意程度又会影响到下一轮工作中对效价的认识。

从模型中可以看到,激励不是一种简单的因果关系。因此,要使激励产生预期效果,就必须考虑到奖酬内容、制度、组织分工、目标设置、公平考核等综合因素,还要注意个人的满意度在激励中的反馈。对此,波特和劳勒提出了以下几个步骤来改进管理人员的激励工作:①具体描述每个员工的行为成果的强度;②具体规定实现期望所要求的行为表现的标准和要求;③说明所需要的行为表现的标准和要求是可以达到的;④把员工的行为表现与期望的实现紧密地相结合起来;⑤认真分析妨碍员工实现目标过程中整个环境的各方面有关的因素,并为其创造有利的环境和条件;⑥确定有吸引力的报酬;⑦确定制度的公平合理性。

波特－劳勒激励模型是迄今为止一种比较全面的过程激励模型,其中的许多观点已被相当多的人所接受和采用,并取得了较好的效果。但这个模型在实践中也存在不少问题,如难以确切地对效价和期望值加以说明等。

3.公平理论

公平理论又称社会比较理论,它由美国的亚当斯(J. Stacey. Adams)于 20 世纪 60 年代首先提出来。该理论侧重于报酬对人们工作积极性的影响,也称为社会比较理论,主要讨论报酬的公平性对人们工作积极性的影响。是关于工作动机的理论,强调了个体对于是否平等或公平的得到回报或惩罚的信念,决定了个体工作的行动和其满意度。

公平理论基于如下假设:工作激励的一个主要影响因素是个体对所得报酬是否公平、是否公正的估价。公平可以定义为个体在工作中的投入(如努力或技能)与工作所得报酬之间的比率(比如薪金或工作中的晋升)。根据公平理论,当个体所获报酬与其所做努力成比例,此时,他才会产生满意感,因而才会受到“激励”。他们或是将自己所获报偿与所付出的努力之比值与组织内的其他人相比,或是同自己过去的这一比值相比较。

公平理论的基本观点是,当一个人做出了成绩并取得了报酬以后,他不仅关心自己所得报酬的绝对量,而且关心自己所得报酬的相对量。因此,他要进行种种比较来确定自己所获报酬是否合理,比较的结果将直接影响今后工作的积极性。在激励过程中,不同的被激励者之间常常会自觉或不自觉地把自己工作中所付出的代价(包括时间、教育、经验、努力程度和负责精神等)与自己所取得的报酬(包括工资报酬、组织对他的承认和尊重程度、职位的提升、人际社会关系的变化及其心理上的报酬等)同别的人进行比较。人们通常要求自己在与别人付出同样代价的情况下,也能与别人一样得到同样的报酬。一种比较称为横向比较,即他要将自己获得的“报偿”(包括金钱、工作安排以及获得的赏识等)与自己的“投入”(包括教育、努力及耗用在职务上的时间等)的比值与组织内其他人作社会比较,只有相等时,他才认为公平。除了横向比较之外,人们也经常做纵向比较,即把自己目前投入的努力与目前所获得报偿的比值,同自己过去投入的努力与过去所获报偿的比值进行比较。只有相等时他才认为公平。

这种比较用公式表述为:

$$\frac{\text{工作成果的报酬(自己)}}{\text{工作中所付出的代价(自己)}} \begin{matrix} > \\ = \\ < \end{matrix} \frac{\text{工作成果的报酬(别人)}}{\text{工作中所付出的代价(别人)}}$$

这里的参照系(即“别人”)可以是组织中的其他员工,也可以是朋友、邻居或同行等。虽然这样得出的比例不太精确,但公平理论认为,个人的态度会大受其影响。总的说来,被激励者之间的比较会有3个结果:一是当公式中取等号时,个人会感到自己受到了平等合理的待遇,并继续保持这种公平比例;二是当公式中取小于号时,个人会感到自己的报酬不合理,太低了。在这种情况下,他会减少自己为工作所付出的代价,提出更高更合理的报酬要求,提出与别人调换工作,或放弃这种工作;三是当公式中取大于号时,个人会发现自己的报酬太高了。这种情况比较少见。对这种情况,管理者应采取措施,如促进他为此付出更大的代价,减少对他的报酬,或增加其工作量等。

公平理论第一次把激励和报酬的分配联系在了一起,说明人是要追求公平的,从而揭示了现实生活中的许多现象。此外,公平理论还表明公平与否都源于个人的感觉,个人判别报酬与付出的标准往往都会偏向于自己有利的一方,这对组织是不利的。因此,激励者应能以敏锐的目光察觉个人认识上可能存在的偏差,适时做好引导工作,确保个人工作积极性的发挥。

公平理论提出的基本观点是客观存在的,但公平本身却是一个相当复杂的问题,这主要是由于下面几个原因:

第一,它与个人的主观判断有关。上面公式中无论是自己的或他人的投入和报偿都是个人感觉,而一般人总是对自己的投入估计过高,对别人的投入估计过低。

第二,它与个人所持的公平标准有关。上面的公平标准是采取贡献率,也有采取需要率、平均率的。例如有人认为助学金应改为奖学金才合理,有人认为应平均分配才公平,也有人认为按经济困难程度分配才适当。

第三,它与绩效的评定有关。我们主张按绩效付报酬,并且各人之间应相对均衡。但如何评定绩效?是以工作成果的数量和质量,还是按工作中的努力程度和付出的劳动量？是按工作的复杂、困难程度还是按工作能力、技能、资历和学历？不同的评定办法会得到不同的结果。最好是按工作成果的数量和质量，用明确、客观、易于核实的标准来度量，但这在实际工作中往往难于做到，有时不得不采用其他的方法。

第四，它与评定人有关。绩效由谁来评定，是领导者评定还是群众评定或自我评定，不同的评定人会得出不同的结果。由于同一组织内往往不是由同一个人评定，因此会出现松紧不一，回避矛盾，姑息牵就，抱有成见等现象。

公平理论对我们的启示：

(1) 激励效果的不仅有报酬的绝对值，还有报酬的相对值。

(2) 激励时应力求公正，使等式在客观上成立，尽管有主观判断的误差，也不致造成严重的不公平感。

(3) 在激励过程中应注意对被激励者公平心理的疏导，引导其树立正确的公平观：第一，使大家认识到绝对的公平是没有的；第二，不要盲目攀比。所谓盲目性起源于纯主观的比较。多听听别人的看法，也许会客观一些；第三，不要按酬付劳，按酬付劳是在公平问题上造成恶性循环的主要杀手。

4.目标设定理论

目标设定理论是一种激励的过程理论，集中于制定目标的过程，把注意力集中在设置目标的过程本身。目标设定理论认为，只有当人们对一特定目标理解并接受时，人们对设定目标和为目标努力的天性才会发生作用。进一步说，如果员工们没有——或者认为自己没有达到既定目标所需的技能，也会士气不高。目标设定理论的观点是：个体的行为若是指向一个清楚的目标——这个目标是他所接受的，或经过理性判断认为可以达到的，那么，他就会受到激励。目标设置理论认为目标是行为的最直接动机，设置合适的目标会使人产生想达到目标的成就需要，因而对人有强烈的激励作用。任何目标都可以从3个纬度来分析：一是目标的具体性，也即能精确观察和测量的程度；二是目标的难度，也即实现目标的难易程度；三是目标的可接受性，指人们接受和承诺目标和任务指标的程度。大量的研究表明，从激励的效果或工作行为的结果来看，有目标的任务比没有目标的任务好，有具体的目标比空泛的、抽象的目标好，难度较高但又能被执行者接受的目标比没有困难的目标好。合适的目标所具有的激励作用较大。

目标设定过程的四个阶段：

(1) 确定要达到的目标。

(2) 判断这个目标能否达到。

(3) 判断这个目标与个体目标是否相匹配。

(4) 接受目标，目标随之确定，开始为实现目标采取行动。

当目标明确并具有挑战性时,能更有效地激励个体或团队行动。当员工们亲自参加的目标确定时,士气会更高,也会产生更大的责任感来完成目标。然而,员工们需要上司对他们的行动作出准确的反馈,以便在必要时帮助他们调整工作方法,同时也鼓舞他们为实现目标作坚持不懈的努力。

使工作指向目标的主要原因来自于工作动机。有关目标设定的研究表明。设定恰当而具有挑战性的目标能够产生强烈的激励作用。虽然我们不能断言让员工参与目标设定的过程总是可取的,但是,当你预期到员工在接受较困难的挑战性工作会遇到阻力时,让员工参与目标的设定是最适当不过的。

敏锐的读者可能已经注意到在目标设定理论和成就动机之间似乎存在着矛盾。中度的具有挑战性的目标将激发成就动机,而目标设定理论则认为设定具有一定难度的目标将产生更大的激励作用,这两种说法矛盾吗?答案是否定的。我们的解释包括两个方面:第一,目标设定理论是针对于一般大众的,而成就动机的结论仅仅基于高成就需要者而言的。据研究高成就需要者只占10%~20%,因此,对于大多数人而言,更容易接受目标设定理论。第二,目标设定理论适用于那些承诺并接受工作目标的人。具有一定难度的目标只有被人们所采纳,才会导致更高的工作绩效。

目标设置理论是过程激励理论中比较重要的一个理论。其贡献在于:它认为设置合适的目标是管理情景中最直接有效的激励方法和技术。它还告诉组织的激励者应把组织目标转化为个人目标,并进行反馈和奖励,以充分调动组织成员的积极性。

可以看出,上述不同的过程激励理论都提出了各自不同的观点。但总的说来,这些理论之间是相互补充的,如期望理论强调期望和效价,目标设置理论突出与期望和效价有关的绩效,而公平理论则说明在激励过程中保持公平的重要性。

三、行为矫正激励理论

行为矫正激励理论主要从行为的结果出发来研究行为是否受到激励,认为人的行为会受到矫正,即受到激励的行为倾向于反复出现等。

1.强化理论

强化理论是建立在效应法则基础上的激励理论。所谓效应法则是指当行为产生积极的结果时,行为会重复出现。当产生消极结果时,行为就会终止。

强化理论是由美国心理学家斯金纳(B.F.Skinner)首先提出的。斯金纳最初把它应用于训练动物上,后来又将它进一步发展并用于人的学习上。现在,强化理论被广泛地应用于激励人和改造人的行为。和其他的激励理论不同,斯金纳的强化理论几乎不涉及主观判断等内部心理过程,而只讨论刺激和行为的关系。按照斯金纳的观点,当人们因采取某种理想行为而受到奖励时,他们最有可能重复这种行为。当这种奖励紧跟在理想行为之后,则奖励最为有效;当某种行为没有受到奖励或者是受到惩罚时,其重复的可能性则非常小。

斯金纳认为,个体对外部事件或情境(刺激)所采取的行为或反应,取决于特定行为的结果。当行为的结果对他有利时,这种行为会重复出现。当行为的结果不利时,个体可能会改变自己的行为以避免这种结果。例如,人们可能会遵守规定——管理者的合法权力,因为根据在家庭和学校中学到的知识,他们知道不服从会招致惩罚。同一问题的另一面是,人们在工作中尽力达到目标,因为他们知道很可能会因此得到奖励。这就是众所周知的效应法则。强化理论涉及到人们对过去刺激—反应—结果的经验的记忆。强化理论认为,当受到与过去行为模式一致的刺激时,个体会受到激励。强化理论像期望理论一样,也是一种把动机和行为联系在一起的方式。行政管理人员乐于采纳员工的建议,这就是一种强化,能进一步刺激下属提出建议。因此,提出建议就是一种被强化的行为。强化是指员工行为的结果即行为导致的奖励和惩罚会反过来影响行为的发生。斯金纳认为员工的行为可以用过去的经验来解释,员工会通过对过去的行为和行为结果的学习,来影响将来的行为。也就是说,只要控制行为的结果,就可以达到控制和预测员工的行为的目的。因此,人们会凭借以往的经验来"驱利避害"。如果管理者希望改变员工的行为,必须改变其行为的结果。例如,一个人经常迟到,但是如果管理者对每一个按时到达或提前到达(行为结果的改变)的员工表示强烈的赞许而不是视而不见,这个员工也可能被激励,也能按时上班(行为修正)。如果以前管理者对迟到者不管不问,但现在对迟到者表示极为不满,迟到行为也可以被制止。

有四种常见的修正行为的方法。正强化、规避性学习、忽视、惩罚。

正强化:利用正面的影响以鼓励期望的行为。就是用表扬或提高工资等正面结果来鼓励、强化组织所需要的行为。即利用强化物刺激行为主体,保持和增强某种积极行为重新出现的频率。属于正强化的有表扬、奖励、提薪、提升等。在正强化下,职工因原有行为受到鼓励和肯定而自觉加强该行为。

惩罚:运用消极结果以阻止或更正不当的行为。惩罚是一种负强化又称为消极强化,即利用强化物抑制不良行为重复出现的可能性来运用管理手段。负强化包括批评、惩罚、降职、降薪等。通过负强化可以使职工感受到物质利益的损失和精神的痛苦,从而放弃不良行为。

规避性学习:指个体改变行为以避免或摆脱不利环境而进行的学习。是指员工们改变自己的行为以规避不愉快的结果,如批评或低评价。规避性学习也是一种负强化,通过警示避免不良行为。

忽视:对于不符合愿望的行动缺乏强化,将导致这一行动的最终停止。为制止某种行为,忽视对行为不施以任何刺激,任其反应频率逐渐降低,以致自然消退。

消退也是强化的一种方式。实践证明,某种行为长期得不到肯定或否定的反应,行为者就会轻视该行为的意义,以致丧失继续行为的兴趣。管理者可用忽视,对该行为不予强化。假设一位管理者对员工会议组织要求不严,强化了员工开会迟到和在会上浪费时间开玩笑的行为。为制止这种行为,管理者可以准时开会、不理睬开玩笑的人。

按照强化理论,管理者可以通过强化他们认为有利的行为来影响员工的活动。但是我们的重点应该在于积极强化而不是惩罚,也就是说,管理者应当忽视,而不是惩罚他不赞同的行为。尽管惩罚措施对于消除不良行为的速度快于忽视手段,但是它的效果经常只是暂时性的,并且可能会在而后产生不愉快的消极影响,如功能失调的冲突行为、缺勤或辞职等。

强化手段所产生的激励效果的大小,不仅与采用何种强化手段有关,还与如何进行强化实施的程序有关。强化实施的程序很多,一般分持续的强化和间断的强化两类。持续的强化是对每个行为都给予强化,没有中断和缺省。间断的强化是指非连续的强化,即不是每个行为都给予强化,而是按某种规律有选择地给予强化,包括固定比例强化、可变比例强化、固定间隔强化和可变间隔强化。强化方法在实施中可以采取多种形式,包括:(1) 连续强化,即职工的积极行为每出现一次就给予强化,如计件工资;(2) 定期强化,职工的积极行为保持一定时期后,给予一次强化,如月工资、月奖金;(3) 随机强化,管理人员根据职工的工作表现采用灵活方式随时予以强化,如表扬、奖励等。

强化理论的致命弱点在于它忽视了诸如目标、期望、需要等个体要素,而仅仅注重当人们采取某种行动时会带来什么样的后果。目标设定理论认为个体的目标引导其活动,而强化理论则认为人的行为是由外部因素控制的,控制行为的因素称为强化物。强化物是在行为结果之后紧接着的一个反应,它提高了该行为重复的可能性。因此,强化理论者们认为行为是其结果的函数。

强化理论的应用原则可以归纳为下面几条:

(1) 要依照强化对象的不同需要采用不同的强化措施。人们的年龄、性别、职业和文化不同,需要就不同,强化方式也应不一样。对一部分人有效的,对另一部分人不一定有效。不要对所有的个体给予同样的奖励。为了使行为强化有效果,奖励应基于工作绩效。对每个人都给予同样的奖励,实际上是强化了不好或中等表现,忽视了突出表现。需要注意,未能做出反应也会对员工行为产生影响。管理者做出反应或者不做出反应都会影响下属行为。例如,没表扬一个理应受到表扬的下属,会导致他下一次工作时不那么努力。一定要让人们清楚如何做才会得到奖励。组织应建立一个行为标准,让每个人都知道怎么做才能得到奖励;下属也可以相应调整他们的工作方式。要公正。一种行为应得到与其结果相对应的奖励。

没有奖励应得到奖励的人，或是过度奖励不值得奖励的下属，都会削弱奖励的强化效果。

(2) 小步子前进，分阶段设立目标。在鼓励人前进时，不仅要设立一个鼓舞人心而又切实可行的总目标，而且要将总目标分成许多小目标，小步子。完成每个小目标都及时给予强化，不仅易于目标的实现，而且通过不断的激励可以增强信心。有一本书叫《一分钟经理》，书中举了一个很好的例子来说明大目标、小步子的必要性。人们在动物园或电视里可能看到过这样的节目，海豚在池子里游泳，训练人员高高举起一个横杆置于水面以上，海豚能够一跃而起跨过两米多高的横杆，这不能不使人感到惊叹。海豚能够有如此出色的表演，就是因为训练人员刚开始训练海豚时，只是把横杆放在水下，一旦海豚从横杆上游过，就给予奖励，靠这种办法不断对海豚进行强化，并逐渐提高横杆的高度，最后海豚能够跃出水面高达几米。人也有类似情况，如果目标一次定得太高，会使人感到不易达到或者说能够达到的期望很小，就很难充分调动他为达到目标而做出努力的积极性。

(3) 及时反馈。所谓及时反馈就是通过某种形式和途径，及时将工作结果告诉行动者。无论结果好与坏，对行为都具有强化的作用，好的结果能鼓舞信心，继续努力，坏的结果能促使其分析原因，及时纠正。例如，让工人知道每天干了多少活，特别是在劳动竞赛中公相互之间的进度和成绩，能起到很好的激励作用。因此，抓好信息反馈是激励和改变行为的重要环节。

(4) 强化理论告诉我们，奖励(正强化)和惩罚(负强化)都有激励作用，但应以正激励为主，负激励为辅，才会收到更好的效果。务必告诉下属他们错在哪里。如果管理人员收回对下属的奖励，却不对其说明这样做的理由，下属会迷惑不解。他也许会感到自己被愚弄了。不要当众惩罚一个员工。申斥下属也许是制止组织所不需要的行为的一种有用方式。但是，当众指责会使下属感到屈辱，并且可能引起工作团队内全体成员对管理者的不满。

2. 归因理论

归因理论是美国心理学家海得(Helder)首先提出，后由美国斯坦福大学的罗斯(L. Ross)等人加以发展的。归因理论认为，人们对过去的成功或失败，一般会有四种归因，包括努力程度(相对不稳定的内因)、能力大小(相对稳定的内因)、任务难度(相对稳定的外因)以及运气和机会(相对不稳定的外因)。罗斯等人认为，把以往工作和学习的失败原因，归于内因中的相对稳定因素还是相对不稳定因素，是影响今后工作和学习的关键。也就是说，如果把失败的原因归于相对稳定的内、外因素，就会使人动摇信心，而不再坚持努力行为；而如把失败的原因归于相对不稳定的内、外因素，则人们会继续保持努力行为。归因理论给管理者带来了很好的启示，即当下属在工作中遭受失败后，如何帮助他寻找原因(归因)，引导他继续保持努力行为，争取下一次行为的成功。

3.挫折理论

挫折理论主要研究阻碍人发挥积极性的各种因素，了解挫折产生的原因、遭受挫折后的表现以及应付挫折的办法。所谓挫折，是指当人从事有目的的活动时，在环境中遇到障碍而又不能克服，使其目标无法实现、需要不能获得满足时的紧张状态。必须注意，不能达到目标是一种客观现实，但是否体验挫折却具有主观性，即与人的抱负水平有关。挫折理论认为，挫折是普遍存在的，引起挫折的原因是多种多样的，总的来说，挫折是由客观因素和人的个体因素两方面造成的。人遭受挫折后，会对个体心理产生重大的影响，并导致一系列的行为表现。挫折导致的行为表现主要有攻击、退化、固执和妥协，并往往以综合的形式出现。挫折理论提出要采取正确的方法来应付挫折，如正确对待挫折，改变情境，更换目标和采用精神发泄方法等，具有较强的实用价值。

第三节　激励理论的综合运用

一、激励的一般原则

激励是一门科学，正确的激励应遵循以下原则：

1.目标结合原则

在激励机制中，设置目标是一个关键环节。目标设置必须体现组织目标的要求，目标设置还必须能满足职工个人的需要，只有将组织目标与个人目标结合好，使组织目标包含较多的个人目标，使个人目标的实现离不开为实现组织目标所做的努力，这样才会收到良好的激励效果。

2.物质激励与精神激励相结合的原则

物质激励是基础，精神激励是根本，在两者结合的基础上，逐步过渡到以精神激励为主。

3.外在激励与内在激励相结合的原则

工资、奖金、福利、人际关系，均属于创造工作环境方面，也叫做外在激励，满足职工自尊和自我实现需要，最具有激发力量，可以产生满意，从而使职工更积极地工作，属于激励因素。而且往往不是外在激励因素，而是内在激励因素，即员工从工作本身（而非工作环境）取得很大的满足感。或工作中充满了兴趣、乐趣和挑战性、新鲜感；或工作本身意义重大、崇高，激发出光荣感、自豪感；或在工作中取得成就、发挥了个人潜力、实现了个人价值时所出现的成就感、自我实现感。在激励中，领导者应善于将外在激励与内在激励相结合，而以内在激励为主，力求收到事半功倍的效果。

使人与职务相匹配能够起到激励员工的作用。比如,高成就需要者应该从事小企业的独立经营工作,或在规模较大的组织中从事相对独立的部门运作。但是,如果是在大型官僚组织中从事管理工作,候选人必须是高权力需要和低归属需要的个体。同样道理,不要让高成就需要者从事与其需要不一致的工作,当他们面对中度挑战水平的目标,并且具有自主性和可以获得信息反馈时,能够做得最好。但是,不是每一名员工都会因工作的自主性、变化性和责任感而受到激励。这类工作只对高成就需要者具有很强的吸引力和激励作用。

4.正激励与负激励相结合的原则

根据美国心理学家斯金纳的强化理论,可把强化(即激励)划分为正强化和负强化。所谓正激励就是对职工的符合组织目标的期望行为进行奖励,以使得这种行为更多的出现,即职工积极性更高;所谓负激励,就是对职工的违背组织目的的非期望行为进行惩罚,以使得这种行为不再发生,即犯错误职工弃恶从善,积极性向正确方向转移。领导者在激励时应该把正激励与负激励巧妙地结合起来,而坚持以正激励为主,负激励为辅。

5.按需激励原则

激励的起点是满足员工的需要,但每个员工都是一个独特的不同于他人的个体,他们的需要、态度、个性及其他重要的个体变量各不相同。员工的需要存在着个体差异性和动态性,因人而异,因时而异,并且只有满足主导需要的措施,其效价才高,其激励强度才大。因此,领导者在进行激励时必须深入地进行调查研究,了解员工需要层次和需要结构的变化趋势,有针对性地采取激励措施,才能收到实效。

6.民主公正原则

公正是激励的一个基本原则。如果不公正,奖不当奖,罚不当罚,不仅收不到预期的效果,反而会造成许多消极后果。公正就是赏罚严明,并且赏罚适度。

民主是公正的保证,也是激励的本质特征。这是防止奖惩上的不公正,确保公正的有力措施。

二、工作激励

工作激励是指通过修正组织成员的行为、工作时间和工作设计来规范并激发组织成员工作积极性的一种激励方法。工作激励的具体形式有3种。

1.修正员工的行为

一般说来,修正行为要经过5个步骤:一是认真分析每个成员的工作行为;二是对其具体的工作量进行具体分析,以建立有效的行为标准;三是要对这些行为表现规定合理而明确的报酬;四是具体分析其工作环境,以协助组织成员有效地完成自己的工作;五是对既定目标的本身以及实现目标的全过程进行总结,以便今后改进这方面的工作。

2. 变更工作时间

变更工作时间就是变更正常的5天工作时间的安排。如压缩每周工作日，即把每周的工作压缩到少于5天；灵活机动的工作日，即把每个工作日内的工作时间分为两段，一段为固定时间(不能离开工作岗位)，另一段为灵活时间；分担同一个工作，即由两个组织成员分段时间地衔接，同干一项工作。这些方法可以满足组织成员多方面的需要，有助于提高他们的满意程度，并产生不同程度的激励作用。

3. 工作再设计

工作再设计的主要形式有：一是工作轮换，即在组织内对组织成员从事的工作岗位进行调换；二是工作扩大化，即横向扩大组织成员的工作范围；三是工作丰富化，即纵向扩大组织成员的工作范围；四是自治工作群体，即实行自治管理的小型劳动组织形式。越来越多的组织都把对工作进行重新调整或设计看作为一种有效的激励方法。研究表明，工作再设计有利于组织成员提高工作兴趣，激发工作热情、增强工作责任感和改善人际关系等。

三、报酬激励

报酬激励就是组织通过提供一定的报酬刺激，来激发组织成员努力完成一定的工作任务，以达到组织目标。广义地说，报酬激励有两种形式：一是外在报酬激励，即组织通过提高工资、奖金、提升、福利和社会地位等来进行激励；二是内在报酬激励，即通过工作任务本身(如成就感、影响力、胜任感等)来进行激励。这里的报酬激励主要指外在报酬激励。报酬激励作为一种最常用的外激励方法，通常都能起到比较明显的激励效果。调查研究表明，报酬因素虽然不是决定人们工作中表现的惟一主导因素，但是会直接影响员工对自己工作的满意程度。有效的报酬激励要求对组织成员工作的质和量(即工作绩效)进行客观公平的鉴定并给予应有的报酬。

组织成员按照其在组织内所处的地位，可分为一般员工和管理人员两类，因此，相应的报酬激励方式也不同。

1. 对一般员工的报酬激励

主要形式有：

(1) 金钱。金钱的激励作用在人们生活达到宽裕水平之前是十分明显的。金钱包括工资、津贴、货币性福利等。显然，如果能将金钱激励与员工的工作成绩紧密联系起来，它的激励作用将会持续相当长的一段时期。

(2) 认可和赞赏。认可和赞赏有时可以成为比金钱更具激励作用的奖酬资源。在管理实践中，用认可和赞赏的方式对员工进行奖励，可以采取多种灵活形式。

(3) 带薪休假。带薪休假对很多员工来说,都具有吸引力,特别是对那些追求丰富的业余生活的员工来说,更是情之所钟。

(4) 员工持股。许多公司的实践证明,一旦员工变成所有者,他们就会以主人翁的精神投入工作,并基本不会做出损害公司效率和利润的行为。

(5) 享有一定的自由。对能有效地完成工作的员工,可以减少或撤消对他们的工作检查,允许他们选择工作时间、地点和方式,或者允许他们选择自已喜欢干的工作。

(6) 提供个人发展和晋升的机会。这一方式几乎对所有的员工都有吸引力。

2.对管理人员的报酬激励

这里所指的管理人员包括中下层管理人员和组织的高层经营者。管理人员与一般员工相比,倾向于更高层次的需要。也就是说,管理人员的高层次需要的强度相对偏高一些。我们已经知道,高层次需要更多地是从工作本身得到满足。当然,经济刺激仍然是较为重要的激励因素。对管理人员的报酬激励,除去与一般员工相同之外,其主要特点有三:

(1) 长期奖励。相对来说,各级管理人员的工作对组织的长远发展能产生比较大的影响,因此,对管理人员的报酬激励要突出对其长期行为的引导。长期奖励的作用就是能克服管理人员的短期行为,从而保证组织的持续发展。长期奖励的主要形式有股票和股票期权等。有统计数字表明,参加股票期权计划者,80%以上都是企业的管理人员。

(2) 特别福利。特别福利是管理人员在一定职位上享有的特别待遇。当这种待遇可观时,也能起到一定的激励作用。这种特殊福利包括无偿使用组织的车辆、带家属旅行、从组织获得无息和低息贷款等。20 世纪 80 年代以来,一种叫"金降落伞"(即相当于一般员工被解雇时拿到的离职费)的特别福利变得非常流行。

(3) 在职消费。由于管理人员在组织内都担任不同的职位,因此,都存在不同程度的在职消费。这类非货币性消费包括豪华的办公室、漂亮的女秘书、到风景胜地作经常的商业性旅游、增雇员工等。对管理人员的报酬激励要防止其报酬过高。在这方面,比较可行的有两个办法:一是在管理人员的报酬与一般员工的报酬之间建立明确的挂钩关系;二是将付给管理人员的报酬限制在一个事先约定的乘数之内。

四、精神激励

精神激励是十分重要的激励手段,它通过满足职工的社交、自尊、自我发展和自我实现的需要,在较高的层次上调动职工的工作积极性,其激励深度大,维持时间长。

精神激励大体上有如下行之有效的方法:

1.目标激励

目标激励是指组织中的上下级共同制定组织的目标,并由此确定组织成员的分目标,使组织成员通过完成各自的分目标来为完成组织的目标做贡献的一种管理激励方法。目标激励的实质是以目标设置来激发组织成员的自我管理意识和指导行为。目标激励的方法最早由美国管理学家德鲁克首先提出,并主要用于各级管理人员中。1965年,美国管理学家奥迪思进一步发展了目标激励,把参与目标激励的人员扩大到整个组织范围。

我们知道,古典激励方法强调物质刺激,人际关系和人力资源的激励方法则以不同的程度强调以人为本。目标激励的成功之处正是在于把物的问题和人的因素紧密地结合在一起,从而成为一种新型的被广泛接受的激励方法。此外,目标激励既是一种激励手段,又是一种管理过程。通过这一管理过程,组织的上下级人员明确了共同的目标,并规定了各成员为达到组织目标而应承担的职责范围,即分目标和具体任务,在此基础上,组织可以来衡量每个成员的绩效,并据此给予奖惩。

企业目标是一面号召和指引千军万马的旗帜,是企业凝聚力的核心。它体现了职工工作的意义,预示着企业光辉的未来,能够在理想和信念的层次上激励全体职工。职工的理想和信念应该通过企业目标来激发并使二者融为一体。企业应该将自己的长远目标、近期目标大张旗鼓地进行宣传,做到家喻户晓,让全体职工看到自己工作的巨大社会意义和光明的前途,从而激发大家强烈的事业心和使命感。

在进行目标激励时,还应注意把组织目标与个人目标结合起来,宣传企业目标与个人目标的一致性,企业目标中包含着职工的个人目标,职工只有在完成企业目标的过程中才能实现其个人目标。使大家具体地了解:企业的事业会有多大发展,企业的效益会有多大提高,相应地,职工的工资奖金、福利待遇会有多大改善,个人活动的舞台会有多少扩大,使大家真正感受到“厂兴我富,厂兴我荣”的道理,从而激发出强烈的归属意识和巨大的劳动热情。

2.形象激励

一个人通过视觉感受到的信息,占全部信息量的80%,因此充分利用视觉形象的作用,激发职工的荣誉感、光荣感、成就感、自豪感,也是一种行之有效的激励方法。

最常用的方法是照片上光荣榜,借以表彰本企业的标兵、模范。每天上班大家都从光荣榜前经过,不仅先进者本人深受鼓舞,而且更多的职工受到激励,心想:我的照片也争取上光荣榜。

现在,许多大型企业都安装了闭路电视系统,并开设了“厂内新闻”等电视节目,使形象激励又多了一个更有效、内容更丰富、更灵活多样的手段。厂内发生的新人、新事、五好青工、优秀党员、模范家属、劳动模范、技术能手、爱厂标兵等等,都在“厂内新闻”中成为新闻人物，立即通过视觉形象传遍千家万户，不仅本人感到光荣，而且全家引以自豪，这种激励效果是强有力的。

还有些企业通过举办“厂史展览”、“摄影大赛”等形式，收到了形象激励的显著效果，这些经验均可借鉴。

3.荣誉激励

荣誉是众人或组织对个体或群体的崇高评价，是满足人们自尊需要，激发人们奋力进取的重要手段。特别在中国，自古以来就重视名节，珍视荣誉，这个环节尤为重要。

给予“先进生产者”、“生产能手”、“五好标兵”、“青年突击队”、“优秀共产党员”、“红旗车间”、“三八红旗手”等荣誉称号，激励了成千上万的先进个人、先进集体，也激励了更多的有进取心的人们。

4.兴趣激励

兴趣对人们的工作态度、钻研程度、创造精神的影响很大，往往与求知、求美和自我实现密切相联。在管理中重视兴趣因素会取得很好的激励效果。

国内外都有一些企业允许甚至鼓励职工在企业内部“双向选择，合理流动”，包括职工找到自己最感兴趣的工作。兴趣可以导致专注，甚至于入迷，而这正是获得突出成就的重要动力。如吸收一些喜欢钻研有关操作技术、热心于技术革新活动的职工，到“技改小组”、“TQC 小组”中来，不仅使他们的兴趣爱好有用武之地，而且还可激发出参与感、归属感，增加其主人翁责任感。

业余文化活动是职工兴趣得以施展的另一个舞台。许多企业由工会出面，组织了摄影、戏剧、舞蹈、棋类、书画、集邮、歌咏等兴趣小组或兴趣协会，使职工的业余爱好得到满足，增进了职工之间的感情交流，感受到企业的温暖和生活的丰富多彩，大大增加了职工的归属感，满足了社交需要，有效地提高了企业的凝聚力。兴趣活动往往是帮助后进职工，启发其觉悟，变后进为先进的转化器。

5.参与激励

在我们社会主义国家，职工是国家的主人，理所当然的是企业的主人。但法律上有规定是一回事，企业中职工的主人翁地位是否得到尊重是另一回事。怎样激发职工的主人翁精神？办法只有一个，就是厂长如实地把职工摆在主人的位置上，尊重他们，信任他们，把企业的底牌交给他们，让他们在不同层次和不同深度上参与决策，吸收他们中的正确意见，全心全意地依靠他们办好企业。这在管理学中叫“参与激励”。通过参与，形成职工对企业的归属感、认同感，进一步满足自尊和自我实现的需要。

TQC 小组、职工参与班组民主管理、职工通过“职代会”、“企业管理委员会”中的代表参与企业重大决策，是目前我国职工参与企业决策和企业管理的主要渠道。

其他常见的参与激励形式还有家庭访问、“诸葛亮会”、“花钱买批评”等等。在国内外企业普遍采用的“奖励职工合理化建议”制度，是行之有效的职工参与形式。

6.感情激励

人与动物的基本区别是人有思想有感情。感情因素对人的工作积极性有重大影响。感情激励就是加强与职工的感情沟通，尊重职工、关心职工，与职工之间建立平等和亲切的感情，让职工体会到领导的关心、企业的温暖，从而激发出主人翁责任感和爱厂如家的精神。感情激励可使管理者与职工之间建立真诚的友谊，进而实现上下同心。

常见的感情激励形式有“三必访”、“五必访”制度，“让工人坐头排”制度，生日祝贺礼仪（领导亲自祝贺、送生日蛋糕、送生日卡、举办生日晚会、生日舞会等），每天上班时经理人员迎接职工上班的习俗，为职工排忧解难，办实事，送温暖活动等。

感情激励的技巧在于“真诚”二字。“你若要求工人以厂为家，就应该把工厂办得像家一样温暖。”

7.榜样激励

模仿和学习也是一种普遍存在的需要，其实质是完善自己的需要，这种需要对青年尤为强烈，最典型的表现是“明星效应”。榜样激励是通过满足职工的模仿和学习的需要，引导职工的行为到组织目标所期望的方向。

榜样激励的方法是树立企业内的英雄模范人物的形象，号召和引导模仿学习。像王铁人、张秉贵、焦裕禄等英雄模范人物，曾在全中国起了很好的榜样作用。树立和宣传劳动模范时，切忌拔高、理想化，搞成“高、大、全”；也不要躲躲闪闪，不敢充分肯定，使英模身上的光彩人为地淡化。这两种倾向都违背了实事求是的原则，因而都缺乏号召力、感染力。

榜样激励的一个重要方面是领导者本人的身先士卒，率先垂范，正如一些企业负责人所说：“喊破嗓子，不如做出样子。”领导的一个模范行动，胜过十次一般号召。

以上只是精神激励的常见做法。在实际工作中，应该针对不同情况，从实际出发，综合地运用一种或多种激励手段，以求收到事半功倍的效果。这种权变的、综合运用不同手段所进行的激励是精神激励的基本技巧。

五、关于激励员工的建议

如果你作为一名管理者想要激励你的员工，那么你能从这一章的理论中得到哪些具体建议呢？在这方面没有一个简单的、放之四海而皆准的行为指南。但是，以下这些建议会对我们如何激励员工有实质性的帮助。

1.认清个体差异

几乎所有的当代激励理论都认为每个员工都是一个独特的不同于他人的个

体,他们的需要、态度、个性及其他重要的个体变量各不相同。比如,期望理论对内控型人比外控型人预测得更准确。为什么?因为前者认为自己的生活在很大程度上由自己所掌握,这与期望理论中的自我利益假设是一致的。

2.使人与职务相匹配

大量研究证据表明将个体与职务进行合理匹配能够起到激励员工的作用。比如,高成就需要者应该从事小企业的独立经营工作,或在规模较大的组织中从事相对独立的部门运作。但是,如果是在大型官僚组织中从事管理工作,候选人必须是高权力需要和低归属需要的个体。同样道理,不要让高成就需要者从事与其需要不一致的工作,当他们面对中度挑战水平的目标,并且具有自主性和可以获得信息反馈时,能够做得最好。但是记住,不是每一名员工都会因工作的自主性、变化性和责任感而受到激励。这类工作只对高成就需要者具有很强的吸引力和激励作用。

3.运用目标

目标设定理论告诉我们,管理者应确保员工具有一定难度的具体目标,并对他们工作完成的程度提供反馈。对于高成就需要者来说,外部目标的重要性则比较小,他们靠内部动机激励,但高成就需要者在任何组织中显然都是少数。

目标是应该由管理者单独设定呢,还是应该让员工参与设定?答案取决于你对目标的可接受性和组织文化的认识。如果你预期到目标会受到抵制,那么使用参与做法将会增加目标的可接受性程度。如果参与做法与组织文化相抵触,则应由管理者单独设定目标。因为当两者相抵触时,员工们很可能会把参与做法看作被组织所操纵,因而会拒绝这种方式。

4.确保个体认为目标是可达到的

无论目标是否可以真正达到,如果员工认为目标无法达到,则他们的努力程度就会降低。因而管理者必须保证员工充满自信心,让他们感到只要更加努力,就可以实现绩效目标。对于管理者而言,这意味着员工必须能胜任他的工作,而且他们感到绩效评估系统是可靠而有效的。

5.个别化奖励

由于每位员工的需要不同,因此对某人有效的强化措施,可能并不适合于其他人。管理者应当根据员工的差异对他们进行个别化的奖励,管理者能够支配的奖励措施包括加薪、晋升、授权、参与目标设定和决策的机会。

6.奖励与绩效挂钩

管理者必须使奖励与绩效相统一,只有奖励因素而不是绩效才能对其他因素起到强化作用。主要的奖励如加薪、晋升应授予那些达到了特定目标的员工。管理者应当想办法增加奖励的透明度,如消除发薪的保密性,代之以公开员工的工资、奖金及加薪数额，这些措施将使奖励更加透明，更能激励员工。

7.检查公平性系统

员工应当感到自己的付出与所得是对等的。具体而言，员工的经验、能力、努力等明显的付出项目应当在员工的收入、职责和其他所得方面体现出不同。但是，在公平性问题上，存在着众多的付出与所得的项目，而且员工对其重要性的认识也存在差异，因而这一问题十分复杂。比如，一项对比白领、蓝领员工的研究确定出将近20项付出与所得项目。研究发现，白领员工将工作质量、工作知识列在付出因素的首位，但蓝领员工却将这些因素列在付出因素的末位，他们认为最重要的付出因素是智力和个人对完成任务的投入，这两个要素对于白领员工的重要性程度却很低。在所得方面，也同样存在着差异，只不过差异不大显著。比如，蓝领员工将晋升放在很高的位置，但白领员工却将它的重要性排在第三位。这些差别意味着对某人具有公平感不一定对其他人也有公平感，所以理想的奖励系统应当能够分别评估每一项工作的投入，并相应给予合适的奖励。

8.不要忽视钱的因素

当我们专心考虑目标设定、创造工作的趣味性、提供参与机会等因素时，很容易忘记金钱是大多数人从事工作的主要原因。因此，以绩效为基础的加薪、奖励及其他物质刺激在决定员工工作积极性上起着重要的作用。在这里我们并不是要管理者仅仅注重金钱因素，而只是说如果金钱作为一种刺激手段被取消，那么人们就不会在工作中付出更多努力。但是取消目标、丰富化的工作或参与决策这些因素却不会出现这种状况。

第十七章　领导理论

学习目的

学习本章应了解与掌握：

1.解释管理者与领导者之间的异同。

2.概述领导的特质理论的核心思想。

3.描述领导的行为理论。

4.阐释影响领导的主要权变因素。

5.确认具有个人魅力型领导的关键特征。

6.对比事务型领导者与变革型领导者的不同。

再好的计划也需要实施。通过领导把资源调动起来，有效地按照计划运作，才有可能更好地实现组织的目标。领导与权力是相关的，没有一定的权力就不可能指挥、统帅组织的员工。现代组织中的领导内容与过去有很大的差别，主要为塑造企业文化。制订发展战略、构造企业核心能力、管理创新等。领导者在领导过程中通常自觉不自觉地形成自己的惯例，久而久之就形成了领导风格。理论上，领导风格有多种类型，但它的实际运作则与领导者有关。领导者的素质、能力、观念等对一个组织影响很大，对管理的效率影响也很大。

领导和管理的概念常常被混淆，但领导与管理是不同的，好的领导与薄弱的管理不能产生好的效果，有效的管理但领导不力也不能达到组织目标。管理是维持组织运行的既定规则与制度，它使组织得以正常运转。没有行之有效的管理，企业将在千头万绪中一片混乱，管理则恰恰给企业带来秩序和效率。领导有所不同，相对而言，领导的职能与作用更反映在对环境的应变并引导组织内的变革中。

第一节　领导的内涵

关于领导的含义有几种看法：有人认为，领导是一门促使下级以高度的热心和信心来完成他们任务的艺术。有人认为，领导是一项程序，它使人们在选择目标和达到目标的过程中受指挥者的导向和影响。也有人认为，领导是一种说服他人热心追求目标的能力等等。综合上述看法，还有一些人认为，领导的本质是一种影响力，即对一个组织为确立目标和实现目标所进行的活动施加影响的过程。

巴纳德在《经理人员的职能》一书中将经理人员的职能归结为以下 3 个方面：

(1) 维持信息交流。组织中存在大量的信息流。命令的传达,执行效果反馈,上下级的沟通,数据资料的上传下达等。组织整体即为信息集合,那么领导的职能之一即是寻找建立信息交流的措施,建立信息交流的体系。

(2) 促成个人提供必要的努力。领导的作用主要在于使组织成员有效的沟通,从而加强组织各部门之间的协作,并且给予组织成员有效的激励,以发挥其主动性与创造性,做出数量更多、质量更好的贡献。

(3) 提出和制定目标。显然,制定高瞻远瞩的组织战略目标,带领组织不断前行,应是领导者题中应有之意。巴纳德的观点大致总结了经理人员的职责。在此值得一提的是,领导的功能更体现在对组织外部环境的应变以及对复杂事物的管理上。21 世纪,企业面对的将是日新月异的知识经济时代,技术进步一日千里,国际竞争愈演愈烈,这些都对领导者提出了更高的要求,例如敏锐的洞察力,果断的行动力,巨大的影响力等。具备这些素质的领导,才能适时地推动企业变革,不断适应新的环境变化,使企业立于不败之地。

上述巴纳德的经理人员职能主要体现为影响力。

我们首先来看看管理者与领导者的不同之处。尽管二者并不一致,但不少作者常常将它们混为一谈。管理者是被任命的,他们拥有合法的权力进行奖励和处罚,其影响力来自于他们所在的职位所赋予的正式权力。相反,领导者则可以是任命的,也可以是从一个群体中产生出来的,领导者可以不运用正式权力来影响他人的活动。我们可以这样说,在理想情况下,所有的管理者都应是领导者。但是,并不是所有的领导者必然具备完成其他管理职能的潜能,因此不应该所有的领导者都处于管理岗位上。一个人能够影响别人这一事实并不表明他同样也能够计划、组织和控制。既然(在理想条件下)所有的管理者都应是领导者,因此,**领导者指的是那些能够影响他人并拥有管理权力的人。**

我们把管理中的领导定义为引导和影响团体成员致力于从事与任务相关的活动的过程。我们这个定义包含四个方面的重要含义。

第一,领导涉及到领导者以外的其他人——员工或追随者。正是由于团体成员情愿接受领导者的引导,才使领导者成其为领导者,才使领导过程成为可能。没有领导对象,管理者的领导活动是毫无意义的。

第二,领导涉及领导者本身和团体成员之间权力的不平等分配。并不是说团体成员们没有任何权力,他们能够而且确实做到了用不同方式组织群体活动。但是,相对而言,领导者拥有更多的权力。

领导概念的第三个方面是使用不同权力以多种方式影响追随者行为的能力。确实,领导者的影响力能使士兵去杀人,可以使员工为了公司的利益而做出自我牺牲。

第四个方面的含义是领导关注道德准则,并且尽力给予追随者足够的相关知识,使他们在接受领导者的命令时能够做出明智的选择。领导是道德楷模,他们对员工具有一种感召力量,道德榜样的作用是非常重要的。

管理者的权力从何而来?如果细加分析,可将权力的基础分为5类:

(1) 惩罚权。它来自下级恐惧感,即下级感到领导者有能力惩罚他,使他痛苦,使他不能满足某些需求。

(2) 奖赏权。它来自下级追求满足的欲望,即下级感到领导者有能力奖赏他,使他觉得愉快或满足某些需求。

(3) 合法权。它来自下级传统的习惯观念,即下级认为领导者有合法的权力影响他,他必须接受领导者的影响。

(4) 模范权。它来自下级对上级的信任,即下级相信领导者具有他所需要的智慧和品质,具有共同的愿望和利益,从而对他钦佩和赞誉,愿意模仿和跟从他。

(5) 专长权。它来自下级的尊敬,即下级感到领导者具有某种专门的知识、技能和专长,能帮助他指明方向,排除障碍,达到组织目标和个人目标。

惩罚权、奖赏权、合法权属于职位权力,模范权和专长权属于个人权力。这几种不同的权力对下级所产生的影响效果和个人满意程度是不同的。

惩罚权虽然可以使下级基于恐惧而顺从,但这种顺从是表面的、暂时的,而内心则不一定受到影响。为了维持这种顺从,领导者必须时常监督下级是否照他的指示去做。如果发现下级不遵循行为规范,为了维持恐惧一定要加以惩罚。而监督与惩罚的成本都很高昂。

奖赏权是采取奖励的办法来引导人们做出所需要的行为。其效果当然要比惩罚好,可以增加领导者对下级的吸引力,也能引起满意并提高工作效率,但这种办法的激励作用要视奖励值的大小和公平性如何而定。奖赏权不利的一面是容易引起本位主义,使下级缺乏整体和长远观念,过分使用这种权力还容易形成人们对金钱的依赖心理。

合法权是指下级基于习惯、社会意识和某种责任感所引起的服从,但这种服从不能导致较高的工作水平和个人满意的感觉。下级接受这种权力还因为只有这样才会得到领导者的赞扬、大家的接纳和认可,满足安全和亲和的要求。

模范权和专长权一般都能引起公开和私下的顺从,内心的信服,由此而来的影响力也比较持久。

可供领导者运用的权力越大,他可以实施有效领导的潜力就越大。但是,我们在组织中也常常可以见到处于同一层次、拥有同样合法权力的管理者,他们运用奖赏、强制、感召以及专家权力的能力却有很大差别。

领导理论方面的学者瓦伦贝恩曾经指出:“绝大多数组织都被管理过度却领导

不足。一个人可以是有效的管理者——一个好的计划制定人，一个公正的、有组织才能的管理者，但却缺少领导者应有的激励技能。另一些人堪称有效的领导者，他们深谙激发人的热忱、奉献精神与忠诚感之道，但却缺少必要的管理技能来引导那些被他们自己激发出的能量。由于当今组织环境面临日益严重的动态管理的挑战，所以，很多组织都非常重视那些掌握领导技能的管理者。

第二节　人性假设理论

要想对下级实施正确的领导，必须具备一个前提就是正确地认识和对待下级。所有领导者必须回答一个共同的问题：人性的本质是什么？这就是所谓"人性的假设"。关于人性假设的理论是很多的，但归纳起来有 4 种，即经济人假设、社会人假设、自我实现人假设和复杂人假设。

一、经济人假设

根据经济人的假设，管理人员的职责和相应的管理方式应当是：

(1) 管理人员关心的是如何提高劳动生产率，完成任务，他的主要职能是计划、组织、指引、监督。

(2) 管理人员主要是应用职权，发号施令，使对方服从，让人适应工作和组织的要求不考虑在情感上和道义上如何给人以尊重。

(3) 强调严密的组织和制定具体的规范和工作制度，如工时定额、技术规程等。

(4) 应以金钱报酬来收买员工的效力和服从。

由此可见，此种管理方式是胡萝卜加大棒的办法。一方面靠金钱的收买与刺激，一方面靠严密的控制、监督和惩罚迫使其为组织目标努力。泰勒制就是这类管理的典型代表。这种经济人观点目前在西方资本主义国家已经过时了。

二、社会人假设

将人看做社会人是根据霍桑试验提出来的。所谓社会人是指人在进行工作时不仅将物质利益看成影响因素，人们更重视的是和周围人的友好相处，满足社会和归属的需要。

社会人假设的基本内容是：

(1) 交往的需要是人们行为的主要动机，也是人与人的关系形成整体感的主要因素。

(2) 工业革命所带来的专业分工和机械化的结果，使劳动本身失去了许多内在的含义，传送带、流水线以及简单机械的动作使人失去了工作的动力，因此只能从工作的社会意义上寻求安慰。

(3) 工人与工人之间的关系所形成的影响力，比管理部门所采取的管理措施和奖励具有更大的影响。

(4) 管理人员应当满足职工归属、交往和友谊的需要，工人的效率随着管理人员满足他们社会需要的程度的增加而提高。由此假设所产生的管理措施为：

(1) 作为管理人员不能只把目光局限在完成任务上，而应当注意对人关心、体贴、爱护和尊重，建立相互了解、团结融洽的人际关系和友好的感情。

(2) 管理人员在进行奖励时，应当注意集体奖励，而不能单纯采取个人奖励。

(3) 管理人员由计划、组织、指引、监督的作用变成为上级和下级之间中间人的作用，应当经常了解工人感情和听取意见并向上级发出呼吁。

根据这个理论，美国企业中实行了一项专门的计划，即提倡劳资结合作用，利润分享，其中除了建立劳资联合委员会，发动群众提建议外，主要是将超额利润按原工资比例分配给大家，以谋取良好的人际关系。这项计划收到了较好的效果。

三、自我实现人假设

自我实现人假设，它是以马斯洛的层次需要论和阿吉累斯的成熟不成熟理论为基础的。

阿吉累斯认为社会的现实和管理制度压制着人们人格上的成熟。他认为健康的人从婴儿到成人，在人格上，心理上总是倾向于从不成熟向成熟发展。这是一个自然的过程，在这个过程中，人格发生变化。但是由于现实和企业管理制度的约束，以及外界的影响(如工作简单，强调集权和服从，工人无力支配环境等)，使人的成熟受到阻碍。人从不成熟到成熟的转变是一个过程。

根据以上假设，相应的管理措施为：

(1) 改变管理职能的重点。管理经济人的重点放在工作上，即放在计划、组织和监督上；管理社会人主要是建立亲善的感情和良好的人际关系；而管理自我实现人应重在创造一个使人得以发挥才能的工作环境，此时的管理者已不是指挥者、调节者和监督者，而是起辅助者的作用，从旁给以支援和帮助。

(2) 改变激励方式。无论是经济人还是社会人的假设，其激励都是来自金钱和人际关系等外部因素。对自我实现人主要是给予来自工作本身的内在激励，让他担当具有挑战性的工作，担负更多的责任，促使其工作做出成绩，满足其自我实现的需要。

(3) 在管理制度上给予工人更多的自主权，实行自我控制，让工人参与管理和决策，并共同分享权力。

四、复杂人假设

复杂人假设是在 20 世纪 70 年代提出来的。它的提出是由于几十年的研究证明，前面所说的经济人、社会人和自我实现人，虽然都有其合理的一面，但并不适用于一切人。因为人是复杂的,不仅因人而异,而且同一个人在不同的年龄和情境中会有不同的表现。人会随着年龄、知识、地位、生活以及人与人关系的变化,而出现不同的需要。因此研究者认为人是复杂的,并提出了复杂人假设。其内容主要是下面几点:

(1) 人的需要分为许多种,这些需要不仅是复杂的,而且会根据不同的发展阶段、不同的生活条件和环境而改变。

(2) 人在同一个时间内会有多种的需要和动机,这些需要和动机相互作用、相互结合,形成了一种错综复杂的动机模式。

(3) 人由于在组织中生活,可以产生新的需要和动机。在人的生活的某一特定阶段和时期,其动机是内部的需要和外部环境相互作用而形成的。

(4) 一个人在不同的组织或同一组织的不同部门、岗位工作时会形成不同的动机。一个人在正式组织中郁郁寡欢,而在非正式组织中有可能非常活跃。

(5) 一个人是否感到满足或是否表现出献身精神,决定于自己本身的动机构造及他跟组织之间的相互关系。工作能力、工作性质与同事相处的状况均可以影响他的积极性。

(6) 由于人的需要是各不相同的,能力也是有差别的,因此对不同的管理方式每个人的反应是不一样的,没有一套适合任何时代、任何人的普遍的管理方法。

这个假设没有要求采取和上述假设完全不同的管理方法,而只是要求了解每个人的个别差异。对不同的人,在不同的情况下采取不同的措施,即一切随时间、条件、地点和对象变化而变化,不能一刀切。一些研究结果表明,同一个管理方式,对不同类型的单位以及不同的地区效果不同,所以调动积极性的办法也应不同。

第三节　领导特质理论

领导特质理论集中回答这样的问题:领导者应该具备哪些素质?怎样正确地挑选领导者?这种理论首先是由心理学家开始研究的,他们的出发点为:根据领导效果的好坏,找出好的领导人与差的领导人在个人品质或特性方面有哪些差异,由此确定优秀的领导人应具备哪些特性。研究者认为,只要找出成功领导人应具备的特点,再考察某个组织中的领导者是否具备这些特点,就能断定他是不是一个优秀的领导人。这种归纳分析法成了研究领导特质理论的基本方法。

领导特质理论按其对领导特性来源所作的不同解释,可分为传统特性理论和现代特性理论。传统特性理论认为领导者所具有的特性是天生的,是由遗传决定的,现在已很少有人赞同这样的观点。现代特性理论认为领导者的特性和品质是在实践中形成的,是可以通过教育训练培养的。

到底领导者应当具有哪些特性呢？不同的研究者说法不一。一些人认为天才的领导者应当健谈,外表英俊潇洒,智力过人,自信,心理健康,喜欢支配别人,外向而敏感等7项特性。斯托格迪尔发现了与领导才能有关的身体特征(如精力、外貌与身高等),智能特征,个性特征(如适应性、进取性、热心与自信等),与工作有关的特征(如追求成就的干劲、毅力和首创性等)以及社会特征(如愿意与人合作、人际关系的艺术以及管理能力等)。还有些人则从满足实际工作需要和胜任领导工作的要求方面研究领导者应具有的能力、才智、个性。

一、企业家应具备的十个条件

美国普林斯顿大学包莫尔提出了作为一个企业家应具备的十个条件,颇具代表性:

(1) 合作精神:即愿与他人一起工作,能赢得人们的合作,对人不是压服,而是感动和说服。

(2) 决策能力:即依赖事实而非想象进行决策,具有高瞻远瞩的能力。

(3) 组织能力:即能发掘部属的才能,善于组织人力、物力和财力。

(4) 精于授权:即能大权独揽,小权分散。

(5) 善于应变:即机动灵活,善于进取,而不抱残守缺,墨守成规。

(6) 敢于求新:即对新事物、新环境和新观念有敏锐的感受能力。

(7) 勇于负责:即对上级、下级和产品用户及整个社会抱有高度的责任心。

(8) 敢担风险:即敢于承担企业发展不景气的风险,有创造新局面的雄心和信心。

(9) 尊重他人:即重视和采纳别人意见,不盛气凌人。

(10) 品德高尚:即品德上为社会人士和企业员工所敬仰。

二、领导者的六项特质

斯蒂芬·P·罗宾斯的管理学提出区分领导者与非领导者的六项特质:

(1) 进取心:领导者表现出高努力水平,拥有较高的成就渴望,他们进取心强,精力充沛,对自己所从事的活动坚持不懈,并有高度的主动精神。

(2) 领导愿望:领导者有强烈的愿望去影响和领导别人,他们表现为乐于承担责任。

(3) 诚实与正直:领导者通过真诚与无欺以及言行高度一致而在他们与下属之间建立相互信赖的关系。

(4) 自信:下属觉得领导者从没缺乏过自信。领导者为了使下属相信他的目标和决策的正确性,必须表现出高度的自信。

(5) 智慧:领导者需要具备足够的智慧来收集、整理和解释大量信息,并能够确立目标。解决问题和做出正确的决策。

(6) 工作相关知识:有效的领导者对于公司、行业和技术事项拥有较高的知识水平。广博的知识能够使他们做出富有远见的决策,并能理解这种决策的意义。

三、领导者的素质

研究表明某些个人品质与领导者有效性之间确实存在着相互联系。例如,一些研究发现领导者确实具有高度的才智、广泛的社会兴趣、取得成功的强烈欲望,以及对待职工的极端关心和尊重。另一些研究则发现个人的才智、管理能力、首创性、自信以及个性等,与领导的有效性有重要的关系。另外领导特质理论系统地分析了领导者所应具有的能力、品德和为人处事的方式,向领导提出了要求和希望。这对我们培养、选择和考核领导者是有帮助的。一般认为,作为一个有效的领导者,他必须在政治素质、业务素质和身体素质方面符合一些基本的条件。结合我国的国情看,这些基本条件大致可归纳为以下几种素质。

1.政治素质

政治素质主要包括思想观念、价值体系、政策水平、职业道德、工作作风等方面。具体说来,一个有效的、合格的领导者需要符合以下几个方面的要求:

(1) 正确的世界观、价值观与人生观。社会主义市场经济中的企业领导者,必须在大是大非问题上有正确的价值判断和伦理观念,能够处理好经营经济性、经营社会性和对待员工的人性等多方面关系。

(2) 现代化的管理思想。管理现代化的企业,必须以现代科学理论作为指导,树立一系列全新的管理观念,主要包括:系统观念、战略观念、信息观念、时间观念、人才观念、竞争观念、质量观念、创新观念、法制观念、效益观念等。

(3) 强烈的事业心、高度的责任感和正直的品质。

(4) 实事求是、勇于创新的精神。

2.业务素质

有效的领导者应具有管理现代化企业的知识和技能。概括地说,领导者应掌握的基本业务知识包括:

(1) 社会主义市场经济的基本运行规律和基本理论,如经济学、市场营销理论等。

(2) 组织管理的基本原理、方法、程序和各项专业管理的基本知识。

(3) 思想工作、心理学、人才学、组织行为学、社会学、工业关系学等方面的知识。

在掌握各方面的业务知识的基础上,领导者要通过不断的实践探索培养自己高超的业务技能,能应对自如地开展工作。这些技能主要表现在:

(1) 分析、判断与概括的能力。

(2) 决策能力。

(3) 组织、指挥和控制的能力。

(4) 沟通、协调组织内外各种关系的能力。

(5) 不断探索和创新的能力。

(6) 知人善任的能力。

3.身体素质

领导是一种科学性和艺术性高度结合的活动,需要足够的智慧,也需要消耗大量的体力,因此,领导者必须具有强健的体魄、充沛的精力。

4.心理素质

心理素质是形成独特领导风格的决定性因素,也是选择领导者的重要标准。心理素质包括追求、意志、感情、风度等。

优秀的领导者应该有崇高的理想、坚定的信念和积极向上的价值观,应该有强烈的事业心和社会责任感。他所追求的主要不是金钱、地位、名声,而是执著地追求事业。

领导者在工作中总会遇到各种困难,要求具有克服困难的坚强意志,是工作对领导者的另一个基本要求。

领导者应具有积极的情感(热爱工作、热情待人、热烈追求),克服消极的情感(冷漠、孤傲、嫉妒、虚伪等)。情感与性格有关,领导者的性格和情感互相影响、互相感染,在一定程度上决定了工作气氛、人际关系和群体风气。

领导者应该具有宽容大度、高瞻远瞩、临危不乱、光明磊落、机智幽默的风度,从而增加个人的人格魅力。

"厚德载物"的宽广胸怀,可以吸引天下人才为其服务。善于与有个性的人一同共事,敢于重用曾经反对过自己的人,是宽容大度的具体表现。

高瞻远瞩指预见性。站得高,看得远,是领导者高于常人的地方。如果只关心鼻子下边的一点小利,而视觉狭窄,不明大事,又怎样能够承担起领导者的责任。高瞻远瞩还需要有科学的思维方法作保证。

临危不乱指镇静。面对任何紧迫、危险的形势,都面不改色、心不跳,镇定如山,这样的领导者才会挽狂澜于既往,成为组织的中流砥柱。

光明磊落指透明。领导者出以公心,办事公道,无事不可对人言,才能取信于民,获得部下的信任和爱戴。松下幸之助把松下的经营叫做"玻璃窗中的经营",一切都向员工公开,赢得了员工的忠诚。

机智幽默指机敏和亲切。幽默是人际关系的润滑剂,机智是应变的智慧。领导者具有

机智幽默的风度,不仅可以在非常事件中四两拨千斤,化险为夷,而且可以化干戈为玉帛,获得一片喝彩声。这是领导者个人魅力的重要方面。

第四节 领导行为理论

早期有关领导理论的研究侧重在领导者的个人特质方面,进入20世纪50年代以后,研究的重点开始从领导者应具备哪些特质转向领导者应当如何行为方面。与特质理论不同,领导行为理论试图用领导者做什么来解释领导现象和领导效能,并主张评判领导者好坏的标准应是其外在的领导行为,而不是其内在的素质条件。

不同的人在领导行为表现上会有很大的不同,所谓领导方式、领导风格或领导作风就是对不同类型领导行为形态的概括。人们在现实中常会有这样的感受:有的领导者和蔼可亲、平易近人、给下级以充分的信任和自主权;有的则严厉专断、高高在上、不体贴下属。领导风格的差异,不仅因为领导者的特质存在着不同,更由于他们对权力运用的方式及对任务和人员之间的关系有不同的理解。不同的领导人,以及同一个领导人在不同的时期和场合,都可能表现出不同的领导风格。现实中的领导行为会表现出种种不同的方式或风格。那么,究竟具有哪些领导方式,哪一种的效果更好?从20世纪下半叶开始的领导行为研究,就着眼于对领导者领导被领导者的具体方式或风格进行分类和评判。但不同的研究者对领导行为有不同的分类角度,而且对哪一种领导方式更好也持有不同的主张。

一、勒温的三种极端理论

关于领导作风的研究最早是由心理学家勒温进行的,他通过试验研究不同的工作作风对下属群体行为的影响,他认为存在着3种极端的领导工作作风,即专制式、民主式和放任式。

所谓具有专制式的领导人是指以力服人,即靠权力和强制命令让人服从。具体的特点是:

(1) 独断专行,从不考虑别人意见,所有的决策都由领导者自己决定。

(2) 从不把任何消息告诉下级,下级没有任何参与决策的机会,而只能察言观色,奉命行事。

(3)主要依靠行政命令,纪律约束,训斥和惩罚,而只有偶尔的奖励,有人统计具有专制作 风的领导人和别人谈话时,有60%左右采取命令和指示的口吻。

(4) 领导者预先安排一切工作的程序和方法,下级只能服从。

(5) 领导者很少参加群体的社会活动,与下级保持相当的心理距离。

所谓具有民主式的领导人,是指那些以理服人,以身作则的领导人。他们使每个人做出自觉的有计划的努力,各施其长,各尽所能,分工合作。其特点为:

(1) 所有的政策是在领导者的鼓励和协作下由群体讨论而决定,而不是由领导单独决定的。政策是领导者和其下级共同智慧的结晶。

(2) 分配工作时尽量照顾到个人的能力、兴趣和爱好。

(3) 对下属的工作,不安排得那么具体,个人有相当大的工作自由、较多的选择性与灵活性。

(4) 主要应用个人权力和威信,而不是靠职位权力和命令使人服从。谈话时多使用商量、建议和请求的口气,下命令仅占5%左右。

(5) 领导者积极参加团体活动,与下级无任何心理上的距离。

而所谓放任式,是指工作事先无布置,事后无检查,权力完全给予个人,一切悉听自便,毫无规章制度。

勒温在试验中发现:在专制型领导的团体中,各成员攻击性言论很多;而在民主型团体中则彼此比较友好;在专制型领导的团体中,成员对领导者服从,但表现自我或引人注目的行为多;在民主型领导的团体中,则彼此以工作为中心的接触多;专制型团体中的成员多以"我"为中心,而民主型领导的团体中"我"字使用频率较低且具有我们的感觉;当试验中领导人受"挫折"时,专制型团体彼此推卸责任或人身攻击,民主型团体则团结一致,试图解决问题;在领导者不在场时,专制型团体工作动机大为降低,也无人出来组织作业,民主型团体则像领导在场一样继续工作;专制型团体对团体活动没有满足感,民主型团体的成员则对团体活动有较高的满足感。

勒温根据试验认为放任自流的领导工作作风工作效率最低,只达到社交目标,而完不成工作目标。专制作风的领导虽然通过严格管理达到了工作目标,但群体成员没有责任感,情绪消极,士气低落,争吵较多。民主型领导作风工作效率最高,不但完成工作目标,而且群体成员关系融洽,工作主动积极,有创造性。

二、利克特的四种领导方式

美国密西根大学的伦西斯·利克特教授及其同事,经过长期的领导方式研究,提出了领导的四种基本行为方式:

(1) 专制–权威式。采用这种领导方式的领导者非常专制,决策权仅限于最高层,对下属很少信任,激励也主要是采取惩罚的方法,沟通采取自上而下的方式。

(2) 开明–权威式。采用这种方式的领导者对下属有一定的信任和信心,采取奖赏和惩罚并用的激励方法,有一定程度的自下而上的沟通,也向下属授予一定的决策权,但自己仍牢牢掌握着控制权。

(3) 协商式。这种方式的领导者对下属抱有相当大但并不完全的信任,主要采用奖赏的方式来进行激励,沟通方式是上下双向的,在制定总体决策和主要政策的同时,允许下属部门对具体问题做出决策,并在某些情况下进行协商。

(4)群体参与式。采用这种方式的领导者对下属在一切事务上都抱有充分的信心与责任,积极采纳下属的意见,更多地从事上下级之间以及同级之间的沟通,鼓励各级组织做出决策。

在调查中,利克特发现采用第四种方式的主管人员较其他方式的领导者能取得更大的成绩。因为这种领导方式在设置和实现目标方面是最有效率的,而且通常也是最富有成果的。利克特在广泛的调查中发现,实行群体参与领导方式的企业,生产效率要比一般企业高出10%~40%。他把这些主要归因于员工的高程度参与管理以及在实践中的高程度相互支持。

据此,利克特大力提倡专制-权威式、开明-权威式的领导方式要向协商式和群体参与式的领导方式转变。他认为,单纯依靠奖惩来调动员工积极性的管理方式已经过时,只有依靠民主管理,从内在的因素来调动员工的积极性,才能使其潜力充分地发挥出来。他建议领导者要真心诚意地而不是假心假意地让员工参与管理。要看到员工的智慧,相信他们愿意做好工作。独裁式管理永远也不能达到民主管理体制所能达到的生产率水平并使员工对工作产生高度的满意感。有效的领导者是注重于面向下属的,他们依靠信息沟通使所有部门和人员像一个整体那样行事,使群体的所有成员,包括主管人员在内,都形成一种相互支持的关系。正是在这种关系之中,他们才会感到在需求、愿望、目标和期望方面存有真正的共同的利益。由于群体参与式采取了从内在激励员工的办法,所以,利克特认为它是领导一个群体的最为有效的方式。

在管理实践中,不同的领导者或同一领导者在不同的工作情境下倾向于采取某种特定的领导风格,这往往是与他们对权力的运用方式不同有关。在引导和影响组织成员的过程中,领导者对所拥有权力的使用方式不同就反映了领导方式或领导风格的差异。上述两种理论被看成是基于权力运用的领导风格分类。

三、"双中心"论

密歇根大学的研究小组将领导行为划分为二个维度,称之为员工导向和生产导向。员工导向的领导者被描述为重视人际关系,他们总会考虑到下属的需要,并承认人与人之间的不同。相反,生产导向的领导者倾向于强调工作的技术或任务事项,主要关心的是群体任务的完成情况,并把群体成员视为达到目标的工具。

密歇根大学研究者认为员工导向的领导者与高群体生产率和高工作满意度成正相关。而生产导向的领导者则与低群体生产率和低工作满意度联系在一起。

(1) 生产导向(以任务为中心)的领导风格特征:这种类型的领导者最为关心工作任务的完成,他们总是把工作任务放在首位,而对人际关系却不甚关心,有时为了完成任务甚至不惜损害与上下左右的关系。受这种认识、态度和价值观的影响,这类领导者可能利用自己法定的决策制定权和进行奖赏或惩罚的权力,命令下属去做某项工作并指挥他们做好这项工作,同时还可能密切注视和掌握下属工作的进程及其工作中的表现。因此,以工作任务为中心的领导者往往在实际领导行为中表现为是前述的专制式。这种领导风格通常可以带来较高的工作效率，但会降低组织成员的满意程度和影响群体团结。

(2) 员工导向(以人员为中心)的领导风格特征：这一类型的领导者把主要精力放在下属身上，关注的是他们的感情和相互之间的人际关系，以及员工个人的成长和发展。其领导的权力多是建立在个人的专长和模范表率作用的基础上。这类领导者与其说是通过对下属行动的指示命令，还不如说是通过指向(指明努力的方向)来使下属人员达到预期的目标。他们尊重、体谅、关心和支持其下属，通过建立良好的人际关系去推动工作任务的完成。这种领导风格能够提高组织成员的满意程度，并加强群体的团结，但对工作效率的作用并不总是成正比的。换句话说，领导者表现出关心体谅下属未必就能保证工作效率会自然地得到提高。

四、领导行为四分图

1945 年美国俄亥俄州立大学商业研究所发起了对领导行为进行研究的热潮。一开始，研究人员列出了一千多种刻画领导行为的因素，通过逐步概括和归类，最后将领导行为的内容归纳为两大类，称之为“定规”和“关怀”维度两类。

定规维度指的是为了达到组织目标，领导者界定和构造自己与下属的角色的倾向程度。它包括试图设立工作、工作关系和目标的行为。具有高定规特点的领导者会向小组成员分配具体工作，要求员工保持一定的绩效标准，并强调工作的最后期限。领导者规定他与工作群体的关系，建立明确的组织模式、意见交流渠道和工作程序的行为。它包括设计组织机构、明确职责、权力、相互关系和沟通办法，确定工作目标与要求，制定工作程序、工作方法与制度。

关怀维度指的是一个人具有信任和尊重下属的看法与情感的这种工作关系的程度。高关怀的领导者帮助下属解决个人问题，他友善而平易近人，公平对待每一个下属，并对下属的生活、健康、地位和满意度等问题十分关心。建立领导者与被领导者之间的友谊、尊重、信任关系方面的行为，尊重下属的意见，给下属以较多的工作主动权，体贴他们的思想感情，注意满足下属的需要，平易近人，平等待人，关心群众，作风民主。

他们依照这两方面的内容设计了领导行为调查问卷，关于“定规”和“关怀”维度各列举了几个问题，发给企业的员工，由下级来描述领导人的行为如何。调查者对问卷上的每个项必须在总是、经常、偶尔、很少和从未这 5 项中选出一个答案。因此，列出的答案是他人对领导行为的感受。根据他们的研究，“定规”和“关怀”维度不是一个连续带的两个端点，不是注重了一个方面必须忽视另一方面，领导者的行为可以是这两个方面的任意组合，即可以用两个坐标的平面组合来表示。如图 17.1 所示，可用 4 个象限来表示四种类型的领导行为：高定规与高关怀，低定规与低关怀，高定规与低关怀，高关怀与低定规。这是用两个坐标表示领导行为的初次尝试,为今后进行领导行为研究指出了一种途径。

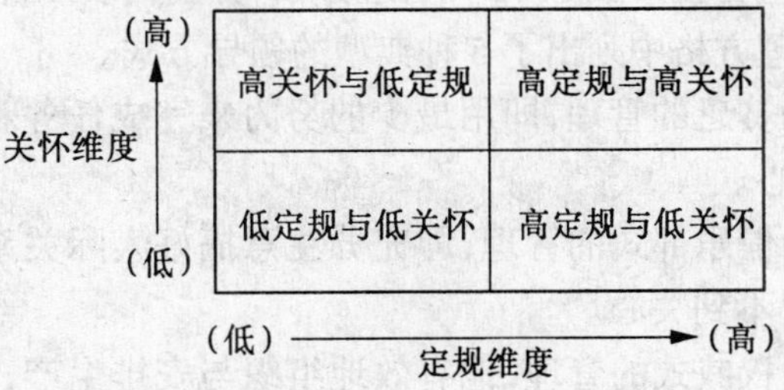

图 17.1　四种类型的领导行为

(资料来源:James F Stoner, A Edward Freeman, DanielA GilbertJr. 管理学. 华夏出版社,2001 年版,第 385 页)

研究认为,一个在定规和关怀方面均高的领导者(高 - 高型领导者)常常比其他三种类型的领导者(低定规、低关怀、或二者均低)更能使下属达到高绩效和高满意度。但是,高 - 高型风格并不总是产生积极的效果。比如,当工人从事常规任务时,以高定规为特点的领导行为导致了高抱怨率、高缺勤率和高离职率,工作的满意度水平也很低,其他研究还发现,直接上级主管对领导者进行的绩效评估等级与高关怀性成负相关关系。总之,俄亥俄州立大学的研究说明,一般来说,高 - 高型风格能够产生积极效果,但同时也发现了足够的特例表明这一理论还需加入情境因素。

从俄亥俄州立大学和密执根大学的研究可以得出这样一个结论:领导风格很可能不是一维的,任务导向和员工导向并存不仅是可能的,而且对管理的高绩效也是至关重要的。

五、"管理方格"论

以任务为中心和以人员为中心的领导风格反映了两种最基本类型的领导行为。在这两种基本类型之间,实际上存在着多种中间形式。布莱克和莫顿(Blake-andMouton)二人发展了领导风格的二维观点,在"关心人"和"关心生产"的基础上提出了管理方格论,充分概括了俄亥俄州立大学的关怀与定规维度以及密歇根大学的员工取向和生产取向维度。他们认为以任务为中心和以人员为中心这两个方面并不是相互排斥、非此即彼的,它们可以按不同的程度结合在一起。关心任务和关心人员不过是同一事物的两面,而不应是一面上的两个极端。对人的关心并不意味着必定忽视任务。同理,对任务的重视也不意味着必定缺少对人的关心。领导者可以根据现实需要和可能,对任务或人员表现出不同程度的关心。根据这种思想,布莱克和穆顿设计出了一幅巧妙的二维坐标图,他们称之为"管理方格图"(如图 17.2 所示)。

图 17.2 中,横坐标表示领导者对生产的关心程度,纵坐标表示领导者对人的

关心程度。纵横轴上各有 9 个不同的刻度，表示对人或者生产（任务）的不同关心程度，这样，两者的组合就形成了 81 种管理方格，分别代表 81 种不同的领导方式。布莱克和莫顿在管理方格中列出了 5 种典型的领导方式。

(1) 1.1 方式为贫乏的管理，即用最少的努力来完成任务和维持人际关系，对职工对生产都不关心。

(2) 1.9 方式为俱乐部式的管理，即充分注意搞好人际关系，导致和谐的组织气氛，但生产任务得不到关心。

(3) 9.1 方式为权威式的管理，他有效地组织与安排生产，而将个人因素的干扰减少到最低程度，以求得到效率。只关心生产，不关心人。

(4) 9.9 方式为团队式管理，即对生产和人都极为关心，生产任务完成得很好，职工关系和谐，士气旺盛，职工利益与企业目标互相结合，大家齐心协力地完成任务。

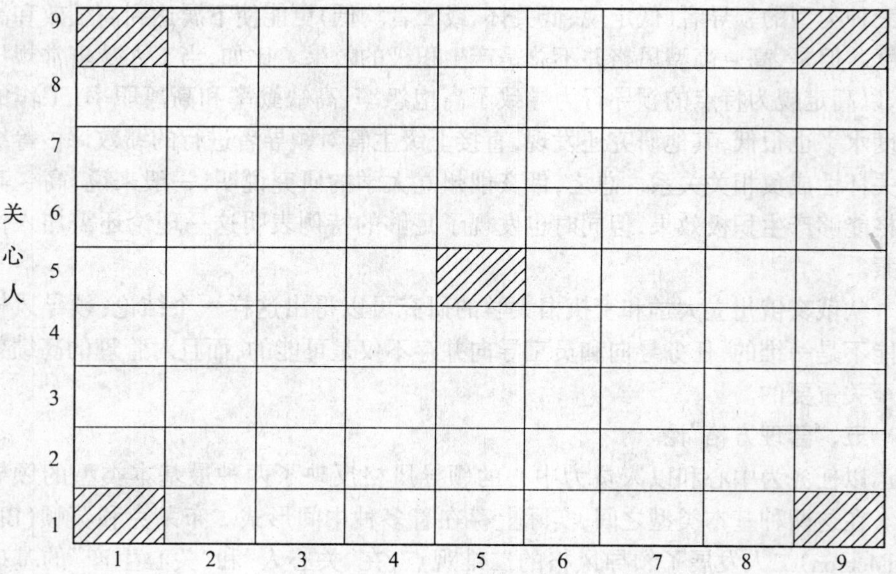

图 17.2　管理方格图

（资料来源：斯蒂芬·P·罗宾斯．管理学．中国人民大学出版社，1997 年版，第 415 页）

(5) 5.5 方式为中间式管理，即对人与生产都有适度的关心，保持工作与满足人们需要的平衡，既有正常的效率完成工作任务，又保持一定的士气。

布莱克和穆顿认为，9.9 型的领导方式最为有效，是领导者改进其领导行为的目标模式。而对于领导者现行所采取的领导方式，则可根据该领导者“对人的关心”和“对生产的关心”在态度和行为方面的实际表现来进行衡量，如此便可从其在方格中所处的位置而大致确定出该领导者所奉行的领导方式。然后通过专门的管理方格法培训和学习,使之向理想的领导方式转变。所以管理方格论,对于培养有效的管理者是有用的工具,它提供了一个衡量管理者所处领导形态的模式,使管理者较清楚地认识到自己的领导方式,并指出改进的方向。在许多企业或事业组织,应用这个理论来训练管理人员。为此布莱克和穆顿设计了一个六阶段方案。方案步骤如下:

(1) 研讨训练。由受过训练并懂得这一理论的直线经理主持介绍这一理论,参加研讨的不同部门的领导人结合自己的实践,分析自己属于何种领导形态。

(2) 团队发展。将来自同一部门的领导者集中起来,讨论决定本部门成为 9.9 型领导应有的规定标准。

(3) 群际发展。确定工作单位内部各群体相互间 9.9 型应有的相互关系。研究现在存在的问题以及解决问题的方法。

(4)确定组织目标。讨论整体性的组织目标应作怎样的修订,实现此目标应当解决好哪些问 题,采取哪些措施。

(5) 实现目标。即按第四项的讨论采取行动。

(6) 稳定。即总结进步情况,巩固成果,以防故态重萌。

应当指出的是,布莱克和穆顿所主张的 9.9 型领导方式只能说是一种理论上的理想模式,现实中要达到这样一种理想的状态并不容易。但他们提出的对人的关心与对任务的关心应当结合的观点在现实工作中具有重要指导意义。因为现实中的领导者虽然不一定都能够达到对任务与对人的同等的高强度的关心,但在一定程度上使两者结合起来,这不仅是必要的,也是可能的。像 5.5 中间型这种体现“折衷”思想的领导方式,有时就不一定差于 1.9 式或者 9.1 式。何况还有其他许多关心任务与关心人结合的方式。

到底哪一种领导形态最佳呢? 布莱克和穆顿组织了许多研讨会。参加者绝大部分人认为 9.9 型最佳,但也有不少人认为 9.1 型最佳,还有人认为 5.5 型最佳。后来布莱克和穆顿指出哪种领导形态最佳要看实际工作效果,最有效的领导形态不是一成不变的,要依情况而定。

第五节　权变领导理论

领导不是单方面的领导者行为,而是领导者和被领导者之间在特定情境下发生相互作用关系的过程。领导行为能否产生预期的效能或效果,取决于如下多方面因素。

领导者是领导工作的主体。领导者本身的背景、经验、知识、能力、个性、价值观念以及对下属的看法等,都会影响到组织目标的确定、领导方式的选择和领导工作的效率。因此,领导者是影响领导工作有效性的重要因素。

被领导者是领导工作的客体。被领导者的背景、经验、知识、能力,他们的要求、责任心和个性等,都会对领导工作产生重大影响。被领导者的状况,不仅影响领导方式的选择,也影响领导工作的有效性。

领导工作是在一定的环境中进行的。这里,环境是指领导工作所面对的特定情境条件。一般而言,情境特征可以反映在群体的规模与类型、工作任务的性质与目标、形势的压力与时间的急迫性、上级领导的期望与行为、与下级员工的关系以及组织的文化与政策中。与特定情境相适应的领导方式才是有效的,与情境不相适应的领导方式,则往往会是无效的。

总之,领导行为的有效性是领导者、被领导者和领导工作的情境这三方面因素综合作用的结果,这一结论是领导理论研究迄今所形成的一种比较完整的认识。不过,从领导理论的发展过程来看,实际上每一时期的研究都各有不同的侧重。

领导行为理论对领导行为的解释同样也是不尽完善的。本身从事领导行为研究的学者都发现,预测特定领导行为的成败与否比归纳出有哪些领导者素质或领导者行为风格要复杂得多。持续不断的失败促使这些研究者将关注的焦点转移到情境因素的影响方面。于是,在 20 世纪 60 年代后期出现了权变领导理论。权变理论研究者的基本主张是,没有万能的领导方式,有效的领导方式是因工作环境的不同而变化的,不同的工作环境需要采取不同的领导方式。随机应变的权变领导理论提出以后,对影响领导行为有效性的情境因素分析也就得到明显的重视。我们将在本节中介绍权变理论的主要内容。

一、领导行为连续统一体模型

坦南鲍姆和施米特认为,领导方式并不仅仅是领导行为理论中通常描述的有限的几种或几十种方式,实际上领导方式的变化应是一连续性变化过程,所以,他们提出了领导行为连续统一体理论。该理论描述了从主要以领导人员为中心到主要以下属为中心的一系列领导方式的转化过程,这些方式因领导者授予下属权力大小的差异而发生连续性的变化。但为说明起见,他们专门列举了 7 种有代表性的领导风格:

(1) 经理做出并宣布决策。也就是责令下属执行经理个人做出的决策。

(2) 经理做出并推销决策。即在下属接受决定前作适当说明和解释。

(3) 经理做出决策,但允许下属提出疑问,并予以解释和回答。

(4) 经理做出初步的决策,交下属讨论修改。

(5) 经理提出待决策的问题,征求意见,然后做出决策。

(6) 经理规定决策的界限,让团体做出决策。

(7) 经理允许下属在规定的界限内行使决策权。

这些所列举的以及未列出的介于它们之间的各种领导方式便构成了领导行为的连续流，如图 17.3 所示。坦南鲍姆和施米特认为，领导方式是多种多样的，一个适宜的领导方法取决于环境和个性。领导行为连续统一体所描述的从主要以领导人员为中心到以下属人员为中心的一系列领导方式，主要因领导者授予下属权力的大小差异而异。因此，领导方式不是在独裁或民主两种方法中任选其一。领导行为连续流反映的是一系列的领导方式，不能说哪一种方式总是正确的，而另一种方式总是错误的。领导者不能机械地从专制、民主两种方式中做出选择，而应根据客观条件与要求，把两者恰当地结合起来。领导行为连续统一体理论很好地说明了领导风格的多样性和领导方式所具有的因情境而异或随机制宜的性质。

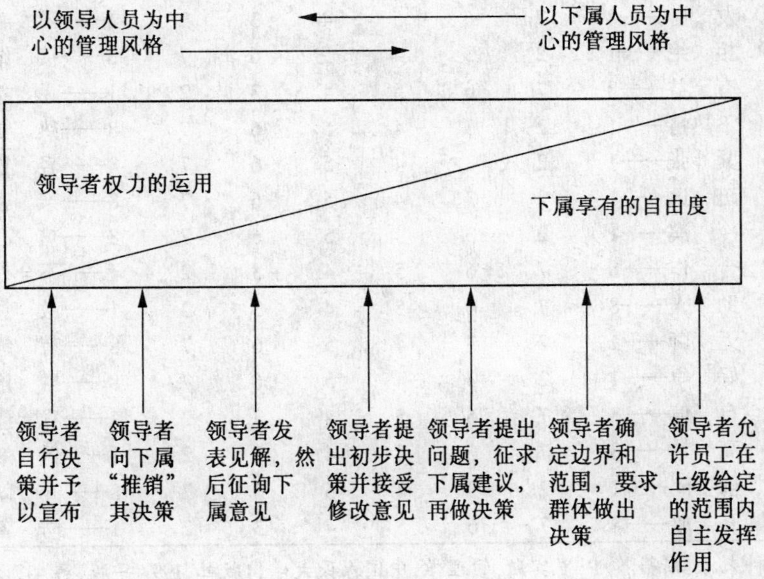

图 17.3　领导行为连续统一体

（资料来源：James F Stoner，A EdwardFreeman，Daniel A GilbertJr. 管理学. 华夏出版社，2001 年版，第 384 页）

二、菲德勒的模型

菲德勒(Fred. E. Fiedler)在大量研究的基础上提出了一个权变模型。菲德勒的基本假设是：要求管理者改变使他们自己获得成功的管理风格是非常困难的。菲德勒深信，在管理实践中，绝大多数管理者都不是非常灵活的，试图改变管理者的领导风格来适应不可预见的或是不断变动的环境，不仅效率低下，甚至是枉费心机的。既然领导风格相对而言不那么灵活，既然没有一种在任何情形下都适用的领导风格，那么，良好的群体绩效只能通过如下两种途径取得：要么使管理者与管理环境相匹配,要么使工作环境与管理者相匹配。例如,我们可以将一个相对集权的管理者安排到一个需要命令指导的管理职位上;或者改变工作性质,给予集权型管理者更多的合法权力来控制员工。

菲德勒相信影响领导成功的关键因素之一是个体的基本领导风格,因此他首先试图发现这种基本风格是什么。为此目的,他设计了 LPC 问卷,如表 17.1 所示。问卷由 16 组对应形容词构成。菲德勒让应答者回想一下自己共过事的所有同事,并找出一个最难共事者,在 16 组形容词中按 1.8 等级对他进行评估。菲德勒相信,在 LPC 问卷的回答基础上,可以判断出人们最基本的领导风格。

表 17.1 菲德勒的 LPC 问卷

快乐	——8	7	6	5	4	3	2	1——	不快乐
友善	——8	7	6	5	4	3	2	1——	不友善
拒绝	——1	2	3	4	5	6	7	8——	接纳
有益	——8	7	6	5	4	3	2	1——	无益
不热情	——1	2	3	4	5	6	7	8——	热情
紧张	——1	2	3	4	5	6	7	8——	轻松
疏远	——1	2	3	4	5	6	7	8——	亲密
冷漠	——1	2	3	4	5	6	7	8——	热心
合作	——8	7	6	5	4	3	2	1——	不合作
助人	——8	7	6	5	4	3	2	1——	敌意
无聊	——1	2	3	4	5	6	7	8——	有趣
好争	——1	2	3	4	5	6	7	8——	融洽
自信	——8	7	6	5	4	3	2	1——	犹豫
高效	——8	7	6	5	4	3	2	1——	低效
郁闷	——1	2	3	4	5	6	7	8——	开朗
开放	——8	7	6	5	4	3	2	1——	防备

(资料来源:斯蒂芬·P·罗宾斯.管理学.中国人民大学出版社,1997 年版,第 417 页)

"最难共事者",准确地讲,就是从工作绩效角度考虑,领导者最不愿意挑选其来一起工作的属员。问卷调查中,菲德勒要求问卷应答者在与自己共过事的人员中找出一位这样的"最难共事者",然后对这个他最不愿意与之共事但又不得不共事的人的人品特征等做出评价。如果回答者大多用含敌意的词句(即在 LPC 问卷表上打"低分")评价这位最难共事者,说明该领导者没有将属员的工作表现与人品好坏区分开来,因此,做出"低 LPC 分"型评价这样的领导者是趋向于任务导向型的领导方式。同样对自己认定的与之共事必带来不良绩效的最难共事者,如果领导者对这人的评价多使用善意的词句(即在 LPC 问卷表上打"高分"),则反映出该人的领导方式趋向于是关系导向型的,因为该领导人心中已清楚认识到工作表现差的属员并不见得人品就不好。所以,从 LPC 评分来推断领导方式有一定的科学性。

如果以相对积极的词汇描述最难共事者，则应答者很乐于与同事形成友好的人际关系，也就是说，如果你把最难共享的同事描述得比较有利，菲德勒称你为关系取向型。相反，如果你对最难共事的同事看法不很有利(LPC 得分低)，你可能主要感兴趣的是生产，因而被称为任务取向型。菲德勒运用 LPC 工具可以将绝大多数应答者划分为两种领导风格。当然，他也发现有一小部分人处于二者之间，菲德勒承认很难勾勒出这些人的个性特点。非常值得注意的一点是，菲德勒认为一个人的领导风格是固定不变的。我们一会儿就会看到，这意味着如果情境要求任务取向的领导者，而在此领导岗位上的却是关系取向型领导者时，要想达到最佳效果，则要么改变情境，要么替换领导者。菲德勒认为，领导风格是与生俱来的。你不可能改变你的风格去适应变化的情境。

在领导方式测评基础上，菲德勒把领导工作所面临的环境状况具体分解为以下三方面情境因素：

(1) 领导者与成员的关系：指领导者与属员在上下级相处中关系的性质和友好程度。如果双方高度信任、互相尊重、互相支持、密切合作，则相互关系是好的；反之关系则是差的。领导者与成员的关系的质量对领导者的权力和工作有效性的影响最大。如果管理者与群体成员之间相处得很好，如果群体成员因为管理者个人的能力、个性、品质等原因而尊重他，那么管理者可能不必依靠正式等级或职权，就可以实施有效的领导。相反，不被员工喜欢或信任的管理者则不太可能运用非正式领导，只能依靠命令才能完成群体任务。

(2) 任务结构：指下属员工所从事工作在任务结构方面的明确程度。如果工作任务是例行性的、常规化的、容易理解和有章可循的，则这种任务结构是明确的或者说是高程度结构化的；反之，则属于不明确的或低程度结构化的。

任务结构是领导情境中第二个影响因素。高度结构化的工作是指每一步骤都有明确的规定或指令的工作。在这种情况下，群体成员对管理者要求他们如何做出清楚的了解。但是当任务是非结构性的时，比如委员会的会议或很多研究开发活动，群体的角色常常是非常模糊的。

(3) 领导者的职位权力：指组织赋予领导者的与该职位或职务相关联的权力。这种权力并非来源于个人的影响或专长，而是来源于职位本身，这意味领导者的职位越高，所拥有的职权就越大，从而就更易得到他人的追随。

领导者的职位权力是菲德勒识别的最后一个情境变量。有一些职位，如公司的总裁，具有非常大的权力和权威。另一方面，推动融资工作的负责人，对自愿工作者几乎没什么权力。因此，高职位权力简化了领导者对员工施加影响的任务，而低职位权力使领导者影响员工的工作更加困难。

菲德勒的研究没有包括其他情境变量，如员工的激励、领导及组织成员价值观和经验等。

非德勒进而考察了领导情境中的三个变量的八种组合:领导者与成员关系的好或坏,任务是结构性的还是非结构性的,职位权力强或弱(见图 17.4)。

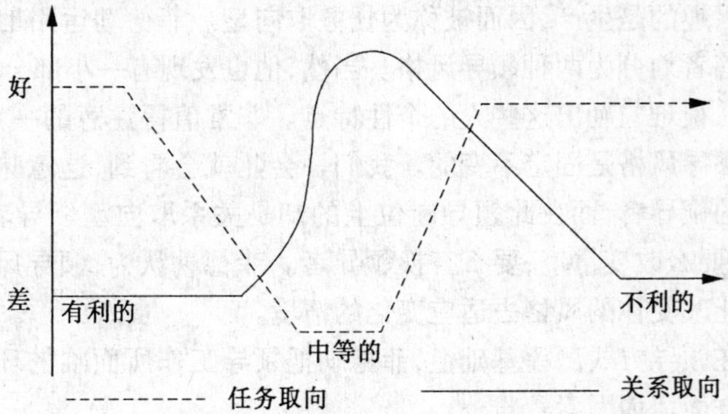

类型	Ⅰ	Ⅱ	Ⅲ	Ⅳ	Ⅴ	Ⅵ	Ⅶ	Ⅷ
领导－成员关系	好	好	好	好	差	差	差	差
任务结构	高	高	低	低	高	高	低	低
职位权力	强	弱	强	弱	强	弱	强	弱

图 17.4　领导情境中的三个变量的八种组合

(资料来源:斯蒂芬·P·罗宾斯.管理学.中国人民大学出版社,1997 年版,第 418 页)

根据关于领导情境的八种分类和关于领导类型的两种分类(高 LPC 值的领导和低 LPC 值的领导),非德勒对 1 200 多个群体进行了观察研究,以确定在每一种情境下哪种类型的领导风格最有效。他研究过的群体有篮球队、参加培训的经理人员、空军和坦克战斗小组。他发现低 LPC 值的领导者——即任务导向或专制的领导者在两种极端情形下非常有效:领导者的权力和影响极大的情况或是其权力和影响微乎其微的情况。高 LPC 的领导者——员工导向的领导者,在领导者的权力和影响适中的情况下最有效。

非德勒模型表明,领导风格(由 LPC 得分测度)和领导情境(由 3 个变量相互作用决定)的适当配合会产生良好的管理绩效。在非德勒的理论指导下的某些培训,即训练管理者如何改变情境变量以使之与自己的领导风格相适应,而不是改变自己的领导风格以适应环境,曾取得了一定的成功。

按照非德勒的观点,个体的领导风格是稳定不变的,因此提高领导者的有效性实际上只有两条途径:(1) 你可以替换领导者以适应情境。比如,如果群体所处的情境被评估为十分不利,而目前又是一个关系取向的管理者进行领导,那么替换一个任务取向的管理者则能提高群体绩效。(2) 改变情境以适应领导者。通过重新建构任务或提高或降低领导者可控制的权力(如加薪、晋职和训导活动),可以做到这一点。假设任务取向的领导者处于第 VI 类型的情境中,如果该领导者能够显著增加他的职权,即在第Ⅲ类型中活动,则该领导者与情境的匹配十分恰当,从而会获得更高的群体绩效。

总之,有大量的研究对非德勒模型的总体效度进行了考查,并得到了十分积极的结果,也就是说,有相当多的证据支持这一模型。但是,该模型目前也还存在一些欠缺,还需要增加一些变量来加以改进和弥补。另外,在 LPC 量表以及该模型的实际应用方面也存在着一些问题。比如,LPC 的逻辑本质尚未被很好地认识,一些研究指出应答者的 LPC 分数并不稳定。另外,这些权变变量对于实践者来说也过于复杂和困难,在实践中很难确定领导者与成员关系有多好,任务的结构化有多高,以及领导者拥有的职权有多大。

三、赫塞 - 布兰查德的情境理论

另一个被广泛推崇的领导模型是保罗·赫塞(Paul Hensey)和肯尼思·布兰查德(Kenneth Blanchard)开发的情境领导理论。这是一个重视下属的权变理论。赫塞和布兰查德认为,依据下属的成熟度水平选择正确的领导风格会取得领导的成功。这一理论常被作为主要的培训手段而应用,在领导效果方面对下属的重视反应了这样一个事实,是下属们接纳或拒绝领导者,无论领导者做什么,其效果都取决于下属的活动。然而这一重要维度却被众多的领导理论所忽视或低估。

赫塞和布兰查德将成熟度定义为:个体对自己的直接行为负责任的能力和意愿。它包括两项要素:工作成熟度与心理成熟度。前者包括一个人的知识和技能。工作成熟度高的个体拥有足够的知识、能力和经验完成他们的工作任务而不需要他人的指导。后者指的是一个人做某事的意愿和动机。心理成熟度高的个体不需要大多的外部鼓励。他们靠内部动机激励。

赫塞 - 布兰查德理论的最后部分定义了成熟度的四个阶段是:

第一阶段,这些人对于执行某任务既无能力又不情愿。他们既不胜任工作又不能被信任。

第二阶段,这些人缺乏能力,但却愿意从事必要的工作任务。他们有积极性,但目前尚缺乏足够的技能。

第三阶段,这些人有能力却不愿意干领导者希望他们做的工作。

第四阶段,这些人既有能力又愿意干让他们做的工作。

在图 17.5 所示的领导寿命周期曲线图中,纵坐标表示以关心人为主的关系型领导行为,横坐标表示以关心工作任务为主的工作型领导行为,图下部的第三维坐标是下属成熟度。随着下属成熟程度由低向高变化,其适合的有效领导方式会出现类似“产品寿命周期”曲线的抛物线型变化,该理论因此而被命名为领导寿命周期理论。

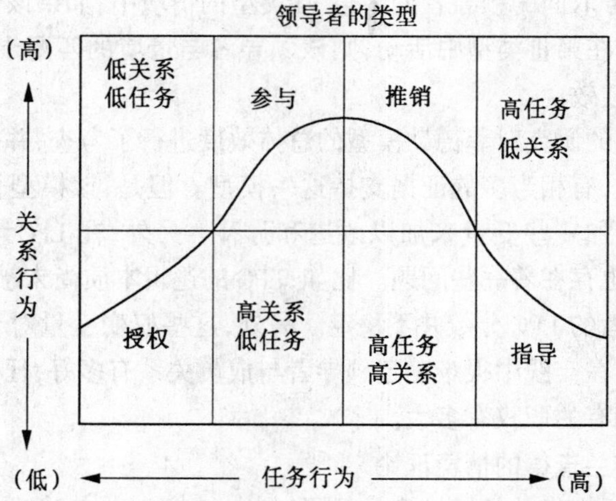

图 17.5　领导寿命周期曲线图

(资料来源:斯蒂芬·P·罗宾斯.管理学.中国人民大学出版社,1997 年版,第 420 页)

情境领导模式使用的两个领导维度与菲德勒的划分相同:任务行为和关系行为。但是,赫塞和布兰查德更向前迈进了一步,他们认为每个维度有低有高,从而组合成以下四种具体的领导风格:

(1) 命令式(高任务 – 低关系)。适用于下属不成熟的情况。下属对于执行某任务既无能力又不情愿。他们既不胜任工作又不能被信任。领导者的领导方式体现高工作、低关系结合。告诉下属应该干什么、怎么干以及何时何地去干。对这种成熟度低的下属,领导者可以采取单向沟通形式,责令下属执行工作任务。

(2) 说服式(高任务 – 高关系)。适用于下属较不成熟的情况。下属愿意担负起工作责任,但目前尚缺乏足够的技能,这时,领导者应以双向沟通信息的方式说服下属接受他所决定的工作任务和工作方法,同时从心理上增强他们的工作意愿和热情。领导者同时提供指导性与支持性的行为。

(3) 参与式(低任务 – 高关系)。适用于下属较成熟的情况。下属有能力却不愿意干领导者希望他们做的工作,下属比较成熟的情况。下属的工作能力强但工作意愿比较低,这时,领导者应该通过双向沟通和悉心倾听的方式与下属进行充分的信息交流,支持下属按自己的想法发挥其工作能力,而不给予过多的指示和约束。领导者的主要角色是提供便利条件与沟通。

(4) 授权式(低任务 – 低关系)。适用于下属成熟的情况。下属具有较高的自信心、能力和愿望来承担工作责任,这时,领导者可赋予下属自主决策和行动的权力,领导者只起监督的作用。领导者提供极少的指导或支持。

赫塞和布兰查德深信,随着员工的成长,管理者和追随者之间的关系要经历四个阶段。管理者要因此而不断改变自己的管理风格。在员工成熟的起始阶段,管理者采用任务导向的领导风格最为合适。管理者必须指导员工如何进行工作,使他们熟悉组织的规则与运作程序,管理者不发布指示和命令,会让新员工产生焦虑与困惑。因为新员工需要被组织起来,所以,参与性的、高度重视人际关系的领导风格在这一阶段是不适当的。在下属开始理解他们的工作任务时,任务导向的领导风格仍是必要的。因为不进行有效的组织,下属还不能履行其职能。然而,当管理者对员工越来越熟悉,并且希望激发起他们更大程度的努力时,管理者对员工的信任与支持也在增加。这时,管理者需要加强关系导向的领导行为。在第三阶段,员工开始产生更强的能力和更高的成就动机,他们开始积极寻求承担更大的责任,不再需要管理者像开始那样直接指挥了,而且,过多的干预会引起他们的不满。然而,领导者仍需要给予下属适当的支持、关心,以坚定他们承担更大责任的决心。随着下属更为自信,更能够自我指导,更具有经验,领导者可以降低支持与鼓励的比重了。在第四阶段,下属们不再需要或不再期望从他们的管理者那里得到命令,他们已经越来越希望按自己的意愿行事。

对上述观点进行概括,那就是随着下属由不成熟向逐渐成熟过渡,领导行为应当按低关系－高工作、高关系－高工作、高关系－低工作、低工作－低关系逐步推移,这种推移变化就形成了领导方式的寿命周期。领导寿命周期理论同样说明,现实中没有一成不变的某种普遍最好的领导方式,而只有对特定情况最为适合的领导方式。

赫塞和布兰查德的四种领导风格与管理方格论的四个"角"极为相似,情境理论与管理方格论二者的主要差异只是将9.9型的内容(一种适合于所有情况的风格)作了改动,认为"正确的"风格应与下属的成熟度相联系。赫塞和布兰查德认为管理方格论强调的是对生产和员工的关注,是一种态度维度,而情境领导模式却相反,强调的是任务与关系的行为。但它们之间确实差异很小。

由于情境领导模型向人们推荐了一种动态、灵活而不是静态的领导风格,所以它引起人们广泛的兴趣。在弹性、变化的环境中,管理者必须持续地评估下属的动机、能力与经验,才能确定哪种领导风格的组合是最为适当的。根据赫塞和布兰查德的观点,适当的领导风格不仅能够激励下属,而且可以帮助他们发展专业性技能。因此,管理者若想使下属得到发展,使他们的自信得到增强,使他们的工作技能得到提高,就必须经常转变自己的领导风格。

最后,我们再回到一个重要问题上来。是否有证据支持情境领导理论?前面已指出,这一理论很少被研究者所重视。就目前的研究资料来看,对这一理论的结论应该比较谨慎。一些研究者认为有证据部分地支持这一理论;另一些人却指出没有发现这一假设的支持证据。因此,在这种时候任何热情的认可都应十分慎重。

四、路径 – 目标理论

路径 – 目标理论已经成为当今最受人们关注的领导观点之一，它是马丁·伊文斯和罗伯特·豪斯(Robert House)开发的一种领导权变模型。该理论认为，领导的工作是帮助下属达到他们的目标，并提供必要的指导和支持以确保各自的目标与群体或组织的总体目标一致。“路径 – 目标”的概念来自于这种信念，即有效领导者通过明确指明实现工作目标的途径来帮助下属，并为下属彻底清理各项障碍和危险。

路径 – 目标理论方法建立在激励的期望模型的基础上。期望模型认为，个体获得的激励程度取决于他(或她)对得到报酬的可能性的估价，以及报酬对他的效价或报酬的吸引力。伊文斯注意到尽管管理者有很多方式可以影响员工，但是最重要的一种方式是设计奖励项目，并确定员工必须做什么才能获得这些奖励。因此，管理者需要确定适当的“目标”(报酬)和实现目标的“路径”。

伊文斯认为，管理者的领导风格会对员工获得何种报酬的预期产生影响，同样也影响员工对取得报酬途径的理解。例如，员工导向的领导者不仅会向下属提供工资与晋升的机会，而且也提供支持、鼓励、安全感和尊重。这种类型的管理者对员工之间的差异很敏感，会针对每个人的不同特点设计奖励。而任务导向的管理者所提供的报酬范围较窄，也不会那么个性化，但是与员工导向的管理者相比较，任务导向的管理者在把员工绩效与报酬挂钩方面通常要做得更好一些。任务导向的管理者的下属会精确地知道达到何种生产力或何种业绩水平，才会得到相应的奖金、增加工资或者提升。伊文斯深信，最有效的激励员工的领导风格依赖于是否设定了员工最需要的报酬。

豪斯和他的同事们曾试图通过识别两个有助于确定最有效领导风格的变量，来把路径 – 目标理论加以扩展。这两个变量是员工的个性和员工必须面对的环境压力和工作要求。豪斯认为，员工喜欢和接受何种领导风格与员工的个性存在部分联系。他引用一些研究来说明，那些相信自己的行为能够影响环境的员工，更欢迎参与式的领导风格；而那些认为事情的发生是因为运气或命运的员工，则更倾向于接受集权式的领导风格。

员工对自身能力的评价也会影响他们对领导风格的偏好。认为自己工作技能强，能胜任工作的员工厌恶过度监督的管理者，来自管理者的命令不但不会促进生产效率的提高，反而会起相反的作用。而那些自认为技能较差的员工会偏爱一个命令型的管理者，认为命令型的管理者能够对他们完成任务、得到组织的奖励起帮助作用。

如图 17.6 表明。路径 – 目标理论提出了两类情境或权变变量作为领导行为 – 结果关系的中间变量，他们是下属控制范围之外的环境(任务结构、正式权力系统,以及工作群体)以及下属个性特点中的一部分(控制点、经验和知觉能力)。如果要使下属的产出最大,环境因素决定了作为补充所要求的领导行为类型,而下属的个人特点决定了个体对环境和领导者的行为特点如何解释。这一理论指出,当环境结构与领导者行为相比重复多余或领导者行为与下属特点不一致时,效果均不佳。

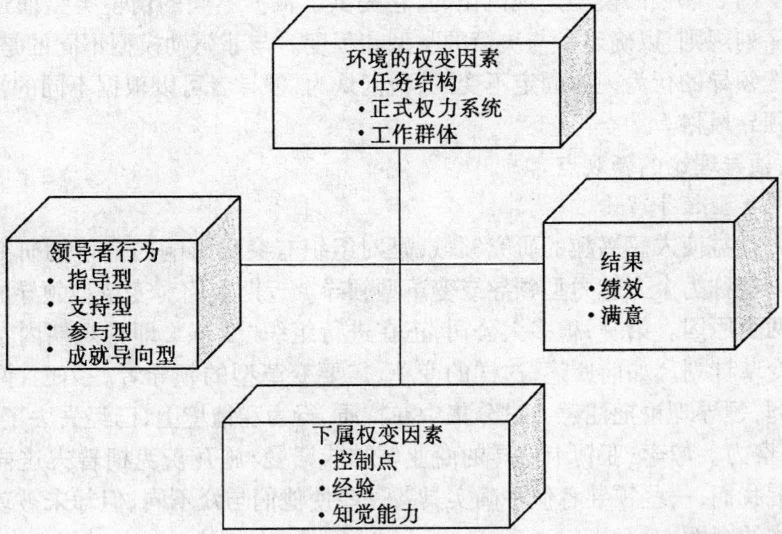

图 17.6　路径－目标理论

(资料来源:斯蒂芬·P·罗宾斯.管理学.中国人民大学出版社,1997 年版,第 421 页)

以下是由路径－目标理论引申出的一些假设范例。

相比具有高度结构化和安排完好的任务来说,当任务不明或压力过大时,指导型领导导致了更高的满意度。

当下属执行结构化任务时,支持型领导导致了员工高绩效和满意度。

对知觉能力强或经验丰富的下属,指导型的领导可能被视为累赘多余。

组织中的正式权力关系越明确、越官僚化,领导者越应表现出支持型行为,降低指导型行为。

控制点为内部的下属,对指导型风格更为满意。

当任务结构不清时,成就导向型领导将会提高下属的努力水平,从而达到高绩效的预期。

对诸如这些假设的验证性研究的结果通常是令人振奋的。这些证据支持了理论背后的逻辑性。也就是说,当领导者弥补了员工或工作环境方面的不足,则会对员工的绩效和满意度起到积极的影响。但是,当任务本身十分明确或员工有能力和经验处理它们而无需干预时,如果领导者还花费时间解释这些任务,则下属会把这种指导性行为视为累赘多余甚至是无用。

五、领导者参与模型

领导者参与模型是1973年维克多·弗罗姆和菲利普·耶顿提出的,这种模型主要指出了领导者与决策参与者的关系。由于认识到常规活动和非常规活动对任务结构的要求各不相同,研究者认为领导者的行为必须加以调整以适应这些任务结构。弗罗姆和耶顿的模型是规范化的,它提供了根据不同的情境类型而遵循的一系列的序列规则,以确定参与决策的类型和程度。与菲德勒模型不同的是,这一模型反对把领导的行为视为固定不变的,他们认为,领导者可以根据不同的情境调整他们的领导风格。

六、领导理论的新观点

1.变革型领导理论

一个日益使人感兴趣的研究领域,是对组织有突出影响的个体的研究。这些个体可以被称为个人魅力型领导或变革型领导。近期人们对变革型领导的兴趣源于下面两个原因。第一,很多大公司,正在进行组织"变革",即在短期内实施范围广泛的变革计划。如前所述,这样的变革,需要变革型的领导者。第二,许多研究人员感到,领导理论把注意力过分集中在特质、行为和情境上,已经失去了对"领导者"的洞察力。像李·亚柯卡这样的商业领袖或诺曼·施瓦茨克柯普夫这样的军界人物提醒我们,一些领导者似乎确实具备一些使他们与众不同、但却未被现存的理论所关注的个性。

交易型领导者:能够确定下属如何做才能达到目标的领导。这种领导能够将下属的需求归类,并且帮助下属确立完成目标的信心。

变革型领导者:通过个人洞察力和活力激励下属,并且对其组织有主要的影响的领导者。也称魅力型领导。

伯纳德·巴斯(Bernard Bass)的变革型领导理论在考察变革型领导的概念时对交易型的领导行为与变革型的领导行为进行了比较,交易型领导者确定员工需要做什么才能达到个人和组织的目标,通过促进员工努力,来帮助员工增加实现目标的自信。相反,变革型领导者通过提高我们对自身重要性和任务价值的认识,通过"使我们为工作团队、为组织或为更重大的政策而超越自我利益",以及通过把我们的需要层次提高到更高的水平,譬如自我实现的需要,来"激励我们贡献比原来愿意贡献得更多"。

多数领导理论都可以归为交易型领导一类。巴斯强调,到目前为止,这些理论是有益的和有价值的。然而,如果领导者要使其领导行为更有成效,要对组织产生更强的影响与冲击力,那么,他就需要运用其个人的远见和活力来鼓舞下属。

2.个人魅力型领导理论

罗伯特·豪斯的个人魅力型领导理论尽管变革型领导的概念至少可以追溯到

本世纪初马克斯·韦伯关于个人魅力型领导的讨论,但是直到最近,理论界才对这个概念稍加关注。豪斯的理论表明,个人魅力型领导具有很高水平的感召力。他们权力中的一部分源于他们想要对别人施加影响的需要。个人魅力型领导者具有"极高的自信心、支配欲,对其在道德上的公正深信不疑",或者至少有能力使其下属相信他(或她)具有这样的自信心和说服力。豪斯认为,个人魅力型领导通过向下属绘制诱人的前景或高水平的目标("超越自我"),来捕获下属的奉献、承诺和动力。他们精心地为自己创造出一种成功和胜任的形象,并以自己的行动来证实他们所拥有的价值观。他们也把更高的期望传递给下属,并且相信下属能够达到他们的期望。

豪斯理论一个可能引起人们关注的方面,是变革型领导和他们的追随者所共同追求的远景的类型。尽管提起温斯顿·丘吉尔、默罕默德、甘地和马丁·路德·金的事迹和英名,至今仍让人激动不已,但豪斯和其他研究人员也清醒地认识到,一个人具有激发起巨大的奉献、牺牲与热情的能力,并不能保证其事业或前景是正义的,是人们值得为之付出的。阿道夫·希特勒以其超凡魅力闻名于世,同样以他的领导给他的追随者和其他人带来的深重灾难而著称于世。个人魅力型领导拥有巨大的潜力,可以给衰落的机构重新注入活力,能够帮助个人发现工作与生活的价值和兴奋点。但是,如果他们的目标和价值体系与文明社会的基本准则相悖,那么,他们就会构成极大的威胁。

希特勒这样的例子使得有些研究人员建议,我们必须对所有领导者的动机加以研究。经过一系列的研究之后,得出以下结论:领导理论是建立在过分简化了的人性模型的基础之上的。为了理解为什么有些人会成为领导者,我们需要采用心理学观点。这种最初由西格蒙德·弗洛伊德提出的观点认为,绝大多数的人类行为源于对未能满足的需要和内驱力的实现的无意识努力。换言之,我们可能并不知道我们做什么,为什么要做。确实,人的很多行为可以追溯到早期儿童时代的经历,而那些经历我们已经很难再回忆起来了。

根据豪斯的理解,个人魅力型领导把人们聚结在一幅英雄主义的远景中。现实中,成年领导者可能是出于三岁孩子的需要去对环境加以控制。事实上,对于这样的领导者而言,这出倒错的戏剧的积极的社会效果也许是次要的,因为他正在无意识地努力减轻个人的挫折感。表象具有欺骗性,如果我们要理解复杂的领导动态学,我们就必须求助于更基础的人性理论。

领导的浪漫观点对传统领导理论的第二个挑战集中于追随者——向领导者寻求指导的人身上。根据这种观点,追随者把领导者的所作所为、领导者能够达成的成就以及领导者如何影响追随者的生活等等,都加以浪漫化或理想化了。这种浪漫的观点之所以形成,是因为我们绝大多数人很难理解这个巨大、复杂的社会系统是如何运行的,因而我们转而求助于领导者来简化我们的生活。因此,在有关领导和领导者的浪漫主义观点中,对追随者的论述与对领导者的论述几乎占用了同样大的篇幅。也许人们需要从浪漫的角度来观察领导者,以帮助他们关注并达到组织目标。若果真如此,那么,只要追随者对领导者寄予信心,这个领导者就能够激励追随者的士气,影响他们的行为。一旦这种信心不再存在,领导者无论如何努力,其领导的有效性都会下降。领导的浪漫观点表明,领导并非真的不可缺少。"自我管理"的团队已经构成了对传统领导理论的另一个挑战。

3.马克斯·迪普瑞和"摇滚式"领导

米勒公司的主席马克斯·迪普瑞最近出版了两本书:《摇滚式领导》和《领导是一门艺术》。他认为很多试图给领导下定义的科学研究都遗漏了一个最重要的部分:领导的艺术形式。他说,"领导工作是建设性的,是在清晰、完善的思考的基础上采取的正确行动",是领导者寻求一种可以信赖的声音和接触方式去激励下属的一种艺术。领导是可以通过实践,通过对下属关注而学习的。迪普瑞建议我们,将那些能够不依赖任何正式职务或等级制度而预见到员工的需要和反应的"摇滚式"领导者视为楷模。他自信地强调:"我们的生理状态,我们的开放态度,我们高水平的能力,我们经验的可靠性,所有这一切给我们的工作注入活力,给我们的生命带来价值。正是这一切使摇滚式领导成为可能。而这种摇滚式的领导,加之自由、开放的管理实践,是我们借以实现自己潜力的工具。

韦尔奇的领导风格

经过了一场被广泛深入报道的竞争之后,杰克·韦尔奇(Jack Welch)在 1981 年成为通用电气公司的主席。拥有化学工程博士学位的韦尔奇成为通用电气第 8 位、也是最年轻的首席执行官。在很短的时间内,韦尔奇对公司的各个方面做了迅速彻底的变革,改变了公司的业务组合和组织文化。他所确定的目标是使通用电气成为它参与竞争的每个市场的前两名。他以巨大的决心和勇气迎接着这一挑战。

从青年时代的体育场到现在的职业生涯,韦尔奇一直都是一位强有力的竞争者。他已经把通用电气的事业当作自己的全部事业。韦尔奇在通用电气最初的成功,是他大幅度地增加了塑料部门的销售收入和利润,使之由一个很小的部门发展成为通用电气一个收入与利润来源的主要部门。从在通用电气职业生涯的早期阶段起,韦尔奇就对公司僵化的官僚机制感到失望,他花费了大量时间对这个体制进行改革,试图寻找到新方法把工作做好。他发现公司变革成功的关键因素是激发首创精神、赋予管理者自主权和淘汰无所事事、工作不力的管理者。

根据在通用电气若干年的经验,韦尔奇已经确信,公司的管理机构官僚僵化,重叠臃肿,根本无法迅速地做出决策,更不用说有效地实施这些决策了。通过削减一些管理层次，韦尔奇开始对较低的但能够最先发现问题并迅速采取最为合适的解决措施的管理层次授权。在1981年，通用电气的每个事业单位都拥有9至11个层次的官僚结构；到1991年，韦尔奇已将管理层次削减了大约一半，使之降到4至6个层次。他把公司总部的职员从1 700人削减到1 000人以下，几乎所有部门都进行了裁员。从1981年至今，通用电气已经裁员180 000人，出售了价值120亿美元的业务。

出售这些业务并非一帆风顺。在20世纪80年代，卖掉主要的事业单位并辞退其50%的员工对公司员工的士气影响极大。员工们的态度开始分化。他们中的一部分赞赏韦尔奇，而另一部分则对他极为憎恶。工会开始组织会员公开反对韦尔奇采取的措施。“通用电气已得了一种病——‘韦尔奇病’，”电子产业工人国际联盟主席约瑟夫·艾根(Joseph Egan)说：“这种病源于公司的野心、狂妄自大和对员工的轻视。”

但是韦尔奇的崇拜者们坚信，韦尔奇是在做一件非常了不起的大事。他们声称：韦尔奇的远见卓识和他在通用电气所做的艰苦卓绝的变革，正是这个公司的当务之急。在韦尔奇来到通用电气之前，通用电气的一位董事会副主席曾指出这个公司“像消化系统一样平稳和可以预测，它需要振奋”。韦尔奇给通用电气公司带来了变革的激情以及如何参与未来全球化市场竞争的未来前景。

领导者本人也是在变化的。在通用电气公司1991年的年度报告中，韦尔奇宣布：“我们不能够忍受压制和胁迫的领导风格。”作为一种倡导采用更为亲切、温和、更具人情味的领导风格的信号，韦尔奇敦促手下的管理者要有“足够的自信心与别人分享权力，要以更无拘无束的风格行事”。韦尔奇已将管理的重点从成本削减和生产线转移到人的价值这一领域。韦尔奇认为，管理重心的这种转变在他没有重构组织流程之前是不可能实现的。“如果组织结构臃肿，那么，成员疲软的价值观只能使你与目标越来越远。”韦尔奇评论说。

通用电气公司的培训部在纽约州克拉多维尔制定了一个被称为“剔除”的工作计划，旨在删除不必要的工作，向员工授权，并使通用电气的价值观更能反映组织的核心理念。同韦尔奇以前创造冲突的政策相比，这一计划更具人情味，而且好像正在奏效。韦尔奇在报告中指出，通用电气公司在纽约州的斯但尼诺利工厂的计时工“现在无须监督，就能自己操作由他们自己订购、检验、同意购买的价值2 000万美元的粉碎机”。

其他许多公司的领导者都深信韦尔奇的领导风格一定会取得成功。他被由同行组成的委员会选为1993年度的“最佳首席执行官”。

第十八章　团队与团队工作

学习目的

学习本章应了解与掌握：

1.了解群体、组织与团队的概念。

2.区分组织中团队的几种主要类型。

3.描述有效团队的特点。

4.概括超级团队和自我管理团队的特征。

5.讨论增强团队凝聚力的指导方针。

6.提出团队更有效的指导方针。

7.阐释管理人员如何处理团队内部冲突。

组织中的很多工作是以团队为单位完成的。的确,为了迎接来自当今经营环境的各种挑战,越来越多的组织开始用团队和团队工作,来取代传统的科层结构和正式制度。许多组织发现,使员工工作更富有成效的最好办法,是密切关注工作群体和团队的管理方式。为什么会出现这种现象?这些团队到底是什么样的?又该如何去建立高效的团队?本章将回答这些问题。不过,让我们先从对群体行为的理解开始吧。群体中所有个体的行为并不等同于单个个体行为的简单累加。这是因为个体在群体中的行为与他们独自一人时的行为十分不同。所以,要想对组织行为有更全面的了解,就需要研究群体。

第一节　群体及其作用

一、什么是群体

所谓群体可以定义为:两个或两个以上相互作用、相互依赖的个体,为了实现某一特定目标而组成的集合体。群体可以是正式的,也可以是非正式的。正式群体是由组织创立的工作群体,它有着明确的工作任务和工作分工。在正式群体中,个体应从事的行为都是由组织目标所规定好的,并直接指向组织目标。

与正式群体相比,非正式群体则具有社会属性。它是为了满足人们的社会交往需要而在工作环境中出现的一种自发形式。非正式群体往往在友谊和共同爱好的基础上产生。

非正式群体具有以下四种主要功能。第一,他们可以维持和强化组织的规范

(符合组织期望的行为)和组织成员们共同的价值观。第二,满足成员的关系需要、社会地位需要和安全的需要。在大公司里,很多雇员觉得雇主很难认识他们,非正式群体可以使雇员能够分享笑话与抱怨,一起吃饭、一起过业余的社交生活。这样,非正式群体满足了人类对友谊、支持和安全感的需要。第三,非正式群体有助于成员之间的沟通。非正式群体的成员们通过发展他们自己的非正式沟通渠道,作为正式沟通渠道的补充,来了解并影响到自身的有关事情。事实上,管理人员也经常利用非正式沟通网络来传递"非官方"的信息。第四,非正式群体有助于解决问题。他们可能会资助生病或退休的员工,或者想方设法对付厌倦情绪。通常,这类问题的解决对整个组织都会有所帮助。例如,同事们会告知劳动生产率不高的员工"加把劲",但有时这些群体也能够降低整个组织的有效性。例如,他们可能会对新员工施加压力,使新员工不那么努力,以免群体的正常标准被质疑

除了这四种功能外,非正式群体还可以充当参照群体。所谓参照群体,是指我们认同并将自己与之相比较的群体,因此这些群体具有感召权力。例如,中层管理人员的参照群体,可能是级别更高的管理层。因为人们倾向于将参照群体的标准和方向作为自己的目标和行为的指南,所以参照群体对组织生活的影响很重要。

二、群体的作用

个体加入群体的原因多种多样。大多数人都属于好几个群体,这说明不同的群体能给人们带来不同的利益。人们加入群体大多出于如下需要:安全、地位、自尊、归属、权力以及实现目标。

(1) 安全:"人多力量大"。加入群体可以减轻"孤立无援"时的不安全感,我们会感到更为强大,更为自信,也多了一份对外来威胁的抵抗力。新来的员工尤其容易产生孤独感,所以他们求助于群体以获取指导和支持。不过,应该看到。不论是新来的员工,还是工作多年的"老"员工,都很少有人喜欢独来独往。人类通过与他人交往和成为群体中的一员而得到了安全感。

(2) 地位:加入群体能带来的荣誉。被他人所看重的群体接纳,将使其成员有被承认、受重视和地位高之感。

(3) 自尊:群体能增强人们的自我价值感,也就是说,加入一个群体,除了提供不同于圈外个体的地位之外还增强了个体的自尊。如果我们被一个受到高度好评的群体所接纳,则会极大地增强我们的自尊。

(4) 归属:群体可以满足我们的社会需要。人们喜欢与群体的其他成员定期进行相互交流。这种工作中的相互作用是满足他们归属需要的主要手段。事实上,几乎对所有人来说,工作群体都相当有助于满足人们的友谊和社交需要。

(5) 权力:群体的吸引力之一就在于它象征着权力。个人力量难以达到的目标往往通过集体行动可以实现。当然,这种权力不仅仅用于对他人提出要求,它还

可以作为反击的资本。为了保护自己免受管理层提出的不合理要求的损害，员工们也常常会联合起来。

非正式群体还能为个体提供额外的机会以行使权力并管理他人。对于那些希望影响他人的个体来说，当他们不处于组织中的正式职权岗位上时，非正式群体能够提供权力。作为一个群体的领导，你可以对你的群体成员提出要求并使他们服从于你，而用不着必须处于组织中的正式管理岗位上。对于高权力需要的人们来说，群体是满足这一需要的有力工具。

(6) 实现目标：任务小组常用来完成单靠个人力量很难达到的目标。常常有一些任务需要几个人共同参与，需要汇集多方面的才干、知识和权力才能完成工作。在这种情况下，管理层就需要依靠正式群体的运作。

工作任务可以总体划分为简单和复杂两种。所谓简单，指任务是常规的和规范化的。复杂则指任务是新颖的、非常规的。可以想见，任务越复杂，成员之间共同讨论各种可行性方案的方式，对群体越有利。而如果任务很简单，群体成员就没必要进行这种讨论，而只需按标准的工作程序去做就可以。同样，如果群体成员所从事的任务相互依赖的程度很高，就需要他们之间进行更多的相互作用。所以，当要完成的任务具有相互依赖性时，有效的沟通及冲突的控制水平会对群体绩效有很大的影响。这就需要以工作团队的组织方式完成任务。目前各公司越来越多地根据团队方式而不是个人方式进行工作。

第二节 工作团队

一、工作团队

工作团队：为了实现共同的目标而由彼此之间相互作用、互相影响和相互协作的个体组成的正式群体。工作团队都是群体，只有正式群体才能成为工作团队。

常见工作团队的种类有：

(1) 命令团队：由一个管理者和多个员工向该管理者汇报的员工组织的团队。这是一种基础的和传统的工作群体，它由正式的权力关系所决定，并在组织章程中作了描绘。典型的命令群体是由一位管理者及一些直接向其汇报工作的下属组成交叉功能团队，这是由来自不同工作领域的、有专门知识和技能的人员组成的群体，目的是共同解决工作中出现的某些问题。那种通过培训使成员之间能相互替代工作的群体也属于此类。

(2) 自我管理团队：这是一种基本上独立的群体。它除了完成本职工作之外，还承担着一些传统的管理职责，如雇佣、计划与安排及绩效评估等工作

(3) 任务团队或项目团队：一个临时组成的致力于解决具体问题的团队。这

是为了完成某一特殊任务而临时组建的群体，当任务完成或问题解决之后，通常会被解散。

(4) 委员会：一个正式的组织团队，创建的目的通常是承担相对长的、特定的组织任务。委员会通常存在较长的时间，负责处理经常发生的问题，并做出有关的决策。例如，你所在的大学或学院可能就有一个学生事务委员会，处理学生生活中经常遇到的问题。虽然委员会的成员经常更换，但委员会总是存在。

(5) 质量小组：质量小组是自愿参加、自愿组合、跨部门人员构成的利用业余时间活动的工作团队。是实施质量改进计划的核心构成要素。质量小组每周碰头一次来讨论工作中的问题，调查问题产生的原因，提出解决问题的办法，采取纠正性措施。质量小组结束了调查工作并且确定了解决问题的方案之后，向工厂管理层和职员提交正式报告。

二、团队工作的作用

对目前出现的这种趋势众说纷纭：我们认为有以下几种原因：

(1) 创造团结精神与集体精神：团队的成员希望也要求相互之间的帮助和支持，以团队方式开展工作，促进了成员之间的合作并提高了员工的士气。我们可以看到，团队规范在鼓励其成员工作卓越的同时，还创造了一种增加工作满意度的氛围。

(2) 使管理层有时间进行战略性的思考：采用团队形式，尤其是自我管理工作团队形式，使管理者得以脱身去做更多的战略规划。当工作以个体为基础设计时，管理者往往要花去大量时间监督他们的下属和解决下属出现的问题，他们成了“救火队长”，而很少有时间进行战略思考。运用工作团队，则能让管理者把精力转而主要集中在诸如长期发展计划等重大的问题上来。

(3) 提高决策速度：把一些决策权下放给团队，能使组织在做出决策方面具有更大的灵活性。团队成员对与工作相关的问题常常要比管理者知道的更多，并且离这些问题也更近。因此，相比以个体为基础的工作设计来说，采用团队形式，决策常常更迅速得多。

(4) 促进员工队伍多元化：“三个臭皮匠顶一个诸葛亮”由不同背景不同经历的个人组成的群体，看问题的广度要比单一性质的群体更大。同样，由风格各异的个体组成的团队所做出的决策，要比单个个体的决策更有创意。

(5) 提高绩效：上述各因素组合起来能使团队的工作绩效明显高于单个个体的工作绩效。相比传统的以个体为中心的工作设计，工作团队方式可以减少浪费、减轻官僚主义作风、积极提出工作改进建议并提高工作产量。

三、建立有效管理团队

学会有效管理团队的第一步，是了解团队的特征，即掌握开发领导角色、把握团队的发展阶段、建立团队规范和增强团队的凝聚力。

1.开发领导角色

团队的正式领导通常是任命的或是通过选举产生的。而非正式团队的领导是在团队成员相互交往过程中逐渐自发形成的。善于表达自己观点的人、经常为他人提供建议的人或者经常为群体活动提供指导的人,通常会成为非正式团队的领导人。其实不仅在非正式群体中如此,即使在正式组织中,这种自信、果断的个人也会成为正式任命的领导人的竞争对手,他们会削弱正式领导者对团队成员的控制力。

团队领导的重要性十分关键。但这并不以牺牲员工个人的自由为代价。作为领导者,通过消除组织结构的专制色彩,依靠承诺和自然而然的领导权威作为控制力量,使员工与生俱来的创造力和生产力得到极大的释放。所有的员工,不论是管理人员,还是职员、工人,都被称为"同事"。在团队工作哲学的保护下,同事们享受着不受约束的自由的创造活力。如果你显示出自己的能力,别人就会给你机会充分施展。你可以跨越专业领域,戏剧性地改变自己的角色。这种灵活性和团队工作是许多公司的成功经验。

2.团队的发展阶段

团队的发展一般经历五个阶段:形成阶段、震荡阶段、规范化阶段、运行阶段和解体阶段。

形成阶段是起始阶段,群体得以形成,并学习哪些行为是群体可以接受的;通过尝试和探索哪些活动有效,哪些活动无效。由此团队建立起明确的或含蓄的关于完成特定任务以及群体成员动态关系的基本准则。总之,这一阶段是定位和适应的时期。其特点是对于有关该群体的目标、结构及领导关系等问题,都尚处于不确定状态。群体的成员都在不断摸索以确定何种行为能够被接受。当成员开始感觉到自己是群体的一部分时,这一阶段就算结束了。

震荡阶段随着团队成员之间越来越熟悉,他们可能会抗拒团队结构的形成,因为他们开始强调自己的个性。团队成员之间经常抱有对立意向,甚至对抗形成阶段建立起来的基本规则。这是一个群体内激烈冲突的阶段。成员们接受了群体的存在,但抵制着群体对他们施加的控制。另外,在谁控制该群体的问题上也存在着冲突。第2阶段完成后,群体内部出现了比较明确的领导等级。

规范化阶段。此时,上一阶段出现的冲突得以充分展现并有望加以解决。随着群体成员开始建立共同的目标、行为规范以及基本规则,统一的团队得以产生。团队作为一个整体而非口头上的团队成员,参加各种活动。团队成员开始表达个人意见,相互间建立密切关系。在这个阶段,亲密的群体内关系开始形成,同时群体开始表现出内聚力,成员有了一种强烈的群体身分感和认同感。当群体结构已固定化,并且对什么是正确的成员行为也已达成共识时,规范阶段就结束了。

运行阶段。现在结构上的问题已经解决,群体开始作为一个整体运行,群体的结构对群体的绩效和动态活动起支持和润滑作用。群体结构已成为群体使用的工具而不再是群体抗拒的对象。群体成员现在可以把精力从发展团队,转向利用团队的结构来完成手边的任务。此时群体的结构完全功能化,并得到认可。群体内部致力于从相互了解和理解到共同完成当前工作等一系列问题上。

解体阶段。到这个阶段,对永久性工作群体来说,执行阶段是其发展历程的最后一个阶段。但对有些群体。比如临时委员会、任务小组、团队以及仅有一些为数不多的工作可做的群体,它们还存在着一个解体的阶段。这一阶段中,群体面临着它的终结之日的到来,高水平的工作绩效不再是群体的首要关注问题。现在它关心的是如何做好善后工作了。在此阶段中,群体成员们的反应也各不相同。有些人陶醉于群体的成就之中,心满意足。有些人则为将失去在群体生活中所获得的和谐与友谊而闷闷不乐。

大多数人在组织某一群体时都会经历上述每一阶段。群体成员被挑选出来后,他们第一次相见,这个时期,人们以“局外人的眼光”来评估此群体能做些什么以及如何去做这些事情。随后很快就是一场对控制权的争夺战:谁将领导我们?一旦这个问题解决了,群体内部对权力等级关系也就达成了共识。此时,群体开始确定工作任务的各具体方面,以及谁、何时来完成任务。每个成员都对群体的共同目标取得了一致意见,这是做好工作的基础。一旦群体的工作项目完成并报告了上级,群体也就宣告解散。当然,偶尔会有一些群体在第 1 或第 2 阶段就驻足不前,一般情况下这导致了令人失望的工作绩效。

那么,根据前面所说的是否可以推断,当一个群体经历到第 4 个阶段时,就会变得很有效了呢?有些人认为所处的阶段越高,工作群体的效率也会提高,但实际上并非如此简单。尽管这种假设有时是对的,可是,群体是否具有高效率这一问题十分复杂。在某些条件下,冲突的水平高时会导致群体的高绩效,也就是说,当群体处于第 2 阶段时,要比处于第 3 或第 4 阶段时工作干得更好。另外,群体的各个发展阶段之间也并非径渭分明。事实上,有时群体的几个阶段是同时发生的。比如说,一方面群体正处于震荡阶段;另一方面它同时又在执行任务。而且,在少数情况下,它甚至会倒退回先前的阶段中去。因此,我们不能想当然地认为,群体总是精确地沿着这一历程发展,或者认为群体的第四阶段总是最有利的。应该把这一模式看作是一般性的框架,这样可以提醒你注意群体是一个动态性的实体,从而有助于理解在群体发展过程中出现的有关问题。

并不是所有群体的发展都严格遵循这样的架构。在许多情况下,这个架构可以解释为什么团队发展会遇到困难。例如,没经历过撞击阶段和规范化阶段的团队很少取得成功;即便成功,也是短命的。

3.建立团队规范

经过一段时期后,团队成员会形成行为规范——团队成员对自己和其他成员应该如何行动或表现的期望。这些规范的一部分来自一般的社会行为规范,比如上班时应衣着得体或上班应准时等。另一部分是该群体所特有的,与其目标密切相关。比如负责新产品开发的任务团队会将善于向"传统观点"提出挑战作为群体的一个规范。

当团队成员违背规范时,其他团队成员可能会施加压力迫使其服从规范。施加压力的方式包括善意的嘲笑和批评、讥讽排斥等,对于严重的错误,例如,对在流水线上制造麻烦的人,甚至可能实施肉体惩罚。

遵守团队规范可能是非常有益的。因为行为规范解释了我们在日常生活中应该如何表现的基本问题,所以,服从规范可以使我们精力集中在其他任务上。但是如果服从规范会遏制首创精神和创新,阻碍团队绩效的提高,那么,就会产生副作用。所罗门·阿希通过一系列经典的实验证实了这种相反作用的存在。

阿希对请来的被试者说,实验只是想测试他们的视觉能力。同组成员每人都得到一张卡片,上面划着长度不同的直线。然后要求被试者一个接一个地大声说出三条线中的哪条直线与另一张卡片上的一条直线长度相同。事实上,哪条直线与另一张卡片上的直线同样长,这是显而易见的(参见图 18.1)阿希没有告诉被试者的是,每组只有一个人是真正的试验对象,其余的人均是实验者的助手,他们的任务是给出相同的、错误的答案。实验者关注的问题是那个真正的被试者如何回答。在 35%的试验中,不知情的被试者追随了群体的选择,给出了错误答案——即使正确答案是那么明显。然而,当实验条件改变,即阿希的一个助手也没有服从大多数的选择时,被试者服从的倾向则显著下降了。

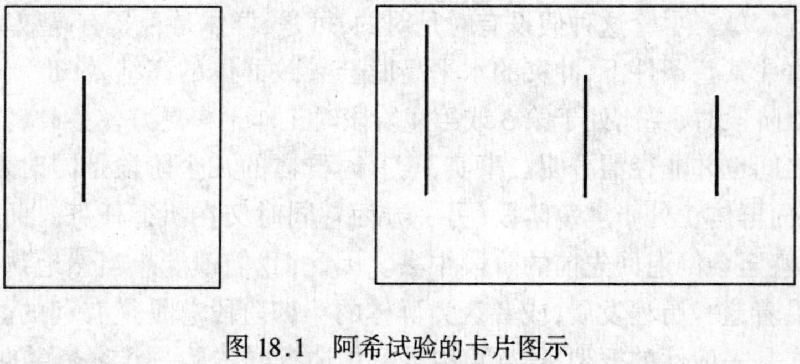

图 18.1 阿希试验的卡片图示

(资料来源:斯蒂芬·P·罗宾斯.管理学.中国人民大学出版社,1997 年版,第 373 页)

阿希的实验是一个证实规范的力量和一致性压力的实验。这些研究对于一个力图使工作团队最大程度地发挥作用的管理人员而言,具有什么意义呢,第一,作为一个管理者,你应该意识到,你完全可以利用你的职位优势,建立起不过分鼓励服从一致性压力的规范。你可以用你的行动(例如,对人们视为理所当然的结论提出疑问),用你的语言(你可以每次开会都以强调独立思考的重要性为开始),用你的奖励制度(奖励克服一致性压力的创新)等来做到这一点。你自己也可以是一个勇于创新的人。最重要的是,管理者的目标应该是以恰当的方式宣传规范,以将不可避免的群体压力引导到建设性的方向上来。

4.形成团队凝聚力

凝聚力是指团结一致的程度和个人对所在群体所抱的积极态度。团队的团结或凝聚力,是反映团队对其成员影响力的一个重要指标。一个群体的凝聚力越强,群体成员对群体的归属感越强,群体对其成员所具有的影响力越大。如果一个群体的成员感到自己强烈地从属于这个群体,那么,他就不大可能去违犯群体的规范。

团队凝聚力在小公司中也扮演着不可或缺的角色,团队凝聚力对帮助团队成员产生成就感至关重要,因为它可以使成员感到自己的努力会对团队有所贡献。当引进全面质量管理(TQM)时,建立若干个由5~8人组成的团队,以解决具体问题,并证明团队能够产生影响。使员工确信,没有什么改进是微不足道的。过一段时期后,员工们就创造出具有显著影响的变化了。第一个团队,即“工作信息团队”,致力于使命令传递清晰有序。一旦团队的项目得以完成,团队的建议被采纳,那么,就立即加以实施。不断地强调每个团队对全面质量管理计划都很重要,每个员工对全面质量管理计划同样很重要。

高度凝聚的团队与低度凝聚的团队相比较,紧张和敌意感较少,误解也比较少。另外,具有凝聚力的团队在生产大批量、标准化的产品时,生产率高于凝聚力低的团队,后者在沟通和合作方面往往存在问题。

相互信任是团队凝聚力的关键。而这可能意味着有凝聚力的团队也许会不容忍极端主义者,不论是正面还是反面的。同时也意味着有些才华横溢的天才在团队导向的环境中不能充分发挥其潜力。如果不想使团队凝聚力遭到削弱的话,必须意识到凝聚力对创造性人才的抑制。在合作极为重要的情况下(例如,在达到战略目标时),管理者可以通过四种方法来提高凝聚力:引入竞争、增强人际吸引力、加强相互作用、为员工创造共同的目标使员工共命运。

引进竞争,团队与外部人员或其他团队的冲突会增强团队的凝聚力。通过创造并领导竞争性的工作团队来对管理人员进行培训。增加人际吸引力意味着人们倾向于加入其成员是由自己认同和赞赏的人构成的团队。增强相互作用,尽管人们通常不太可能喜欢所有与之共事的人,但是增强相互作用可以提高同志式的信任,并促进沟通。如邀请所有员工参加的酒会、开展共同看电影、吃冰激凌的活动、举办全体员工参加的友谊排球赛、鼓励平行生产团队的相互竞争。这里我们看到了一个提高凝聚力的两个技巧(竞争和相互作用)之间的相互作用。

群体的有效性是三个变量的函数:任务依存度、力量和结果依存度。任务依存度是指团队工作需要其成员相互作用的程度。高水平的任务依存度可以增强团队的力量感,即可以增强群体对其有效性的共同信念。结果依存度是团队工作的结果能够被所有成员感知的程度。

为创造成功的团队,管理者首先必须给每个团队确定一个章程,即一套清楚的可达到的目标体系。例如,一个负责战略计划的团队,其目标可能是制定一项公司的五年发展计划。因为需要赋予各个团队以足够的灵活性来安排各自的事务,所以管理者应该集中在章程本身而不是团队组织活动的细枝末节。应由团队成员们来决定其工作需要多大程度的相互依赖性。而且,团队成员们必须相信:组织已经给予他们充足的资源——技能、金钱和灵活性来完成章程规定的目标。管理人员还必须尽力创造一种工作结果的相互依赖感。如果一个团队的成员不能同呼吸、共命运,他们将不会有归属感。群体奖励或同级评估有助于创造这种同命运的感觉。奖励不一定非要采用金钱形式。事实上,认可可能与金钱同样重要,或者比金钱更重要。

团队的有效性受民族文化的影响是非常重要的。并不是所有的国家都以相同的方式看待团队。日本和斯堪的纳维亚半岛国家以团队工作而著称。事实上,已经以团队工作为基础建立了其大部分企业文化。正如大家所知道的那样,日本是一个集体主义国家,人们的身份建立在“归属”的基础上,人们对集体决策抱有坚定的信念。而美国的文化主要以个人主义为基础,人的身份也以个人为基础,人们坚信个人决策的有效性。因此,团队工作在美国的公司中富有成效的实践,也促使我们的价值体系做出了一些改变。在中国,管理是其漫长、悠久的历史中的一个组成部分。而从历史上看,中国对团队的评价并没有其他亚洲国家那样高。尽管有些工厂试图使用工作团队,但他们可能会遇到来自其主要管理者对团队努力价值的否定性评论:“一个和尚挑水吃,两个和尚抬水吃,三个和尚没水吃”。

第二节　超级团队与高绩效团队

一、超级团队

一些团队同时兼备正式团队和非正式团队的特点。超级团队即是一个例子。

超级团队是由来自公司各个不同经营领域的人组成,即从一个公司的不同部门抽调的10~30人组成团队,他们每天在一起工作,解决各种问题。这些团队也被称为“自我管理的工作团队或交叉功能团队”。

超级团队与其他正式团队的区别在于,他们打破"金字塔式等级结构"——严格的上下级关系:最底层是工人,顶端是管理人员——这种传统结构对解决工人每天遇到的问题而言,是过于笨拙了。运行良好的超级团队可以进行自我管理,自己安排工作进度,建立自己的生产率标准,订购自己需要的设备和原料,改进产品质量,并且与顾客和其他超级团队密切联系。很多公司,都使用超级团队的管理方式。同在制造业一样,超级团队在服务业和金融部门看来也同样奏效。在这些产业中,超级团队可以用来完成某一项目或解决某个问题,也可以成为公司的劳动力大军中一个经常性的组成部分。超级团队概念对很多公司而言是最重要的。很多公司的所有员工都至少参加一个自我管理、自我监督的团队,这些团队独立做出从预算到工作进度安排、招聘、培训等所有问题的决策。经验表明,使用超级团队可使工厂劳动生产率提高40%。

然而,超级团队并不都是万能的。对于简单的问题,比如流水线上遇到的问题,超级团队显得多此一举。当有复杂的问题需要解决时,或者需要削减阻碍发展的管理层次时,超级团队显得更有意义。超级团队的核心概念是功能交叉。而且,并非对所有企业文化而言,超级团队都是最佳的选择。中层管理人员可能会将超级团队视为一个威胁,因为超级团队使他们向上提升的阶梯减少了。

用超级团队来改组一个公司,是一个长期、复杂的过程,可能需要数年时间。研究表明,新建一个具有团队特征的工厂比把现有工厂转变为超级团队更容易。尽管如此,仍然有一些专家认为,超级团队极有可能被证明为20世纪90年代最具成效的公司创新。

自我管理的团队或自我管理工作团队:没有任何正式监督的团队。可以进行自我管理、不需要任何正式监督的超级团队可以称为自我管理的团队或自我管理工作团队。这类团队一般具有如下特征:

- 团队对一项"相对完整的工作"负责;
- 团队成员们每人都具有多种与任务相关的技能;
- 团队具有诸如决定工作方法、进程安排以及为团队成员分配不同工作的权力;
- 团队的绩效作为一个整体是报酬和反馈的依据。

一个产业中这类团队的出现,意味着依靠个人完成任务的战略被完成任务的群体方式所取代。

通过一般的超级团队来实现参与式管理,各种制造业和非制造业公司中都可以见到。并且在离职率、产品质量和劳动生产率等方面均取得良好绩效。

制造业可以建立自我管理团队。作为整个公司的基本生产单位,负责产品的全部制造。为了支持团队工作的进程,工厂的生产设施之间悬挂了旗帜以标明不同工作团队的工作区域。公司把工作团队的业绩,如出勤率、交货及时率以及其他变量展示在墙报上。无需监督，团队之间每天都碰头，以制定工作计划，满足生产要求。这些团队每季度与管理层碰一次头，就群体业绩和工作中存在的问题做正式的汇报。

然而，在实施团队管理时也会遇到一些困难。团队工作方式使人员配备和录用变得极为困难。管理者必须考虑到，求职者不仅需要具备所需的工作技能，而且要能够适应特定团队的工作要求。公司曾试图招聘一些临时工人，但这些临时工根本不能融入到团队工作的过程中去。

在对自我管理的团队成员的个人业绩进行评估是应该全面考虑的，具体内容包括成员的首创精神、领导创造力和敏感性等各个方面。作为团队的带头人和团队结构的初始发起人，负责总结成员业绩评估的要点。另外，带头人与每位成员碰面，一对一地反馈考评结果。通过员工提高对任务的理解和敏感度，增加相互支持。在进行个人业绩评估方面，应保持高度的谨慎，不能沿着传统的控制和权力思路来进行评估。与此相反，我们利用这些评估结果来使团队成员们互相支持，建立信任与开放的心态，学会如何利用对方的长处，激发其他成员的兴趣和动机。

与基于个人业绩的传统报酬体系相比较，团队管理模式的薪酬决策也非常困难。薪酬体系必须支持工作团队的工作。薪酬体系一般由三部分构成：第一部分是基于员工工作技能的小时工资制；第二部分是基于团队业绩和同事评价的奖金；第三部分是以公司整体绩效为基础的利润分享。

二、高效团队的特征

团队形式并不能自动地提高生产力，它也可能会让管理者失望。必须促使团队取得高绩效。研究表明高效团队有关的主要特征如下：

(1) 清晰的目标：高效的团队对所要达到的目标有清楚的了解，并坚信这一目标包含着重大的意义和价值。而且，这种目标的重要性还激励着团队成员把个人目标升华到群体目标中去。在有效的团队中，成员愿意为团队目标做出承诺，清楚地知道希望他们做什么工作，以及他们怎样共同工作最后完成任务。

(2) 相关的技能：高效的团队是由一群有能力的成员组成的。他们具备实现理想目标所必需的技术和能力，而且相互之间有能够良好合作的个性品质，从而出色完成任务。后者尤其重要，但却常常被人们忽视。有精湛技术能力的人并不一定就有处理群体内关系的高超技巧，高效团队的成员则往往兼而有之。

(3) 相互的信任：成员间相互信任是有效团队的显著特征，也就是说，每个成员对其他人的品行和能力都确信不疑。我们在日常的人际关系中都能体会到。信任这种东西是相当脆弱的，它需要花大量的时间去培养而又很容易被破坏。而且，只有信任他人才能换来被他人的信任，不信任只能导致不信任。所以，维持群体内的相互信任，还需要引起管理层足够的重视。

组织文化和管理层的行为对形成相互信任的群体内氛围很有影响。如果组织崇尚开放、诚实、协作的办事原则,同时鼓励员工的参与和自主性,它就比较容易形成信任的环境。以下是帮助管理者构建信任的六条建议,能够帮助管理者建立和维持信任的行为。

沟通:向团队成员和其他下属解释有关决策和政策,使他们知晓;能够及时提供反馈;坦率地承认自己的缺点和不足;

支持下属:对团队成员和蔼可亲,平易近人,鼓励和支持他们的意见与建议;

尊重下属:真正授权给团队成员,认真倾听他们的想法;

公正无私:恪守信用,在绩效评估时能做到客观、公正,应予以表扬的尽量表扬;

易于预测:处理日常事务应有贯性,明确承诺并能及时兑现;

展示能力:通过展示自己的工作技术、办事能力和良好的职业意识,培养下属对自己的钦佩与尊敬;

(4) 一致的承诺:高效的团队成员对团队表现出高度的忠诚和承诺,为了能使群体获得成功,他们愿意去做任何事情。我们把这种忠诚和奉献称为一致的承诺。

对成功团队的研究发现,团队成员对他们的群体具有认同感,他们把自己属于该群体的身分看作是自我的一个重要方面。因此,承诺一致的特征表现为对群体目标的奉献精神,愿意为实现这一目标而调动和发挥自己的最大潜能。

(5) 良好的沟通:毋庸置疑,这是高效团队一个必不可少的特点。群体成员通过畅通的渠道交流信息,包括各种言语和非言语信息。此外,管理层与团队成员之间健康的信息反馈也是良好沟通的重要特征,它有助于管理者指导团队成员的行动,消除误解。就像一对已经共同生活多年、感情深厚的夫妇那样,高效团队中的成员能迅速而准确地了解彼此的想法和情感。

(6) 谈判技能:以个体为基础进行工作设计时,员工的角色由工作说明、工作纪律、工作程序及其他一些正式文件明确规定。但对于高效的团队来说,其成员角色具有灵活多变性,总在不断地进行调整。这就需要成员具备充分的谈判技能。由于团队中的问题和关系时常变换,成员必须能面对和应付这种情况。

(7) 恰当的领导:有效的领导者能够让团队跟随自己共同度过最艰难的时期,因为他能为团队指明前途所在。他们向成员阐明变革的可能性,鼓舞团队成员的自信心,帮助他们更充分地了解自己的潜力。

优秀的领导者不一定非得指示或控制,高效团队的领导者往往担任的是教练和后盾的角色,他们对团队提供指导和支持,但并不试图去控制它。这不仅适用于自我管理团队,当授权给小组成员时,它也适用于任务小组、交叉职能型的团队。对于那些习惯于传统方式的管理者来说,这种从上司到后盾的角色变换,即从发号施令到为团队服务,实在是一种困难的转变。当前很多管理者已开始发现这种新型的权力共享方式的好处,或通过领导培训逐渐意识到它的益处,但仍然有些脑筋死板、习惯于专制方式的管理者无法接受这种新概念,这些人应当尽快转换自己的老观念,否则就将被取而代之。

(8) 内部支持和外部支持:要成为高效团队的最后一个必需条件就是它的支持环境。从内部条件来看,团队应拥有一个合理的基础结构,这包括:适当的培训、一套易于理解的用以评估员工总体绩效的测量系统,以及一个起支持作用的人力资源系统。恰当的基础结构应能支持并强化成员行为以取得高绩效水平。从外部条件来看,管理层应给团队提供完成工作所必需的各种资源。

三、成功的团队管理

1.全面质量管理

全面质量管理(TQM)的一个主要特征就是采用团队形式,为什么呢?TQM 的精髓在于工作程序的改进,改进工作程序的关键则是员工的参与。换句话说,TQM 要求管理层鼓励员工提出和实施他们的想法与建议,而解决问题团队,就能为员工提供这种途径。20 世纪 80 年代早期许多公司开始在 TQM 中把团队作为主要的组织机制。整个企业如此庞杂,如果不采用团队方式就根本没法对它有所影响。运用质量团队解决问题时,需注意如下几点:

规模要小,足以办事迅速而有效率;

员工要接受必需技能的培训;

配给解决问题所需要的足够时间;

配给解决问题及采取正确措施的一定权力;

每个团队都配有一位上级“支持者”,帮助解决工作中存在的障碍。

一种质量团队的形式是质量任务小组,质量任务小组由公司不同层次的人员组成,以解决在各职能领域中出现的质量问题。各任务小组都有其特定的活动领域和职责。例如,有的处理厂内产品问题;有的解决生产领域以外出现的问题;还有的专门负责供应商问题。任务小组的采用,改进了公司内部的横向和纵向的沟通状况,并显著减少了一些不必要的组织单元,此外,还减少了一些服务问题的出现。

质量管理小组是 TQM 中另一种团队应用。质量管理小组是一种由 8 ~ 10 位员工及主管组成的工作群体。他们定期碰头(一般是每周一次),讨论他们碰到的质量问题,调查问题出现的原因,推荐问题的解决办法,采取纠正措施。他们承担着解决质量问题的职责,提出并评估他们自己的建议。不过,一般都是由管理层最后做出实施推荐方式的决策。

2.委员会

很多管理者常开玩笑或者抱怨说,委员会是最大的时间浪费者。但是,在现实经济生活中,委员会或任务小组通常是集中组织不同成员的专业知识和智慧、指导组织成员有效解决问题、进行科学决策的最好方式。另外,这些正式群体使成员们认识到了自己的工作如何影响他人,增强了所有成员为改进整个组织的效率而进行协调的意愿和能力。而且,委员会也是培训年轻主管的"摇篮",教会他们超越个人需要,关注整个群体的利益。

即使正式群体不能提供这些好处,但它们也是公司生活中无法回避的组成部分。在员工人数超过万人的公司中,有94%的公司设有正式的委员会。管理人员把他们50%~60%的时间花费在委员会的工作上。因此,真正的挑战不是回避正式群体,而是要学会更有效地利用它们。由于委员会因其职能和活动的不同而明显不同,所以并不存在一套对所有情形都适用的委员会的指导方针。例如,负责把高层管理者的命令传达给下属的高度指导型的委员会与主要任务是解决管理中出现的复杂问题的委员会就需要不同的管理方式。下列建议适用于问题解决型的委员会。(如果想使委员会成员的技能得到最有效的利用,对这类委员会必须进行灵活的管理。正式程序为帮助委员会有效地发挥职能,实施如下几个正式程序是有益的:

- 最好是以书面的形式将委员会的目标加以明晰界定。这有助于集中委员会的活动以及委员会应该履行哪些职责的意见。
- 委员会的职权应该加以详细说明。委员会的职权是仅限于调查研究,提出建议,还是有权实施决策?
- 委员会的最优规模应该明确确定。委员会成员少于5人,团队工作的优势就会被削弱。当群体规模扩大时,群体的潜在资源会增加。委员会的最优规模因环境的不同而不同,但对很多任务来说,委员会理想的人数是5~10人。人数大于10~15人时,委员会通常会变得庞大笨拙,使每个成员对工作发挥影响变得难度重重。
- 应该根据主持群体会议的能力来选定一名委员会主席。主席应该鼓励所有委员会成员参与讨论,防止会议偏离主题,确保完成必要的书面记录。(委任一个常设秘书来处理沟通问题是必要的。)
- 会议召开之前,应把会议议程和所有相关支持性材料分发给委员会成员,让其事先做好准备工作,能够抓住实质问题,准备好发言。
- 会议应该准时开始,准时结束。会议一开始就应该宣布会议的结束时间。

当然,一些公司也在根据这一模式重新定位,并取得了成功。使团队成功的关键是接受这个前提。从整体上看,公司的员工是由那些愿意把工作做好的、有智慧的人组成的。这些研究人员认为,不接受这一根本前提,试行参与式管理的公司,充其量也不过成败参半。

3.参与式管理

参与式管理鼓励员工承担责任更重、权力更多的角色的管理模式。参与式管理使正式群体有效的挑战之一,是确保每个成员都有机会参与和贡献自己的一份力量,因为毕竟没人能够预见到最好的创意会出自于哪个成员。有些公司工人参与管理不是临时性的实验,也不是偶尔为之的权宜之计。事实上,公司的成就被看作是所有参与者的创造才能、决策才能得以发挥的结果。在这些国家里,个人尊严和个人奉献得到人们的普遍尊重,公司力图保证所有对公司业绩做出贡献的员工都能得到切实的奖励。这种传统是有些公司在国际竞争中能够保持强有力的竞争地位的最为重要的决定因素。

实行参与式管理的核心思想,是对一线工作人员的能力和诚信抱有坚定信心,让他们全权负责所有致力于满足顾客要求的服务。管理者的角色不是仅仅传达最高管理层的政策,而是向那些每日负责顾客关系的一线员工提供协助。例如,在汽车行业,许多公司都面临着工人们的不满情绪和对流水线作业的敌意。但是,经过几年的不懈努力,一些公司已经建立起一种新的作业体系,来取代延续至今的流水线作业。这种体制是:把工人分成相对较多的工作团队,定期轮换工作,工人在完成工作时具有相当大的自主权。通过这种参与式的管理方法,公司的劳资双方在基本价值观和如何提高公司整体经济效益的看法上更加一致。

4.对团队工作的评价

首先,同时也是最重要的是,业绩挑战是创造团队的最佳方式,其中"团队的基本要素,包括规模、目的、目标、技能、方法和责任等,经常被忽视。团队的基本组成部分是团队成员掌握的技能、团队的责任以及团队成员的承诺等。在组织的最高管理层创造工作团队是最困难的,这主要是由于人们对团队如何运作存在许多错误的假设。

对团队工作研究的一些结论:

具有高绩效标准的公司似乎比那些有意推广团队的公司能够孵化出更多的"真正的团队"。

高绩效的团队极端少见。

几乎同团队与出色业绩可以并存一样,等级结构与团队也能够共存。

团队能够自然而然地将学习与履行职责整合在一起。

团队是提高组织成员业绩的最基本单位。

其次,关于团队的一些简单的规则能极大地提高团队的绩效,特别是在应用于组织的最高管理层的团队时,尤其如此。这些规则是:第一,团队工作的分配应精确、具体,而不能笼统概括。第二,团队的工作必须加以分解,分配给下级团队和其他个体,不能把团队等同于"会议"。第三,团队成员资格必须以其个人成绩和个人技能为基础,而不能以某人的正式职权或在正式组织中的地位为基础。第四,每个团队成员必须完成大致相同的工作量,否则,就不可避免地产生对工作成果的不同承诺。第五,当传统的沟通和相互作用的等级模式被彻底打破之后,团队才能真正发挥作用。你在团队中担任什么职位并不重要,重要的是你对团队做出的贡献。最后,高层管理团队必须像其他团队一样一起工作,集中精力完成任务,形成开放、承诺和信任的工作氛围和环境。

5.团队内部的冲突

冲突不仅存在于团队之间,而且也存在于一个团队内部。研究提出了一种理解团队内部冲突的新思路。大多数人认为团队内部的冲突必须加以管理和解决,但是研究提出认为这些冲突是团队生活概念的本质。他们将这种冲突视为一种内在矛盾。他们识别出团队生活中七种自相矛盾、进退两难的方面:身份、开放、信任、个性、权威、退化和创造性。

身份的矛盾是指因为人是不同的,所以团队必须把具有不同技能和不同观点的成员统一起来;但是与此同时,团队成员也常常感到群体降低了他们的个性。开放的矛盾是指如果团队追求成功,那么团队成员必须开放自己的内心世界;但是出于对遭到其他团队成员拒绝的担心,团队成员通常仅公开别人可以接受的想法。同样,信任的矛盾是指为了在团队内部建立信任关系,团队成员必须首先信任团队;但与此同时,团队必须首先信任自己的成员,因为只有通过信任,信任关系才能得以建立。

个性的矛盾是指团队的实力只能建立在团队成员个体实力的基础之上;但当成员全身心投入工作时,则会感觉到自己的个性已经受到威胁。与此相似,权威的矛盾是指团队的力量源于构成团队的个体的力量,但是当个体加入团队时,团队成员因为把自己的力量供团队支配而减少了个人力量。

退化的矛盾源于这一事实:尽管个体在加入团队时,总是希望比加入团队前拥有“更多”,但是,“团队却希望个体付出更多(拥有更少),从而使团队获得更多”。“从这种意义上看,团队退化的压力阻碍了个体追求进步的愿望”。最后,创造力的矛盾是指尽管团队为了生存必须进行变革,但是变革在创造新事物的同时,也意味着对旧事物的摧毁。因此,任何拒绝“摧毁”的努力,都会限制团队潜在的创造性。

研究得出如下结论:如果一个团队不能利用这些矛盾和冲突中的积极因素,那么它就不可能成长与发展。但是,“如果团队成员能够把冲突视为团队固有的特性,视为以全面的整合方式对待不同或差异的自然结果”,那么,他们就会理解这一点:团队内的冲突“恰恰是事物的自然属性,正如水是湿的、阳光是温暖的一样”。

6.通过强化培训追求成功

向员工授权得以成功的一个关键因素是,员工受到了承担责任所必须的培训。假如,每个员工每年要把大约92小时的时间用于接受培训,约占他们工作时间的5%,而竞争对手的员工得到的培训最多不过2%~3%。“因为我们的目标是不断超越竞争对手,所以,我们推断,我们在培训上所花的时间至少需要竞争对手的两倍。”然而,培训不是要求员工反复学习如何制造一辆汽车,而是要使员工理解与人、技术和经营体制等有关的事项,以及与质量、成本和顾客满意度等密切相关的事项。根据欧图尔的看法,即使公司在员工的知识和技能上进行了足够多的投资,员工们还是常常会忽略“为什么”的问题。“让职工知道为什么,正是经营使命和经营哲学的精华之所在。”“在恰当的时机,以恰当的方式进行恰当的培训,的确极大地提高了生产能力,同时也提高了工资水平”。

实际上,培训是同“风险-奖赏”薪酬体系相联系的。员工的基础工资可能低于行业平均水平,但是,他们可以通过达到或超过质量、生产率和培训等方面的目标,来获得额外的收入,这可能会达到或超过行业的平均标准。“风险-奖赏”薪酬体系将员工的一部分基础工资变成风险收入。这意味着员工为了得到这部分风险收入,就必须达到一定的目标。如果员工超过了目标,他们就会得到相应的奖金。

第十九章　管理沟通

学习目的

学习本章应了解与掌握：

1.能够概述管理沟通的内涵。

2.能够了解管理沟通的过程。

3.能够了解沟通的基本方式。

4.能够阐述人际沟通的障碍及如何克服人际沟通的障碍。

5.能够了解组织沟通的渠道。

6.能够了解人际冲突与组织冲突。

7.能够阐述如何解决人际与组织冲突。

沟通，是管理活动和管理行为中最重要的组成部分，也是企业和其他一切管理者最为重要的职责之一。人类的活动中之所以会产生管理活动，人类的种种行为中之所以会产生管理行为，是因为随着社会的发展，产生了群体活动和行为的原因。而在一个群体中，要使每一个群体成员能够在一个共同目标下，协调一致地努力工作，就绝对离不开有效的沟通。在每一个群体中，它的成员要表示愿望、提出意见、交流思想；群体的领导者要了解下情、获得理解、发布命令，这些都需要有效的沟通。因此可以说，组织成员之间良好有效的沟通是组织效率的切实保证，而管理者与被管理者之间的有效沟通是任何管理艺术的精髓。

第一节　管理沟通概述

一、管理沟通的内涵

沟通，就是我们通常所说的信息交流，这在管理工作的各个方面都已得到广泛的应用。沟通可以是通信工具之间的信息交流——这是通信科学技术所研究的问题，例如通信卫星、电视、传真、电话、电子邮件等；也可以是人与机器之间的信息交流——这是工程心理学所研究的课题；沟通还可以表现为组织与组织之间、人与人之间的信息交流——这既是社会心理学、行为科学和管理心理学的研究课题，也是现代管理学研究的内容之一。

由于沟通过程中对象的不同，沟通分机—机沟通、人—机沟通和人—人沟通三种类型，这三种类型客观上都是沟通双方发送和接受信息的过程，只是由于共同参与者的类型不同而会出现不同的特点。我们把某一信息(或意思)传递给客体或对象,以期取得客体做出相应反应效果的整个过程称为沟通。沟通,又称沟通联络或信息交流。在这三种类型中,我们把人—人沟通称为管理沟通。由于管理沟通的双方都是人,因此,与另外两种类型相比,管理沟通要复杂得多。

从管理的角度,综合各种有关沟通的定义,把沟通定义为:**管理沟通是指沟通者为了获取沟通对象的反应和反馈而向对方传递信息的全部过程。**

沟通可被认为是涉及信息传递和某些人为活动的过程。沟通是人为的,没有人为行动,也就无所谓沟通。沟通与人际关系密切相关,或许很复杂,或许很简单,有时可能拘泥形式,有时也可能十分随便。这一切都取决于传递信息的性质和传递者与接收者之间的关系。

例 一家工厂的管理层希望生产线的员工自带咖啡,并且为了节省时间,休息时要在机器边喝咖啡,而不是在咖啡厅,公司做得非常直率和坦诚。在员工大会上,管理层展示了工厂用电情况统计表,说明在用咖啡前后15分钟里用电量不足正常用电量的一半,更何况在休息期间正常生产的损失。他们这一恰当例子证明,长时间停工或开工不足会造成利益损失。耗电图很令人信服,员工欣然接受了新的休息制度。

此例说明(沟通的重要性):在一个组织中,沟通有其不可或缺的存在价值。管理层与管理层、管理层与员工、员工与员工之间都需要沟通来掌握和传播信息,交流思想。信息在人与人之间的传递是为沟通。沟通是一种通过传递观点、事实、思想、感受、和价值观而与他人相接触的途径。其目标是使接受者理解信息的含义。主管和团队领导传达各项指令,同事之间了解工作进度,无论上与下还是同层之间,都要充分借助沟通的力量来保证工作协作的正常运转,使组织内部成员之间互动地把握自己与他人、与总体的动态联系,从而推动组织的发展。

我们可以从以下几个方面来理解管理沟通的内涵。

1.沟通首先是意义上的传递

如果信息和想法没有被传递到,则意味着沟通没有发生。也就是说,说话者没有听众或写作者没有读者都不能构成沟通。因此,哲学问题“树林中的一树倒了,却无人听到,它是否发出了声响?”在沟通背景下,其答案是否定的。

2.要使沟通成功,意义不仅需要被传递,还需要被理解

沟通是意义上的传递与理解。完美的沟通,如果其存在的话,应是经过传递后被接受者感知到的信息与发送者发出的信息完全一致。也就是说,传递的信息必须清晰明确,必须要让接收者听明白。只有当信息招致你的听众作出你所期望的反应时,才算成功。比如,一个供应商可能会对逾期未付款的客户这样说:“××,我想你不妨察看一下你的账目,是不是有点过期了?”这句话的表达显得含糊不清,

但如果供应商这样说："××先生，你有一笔逾期未付的账款，本周末是我方最后销售期限，如到那时我方仍未收到这笔逾期未付的账款，我方将不得不把此事交由我方诉讼律师处理。"毫无疑问，客户会认为供应商是严肃认真的，欠款之事非同小可啊！

3. 在沟通过程中，所有传递于沟通者之间的，只是一些符号，而不是信息本身

一个观念或一项信息并不能像有形物品一样由发送者传送给接受者。语言、身体动作、表情等都是一种符号。传送者首先把要传送的信息"翻译"成符号，而接受者则进行相反的"翻译过程"。由于每个人"信息—符号储存系统"各不相同，对同一符号(例如语言词汇)常存在着不同的理解。例如，同一个数字13，中国人与美国人有着不同的体验和认识。"定额"这样一个词汇，对不同的管理层有着不同含义。高层管理者常常把它理解为需要，而下级管理者则把它理解为操纵和控制，并由此而产生不满。问题在于，许多管理人员并没有意识到这一点，忽视了不同成员"信息—符号储存系统"的差异，自认为自己的词汇、动作等符号能被对方还原成自己欲表达的信息，但这往往是不正确的，而且导致了不少沟通问题。

4. 良好的沟通常被错误地理解为沟通双方达成协议，而不是准确理解信息的意义

如果有人与我们意见不同，不少人认为此人未能完全领会我们的看法，换句话说，很多人认为良好的沟通是使别人接受自己的观点。但是，你可以非常明白对方的意思却不同意对方的看法。事实上，沟通双方能否达成一致协议，别人是否接受自己的观点，往往并不是沟通良好与否这一个因素决定的，它还涉及到双方根本利益是否一致，价值观念是否类同等其他关键因素。例如在谈判过程中如果双方存在着根本利益的冲突，即使沟通过程中不存在任何噪声干扰，谈判双方沟通技巧十分娴熟，往往也不能达成一致协议，但沟通双方每个人都已充分理解了对方的观点和意见。

5. 沟通的信息是包罗万象的

在沟通中，我们不仅传递消息，而且还表达赞赏、不快之情，或提出自己的意见观点。这样沟通信息就可分为：①事实；②情感；③价值观；④意见观点。如果信息接受者对信息类型理解与发送者不一致，有可能导致沟通障碍和信息失真。在许多误解的问题中，其核心都在于接受人对信息到底是意见观点的叙述、还是事实的叙述混淆不清。比如，"小王把脚摆在桌上"和"小王在偷懒"是两人对同一现象作出的描述，并没有迹象表明第二句是一个判断，但是，一个良好的沟通者会谨慎区别基于推论的信息和基于事实的信息。也许小王真的是偷懒，也有可能这只是他思考问题的一种习惯。另外，沟通者也要完整理解传递来的信息，即既获取事实，又分析发送者的价值观、个人态度。这样才能达到有效的沟通。

二、管理沟通的过程

管理沟通的过程如图19.1所示。

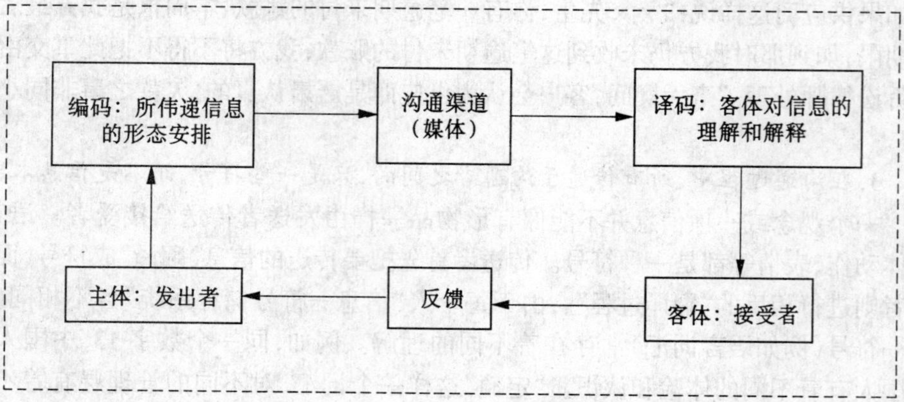

图 19.1　管理沟通的过程

在这个管理沟通过程中，编码、译码、沟通渠道是沟通过程取得成功的关键环节，它始于主体发出信息，终于得到反馈。由于沟通过程中只有绝妙的信息是不够的，只有当信息招致听众做出你所期望的反应时才算成功。因此，听众的反应是最为关键的，这也是管理沟通与其他类型沟通的本质区别。此外，在管理沟通过程中，还存在一个隐含因素，那就是沟通背景，如果双方缺乏共同背景，信息沟通就难以实现。

结合管理沟通过程，有效的管理沟通应考虑七个方面的基本要素，即信息源、听众、沟通目标、环境、信息、媒介和反馈。

信息源　信息源即信息发送者，是指有信息并试图进行沟通的人。他们激发沟通过程，决定以谁为沟通对象，并决定沟通目的。作为信息源的沟通者，在实施沟通之前，必须首先在自己丰富的记忆里选择出试图沟通的信息，然后将这些信息转化为可以接受的形式，如文字、语言或表情等。

听众　确定你的听众。是什么促使他们支持你？他们对你的建议所抱的态度是积极的、消极的、还是不冷不热的？你是面临一个还是几个关键听众？那些会受到你的计划成功或失败影响的次要听众是谁？还有你没有考虑到的听众吗？

沟通目标　你寻求的结果是什么？当你已接到一个指示或产生一个好主意时，尽可能清晰地把它写下来，然后与实现它所需花费的成本进行对比。它有价值吗？它和同等重要的或更重要的目标相冲突吗？你或他人怎样评价其风险和成果？简言之，你怎样评价成功？

环境沟通是在具体的环境中发生的。它可能涉及接近某一个人或接近几百万人；它也可能意味着在特定的公司文化、公司历史或公司竞争形似中工作——或意味着改变这些准则；它还可能涉及外部的沟通：客户、潜在的消费者、当地媒体或国家媒体。在制定你的沟通战略前，你要确保你了解背景。

信息　针对特定的听众，何种消息可实现你的目标。考虑他们要多少信息，他们可能会产生何种疑惑，你的建议将会对他们产生何种利益。怎样使你的消息具有说服力和被牢记在心以及怎样最有说服性地组织你的观点。

媒介　哪种媒体将把你的消息最有效地传递给每个重要的听众？你是说、是写、发 E - mail、召开会议、发传真、做录像，或者是举行记者招待会？我们都知道"媒体是消息"，你做出的媒体选择传递什么样的消息？例如送给办公室同事一份备忘录可能表示你不愿意面对面地交谈。

反馈　沟通不是行为而是过程。一个消息引出一个反应，这又需要另一个消息。企业沟通不是射箭，而是建立为达到某一结果所设计的动态过程。这意味着在沟通的每一个阶段都要寻求听众的支持，更重要的是给他们回应的机会。依此方法，你会知道你的听众想什么，并且可相应地调整你发布的消息，他们更可能感觉到参与了这个过程并对你的目标作出承诺。

只要简单地考虑一下这 7 个分析工具就可以看出，任何企业的沟通任务实际是一项管理工作。许多沟通情势是管理者偶然碰到而非有预谋的事件。你的重要议题和目标可能并不列于任何议事日程之上。事实怎样才能转化为优势呢？无论你是制定范围较宽的战略，还是设计某一特定的沟通方案，认真考虑发起者、听众、目标、背景、消息、媒体和反馈将向你提供一个任何企业情势之下都可应用的简洁的内省框架。应用这个清单将确保你确实是在参与沟通过程，你在执行一项特定的产生更大洞察力的任务——因此，你更可能成功。

有效管理沟通的检核表：

* 你是否已经掌握并组织好沟通过程中所有相关的信息？
* 你是否了解或掌握好了有关个体和组织的背景资料和环境状况？
* 你是否明确要实现和能实现的目标？
* 你是否清楚听众的需要？
* 你是否清晰、生动和有说服力地表达你的观点？
* 你是否选择了正确的沟通渠道？

三、沟通方式

根据信息载体的异同，沟通可分为言语沟通（verbal communication）和非言语沟通（nonverbal communication）。图 19.2 勾勒出了这种沟通的分类。

言语沟通建立在语言文字的基础上，又可细分为口头沟通和书面沟通两种形式。人们之间最常见的交流方式是交谈，也就是口头沟通。常见的口头沟通包括演说、正式的一对一讨论或小组讨论、非正式的讨论以及传闻或小道消息传播。书面沟通包括备忘录、信件、组织内发行的期刊、布告栏及其他任何传递书面文字或符号的手段。

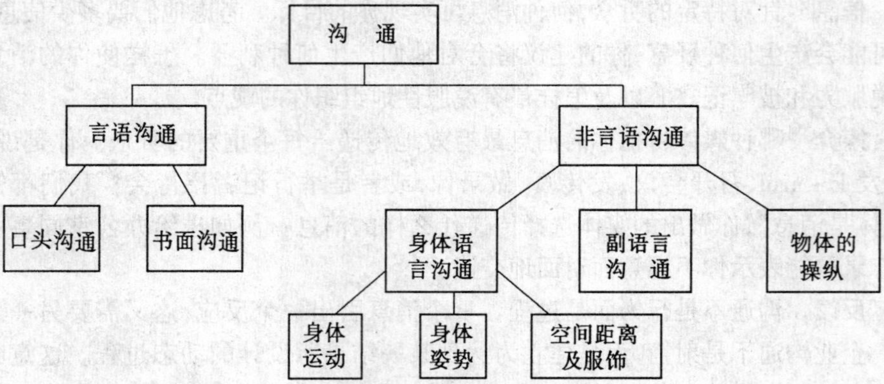

图 19.2　沟通分类

而一些极有意义的沟通既非口头形式也非书面形式,而是非言语沟通。非言语沟通指通过某些媒介而不是讲话或文字来传递信息。交相闪烁的红绿灯、慷慨激昂的语调都属此类。教师上课时,当看到学生们无精打采的眼神及百无聊赖的表情时,其意尽在不言中,学生已经通过无声的方式明确地表达了他们的厌倦之情。一个人的衣着打扮、谈话时的一举一动无不向别人传递了某种信息,非言语沟通内涵十分丰富,包括身体语言沟通、语调、物体的操纵、甚至于空间距离等多种形式。

1.言语沟通

(1) 口头信息沟通

绝大部分的信息是通过口头传递的。口头信息沟通方式十分灵活多样,它既可以是两人间的娓娓深谈,也可以是群体中的雄辩舌战;既可以是正式的磋商,也可以是非正式的聊天;既可以是有备而来,也可以是即兴发挥。

口头信息沟通是所有沟通形式中最直接的方式。它的优点是快速传递和即时反馈。在这种方式下,信息可以在最短时间内被传送。并在最短时间内得到对方回复。如果接受者对信息有疑问,迅速的反馈可使发送者及时检查其中不够明确的地方并进行改正。此外,上级同下属会晤可使下属感到被尊重、受重视。显而易见,非正式沟通可以极大地有助于对问题的了解。

口头信息沟通也有缺陷。信息从发送者一段段接力式传送过程中,存在着巨大的失真的可能性。每个人都以自己的偏好增删信息,以自己的方式诠释信息,当信息经长途跋涉到达终点时,其内容往往与最初的涵义存在重大偏差。如果组织中的重要决策通过口头方式,沿着权力等级链上下传递,则信息失真可能性相当大。

而且,这种沟通方式并不是总能省时,正如那些参加了毫无结果、甚至也不需要结果的会议的主管所了解的那样,按照时间与费用而论,这些会议代价很大。

同时，口头沟通还要注意沟通者的角色问题。同一对象在不同的环境里往往表现为不同的角色，彼此的关系也就跟着变化，这种变化往往是通过说话表示出来，不然就会发生角色错位，语言形式一定要符合自己转换的角色身份。

(2) 书面信息沟通

书面记录具有有形展示、长期保存、法律防护依据等优点。一般情况下，发送者与接受者双方都拥有沟通记录，沟通的信息可以长期保存下去。如果对信息的内容有疑问，过后的查询是完全可能的。对于复杂或长期的沟通来说，这尤为重要。一个新产品的市场推广计划可能需要好几个月的大量工作，以书面的方式记录下来，可以使计划的构思者在整个计划的实施过程中有一个依据。

把东西写出来，可以促使人们对自己要表达的东西更加认真地思考。因此，书面沟通显得更加周密，逻辑性强，条理清楚。书面语言在正式发表之前能够反复修改，直至作者满意。作者所欲表达的信息能被充分、完整地表达出来，减少了情绪、他人观点等因素对信息传达的影响。书面沟通的内容易于复制、传播，这对于大规模传播来说，是一个十分重要的条件。

当然，书面沟通也有自己的缺陷。相对于口头沟通而言，书面沟通耗费时间较长。同等时间的交流，口头比书面所传达的信息要多得多。事实上，花费一个小时写出的东西只需十五分钟左右就能说完。

书面沟通另一个主要缺点，是不能及时提供信息反馈。口头沟通能使接受者对其所听到的东西及时提出自己的看法。而书面沟通缺乏这种内在的反馈机制，其结果是无法确保所发出的信息全被接收到，即使接收到，也无法确保接受者对信息的解释正好是发送者的本意。发送者往往要花费很长的时间来了解信息是否已被接收并被准确地理解。

基蒂·洛克(KittyO.Locker)

就如何在书面沟通过程中应用换位思考(you - attitude)方式提出了以下 6 个方面的技巧。

① 不要强调你为读者做了什么，而要强调读者能获得什么或能做什么。以正面或中立的立场，强调读者想要知道的内容。如：

非换位方式：今天下午我们会把你们 9 月 21 日的订货装船发运。

换位方式：你们订购的两集装箱服装将于今天下午装船，预计在 9 月 28 日抵达贵处。

由于受众对货物达到日期比我们何时装船更感兴趣，因此，换位的方式可以使沟通站在对方的立场上实现。注意，“预期抵达”也为可能的改期发货留有余地，如果你对信息了解不确切的话，应尽你所能告诉对方。

② 参考读者的具体要求或指令。在商务写作中涉及读者的要求、订单或保单

时,要具体指明而不要泛泛地称之为“你的订单或保单”。对方是个人或小业主时,这种指明订单内容的做法会显得友善;对方是与你有生意往来的公司,要列出发票或订单号码。如:

[对个人]非换位方式:你的订单……

换位方式:你定购的课桌椅真丝服装……

[对大的公司]换位方式:你的第 783329 号发票……

③ 除非你有把握读者会感兴趣,否则尽量少谈自己的感受。在大多数商务场合,个人感受都是与业务无关的,应略去,除非是在贺信或慰问信中可以表露个人的情感。如:

非换位方式:我们很高兴授予你 5000 元信用额度。

换位方式:你的牡丹卡有 5000 元的信用额度。

读者并不关心审批这些常规信用申请时,你是高兴还是烦透了,或者是你对授予一个刚刚够格的人的这么大的信用额度表示担心,读者关注的焦点都是从他们个人的角度和观点出发的。

④ 不要告诉读者他们将会如何感受或反应。让别人来告诉我们应该如何感受,特别是断言不准确时,会自然导致关系的疏远,因此避免就读者的感受或反应加以判断。当要告诉读者一个好消息时,直截了当会更好。如:

非换位方式:你会很高兴得知你的奖学金延长期获得了批准。

换位方式:祝贺你!你的奖学金获准延长期了。

⑤ 涉及褒奖内容时,多用“你”而少用“我”,褒奖的内容与作者或读者都相关时应尽量用“我们”。也就是尽量把叙述重点放在读者方面,而不是你或你的公司。如:

非换位方式:我们为所有的员工提供健康保险。

换位方式:作为宝洁公司的雇员,你会享受到健康保险。

⑥ 涉及贬义的内容时,避免使用“你”为主语,以保护读者的自我意识。否则,会使读者有受攻击或侮辱之感,所以尽量不用。一种方法是用指代读者所属群体的名词代替“你们”或“你”,因而读者就不会感到坏消息是专门针对他的。如:

非换位方式:你在发表任何以在该机构工作经历为背景的文章时,必须要得到主任的同意。

换位方式:本机构的工作人员在发表以在此工作经历为背景的文章时,必须要得到主任的同意。

显然,在沟通过程中能够站在对方立场思考问题,能够从“对方需要什么”作为思考的起点,不但有助于问题的解决,而且能更好地建立并强化良好的人际关系,达到建设性沟通的目标。

2. 非言语沟通

一位作风专断的主管一面拍桌子,一面宣称从现在开始实施参与式管理,听众都会觉得言辞并非这位主管的本意。我们应如何说明这些不顾所听到的言语而接受到的信息?在言语只是一种烟幕的时候,非言语的信息往往能够非常有力地传达"真正的本质"。扬扬眉毛、有力地耸耸肩头、突然离去,能够交流许多具有价值的信息。激动人心的会议备忘录(甚至一字不漏的正式文件)使人读起来十分枯燥,因为他们抽去了非言语的线索。据有关资料表明,在面对面的沟通过程中,那些来自语言文字的社交意义不会超过35%,换而言之,有65%是以非语言信息传达的。

人们非常希望用非言语沟通的方式诸如面部表情、语音语调等,来强化语言沟通的效果,但也并不是总能做到这一点。显然,非言语沟通既能强化语言沟通的效果,也能起相反的作用,关键在于沟通人员对它的掌握和运用。

非言语沟通内涵十分丰富,熟为人知的领域是身体语言沟通、副语言沟通、物体的操纵等。

(1) 身体语言沟通

身体语言沟通是通过动态无声性的目光、表情、手势语言等身体运动或者是静态无声的身体姿势、空间距离及衣着打扮等等形式来实现沟通。

人们首先可以借由面部表情、手部动作等身体姿态来传达诸如攻击、恐惧、腼腆、傲慢、愉快、愤怒等情绪或意图。举例而言,在你一日最忙碌的时刻里,有位职员来造访,讨论一个问题。你和他把问题解决之后,这位职员却站着不走,并把话题转向社会时事。在你的内心里,很希望立即终止这个讨论而去继续工作,可是在表面上,你却很礼貌、专注地听着,然后,你把椅子往前挪了一下,并坐直了身子且整理你桌上的公文。不管这举动是潜意识的抑或故意的,它们都刻画出你的感觉并暗示这位职员"该是离开的时候了",除非这位职员没有感觉或太专注于自己的话题,否则谈话很可能因彼此间默契,而获得结束。

固然,任何身体上行动都会把一些信息传达给接收人,但是,我们必须根据我们过去对于各种不同类型人物的经验,而不是眼前的情况来对人下定论,以免造成错误。

即使是人与人之间的空间位置关系,也会直接影响个人之间的沟通过程。沟通中空间位置的不同,还直接导致沟通者具有不同的沟通影响力,有些位置对沟通的影响力较大,有些位置影响力较小。我们都有体会,同一种发言,站到讲台上讲,与在台下自由发言所引起的作用是不同的,高高的讲台本身具有某种权威性。

沟通者的服饰往往也扮演着信息发送源的角色。有学者在经过广泛的调查研究后指出,在企业环境中,组织成员所穿的服装传送出关于他们的能力、严谨和进取性的清楚的信号。换句话说，接收者无意识地给各种服装归结了某些定型的含义，然后按这些认识对待穿戴者。例如，该学者坚持认为，黑色雨衣会给有抱负的男管理者带来不利影响。他声称，黑色雨衣标志着"较低的中等阶层"，而米色雨衣在公司内外会得到"管理者"的待遇。出于同样理由，他强烈反对女管理者穿厚运动衫。当对该项研究的正确性难以评价时，有一点很清楚，人们首先从他人穿戴的服装上看到某种信息。

2.副语言沟通

副语言沟通是通过非语词的声音，如重音、声调的变化，哭、笑、停顿来实现的。心理学家称非语词的声音信号为副语言。最新的心理学研究成果揭示，副语言在沟通过程中，起着十分重要的作用。一句话的含义往往不仅决定于其字面的意义，而且决定于它的弦外之音。语音表达方式的变化，尤其是语调的变化，可以使字面相同的一句话具有完全不同的含义。比如一句简单的口头语，"真棒"，当音调较低，语气肯定时，"真棒"表示由衷的赞赏。而当音调升高，语气抑扬，说成"真棒"时，则完全变成了刻薄的讥讽和幸灾乐祸。

3.物体的操纵

除了运用身体语言外，人们也能通过物体的运用，环境布置等手段进行非言语的沟通。下面是一个很自然地利用手头之物表明一个非言语的观点的例子。

一位车间主任在和工长讲话的时候，心不在焉地拾起一小块碎砖。他刚一离开，工长就命令全体员工加班半小时，清理车间卫生。实际上车间主任并未提到关于清理卫生一个字。

在日常生活中，我们不难发现，秘书们常常给办公场所增添了个人格调。专业人员和管理人员的办公室一般是严肃的，但是秘书们的办公桌被鲜艳的颜色、特殊的陈列品、挂在墙上的明信片、宣传画等纸张所包围。透过这些装饰，我们对秘书的性格、特征会产生一个初步的认识。

第二节　人际沟通

美国著名学府普林斯顿大学对一万份人事档案进行分析，结果发现："智慧"、"专业技术"和"经验"只占成功因素的25%，其余75%决定于良好的人际沟通。哈佛大学就业指导小组1995年调查结果显示，在500名被解职的男女中，因人际沟通不良而导致工作不称职者占82%，由此可见，人际沟通多么重要！

人际沟通就是人和人之间的信息和情感相互传递的过程。它是管理沟通的基础，从某种程度上来说，组织沟通是人际沟通的一种表现和应用形式，有效的管理沟通都是以人际沟通为保障的。人际沟通的有效管理方法是信息的传递和人际之间友好关系的建立。

一、沟通障碍

例　李(会计主管)和王(营销主管)一同面试了一批审计职位的应聘者。随后她们和三个其他部门的主管一起确定最后的人选。当王提出她看到某个应试者的缺点时,李立刻尖锐地质疑王评价审计技能的能力,因为王毕生的职业都是搞营销。王自然对自己受到的攻击感到非常气愤。事后,虽然李向她道了歉并声称对此事非常懊悔,王却对此事一直耿耿于怀。

例　假设你想告诉你的下属,他们接电话时唐突的方式和说话的语速可能会给顾客留下不好的印象。你就此事与下属沟通,可能出现这样一种方式:"小刘,你接电话的方式真是太唐突了,你需要从现在开始接受职业化的训练。"

显然,这种方式可能会使小刘感到不安,也不会改变小刘的接电话方式,因为缺乏明确清晰的指导对小刘是无益的。小刘可能会想:"我怎么唐突了,唐突和职业化是什么意思?"这样的批评既不会改变她的唐突,也不会使她职业化,而且用"你太唐突了"这样的结论给人以排斥情绪;"从现在开始就……"这样的口气又太强硬,结果达不到沟通的效果。

方式二:"小刘,我正在关注你在电话中与顾客的交谈方式,我想和你讨论一下。我注意到你讲话的速度相当快,因而,我担心对一些顾客来说,可能很难理解你所表达的,毕竟你比顾客更了解、更熟悉情况。"

在生活中,沟通失败的情况不计其数,导致沟通失败的缘由也是多种多样。可能是由于书写潦草、稿件地址写错,谈话中的误解或误听,说话的内容与表情不一致等。

那么为什么会发生沟通失败的情况呢?导致沟通不能有效进行的障碍有:

■ 地位影响(status effects)

当某人在管理层中的地位大大高于另一些人时,便会产生地位影响。在英国金雀花王朝时代,曾有四个骑士听到国王亨利二世说:"谁来为我清除这个煽动骚乱的教士?"他们认为这是国王的杀人命令而不是由于愤怒和失望而发出的慨叹,所以他们就杀了大主教托马斯·贝克特(Thomas Becket),还以为是为国王亨利二世除了一大祸根。由于这一严重误解致使这四名骑士丧了性命,国王亨利二世赤脚到坎特伯雷去朝圣赎罪,托马斯·贝克特也因此正式被封为圣者。

■ 语义问题(semantic problems)

当人们在不同的情形中使用同一个单词或在相同的情形中使用不同的单词时,就会发生语义问题。你可知道在英语中单词"Charge"就有 15 种不同的含义。当人们用希望他人能够理解的行话或术语时,或是使用超出他人词汇量范围的语言时,也同样会产生语义问题。(传送者和接收者由于各自经历的不同和理解方式的差异，对于同一词语在不同环境中有着不同的看法，当双方就词语的意义发生巨大分歧时，通过交谈进行沟通可能就无法进行。另外，传送者出于保密或缺乏信任而对信息有所保留，也可能导致接收者不愿接收和理解信息。）

■ 感觉失真（perceptual distortions）

由于自我概念、自我理解不够完善，或是对他人的理解不够充分，都可能产生感觉失真。（这导致信息内容的不确定，传送者不知该说些什么怎么去说也不知道接收者想听些什么。）

■ 文化差异（cultural differences）

文化差异影响到组织内部各个部门之间的人际交流，例如研究与发展部门与生产部门之间的文化差异。研究与发展部门的人员具有长期意识，注重未来，而生产部门的管理者只关心装配流水线的运行，关心完成每日的生产指标。另外，在经历了不同的社会和宗教环境的人员之间，也经常产生文化差异。

身体语言代表着沟通的一种形式，它的意思因社会的不同而改变。一个例子是V字型手势，两个手指作成v字形，同时手背朝着对方，这个手势在希腊表示"2"，但在英国这是一个十分"无礼的标记"；还是这个手势，只是这次手心对着对方，在英国这是一个"胜利"的标记。在世界上的大部分国家里，点头表示"同意"，摇头表示"不同意"；而在印度的一些地区，意思却截然相反，点头表示"不同意"，摇头表示"同意"。在交谈中，对沉默的运用也随着国家的不同而不同，在英国如果在交谈时，中间有超过四秒钟沉默不语的时间，则被认为非常不舒服，而在许多国家，这些不说话的时间即使再长一点也无所谓。对于讲话的声调和长短在北美和北欧也各不相同，这可能是由于北美人比北欧人更爱吵闹和具有征服欲。在生意场上或是在谈判的过程中，各国有各国的习惯与习俗，比如在一些阿拉伯国家，他们更注重的是口头的承诺而不是一个书面的契约；而在印度次大陆的一些国家，人们从不急急忙忙地就开始商业讨论，在此之间他们大多都作一些社交性的聊天，闲谈，然后慢慢地切入正题；在和日本人打交道时，如果你使用了不恰当的语言，这对日本谈判者来说是十分不正当的乃至是具有侮辱性的。注视的水平与身体接触也因国家而异，阿拉伯人和拉美人注视的水平较高，而印度人和北欧人则较低，而有着高水平注视的文化通常被认为是有着广泛的、实际的身体接触。有时人际沟通真是难乎其难。

■ 外界干扰（physical distractions）

环境混乱可产生很多噪音，通常是指隔音不充分的房间，汽车噪声可以透过的房间；旁边办公室经常传出打字机噼噼啪啪的敲击声；人员在办公室内频繁走动；漫无目的地用手拨弄铅笔；或在进行交流的关键阶段送来了咖啡。

物理障碍（physical barries）指在人们沟通的环境中存在的障碍。一个典型的物理障碍是突然出现的干扰噪音盖过了说话的声音。其他物理障碍包括人和人之间的距离，墙，或干扰无线电信号的静电。当物理干扰出现时，人们通常会意识到，并采取相应的措施予以补偿。物理障碍可以转化为积极的因素，方法是通过生态控制(ecological control)，传递者使环境发生改变从而影响接收者的感受和行为。

■ 信息渠道选择不当(poor choice of communication channels)

传送者知道该说什么，可是选择了错误的渠道和媒介。比方说，传送一个私人的信息时，打个电话或是登门造访就比书面的方式更恰当、更有效。另外，一张图片可以起到用语言无法表达的效果。在当今的计算机时代，用计算机制作图片信息或其他信息是快捷传递信息的有效方法。

■ 无反馈(nofeedback)

虽然单向信息交流快捷，但双向信息交流更加准确。在复杂的交流环境中，双向交流既有助于传递者和接收者判断其理解是否有误，也可促使双方员工全身心地投入到工作中去，察觉并消除误解。

综合来看，信息沟通的障碍可分为三类：

(1) 接收障碍

①环境刺激；②接收者的态度和观念；③接收者的需求和期待。

(2) 理解障碍

①语言和语义的问题；②接收者的收听和接收能力，特别是对那些对自我概念构成威胁的信息；③信息交流的长度；④地位影响。

(3) 接受障碍

①怀有成见；②传递者和接收者之间的矛盾。

二、克服沟通障碍

对于这些沟通障碍，管理者如何克服它们？以下的建议将帮助你使沟通更为有效。

运用反馈 很多沟通问题是直接由于误解或不准确造成的。如果管理者在沟通过程中使用反馈回路，则会减少这些问题的发生。这里的反馈可以是言语的，也可以是非言语的。

当管理者问接受者："你明白我的话了吗?"所得到的答复代表着反馈。但反馈不仅仅包括是或否的回答。为了核实信息是否按原有意图被接受，管理者可以询问有关该信息的一系列问题。但最好的办法是，让接受者用自己的话复述信息。如果管理者听到的复述正如本意，则可增强理解与精确性。反馈还包括比直接提问和对信息进行概括更精细的方法。综合评论可以使管理者了解接受者对信息的反应。另外，绩效评估、薪金核查以及晋升都是反馈的重要形式。

当然，反馈不必一定以言语的方式表达。行动比言语更为明确。比如，销售主管要求所有下属必须填好上月的销售报告，当有人未能按期上交此报告时，管理者就得到了反馈。这一反馈表明销售主管对自己的指令应该阐述得更清楚。同理，当你面对一群人演讲时，你总在观察他们的眼睛及其他非言语线索以了解他们是否在接受你的信息。

简化语言 由于语言可能成为沟通障碍，因此管理者应该选择措辞并组织信息，以使信息清楚明确，易于接受者理解。管理者不仅需要简化语言，还要考虑到信息所指向的听众，以便所用的语言适合于接受者。记住，有效的沟通不仅需要信息被接收，而且需要信息被理解。通过简化语言并注意使用与听众一致的言语方式可以提高理解效果。比如，医院的管理者在沟通时应尽量使用清晰易懂的词汇，并且对医务人员传递信息时所用的语言应和对办公室工作人员不同。在所有的人都理解其意义的群体内的行话会使沟通十分便利，但在本群体之外使用行话则会造成无穷问题。

与前面反馈的讨论一致，在传递重要信息时，为了使语言问题造成的不利影响减少到最低程度，可以先把信息告诉不熟悉这一内容的人。比如，在正式沟通之前让接受者阅读演讲词是一种十分有效的手段，其有助于确认含混的术语、不清楚的假设或不连续的逻辑思维。

积极倾听 当别人说话时，我们在听，但很多情况下我们并不是在倾听。倾听是对信息进行积极主动的搜寻，而单纯的听则是被动的。在倾听时，接受者和发送者双方都在思考。

我们中的不少人并不是好听众。为什么？因为做到这一点很困难，而且常常当个体有主动性时才会做得更为有效。事实上，积极倾听（Active listening）常常比说话更容易引起疲劳，因为它要求脑力的投入，要求集中全部注意力。我们说话的速度是平均每分钟 150 个词汇，而倾听的能力则是每分钟可接受将近 1000 个词汇。二者之间的差值显然留给了大脑充足的时间，使其有机会神游四方。

通过发展与发送者的移情，也就是让自己处于发送者的位置，可以提高积极倾听的效果。不同的发送者在态度、兴趣、需求和期望方面各有不同，因此移情更易于理解信息的真正内涵。一个移情的听众并不急于对信息的内容进行判定，而是先认真聆听他人所说。这使得信息不会因为过早而不成熟的判断或解释而失真，从而提高了自己获得信息完整意义的能力。

抑制情绪 如果认为管理者总是以完全理性化的方式进行沟通，那太天真了。我们知道情绪能使信息的传递严重受阻或失真。当管理者对某件事十分失望时，很可能会对所接受的信息发生误解，并在表述自己信息时不够清晰和准确。那么管理者应该如何行事呢？最简单的办法是暂停进一步的沟通直至恢复平静。

注意非言语提示 我们说行动比言语更明确，因此很重要的一点是注意你的行动,确保它们和语言相匹配并起到强化语言的作用。非言语信息在沟通中占据很大比重,因此,有效的沟通者十分注意自己的非言语提示,保证它们也同样传达了所期望的信息。

第三节　组织沟通

有效的沟通对组织的成功是至关重要的。组织是由许多不同的部分、成员所构成的一个整体,这一整体有其特定的目的和任务。为了要实现组织的目标,各部门、成员之间必须有密切的配合与协调。只有各部门、各成员之间存在着良好的沟通意识、机制和行为,各部门、成员间才能彼此了解、互相协作,进而促进团体意识的形成,增强组织目标的导向性和凝聚力,使整个组织体系合作无间、同心同德,完成组织的使命及目的。

行为科学及企业文化理论告诉我们,组织成员并非仅仅为了物质的需求而工作,他们还有精神层面的需要,这些精神上的需要包括成就感、归属感、荣誉感及参与感等等。而且,随着社会的不断发展进步,人们生活水平和文化素质的日益提高,这些精神需要所占比重会越来越大。要使职工真正感觉到属于自己的企业,并不是仅仅依靠薪水、奖金所能达到的。而更在于那个组织对他意见的重视,这种参与感的满足对于员工的工作积极性有很大的影响,而组织沟通,尤其是上向沟通正可以满足人员的这种欲望。

现代组织机构庞大,且业务繁杂。组织成员尤其是管理人员不可能只凭借自身力量和信息渠道获得决策所需信息。管理人员要想适应瞬息万变的市场环境和纷繁复杂的大千世界,就必须凭借沟通,间接从他人获得信息和宝贵的经验成果。人是有限的,但沟通使得人能够无论在思想观念上还是在情感上都变得无限。

“三个臭皮匠,赛过诸葛亮”这句俗语,其实存在着一个隐性前提,那就是三人之间有着良好的沟通。良好的沟通不仅能交换信息,还能够互相交融、互相促进,从而产生创新的效果。正如英国作家萧伯纳曾经打过的一个比方:假如你有一个苹果,我有一个苹果,彼此交换后,我们都还是只有一个苹果。但是,如果你有一种思想,我有一种思想,那么彼此交换后,我们每个人都有两种思想。甚至,两种思想发出碰撞,还可以产生出两种思想之外的东西。

一、组织沟通渠道

所谓沟通渠道指信息在沟通时流动的通道,这些流动的通道可以分为两种:正式通道和非正式通道。正式渠道是通过组织正式结构或层次系统运行,非正式沟通则是通过正式系统以外的途径来进行的。在组织中,这两种渠道是同时存在,管理者应该有效地利用这两种通道来提高组织沟通的效率。

1.正式沟通

正式沟通指由组织内部明确的规章制度所规定的沟通方式,它和组织的结构息息相关,主要包括按正式组织系统发布的命令、指示、文件,组织召开的正式会议,组织内部上下级之间和同事之间因工作需要而进行的正式接触。另外,团体所组织的参观访问、技术交流、市场调查等也在此列。按照信息的流向可以分为上行、下行和平行沟通三种形式。

(1) 上行沟通。是指在组织中信息从较低的层次流向较高的层次的一种沟通。主要是下属依照规定向上级所提出的正式书面或口头报告。除此之外,许多机构还采取某些措施以鼓励向上沟通,例如态度调查、征求意见座谈会、意见箱等,员工在"厂长接待日"直接反映情况或写成书面意见投入"厂长信箱"等就是如此。如果没有上行沟通,管理者就不可能了解职工的需要,也可能不知道自己下的指示或命令正确与否,因此上行沟通十分重要。上行沟通的优点是:员工可以把自己的意见向领导反映,获得一定程度的心理满足;管理者也可以利用这种方式了解企业的经营状况,与下属形成良好的关系,提高管理水平。上行沟通的缺点是:在沟通过程中,下属因级别不同造成心理距离,形成一些心理障碍;害怕"穿小鞋",受打击报复,不愿反映意见。同时,向上沟通常常效率不佳。有时,由于特殊的心理因素,经过层层过滤,导致信息曲解,出现适得其反的结局。

(2) 下行沟通。指组织中信息从较高的层次流向较低层次的一种沟通,其中的信息一般包括:有关工作的指示,工作内容描述,员工应该遵循的政策、程序、规章等,有关员工绩效的反馈,希望员工自愿参加的各种活动。许多人认为下行沟通就是从管理人员流向操作工人的沟通,其实不然,很多下行沟通都是发生在管理层内部的。例如生产副总经理可能指示车间经理加紧制造一种新产品,依次地,车间经理向主管人作出详细指示,主管人以此为根据指示生产工人。下行沟通是传统组织中最主要的沟通流向。下行沟通的优点是,它可以使下级主管部门和团体成员及时了解组织的目标和领导意图,增加员工对所在团体的向心力与归属感。它也可以协调组织内部各个层次的活动,加强组织原则和纪律性,使组织机器正常地运转下去。向下沟通渠道的缺点是,如果这种渠道使用过多,会在下属中造成高高在上、独裁专横的印象,使下属产生心理抵触情绪,影响团体的士气。此外,由于来自最高决策层的信息需要经过层层传递,容易被耽误、搁置,有可能出现事后信息曲解、失真的情况。

就比较而言,下行沟通比较容易,居高临下,甚至可利用广播、电视等通讯设施;上行沟通则困难一些,它要求基层领导深入实际,及时反映情况,做细致的工作。一般说来,传统的管理方式偏重于向下沟通,管理风格趋于专制;而现代管理方式则是向下沟通与向上沟通并用,强调信息反馈,增加员工参与管理的机会。

(3) 横向沟通和斜向沟通。所谓横向沟通指在组织中同一层次不同部门之间的沟通。而所谓斜向沟通是指信息在不同层次之间的不同部门之间流动时的沟通。不少管理心理学家认为,对于一位管理者来说,运用横向沟通和斜向沟通是错误的,因为这样会破坏统一的指挥。但在现实中,各种组织仍广泛地存在横向沟通和斜向沟通,因为事实证明它们有助于提高效率。这两种沟通都跨越了不同部门、脱离了正式的指挥系统,但只要在进行沟通前先得到直接领导者的允许并在沟通后把任何值得肯定的结果及时向直接领导汇报,这种沟通便是值得积极提倡的。这种沟通具有很多优点:第一,它可以使办事程序、手续简化,节省时间,提高工作效率。第二,它可以使企业各个部门之间相互了解,有助于培养整体观念和合作精神,克服本位主义倾向。第三,它可以增加职工之间的互谅互让,培养职工之间的友谊,满足职工的社会需要,使职工提高工作兴趣,改善工作态度。其缺点表现在,头绪过多,信息量大,易于造成混乱。

以上正式沟通的优点是沟通效果好,比较严肃而且约束力强,易于保密,可以使信息沟通保持权威性。以重要消息和文件传递组织的决策等一般都采取这种形式。但它又存在沟通速度慢,很刻板,易于使信息失真,因此组织为顺利进行工作,必须要依赖非正式沟通以补充正式沟通的不足。

2.非正式沟通

非正式沟通是一类以社会关系为基础,与组织内部明确的规章制度无关的沟通方式。例如团体成员私下交换看法,朋友聚会,传播谣言和小道消息等都属于非正式沟通。它的沟通对象、时间及内容等各方面都是未经计划和难辨别的。因为非正式组织是由于组织成员的感情和动机上的需要而形成的,所以其沟通渠道是通过组织内的各种社会关系,这种社会关系超越了部门、单位及层次。非正式渠道不是由管理者建立的,所以管理者往往很难控制。非正式渠道无所谓好坏,主要在于管理者如何运用。在相当程度上,非正式沟通是形成良好组织氛围的必要条件,相比较而言这种渠道有较大的弹性,可以是横向的和斜向的,而且速度很快。非正式沟通是正式沟通的有机补充。西蒙指出,在许多组织中,决策时利用的情报大部分是由非正式信息系统传递的。同正式沟通相比,非正式沟通往往能更灵活迅速地适应事态的变化,省略许多繁琐的程序;并且常常能提供大量的通过正式渠道难以获得的信息,真实地反映员工的思想、态度和动机。因此,这种信息往往能够对管理决策起重要的作用。

在很多情况下来自非正式沟通的信息反而易于获得接收者的重视。由于这种沟通一般是以口头方式,不留证据、不负责任,有许多在正式沟通中不便于传递的信息却可以在非正式沟通中透露。

非正式渠道是由于组织内部成员之间的共同利益而形成的。这些利益可能是由工作、社会或组织外部的各种条件所产生的;小道消息渠道(grapevine"葡萄藤")是一个信息量极大的渠道,管理者制定计划所必需的信息,据估计有50%是从小道消息渠道获得的。这些来自小道消息渠道的信息可能经常被曲解,尽管如此,仍比那些来自正式渠道的信息更具有可信性,而且传播速度快;一位总经理曾经这样说:"如果我散布一条谣言(rumor),我知道在一天内我就能听到反应;如果我传递一份正式备忘录,我要等待三个星期才能听到反应。"当正式渠道不畅通或失效时,非正式渠道往往是信息沟通的惟一途径。

非正式沟通的优点是,沟通形式不拘,直接明了,速度很快,容易及时了解到正式沟通难以提供的"内幕新闻"。非正式沟通能够发挥作用的基础,是团体中良好的人际关系。其缺点表现在,非正式沟通难以控制,传递的信息不确切,易于失真、曲解,而且,它可能导致小集团、小圈子,影响人心稳定和团体的凝聚力。

此外,非正式沟通还有一种可以事先预知的模型。心理学研究表明,非正式沟通的内容和形式往往是能够事先被人知道的。它具有以下几个特点:第一,消息越新鲜,人们谈论得就越多;第二,对人们工作有影响者,最容易招致人们谈论;第三,最为人们所熟悉者,最多为人们谈论;第四,在工作上有关系的人,往往容易被牵扯到同一传闻中去;第五,在工作上接触多的人,最可能被牵扯到同一传闻中去。对于非正式沟通的这些规律,管理者应该予以充分注意,以杜绝起消极作用的"小道消息",利用非正式沟通为组织目标服务。

现代管理理论提出了一个新概念,称为"高度的非正式沟通"。它指的是利用各种场合,通过各种方式,排除各种干扰,来保持人们之间经常不断的信息交流,从而在一个团体、一个企业中形成一个巨大的、不拘形式的、开放的信息沟通系统。国外的一些企业家在这方面动了不少脑筋。在美国华特·迪斯奈制片公司,上至董事长,下至一般职员,都佩戴一个只有名字的标记,让大家彼此直呼其名,以减少在交谈时因身份不同而造成的等级感。在美国明尼苏达采矿公司,凡属员工人数达十名左右的部门,都发起举办俱乐部,其目的是促使成员有机会进行高度的非正式沟通,以解决一些实际问题。实践证明,高度的非正式沟通可以节省很多时间,避免正式场合的拘束感和谨慎感,使许多长年累月难以解决的问题在轻松的气氛下得到解决,减少了团体内人际关系的摩擦。

二、组织沟通障碍

一般来讲,内部沟通环境中的障碍包括主观障碍、客观障碍和沟通方式障碍三个方面。主观障碍来自以下六个方面:

* 个人的性格、气质、态度、情绪、见解等的差别,使信息在沟通过程中受个人的主观心理因素的制约;
* 信息沟通中,如双方在经验水平和知识结构上差距过大,就会产生沟通的

障碍；

* 信息往往是依据组织系统分层次逐级传递的。而在按层次传达同一条信息时，往往会受到个人的记忆、思维能力、价值观等的影响，从而降低信息沟通的效率；
* 对信息的态度不同，使有些员工和主管人员忽视对自己不重要的信息，不关心组织目标、管理决策等信息，而只重视和关心与他们物质利益有关的信息，使沟通发生障碍；
* 主管人员和下级之间相互不信任。这主要是由于主管人员考虑不周，伤害了员工的自尊心，或决策错误所造成的，而相互不信任则会影响沟通的顺利进行；
* 下级人员的畏惧感也会造成障碍。这主要是由于主管人员管理严格，咄咄逼人和下级人员本身的素质所决定的。

客观障碍主要包括以下两个方面：

* 信息的发送者和接收者如果在空间距离太远、接触机会少，就会造成沟通障碍。社会文化背景不同、种族不同而形成的社会距离也会影响信息沟通；
* 组织机构过于庞大，中间层次太多，信息从最高决策层传递到下级基层单位，中间过程易产生失真，而且还会浪费时间，影响其及时性。这是由于组织机构不完善所带来的障碍。

沟通联络方式的障碍可以概括为以下两个方面：

* 沟通方式选择不当，原则、方法使用不灵活所造成的障碍。沟通的形态和网络多种多样，它们都有各自的优缺点。如果不根据组织、目标及其实现策略来进行选择，不灵活运用有关原则、方法，沟通就不可能畅通进行。在管理工作实践中，存在着信息的沟通，也就必然存在沟通障碍。主管人员的任务在于正视这些障碍，采取一切可能的方法消除这些障碍，为有效的信息沟通创造条件。
* 语言系统所造成的障碍。语言是沟通的工具。人们通过语言、文字及其他符号将信息经过沟通渠道来沟通。但是语言使用不当就会造成沟通障碍。这主要表现在以下三个方面。一是误解。这是由于发送者在提供信息时表达不清楚，或者是由于接收者接收失误所造成的。二是歪曲。这是由于对语言符号的记忆模糊所导致的信息失真。三是信息表达方式不当。这表现为措词不当、词不达意、丢字少句、空话连篇、文字松散、句子结构别扭、使用方言、土语、千篇一律等。这些都会增加沟通双方的心理负担，影响沟通的进行。

组织内部沟通方面的一个典型例子是罗斯·佩洛得与美国通用汽车公司合作后在管理方面所出现的障碍。

例 罗斯·佩洛得是一个性格直爽的亿万富翁,他在1984年把自己的电子数据系统[EDS]公司以25亿美元的价格卖给了通用汽车公司,并立即成为了通用汽车最大的股东和董事会的成员。通用购买EDS的目的最主要的是需要罗斯的管理技能来协调公司内部大规模的信息管理系统。罗杰·斯密斯,通用公司的主席,也希望佩洛得的进取精神能重新激发出通用公司的活力。但从佩洛得进入通用公司开始,他就成了通用公司现有政策的激烈批判者,他认为通用公司生产一辆汽车所花费的时间比打二次大战的时间还长,他尤其严厉地批评了通用公司中存在的官僚主义作风,要求公司在追求结果过程中培养团结一致的精神。到1986年11月,斯密斯觉得公司已明显地具有了足够的佩洛得式的精神,而此时,公司内对佩洛得的批评声到处可闻,结果,这个汽车巨头花费了佩洛得原有股权两倍的价格打发佩洛得,让他从董事会退休。

从这个案例简述可以发现人际冲突在组织中是客观的、无处不在的。现实中,大量的企业都趋向于劳动力的多样化、全球化,合资企业大量涌现,因此,来自不同组织和文化背景的管理者走到一起时,如何处理好内部沟通已日益成为一个重要的问题。任何一个内部存在过度不和谐因素的组织,都将在竞争的环境中处于难堪的境地(组织内的成员过于强调完全一致,以至懒于去适应变化的外部环境,或者过于强调对上级的顺从而没有看到要改进现状的需要,都属于不和谐的状态)。事实上,适度的冲突正是活跃的、有进取性的、有激励的组织的生命血液,它能够激发出人的创造力,激发整个组织的创新精神。为此,就要求管理者在正确看待内部沟通障碍的前提下,运用适当的策略建设性地做好内部沟通工作。

第四节 冲突管理

在传统的企业管理与管理理论中,冲突被视为有害的或必须加以避免的事情。然而,随着现代组织理论和组织行为学在企业管理研究中的地位的不断提高,人们对待冲突的态度和认识开始发生深刻的变化。与此同时,管理的实践也似乎不断地向人们揭示并非所有的冲突都对组织、群体或个人有害,危险并不是来自冲突本身,而是来自对冲突的处理不当,因为,企业的生存与效率本身就是不可避免地源于各种冲突之中,组织不可能在没有冲突的情况下发挥作用,组织成员也不可能在没有冲突的情况下相互影响和相互作用,进一步说,如果组织是有效率的,组织成员具备相应的能力,就必定能够有效地管理与解决冲突,进而使冲突具有建设性的作用。

一、什么是冲突

尽管人们容易认识和感觉到冲突,但对冲突下一个较为严谨的定义却决非易事。这可能是由于冲突涉及到企业组织中相互关系的方方面面:决策、劳资关系、层级之间的关系、部门之间的关系、角色压力、谈判等等,将这些庞杂的关系和现象压缩并置于一个简短的定义之中,显然是相当困难的,此外,对待冲突的不同态度以及情绪化的理解也是干扰准确定义的原因。冲突曾经被定义为有害他人的攻击性意向,或断言是人与人之间的互相反对。一些心理学者试图从挫折的角度定义冲突,而另一些人则试图以决策过程中的互相对立定义冲突,更有不少人将注意力放在个体的感觉上,诸如愤怒、不信任、恐惧,等等。以上这些定义由于各自的偏见,显然不能令人满意。

当使用冲突(Conflict)一词时,我们指的是由于某种抵触或对立状况而感知到的不一致的差异。差异是否真实存在并没有关系。只要人们感觉到差异的存在,则冲突状态也就存在。

若干年来,对于组织的冲突有着三种不同的观点。第一种观点认为应该避免冲突,冲突本身表明了组织内部的机能失调。我们称之为冲突的传统观点(Traditional view of conflict)。第二种观点为冲突的人际关系观点(Human relation view of conflict),即认为冲突是任何组织无可避免的必然产物,但它并不一定会导致不幸,而是可能成为有利于组织工作的积极动力。第三种也是最为新型的观点认为,冲突不仅可以成为组织中的积极动力,而且其中一些冲突对于组织或组织单元的有效运作是绝对必要的。我们称之为冲突的相互作用观点(Interactionist view of conflict)。

传统观点　早期的看法认为冲突是不利的,并且常常会给组织造成消极影响,冲突成为暴力、破坏和非理性的同义词。由于冲突是有害的,因此应该尽可能避免。管理者有责任在组织中清除冲突。从19世纪末至20世纪40年代中期,这一观点一直统治着管理学的文献。

人际关系观点　人际关系的观点认为冲突必然而不可避免地存在于所有组织之中。由于冲突是不可避免的,因此应该接纳冲突。这一观点使冲突的存在合理化;冲突不可能被消除,有时它甚至会为组织带来好处。自20世纪40年代末至70年代中期,人际关系的观点在冲突理论中占据统治地位。

相互作用观点　当今的冲突理论为相互作用的观点。人际关系观点接纳冲突,而相互作用的观点则鼓励冲突。这一理论观点认为,融洽、和平、安宁、合作的组织容易对变革和革新的需要表现为静止、冷漠和迟钝。因此,它的主要贡献在于:鼓励管理者维持一种冲突的最低水平,这能够使组织单位保持旺盛的生命力,善于自我批评和不断创新。

美国学者谟顿·道提斯(Morton Deutsch)是一位很有影响的学者,他采取了一种相当简洁实用的方式定义冲突:冲突存在于矛盾的活动之中,而所谓矛盾的活动是指某种行动对另一种行动所产生的阻碍、干扰和损害,或以某种方式使其效率降低。如果这种互不相容的活动发生在个人身上,则可称之为“个人的内冲突”(Interpersonal conflict)。例如,人们经常面临两个在个人看来是具有相同价值的选择,并感到若有所失(诸如在同一时间内,是打蓝球呢,还是踢足球?是看电视节目中某频道的武打片呢,还是另一频道的围棋比赛的现场直播?等等)。由于我们讨论的范围限于企业组织,所以本章所涉及的冲突主要集中在个人与群体之间相互矛盾的活动。例如,企业人力资源管理部门必须在解决其他部门不同意见的基础上,推行其人力资源的调整计划;研究设计部门必须在妥善解决生产部门的反对意见的前提下,投入生产新设计的产品;财务部门拒绝为计划部门提供所要求的信息,以致于后者难以实现其目标;企业的招聘计划遭到基层部门的强烈反对;员工对更高工资的需求和管理层持续压低生产成本的意愿之间的矛盾。

由于人们对切身经验的冲突必定有所知觉,而对于没有知觉的客观冲突不会导致心理上的影响。(当然,人们也会知觉到一些实际不存在的矛盾)如果压力群体没有将其挫折或失败归因于其他群体的行为,就不会采取任何积极的反应,只有被知觉到的矛盾,才可能引发愤怒或不安,并试图去改变它。

道提斯的定义没有以竞争或争斗的概念来搅乱冲突的含义,而许多企业管理者和学者却将竞争与冲突等同起来,在他们看来,似乎所有的冲突都是一种胜负之争。道提斯的观点为我们开拓了新的视野,即合作也会助长冲突,合作与竞争都与个人与群体相对独立的目标相关联,在竞争的情况下,人们知觉到各自目标之间的关系是一种消极的关联方式,一个目标的实现是对他人目标实现的干扰。在合作的情况下,不同主体目标之间的关系是一种积极的关联方式,一个目标的实现有助于他人目标的实现。组织内两个单位可能为争夺一名新招聘的电脑专家而努力,一个单位达到目的的同时意味着另一个单位达不到目的,然而,在单位内部成员之间却是以合作的方式相关联的,也可能只是单位之中某一个善于巧辩的成员为其单位赢得了有限的人力资源。人们在合作的情况下仍会产生冲突,例如,如何最有效地达到企业组织目标?组织成员就会有各种各样不同的甚至对立的意见:是以外延式的扩张,还是以内涵式的保守方式来保持企业的繁荣;是倾向于更为集权的组织结构,还是倾向于更为分权的组织结构;是依靠培训原有的管理和技术力量,还是高薪聘请企业外部人员。人们在诸如利益的分配,相互之间的权力与责任关系,专业的分工以及彼此的信任等方面都存在着冲突,人们也往往更为重视自己对组织的贡献,而常常轻视他人的努力成果,并因此认为自己应该享有更多的资源。所以,并非所有的冲突都是竞争的反映,合作者之间也会产生冲突。

二、人际冲突

人际冲突主要指两个以上个体互相作用时导致的冲突。要有效地协调人际冲突,必须对人际冲突进行深入的分析。分析人际冲突的两种主要方法是人际交往分析和约哈里(Johari)窗。人际交往分析创始人是埃雷克·贝尼(Eric Berne),托马斯·哈雷斯(Thomas Harris)也做出了重要贡献。交往分析提出了三种更易被人理解的自我状态:儿童自我状态、成人自我状态和父母自我状态。个体在清醒时表观出所有三种自我状态,但是有一种占主导地位的状态。如果人际交往是互补型的,则沟通易于进行,一般来说不会发生冲突。而交叉交往则是冲突产生的原因。

表 19.1　约哈里窗口

自己 / 他人	自知	不自知
人知	开放区域	盲目区域
人不知	秘密区域	未知区域

约哈里窗是由约斯菲·勒弗特和哈里·莫格汉提出来的。根据这种方法,两个人在相互作用时,自我可以看成是“我”,其他人可以看作是“你”。关于个体的事,有些本人知道,有些本人不知道,有些他人知道。还有些他人不知道。所以可以分为开放区域、秘密区域、盲目区域和未知区域。

在开放区域中,自己了解自己,并且别人也了解自己,交往时具有开放性和一致性,没有理由要去防卫,这种人际沟通几乎不会产生冲突。在秘密区域中,本人了解自己,而别人却不了解自己,本人在沟通中需向他人隐藏自己,害怕别人了解自己后伤害自己,此种状态下,个人可能会将自己真实的想法与情感隐藏起来,由此会导致一种潜在的人际冲突。在盲目区域中,本人不了解自己,而别人却了解自己。有时个体会无意中激怒别人,别人可以告诉他,但又怕会伤害他的感情,因此也会有一种潜在的人际冲突。最后一种未知区域,本人不了解自己,别人也不了解自己,会产生许多误会,所以极易产生人际冲突。

当我们初次与人见面时,我们一般不愿更多地透露自己,即缩小开放区域,这通常会给他人造成错误的第一印象。为了进行有效的沟通,我们必须与他人紧密合作,扩大开放区域,同时缩小盲目区域和秘密区域。为达到这一目的,我们可以采取两个自觉行动——自我透露和反馈(self - disclosure, feedback)。自我透露是坦率地向对方提供自己的信息,用以减少秘密区域;而来自对方的反馈信息又可缩小盲目区域,两者相互作用的结果有助于缩小未知区域,以表现出欲沟通的基本动机。

三、组织冲突

组织是一种人际关系的网络,其组成目的是共同完成某一既定的目标,在传统

上,组织被视为一个将投入转化为产出的开放系统,其转化过程包括以下四个方面:

(1) 各成员共同约定完成某些明确和需要合作的目标。

(2) 不同的职位,以及社会行为标准共同决定了何为适当的或被期望的行为,并由此构成了人际关系的网络。

(3) 组织发展与生产产品和服务有关的技术。

(4) 组织通过管理控制过程来整合各类资源以达到组织的目标。

因此,任何组织主要关心以下几个方面:

(1) 如何有效地将投入转化为产出。

(2) 如何有效地在组织成员之间建立与保持融洽的工作关系及具有积极意义的相互影响。

(3) 如何有效的适应环境。

有效率的组织不仅意味着组织成员具有技术知识和将投入转化为产出的必要能力,还需要在个人之间与群体之间,具备与同事、上下级、顾客和睦相处的能力,并帮助组织适应周围社区、社会、顾客群,以及市场的变化,在组织生存与发展所需要的各种能力中,解决冲突的能力与技巧可能是其中最重要的方面。

作为一个组织,本身就存在许多固有的冲突根源,各种角色的定义和组织的社会规范并不是一成不变的,各种关系结构实际上在持续地变化,可被视为是一种组织内部各种对立的力量综合作用下的产出。所以,角色冲突是一种无法改变的常态,组织结构中始终存在着冲突要素,从更为广泛的意义上来讲,组织的功能就是要体现在不断地调整与和解由于不同的利益群体和工作职能所导致的冲突要素。在组织内部,拥有权力的人和没有权力的人之间发生冲突是不可避免的。那些处于权力、待遇、收入层级下部的成员通常希望各种分配更为公平一些;然而,处于高层级的成员则通常希望维持原有的权力格局和利益格局。在许多组织中,冲突根源是由各种权力和权威构成的命令链。其次,当一些组织成员的行为标准由他人制定并加以评估时,不恰当的标准和评估是导致冲突的来源。再次,由组织中存在的一些复杂、不确定的固有现象而引起的沟通不畅也是冲突的发端。最后,组织必须不断地适应环境的变化,当环境发生变化后,原有的达成组织目标的手段、权力结构和方法已经不能适用,试图改变组织的成员和企图保护既得利益的成员之间必然产生冲突。

四、冲突处理

处理冲突的能力毫无疑问是管理者需要掌握的最重要的技能之一。美国管理协会进行的一项对中层和高层经营管理人员的调查表明,管理者平均花费20%的时间处理冲突;对于管理者认为在管理发展中什么方面最为重要的一项调查发现,冲突管理排在决策、领导或沟通技能之前,这进一步支持了冲突管理的重要性。另外,一名研究者还调查了一组管理者,以了解在 25 项技能和人格因素中哪些与管理的成功(以上级评估、提薪和晋职来定义)关系最为密切。在 25 项指标中,只有一项,即处理冲突的能力,与管理的成功成正相关。

许多冲突具有混合动因的特点,既有合作又有竞争,例如管理层和普通员工在关系到企业的生存与发展的问题上目标是一致的,双方都被激励为此合作做出贡献;但在特定的工资问题上,双方的目标却是竞争性的。再比如,企业经营决策层可为共同的目标制定最佳的计划,但同时也可能为了谁应该是最有知识和权威的人物而彼此之间展开竞争。大量的事实与研究支持道提斯的观点:冲突的过程和结果在很大程度上取决于参与者是否确信与目标相联系的合作或竞争占有支配地位,以及合作范围内的冲突是否具有积极的意义。

在冲突管理中,组织成员明确如何才能导致一种建设性的结果是十分必要的。一般来讲,决定冲突是否具有建设性,有如下四个判断标准:

(1) 如果组织成员之间的关系牢固,彼此之间能够在工作中很好地相互影响和相互配合,则冲突具有建设性作用。

(2) 如果组织成员互爱和互相信任,则冲突具有建设性作用。

(3) 如果组织中的所有有关人员对冲突的结果满意,则冲突具有建设性作用。

(4) 如果组织成员提高了解决未来冲突的能力,则冲突具有建设性作用。

如果组织一味强调避免冲突,或处理冲突不当,或窒息任何不同的意见,则组织成员之间的关系将会出现严重的困难和问题,组织效率和生产能力将受到损害。如果组织没有能力经受冲突的压力,则组织显然已经不具备生命力,其结果只有衰亡。因此,认真研究如何通过管理将组织冲突转化为具有建设性的结果,有助于企业健康的运作和发展。

冲突处理的技能可以从以下几个方面来把握。

评估冲突当事人　如果你选择了某一冲突情境进行处理,花时间仔细了解当事人是十分重要的。什么人卷入了冲突?冲突双方各自的兴趣所在是什么?双方各自的价值观、人格特点以及情感、资源因素如何?如果你能站在冲突双方的角度上看待冲突情境,则成功处理冲突的可能性会大幅度提高。

评估冲突源　冲突不会在真空中形成,它的出现总是有理由的。解决冲突的方法选择很大程度上取决于冲突发生的原因,因而你需要了解冲突源。研究表明,产生冲突的原因多种多样,但总体上可分为三类:沟通差异、结构差异和人格差异。

沟通差异是指由于语义困难、误解以及沟通通道中的噪声而造成的意见不一致。人们常常轻易地认为大多数冲突是由于缺乏沟通造成的,但事实上是,在许多冲突中常常进行着大量的沟通。我们在本章开头也提到,很多人都将良好的沟通与别人同意自己的观点错误地等同起来。初看起来人际冲突似乎是由于沟通不畅而导致。进一步分析则发现,不一致的意见是由于不同的角色要求、组织目标、人格因素、价值系统以及其他类似因素造成的。在冲突源方面,管理者常常过分注意不良的沟通因素而忽视了其他因素。

组织中存在着水平和垂直方向的分化,这种结构上的分化导致了整合的困难,其经常造成的结果是冲突。不同个体在目标、决策变化、绩效标准和资源分配上意见不一致。这些冲突并非由于不良沟通或个人恩怨造成,而是植根于组织结构本身。

第三类冲突源是人格差异。冲突可由个体的特性和价值观系统而引发。一些人的特点使得别人很难与他们合作。背景、教育、经历、培训等等这些因素塑造了每个人具体而独特的个性特点和价值观。其结果是有的人可能令人感到尖刻、不可信任或陌生。这些人格上的差异也会导致冲突。

进行最佳选择 当冲突过于激烈时,管理者采用什么手段或技术来减弱冲突呢?你可以从五种冲突解决办法中进行选择,它们是:回避(AVOIDANCE),平滑(SMOOTHING),强迫(FORCING),妥协(COMPROMISE)与合作(COLLABORATION)。每一种方法都各有其长处和弱点,没有一种办法是放之四海而皆准的。你需要从冲突管理的"工具箱"中考虑每一种"工具"。也许你会倾向于使用某一些工具,但高技能的管理者应该知道每一种工具能够做什么,以及在何时使用效果最好。

1.回避

回避是指在冲突的情况下采取退缩或中立的倾向,有回避倾向的管理者不仅回避冲突,而且通常担当冲突双方的沟通角色。

无论我们的愿望如何,现实告诉我们:某些冲突是难以处理的。当对抗的根源很深,当冲突中的一方或双方想拖长冲突时间,或当双方情绪过于激烈以致于建设性的相互作用已不可能时,你在冲突处理上所付出的努力很可能不会获得明显的回报。比如,当其被要求对某一争论表示态度时,他往往推托说:"我还没有对这一问题做深入的了解",或"我必须收集更多的资料"等。管理者采取这一态度并不能解决冲突,甚至可能给组织带来不利的影响;但在以下情况采取回避的管理方式可能是有效的:

(1) 冲突的内容或争论的问题微不足道,或只是暂时性的,不值得耗费时间和精力来面对这些冲突。

(2) 当管理者的实际权力与处理冲突所需要的权力不对称时,回避的态度可能比较明智。例如,作为一名中低层管理者面对公司高层管理者之间的冲突时,采取回避的方式可能会好一些。

(3) 在较分权的情况下,下级或各单位有较大的自主权。

2.平滑

平滑是指在冲突的情况下尽量弱化冲突双方的差异,更强调双方的共同利益。采用这一方式的主要目的是降低冲突的紧张程度,因而是着眼于冲突的感情面,而不是解决冲突的实际面,所以这种方式自然成效有限,当以下情况发生时,采取平滑的管理方式可有临时性的效果:

(1) 当冲突双方处于一触即发的紧张局面。

(2) 在短期内为避免分裂而必须维护调和的局面。

(3) 冲突的根源由个人的人格素质所决定,企业目前的组织文化难以奏效。

3.强迫

强迫是指利用奖惩的权力来支配他人,迫使他人尊从管理者的决定。在一般情况下,强迫的方式只能使冲突的一方满意。经常采用此种管理方式来解决冲突是一种无能的表现,有此倾向的管理者通常认为冲突是一方输另一方必然赢,当处理下级的冲突时,经常使用诸如降级、解雇、扣发奖金等威胁手段;当面临和同级人员之间的冲突时,则设法取悦上级以获得上级的支持来压迫冲突对方,因此经常采用这种解决冲突的管理方式往往会导致负面的效果。在以下情况下,这种方式具有一定的作用:

(1) 必须立即采取紧急的行动。

(2) 为了组织长期的生存与发展,必须采取某些临时性的非常措施。

4.妥协

妥协是指在冲突双方互相让步的过程中以达成一种协议的局面。在使用妥协方式时应注意适时运用,特别注意不要过早采用这一方式,如果过早会出现以下问题:

(1) 管理者可能没有触及到问题的真正核心,而是就事论事地加以妥协,因此缺乏对冲突原因的真正了解。在这种情况下妥协并不能真正地解决问题。

(2) 也可能放弃了其他更好的解决方式。

妥协是谈判的一个组成部分,谈判是指两个以上的个人或团体彼此有着共同且相互排斥的利益,通过讨论各种可能,达成协议方案的过程。根据维斯(M·WAYS)有关妥协在谈判中的作用的观点:“谈判已成为自由社会中不可缺少的必要程序。它使我们在妥协彼此的利益冲突时,了解到彼此的共同利益,而这种方法几乎比人们截至目前为止所采取的其他方法更为有效。”

这种解决冲突的管理方式适用于以下情况:

(1) 对双方而言,协议的达成要比没有达成协议更好。

(2) 达成的协议不止一个。

5.合作

合作是指冲突双方愿意共同了解冲突的内在原因,分享双方的信息,共同寻求对双方都有利的方案，采用这一管理方式可以使相关人员公开地面对冲突和认识冲突，讨论冲突的原因和寻求各种有效的解决途径。在下述情况下适于采取合作的管理方式：

(1) 相关人员具有共同的目标并愿意达成协议。

(2) 一致的协议对各方有利。

(3) 高质量的决策必须以专业知识和充分的信息为基础。

采用合作管理方式应遵守的原则：

(1) 在焦点问题上，双方要互相沟通和反馈。

(2) 在分析问题和制定可行性方案之后考虑妥协。

(3) 在认真检查自己想法的基础上，了解对方的想法。

(4) 不要事先设定对方的人格，如缺乏涵养、粗暴无礼、神经病等。

(5) 目前所做的永远比过去重要。

利用合作的方式有效地管理冲突必须以上述原则为依据。虽然合作的方式被认为是最佳的方式，但前四种也有其适用的情况。

对冲突的双方来讲，有时需要通过第三者的协助来促进达成合作的方式。

使我们感到困惑的是，为什么采用合作方式解决冲突明显有效，但却不被广泛采用呢？其主要原因是：

(1) 由于时间的限制，冲突双方难以彻底了解和面对隐藏在冲突中的内在问题和原因。

(2) 采用合作方式的过程与群体的规范不相容。

此外，采用合作方式还要受到组织文化和领导形态的影响，一般来讲，实施参与管理的组织中的管理者比采用集权式的管理者易于采用合作的方式。而且即使在适合合作的组织文化中，合作的方式也只是在计划、政策制定等方面最为有效，当冲突内的情绪化因素过多时，采用合作的管理方式反而会导致更大的冲突。

EC 公司工资改革方案的出台

EC 公司作为通信制造业中最大的国有企业，从 20 世纪 90 年代初开始取得了长足的发展，生产规模从 80 年代末期的年产值 5000 万元发展到 1998 年的年销售收入 59 亿元，公司业绩有目共睹。但随着中国经济和通信产业的高速稳定发展和市场竞争的日趋激烈，国外跨国集团长驱直入，国内同行快速成长，企业发展承受着巨大的压力。

同时，由于公司效益连年增长，职工收入也逐年提高，在职工身上体现了“小富即安”的思想，并出现了不求上进的懒散习气，而且公司内部仍然执行原有工资体系，年轻职工的工资水平明显比老职工工资水平低，与华为、中兴通信等同行企业的工资水平差距更为悬殊，年轻职工的积极性受到极大的压制，导致了公司技术开发骨干和市场销售骨干大量流失。而在通信技术一泻千里的激烈市场竞争中,年轻人在公司中的重要性已越来越突出。

为了调整公司不合理的工资结构体系,缩短同行业工资差距,激发员工工作积极性,公司决定在1998年实现大幅度的工资改革,其基本思路是:(1)实行岗位工资制和工资总额制,根据各单位经营业绩,确定各单位的工资总额,各部门的工资发放以工资总额为限;(2)对公司现有岗位职责重新进行定义,根据重要程度进行排序,确定工资级别,并对富余人员进行下岗培训。

由于工资结构的调整将使效益较好的单位和年轻人获得较大的利益,而老职工的相对工资水平将大大降低,在公司开始讨论工资改革初步方案的时候,效益差的单位和老职工产生了明显的抵触情绪,包括部分担任职务时间较长的中层干部。许多老职工甚至扬言要到上级主管部门告状。工资改革在尚未开始时,就面临着重重阻力。

集团公司人事部主任余平作为工资改革具体实施部门的领导,正面临着来自公司内部的双重压力:首先是公司董事会已经通过了进行工资改革的决议,并且要在1998年底或1999年初完成工资改革,而当时距1998年底只有不到3个月时间;其次,在董事会通过工资改革的决议后,广大职工对改革方案十分关注,当改革初步方案开始酝酿时,公司内部传言四起,众说纷纭,特别是老职工的抵触情绪尤为严重。

同时,公司在外部同样承担着巨大的压力,华为、中兴通信等作为地处特区的著名通信企业,利用地域优势、体制优势和高工资吸引EC公司年轻的技术骨干。早在1996年华为公司就把EC公司在上海进行移动通信交换机开发的10余名年轻技术骨干全部挖走,直接导致了公司移动通信交换机项目的流产。而在本次董事会召开期间,华为公司又在贸易中心召开人才招聘会,矛头又一次直接指向EC公司的年轻骨干,使全体董事大受震动,进行工资改革的决心更加坚定和迫切。同时,有更多的跨国集团在国内的分公司、办事处和合资企业对国有企业的优秀人才虎视眈眈,用各种方法和手段吸引国有企业的年轻人。

鉴于工资改革从开始酝酿就在公司引起巨大反应,余平对前期工作进行了认真的总结和反思:首先,工资改革方案刚开始酝酿,公司内部对工资改革方案的意见和看法就四处流行,许多职工纷纷打电话询问或质问余平,有些说法甚至与工资改革方案基本一致。余平感到工资改革方案的酝酿过程中保密工作存在问题,许多尚未成熟的工资改革方案通过非正式渠道在公司内传播,以讹传讹后各种说法都有。其次,现行工资体系在延续了几十年的前提下,要求在几个月内有较大幅度的改变,时间紧迫、准备仓促、大家在思想上很难马上接受,尤其是时间接近年末,许多老职工面临不利的工资调整,更有少数职工要面临下岗的严峻局面,与春节合家欢聚、吉祥喜气的气氛将形成强烈的反差。第三,没有很好地与职工进行沟通,原有思想观念根深蒂固,认为工资改革是皆大欢喜的人人加工资。

针对以上问题,余平决定从五个方面着手开展工资改革。第一,向公司总经理办公会议提交报告,要求将工改最后期限延迟到1999年二季度结束。如果仓促进行工改,容易产生强烈的抵触情绪,这会妨碍公司年底的冲刺,影响全年生产经营目标的完成。第二,在公司内部的报刊、广播、计算机网络等媒介上以较大的篇幅刊登华为、中兴通信等国内企业结构体系介绍,请各地的企业管理专家、教授作专题评论。在计算机网络专门开辟BBS让职工进行讨论,并且通过党支部、工会等在职工中进行广泛的思想教育和舆论宣传。第三,定期或不定期地召开职工座谈会,充分了解员工的想法。第四,向总经理办公会议提议,由于公司技术开发中心均为年轻职工,建议在技术中心首先进行工资改革试点,也有利于突出对年轻人的重视,让技术开发人员首先从中受益。第五,强调工资改革小组的纪律性,精简小组成员。在工资改革方案提交公司总经理办公会议讨论之前,不许对外透露任何消息,否则后果自负。

公司总经理办公会议在接到余平提交的报告后,经过充分的讨论研究,基本同意余平的建议。1998年11月在EC公司技术中心实行了工资改革试点,开发人员的工资有了实质性的提高,开发热情日益高涨,开发进度大大加快。人事部根据试点情况,对部分实施办法进行了补充、修正。同时,经过大量舆论宣传和相互沟通,广大老职工基本接受了工资改革方案,对效益差的部门实行一定的优惠和扶持政策,在根据其经营业绩确定工资总额后,做到减人不减额度,使效益差的部门对管理体制、人员结构进行了大幅度调整,拉大工资差距档次,经过6个月的辛勤劳动,公司的工资改革得到顺利实施。

第六篇

控　制

第二十章 控制的基础

学习目的

学习本章应了解与掌握：

1.控制的概念。

2.解释控制为什么重要。

3.区分三种不同类型的控制。

4.描述一个有效控制系统的特性。

5.描述控制过程。

6.说明控制标准的作用。

7.理解不同控制标准对控制工作的影响。

8.说明如何能够使衡量工作更有效。

9.理解纠正偏差工作的本质。

第一节 控制的基本概念和类型

一、控制的概念

控制作为一项管理职能，它是指通过监督组织的各项活动，采取必要的措施保证他们按计划进行，以实现组织目标的过程。组织的控制体系越完善，管理者实现组织的目标就越容易。

从上述的定义中，我们不难看出，组织目标是控制的总方向，控制职能必须以实现组织目标为基本条件。计划是控制的必要前提，也是其工作的具体参照物。而发现问题、解决问题则是控制的主要工作内容。控制工作通过比较和分析各项活动的实际运行状态与计划的差异，及时发现问题，并针对问题，采取各种纠偏措施，使活动重新回到计划轨道上来。

控制职能是管理系统的重要组成部分。组织制定出各项活动的计划后，在具体实施的过程中，由于内外环境因素的不确定性，以及组织内部的各种不稳定因素，总是会或多或少地出现与计划不一致的现象。如果对此不采取相应的控制措施，所制定的计划就有可能由于这种偏差而无法最终实现；相反，管理者如果能够及时发现这种不一致的现象，分析其产生的原因，并采取有针对性的解决办法，偏差就可能消除，造成的影响也能够予以弥补，从而使实际活动能够顺利地沿着计划的轨道进行。

二、控制的类型

在管理实践中,控制通常分为三种类型:前馈控制(Feed forward control)、同期控制(Concurrent control)和反馈控制(Feedback control)。

前馈控制强调的是“事前”控制,即在实际问题发生之前就采取管理行动,避免预期问题的出现。例如接种疫苗防止天花、加强安全教育防止事故发生等都有“事前”控制的思想。在企业管理中,许多活动的控制都采用了前馈控制的方法,如员工上岗前的教育、设备维修预防、质量控制等等。

前馈控制的主要目的是防止问题的发生而不是当问题出现时再予以补救。要实现这个目的,及时、准确的信息以及对活动未来结果的预测就显得尤为重要。通常,管理者对此可以分两部分工作来进行:一是检查活动所需各种资源的准备情况和保证程度;二是分析影响活动的各种因素,预测活动可能的结果。如果资源不能充分保证,或者预测结果不能满足要求,管理者就必须采取相应的措施,要么督促相关人员加强有关工作,要么就必须对计划或者执行程序做必要的调整。

同期控制,亦称现场或过程控制,是指在活动进行的过程中,对活动中的各种因素予以控制。管理者采用同期控制的方法,可以及早发现活动与计划的偏差,以便及时采取纠偏措施,在发生重大问题之前及时纠正。在企业中,同期控制常常用于作业现场的控制以及技术装备之中。例如许多计算机系统在程序中就设置了当出现错误时操作人员应该采取的行动。当你输入一个错误的命令时,程序的同期控制会拒绝你的要求,有时甚至会告诉你为什么错了。

最常见的同期控制方式是直接视察。当管理者直接视察下属的行动时,一方面,管理者可以随时发现下属在工作中与计划要求相偏离的现象,从而及时采取措施,马上进行纠正,将问题消灭在萌芽状态,或者避免已经产生的问题对企业不利影响的扩散。另一方面,管理者有机会当面解释工作的要领和技巧,纠正下属错误的作业方法与过程,从而可以提高他们的工作能力。

反馈控制,亦称事后控制,是指活动结束后,通过活动结果与计划的比较,肯定成绩,分析不足,总结经验和教训,为后续的计划提供参考与借鉴。反馈控制是企业管理中最常用的控制类型,在生产、营销、人力资源管理等方面均有广泛的应用。

反馈控制是面向未来的。由于它是在活动结束后进行的,因此对已经形成的活动结果不可能产生任何影响,但对后续活动的计划、实施等却有非常重要的作用。所以,为了不断提高组织的工作效率、管理水平,采用反馈控制是十分必要的,更何况在许多情况下,反馈控制是唯一可用的控制手段。

与前馈控制和同期控制相比,反馈控制在两个方面要优于它们。首先,反馈控制为管理者提供了关于计划的效果究竟如何的真实信息。如果反馈显示标准与现实之间只有很小的偏差，说明计划的目标是达到了；如果偏差很大，管理者就应该利用这一信息使新计划制定得更有效。其次，反馈控制可以增强员工的积极性。因为人们希望获得评价他们绩效的信息，而反馈正好提供了这样的信息。

三、有效控制系统的特征

有效的控制系统都倾向于具有一些相同的特性。尽管这些特性在不同的情况下其重要性不同，但是我们可以总结出使一个控制系统变得更有效的一些特征：

(1) 准确性。一个提供不准确信息的控制系统将会导致管理层在应该采取行动的时候而并没有行动，或根本没有出现问题而采取行动。因此，一个准确的控制系统是可靠的，并且能提供正确的数据。

(2) 适时性。控制系统应该能及时地改变管理层的注意力，使之防止某一部门出现对组织造成严重伤害的行为。最好的信息，如果是过时了，也将是毫无用处的。因此，一个有效的控制系统必须能够提供及时的信息。

(3) 经济性。一个控制系统在运用过程中，从经济角度上看必须是合理的。任何控制系统产生的效益都必须与其成本进行比较。为了使成本最少，管理层应该尝试使用能产生期望结果的最少量的控制。

(4) 灵活性。控制系统应该具有足够的灵活性适应各种不利的变化，或利用各种新的机会。几乎没有处于极稳定的环境而不需要适应性的组织，即使是高度机械式的结构，也需要随时间和条件的变化调整其控制方式。

(5) 通俗性。一个不容易理解的控制是没有价值的。因此，有时需要用简单的控制手段来代替复杂的控制手段。一个难于理解的控制系统会导致不必要的错误，会挫伤员工的积极性，以至最终会被遗忘。

(6) 标准合理性。控制的标准必须是合理的且能达到的。如果标准太高或不合理，它将不会起到激励作用。雇员通常不愿意指责上级要求得太高而显得无能。因此控制标准应该是一套富有挑战性的、能激励员工表现得更好的标准，而不是让人感到泄气或鼓励欺诈的标准。

(7) 战略高度。管理层不可能控制一个组织中的每一件事。即使是能够这样做，也将是得不偿失。由此看来，管理层应该控制那些对组织行为有战略性影响的因素。控制应该包括组织中关键性的活动、作业和事件。也就是说，控制的重点应放在容易出现偏差的地方，或放在偏差造成的危害很大的地方。例如，在某一个部门中，人工成本是每月 20 000 美元；邮寄费用是每月 50 美元。显然前者如果超出 5%比后者超出 20%更要紧。因此我们必须在人工成本上采取更严格的控制，而邮寄费用的控制就不是那么重要。

(8) 强调例外。由于管理层不可能控制所有的活动，因此他们的控制手段应该顾及到例外情况的发生。一种例外系统可以保证当出现偏差时管理层不至于不知所措。比如,公司管理政策赋予管理者的权力是:每月不超过200美元的年工资增长额批准权、每笔支出不超过500美元的审批权,并且年度总支出不超过5 000美元,如果超出上述标准则需经上级管理部门的批准。这些检验点是一种对权力进行约束的控制手段,同时它还可以免除上级对日常开支的大量检查工作。

(9) 多重标准。管理者与普通员工一样都希望寻找一种“好看”的标准。如果管理者真的采用一个单一的衡量标准,如单件利润,那么员工就会在这方面下功夫并使之看起来很好。而多重标准则会减少这种陕隘的工作方式。

多重标准具有双重效果。由于多重标准比单一标准更难于把握,因此它可以防止工作中出现做表面文章的现象。此外,实际工作是很难用单一指标进行客观评价的。所以多重标准能够更准确地衡量实际工作。

(10) 纠正行动一个有效的控制系统不仅可以指出一个显著偏差的发生,而且还可以建议如何纠正这种偏差。也就是说,它应该在指出问题的同时给出解决问题的方法。其实现方法常常依赖于建立一种“如果……那么”的原则。比如“如果”单位收入下降5%,“那么”单位成本也必须降低相同的量。

第二节　确定控制标准

控制过程一般如图20.1所示,可以划分为三个步骤:首先确定控制标准,作为下一步比较的基础;然后,衡量实际绩效,即通过实际与标准的比较,确定实际与计划的偏差;最后,采取管理行动纠正偏差或修改不适当的标准。

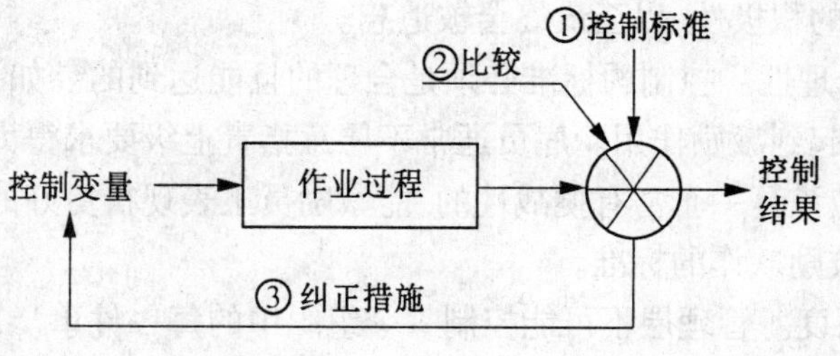

图20.1　控制过程示意图

本节首先对控制标准的确定进行讨论,其他两步的有关问题将在后两节讨论。

一、控制标准及其种类

控制标准是人们检查和衡量实际工作及其结果(包括阶段结果与最终结果)的规范,是由一系列计划目标构成的。标准是进行控制的基础,没有一套完整的标准,衡量绩效或纠正偏差就失去了客观依据。

控制标准一般包括数量标准和质量标准两部分。前者具有明确、可证实、可度量等特点,在管理中被广泛采用,是企业各种控制标准的主要构成部分;而后者由于难以用定量方式表达，管理者往往只能借助经验和判断来形成衡量的标准，因此，具有较大的主观性，限制了它的应用。但无论是作为独立的控制标准，还是作为数量标准的补充成分，质量标准在实践中的作用是不可忽视的。

数量标准包括经验标准、统计标准和技术标准三种。

(1) 经验标准。经验标准是一种估计的标准，它是在缺乏统计资料和客观依据的情况下，根据管理人员的经验，通过判断、评估等确定的标准。显然，采用这种方法来建立控制标准时，带有较大的主观性。因此要注意利用各方面管理人员的知识和经验，综合大家的判断，给出一个相对先进合理的标准。

(2) 统计标准。统计标准是一种历史性标准，是利用各种历史数据，采用统计方法建立的控制标准。采用这种方法确定的标准由于有历史资料做依据，因此具有较高的可靠性和准确性，实施起来也容易为组织成员所接受。不过，统计标准受历史数据水平及准确性的限制，以及立足于根据历史推断未来的前提，所以其应用也有一定的局限。

(3) 技术标准。技术标准通常也称为工程标准，它是根据事物的内在联系，采用科学的测量和计算方法，并经过科学分析确定的标准。技术标准准确性高，具有较强的稳定性，所以，在企业中一般都采用标准文件的形式把它法律化，如产品质量标准、材料消耗定额、工时定额等等。通常国家或国际机构也制定相关的产品质量标准，企业可以根据自己的技术水平和市场竞争要求选择采用。

二、控制重点与标准的选择

一般而言，选择什么样的控制标准与所控制的对象有关，不同的控制对象需要不同的控制标准。因此，确定控制标准实际上就是要选择需要控制的对象。理论上，企业经营过程中所有的经营因素都应该成为控制的对象，但实际上是不可能的，也是没有必要的。在实践中，应该结合企业的具体情况选择一些关键环节作为控制的重点，而对其他因素则可以进行一般性的控制。美国通用电器公司关于关键绩效领域(keyperformance areas)的选择就充分地体现了上述的思想。

通用电器公司在分析影响和反映企业绩效的众多因素的基础上，选择了对企业经营成败起决定作用的八个方面，并为它们建立了相应的控制标准。这八个方面如下：

(1) 获利能力。通过提供某种商品或服务取得一定的利润，这是任何企业从事经营的直接动因之一，也是衡量企业经营成败的综合标志，通常可用与销售额或资金占用量相比较的利润率来表示。它们反映了企业对某段时期内投资应获利润的要求。利润率实现情况与计划的偏离，可能反映了生产成本的变动或资源利用效率的变化，从而为企业采取改进方法指出了方向。

(2) 市场地位。市场地位是指对企业产品在市场上占有份额的要求。这是反映企业相对于其他厂家的经营实力和竞争能力的一个重要标志。如果企业占领的市场份额下降,那么意味着由于价格、质量或服务等某个方面的原因,企业产品相对于竞争产品来说其吸引力降低了,因此,应该采取相应的措施。

(3) 生产率。生产率标准可用来衡量企业各种资源的利用效果,通常用单位资源所能生产或提供的产品数量来表示。其中,最重要的是劳动生产率标准。企业其他资源的充分利用在很大程度上取决于劳动生产率的提高。

(4) 产品领导地位。产品领导地位通常指产品的技术先进水平和功能完善程度。通用电器公司是这样定义产品领导地位的:它表明企业在工程、制造和市场方面领导一个行业的新产品和改良现有产品的能力。为了维持企业产品的领导地位,必须定期评估企业产品在质量、成本方面的状况及其在市场上受欢迎的程度。如果达不到标准,就要采取相应的改善措施。

(5) 人员发展。企业的长期发展在很大程度上依赖于人员素质的提高。为此,需要测定企业目前的活动以及未来的发展对职工的技术、文化素质的要求,并与他们目前的实际能力相比较,以确定如何为提高人员素质采取必要的教育和培训措施,要通过人员发展规划的制定和实施,为企业及时供应足够的经过培训的人员,为员工提供成长和发展的机会。

(6) 员工态度。员工的工作态度对企业目前和未来的经营成就有着非常重要的影响。测定员工态度的标准是多个方面的,比如,可以通过分析离职率、缺勤率来判断员工对企业的忠诚,也可通过统计改进作业方法或管理方法的合理化建议的数量来了解员工对企业的关心程度,还可通过对定期调查的评价分析来测定员工态度的变化。如果发现员工态度不符合企业的预期,那么任其恶化是非常危险的,企业应采取有效的措施来提高他们在工作或生活上的满足程度,以改变他们的态度。

(7) 公共责任。企业的存在和延续是以社会的承认为前提的。而要争取社会的承认,企业必须履行必要的社会责任,包括提供稳定的就业机会,参加公益事业等多个方面。公共责任能否很好地履行关系到企业的社会形象。企业应根据有关部门对公共态度的调查,了解企业的实际社会形象同预期的差异,改善对外政策,提高公众对企业的满意程度。

(8) 短期目标与长期目标的平衡。企业目前的生存和未来的发展是相互依存,不可分割的。因此,在制定和实施经营活动计划时,应能统筹长期与短期的关系,检查各时期的经营成果,分析目前的高利润是否会影响未来的收益,以确保目前的利益不是以牺牲未来的收益和经营的稳定性为代价的。

三、控制标准水平的确定

在确定控制标准的过程中,除了选择标准的种类外,对其水平的确定也是一项十分重要的工作。合理、恰当的标准水平有利于保证控制系统的有效性，促进实际工作能力不断提高；反之，则可能使控制系统流于形式，收不到预想的效果。

一般，控制标准的水平确定应该遵循以下几条原则：

(1) 计划目标导向原则。所有的控制标准都应该围绕计划目标确定其水平。对于企业最终经营成果的控制，其标准水平一般直接由企业的经营目标决定，即计划目标。但对于中间各环节的控制，其标准水平却有着较大的不同，一些标准的水平可以通过经营目标的层层分解得到，而另外一些则可能与经营目标没有直接的联系，需要根据控制点对经营目标保证程度的要求来确定。

(2) 先进合理性原则。标准的水平应该保证其先进合理性，也就是说既要有先进性，也要有一定的合理性，要使大多数人经过努力可以达到。标准水平太低，轻易就可以达到，这显然是管理者不愿意看到的，也不能起到激励员工的作用。标准水平太高，多数员工经过努力也无法达到，他们就会放弃对目标的追求，员工的工作积极性也会受到极大的挫伤。

(3) 适度柔性原则。控制标准一旦确定下来，应该具有一定的严肃性，但这种严肃性不应该成为一种限制，应该允许员工在具体工作中根据不同的情况灵活执行。例如为了控制材料成本，可以把材料的采购价格作为一项控制标准，但应该规定它的参考数值或变动范围，而不应该只规定具体的数值。

在管理实践中，标准水平的确定可以通过对计划的分解和具体分析确定，也可以参考以往标准水平并考虑计划期新的技术组织措施的实施情况确定。

第三节　衡量实际绩效

一、绩效衡量的基本要求

控制过程的第二步是衡量实际绩效，即以控制标准为依据，对实际工作各阶段进行检查、比较，从而确定实际绩效与标准之间的偏差，为下一步采取必要的纠正措施提供根据。

为了使绩效衡量工作更加有效，企业的绩效衡量工作必须满足以下四点要求，即实用性、可靠性、实时性和经济性。

(1) 实用性。衡量的结果应该方便管理人员对绩效的正确评价，有利于纠正措施的实施，具有实用性。例如，作为负责一个大区工作的销售经理，他不仅仅对所负责大区的销售业绩感兴趣，同时也更想知道与其他地区的销售业绩的对比，以及企业总体的销售计划完成情况。这样他才有可能了解所完成绩效的实际意义，方便了与其他地区的协调。

(2) 可靠性。衡量实际绩效必须采用客观、公正、一致的方法和手段，同时务求准确,使绩效与计划的比较能够真正反映所存在的问题。这一点对于实际绩效中数量成分的衡量来说较容易实现,而对其中质量成分的衡量则需要特别注意,应尽量避免主观因素的影响。

(3) 实时性。绩效的衡量应该是及时的,并且衡量的结果能够快速传递到相关人员手中,以便适时采取措施防止偏差的扩大。如果衡量不具实时性,那么其结果也就失去了控制意义。这一点对于涉及较多变动因素的动态控制系统来说尤为重要。

(4) 经济性。绩效的衡量还应该考虑经济因素。绩效的衡量都不同程度地需要付出精力、时间、费用等,即具有一定的成本。经济性就是要求在满足控制工作需要的前提下,尽可能地采用低成本的衡量方法,从而使控制工作的总成本降低。

二、衡量实际绩效的方法

衡量实际绩效首先需要收集反映实际运行状态的信息,然后才能根据这些信息与标准的比较确定是否存在偏差,因此,衡量绩效实质上就是信息的收集与处理的过程。

通常管理者用于收集信息的主要途径有以下四种,它们分别是:个人的观察、统计报告、口头汇报和书面报告。其中:个人观察是通过对工作现场的直接观察,来获得关于实际工作的最直接和最深入的第一手资料。通过观察得到的信息不同于阅读报告得到的信息。尤其是走动管理,可以获得面部表情、语调以及懈怠这些常被其他来源忽略的信息。统计报告是根据管理者的要求,由计算机或者人工对现场数据的统计处理,并通过文字、图形、图表等表现出来。统计数据可以清楚有效地显示各种数据之间的关系,但它对实际工作提供的信息是有限的,一般只能提供几个关键的数据,往往忽略了其他许多重要因素。口头汇报则是通过各种会议、一对一的谈话或电话交谈等获得信息的方式,它是一种快捷的、有反馈的,同时可以通过语言语调和词汇本身来传达信息的途径。但通过这种途径获得的信息往往是经过过滤的,需要管理者加以分析和鉴别。书面报告则是由有关部门或人员以书面的形式提供实际工作的有关信息。与统计报告相比,它显得要慢一些;与口头汇报相比,它显得要正式一些。但是这种形式常常比口头汇报的形式更精确和全面。此外,书面报告更易于分类存档和查找。

在获得了各种信息之后,管理者就可以通过与控制标准的对比,了解控制对象的实际运行状态。如果是在控制范围之内,可以不必采取任何措施;但如果出现了偏差,那么就要根据对偏差出现原因的分析,采取不同的纠正措施。

三、衡量绩效的有效性

在实践中,绩效衡量不仅仅是收集信息,然后比较这么简单,还必须使绩效的衡量更有效,以便能够更好地为管理者服务。但如何提高衡量工作的有效性呢?

以下提供几点建议：

(1) 利用预警指标。预警指标是指能够预示可能出现较大问题的一些因素，例如车间较多的事故可能预示着工作条件的恶化或者工人出现不满情绪，产品返工数量的增加可能预示着质量控制的欠缺或者生产组织的不合理，等等。显然，充分利用预警指标可以及时发现在实际工作中潜藏的一些问题，如果能够及早解决就可以避免发生较重大的问题。

但预警指标应该在经过认真分析的基础上使用，因为有时引起指标变动的因素可能不是企业内部的原因，而是由企业无法控制的外部因素导致的。例如，企业新客户的减少，其原因既可能是市场拓展投入不足，也可能是市场竞争的加剧，因此需要进一步的分析才能确定。

(2) 确定合适的衡量频度。衡量频度是指一段时间内对同一控制对象衡量的次数。衡量频度过大或者过小都会影响衡量的有效性，衡量过多不仅会增加相关费用，而且可能令作业人员不满，并因此影响他们的工作；而衡量过少，则可能使许多重大的偏差不能及时发现，因而不能及时采取措施纠正。

一般而言，衡量频度的大小取决于被控制对象的性质和控制的要求，如果控制对象处于不稳定状态，或者控制要求较高，则衡量频度就应该大一些；反之就应该小一些。例如产品销售的控制，对于长线产品衡量的频度可以适当放大，而对短线产品衡量的频度则应适当减小。

(3) 及时处置衡量结果。衡量结果出来以后，及时地处置也是有效性的重要保证。一般情况下，衡量结果应该立即送达有权对偏差做出纠正决策的负责人手中，以便及时采取措施；同时，还应该及时通知被控制对象的直接负责人以及相关的服务或配套部门，以便纠正措施能够很好地执行。

(4) 建立信息管理系统。对于大多数管理者而言，每天面对大量各种来源的信息，如果没有恰当的处理手段，很难想象他们能够及时处理各种衡量结果，并迅速采取恰当的纠正措施。事实上，现实中大量的不精确、不完整、过多或延误的信息严重地阻碍着他们的行动。建立管理信息系统是解决这一问题的重要途径。

建立有效的信息管理网络，通过分类、比较、判断、加工，可以提高信息的真实性和清晰度，同时也可以将杂乱的信息变成有序的、系统的、彼此紧密联系的信息，并能在正确的时间、以正确的数量提供给管理者，极大地方便管理者的工作，提高他们的工作效率。

第四节　纠正偏差

控制过程的最后一个步骤就是根据绩效衡量的结果，采取必要的措施纠正偏差。这时实际工作与计划的偏差是已知的条件,而问题则是针对偏差究竟应该采取什么样的措施。为了得到这个问题的答案,需要了解偏差纠正工作的实质和要求,需要知道引起偏差的原因,需要清楚该针对什么采取措施以及什么措施更有效,等等。下面分别加以论述。

一、纠正偏差工作的本质及基本要求

纠正偏差工作是针对偏差展开的,本质上是通过对偏差的处置而使活动能够按计划进行的一种保证,纠正偏差本身并不是目的。因此,绝不能为了纠正偏差而影响活动的正常进行。

从保证计划目标的顺利实现角度,纠正偏差工作应该满足以下四点要求:

(1) 及时性。及时性不仅仅是对绩效衡量工作的要求,也是对纠正偏差工作的基本要求,都是为了保证控制工作的有效性而提出的。基于同样的道理,如果发现偏差而不能及时予以纠正,则偏差有可能进一步扩大,对实际活动就会造成更大的影响,严重的可能还会造成无法弥补的损失。

(2) 综合性。纠正偏差时,纠正措施应该具有综合性,不仅仅针对产生偏差的直接原因,还要考虑到间接原因以及其他一些相关因素。如果头痛医头,脚痛医脚,不彻底、系统地解决问题,那么类似的偏差还可能以相同或不同的形式再次出现,造成不必要的时间和资源的浪费。

(3) 适合性。适合性是指纠正措施应该适合解决引起偏差的问题,具有针对性。不适当的纠正措施,或者不能解决问题,或者可能一时解决问题,但不能彻底解决,甚至产生副作用。例如在处理由于工人心理障碍而影响产品质量的问题时,如果不采取针对其心理障碍的纠正措施,而仅仅罚款了事,显然不能解决问题,甚至可能会加重其心理负担。

(4) 适度性。偏差的纠正还应该适度,既不能纠正不足,也不能纠正过度。纠正不足,偏差不能消除,计划的执行还会有阻碍,例如在设备运行控制中,当设备出现故障时,如果仅仅是督促维修人员抓紧把设备修好可能就属于纠正不足,也许还需要针对引起设备故障的原因采取措施;而纠正过度,则在消除现有偏差的同时,有可能产生新的偏差,如上例中,发现引起设备故障的主要原因是几个零件磨损过度,如果因此决定用新设备取代现有设备,则可能是纠正过度,因为新设备的采用除了经济因素之外,很可能打破生产线原有的平衡,从而引起新的问题。

二、偏差产生原因的分析

在实际的控制过程中,并不是所有的偏差都需要纠正,换句话说,不采取任何措施也是偏差纠正的一种选择。那么什么情况下应该采取措施呢?这取决于对偏差的分析,可以说偏差的性质决定了纠正偏差工作的形式和内容。

并非所有的偏差都可能影响企业的最终成果。有些偏差可能反映了计划制定或执行工作中的严重问题,而另一些偏差则可能是一些偶然的、暂时的、局部性因素引起的,不一定会对组织活动的最终结果产生重要影响。因此,在采取纠正措施以前,必须首先对反映偏差的信息进行评估和分析。首先,要判断偏差的严重程度,是否足以构成对组织活动的威胁,从而值得去分析原因,并采取纠正措施;其次,对需要分析的偏差,还要探寻导致偏差的主要原因和次要原因,以便采取有针对性的措施。

同一偏差可能是由不同的原因造成的,例如导致销售利润下降的原因,既可能是因为销售量的降低;也可能是因为生产成本的提高。前者既可能是因为市场上出现了技术更加先进的新产品,也可能是由于竞争对手采取了某种竞争策略;后者既可能是原材料、劳动力消耗和占用数量的增加,也可能是由于购买价格的提高。不同的原因要求采取不同的纠正措施。因此,需要通过评估反映偏差的信息,分析影响因素,透过表面现象找出造成偏差的深层原因,在众多的深层原因中找出最主要者,为纠偏措施的制定指明方向。

三、采取恰当的纠偏措施

在清楚了导致偏差的各种原因之后,下一步就要采取相应的纠偏措施。

一般来说,导致偏差的主要原因可以分为两类:一类是实际工作没有做好,与计划要求产生了偏差,既绩效不足;另外一类则是控制标准的问题,由于计划目标或标准制定的不科学,或者计划执行过程中客观环境发生了预料不到的变化使标准失效,导致实际绩效无法达到计划要求。显然,针对这两类不同的原因,需要完全不同的纠偏措施。

对于前者,由于绩效不足所产生的偏差,管理者可以通过管理策略、组织结构、补救措施或培训计划上的调整,来消除偏差,也可以重新分配员工的工作,或做出人事上的调整,以满足实际工作的需要。

而对于后者,由于标准出现了问题,所以对实际工作做任何纠正都是没有意义的,这时需要对标准或者计划目标做出调整。但需要注意的是:在对标准进行调整之前,不仅仅需要明确控制标准调整的内容和方法,更需要对标准调整可能带来的问题有所估计。实际上如果某个员工或某个部门的实际工作与目标之间的差距非常大时,通常他们对偏差的抱怨自然就会转移到标准上。因此,要在维护标准严肃性的基础上,才能考虑对控制标准的调整,并一定要有充分的理由。

在实践中,为了使纠偏措施能够有效地贯彻,还要注意消除人们对纠偏措施的疑虑。因为任何纠偏措施都会在不同程度上引起组织的结构、关系和活动的调整,从而会涉及某些组织成员的利益,不同的组织成员会因此而对纠偏措施持不同态度,特别是纠偏措施属于对原先决策和活动进行重大调整的追踪决策时。虽然一些原先反对初始决策的人会幸灾乐祸,甚至夸大原先决策的失误,反对保留其中任何合理的成分,但更多的人对纠偏措施持怀疑和反对的态度。原先决策的制定者和支持者因害怕改变决策标志着自己的失败,从而会公开或暗地里反对纠偏措施的实施;执行原决策、从事具体活动的基层工作人员则会对自己参与的已经形成的或开始形成的活动结果怀有感情,或者担心调整会使自己失去某种工作机会,影响自己的既得利益,而极力抵制任何重要的纠偏措施的制定和执行。因此,控制人员要充分考虑到组织成员对纠偏措施的不同态度,特别是要注意消除执行者的疑虑,争取更多人理解、赞同和支持纠偏措施,以避免在纠偏方案的实施过程中可能出现的人为障碍。

第二十一章　作业管理

学习目的

学习本章应了解与掌握：

1.描述作业系统，理解其特点。

2.说明作业管理的作用和基本目标。

3.描述作业组织工作的主要工作内容。

4.说明三种作业计划的不同作用。

5.说明成本控制对组织的影响。

6.说明建立与供应商良好关系的必要性。

7.解释最佳经济订货量的实际作用。

8.说明质量控制中统计质量控制的作用。

第一节　作业系统与管理

一、作业系统的运行过程与特点

作业系统是人们为了某种目的而建立的，一般是指按照一定规律，在时间和空间范围内进行有序排列的所有参与作业活动的诸要素构成的有机整体。在进行作业活动时，系统内的各要素分别承担不同的任务，并通过相互之间的有效配合，共同保证作业活动的顺利进行。例如，制造业的作业系统就是为了企业的经济目的，担负创造价值的重要使命，由人力资源、设备、工具、材料、资金、信息等构成的。而在其他领域或组织中，如政府、医院、银行、运输、学校等领域，也存在不同形式的作业系统，分别担负着不同的使命，为不同的目的服务。

为了叙述的方便，本章主要以制造业的作业系统为载体，讨论有关的问题，其结果对于其他形式的作业系统无疑也具有重要的参考价值。

一般，作业系统的运行过程包括输入、转换、输出和反馈四个环节，如图 21.1 所示。

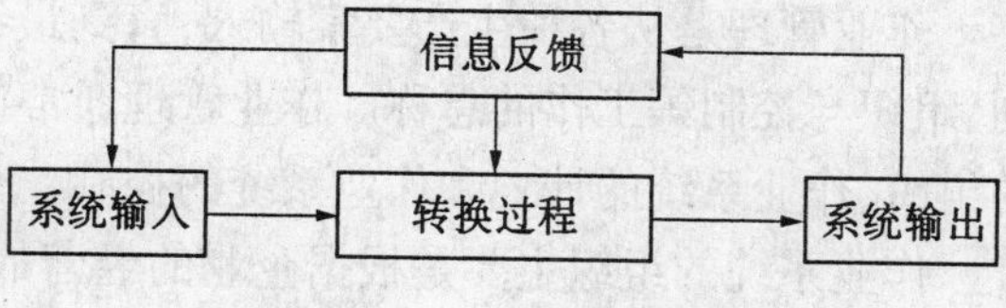

图 21.1　作业系统运行示意图

作业系统的输入是指作业所需的各种要素（如人力、材料、设备、工具等）以及信息（如市场需求、市场价格、产品标准等)投入生产过程,这是作业系统的第一个环节。转换过程则是作业系统的第二个环节,主要是根据市场需求等方面的信息,合理使用各种生产要素,经济、及时地设计和制造用户所需的产品。作业系统的输出是转换过程的必然结果,它包括产品(包括服务)和伴随而生的信息两个部分。系统的反馈是将输出的信息,如产量、质量、进度、消耗、成本等返回到输入或转换过程,其目的是与系统的输入信息进行比较,以便对转换过程进行必要的控制,保证达到作业系统的预定目标。

作业系统作为企业大系统的一个子系统,它具有一般系统的特点,同时又具有自己独特的特点,主要表现为以下三个方面。

(1) 作业系统是一个开放系统。作业系统需要随时与组织外部及组织内部的其他系统进行材料、能源、技术、人员、信息等的交换。一方面,作业系统需要输入各种生产要素和信息,如人力、材料、能源、产品市场的需求状况、竞争程度等;另一方面,作业系统需要适时地输出产品或服务,不断满足用户的需求;同时还要输出各种必要的作业信息,供组织内的其他系统使用。

(2) 作业系统是一个动态系统。由于当代科学技术的不断发展,产品的更新换代速度明显加快,社会对产品花色品种的需求也日新月异,迫使企业不得不经常变换产品品种和不断开发新产品,以适应环境变化的需求。这就要求作业系统具有很强的动态适应性,即能够根据市场需求的变化,及时调整生产程序或结构,生产新品种的产品。

(3) 作业系统是一个多目标系统。为了达到企业增值的根本目的,企业必须通过生产活动不断满足用户对产品的需求,而用户的需求又是多种多样的,例如,对产品品种、质量、价格、数量等指标要求的差异,这必然导致企业生产的多目标性:既要满足不同用户对产品品种和质量的要求,还要满足他们对价格和数量的要求,而这两对目标往往是相互矛盾的。企业必须在这些目标间进行权衡,保证企业能以尽可能低的成本满足用户的要求。

二、作业管理及其作用

为了使作业系统能够有效地运行,满足组织的需要,同其他系统一样,组织也需要对作业系统进行管理,即作业管理。

作业管理是从各种生产要素输入,直到最终产品输出的系统运行全过程的计划、组织与控制等工作的总称。作业管理通常包括以下三方面工作内容:作业系统的组织、作业系统的计划和作业系统的控制。

作业系统的组织主要是根据企业的经营战略要求和产品发展方向,合理地设计、组织作业系统,一般包括作业系统的能力安排、制造方法的选择、作业系统选址和布局、作业人员的组织与配备等内容。显然,上述的大部分内容都涉及企业的长期战略决策，因此，常常被列入企业的战略计划当中。作业系统的计划是指对作业系统运行过程所做的计划工作，主要包括综合生产计划、主进度计划、物料需求计划和详细的作业计划，它的主要目的是实现企业中短期的生产目标。作业系统的控制是对作业系统运行过程的监控，包括进度控制、成本控制、库存控制、维护控制和质量控制等内容，目的是保证计划能够顺利完成。

在现代竞争性的企业组织当中，作业管理工作扮演着十分重要的角色，它不仅仅作为企业管理的重要一环，担负着管理作业活动的任务并与其他管理活动相衔接、配合，更重要的是它是企业获得经济效益、赢得市场竞争优势的重要基础和保证。只有通过有效的作业管理工作，企业才可能在品种、价格、质量、时间等各方面取得比竞争对手更大的优势，而任何轻视作业管理作用的行为都可能导致十分不利的结果。

以美国为例，自20世纪初借助以泰罗科学管理为代表的先进思想奠定了现代制造业基础之后，美国制造业的生产率高居发达国家之首，使得美国的制造业很长一段时间都保持了在世界市场上的领先地位。但在第二次世界大战以后的将近30年里，美国制造业逐渐把工作重心转移到了其他领域，如金融和营销方面，对生产活动缺少足够的重视，高层管理者对生产问题很少关注，管理者遇到这类问题也总是回避它。这样，美国制造业在市场上的领导地位衰退了。与此同时，日本、德国及其他国家的管理者抓住机会大力发展现代的和计算机辅助的设备，即完全将制造业的作业管理与战略计划决策问题结合在一起。竞争对手的成功使世界制造业领导地位重新进行了排列。例如，美国市场上外国制造商的产品不仅价廉且质优。到70年代末期，美国制造商面临了一次真正的危机。

三、作业管理的基本目标。

完善的作业管理不仅仅应该保证作业系统的正常运行，更重要的是能够促进组织目的的实现，保障企业在市场中的竞争优势。具体地讲，作业管理工作应该设法实现以下一些基本目标：

(1) 产品目标。产品目标是指作业系统所能提供的用户所需的产品品种和规定品种的产品数量。产品目标，尤其是其中的品种目标已经成为企业赢得新用户的重要条件，因为用户求新、求变、求个性的趋势越来越明显，加之世界范围的产品更新换代速度的加快，迫使企业必须不断开发新品种，以适应这种大趋势。这也是许多世界性大公司不惜巨资进行研究开发的重要原因。

(2) 时间目标。时间目标是指作业系统对用户需求的响应速度，即时间方面的要求。在当今竞争激烈的市场环境中，不能迅速地满足用户需求，可能就意味着失去机会，甚至无法生存。为此，企业必须设法提高对用户需求的响应速度，其中关键就是通过有效的作业管理缩短产品开发周期和生产周期。

(3) 质量目标。质量目标是指作业系统所生产的产品应达到用户所需的质量要求。众所周知,产品质量是企业生存的根本,没有好的产品质量,就等于失去了在市场上竞争的资格。因此,稳定地生产高质量的产品也就成为作业管理的关键问题之一。

(4) 成本目标。成本目标是指作业系统生产单位产品的成本要求,或者生产一定数量产品的人力、物力和财力的总消耗。毫无疑问,低成本是进行价格竞争的重要基础,也是企业实施成本领先战略的前提条件。但企业所追求的低成本应该建立在保证产品质量的基础上,没有质量保证的低成本是有害无益的。

(5) 柔性目标。柔性目标是指作业系统适应市场变化的能力,即适应性。面对当今快速变化的市场环境和产品生命周期不断缩短的现实,能够快速适应市场的变化,不断开发、生产新的产品,不仅仅是企业提高竞争力的需要,从一定意义上讲,也是企业生存和发展的要求。

上述的基本目标分别从不同的侧面反映了企业对作业管理工作的要求,这些目标都对提高企业的经济效益和市场竞争能力有着重要的作用。但在实践中,为了更直观地说明问题,通常采用一些综合性的指标来对作业系统及管理水平进行整体评价,生产率就是其中之一。

生产率是指产出的所有产品或服务与得到这些产出所需的全部投入之比。很明显,提高作业系统的生产率也就意味着同样的投入,可以得到更多的产出,同时也表明有了一个更具竞争力的成本结构和可以定出一个更具竞争力的价格的能力。20 世纪 80 年代日本在全球范围的许多产品占据市场领先地位,很大程度上得益于生产率的提高,从 1978 年到 1986 年,日本的生产率年增长达 5.5%,而同期美国的年增长率仅为 2.8%。

第二节 作业组织与计划

如前所述,作业管理是由三部分工作构成的,其中的组织与计划先于控制,为控制工作提供场所和标准。为此,本节首先对作业组织与计划工作进行讨论,下一节集中讨论作业控制问题。

作业组织工作主要确定作业系统的规模、形式等,为作业计划提供战略方向和工作基础。通常包括以下一些内容。

1. 能力安排

在企业所要生产的产品确定之后,生产多少成了企业首先需要考虑的问题,也就是要安排多大的生产能力,才能满足预定的市场需求。这一过程通常也称为制定能力计划,它是作业组织中其他工作的基础。

确定生产的能力首先需要对产品的市场需求进行预测,然后根据预测的结果和企业的实际情况、产品发展战略等确定产品的生产规模,即能力需求,最后根据能力需求,选择合适的能力方案,即能力计划。例如,根据对市场的了解和其他环境因素的分析,企业决定生产一种电动自行车,主要在企业所在的地区销售,参考其他同类产品的价格,企业计划单车售价为 3 000 元人民币。根据市场需求预测,该种车本地区的年需求量约为 6 000 台,考虑到其他地区企业产品可能要占领一部分市场的现实,企业决定把生产能力定为 3 000 台,即能力需求为 3 000 台。下面就该考虑如何实现这 3 000 台电动自行车的生产能力问题了,即制定能力计划。

制定能力计划需要分两种情况考虑:一种是目前还没有生产同类产品的能力;另一种是已经具有了生产同类产品的能力。对于前者,显然需要引进或者自行建造生产线,所要考虑的主要是技术的选择、能力匹配以及建厂选址、布局等问题,这些将在后面几小节考虑。如果是后面一种情况,需要首先把能力需求与现有生产能力进行比较。当现有能力大于能力需求时,或者增加其他品种的产品生产,或者对现有能力进行削减,或者维持现状不变,这主要取决于企业的具体情况和市场竞争形势。当现有能力不足时,可以选择买进新的设备或生产线来永久地增加生产能力,也可以通过一些临时性的措施,如加班、加点、外购零部件或转包等,增加生产能力。

总之,针对给定的能力需求,可以做出多种可供选择的能力安排,究竟哪一种为最终方案,则需要参考企业的发展战略、资金和人员等具体情况、市场竞争形势等做出合理的决策。

2. 制造方法的选择

当所要生产的产品和能力确定之后,选择合适的制造方法也是一项十分重要的工作。因为对任何一种产品,都可能有多种制造方法可供选择,每一种都可能体现投资、效率、自动化程度等因素的不同组合。为此,首先需要对可利用的制造方法进行评价,然后根据企业的发展要求选择一套能实现作业目标的最优化方法。这一过程通常也称为制定过程计划。

在具体进行选择时,企业可以结合自身的特点,充分考虑企业的技术发展水平和产品生产要求,主要从技术、经济等角度进行全面的比较和分析,在满足企业成本、时间、质量、柔性等目标的前提下,选择最合适的技术组合方案。

需要注意的是,实践中选择合适的技术组合方案并不是一件十分容易的事,由于涉及因素众多(如表 21.1 所示),每一种因素的变化都可能带来新的技术组合,所以,通常是由企业提出总体思想和目标,然后交给专业的设计部门和单位进行设计。

表 21.1 选择生产技术时需要考虑的参考因素

1.与企业的竞争重点和地位相适应	11.备件情况
2.预计的相关产品的产量	12.对劳动力的要求
3.对已知生产问题的适用性	13.对原材料的要求
4.与已有技术和系统的集成性	14.工人接受的可能性
5.对产品及产品产量变化的柔性	15.需要培训的难度
6.操作的方便性	16.管理者接受的可能性
7.操作的成本	17.安全性
8.需要投资数量	18.环境要求
9.技术的可靠性	19.信息系统要求
10.可维修性	

3.作业系统选址

当企业决定建立新的生产线来满足能力需求时,就要考虑在什么地方来建设,即作业系统选址。

选址关系到企业的基本建设投资、建设速度、物流费用、经营费用、生产管理、技术管理、劳动条件、生活条件等方方面面,是企业的百年大计。如果选址不当,企业不仅不能取得经济效益,而且还可能由于"先天不足"而导致企业经营的重重困难,甚至最终破产。相反,如果企业选址得当,使企业靠近原材料、燃料基地,靠近产品市场和交通运输干线,有充足的合格人力资源、技术资源和政策等保证,企业不仅可以大大减少建设费用,缩短物资的运输距离,减少运输环节,降低物流费用,同时,也有利于企业建立正常的生产秩序,保证企业的健康发展并取得满意的经济效益。例如,由于发展中国家劳动力成本较低,对发达国家的产品需求也比较旺盛,因此,许多国际大型企业集团纷纷把一些企业由本国迁移到发展中国家,以获得更大的投资收益。又如,北京的中关村一带聚集了大量的新兴电子产业,其主要的原因,一是该地区集中了中国的几所著名的大学和中科院的一些研究所,为企业提供了充足的人才和技术支持;二是形成了巨大的电子产品市场,有利于企业产品的销售。

在进行选址时,首先需要确定选址的目标,通常多数企业是以总的生产和运输成本最低为目标;然后对所有可能的影响因素进行评价和分析,并按重要性进行排列。这些因素一般包括:①企业生产所需要的原材料、燃料等物质资料和劳动力资源的资源因素;②市场竞争、用户需求及其变化情况等市场因素;③建厂所在地区的经济条件,如经济发展水平、社会化分工与协作水平、有关企业投资的政策、税收和收费情况等经济因素;④周边的科技依托条件,即大专院校、科研院所、企业性的研究所和设计单位等技术因素;⑤交通运输条件和基础设施;⑥地质、地理、气候等自然条件。最后,根据评价和分析的结果,借助一些决策方法对可能的选址方案进行综合分析,选择最终的选址方案。

作业系统选址是一项十分复杂和重要的工作,它与企业未来的建设、生产经营及物流活动的关系十分密切。但需要指出的是,所谓良好的选址或不好的选址并不是绝对的,它与企业的性质、规模和任务有很大的关系,有些因素对一些企业可能影响较大,而对另一些企业则可能影响较小,因此,必须结合具体问题进行具体分析和比较。

4.作业系统布局

在作业系统的技术方案和地址确定之后,还要考虑作业系统的布局问题,即由原材料进厂,到产品制造完成和发运出厂的全过程中,各类人员、设备、物资和设施等所需要的空间场所的总体安排和分配。一般,作业系统布局分为两个阶段:总体布局和车间内部设备布局。

总体布局是根据已选定地址的地理环境,从整体出发把组成作业系统的各个单位,其中包括基本生产单位、辅助生产单位、生产服务单位、管理部门以及其他部门,按照所需场地的面积和相互间联系的密切程度作一全面的布置。通常,可以采用物资流向及流量表法、生产活动相关图布置法进行总体布局的设计,也可以借助计算机软件完成布局的设计。

车间内部设备布局则是根据生产类型和生产技术特点,对设备进行合理的布置。一般有三种基本的布置方法:工艺布置、对象布置和定位布置。工艺布置是将设备按照功能或工艺特点进行分类,并把同类的设备布置在一起,完成相同工艺的加工任务,它比较适用于单件小批生产的类型。对象布置是按照制品工艺顺序来排列不同的设备,从而形成一定的生产线。常见的如流水生产线或产品装配线。对象布置一般用于具有一定生产重复性的大量大批生产。定位布置是将加工或装配的对象放置在固定的位置上,设备按照加工或装配的要求布置在加工对象的四周。通常它适用于加工对象由于体积、重量等原因不适宜移动的生产车间,如飞机装配、造船以及大型设备的装配等。这三种布置方式各具优点和局限性,分别适用于不同的情况。

作业系统的布局是企业新建或改扩建时一项十分重要的工作,一旦布局完成就可能较长时间地固定下来,如果那时发现问题,再改变就比较困难。因此,必须在设计阶段就要把各种可能的因素考虑清楚。一般,需要考虑的主要因素有以下一些:总体布置的系统性、资源利用的有效性、生产发展的扩展性、生产发展的适应性、空间布置的协调性、物料运输的经济性和生产系统的安全性等。

作业计划工作是对作业系统运行所做的战术作业决策,主要确定在不同计划期内的生产活动和所需的各种生产资源,一般包括以下四种计划:

1.综合计划

综合计划,一般是以一年作为一个计划期,主要是根据企业的年度经营目标,综合考虑企业产品的市场需求、生产能力、人力资源以及其他有关的资源因素，规定企业各季(月)生产的产品种类、数量、质量等。它是对企业未来较长一段时间内生产活动结果的决策性描述，因此，一般不要求将产品细化到具体品种或规格，也不要求确定产品的具体生产日期。表 21.2 给出了一个微机生产商的年度综合计划，其中并没有指定具体的微机型号和种类，只是笼统地规定了各月的生产量。

表 21.2　某微机生产商年度综合计划　　单位：台

月份	1	2	3	4	5	12
产量	2 800	2 000	3 200	3 100	2 800	3 000

由于通常在编制综合计划时，企业的产品订货还可能没有全部落实，因此，其计划任务量的确定依据主要是企业的产品需求预测。显然，企业满足市场需求的方法有许多种，例如可以采取保持与市场需求基本一致的生产率，而使产品库存最小的策略；也可以采取维持固定的生产率水平，而通过库存来调节的策略。这就要求企业在其中选择尽可能有利的方法，既保证市场需求，又能使企业的生产成本较低，以获得尽可能大的效益。

2. 主进度计划

主进度计划来源于综合计划，是对综合计划所规定任务的具体化。主生产计划主要根据各种具体产品的市场需求情况，规定了计划期内各时间段最终产品出产数量，通常其计划的时间单位更小，一般采用周来安排计划，特殊情况也可以采用旬或日。这里的最终产品，主要是指对于企业来说最终完成、要出厂的成品，具有独立需求的特征，既可以是完整的产品，也可以是用于继续生产或维修的部件或零件。

继续上一个例子，根据综合计划，微机生产商结合各种微机的订货情况，编制出了 3、4 两个月的主进度计划，如表 21.3 所示。在 3 月份，综合计划要求的微机总产量为 3 200 台，而主生产计划则分别安排 A 型微机每周生产 500 台，B 型微机 600 台分别安排在第一周和第三周，C 型微机 600 台分别安排在第二周和第四周。

表 21.3　某微机生产商 3、4 两月的主进度计划　　单位：台

时间 产品	3 月份				4 月份			
	第 1 周	第 2 周	第 3 周	第 4 周	第 1 周	第 2 周	第 3 周	第 4 周
A 型微机	500	500	500	500	500	500	400	400
B 型微机	300		300		300		400	
C 型微机		300		300		300		400

3. 物料需求计划

主进度计划确定之后，根据产品的结构文件，或者说是物料清单文件，就可以对产品进行分解，确定各个时期所需的材料和零部件的数量，然后通过与现有库存

量的比较,进一步可以确定自制零部件的投入出产计划和外购零部件及材料的需求计划。这就是物料需求计划(Material Requirements Planning,MPR)的主要工作过程。

当产品种类较少,结构又不复杂时,物料需求计划可以通过手工编制,但当产品结构非常复杂时,手工计算是根本无法实现的。现在有许多 MRP 的计算机软件,可以方便地完成编制物料需求计划的工作。一般,MRP 需要输入主进度计划、产品结构文件和库存状态文件,而输出可以有多种形式和内容,如自制零部件的投入出产计划、外购零部件和材料的需求计划、库存状态记录、设备负荷计划、零部件完工情况统计以及优先权计划等等,极大地方便了产品的生产、物料的组织供应和控制工作。

4.生产作业计划

生产作业计划是最基层的作业计划形式,即由各个车间、工段、班组、个人具体实施的计划,它详细地规定了各个生产环节每个时间段的生产任务,计划的时间单位可以细化到日、班,甚至到小时。生产作业计划是主进度计划和综合计划的具体实现,同时也是进行生产准备、生产控制等的重要依据。

编制生产作业计划可以直接从 MRP 的输出中得到各车间的投入出产计划,然后根据车间内部的专业分工和能力负荷等情况确定各个工段、班组和个人的生产任务。对于没有应用 MRP 系统的企业,也可以根据车间的专业分工从主进度计划中分解出车间的生产任务,然后再做进一步的分解。

第三节 作业控制

当作业系统设计完成,作业计划制定并实施之后,作业控制工作就成了作业管理工作的重点。如果没有有效的作业控制工作,再完美的作业系统也可能由于一些意想不到的事情而无法达到预期的目标。一般,制造业的作业控制工作包括许多内容,本节选择其中主要的几项进行讨论,它们分别为:成本控制、采购控制、库存控制和质量控制。

一、成本控制

根据一般常识,利润等于销售额减成本,我们知道如果市场价格一定的话,获得利润的惟一途径就变成了设法降低成本。然而,这样一个简单的道理却常常被一些管理者忽略。当企业的利润下降时,他们往往抱怨是市场竞争过于激烈导致价格下降,从而使利润下降,而很少想到他应该把降低成本作为其工作的重点之一,需要在其日常工作中不断地加以注意。

成本控制首先需要控制的标准。通常企业可以采用预算成本或标准成本作为成本控制的标准。预算成本是用财务数字的形式为各部门或各项活动规定的在资金、劳动、材料、能源等方面支出的额度，它是通过计算和预计得到的。标准成本则是根据企业过去一段时间各成本项目的实际情况，去除其不合理成分，通过分析确定的。对于一时无法制定标准成本的企业，可以采用过去几个月平均先进水平作为各类成本项目的标准成本，待积累经验后再确定更适宜的标准成本。当然，无论通过何种方法确定的成本控制标准，当新的技术组织措施采用后，都应该对其进行必要的调整，以适应新的控制需要。

在控制方法上，可以采用成本中心法去控制成本。各部门、分厂或车间都可以被当作独立的成本中心，其主管人员对其产品的成本负责。由于构成产品成本的不变成本或固定成本与产品生产数量无关，因此，这部分成本不列入各成本中心的控制范围，成本中心的负责人只对其单位所有直接成本负有责任。对于生产比较稳定并建立了比较完善的计算机应用系统的企业，也可以采用分级成本控制法。这种方法要求根据各成本费用发生的情况，把所有成本项目分成几级，分别由企业、分厂、车间、工段等负责，各负责单位除了保证产品成本控制在标准成本范围内之外，还有责任探求不断降低成本的方法。

二、采购控制

对于制造企业来说，它需要输入大量的物料，然后通过转换变成各种产品。物料构成了产品成本的重要成分，在部分行业物料成本竟高达70%左右，因此，有效地控制物料成本自然就成为了企业降低成本和增加利润的重要渠道。而企业物料获取是通过采购职能实现的，所以控制物料成本很大程度上依靠采购控制。

企业采购控制的主要内容是供应商交付的物料的性能、质量、数量和价格等，和与之相关的寻找、评价、决定能够提供最好产品或服务的供应商。采购控制的目标是确保输入可以得到、质量可以接受、来源可靠，同时降低成本。目前，国内一些企业采用“比价采购”的方法，对企业的采购工作进行价格控制以降低采购成本，多数都收到了比较好的效果。后向一体化也是一种选择，它可以带来物料成本降低、质量稳定和交货及时等好处，但存在一定风险。为此，日本许多大公司在采购和一体化之间找到了一个“中间地带”，他们通过所有关系或借款给转包商等方式，使转包商成为公司联合体的一部分，并与之保持长期的合作关系，像合伙人一样运作，极大地保证了物料的有效供应。

关于供应商，可以多选择一些有能力的供应商，通过他们的竞价使企业获得价格上的实惠，但真正通过购买获得竞争优势只能通过良好的供应商关系才能得到，将供应商看作对手是不对的。现在，制造业中一个迅速发展的趋势就是使供应商转变为合作伙伴。不是采用10~12家供应商并使他们相互竞争来获得公司的生意，而是只选择2~3家供应商与他们密切配合工作来提高效率和质量。例如摩托罗拉公司在过去几年中已与10 000家供应商中的70%终止了关系，而对那些准备长期合作的供应商，公司会派自己的设计与制造工程师去供应商那里帮助处理一些难题，以提高供应商的能力。现在美国和全世界的公司都正在发展与供应商的长期关系。许多公司发现建立这种长期的合作关系，他们能获得质量更优、次品更少和成本更低的输入。

三、库存控制

与企业物料采购相关的另外一项需要控制的是库存，对库存的控制不仅仅可以提供准确的关于采购数量和采购时间等信息，更重要的是通过对库存的控制，可以减少库存，降低各种占用，提高经济效益。

进行库存控制可以首先借助ABC分类法确定不同库存物资控制的重要程度。通常，一家公司有几千种库存物资并不少见，对这些物资都进行严格的控制显然是不可能的，也是不必要的。事实表明，大多数组织库存中的大约10%的物品占年度库存总价值的50%；另外20%的物资占了价值的30%；其余70%的物资只占20%的价值。ABC分类法正是通过对企业所有库存物资进行分析、计算把物资分成A、B、C三类，如图21.2所示；然后实施不同的管理：A类物品应受到最严格的控制，因为A类物资的数量非常少，却占用了大量的投资金额；对B类进行一般的控制；对C类进行最少的控制，因为它们占用的资金很少，可以通过简单设置订货点的方式进行控制。

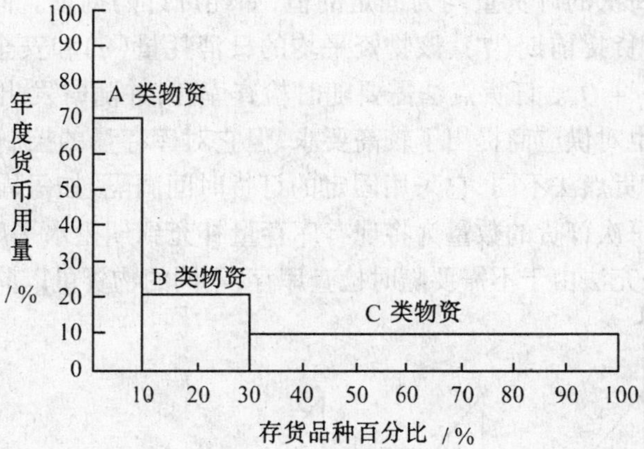

图21.2　ABC物资分类示意图

在有关库存数量控制方面，管理人员使用经济订购批量模型（Economic Order Quantity，简称EOQ）计算最优订购批量，使所有费用达到最小。这个模型考虑三种费用：一是订购费用，即每次订货所需的费用（包括通信、文件处理、差旅、行政管理费用等），它随订货次数的增加而增加；二是保管费用，即储存原材料或零部件所需的费用（包括库存、利息、保险、折旧等费用），它与每次订货的数量有关；三是总费用,即订购费用和保管费用之和。

EOQ 模型的目标是在订购费用和保管费用之间取得平衡,使总费用最低,如图 21.3 所示。假设企业在一定期间内物资总需求量为 Q,每次订购所需的费用为 O,库存物资单价为 P,保管费用与全部库存物资价值之比为 C,则每次的经济订货批量为

$$\mathrm{EOQ}=\sqrt{\frac{2\times Q\times O}{P\times C}}$$

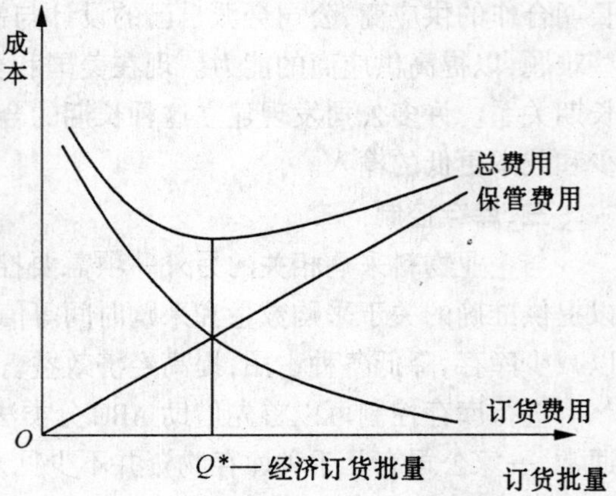

图 21.3　确定经济订货批量示意图

EOQ 模型主要适合于具有独立需求性质的物资,不能用于零部件的库存问题,另外,它的使用还需要一定的条件,如假设需求量和提前期都是已知的而且是不变的等。虽然如此,作为最古老、最通用的库存控制技术,它还是得到了非常广泛的应用,并成为了其他库存控制模型的重要基础。

在库存物资的补充时间控制方面,常用的方法是订货点法和定期补充法。订货点法是设置一个订货点,如图 21.4 所示,当现有库存量降低到订货点时,就向供应商发出订货,每次的订货量均为固定的值,如经济订购批量。而订货点(Q_0)的确定则是根据订货提前期(T)、该物资平均的日消耗量(q)和安全库存(Q_s)来确定,即 $Q_0=T\times q+Q_s$。订货点法需要随时检查库存,并随时发出订货,显然增加了管理工作量,也对供应商提出了较高要求,但它对库存量的控制相对比较严密。定期补充法与订货点法不同,它采用固定的订货时间间隔,如每周、每月或每90天发出一次订货,每次订货的数量为将现有库存量补充到期望水平库存量所需订购的数量。定期补充法由于不需要随时检查库存,不同的物资可以同时订货,因此简

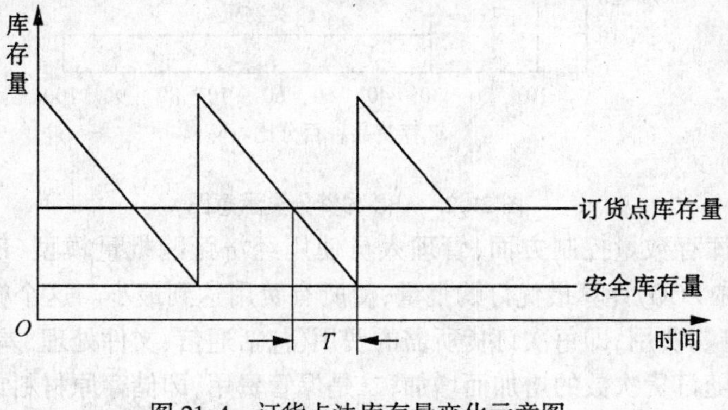

图 21.4　订货点法库存量变化示意图

化了管理，也节省了订货费用，但订货数量的变化可能会给供应商带来不便。

四、质量控制

作业控制工作中另一项重要的任务是质量控制。通过有效的质量控制，企业可以及早发现作业系统中出现的各种问题，防止不合格物料进入生产过程，杜绝有缺陷的零部件流入下道工序，保证向市场提供合格产品等等。总之，质量控制是通过对作业系统运行全过程的监控，确保产品质量满足预先制定的标准。

严格地讲，质量控制应该对所有的产品质量特性进行监控，但不能采取一视同仁的办法，应该对容易发生问题的特性和对产品质量具有决定性意义的特性进行重点控制，而对其他一些特性则采取一般性的控制办法。这样，即保证了质量，也减轻了质量控制的工作量。

在实施质量控制的过程中，首先，管理者就应明确对产品是采用全数检测的方法还是采用抽样检测的方法。一般，如果连续检测的成本很低或者统计结果表明出错率很高，逐个检查每一件是十分有意义的，但毫无疑问，这需要花费时间和费用。抽样检测通常则花费较少，也不需要很多的人员，有利于集中精力抓好关键质量问题，但它存在一定的风险。

其次，管理者应该确定何时、何地检测。通常，在制造业中，检测可以在以下六处实施：当供应商正在生产时在其厂检测；从供应商处收到货时在企业自己厂里检测；在极费成本或不可逆转的工序之前检测；依次在生产工序里检测；完工产品检测；装运之前检测。在有条件的地方，还应该尽量采用源头检测的方法，即在有可能产生缺陷之前检测。

最后，管理者还要考虑是采用计数值检测还是采用计量值检测。前者是将产品简单地分成合格品和不合格品，并不标出缺陷的程度。例如，对灯泡的抽样检测，灯泡亮或不亮可能就决定了其合格或不合格。后者则需要设置一个可接受的偏差范围，然后衡量诸如重量、速度、尺寸或强度等指标，看是否落在可接受的范围内。任何样本在一定的范围之内是可以接受的，在一定范围之外则是不可接受的。

第二十二章 管理信息系统管理

学习目的

学习本章应了解与掌握:

1.区分数据和信息。

2.识别五种常见的交流网络。

3.了解信息对控制工作的作用。

4.解释管理信息系统的目的。

5.了解管理信息系统的发展历程。

6.列出设计管理信息系统的关键因素。

7.解释管理信息系统如何提高管理工作效率。

8.解释管理信息系统对组织的影响。

9.了解管理信息系统发展的主脉络。

第一节 信息与控制

一、什么是信息

在管理工作中,信息对于管理工作的成败具有重要的作用,无论是管理决策,还是日常的控制工作都离不开信息。那么,什么是信息呢?

信息是由具有确定含义的一组数据组成的,是关于客观事实的可通讯的知识。

首先,信息是数据处理的结果,而不直接等于数据。数据可以定义为是一组表示数量、行动和目标的非随机的可鉴别的符号。例如,企业的生产经营活动,就可产生许多数据,企业的生产工人人数,每个生产工人每天完成的生产工时,完工的零件数和部件数,装配好的产品数量,耗用的各种材料数,处在生产线的在制品数量等。而信息是经过加工以后,能够对客观世界产生影响的数据。例如行驶着的汽车的里程表上显示的是数据,不是信息,只有当司机看了里程表作了加速或减速的决策时的那个数据才是信息。所以说信息是经过一定加工后的数据,它对接收者有用,对决策行为有现实意义或潜在价值。

其次,信息是可通讯的知识。信息记载的客观事实必须及时送到需要者的手里,否则就没有价值了,也就是说信息需要在不同的管理层次或不同的人中分享,即可以通过通讯手段进行传递。事实上,人们通过感官直接获得的信息毕竟是有限的，大多数信息都必须借助各种通讯工具间接地获得。人们在获得信息后，就可以用于认识事物、区别事物和改造世界，从而形成有关的知识。

最后，信息有多种形式。信息的表现形式多种多样，按照管理的层次不同，信息可以分为战略信息、战术信息和作业信息；按照管理的领域不同，信息可以分为销售信息、生产信息和人事信息等；按照加工顺序不同，信息可以分为一次信息、二次信息和三次信息等；按照表现形式的不同，信息可以分为文字信息、数字信息、图像信息和声音信息等。

信息具有以下性质：

(1) 事实性。信息必须反映客观事实，不符合客观事实的信息不仅没有价值，而且有可能误导管理者，做出错误的决策。

(2) 时效性。信息必须具有时效性，即从信息源发出信息，经过接受、加工、传递、利用的时间间隔越短，信息的使用价值就越大。过时的信息往往会失去利用价值。

(3) 等级性。在一个组织中，信息是为管理服务的。由于管理者处于不同的层级，所需要的信息也会有所不同，因此，信息通常也被分成不同的级别，如战略级、战术级和作业级等。

(4) 不完全性。由于认识事物的能力以及客观条件等的限制，人们往往无法获得关于客观事实的全部信息，即信息的不完全性。这就要求管理者必须具有正确的主观思路，能够利用不完全的信息，做出正确的决策。

(5) 转换性。信息是可以转换的，它可以用不同的方法和不同的载体来载荷。在管理中，为了信息使用的方便性，通常会把定性的信息转换为定量的信息，数字信息转换为图像信息等。

(6) 价值性。信息是经过加工的数据，是劳动创造的，是一种资源，因而是有价值的。但值得注意的是，信息必须被及时地加以利用，其价值才能得到体现，信息资源才会转换为物质资源。

二、组织中信息的流动

在现代组织当中，为了使管理活动能够准确地展开，信息通常需要进行有序的流动，即信息交流，既有人际间的信息交流，也存在组织内不同部门间的交流。毫无疑问，管理信息系统的建立应该有助于信息的交流，也就是说，一个好的管理信息系统在设计时必须充分考虑到组织大量的信息交流需求，并设法在程序中自动实现。下面将对有关的几个概念做一简要介绍。

1. 正式与非正式的信息交流

和正式组织与非正式组织的区分一样，信息的交流也存在正式的和非正式的信息交流。

正式信息交流是指组织根据工作程序或工作协调等方面的需要，所规定的信息交流方式。例如组织中的下属按照规定的时间和方式向其上级汇报工作，销售部门向生产部门传递一份订单等。正式信息交流也可能发生在两位职员之间，他们为了完成顾客的一份订单必须相互交流来协调他们的工作。

与正式的信息交流不同，非正式信息交流是未经管理层批准的，是由于组织内部成员之间的共同利益而形成的通过朋友关系和小集团等形式自由进行的信息交流方式，它不受等级结构的限制。这种非正式信息交流系统有两个目的：一方面它允许雇员满足他们的社会需要；另一方面它还能改进组织的绩效，因为它能产生一种替代的、通常是快速的和有效的信息交流渠道。

2.信息交流的方向

组织中的信息交流可以是向下的、向上的、横向的或越级的。

向下交流是指从管理者沿着权力层次结构向下进行的交流。向下交流通常用于通知、命令、协调和评估下属，采用的形式既可以是口头的或者面对面的接触，也可以通过书面文件进行。向上交流与向下交流相反，是从下属沿权力层次结构向上进行的交流。它通常用于管理者从其下属处获得有关工作情况、员工情况、改进工作的建议等信息。

横向交流是指处于组织权力结构同一水平层次上的人员之间的交流，同层次的交流常常可以节省时间和方便协调工作。在某些情况下，这种横向交流是经上级批准的。而在某些情况下，它是为避开垂直方向的交流和加快工作速度而产生的非正式交流。对后一种情况，从管理层的角度看它有有利的一面也有不利的一面。如果严格按照正式的垂直式的交流，会阻碍信息交流的速度和准确性，所以横向交流是有益的。但是它也会造成矛盾，如正式的交流渠道会受到危害，某些人避开其直接领导做事，或老板发现事情或决策是在他不知道的情况下做出的。

越级交流是指发生在跨越职能部门和权力层次的信息交流。它可以是向下的越级交流，如主管销售的副总经理直接与某一地区的销售经理交流；也可能是向上的越级交流，如企业的普通员工向企业高层领导反映情况。越级交流并不是组织规定的正常交流程序，因此不能过多地依赖它，只能作为补充形式存在。

3.信息交流网络

组织间水平和垂直方向的交流可以形成各种各样的模式，这种模式一般称为交流网络。图 22.1 显示出了五种常用的网络类型，它们分别是链型、Y 型、轮型、环型和全通道型。下面我们进一步说明图中的各种网络。

链型网络，代表的是组织中一个纵向的沟通网络，信息交流在各层次间向上或向下进行。例如，负责工资的职员向会计主管报告，会计主管向企业财务总管报告，而他又向总经理报告。几个人的关系代表了一种链型网络。在这种网络中，信

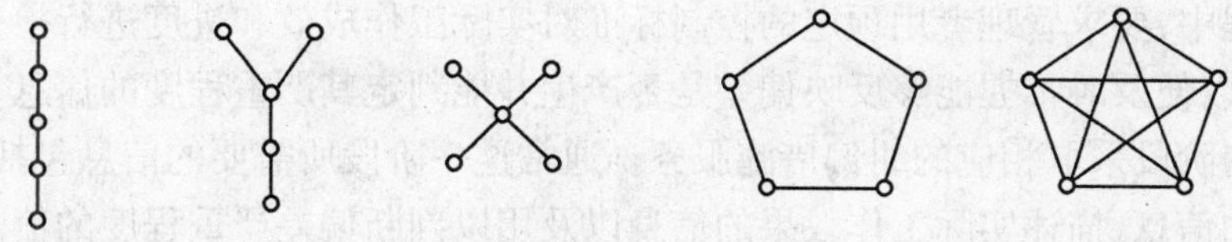

图 22.1　常用的信息交流网络类型

息经层层传递、筛选，容易失真。

Y 型网络，也是一种纵向沟通网络，不同的是其中一个成员位于沟通内的中心，成为沟通的媒介。在组织中，这一网络大致相当于从参谋机构到组织领导再到下级主管人员或一般成员之间的纵向关系。这种网络集中化程度高，解决问题速度快，但也存在信息曲解或失真的现象。

轮型网络，网络中的一个成员位于沟通内的中心，成为沟通的媒介，其他成员之间没有沟通关系。在组织中，这一网络相当于一个主管领导直接管理几个部门的控制型网络，此网络集中化程度高，解决问题速度快，但沟通的渠道少，组织成员的满意程度低。

环型网络，可以看成是一个封闭的链型网络。在这个网络中，允许其成员与相邻的成员交流，但不允许其他交流。这种网络集中化程度较低，沟通渠道较少，但组织中成员具有比较一致的满意度，组织士气高昂。

全通道型网络，是一个开放式的沟通系统，其中每个成员之间都有一定的联系。在这种网络中，组织中的集中化程度很低，沟通渠道很多，因此组织成员的平均满意程度高，合作气氛浓厚。但正因为沟通渠道多，容易造成混乱，且又费时，影响工作效率。

三、信息与控制

信息是组织中一项极为重要的资源，它与物流、资金流一起构成了组织活动的主脉络，组织中的任何活动都离不开信息的支持。就控制工作而言，从确定控制的对象、选择控制重点，直到采取纠正措施的控制工作的全过程都与信息有着密不可分的关系。

1.制定控制标准过程中的信息需求

制定控制标准过程中，需要依次确定控制对象、选择控制重点和制定控制标准，这些工作都与信息的收集、分析和利用直接相关。首先，确定控制的重点需要组织环境及其发展趋势、资源投入以及组织各项活动等各方面信息；其次，选择控制重点需要提取描述工作重点的信息，了解组织各项工作与组织目标关系的信息等；最后制定控制标准则需要组织目标、组织历史、环境变化等多方面的信息。

2.衡量实际工作过程中的信息需求

衡量实际工作的过程实质上就是信息的收集、分类、分析和判断的过程。在这一过程中,要求管理者用预定的控制标准对实际工作成效和进度进行检查、衡量与比较,以便及时掌握能够反映偏差是否产生并能判定其严重程度的信息,进而为下一控制阶段采取相应的纠偏措施服务。通常这一阶段所需要的信息包括描述控制标准的信息、描述实际工作效果的信息以及用以判断偏差严重程度的信息等。

3.采取纠偏措施过程中的信息需求

采取纠偏措施的过程中,信息在其中所起的作用也不可忽视。首先,管理者需要根据与实际工作有关的信息去判断偏差是否对组织活动的效率和效果产生影响,并进一步探寻导致偏差产生的主要原因;其次,在确定纠偏措施的实施对象时,管理者则需要了解环境变化信息和偏差产生原因的信息,从而确定是修改计划目标,还是改进实际工作;最后,在制定纠偏措施时,管理者不但需要了解采取什么措施最有利,同时还需要知道所采取的措施可能带来的影响,这就需要有关计划目标或实际工作的较全面的信息。

第二节 管理信息系统

一、管理信息系统的定义

管理信息系统是20世纪80年代才逐渐形成的一门新学科,其概念至今尚无统一的定义。但从其在管理实践中应用的角度,我们认为管理信息系统是一个由管理人员和计算机及其软件等组成的能对管理信息进行收集、传递、贮存、加工、维护和使用的系统。管理信息系统能实测组织的各种运行情况,利用过去的数据预测未来,从全局出发辅助管理者进行决策,利用信息控制组织行为、帮助组织实现其最优经营目标。

管理信息系统具有以下特点:

(1) 面向管理决策。管理信息系统是继管理学的思想方法、管理与决策的行为理论之后的一个重要发展,它是一个为管理决策服务的信息系统,它应该能够根据管理的需要,及时提供所需要的信息,帮助决策者做出决策。

(2) 综合性。管理系统与决策工作的综合性决定了管理信息系统的综合性。为了更好地为管理者服务,管理信息系统应该能够满足管理决策的需要,对各方面的信息进行综合,从而产生更高层次的管理信息。

(3) 人机系统。管理信息系统的目的在于辅助决策,还无法代替人来进行决策,因而管理信息系统必然是一个人机结合的系统。在管理信息系统中,各级管理人员既是系统的使用者,又是系统的组成部分,因而,在管理信息系统开发过程中,要根据这一特点,正确界定人和计算机在系统中的地位和作用,充分发挥人和计算机各自的长处,使系统整体性能达到最优。

(4) 现代管理方法和手段相结合的系统。管理信息系统是一种现代管理方法与手段相结合的系统。只注重管理方法而忽视先进技术的应用,或者片面强调计算机技术而忽视采用先进的管理方法都不能充分发挥管理信息系统的作用。管理信息系统要发挥其在管理中的作用,就必须与先进的管理手段和方法结合起来,在开发管理信息系统时,融进现代化的管理思想和方法。

(5) 多学科交叉的边缘科学。管理信息系统作为一门新的学科,它以计算机科学为基础,面向管理实际的需要,综合了计算机科学与技术、应用数学、社会学、管理学等相关学科的有关理论与技术,从而形成一个有着鲜明特色的边缘科学。

管理信息系统的典型结构如图 22.2 所示。

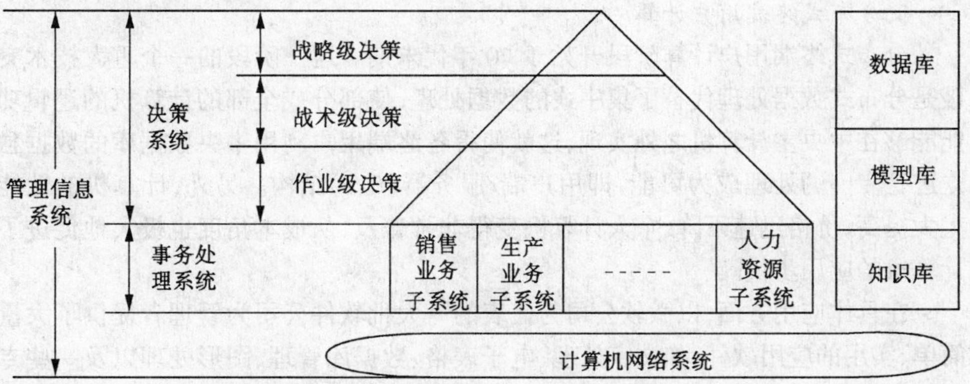

图 22.2　管理信息系统结构示意图

二、管理信息系统的发展历程

管理信息系统从 20 世纪 50 年代诞生以来,经过近 50 年的漫长历程,大致经历了四个主要的发展阶段,即集中数据处理阶段、面向管理的数据处理阶段、分布式终端用户计算阶段和交互式网络阶段。目前,随着计算机技术的飞速发展,管理信息系统还在发展,可以预见的是:它将在未来企业的经营中扮演更重要的角色并发挥更大的作用。下面简要地介绍各个发展阶段的情况。

1.集中数据处理

集中数据处理阶段是从 1954 年到 60 年代中期。这是计算机应用于管理的初级阶段。当时,计算机无论是性能,还是操作性都无法满足数据的实时处理要求,因此,通常采用批处理的方式进行,即把数据都存储起来,然后按规定的程序一次性统一处理完成。基于这一处理特点,计算机主要被用于数据量大、重复性强的一些工作中,如工资计算、库存管理以及类似的文书工作等,相比之下应用的范围比较窄。

2.面向管理的数据处理

面向管理的数据处理阶段开始于 60 年代中期。这一阶段计算机的性能有了大幅度的提高,多进程、分时等技术也得到了广泛运用,多数计算机都可以配备许多集中的终端和远程终端,因此,已经能够满足许多管理工作的需要。同时,各个行业的管理者逐渐认识到了计算机应用的巨大潜力,开始思考计算机如何能使他们的工作做得更好、更有效的问题。许多管理工作也开始使用计算机进行大量的数据处理和分析,当时比较有代表性的 IBM 公司开发的 COPICS 系统就包含了 12 个模块,几乎涵盖了一般企业的所有职能管理工作内容。

这一阶段的最主要的变化是信息管理部门职能的逐渐形成,并从其他职能中独立出来,成为单独的部门,专门负责组织中的数据系统或信息系统的设计、建设和日常的管理工作。

3.分布式终端用户计算

分布式终端用户计算阶段开始于 70 年代末期。这一阶段的一个重大技术突破是分布式数据处理代替了集中式的数据处理,使部分或全部的计算机的逻辑功能能够在中央主计算机之外实现,这就使得各终端用户利用中央数据库的数据独立进行专门的处理成为可能,即用户端/服务器(C/S)结构。另外,计算机的性能大大提高,价格迅速下降,个人计算机变得非常普及,从成本角度也极大地促进了计算机的应用步伐。

在具体应用方面,以微软公司为代表的一大批软件公司为管理者提供了大量简单、实用的应用软件,如文字处理、电子表格、数据库管理、图形处理以及一些专门的管理软件等,极大地方便了管理者的工作,但同时也使他们陷入了选择何种软件的苦恼之中。为此,除了要有专业人员的支持外,管理者通常必须清楚是他自己对信息的控制负责,他应该知道自己需要什么和系统能够为他提供什么。只有这样,才可能为他找到或设计出合适的应用系统,从而使组织的计算机应用更有效。

在这一阶段,信息管理部门转变成了一个信息支持中心。它对组织整体的计算机应用系统负责,同时帮助管理者成为高效率的终端用户。他们可以为管理者提出可供使用软件的建议,进行软件使用培训,告诉他们如何进入服务器获得数据库中的信息,并提供热线服务等。由于管理者变成了终端用户,所以数据处理专家的职能由向管理者提供信息转变为帮助他们获得自己需要的信息。

4.交互网络

交互网络阶段是管理信息系统发展的目前阶段。这一阶段最典型的技术是互联网技术,借助这一技术,组织可以通过内部的计算机相连构成内部网络(Intranet),也可以与组织外部的计算机相连进入 Internet,网络中的任意一台计算机都可以通过通讯软件与其他计算机进行通讯联系,可以方便地收发电子邮件、召开远程电视会议等,同时还可以通过网络进入外部的数据库获得需要的信息。

在这一阶段,管理信息系统的典型结构也顺应网络技术的发展,由 C/S 结构转向了 B/S 结构。B/S 是一种以 Web 技术为基础的新型的 MIS 系统结构模式，它把传统 C/S 结构中的服务器部分分解为一个数据服务器与一个或多个应用服务器（Web 服务器），从而构成一个三层结构的客户服务器体系。它简化了客户端，无需像 C/S 结构那样在不同的客户机上安装不同的客户应用程序，而只需安装通用的浏览器软件即可。

三、管理信息系统的开发

对于许多组织来说，相比现成的通用软件，他们更愿意使用针对自己特点开发的信息系统。这就意味着这些组织需要根据管理信息系统的特点完善自己的管理体系，同时对管理信息系统开发全过程还要有一个比较清楚的认识。下面就介绍管理信息系统开发的典型步骤和主要工作内容。

1.需求分析

需求分析是在组织做出开发管理信息系统的决策之后，由组织内部专业人员和外部的顾问组成的开发小组，对组织各层次、各职能所需信息的形式、内容以及获得信息存在的障碍等所做的调查与分析工作。

一般，需求分析阶段的主要工作包括对现行管理系统的分析、组织业务流程分析、信息流程分析以及建立新系统的可行性分析等内容。在这一过程中，对现行管理体系的合理性分析应该放在首位。因为，新系统不应该只是现行系统的简单计算机化，而应该是在管理系统优化的基础上，建立的全新的辅助管理体系。如果不能在新系统建立之前消除现行管理系统中的不合理成分，新系统很有可能失败或者带来一些灾难性的后果。

需求分析结束后，如果决定建立新的信息系统，开发人员还要与组织各层次的管理者交换意见，以确认业务与信息流程分析结果的准确性和全面性。

2.系统初步设计

系统初步设计是在经组织高层批准的需求分析报告的基础上，对新系统所做的总体规划和设计，主要回答新系统是什么样的、具有什么功能、能满足哪些管理需求等问题。

系统初步设计的主要工作包括新系统的总体结构与功能设计、新系统硬件系统设计与硬件选择、软件开发平台选择、投资估算与开发进度安排和关键问题的解决办法等。在具体设计时，要注意总体结构和功能的合理性、开放性、扩展性和可修改性，以方便系统今后的进一步完善。在软、硬件系统选择方面，要注意软件之间、软件与硬件之间的兼容性，并尽可能具有较高的性能价格比。

在初步设计过程中，开发人员应注意多参考一些成功的经验，并对设计方案反复论证，必要时还可以聘请一些专家帮助把关，尽可能避免新系统出现难以修复的结构性错误。

3.系统详细设计

系统详细设计是在经组织高层和有关专家评审、批准的初步设计报告的基础上,对新系统的所有技术环节进行具体的设计,以实现新系统所规定的功能。相对来说,详细设计属于技术性较强的工作,一般主要由专业人员完成。

系统详细设计的主要工作包括新系统编码设计、数据库设计、处理逻辑设计、输入输出界面设计以及系统安全体系设计等。其中,进行数据库设计时,要注意处理好数据存储与处理速度的矛盾,并充分考虑数据的安全性;在界面设计时,要多从使用的方便性角度考虑,最大限度地满足使用者的要求;在安全体系设计上,要根据不同信息的保密要求设计不同级别的安全防护措施,并建立包括管理制度、防病毒办法、硬件安全体系、软件安全体系以及数据库安全体系等在内的综合体系。

在详细设计过程中,开发人员应该注意保持与用户的经常性联系,多听取他们的意见,确保新系统处理逻辑的科学性和准确性,最大限度地方便管理与业务工作。

4.系统实施

系统实施是把经设计完成的新信息系统安装、调试并提交用户使用的过程。这一过程通常包括以下几项工作:软件选择与程序设计、系统安装与调试、用户操作与使用培训等。

在新系统交付用户使用前,必须进行系统的调试工作。通过调试,可以发现设计过程中可能存在的一些问题或缺陷,避免系统投入运行后造成大的损失。在实践中,为了保险起见,通常还可以采用新、老系统并行工作一段时间的办法,如果新系统经过一段时间的运行没有问题再正式代替老系统投入使用。

另外,要重视用户操作与使用的培训。因为不论一个系统设计得多么完善,如果用户不知道它的全部功能或不能有效利用这些功能,那么它就不可能充分发挥其作用。通常用户的培训可以分为一般性的操作知识培训和软件功能培训两部分,可以从系统详细设计后期就开始安排培训。

5.系统评价

系统评价是对新系统从经济性、适用性、使用效果、用户可操作性等各方面所做的评审和评价工作。通常,系统评价在新系统投入运行一段时间后或者当组织环境发生较大变化时进行,也可以建立定期的评价机制。通过系统评价,一方面可以总结成功的经验;另一方面,可以发现新系统存在的问题以及与新的管理需求不相适应的地方,为今后系统的修改提出目标。

任何组织的管理信息系统都是在不断发展的,管理者去年需要的信息与今天需要的并不一定完全相同。随着顾客、供货商、政府条令,以及其他环境因素的改变,管理者对信息的需求也会发生改变。因此,管理信息系统的开发工作可以说是组织中的一项经常性的工作,如果把它看成是持续不断的工作循环的话,那么系统评价可以看做为两个工作循环的交点。

四.企业管理信息系统开发与应用中需注意的问题

1.要对管理信息系统有一个正确的认识

无论是在管理信息系统的开发决策时,还是在实际的使用过程中,正确地认识管理信息系统都是十分必要的。首先,要清楚管理信息系统不是万能的,不要以为建立了一个新系统,组织中的所有问题都可以解决了。事实上,管理信息系统的优势在于数据和信息的处理,它可以极大地方便管理者的工作,但不能代替管理者的决策、人际交流、现场监督等工作。其次,管理信息系统的开发不是简单地模拟原有的工作方式,而是从系统的角度,根据信息系统的特点重新设计出一种新的工作模式,这需要管理者和信息系统的用户有充分的思想准备。另外,任何组织管理信息系统的应用都是逐步展开的,其建设工作一般也是渐进性的,以为通过一次性的突击式的开发就可以毕其功于一役,这往往会使管理信息系统建设陷于误区,导致系统应用的失败。

2.要有组织最高层管理者的重视与参与

管理信息系统作为一种新的工作模式,有时需要对现行系统做非常大的改变,从具体的业务流程到整体的管理模式都可能发生变化,因此,必须取得组织最高层管理者的理解与支持。另外,从本质上说,管理信息系统的主要构架在一定意义上是组织决策层的管理思想在具体工作中的体现,实现高层管理者的管理目的应该是管理信息系统的重要目标之一。而这显然需要有高层管理者参与到系统的开发过程中,并准确把握系统开发的大方向。

3.要有健全的管理体制和良好的管理基础

尽管管理信息系统是一种先进的数据和信息处理系统,但它不能自已自动地产生数据或信息,而必须依靠原始的数据输入,并按照事先设计好的处理程序对数据进行处理。如果组织的管理体制不健全,基础工作不完善,那么就很难保证数据的完备性和准确性,数据处理逻辑也未必能够真正满足管理工作的要求。

4.要注意处理好信息系统先进性与实用性的关系

在建设管理信息系统时,追求系统的先进性往往具有很大的诱惑力。如有的建设者认为计算机配置要十年不落后,还有的建设者片面追求系统的规模,认为系统越大,发挥的作用也越大等。这些实际上都是按照一般工程建设的习惯对待管理信息系统的建设,是非常危险的。如果系统建设不从实际需要出发,盲目求高求全,不仅不能发挥其作用,而且随着计算机技术的更新换代,价格迅速下跌,大量的投资将化为乌有。

5.要重视开发过程中用户的广泛参与

一般,管理信息系统是否能够真正发挥作用,很大程度上需要取决于用户是否愿意使用。因此，如果在开发过程中对用户的参与重视不够，仅仅把着眼点放在计算机技术本身，很容易使用户产生抵触情绪，或者由于不了解，无法有效地利用。通常，在开发管理信息系统的实践中，开发者要积极吸引用户的注意，吸收他们参与到系统的功能设计与程序开发过程中来，这样，一方面可以使系统用户在不得不使用它之前就熟悉它，增强他们的责任感；另一方面，也可以及时听取对系统需求的建议，保证系统功能的准确性。

6.要注意培养自己的技术队伍

管理信息系统无论是在开发过程，还是在使用过程中，都会涉及许多技术性问题，因此需要很强的技术支持。一般，系统的开发工作技术性最强，可以考虑主要依靠组织外部的技术力量来完成，而使用过程中的技术问题则应该主要依靠组织自己的技术人员解决，相比外部的技术服务，内部解决更及时，成本较低。但在大多数组织中，普遍存在技术力量薄弱，开发维护能力不强的问题，因此，应该结合管理信息系统的开发工作，让技术人员积极参与到系统开发的全过程中，必要时还可以给他们“压担子”，进行一些小系统的独立开发，从而逐步提高他们的工作能力。这样，在系统投入使用后，他们就能够较容易地把系统接收过来，可以独立地进行系统的维护工作。

第三节　管理信息系统与管理

与许多新的管理技术一样，管理信息系统的出现，从某种程度上改变了管理工作的方式和方法，极大地促进了管理工作效率的提高，成为组织赢得竞争优势的重要工具。

一、信息系统对提高管理效率的促进作用

管理信息系统秉承了计算机在管理中应用的初衷，一直把提高管理的效率作为重要的目标。从管理信息系统的实际应用情况来看，人们能够直接看到的管理信息系统的作用也是在提高工作效率方面。一般来说，信息系统对管理效率提高的促进作用主要体现在以下几方面。

(1) 基于计算机运算速度的促进作用，计算机具有非常快速的运算能力，这是人类所无法比拟的。借助这种能力，在许多领域发挥着巨大的作用。例如，在一个中型企业的成本控制系统中产品成本的计算，如果完全依靠人工进行，可能需要几天上百人时，而利用计算机则可能只需要不到十分钟的时间，并且能够提供人工所无法提供的成本比较和分析等图表。通常越是需要进行大量数据处理的地方，信息系统的优势就越明显。

(2) 基于计算机数据存储与快速查询的促进作用，计算机的另一个特点是能

够进行大量数据的存储，并能够快速地查询，这一点对于管理中的信息查询、分析和比较等工作具有重要的意义。例如在客户管理、物资管理、人事管理、营销网络管理等方面，都需要进行大量的数据存储和经常性的查询工作，利用管理信息系统就可以大大地提高工作效率。

(3) 基于计算机综合处理能力的促进作用，在管理信息系统中，计算机的各项能力得到了综合的利用，能够根据需要进行不同的功能组合，从而最大限度地发挥作用。例如在进行分地区产品销售分析时，不仅需要进行大量的数据统计工作和对历史数据的查询，而且还需要进行销售数据的分类、对比、排序等多方面的工作，这样才能形成对管理者非常有决策意义的管理信息。显然，这些正是管理信息系统的优势所在。

(4) 基于计算机网络连接的促进作用，计算机网络技术的发展极大地拓展了信息系统的功能和应用范围，使得管理的空间得到了无限的扩展。管理者借助计算机网络可以方便地与远在千里之外的销售人员进行信息交换，而只需要几分钟的时间。现在计算机网络技术已经被世界上许多大公司用来作为提高竞争能力的重要工具。例如，在 1987 ~ 1991 年间，沃尔玛公司投资 6 亿美元用于库存管理设备和其他计算机技术。一个卫星通讯系统使它能够跟踪库存变化和处理会计及付款问题，它也可以向各供货商下达电子采购单。它的 1 500 家零售商店能够进入沃尔玛公司的销售终端来检查其商品的销售情况，并且在商品售罄之前重新供货。另外 3800 家商店能够直接从沃尔玛公司获得每天的各种销售数据。

二、信息系统对组织内部结构的影响

在一定的环境中，组织的结构是相对稳定的，当环境发生较大的变化时，组织为适应环境并求得发展，必然需要对其结构做出调整，有时甚至要作重大的变革。组织结构与信息系统有着密切的关系。当企业组织结构较简单时，信息系统只是作为一种伴随物存在，组织结构的形式支配着信息系统的形式；当组织结构变得复杂时，信息系统成为组织结构的依赖对象，组织结构对信息与信息系统的要求越来越高，依赖性也越来越大。同时，这种要求与依赖又对信息系统的发展起了很大的促进作用。信息系统对组织结构的影响主要反映在以下四个方面。

1. 信息资源观念与信息系统地位的确立使企业组织结构向菱形结构发展

在信息系统的发展过程中，人们接受了信息是一种资源的观念；信息资源的开发与利用成为企业的一项战略任务；越来越多的企业设立了信息管理机构，而且规模不断扩大，地位逐步提高；信息管理成为企业中不可缺少的职业。信息管理职业不仅集中在信息管理机构，其他管理与技术部门也都开始设立信息管理与应用的职位或工作。为了保证对信息资源的有效管理与充分开发利用，不少发达国家的大企业还设置了作为企业核心人物之一的首席信息经理(ChiefInformation Officer，简称 CIO)的职位。这种趋势进一步确立了信息系统在企业中的地位,并加强了组织结构中开发与利用信息资源的工作层,使白领工作者的数量迅速增长,蓝领工作者的数量日益减少,进而使企业的组织结构由原来的宝塔型结构向菱形结构发展。

2.信息与决策支持功能的开发与利用使企业组织结构向扁平化方向发展

今天的信息系统已能向企业各类管理人员提供越来越多的企业内外部信息和各种经营分析与管理决策功能,丰富全面的决策信息与方便灵活的决策功能将使企业的管理决策工作不再局限于少数专门人员或高层人员。外部环境的要求,信息系统提供的可能,已使企业中许多不同职能不同技能的各类管理与技术人员参与决策工作。决策工作必将成为企业每一位管理与技术人员的工作内容之一,相应地,许多决策问题也不必再由上层或专人解决。这种趋势导致了企业决策权力向下层转移并逐步分散化,企业组织结构由原来立式的集权结构向卧式的扁平化分权结构发展。

3.基于信息网络的信息交流与共享提高了企业组织结构的灵活性与有效性

网络化的信息系统使用了先进的信息交流与信息共享技术,企业管理人员与技术人员之间的信息发送与获取已不受地域与时间的限制,信息源的统一与信息的共享使管理问题的分析与判断有了共同的基础。在这些有利条件下,企业为适应市场需求瞬息万变、竞争日益激烈的环境,对生产经营管理活动提出的机动性要求便能通过组织结构的灵活应变来实现。处于不同地域的企业部门、分支机构或管理人员在必要时可借助有关信息的分析与判断,突破权力层次的限制,直接地自行对生产经营问题做出决定。这种组织结构看似松散,实则在信息网络的牵连下更加紧密,更加有效。信息网络系统除去了组织结构中僵化与滞延的不利面,添入了灵活与积极的有利面。

4.信息系统对企业变革的使能器作用增加了企业过程重组(Business Process Reengineering,简称 BPR)及组织结构优化的成功率

由于企业外部环境众多因素的快速变化,企业的对策已不能仅停留于原管理过程上的处理速度提高等要求上,而应考虑运作方式及管理过程等的彻底重新设计,其中也包括组织结构的重新设计,这就是目前国内外企业管理界热门的话题“企业过程重组”的起因及基本思想。在 BPR 的实践中,有的获得了成功,而有的则遭到了失败,人们从中已意识到信息系统对 BPR 所起的关键作用。信息系统除了对企业管理的效率与质量的提高、成本的降低具有显而易见的作用外,实际上还有更深层次的促使企业运作方式和管理过程的变革等作用,这些作用是通过遵循信息的规律,采用全新的信息资源开发与利用方式,安排合理的信息流转路径来实现的。信息系统与 BPR 的目标是一致的,信息系统是 BPR 的技术基础,也是 BPR 成功的保证,信息系统的建设与 BPR 同步或交错开展可明显地提高 BPR 的成功

率。信息系统的使能器作用同时也促使企业组织结构朝适合全新运作方式和管理过程的方向发展。

综上所述，可以看出企业组织结构与企业信息系统是相互依赖、相互作用与相互促进的，两者关系中信息系统的作用从非主导地位逐渐变为主导地位；组织结构对信息系统的依赖在增强，组织结构的变革对信息系统的要求越来越高，这种依赖与要求也有力地促进了信息系统的发展，信息系统必将对企业组织结构发挥越来越显著的影响与作用。

三、管理信息系统对管理工作方式与方法的影响

伴随着管理信息系统在各种组织和管理系统中应用的普及和不断深入，它对管理者工作的影响逐渐为人们所认识。下面对其中较有代表性的几个方面进行讨论。

1.促进了管理者的直接参与

在计算机应用的初期，由于计算机知识的普及程度较低，计算机的可操作性较差，因此绝大多数管理者是通过专业人员来利用信息系统的。然而，在今天，计算机知识越来越普及，许多管理者在大学甚至在高中就受到了计算机的影响，他们面对键盘运用自如；同时在许多组织中，计算机已经深入到许多工作岗位，成为组织不可缺少的重要工具。在这种情况下，如果管理者不能够完全掌握系统或充分利用管理信息系统的优势，又想与同事一样有效地工作，他们将会感到越来越困难。因此，管理者的直接参与就成为一种必然的结果。

管理者的直接参与不仅可以在信息系统中体现管理者的管理思想，使信息系统更好地为管理者服务，而且随着管理者参与程度的提高，还可以更好地发挥信息系统的作用，使管理者能够更有效率地管理组织中的各项活动。

2.提高了管理者的决策能力

管理者依靠信息做出决策，由于复杂的管理信息系统能够极大地改变信息的数量与质量，以及提高信息传递的速度，因此我们不难得出这样的结论：一个有效的管理信息系统能够提高管理者决策的能力。

在备选方案的设计和评价以及最终方案的确定过程中，决策对管理信息系统的需要是很明显的。在线实时系统使管理者几乎可以在问题发生的同时就找到它，严重的脱节现象和缺乏识别问题能力的现象再也不会发生了。数据库管理程序可以使管理者很快弄清事实或查明真相，而且用不着去找其他人或查阅大量纸张文件。这样使得管理者不再依靠他人来提供数据，大大提高分析问题的效率。今天的管理者可以快速地确定最优方案，可以对可行方案进行充分的比较，比如通过电子表格软件和一系列“如果……将会怎样”的提问对财务数据进行分析，然后从中找出针对当前特定问题的最优方案。

3.强化了高层管理者的控制能力

信息就是权力。接触机密和重要信息方式的任何改变,都会引起组织内权力关系的改变。首先,管理信息系统改变了组织的管理层次结构,中层管理人员由于影响力的下降,在组织中的地位也下降了,他们不再是基层工作与高层领导之间的关键纽带。其次,与此类似,普通办公人员的优越性也大大降低了,因为管理者不再依赖他们获得评价和忠告。最后,与上述两类人员相反的是信息系统的利用强化了高级管理层的控制手段。以前,高级管理层依靠中级管理人员定期向他们提供信息,由于信息经过了过滤和“强化”,管理者可能只知道下属想让他们知道的东西。而现在,网络化的信息系统能将完整的信息传送到高层管理者手边,他们可以直接读取数据。

4.促进了信息流动模式的改变

组织中的传统信息交流方式集中在向上交流和向下交流。主要的正式信息交流是垂直进行的。然而,管理信息系统允许更多的正式信息以横向或越级方式进行交流。

雇员利用组织内部网络可以更有效地完成他们的工作,因为他们可以跨越组织层次的限制,可以避免来自“正常交流渠道”的障碍,直接地获得数据。而不是像过去那样通过层次结构依次上下传递信息。还可以减少对信息的篡改和过滤现象。打破纵向交流模式可以使管理者正当地获得过去在组织中只有通过非正式渠道才能获得的信息,如小道消息。

总之,信息系统在许多方面改变了管理者的工作方式与方法,这就要求现代的管理者在精通管理理论的同时,还必须掌握信息系统的有关技术和知识,并且能够适应信息系统的要求,不断探索更新、更有效的工作方式。

第四节　现代化的信息系统

一、管理信息系统中的新技术

管理信息系统作为一门新兴的学科和不断发展的应用系统,它广泛地吸收了不同学科的新技术和新思想,使其功能和应用领域都得到了拓展。下面将介绍几种这方面的新技术。

1.人工智能

在人工智能领域,专家系统、模糊逻辑和神经网络这三种工具在管理信息系统中得到了广泛的应用。

(1) 专家系统。专家系统(expert systems,简称 ES)是一种计算机程序,能模仿人的逻辑思维并像人类专家一样分析和解决非结构化的问题。专家系统应用中隐含的思想是，要利用计算机程序来收集特定领域专家的知识和技术，显然，能够处理复杂决策的管理专家是这种系统的最合适的候选人。

专家系统有以下一些优点：

- 决策比真正的专家要迅速。
- 不需要专家在场，却可以在系统安排下享用专家的知识。
- 在连续性上与人类专家一样，甚至超越他们。
- 使人类专家可以有时间做其他的工作。
- 可以用于众多非专家人员的教育和培训，以传播专业知识。

专家系统的思想非常简单，但操作专家系统的机理是相当复杂的。创建这个系统所需要的知识基础必须由专家提供，甚至每一步骤都必须极为详细，要包括整个决策过程中可能的全部选择。为了能包括最新规则与现实发展，这些计算机化的专家知识库被设计得可以周期性地进行更新。

虽然专家系统应用广泛并且发展迅速，但仍然存在局限性。有些能力还不具备，其中包括“决定资料间关联”和“察觉材料缺失”的功能，这些功能都有待于引入专家系统。

(2) 模糊逻辑(Fuzzy Logic)。使用专家系统时许多决策并不明确，这时简单的是或不是这种回答是不够的。因此，另一个工具，模糊逻辑已发展成为管理者的得力工具。模糊逻辑可以用来处理近似值、影响力以及其他不完全或模糊性资料。例如，制作水泥或钢铁，多年的专家知识往往是生产出优质产品的关键因素，可以知道何时加料、加热或添加一些关键性成分。我们可以引入模糊原理来处理一些模糊性的事情，例如“如果太热，就减少燃料”，或者“如果搅拌不均匀或者太潮湿，那就让搅拌时间更长一点”。模糊逻辑现在已被写入计算机程序来生产水泥或钢材，也用来增加消费品的功能和特性。

(3) 神经网络(neuralnetworks)。神经网络是以人脑为模型，由互相联结的单元组成的网络系统，可以自行识别模式和程序并解决相关的问题。对于管理者来说，神经网络最大的优点在于它们具备学习的能力，因此可以用来识别异常的模型，例如控制图表中的循环情况和发展趋势。由于这种独特的学习和辨别模式的能力，神经网络系统为真实世界里的过程控制提供了真实的、有价值的信息。

2. 信息高速公路

信息高速公路的概念是美国政府为促使经济新增长于 1993 年在一份政府报告中提出的，信息高速公路也是信息基础设施的形象化称呼。国家信息基础设施(National Information Infrastructure，简称 NII)是一个国家的信息网络，通过它能使任何人在任何地点任何时间，将各种多媒体信息传送给任何地点的任何人。NII 由全国范围内互连的通信网、驻于网上的计算机、供享用的信息资源及使用与管理人员所组成。

信息高速公路的建设是一项长期的艰巨任务,需要投入大量的资金。它涉及一个国家各方面的长期发展,因此主要应由政府的政策来驱动,另外,用户与市场的需求及各种信息技术的进步也是很重要的驱动力。

我国虽然经济实力有限,但因为信息高速公路的建设具有重要的战略意义,对此也十分重视,已成立了专门的政府机构负责规划与协调工作;我国公用数据通信网的建设已有相当规模,中国公用分组交换数据网(CHINAPAC 网)与全国数字数据网(DDN)已覆盖全国各省市、地市及部分县城,并已获得了较广泛的应用;以金桥、金关及金卡等三金工程为主的中国经济信息网的建设也已起步,取得了实质性的进展;作为示范工程的中国教育和科研计算机网(CERNET)已初步建成,该网对教育科研事业的发展,对 NII 必要的技术准备、经验积累和队伍组织都具有重要的意义。

从信息系统的角度看,广义的信息高速公路概念应包括"路"和"货"两个方面,除了"路"这一基础设施外,还有一个被输送的"货"的来源与组织的问题,组织什么信息资源及如何组织等问题是信息系统专业人员急需研究解决的课题。

3.电子商务

电子商务(Electronic Commerce,EC)是近几年兴起的利用计算机网络等信息技术在企业之间、企业与消费者之间进行网上交易,以及与此相关的企业内部事务连网处理的商业模式。企业与企业之间的电子商务主要以 EDI 为核心,借助 Internet 和 Extranet 实现;企业与消费者之间的电子商务主要是电子购物和电子化服务;企业内部处理则主要利用 Intranet 实现。因此,电子商务实际上是以网络为主的多种信息技术在商业领域的集成应用。

电子商务涉及的商业活动包括售前的企业广告与客户选货,售中的洽谈、订购、结算、付款以及售后的服务等,与之相关的对象有供应商、订货商或消费者、金融部门、货物运递单位和交易认证机构等。由于计算机网络特有的时空优点,电子商务能使企业价值链的各个环节获得增值,同时给客户也带来了很大的便利与实惠。在售前,网上多媒体的企业广告宣传与遍历式的客户商品查选有相互推动的作用,企业可有效地树立形象,提高知名度,使客户对产品有广泛的选择和详细的了解;在售中,供需双方可直接在网上洽谈与确定订购事宜,并随时掌握订单落实进程,作网上结算与付费;在售后,通过网络进行跟踪服务,客户可即时反馈意见和获得技术支持等。

除了对原有的商业环节有显著的增值外,电子商务还延伸出许多新的交易方式,如 24 小时服务、个性化产品与服务组合、虚拟商店、信息产品直接在网上发送等。电子商务除具有 EDI 的优点外,在提高合作效率、减少交易环节、缩短交易周期、改善企业形象、降低管理成本、密切企业间和企业与客户间的关系等方面有较显著的作用。

电子商务的兴起无疑将会对整个社会商业体系的结构和市场格局、企业的营销理念、策略和方式,对消费者的消费观念和行为产生巨大且深远的影响。无纸化、个性化、理性化、电子货币、虚拟体验等交易新特点或新方式将成为必然的趋势。电子商务给企业提供了重新争夺市场份额的机遇,也引来了更富有市场竞争的挑战,同时也给消费者带来了全新的消费市场、便捷多样的消费途径。

二、管理信息系统的发展

随着信息技术的发展和企业经营环境的变化,近十几年来,管理信息系统在本身不断完善的同时,也开始朝着更专业和更系统的方向发展。下面就介绍其中几种有代表性的系统。

1.经理信息系统

经理信息系统(Executive Information Systems,简称 EIS)是 20 世纪 80 年代中期出现的面向组织高层领导,能支持领导管理工作,为他们提高效率和改善有效性的信息系统。国内有时也将 EIS 称为总裁信息系统或高层管理信息系统等。

如前所述,近半个世纪以来,信息系统的工具、内涵与作用都有了很大的变化,信息系统的应用已涉及组织的各个层面。管理信息系统的初衷提出应包括支持组织各阶层的功能,决策支持系统更是明确地突出支持组织的半结构化和非结构化的决策活动。但由于高层用户及其工作特性的分析以及组织外部信息的开发等方面的欠缺,实际上这些信息系统都未能真正地实现面向组织高层领导的特殊功能。另一方面,组织环境变化速度加快,面临问题的不确定因素增加,高层领导在时间上的压力越来越大,问题分析判断的难度增大。EIS 就是在此背景下提出与产生的。

EIS 与其他信息系统相比有重叠,也有区别,这些区别形成了 EIS 的特点。从系统形式、内涵与功能来看,EIS 有以下一些特点:首先,人机界面必须十分友善且富有个性化,图文表并茂且层次清晰,用户可在很短的时间内学习掌握使用方法;提供的信息是关系到组织生存与发展的关键信息,但又可对其“追根问底”,提交逐级细化的信息,为此系统要增设综合信息库,外部数据库也比内部数据库的地位更重要。其次,决策功能面对的问题是非结构化的,与 DSS 要解决的问题相比,分析与求解的难度更大,EIS 因此必须基于人工智能技术,其中基于案例的类比推理技术尤为重要。另外 EIS 还具有丰富的办公支持功能,例如电子邮件、传真、无线通信、文字处理、电子会议、通讯录、日程安排与公文处理等等,由于经理或总裁等领导的流动性很大,除要配备固定的工作站点外,还必不可少地要配备便携机流动站点,实现远距离通信,形成移动办公室。

EIS的特点决定了开发过程的特殊性，EIS的分析与设计建立在对经理和总裁等领导职能、工作状况及个性分析的基础之上。信息需求分析的重点在于关键数据的确定，由精到细的数据层次关联分析。开发EIS难度很大，费用也很高，目前国内基本上还停留在研究与讨论的阶段，少数报道的EIS例子与目标尚有较大的差距。

2.战略信息系统

战略信息系统（Strategy Information Systems，简称SIS）是一种支持企业赢得或保持竞争优势，制定企业中长期战略规划的信息系统。

当今市场变化频繁，竞争日益激烈，企业在发展方向上的决策稍有失误就会蒙受巨大的损失，甚至被淘汰。因此，人们对战略规划的重要性有了新的认识，企业不能仅考虑眼前利益，而更应着眼于长远的发展。在此背景下产生的SIS能为企业的经营战略的分析与决策提供有力的支持。

SIS利用反映环境和竞争对手等状况的企业外部信息及企业内部关键因素信息，借助市场分析预测与战略决策等模型，以人机对话的方式在计算机上做出供高层管理者决断的企业中长期战略发展方案。

SIS是一个较新的概念，涉及许多非结构化的问题，有关SIS的结构、人机交互方法等尚不很成熟，SIS的实现还必须以传统的管理信息系统为基础，估计成功的应用还要有一段时间。但作为企业寻求生存与发展之道的新方法已受到各方面的关注。目前我们必须强调的是，企业高层领导应牢固树立长远的经营战略思想，重视战略信息的收集与组织，在建设管理信息系统时就要考虑为将来实施SIS打好基础、作好准备的问题。

3.企业资源计划

企业资源计划（Enterprise Resource Planning，简称ERP）是从制造资源计划（Manufacturing Resource Planning，简称MRPII）发展而来。

自从MRPII系统开始在企业中应用以来，资源概念的内涵不断扩大，企业计划的闭环逐渐形成，应用由离散制造业逐步转向流程工业。MRPII系统已比较完善，应用也已相当普及。但其资源的概念始终局限于企业内部，在决策支持上主要集中在结构化决策问题。随着计算机网络技术的迅猛发展，20世纪90年代以来，统一的国际市场逐渐形成，面对国际化的市场环境，包括供应商在内的供应链管理已经成为企业生产经营管理的重要部分，MRPII系统已无法满足企业对资源全面管理的要求。

ERP的基本构架和基本逻辑与MRPII并无本质上的不同。ERP在MRPII原有功能的基础上，向内、外两个方向延伸，向内主张以精益生产方式改造企业生产管理系统，向外则增加战略决策功能和供应链管理功能。这样，ERP管理系统主要由以下功能子系统组成。

(1) 支持企业整体发展战略的战略经营系统。该系统的目标是在多变的市场环境中建立与企业整体发展战略相适应的战略经营系统,实现基于 Intranet/Internet 环境的战略信息系统,完善决策支持服务体系,为决策提供全方位的信息支持;完善人力资源开发与管理系统,既面向市场又注重企业内部人员的培训。

(2) 全面成本管理系统。在一个不完全竞争的市场环境中,价格在竞争中仍旧占据着重要的地位。ERP 的全面成本管理系统的作用和目标就是建立和保持企业的成本优势,并由企业成本领先战略体系和全面成本管理系统予以保障。

(3) 敏捷后勤管理系统。很多企业存在着供应链影响企业生产柔性的情况。ERP 的一个重要目标就是在 MRP 的基础上建立敏捷后勤管理系统,以解决如供应柔性差、生产准备周期长等制约柔性生产的瓶颈,增加与外部协作单位技术和生产信息的及时交互,改进现场管理方法,缩短关键物料供应周期。

ERP 系统不仅仅是 MRPII 系统的扩展,而且是新的市场环境下的全新的经营理念,ERP 系统实际上还包含着一系列管理思想和方法的变革。

4.计算机集成制造系统

计算机集成制造系统(Computer Integrated Manufacturing System,简称 CIMS)是由管理信息系统、计算机辅助设计(CAD)及计算机辅助制造(CAM)等现代管理方法和先进技术有机结合的产物。

在市场经济下,人们对产品更新的速度要求越来越快,这使得品种数大增,而每种品种的订量则减少,产品设计与制造周期越来越短,生产方式由少品种大批量向多品种小批量发展,企业产品设计与制造的难度明显增大。CAD 与 CAM 的出现在一定程度上缓解了这一技术上的矛盾。但企业的良好运作除了要靠先进的设计与制造等技术外,还必须有先进的管理思想与方法,而管理信息系统或适用于制造业的 MRPII 能满足这一要求。

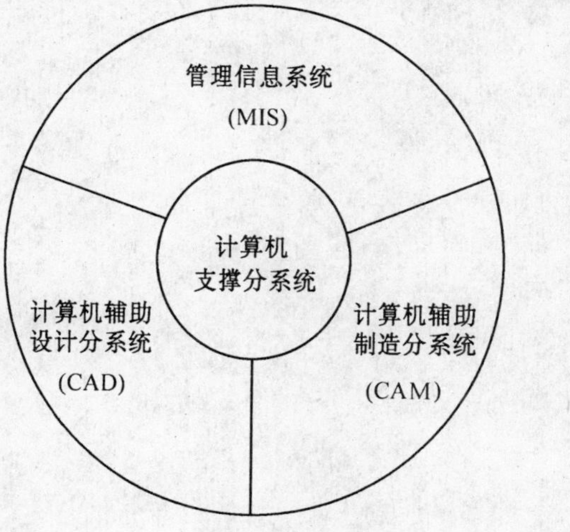

图 22.3　CIMS 基本构成示意图

CAD、CAM 与 MIS 等相互独立的分系统通过某种结构集成在一起形成的 CIMS 能更好地发挥这些分系统的作用,并产生出强大的合成效应。CIMS 的结构还未定型,从概念上讲,大致的结构如图 22.3 所示。

CIMS 包含了市场预测、销售订

单、产品设计、生产计划与调度、物料采购、库存管理、车间作业计划与调度、生产监测与控制等企业全部的生产经营管理和控制活动，这些内容构成了一个高度自动化的大系统。CIMS 的基础与难点是集成，包括各种管理与技术分系统功能与信息的集成。其中信息的集成是最关键的，CIMS 在 MIS 的统一管理与控制下协调工作，因此 CIMS 的核心是 MIS。